易学思想诠释与历史文化探微

张涛 著

人民东方出版传媒
东方出版社

图书在版编目（CIP）数据

易学思想诠释与历史文化探微/张涛 著.-北京：东方出版社，2022.9
ISBN 978-7-5207-3197-3

Ⅰ.①易… Ⅱ.①张… Ⅲ.①《周易》-研究 Ⅳ.①B221.5

中国版本图书馆 CIP 数据核字（2022）第 228350 号

易学思想诠释与历史文化探微
(YIXUE SIXIANG QUANSHI YU LISHI WENHUA TANWEI)

责任编辑：	宫　共
出　　版：	东方出版社
发　　行：	人民东方出版传媒有限公司
邮　　编：	100120
印　　刷：	天津海德伟业印务有限公司
版　　次：	2022 年 9 月第 1 版
印　　次：	2022 年 9 月第 1 次印刷
开　　本：	710 毫米×1000 毫米　1/16
印　　张：	31.25
字　　数：	493 千字
书　　号：	ISBN 978-7-5207-3197-3
定　　价：	128.00 元

发行电话：(010) 85924640

版权所有，违者必究
如有印装质量问题，我社负责调换，请拨打电话：(010) 85924640

目　录

《周易》与中国文化（代序）……………………………………………………1

第一章　易学思想的新诠释……………………………………………1
一、关于《周易》与中华文化传统核心价值的认识……………………1
二、《周易》"自强不息"的历代诠释……………………………………8
三、占卜文化的起源与理性认知…………………………………………25
四、文王演《周易》…………………………………………………………32
五、《周易》卦象新解………………………………………………………37
六、关于《周易》学派归属问题的新认识………………………………45
七、新时代的易学古籍数据库建设………………………………………51
八、《周易》经传的新读本…………………………………………………57

第二章　易学发展的新认识……………………………………………59
一、北宋易学漫谈……………………………………………………………59
二、南宋史事易学研究的新成果……………………………………………69
三、关于《永乐大典》易学典籍整理研究的思考…………………………71
四、明代政治与易学…………………………………………………………82
五、关于康雍乾三朝易学研究的新成果……………………………………92
六、谈谈《周易述》…………………………………………………………93
七、刘沅易道会通思想研究…………………………………………………96

八、宗白华易学思想探微 111
　　九、易学和谐思想在江西古代民间信仰中的体现 120
　　十、关于易学与故宫学的几点思考 122
　　十一、关于西南少数民族易学研究的思考 128

第三章　子学典籍与思想文化 133
　　一、关于《孔子家语》的新认识 133
　　二、孔子文化研究与推广完美结合的三部优秀著作 143
　　三、从轴心期到新时代——儒家思想的历史发展和当代价值 148
　　四、略论《墨子》"节葬"思想对汉代社会的影响 152
　　五、墨子婚姻家庭思想述略 163
　　六、略论《墨子》的文学价值 169
　　七、《管子》的治国理政思想 177
　　八、荀悦《申鉴》的流传和版本问题 184
　　九、荀悦、徐幹思想比异 191
　　十、《御制奇门大全》与奇门遁甲之学 199

第四章　灾害治理与社会保障 201
　　一、中国传统救灾体系刍议 201
　　二、中国传统救灾思想的发展和特点 203
　　三、中国古代城市排洪防灾解析与借鉴 212
　　四、中国古代灾害治理的历史经验 217
　　五、中国古代优抚政策与思想 239

第五章　地方史志与地域文化 258
　　一、山东的古国 258
　　二、潍坊地域文化传统的融会与潍坊三百年文化的发展 265
　　三、略论《永乐大典》本《析津志》及其史学价值 273
　　四、《流村镇志》编纂说明与凡例 289

五、关于齐鲁文化世家研究的新进展 …………………………… 292

第六章 历史文化认同与中外文化交流 ………………………… 294
一、儒家关于民族关系论述的演变 ……………………………… 294
二、魏晋隋唐时期汉化与"胡化"的双向互动——兼与欧洲
　　蛮族入侵之比较 ……………………………………………… 322
三、佛教在中国的传播——兼与基督教在欧洲的传播之比较 … 344
四、面临挑战的"天下一家"思想与中华民族意识的演进 …… 363
五、汉唐以来中国思想与东亚文化以及欧洲文化的关系 ……… 380

第七章 古代历史评议 …………………………………………… 392
一、移风易俗：商鞅变法的重要侧面 …………………………… 392
二、秦国"政府智囊"如何谋划变革 …………………………… 398
三、秦汉里吏是如何支撑国家政权的 …………………………… 403
四、秦汉地方农官如何推动农业生产 …………………………… 408
五、汉代"以孝治天下"的德化作用 …………………………… 413
六、汉代如何双管齐下监督地方官吏 …………………………… 419
七、汉光武帝靠什么延揽人才 …………………………………… 425
八、大时代里的大命运：班超经略西域 ………………………… 429
九、隋文帝法治"理想国"有何独特魅力 ……………………… 434
十、古代地方大员权力演变镜鉴 ………………………………… 440

第八章 传统文化散论 …………………………………………… 444
一、中国古代的环境思想与实践 ………………………………… 444
二、史话庚子年：真的多灾多难吗 ……………………………… 449
三、说说历代名媛 ………………………………………………… 455
四、历代名人年谱的学术价值 …………………………………… 456
五、邵晋涵与《南江札记》 ……………………………………… 462
六、《洪范》思想诠释的成功之作 ……………………………… 464

七、经典诵读与幼儿国学教育 ···································· 467

八、《文史知识》与改革开放以来的文史研究 ················ 472

九、关于中国学习思想通史的新成果 ··························· 475

后　记 ·· 481

《周易》与中国文化
（代序）

一、《周易》的性质

我对《周易》的喜爱和关注，始于三四十年前的学生时代。在母校山东大学读本科、硕士期间，我就对《周易》产生了浓厚的兴趣；后来，有幸师从田昌五先生攻读中国古代思想文化方向的博士学位，开始重点关注先秦秦汉时期的思想文化，关注《周易》和早期易学的发展。得到田先生的悉心教诲和认真指导，又得到杨向奎先生、余敦康先生、孔繁先生、董治安先生等前辈学者的鼓励和指点，经过努力，我最终撰成了博士学位论文《秦汉易学思想研究》。以此为契机，我走上了研《易》弘《易》的学术道路。

《周易》或被称为群经之首，或被认为是卜筮之书，应该说各有其文化渊源和学术依据。《周易》中既有"形而上"的"道"，有系统思维和哲学思想，也有"形而下"的"器"，有具体的操作手段，有预测、占筮的功能。人们常说研究《周易》应该包括象、数、理、占等方面的内容，其实这些内容在《易传》中都有相关的表述。比如，《系辞上传》中说："君子居则观其象而玩其辞，动则观其变而玩其占。"又说："《易》有圣人之道四焉：以言者尚其辞，以动者尚其变，以制器者尚其象，以卜筮者尚其占。"

《周易》为卜筮之书，这是宋代朱熹的经典概括和总结。朱熹多次强调"《易》本为卜筮之书"，"《易》本为卜筮作"，充分肯定卜筮作为《周易》的基本底色、原初功能及其应用价值，这也成为朱熹易学思想体系的核心理念之一。其实，《易传》中的《系辞传》和《说卦传》对《周易》的占筮功能都有翔实论说。比如，《系辞上传》曰："圣人设卦观象，系辞焉而明吉凶。刚柔相推，而生变化。是故吉凶者，失得之象也；悔吝者，忧虞之象也。"结合《周易》成书史来看，其卜筮功能主要与周文王有关。我们都知道文王也即西伯"演《周易》"的说法，就是文王将伏羲所画八卦符号两两相重，八八共为六十四卦，扩大了卦象所覆盖的范围，极大地丰富了《周易》的外在形式和思想内涵。在此基础上，文王规定了六十四卦中的每一卦所代表的含义，也就是卦辞；又赋予了三百八十四爻中的每一爻一定的意义，也就是爻辞。文王撰写的卦爻辞，通过象征的方法揭示了世界的运行规律，从而使《周易》具备了逢凶化吉、占知未来的功能和作用。当然，也有说法认为文王撰写了卦辞，周公撰写了爻辞。这里想强调的是，六十四卦及其卦爻辞的出现本身就凸显了《周易》的卜筮功用。另外，根据《周礼》《左传》《汉书》等典籍记载，自周秦以来，官府、官学和民间学派都将《周易》用作占筮书，《左传》《国语》中还记载了很多《周易》被用作卜筮、预测的实例。西汉以来的历代朝廷也大多设置占卜机构，掌握着《周易》占筮之技。以上所论，是《周易》被视作卜筮之书的重要依据和渊源。

再看看《周易》为群经之首。众所周知，中国历史上第一次对古籍文献进行大规模系统整理是在汉成帝时期，由刘向、刘歆父子主持，并编纂了历史上第一部图书目录《七略》，其中《易》就位列《六艺略》之首，而《六艺略》又是诸类典籍书目之首。班固的《汉书·艺文志》承袭其说，指出："六艺之文：《乐》以和神，仁之表也；《诗》以正言，义之用也；《礼》以明体，明者著见，故无训也；《书》以广听，知之术也；《春秋》以断事，信之符也。五者，盖五常之道，相须而备，而《易》为之原。故曰'《易》不可见，则乾坤或几乎息矣'，言与天地为终始也。"这里"《易》为之原"的概括，可以说是中国易学史、经学史、儒学史、思想文化史上的重要论断。就历史的久远程度而言，易道亘古不变，与天地齐等；就典籍的重要性而言，《周易》包络天地，为"五常之道"的本原。我们也要注意，《周易》在汉代时居于儒家经典之首，同样是有其内在、深刻的理论和现实依据的。汉代天人之学的繁盛提高了《周易》的历史地位，其在一定意义上成为治国理政的思想文化依据，也对后世学者起到了重要的学术启迪作用。此后，随着儒家经典范围的不断拓展和扩大,从"六经""七经""九经""十二经",再到"十三经",《周易》始终居于首位。至清代编纂《四库全书》时,易类图书仍然处于群经之首的地位。正如李学勤先生所指出的:"国学的主流是儒学,儒学的核心是经学,经学的冠冕是易学。"

应该说,群经之首与卜筮之书是《周易》思想品格和文化特性的两个侧面,也由此分流出精英易学和民间易学,或者说是易学的学院派和民间派。一方面,我们强调《周易》是中国最古老的文化经典,必须用严谨、认真的治学态度和实事求是、开拓创新的治学精神研究它;另一方面,它又是能够满足"百姓日用"的实践之学,易学的生活化、社会化、大众化、通俗化是易学不断获得生命力和影响力的重要原因。两者并不矛盾,恰恰相反,它们具有内在的逻辑性与历史的统一性。《周易》六十四卦具有突出的卜筮功能,而文本化的《周易》在继承卜筮形式、内容、功能的基础上,蕴含了某些条理性、系统性、规律性的特征,显示出理性思维和逻辑推演的重要特点。两者都是易学的重要组成部分,我们不能将它们割裂、对立起来,而应该使它们相互取鉴、相互沟通、相互交流,在探求学术真理的道路上相伴而行、相得益彰、殊途同归。

二、"人更三圣,世历三古"

在中国古代的经典中,《周易》有着极为悠久的成书史、传播史和研究史,经过了历代圣贤的创作、推演、加工和阐述,内容丰富,思想精深,因此,《周易》的文本形成问题也是我们一直以来关注的一个重点。"人更三圣,世历三古"是班固《汉书·艺文志》对《周易》成书历程的精练概括,也就是说,早在传说中的伏羲时代时,即六七千年前就出现了八卦;大约三千年前,相传周文王重卦并作六十四卦及其卦爻辞,通常被称为"狭义的《易经》";大约两千五百年前,相传孔子又作《易传》,也就是我们通常所说的"十翼",也习惯称其为"广义的《易经》"。所以,《周易》包含了《易经》和《易传》两个部分。当然,历史上还有"人更四圣"的说法,此说始于东汉,马融等人在"人更三圣"的基础上认为,文王作卦辞,周公作爻辞,卦爻辞是文王、周公父子俩共同完成的。马融的观点为后来的陆绩、孔颖达、朱熹、陈淳、胡一桂、刘沅等人所接受。当然，古今都有人怀疑"三圣"及其与《周易》关系的历史真实性，现在看来是有些疑古过勇了。

　　事实上，说到《周易》的成书历程，与其密切相关的还有它的学派归属等问题，学术界历来分歧严重、众说纷纭，尤其是关于《易传》的学派属性，更是天水违行、立场迥异。其中，或信守汉唐学者之说，认定孔子作《易传》，并把《易传》当作分析孔子和儒家思想的基本史料之一；或强调《易传》中占主导地位的思想倾向是道家，包括道家老庄学派和黄老学派。应该说，这两种观点都各有所据，各得其正，各有其合理性和影响力，但又各有所偏，各有所蔽，各有其质疑者和批评者。后来，又有学者指出，《易传》的思想基调是儒道互补，是儒家人文主义与道家自然主义的相互结合、补益。应该说，这是易学研究的一大突破、一大进展，但似乎还没有彻底解决相关问题，还有继续深化和拓展的空间。

　　经过长期的考察和研究，20世纪的最后几年，我们对《易传》的成书历程和学派归属提出了这样的观点：《易传》诸篇是以儒为主、儒道互补、综合百家、超越百家的产物，其问世不仅与孔子和儒家、老庄和道家有着密切的关系，而且与墨家、法家、阴阳家、兵家等也联系紧密。可以说，诸子各家都从《易传》也就是《周易》六十四卦卦爻辞中得到了某种启示和沾溉，获得了众多资源和丰富养料，同时又将自己的思想意识、价值取向融入《易传》的成书过程中，促使其成为秦汉思想乃至整个古代中国思想文化的内在灵魂和重要源头。当然，在这一过程中，孔子和儒家的思想贡献又是最为突出的。

　　陈寅恪先生曾指出："自晋至今，言中国之思想，可以儒、释、道三教代表之。"《周易》和易学正是贯通儒、释、道的核心津梁和重要平台。历史上，不管是硕学鸿儒，还是大德高僧或高道，都对《周易》和易学情有独钟，并且多有体悟和探究。《周易》能够为三教所接受、尊崇和研读，甚至影响到三教合一的历史进程，主要原因恐怕还在于《周易》特别是《易传》的文化特征和思想品格，最根本的就是其兼收并蓄、综合超越的特性。在儒、释、道相向而行、彼此调和、相互取鉴、相互补益、相互融通的发展进程中,《周易》和易学始终发挥着核心津梁和重要平台的作用,而这又反过来证明我们将《易传》视为以儒为主、儒道互补、综合百家、超越百家的产物,虽不中,亦不远矣。从另一个角度来讲,儒、释、道文化的相互融合对于《周易》的成书和演进历程也产生了不容忽视的深刻影响。对此,我们应该给予充分关注和深入研究。

三、孔子与《周易》

至于孔子与《周易》的关系,也是一个讨论不已的话题。的确,孔子与《周易》的关系是一个讨论不已的话题,易学的演变和发展与孔子密不可分。根据我们的理解,孔子对《周易》和易学的贡献可以从两个方面来理解:一个是孔子晚而喜《易》,一个是孔子与《易传》或者说"十翼"的关系。

我们先说孔子晚而喜《易》。这方面的数据,有《论语》《史记》《汉书》,以及马王堆汉墓帛书《要》篇等。《论语·述而》中记载了我们都很熟悉的孔子的一句话,他说:"加我数年,五十以学《易》,可以无大过矣。"关于"五十以学《易》"云云,历史上曾因《论语》版本源流问题而产生学术分歧,这里有必要简单说几句。与其他先秦古籍一样,《论语》经过秦火和战乱也一度失传,至汉代时出现了若干传本,最著名的就是《古论语》《齐论语》《鲁论语》。与《古论语》记载的"五十以学《易》"不同,《鲁论语》将《周易》的"易"写作"亦",于是后世有学者据此否定孔子学《易》。近年来,学术界经过充分争鸣和讨论,倾向于传统的说法,即《古论语》的"五十以学《易》"更为可靠。如李学勤先生从音韵学的角度进行考证,认为《古论语》作"易",《鲁论语》作"亦",其中异文的产生是音近通假或传讹所致,此论得到许多学者的支持。从《论语》的版本源流来说,《鲁论语》只是《古论语》的改编本,《古论语》更为原始,更为可靠。《鲁论语》将《周易》的"易"写作"亦",当属笔误,这也是中国早期手抄本的常见现象。《史记·孔子世家》对孔子与《周易》的关系有更加完整的记载:"孔子晚而喜《易》,序《彖》《系》《象》《说卦》《文言》。读《易》,韦编三绝。曰：'假我数年，若是，我于《易》则彬彬矣。'"《汉书·儒林传》承袭了这种说法，指出孔子"盖晚而好《易》，读之韦编三绝，而为之传"。孔子喜《易》而"韦编三绝"，与马王堆汉墓帛书《要》篇记载的"夫子老而好《易》，居则在席，行则在囊"云云，其义相同、相通、相近。上述史料明确记载孔子晚而喜《易》，这也是学术界所公认的，只是关于孔子对占筮的态度，学术界尚有分歧。众所周知，《论语·子路》记载孔子曰："不占而已矣。"学者们通常据此认为孔子不提倡占筮，即对占筮持排斥态度。事实上，孔子这句话的用意在于强调为德有恒的重要性，并不能简单说是对占筮的排斥。相反，随着马王堆汉墓帛书《要》篇的发现，我们看到孔子不仅不排斥占筮，甚至还精通此道。据《要》篇记载，子贡问孔子是否相信《周易》的占筮，孔子回答说："吾百占而七十当。唯周梁山之占也，亦必从其多者而已矣。"就是说，孔子不仅相信，而且他自己占筮还有百分之七十的准确率，所以说孔子精通占筮之术并不为过。当然，孔子同时强调了自己占筮的目的是观其德义："《易》，我后亓（其）祝卜矣！我观亓（其）德义耳也！"他追求的境界是"幽赞而达乎数，明数而达乎德，又仁[守]者而义行之耳"，这是与史巫之筮的最大区别。"赞而不达乎数，则其为之巫，数而不达于德，则其为之史。"孔子还感慨道："后世之士疑丘者，或以《易》乎？吾求亓（其）德而已。吾与史巫同涂而殊归者也。"应该说，孔子的占筮同史巫的占筮相比较，虽然方法相同，但其归宿和追求明显有异。

根据上面提到的传世文献和出土文献，我们能够发现，孔子并不排斥占筮，只是"不安亓（其）用而乐亓（其）辞"，重在"观亓（其）德义"，"求亓（其）德"。《论语》"不占"之教只解释了孔子不安其卜筮之用的一面，而孔子好《易》主要在于"乐亓（其）辞"而"求亓（其）德"。比如，他用《恒卦》九三爻辞"不恒其德，或承其羞"来诠释恒守其德的重要性。也就是说，孔子在继承史巫传统的基础上对筮占易学进行了创新、改造，从筮占易学的"数"中阐发儒家的"德义"，将《周易》视为道德训教之书，最大限度地发掘了其中的伦理政治内涵，从而进一步发挥了它在现实社会生活中的借鉴和教育作用。这不仅促使《周易》逐渐摆脱宗教巫术的桎梏，向着人文化、哲理化的方向迅速发展，而且孔子治《易》的态度和方法也为后代学者所传承，对易学的演变和发展产生了绵绵不绝的重要影响。

　　我们再谈谈孔子与《易传》也就是"十翼"关系的问题。上文提及，司马迁的《史记》和班固的《汉书》都认为孔子作《易传》，由此开始，孔子作《易传》之说流行了千百年。唐代孔颖达在《周易正义》序言中说："先儒更无异论。"然而到了宋代，欧阳修撰《易童子问》，这一传统说法开始受到质疑。目前，尽管仍有学者坚持孔子作《易传》的传统观点，甚至有直接引用《易传》作为孔子思想的史料依据者，但更多的学者普遍认为，"十翼"并非孔子手订，也不是一时一地一人所作，而是成于多人之手，历经春秋战国时期的增删订补，最终在战国中后期定型。客观来看，结合宋代欧阳修以来的相关考辨，一方面，我们确实难以直接将《易传》的著作权归于孔子；另一方面，我们又不得不承认，《易传》中蕴含的丰富哲理，确实与孔子和儒家倡导的价值理念有诸多契合或相通之处。而且，孔子生逢乱世，历尽艰难险阻，备尝颠沛流离之苦，"发愤忘食，乐以忘忧，不知老之将至"，甚至"知其不可而为之"，终生追求自己认定的社会真理和人生目标，其实际行动也是对《周易》自强不息精神的深刻诠释。他提出的"君子道者三"，"仁者不忧，知者不惑，勇者不惧"，亦与《周易》的君子观颇有相合、相通之处。另外，《史记·仲尼弟子列传》中也有子夏、商瞿等人传《易》的记载。这些都表明，易学在儒家内部一直是前后相继、传承不绝的。

　　总之，孔子及其后学为《易传》成书以及易学早期发展做出了重要贡献。及至汉代，《周易》被确定为群经之首，也与此有着直接关联。其后《周易》和易学本身的形态虽然在不断演变和发展，但一直都居于官方的、主流的地位。受到孔子的影响，历代儒家学者不断习《易》研《易》，著书立说，极大地丰富了易学思想的内涵，促进了易学研究的进一步创新发展。

四、易学研究的新进展

　　目前正是中华优秀传统文化复兴时期，国内外的易学研究近年来也取得了较为突出的进展，呈现出新的研究趋势。根据我们的观察，大体说来，这些进展和趋势主要表现在以下几个方面：

第一，易学文献整理编纂的新进展。分别由四川大学和北京大学启动的《儒藏》编纂工程，可以说是我国重大的学术文化项目。这两种《儒藏》各有特色，各有侧重，四川大学版重在研究创新，北京大学版重在普及推广。但不可否认的是，两种版本都广泛收录了各种易学著作，其中包括出土的易学文献资料；除了中国历史上有影响的著作之外，还择要收录了韩国、日本、越南历史上以中文写作的易学文献典籍，是近年来易学文献整理的重要成果。2013 年、2018 年，国家图书馆出版社先后出版了由北京师范大学中国易学文化研究院主持整理的《中国易学文献集成》共 68 册和《中国易学文献集成续编》共 70 册，对从先秦到民国时期的代表性易学典籍的精刻善本进行了编纂、影印，应该说是前所未有的易学文献集成。2018 年，我们主持承担的"四库丛书易类集成"列入"十三五"国家重点出版物出版规划，计划对《四库全书》《续修四库全书》等四库系列丛书中的易类著作进行全面整理和系统编纂，其中《四库全书·经部·易类》已经获得国家出版基金资助。值得关注的还有，得益于现代科技的迅猛发展，易学文献的数字化也成为大势所趋。目前，我们正在与国学网合作筹备建设易学古籍数据库，希望能够为易学研究奠定坚实的基础。另外，日本足利学校藏南宋初刻本《周易注疏》等国外易学典籍的整理研究，也逐渐成为学术界研究的热点。

第二，《周易》经传与易学史研究的新动向。近年来，一批学者致力于对《周易》经传与易学史的认真梳理和系统研究，而且已经初步完成对春秋战国、秦汉、魏晋南北朝、宋元明清易学史的梳理和研究，并提出了一些颇有创新开拓意味的论点。比如，前面谈到的《易传》学派归属，我们认为其是以儒为主、儒道互补、综合百家、超越百家的产物。再比如，以往人们普遍专注于探讨历史上的易学名家、专著，近年来的易学史研究则呈现出新的趋势，就是把易学置于中国整个思想文化的大格局下进行全方位审视，对易学研究对象重新加以界定，把许多并非专以易学名家但确实与易学有关的人物及思想囊括进来，扩大了易学的研究范围。正是在易学研究视野不断开阔和领域不断拓展的大趋势下，近年来各种断代的易学史研究成果愈发丰富。

第三，国外易学研究的新成果。目前，国外易学研究已经成为整个易学研究的组成部分，国外学者的相关研究成果也成为国内学者的他山之助。美国夏含夷教授早年撰写的博士学位论文《〈周易〉的撰著》，利用甲骨文、金文及传世的《诗经》互相比较考证，证明《周易》是公元前9世纪的作品。近年来，他更加注重运用出土文献进行易学研究，并得出了令人信服的论点。比如，他认为上海博物馆藏战国楚竹书《周易》表明在不晚于公元前3世纪时，其文献就大体以今本的形式在流传了。著名美籍华人成中英教授作为公认的"第三代新儒家"的代表人物之一，近年来特别关注《易经》的管理哲学。日本池田知久教授，长期重视易学研究，主要通过对今本《周易》与长沙马王堆汉墓帛书《周易》的对比分析，讨论《周易》与原始儒学的关系以及儒学早期发展历史和《周易》哲学的诞生等问题。总之，国外易学研究为我们提供了新的问题意识以及新的研究视角和方法，对其加以参考、借鉴，已成为不容忽视的一大趋势。

第四，出土易学文献的新发现、新探索。20世纪20年代，王国维先生在《最近二三十年中中国新发见之学问》的演讲中指出："古来新学问起，大都由于新发见。"20世纪易学研究的"新发见"，是一大批具有重要学术价值的出土易学文献的发现，其中比较重要的有敦煌卷子《周易》、长沙马王堆汉墓帛书《周易》、阜阳汉简《周易》、上海博物馆藏战国楚竹书《周易》，以及清华大学藏战国竹简中的相关文献等。随着这些文献公之于世，许多学者运用"二重证据法"开始进行相关研究，将其与传世文献相互释证。特别是清华大学藏战国竹简《筮法》《别卦》的公布及其研究成果的不断推出，出土易学文献研究再次呈现出日渐升温的趋势。研究表明，清华大学藏战国竹简《筮法》应该是战国时人总结数字卦筮占方法并开示典型案例的著述，属于三《易》之外的术数类卜筮之书。它证明了数字卦是真实存在的，可归于早期"易家候阴阳灾变书"之类，汉代孟喜、京房或许受到过它的影响。就卦名、次序、写法等内容来看，《筮法》确实与《归藏》密切相关。这些为研究先秦易占筮法问题提供了全新资料，也为厘清秦汉易学的传承和发展提供了新的思路。上述新进展、新动向、新成果、新发现、新探索，都为易学研究者进一步开展易学及其相关领域的学术研究、学科建设提供了必要的前提，奠定了坚实的基础，值得我们高度重视。

五、《周易》对中国文化的深远影响

《周易》是中国思想文化的内在灵魂和重要源头,易学思想是中国思想文化发展的主旋律,易学的研究和运用是中国思想文化发展的重要依托。综合来说,随着社会进步和时代发展,《周易》逐渐由原始的卜筮之书发展成为人文化、哲理化的哲学著作,其思想观念、思维模式、学术风格等对秦汉以降思想文化的发展多有启示和影响,在宇宙观、历史发展观、人生理想观、社会政治观以及治学风格和特色等方面都有突出表现,并影响了中国传统的政治、经济、军事、法律、教育等制度建设,影响了天文、历法、地理、数学、化学、农林、医药、建筑、史学、文学、艺术等学科发展。清代四库馆臣评价说"易道广大,无所不包",其言不虚。随着易学研究、易学实践、易学运用的不断深化和拓展,《周易》和易学已经成为广大民众实现诚意正心、进德修业的重要精神资源,特别是其中蕴含的丰富的和谐理念和强烈的创新意识,至今仍为人们所重。

余敦康先生曾经指出:"中国智慧在《周易》,《周易》智慧在和谐。"和谐是中国传统文化的核心价值和根本精神之一,而追根溯源,《周易》实为其重要的渊薮。《周易》倡导的建立在阴阳和谐基础上的和谐,大体包括三层含义:一是人与自然也就是天人的和谐,二是人际关系也就是人与人、人与社会的和谐,三是人自身的心灵和谐。也就是说,《周易》的和谐理念通过人的发展来协调和沟通社会发展的重要因素,最终使人与自然、人与社会获得更高层次、更高水平、更加全面的发展。可以说,和谐是《周易》所追求的终极目标,充分挖掘、认真借鉴《周易》的和谐思想与智慧,将有助于及时化解各种社会矛盾和精神困惑,保持社会的和谐稳定,促进人的全面、健康发展。而且,面对目前环境污染严重、生态系统退化的严峻形势,《周易》及易学典籍作为中国传统环境文化、生态文明思想的重要源头和载体,蕴含着生态环境治理的历史智慧,相信也会对解决当下的生态环境问题具有重要的启发意义。

另一方面,创新从来都是人类社会不断发展、进步的动力源泉,而

《周易》则是中华民族创新理念的重要渊薮。自强不息、推陈出新、革故鼎新是贯穿《周易》全书和整个易学发展史的基本思想线索，创新是《周易》的重要内涵。中华民族的创新精神是在包容、吸纳、融摄外来文化的基础上形成的，这与《周易》海纳百川的相容理念有着密切联系。《周易》承认世界的多样性和文化的多元性，强调在多样性、多元性的前提下寻求天地万物之间的联系性、统一性，也就是"天下同归而殊途，一致而百虑"。《周易》主张只有兼容并包，并施以智慧，才能够"厚德载物"；讲求融通，"圣人有以见天下之动，而观其会通"，从而"弥纶天地之道"。在当今复杂的国际形势下，易学智慧特别是其会通理念、包容精神，对于深刻理解中外文明差异背后的深层次原因，构建具有实质性的世界文明对话的模式、机制和平台，进而真正实现中外文化的互鉴、交流，建立人类命运共同体，都具有重要的启发和借鉴作用。

正是深刻认识到《周易》对中国文化的积极影响，我们才始终秉持知行合一、道器合一的理念，在认真整理和充分研究的基础上注重易学的社会实践功能，力求通过易学研究为国家和社会的科学决策、精准施策提供必要的历史经验、理论依据和学术支持，努力探索中华优秀传统文化进一步创造性转化、创新性发展的有效方法和宽广路径。①

---

① 本文原为载于《孔子学刊》第十一辑的访谈，现予以删订作为代序。

第一章　易学思想的新诠释

《周易》作为我国最古老的经典之一，是中华优秀传统文化的源头活水和重要渊薮。从八卦到六十四卦卦象、卦爻辞的产生，再到《易传》诸篇的形成，《周易》经传伴随着中华文明的演进而逐渐发展、丰富和完善。对易学思想进行深入诠释和精准解读，有助于我们深化对中华文明起源、中华优秀传统文化传承和发展等问题作进一步思考与探索。

一、关于《周易》与中华文化传统核心价值的认识

中华文明源远流长，中华文化自成系统，在不断的历史发展中形成了自己独有的文明风范和理论气质，在各种思想元素不断激荡和融会的背景下，锻造出了自立于世的核心价值。这一核心价值具有历史的合理性，是我们增强文化自信和价值观自信的固有根本。近年来，学术界对中华文化传统价值的探究不断深入，推出了一系列可喜的成果，这都有助于我们进一步深化、拓展对中国传统文化核心价值的认识和研究。

一方面，这些成果探讨了《周易》经传所蕴含的核心价值。唐明邦先生《〈周易〉思想的核心价值》①将《周易》思想归结为探赜索隐、极深研几的哲学智慧，自强不息、厚德载物的民族精神，天下为公、万国咸宁的大同理想，贫贱不移、威武不屈的独立人格四个方面，指出《周易》经传思想核心价值理念，在建设中华民族共有精神家园与社会主义和谐社会方面能够发

---

① 唐明邦：《〈周易〉思想的核心价值》，《华夏文化》2010年第1期。

挥积极作用。余敦康先生《易学今昔》①则从《易》道统贯天人的整体思维的角度切入，认为《易》道的价值理想是追求一种以"太和"为最高目标的天与人、自然与社会的整体和谐，和谐是《周易》经传的核心价值。黄钊先生《论社会主义核心价值观同中华易学智慧的渊源关系》②一文则以《周易》为坐标，对社会主义核心价值观的文化渊源作了较为充分的探析和考察，认为社会主义核心价值观中的富强、文明、和谐、公正、法治、敬业、诚信、友善等，皆可从《周易》经传思想中找到某种原始基因。

另一方面，这些成果由儒家思想切入，从总体上研究、把握中华文化的核心价值。杜维明先生在《关于传统文化创造性转化的几点思考》③中以当今全球视野下的不同文明传统为背景，对儒家为己之学、心性之学等核心理念能否有创见地回应关系人类永久性生存的重大问题、回应整个西方文明尤其是"启蒙心态"进行了深刻思考，这为我们进一步阐释和探究中华传统文化核心价值奠定了学术理论基础。郭齐勇先生《中华人文精神的重建：以中国哲学为中心的思考》④提出中华民族核心价值观是以"仁爱"为中心的"忠、孝、仁、义、礼、智、信"的价值系统，儒学的中心价值系统或核心价值观念是仁爱、敬诚、忠恕、孝悌、信义、廉耻。景海峰先生《仁义礼智信与中华文化的核心价值》⑤指出，作为儒家伦理内核的"仁、义、礼、智、信"是中华文化的核心观念，在当代中国人的核心价值建构中扮演了重要角色。黄钊先生《论社会主义核心价值观同中国优秀传统文化资源的亲密关系》⑥从12个方面探讨了社会主义核心价值观与中国传统文化的亲密关

---

① 余敦康：《易学今昔》，中华书局2016年版，第132—141页。
② 黄钊：《论社会主义核心价值观同中华易学智慧的渊源关系》，《武汉大学学报》（哲学社会科学版）2016年第5期。
③ 杜维明：《关于传统文化创造性转化的几点思考》，《中央社会主义学院学报》2019年第4期。
④ 郭齐勇：《中华人文精神的重建：以中国哲学为中心的思考》，北京师范大学出版社2011年版，第26—30页。
⑤ 景海峰：《仁义礼智信与中华文化的核心价值》，《马克思主义与现实》2012年第4期。
⑥ 黄钊：《论社会主义核心价值观同中国优秀传统文化资源的亲密关系》，《思想政治教育》2015年第8期。

系，从而说明党所制定的社会主义核心价值观是马克思主义中国化的集中体现。陈来先生《中华文明的核心价值：国学流变与传统价值观》①以崇仁、尊礼作为轴心时代中华文明的基本价值，并从中西文化比较的视角突出了中华文明价值观念的四个基本特征，即责任先于自由、义务先于权力、群体高于个人、和谐高于冲突。楼宇烈先生《中国文化中以人为本的人文精神》②一文指出，正确地阐释和弘扬中国文化中以人为本的人文文化的真正意义和精神，是当前继承和弘扬中国优秀传统文化的重要任务。牟钟鉴先生《仁恕通和刚毅之道——中华文明的核心价值》③紧扣中国文化的核心即仁学来展开论述，将中国文化的核心价值归结为"仁、恕、通、和、刚、毅"六个字。李长喜先生主编《党政干部传统文化学习丛书》④，围绕习近平总书记强调的深入挖掘和阐发中华优秀传统文化讲仁爱、重民本、守诚信、崇正义、尚和合、求大同的时代价值⑤，推出了《讲仁爱》《重民本》《守诚信》《崇正义》《尚和合》《求大同》等图书，阐发了中华传统文化的时代价值和意义。钱逊先生《中华传统文化的核心价值》⑥将中华传统文化核心价值归结为"义、群、和、礼、耻"五个字，并认为以儒学为主干的中华文化最核心的精神就是人的修养问题。

值得注意的是，现阶段对于中华文化传统核心价值的研究，学术界更多的是从儒家视角切入。应该说，不深入到儒家思想的内里，也就难以把握中华文化的核心价值观念。"仁、义、礼、智、信"依然是最为重要的思想资源，但这在一定程度上容易导致将儒家"五常"等同于中华传统化核心价值的倾向，而这又是片面的、不全面的。因为"自晋至今，言中国之思想，可以儒、释、道三教代表之"。"二千年来华夏民族所受儒家学说之影响最深

---

① 陈来：《中华文明的核心价值：国学流变与传统价值观》，三联书店2015年版，第41—44页。
② 楼宇烈：《中国文化中以人为本的人文精神》，《读书》2015年第5期。
③ 牟钟鉴：《仁恕通和刚毅之道——中华文明的核心价值》，《国际儒学论丛》2016年第1期。
④ 李长喜主编：《党政干部传统文化学习丛书》，人民出版社2016、2017年版。
⑤ 《习近平在中共中央政治局第十三次集体学习时强调把培育和弘扬社会主义核心价值观作为凝魂聚气强基固本的基础工程》，《人民日报》2014年2月26日。
⑥ 钱逊：《中华传统文化的核心价值》，《时事报告（党委中心组学习）》2016年第2期。

最巨者，实在制度法律公私生活之方面。而关于学说思想之方面，或转有不如佛、道二教者"①。如果转换一下视角，将儒、释、道三教的碰撞、融合与中华优秀传统文化核心价值的生成、发展联系起来考察，揭示其重要影响，或许我们对中华文化传统核心价值的认识较以往要全面、深刻许多。再有，现有研究忽视了《周易》经传思想在型塑中华文化传统核心价值中的重要作用，而作为中国传统文化"大道之源"的《周易》经传，恰恰是可资儒、释、道三教共同借鉴和取用的思想宝库。

按照时代与社会的需求，通过创造性转化和创新性发展，赋予传统文化以新的内涵，是继承和弘扬中华优秀传统文化的应有之义。中华文化传统核心价值契合了时代和社会的发展，蕴含了一股强大的生命力。这里，我们既非单纯研究《周易》经传思想，亦非专门遵循历史线索研究中华文化传统核心价值的生成和发展，而是主要将二者关系纳入研究视野和考察范围。我们将对《周易》经传思想与中华文化传统核心价值的关系进行学理上的分析、透视，旨在较为全面、准确地把握中华文化传统核心价值，尤其能够阐释《周易》经传思想在熔铸中华文化传统价值的历史进程中的地位和作用。具体而言，即遵循易学思想演进的内在理路，突出以《周易》经传思想为根基的中华文化传统核心价值究竟将展现何种特质这一问题意识，通过逻辑线索与历史线索的结合、通过文献考证与理论抽绎的统一，依次从中华文化传统核心价值的萌发、形成、发展、对外传播及现代转化这五个维度来进行考察和研究，以期准确、全面地把握中华文化传统核心价值的历史内涵和现实品格。

第一，《易经》与中华文化传统核心价值的萌发。《易经》（《周易》六十四卦卦辞、爻辞）以天道、人道、地道三者为框架，建立了一套旨在以天道为依据解说人事运行规律的机制，并由此生成了完整而独特的思想体系。《易经》思想体系涵盖了六十四卦的卦画、卦名、卦辞、爻辞、卦序等方面，其解说人事吉凶的运思方式为中华传统道德准则与礼仪规范的萌发和

---

① 陈寅恪：《冯友兰中国哲学史下册审查报告》，《金明馆丛稿二编》，三联书店2001年版，第283页。

演变提供了不竭的动力,而作为中华文化传统核心价值重要体现的礼仪文明又为《易经》思想的成熟提供了深厚、丰富的滋养。《易经》集中华传统文化之大成,其中包含的和谐的时代价值与创新的核心理念,对独具特色的中华文化传统核心价值的形成发挥了巨大的引领作用。《易经》蕴含的和谐与创新思想对中华文化传统核心价值的形成产生了重要影响,而社会主义核心价值观中的富强、民主、文明、和谐、自由、平等、公正、法制、爱国、敬业、诚信、友善等,其中展现的国家层面的价值目标、社会层面的价值取向以及公民层面的价值准则,皆可从《易经》的卦名、卦画及卦辞、爻辞中找到某种思想源泉。

第二,《易传》与中华文化传统核心价值的形成。《易传》(十翼)是一部综合百家而超越百家的思想著作,体现了先秦诸子交相辉映的集体智慧,反映了天、地、人三才和谐之道的思想精髓。仁与义是人道的核心价值,"安土敦乎仁,故能爱"体现了《易传》"仁爱"的核心思想,"理财正辞、禁民为非曰义"确立了《易传》"正义"的重要准则。"后以财成天地之道,辅相天地之宜,以左右民","举而错之天下之民,谓之事业",皆体现了《易传》的"民本"思想。"人之所助者,信也"与"中孚,信也"体现了《易传》的"诚信"理念。正是有着"天下同归而殊途,一致而百虑"的兼容并包的学术取向,以及对宇宙万物和人间秩序需要"保合太和"的深刻体认,《易传》中和合、大同的核心价值才得以很好地凸显。《易传》所体现的和谐、仁爱、民本、诚信、正义、包容等思想理念,为中华文化传统核心价值的形成奠定了重要基础。

第三,《周易》经传与中华文化传统核心价值的发展。前面说过,儒、释、道三教文化是中华传统文化的主干,把握儒、释、道三教文化发展和合流的历史脉络,从中梳理出能够体现中华文化传统核心价值的关键要素,可以较为全面地认识中华文化传统核心价值。儒、释、道三教文化在不同历史时期的碰撞和交融中凝聚了基本的价值认同,《周易》核心思想在其中起着至为重要的作用。和谐是儒、释、道三教文化参与国家、社会、政治等各方面建设的最高价值目标,《周易》中和合、大同的理念是儒、释、道三教文化融合、会通的思想前提,创新是儒、释、道三教文化保持活力的价值源泉,仁爱、民本、诚信、正义是儒、释、道三教共同的价值追求,儒家崇扬的以追求秩序和谐为目的的"仁、义、礼、智、信",是传统核心价值的重要组成部分;佛教特别是中国化佛教宽大为怀、众生平等的主张,是传统核心价值中平等的思想源泉;道教遁世无闷、逍遥自在的处世理念是自由之价值取向的重要基石。这些思想皆可在《周易》中找到或多或少、或隐或现的对应关系。以《周易》核心价值为基础,在儒、释、道三教文化相互激荡而又相互融合的历史进程中,和谐、平等、自由等朴素的思想理念逐步地型塑了中国文化传统核心价值包含的目标、取向、准则的基本内容,在一定意义上成为社会主义核心价值观的思想根源和理论渊薮。

第四,《周易》经传与中华文化传统核心价值的对外传播。《周易》经传的核心理念在儒、释、道三教融合的历史进程中形成了重要的思想牵引,并在对外传播的过程中有所体现。有明一代特别是明末,来华耶稣会士坚持自身文化立场对《周易》经传的诠释,是中西文化交流、交融中不容忽略的环节。以利玛窦为代表的来华耶稣会士推崇早期儒学及中国哲学原典,对理学和宋易持批评态度,对儒、释、道三教的纷争与合流又兴趣浓厚,卷入了当时以易学为载体的学术争论,从而突出了中西文化交流的内涵。利玛窦之后的柏应理、白晋、马若瑟等人,通过对《周易》经传文化价值的体认,开启了会通中西文化的重要门户。来华耶稣会士寻求的教理、教义与中华文化核心价值的会通之道,为当时欧洲思想文化的繁荣提供了一定助力。受白晋等人的启发,莱布尼茨发明的二进制与《易》卦数理之间有着密切的内在关联,其"前定和谐"的哲学思想亦与《周易》经传中和谐的核心价值多有通约、契合之处。此外,以《周易》经传思想为内核的中华文化传统核心价值对近世东亚共同文化形态的形成也产生了显著影响。

第五,《周易》经传与中华文化传统核心价值的现代转化。实现《周易》经传思想体系的现代转化,符合《周易》文化自身发展的内在需要,同时也是传承、发展、弘扬中华传统文化核心价值的必然要求。《周易》崇尚革故鼎新、推陈出新,强调开物成务、与时偕行。在新时代,推进《周易》思想体系的现代转化,实现中华文化传统核心价值的守正创新,不仅能为马克思主义中国化贡献理论自信,更能为社会主义核心价值观提供理论依据和学术支持，这在当前"国学热"的文化潮流中更应该引起足够重视。充分诠释《周易》经传思想的当代价值，能够更好地把握中华文化传统核心价值的丰富内涵，建构起具有全球视野并充分体现中华文化话语权的现代价值体系，不断为现代科学、艺术、文学、教育等方面的协调发展提供必要的历史经验和实践路径。立足于新时代的发展和进步，以《周易》经传思想体系现代转化和创新发展为先导，在努力实践马克思主义基本原理同中国具体实际相结合、同中华优秀传统文化相结合的过程中，才能体现中华文化传统核心价值的当代价值和时代特色。

5000多年的中华文明积淀着中华民族最深沉的思想追求，包含着中华民族最根本的文化基因，代表着中华民族独特的精神标识。习近平总书记指出："中华文明5000多年绵延不断、经久不衰，在长期演进过程中，形成了中国人看待世界、看待社会、看待人生的独特价值体系、文化内涵和精神品质，这是我们区别于其他国家和民族的根本特征，也铸就了中华民族博采众长的文化自信。"① 当前，我们在实现中华民族伟大复兴中国梦的征程中，需要进一步继承、弘扬中华文化传统核心价值，创建适应社会发展要求的先进文化体系。传统文化的研究只有在"返本"的基础上"开新"，做到"与时偕行"，才能真正做到持续深化和不断丰富。《周易》经传的和谐、仁爱、民本、诚信、正义、包容等思想精髓，历久而弥新，易学作为传承优秀传统文化的载体，在中华文化传统价值体系中占有举足轻重的地位。以《周易》思想精髓为理论支点，将易学的演进和发展放在中华文化传统核心价值生成的历史情境、历史长河之中加以认真考察和深度研究，探求《周易》经传思想与中华文化传统核心价值之间的内在联系，不仅有助于更好地拓展传统文化研究的范围和内容，而且能够从中挖掘出古为今用、古今融通的思想资源，为进一步践行社会主义核心价值观、提升文化自信、建设文化强国提供诸多有益借鉴和重要启示。

当然，上述关于《周易》经传与中华文化传统核心价值的认识还是初

---

① 习近平：《在敦煌研究院座谈时的讲话》（2019年8月19日），《求是》2020年第3期，第5—6页。

步的，肯定还存在不少缺憾。关于如何科学、准确、合理地提炼中华文化传统核心价值，如何在总体上厘清《周易》经传思想的形成和早期发展与先秦诸子思想之间的关系，如何进一步归纳儒、释、道三教文化各自的核心价值以及融摄儒、释、道三教文化的基本理念，最终达到完整而深刻地诠释中华文化传统核心价值，都还有待于更加深入、广泛地研究和探讨。

二、《周易》"自强不息"的历代诠释

"自强不息"作为古今常用的名言警句之一，集中体现了《周易》所推崇的人格品质和精神风貌，传诵久远，影响至今。千百年来，"自强不息"不仅为历代学者所重，也成为无数仁人志士恪守的精神信条，并不断展现出与时俱进的重大意义。这里拟依循易学思想的发展脉络，围绕"自强不息"的历代诠释，揭示《周易》的历史地位和当代价值，以期有助于更好地深化和拓展相关的学术研究和学科建设，有助于进一步推动中华优秀传统文化的创造性转化和创新性发展。

（一）"天行健，君子以自强不息"在《周易》中的文本语境

"自强不息"语出《周易·乾卦·象传》(《大象传》)："天行健，君子以自强不息。"作为《周易》首卦，乾卦在《易传》("十翼")的话语体系中象征天道，即《彖传》所说："大哉乾元，万物资始，乃统天。"清代王引之曾引用《尔雅》《国语》的语例解说"天行"，所谓"古人谓天道为天行也"①。天道运行化生万物的过程，被《易传》概括为"健"。健，刚健也。以"健"来描述天道，屡见《易传》之中。如《系辞下传》："夫乾，天下之至健也。"《说卦传》："乾，健也。"均是以"健"来描述天道运行之法，所以解释《周易》六十四卦卦象的《大象传》也总结为"天行健"。可见，天道运行刚健有为是《易传》对天道的总体认识和根本看法。

---

① 王引之考辨"天行健"曰："《尔雅》：'行，道也。'天行谓天道也。《晋语》：'岁在大梁，将集天行。'韦昭注曰：'集，成也。行，道也。言公将成天道也。'是古人谓天道为天行也。"见王引之《经义述闻》卷二《周易下》，江苏古籍出版社2000年版，第42页。

《周易》常常推天道以明人事，"《易》所以会天道、人道也"①。故《大象传》言天道运行刚健有为之后紧随"君子以自强不息"之语。在先秦古语中，"健"与"强"意近可通。如《战国策·秦策二》："楚客来使者多健。"高诱注："健者，强也。"由是言人道之"自强"就与言天道之"健"形成了彼此呼应。《大象传》用"以"字联结"天行健"与"自强不息"，在一定意义上也是贯通天人的体现。"天行健，君子以自强不息"，即言天道永远处于周流不息、运转生化的过程中，因此君子也应该效法天道的刚健品格，发奋拼搏，积极进取，使有限的生命永不懈怠，获得永恒价值。可见，《乾卦·象传》中的"自强不息"实际上蕴含了两个层次的内容。首先，强调人应当刚健有为，积极进取。其次，追求"日新"和"不息"，要求人们在进取的过程中时刻激励自己永不懈怠，不断推陈出新。除《乾卦》外，《大畜卦·象传》亦言："大畜，刚健笃实辉光，日新其德。"《系辞上传》则云："富有之谓大业，日新之谓盛德，生生之谓易。"可见，这种积极的人生观和世界观在《周易》中是一以贯之的。

应该说，从《周易·乾卦·象传》文字本身来看，"自强不息"最初是以天道来比喻人道，推明人事，要求君子效法天道，强健有为，体现了《周易》天人合一的思想基调。就人事本身而言，个体自身的强健有为、持之以恒，也符合仁人志士实现自我生命价值的期许。于是，"自强不息"精神在此后千百年中始终得到人们的传承、传扬，成为中华优秀传统文化的重要组成部分。

（二）融通与发展：先秦诸子与"自强不息"

众所周知，《易传》的成书过程相当复杂，并非成于一人或一家之手，亦非成于一时。目前，学术界倾向于认为，《易传》大约是春秋战国时期由众多治《易》学者渐次完成的。而当时正是诸子蜂起、百家争鸣的时代，《易传》在诞生过程中也不可避免地会与诸子百家各种思想学说相互关联、

---

① 语出郭店楚简《语丛一》，见荆州市博物馆：《郭店楚墓竹简》，文物出版社1998年版，第194页。

相互融通。① 因此,《周易》中"自强不息"的精神内核也借由各家各派独特的话语体系呈现出千姿百态的生命活力,各家各派的学者在或隐或显、或多或少、自觉不自觉地践行着"自强不息"精神。

《周易》经传与孔子和儒家关系密切。司马迁《史记·孔子世家》记载:"孔子晚而喜《易》,序《彖》《系》《象》《说卦》《文言》。读《易》,韦编三绝。"《仲尼弟子列传》中有商瞿等人传《易》的记载。班固《汉书》中的《儒林传》《艺文志》也有类似记述。汉唐时期的学者大都直接认定孔子作《易传》,"自强不息"自然也就是孔子之言。但结合宋代欧阳修以来的相关考辨来看,确实又难以直接将"自强不息"一语的著作权归于孔子。不过,另一方面,我们也不得不承认,《易传》中蕴含的丰富哲理,确实与孔子和儒家倡导的价值理想有更多契合或相通之处。今本《论语》未见"自强不息"之语,但由其中多处文字可见对该精神内涵的具体诠释。比如,孔子在论说儒家最重要的理念之一"仁"时,指出"刚、毅、木、讷近仁"②,这正合于《乾卦》所体现的天道之"健"、人道之"强",表现出《易传》与儒家学派在核心思想层面上的相互融通。在治学方面,孔子提倡"学而不厌,诲人不倦"③,并以"发愤忘食,乐以忘忧,不知老之将至"④ 明其志趣之所在,强调治学之要不仅在于发愤进取,还应持之以恒,不可倦怠,从一个侧面对"自强不息"精神做了进一步具体诠释。

由于孔子的言传身教,孔门后学和儒家学派一直秉持与"自强不息"相一致的精神品格。如《中庸》有言:"国有道,不变塞焉,强哉矫!国无道,至死不变,强哉矫!"也就是说,真正的君子只有做到不论国家是否有

---

① 关于儒、道、墨、法、兵、阴阳等学派思想与《易传》之间关系的研究,可参看拙著《易学研究新视野:从综合百家到融通三教》,社会科学文献出版社 2019 年版,第 16—107 页。

② (清)刘宝楠撰,高流水点校:《论语正义》卷十六《子路第十三》,中华书局 1990 年版,第 548 页。

③ (清)刘宝楠撰,高流水点校:《论语正义》卷八《述而第七》,中华书局 1990 年版,第 254 页。

④ (清)刘宝楠撰,高流水点校:《论语正义》卷八《述而第七》,中华书局 1990 年版,第 270 页。

道，都能秉持初心，至死不渝，才称得上是真正的"强者"。孟子主张人无论在任何处境下都不应失去本心，并举舜、傅说、管仲、孙叔敖等人之例，称赞他们面对逆境能够"动心忍性"①。他还充分肯定"大丈夫"精神，所谓"富贵不能淫，贫贱不能移，威武不能屈"②。荀子也有类似的思想主张："与时屈伸，柔从若蒲苇，非慑怯也；刚强猛毅，靡所不信，非骄暴也。"③ 不论顺从或是刚强时，都要不卑不亢，可谓"自强"；同时还能"笃志而体"④，笃行道德修养的规定，可谓"不息"。不难看出，儒家对君子人格的规定、规范与"自强不息"的内在精神有着不可分割的密切联系。

春秋战国时期，除了儒家，其他诸家与《易传》的成书也都存在某种关联，甚至对《易传》成书有所影响。就"自强不息"而言，虽未发现他们有明确的相同表述或直接诠释，但与其相近的思想理念或价值取向在道家、墨家、法家、兵家等各家那里也并不鲜见。例如，老子尽管一再强调"柔弱胜刚强"⑤，其主旨思想也侧重于"守静"和"无为"，但其根本目的还是要有所"为"、有所进取，《老子》第三十三章所谓"强行者有志"即是显证。庄子虽以法天贵真、豁达逍遥见称，但同样亦有"图南"之志。唯其如此，班固《汉书·艺文志》有言："道家者流，盖出于史官，历记成败、存亡、祸福、古今之道，然后知秉要执本，清虚以自守，卑弱以自持，此君人南面之术也。"墨家主张"君子力事日强，愿欲日逾，设壮日盛"⑥，也是敦促人们知晓锐意进取则"日强"，安于嗜欲则会日渐苟且。法家强调事功进取，其中对君王治术也多有涉及："君以其言授其事，事以责其功。功当其事，

---

① （清）焦循撰，沈文倬点校：《孟子正义》卷二十五《告子章句下》，中华书局1987年版，第864页。
② （清）焦循撰，沈文倬点校：《孟子正义》卷十二《滕文公章句下》，中华书局1987年版，第419页。
③ （清）王先谦撰，沈啸寰、王星贤点校：《荀子集解》卷第二《不苟篇第三》，中华书局1988年版，第41页。
④ （清）王先谦撰，沈啸寰、王星贤点校：《荀子集解》卷第一《修身篇第二》，中华书局1988年版，第33页。
⑤ （三国魏）王弼注，楼宇烈校释：《老子道德经注校释·三十六章》，中华书局2008年版，第89页。
⑥ 吴毓江撰，孙启治点校：《墨子校注》卷之一《修身第二》，中华书局2006年版，第10页。

事当其言则赏；功不当其事，事不当其言则诛。"① 这是要求君王以各种手段激励臣下，从而实现长治久安。兵家关注军争，军事力量的强弱又是决定战争胜败的关键因素，因而兵家自然也就少不了阐释"自强"的话语。例如，《孙子·九地》言"投之亡地然后存，陷之死地然后生"，也就是说在必要的情况下，将领应该果断决策，背水一战，从而激励、激发官兵冲锋陷阵、不怕牺牲的勇气和决心。

可以说，先秦时期的百家争鸣深刻影响了中国传统文化和学术思想的发展，也为《周易》中"自强不息"的历史语境和学术诠释奠定了基调。在这个时代，"自强不息"通常被诠释成个人处世坚忍不拔、迎难而上的思想品格，《周易》中"法天则地"的思想倾向在一定程度上被淡化，个人品格层面的意义得到进一步突出，而这又进一步凸显了西周以来"人文精神的悦动"②，凸显了从敬重天命到关注人事的历史转变③。

（三）解经与践行：汉唐经学与"自强不息"

公元前221年，秦始皇统一六国，随后为了加强思想控制，下令焚烧天下"无用"之书。但在此过程中，却对《周易》网开一面。这一方面是由于《周易》具有卜筮之书的性质，而不在所焚"《诗》《书》、百家语"④之列，但另一方面同样不可忽视，那就是《周易》的思想内涵不仅有助于秦始皇治国理政，同时也与其政治性格颇为契合，"自强不息"就是其中的重要内容。贾谊《过秦论》提及秦始皇"奋六世之余烈，振长策而御宇内"云云，也体现了秦始皇奋励威猛、建立功业的开拓精神。此外，秦始皇还将这种精神贯彻到治理朝政之中，《史记·秦始皇本纪》载，当时"天下之事无小大皆决于上，上至以衡石量书，日夜有呈，不中呈不得休息"。有学者据此做过估算，

---

① （清）王先慎撰，钟哲点校：《韩非子集解》卷一《主道第五》，中华书局1998年版，第30页。

② 徐复观：《中国人性论史》，上海三联书店2001年版，第22、26页。

③ 傅斯年：《性命古训辨证》，《傅斯年全集》第二册，台湾联经出版事业有限公司1980年版，第279—299页。

④ （汉）司马迁撰，（南朝宋）裴骃集解，（唐）司马贞索隐，（唐）张守节正义：《史记》卷六《秦始皇本纪第六》，中华书局1982年版，第255页。

认为秦始皇每日批阅公文的总字数高达三十余万字。① 可见秦始皇虽贵为皇帝，但仍事必躬亲，从不懈怠。我们认为，这正是秦始皇将《周易》"自强不息"精神融入治国理政思想和实践的写照。

时至汉代，在经历了一段黄老治国、休养生息之后，汉武帝重新振作起汉家天子的威严，在思想方面重用董仲舒等人，罢黜百家，独尊儒术，使儒学成为正统官学。而此时的儒学在经历了董仲舒等人的改造之后，呈现出全新的面貌，阴阳、五行等思想进一步受到重视，"天人感应"学说亦大行其道。受其影响，易学的象数色彩逐渐凸显，"自强不息"开始与天人感应结合起来。如《后汉书·黄琼传》载，东汉名臣黄琼在劝谏汉顺帝行籍田礼时便以此说理：

> 自癸巳以来，仍西北风，甘泽不集，寒凉尚结。迎春东郊，既不躬亲，先农之礼，所宜自勉，以逆和气，以致时风。《易》曰："君子自强不息。"斯其道也。

当时时令错逆，黄琼劝顺帝行籍田礼以解之，试图以人事顺应天时，消除气候异常造成的不利影响。再如张衡撰《思玄赋》，提及自己在遭遇困境时曾犹豫不决，后来通过占卜得到了"勔自强而不息兮，蹈玉阶之峥嵘"的启示。这些都或多或少地体现出两汉时期象数易学影响下，人们对"自强不息"的理解方式。

至于汉代经师如何理解《周易》的"自强不息"，由于史料阙如，大都不得而知。现存文献中最早的"自强不息"注解者是东汉末年的虞翻。他说：

> "君子"谓三，乾健故"强"。天一日一夜过周一度，故"自强不息"。②

---

① 王子今：《秦始皇的阅读速度》，《博览群书》2008 年第 1 期。
② （清）李道平撰，潘雨廷点校：《周易集解纂疏》卷一《乾》，中华书局 1994 年版，第 38 页。按，虞翻虽然活动于东汉末年至三国孙吴初年，但其学术观点和方法基本上继承并延续了汉易的传统。正如唐长孺在《读〈抱朴子〉推论南北学风的异同》一文中所讲，孙吴时代江南治《易》的学者"还是继承汉儒传统，全未受什么影响"。见唐长孺著《魏晋南北朝史论丛》，中华书局 2011 年版，第 351 页。

"三"指"三才"中的人道,"天一日一夜过周一度"是时人对天象的一种认识,将一年分为"周天三百六十五度四分度之一",太阳"日行一度"即一天。① 显而易见,虞翻的注解依然遵循了汉代象数易学的路数,以天人关系的视角,认为君子应当效法天道刚健不息、太阳运动不息的精神,如此才能体现天道之乾健。这在一定程度上可以视作《乾卦·象传》原本思路的延续和传承。

随着三国魏王弼解《易》"尽黜象数,说以老庄"②,从"天人感应"角度来理解"自强不息"的诠释方法逐渐式微。尽管王弼对"自强不息"没有专门的注解,但从此后的记载中可以看出,"自强不息"常常被用来鼓励人们刻苦学习,勤于政事。东汉末年,"建安七子"之一的徐幹就已经将"自强不息"与勤奋学习联系在一起。他在《中论·治学》中说:

> 志者,学之师也;才者,学之徒也。学者不患才之不赡,而患志之不立。是以为之者亿兆,而成之者无几。故君子必立其志。《易》曰:"君子以自强不息。"

可见,徐幹认为"立志"是治学的出发点,立志之后勤于治学则是"自强不息"的具体表现。到了晋朝,"自强不息"开始与勤政联系在一起。如潘岳在赴任长安令途中作《西征赋》明志,其中便以"励疲钝以临朝,勖自强而不息"自励。易学家、史学家干宝则以圣贤好学、勤政的事迹来综合解释"自强不息",指出:"凡勉强以进德,不必须在位也。故尧舜一日万机,文王日昃不暇食,仲尼终夜不寝,颜子欲罢不能。自此以下,莫敢淫心舍力,故曰'自强不息'矣。"③ 另外,时人在论述具体人物事迹时,亦体现了"自强不息"与勤奋态度之间的关系。例如,《世说新语·政事》记述东

---

① 见《尚书考灵曜》,[日]安居香山、中村璋八辑:《纬书集成》上册,河北人民出版社1994年版,第348页。
② (清)永瑢等:《四库全书总目》卷一《经部一·易类一·序》,中华书局1965年版,第1页。
③ (清)李道平撰,潘雨廷点校:《周易集解纂疏》卷一《乾》,中华书局1994年版,第38页。

晋名臣陶侃为官"勤于事",刘孝标注引《晋阳秋》谓陶侃"勤而整,自强不息"。由此可见,"自强不息"已经逐渐被赋予了经文之外的现实人生方面的含义。

值得注意的是,魏晋南北朝时期,割据政权林立,政局动荡不安,但同时也造就了思想文化上的开放与多元,文人对于"自强不息"的诠释亦呈现出多样化趋势。如刘孝标撰《辩命论》,其中有言:"且于公高门以待封,严母扫墓以望丧,此君子所以自强不息也。如使仁而无报,奚为修善立名乎?"此文虽颇多天命论、宿命论的色彩,但作者还是鼓励人们在道德修养方面"自强不息",行仁义之事从而获得善报、福报。不过,在大部分语境下,"自强不息"还是"勤奋"的代名词,故而唐代白居易在编纂《白氏六帖事类集》时,将匡衡"凿壁偷光"、倪宽"带经而锄"等事例收入"自强"条目之下。此举无疑是对"自强不息"精神内涵的进一步拓展和丰富。

在官方学术方面,孔颖达赓续王弼以来义理派的思路,将三国魏王弼注与晋韩康伯注合为完整的《周易注》,并详加疏解,撰成《周易正义》,其中对"天行健,君子以自强不息"做了系统解释:

> "天行健"者,谓天体之行,昼夜不息,周而复始,无时亏退,故云"天行健"。此谓天之自然之象。"君子以自强不息",此以人事法天所行,言君子之人用此卦象,自强勉力,不有止息。

孔颖达以天体运行比附天道刚健的说法,指出人们应当以此卦象勉励自己,"不有止息"。此说融会了两汉以来象数、义理两派的解释思路,重申《易传》"法象天地""拟诸形容"的思维模式,将天地之道贯穿在人事当中。这种解释方法也奠定了后世对"自强不息"的诠释基调。

此外,唐代是儒、道、佛三教合流的重要时期,《周易》的学术地位及文本特性使其成为各家各派相互融合的媒介。唐末高道杜光庭融会儒道,推崇唐玄宗御注《道德经》,并对其进行疏解,在解释"道大,天大,地大,王亦大"时说:"天之清也,积气于上,体乎纯阳,运动不息,刚健而文明,故次于道也。"这明显是化用"自强不息"在天道层面所体现出的精神内涵。

当时的佛教经典中亦屡见以"自强不息"解经的例子。如清凉澄观在《华严经疏钞》中以"自强不息"解释"希有勇健":"谓乾者刚健之象,君子当法天刚健,故自强进德不休息也。今借用之明佛勇猛,自励策修练磨其心,得成正觉为勇健耳。"① 还有释智脱言:"见身有疾,自强不息,犹事法筵。"② 皆是以"自强不息"来阐释、说明勤修佛法之事。由此可以看出,《周易》"自强不息"的思想内涵在进一步扩展。

汉唐时期是儒学官学化的重要发展阶段,儒家经典已经居于独尊地位,《周易》因之得到社会各界的特别重视和广泛传播。"自强不息"作为其中重要的思想话语,也开始被人们屡屡引述或注释,成为不少学者、官吏自勉自励的座右铭。"自强不息"精神在这一过程中不断被赋予新的时代特征和现实意义,同时也从一个侧面反映了三教合一思想的进一步深化和发展。

(四)"人事"与"天理":宋明学风与"自强不息"

陈寅恪曾经指出:"华夏民族之文化,历数千载之演进,造极于赵宋之世。"③ 与中国文化的演进同步,易学研究和传播到了宋代也进入一个全新的阶段,象数派和义理派均有较大作为。官学层面,唐代孔颖达对"自强不息"的理解占据了主流地位,但是在疑经变古思潮的影响下,民间各家学者异说纷呈,对"自强不息"的解释也表现出众流奔腾之态势。在此影响下,欧阳修指出,对于"自强不息"的解释,"其传久矣,而世无疑焉,吾独疑之也"。他认为,圣人取乾象为天,"而嫌其执于象也,则又以人事言之"④。由此可见欧阳修在易学上重人事而轻天道的学术倾向⑤。北宋中后期,随着

---

① (唐)澄观述:《大方广佛华严经随疏演义钞》卷第三十七,《大正新修大藏经》第三十六册,台北佛陀教育基金会出版部1990年版。
② (唐)道宣撰,郭绍林点校:《续高僧传》卷第九《释智脱传》,中华书局2014年版,第324页。
③ 陈寅恪:《邓广铭宋史职官志考证序》,《金明馆丛稿二编》,三联书店2001年版,第277页。
④ (宋)欧阳修:《易童子问》卷一,李逸安点校:《欧阳修全集》,中华书局2001年版,第1107页。
⑤ 余敦康:《汉宋易学解读》,中华书局2017年版,第155—156页。

冗官、冗兵、冗费的弊病逐渐暴露，庆历新政以来士大夫除弊革新的诉求愈加强烈，到熙宁年间更促成了重大的变法运动。处于朝廷中心的政治家在思想层面上亦多持注重人事的倾向。例如，王安石说"君子之道始于自强不息"[1]，司马光言"君子进德修业，自强不息也"[2]，苏轼亦曰"君子庄敬曰强"[3]。上述三人在政治立场上分属三派，政见不同，但就思想倾向而言，他们都谋求政治上革故鼎新，学术上轻天重人，而这些又与"自强不息"精神相契合。

作为熙宁变法中保守力量的重要代表，程颢、程颐兄弟虽然在北宋政坛不甚得意，但由他们开创的理学却成为中国思想发展史上最重要的环节之一，故而理学一脉对"自强不息"的诠释值得重视。程颐说：

> 乾道覆育之象至大，非圣人莫能体，欲人皆可取法也，故取其行健而已，至健固足以见天道也。君子以自强不息，法天行之健也。[4]

虽然程颐此处亦讲天道运行，但与汉唐以来偏向自然法则的天道大不相同。在他看来，天道"覆育"万物体现出了生物之"德"，君子修德应当"终日乾乾""自强不息"。及至南宋，朱熹继承、赓续了这一思想，其《周易本义》曰："但言天行，则见其一日一周，而明日又一周。若重复之象，非至健不能也。君子法之，不以人欲害其天德之刚，则自强而不息矣。"朱熹在继承孔颖达观点的基础上，结合程颐之学，以天道运行不息为"天德之刚"，将"自强不息"上升到了不能被"人欲"所影响的"天理"层面。可见，朱熹之说是对以往"自强不息"理论的进一步总结。在朱子学被定为正统官学之后，这一解释产生了深远影响。至明代，来知德《周易集注·乾》

---

[1] （宋）王安石：《易象论解》，王水照主编：《王安石全集》第六册，复旦大学出版社2017年版，第687页。

[2] （宋）司马光：《温公易说》卷一《乾》，《中国易学文献集成》第15册，国家图书馆出版社2013年版，第17页。

[3] （宋）苏轼：《东坡易传》卷一《乾卦第一》，曾枣庄、舒大刚主编：《苏东坡全集》第七册，中华书局2021年版，第3396页。

[4] （宋）程颐撰，王孝鱼点校：《周易程氏传》卷第一《乾》，中华书局2010年版，第3页。

承袭朱熹之说,并做了进一步阐发:

> 自强者,一念一事莫非天德之刚也。息者,间以人欲也。天理周流,人欲退听,故自强不息。若少有一毫阴柔之私以间之,则息矣。"强"与"息"反,如"公"与"私"反。自强不息,犹云至公无私。

他认为,"自强"之刚体现了天理周流不息、至大至公,如果有一丝人欲掺杂其间,就做不到"不息",而人欲中的自私自利就会凸显。由此可见以"理"解《易》影响之深远。当然,来知德将"自强不息"与至公无私、公而忘私的思想联系在一起,是值得充分肯定的。

另外,宋明心学一脉走上了以"心"解《易》的理路。在《杨氏易传》中,杨简指出:

> 君子之所以自强不息者,即天行之健也。非天行之健在彼,而君子仿之于此也,天人未始不一也。孔子发愤忘食,学而不厌,孔子非取之外也,发愤乃孔子自发愤,学乃孔子自学,忘食不厌,即孔子之自强不息。

在"天人未始不一"的前提下,"自强不息"并非人法天之刚健而行,而是天道在人心当中的流露。这是心学一脉的解释方法,也与明末高僧智旭所谓"六十四卦《大象传》皆是约观心释"[①]有异曲同工之妙。无怪乎清代四库馆臣评价道:"理者《易》之蕴,主理太过,使王宗传、杨简之说溢而旁出,而《易》入于释氏。"[②]从中可见心学与佛学之间的相互会通和融合。

值得注意的是,宋代以后士大夫"得君行道"的意识逐渐强化,"自强不息"精神在延续汉唐以来治学、勤政的意义之外,又衍生出资政帝王的现

[①] (明)释智旭:《周易禅解》卷一《乾》,《中国易学文献集成续编》第18册,国家图书馆出版社2018年版,第209页。

[②] (清)永瑢等:《四库全书总目》卷六《经部六·易类六·御纂周易折中》,中华书局1965年版,第35页。

实意义。如熙宁三年（1070），李常上奏宋神宗言："《易》曰：'天行健，君子以自强不息。'则王者之事也。"① 以史证《易》的代表人物杨万里在上书宋孝宗时，列举周文王和唐太宗之例，激励君主"自强不息""勤而抚民"。② 再如绍兴三十二年（1162）五月，宋金交战中南宋略占优势，宋高宗赵构却因犹豫而逡巡不前，侍御史张震进言："愿陛下体《乾》之健，自强不息。讲内治之策，急内修之政。"③ 谏高宗措意军政，有所进取。诸如此类之言，屡见于明初所编《历代名臣奏议》。该书所收奏议，上起商周下至宋元，而其中出现"自强不息"的奏议大都集中在两宋之际。

总之，作为中国易学发展的重要阶段，宋明时期各家对"自强不息"的诠释出现了新的面貌和趋向。受时局影响，士大夫对"自强不息"的认识更重人事，而另一方面，理学士大夫则进一步改造汉唐以来的儒家天道观，通过"天理"解释"自强不息"，奠定了后世解《易》的主流思路。此外，心学一脉异军突起，杨简通过"天人一体"的思想，使得"自强不息"成为人本心的流露，为儒家与佛教的进一步融合、会通打开了易学层面的重要窗口。

（五）经世与图存：清代以降对"自强不息"理解的转变

随着社会历史的发展和文化思潮的演变，清代各个时期的学术又呈现出不同的特点。王国维曾总结道："国初之学大，乾嘉之学精，道咸以降之学新。"④ 易学的发展也大致呈现出这样的特点。明清之际，王夫之继承程朱以"天理"言《易》的大气象，认为"君子以此至刚不柔之道，自克己私，尽体天理，发愤忘食，乐以忘忧，不知老之将至，而造圣德之纯也"。同时，他强调"自强"与"强人"之间应该有所区分，指出："强者之强，强人者

---

① （宋）李常：《上神宗论修身配天始于至诚无息》，赵汝愚编：《宋名臣奏议》卷二，《景印文渊阁四库全书》第 431 册，台湾商务印书馆 1986 年版，第 31 页。
② （宋）杨万里撰，辛更儒笺校：《杨万里集笺校》卷六九《癸巳轮对第一札子》，中华书局 2007 年版，第 2913 页。
③ （宋）李心传撰：《建炎以来系年要录》卷一百九十九"绍兴三十二年五月丁未"条，中华书局 1988 年版，第 3371 页。
④ 王国维：《观堂集林》卷十九《沈乙庵先生七十寿序》，《王国维全集》第八卷，浙江教育出版社、广东教育出版社 2009 年版，第 618 页。

也；君子之强，自强者也。强人则竞，自强则纯。"① 这也从一个侧面体现了船山之学"经世致用"的主旨。

乾嘉之际，汉学名家辈出，硕果累累，而此时的宋学却由于空谈、空疏遭到汉学家的猛烈批判，一度有式微之势。汉学家在对"自强不息"的解释上，将以《庸》释《易》，《庸》《易》结合的做法进一步发扬光大。如惠栋以《中庸》"子路问强"章释"自强不息"，在《周易述》中自注曰：

> 子路问强。子曰："南方之强与？北方之强与？抑而强与？"而强，即自强也。《易》备三才，至诚无息，所以参天地与。

自疏云：

> 引《中庸》者，证自强之合于中和也。子路问强，夫子反诘之曰：抑而强与？而，女也。因告之曰：故君子和而不流，强哉矫！中立而不倚，强哉矫！是强有中和之义。君子法天之健，合于中和，即至诚之无息也。故又取三才之说以申之。

基于此，惠栋引而伸之，为"自强"赋予了"中和"之义，认为君子法天道运行之刚健，使言行合于中和之道，即至诚无息，才能赞天地之化育，与天地参。值得注意的是，这种强调《易》《庸》密切关系的学术传统又被晚近以来的学者进一步发挥。如唐文治说："《中庸》其准《周易》而作乎！"② 熊十力认为："《中庸》本演《易》之书。"③ 杨向奎则强调，《中庸》完全可以纳入《易传》的行列而变作"十一翼"④。

---

① （清）王夫之撰，李一忻点校：《周易内传》卷一上，九州出版社 2004 年版，第 21 页。
② 唐文治：《中庸大义序》，《唐文治经学论著集》第三册，上海古籍出版社 2019 年版，第 1845 页。
③ 熊十力：《原儒》，《熊十力全集》第六卷，湖北教育出版社 2001 年版，第 555 页。
④ 杨向奎：《〈易经〉中的哲学与儒家的改造》，《北京大学学报》（哲学社会科学版）1995 年第 2 期。

道咸以降，清朝统治开始出现内外交困的局面，于内民怨沸腾，于外列强环伺。这时的思想界、学术界，不论是汉学还是宋学，都无法有力地应对"三千年未有之变局"。面对此种情况，一些传统官僚学者为维系王朝统治，强调变革迫在眉睫，于是洋务派、维新派相继应运而生。其中，洋务派较早提出"自强"的口号，主张积极进取，通过"师夷之长技"来实现国家富强、民族振兴。冯桂芬说："人自不如，尤可耻也，然可耻而有可为也。如耻之，莫如自强。"①"自强"一语还屡见于洋务派重要人物的奏章文字之中，如奕䜣明确提出"治国之道，在乎自强"②，认为"探源之策，在于自强，自强之术，必先练兵"③。曾国藩则指出，中国"欲求自强之道，总以修政事、求贤才为急务，以学作炸炮、学造轮舟等具为下手工夫。但使彼之所长，我皆有之"④。李鸿章也说："中国欲自强，则莫如学习外国利器。"⑤凡此种种，都可以看作从经世致用角度对"自强"的解读。

然而，洋务运动并未使清朝真正实现"中兴"，走向富强，于是一些进步的知识分子开始呼吁进行制度、思想等方面的变革，以康有为、梁启超为代表的维新派在"公车上书"后走上历史舞台。其实，康有为的自强思想在其学术研究中也有所反映。如在注解《中庸》"子路问强"章时，他曾引述《周易》"自强不息"之语，指出：

　　《易》曰："天行健，君子以自强不息。"……若隐居求志，行义达道；穷达一辙，不以曲学阿世；遭乱际变，守节奉义；生死一致，不以

---

① （清）冯桂芬：《制洋器议》，见其著《校邠庐抗议》，上海书店出版社2002年版，第48页。
② 李书源整理：《筹办夷务始末（同治朝）》第三册卷之二十五同治三年甲子四月戊戌〔九〇〇〕"奕䜣等奏请派京营弁兵往江苏学制火器折"，中华书局2008年版，第1081页。
③ 中华书局编辑部整理：《筹办夷务始末（咸丰朝）》第八册卷之七十二咸丰十年庚申癸酉〔二七五八〕"奕䜣等又奏请八旗禁军训练枪炮片"，中华书局1979年版，第2700页。
④ （清）曾国藩：《曾国藩日记》"同治元年五月"条，唐浩明修订：《曾国藩全集》第17册（修订版），岳麓书社2011年版，第289页。
⑤ 李书源整理：《筹办夷务始末（同治朝）》第三册卷之二十五同治三年甲子四月戊戌〔九〇二〕"李鸿章函"，中华书局2008年版，第1089页。

患难易操。凡四者，皆大勇也，非血气所能。孔子体之以教子路，为《中庸》之强。①

康有为认为，"自强不息"之"强"与《中庸》之"强"意涵相同，居中履正，旁行不流，皆为人道自立之德。由其中"遭乱际变，守节奉义"一句，不难看出明显的时代痕迹和个人志向。此外，在《上海强学会后序》中，康有为还说：

> 然则天道无知，惟佑强者。《易》首系《乾》，以自强不息；《洪范》六极，弱居极下。盖强弱势也，虽圣人亦有不能不奉者欤！然则惟有自强而已。②

在这里，康有为明确指出了"自强"的重要性，认为上天不佑弱者，只有自强，才能改变中国的衰弱局面。这里"天道无知，惟佑强者"的表述，应该也是受到了当时西方盛行的达尔文"物竞天择，适者生存"之说的某种影响。

以康、梁为代表的维新派提倡的"自强"，与洋务派强调国家层面有所不同。维新派的"自强"站在民族主义的立场，主要强调个体精神上的觉醒。戊戌变法的重要人物谭嗣同指出："中国谋自强，益不容缓矣。名之曰'自强'，则其责在己而不在人……合并其心力，专求自强于一己。"③谭嗣同认为，中国欲自强，首先国民人人当先自强，人人自强则中国自强。梁启超《少年中国说》提出"少年强则国强，少年独立则国独立"④，表达的意思也相同。后来，梁启超还把"自强不息"与"厚德载物"作为衡量君子与否的首要标准。

---

① 康有为：《康有为全集》第五集，中国人民大学出版社 2007 年版，第 372 页。
② 康有为：《康有为全集》第二集，中国人民大学出版社 2007 年版，第 97 页。
③ （清）谭嗣同：《仁学》，《谭嗣同集》，岳麓书社 2012 年版，第 382 页。
④ 梁启超：《少年中国说》，《梁启超全集》第二集，中国人民大学出版社 2018 年版，第 224 页。

随着洋务运动、"百日维新"的相继失败，救亡图存的重任落在了以孙中山为代表的革命党人身上。辛亥革命后，清政府被推翻，中国革命进入了新的历史阶段，孙中山"吾志所向，一往无前，愈挫愈奋，再接再励"①的精神风貌，正是"自强不息"的集中体现。毛泽东在青年时期就非常看重自强和独立，指出："有身而不能自强，可以自强而故暴弃之，此食馁败而立岩墙也，可惜孰甚焉！"②这种吃苦耐劳、自立自强的思想理念和人格精神，为他后来的思想升华和发展提供了深厚的文化土壤。历史已经证明，中国共产党始终是中华优秀传统文化的忠实传承者和弘扬者，而"自强不息"精神无疑是包括在其中的。

（六）结语

在现存的古代典籍中，《周易》有着最为悠久的成书史、最为广泛的传播史，被儒家学者奉为"群经之首、大道之源"，对于儒学的重要性无须赘言。同时，《周易》"综合百家、超越百家"的特点，更赋予它会通万有的气度，使它的传承、传播不断突破了家法、家派的藩篱，逐步成为儒、道、佛各家共享的思想资源。此外，《周易》"卜筮之书"的特殊性质也使它打破了社会阶层的限制，从而在朝野上下广泛流传。因此，称《周易》是中国古代影响最为广泛的经典文本，应该毫不为过。

纵观古今，先秦时期人文精神跃动，诸子各家无不重视人事，因而将"自强不息"视作积极进取的精神体现。汉唐时期，受到儒、道、佛等不同学说的影响，学者们对其阐释也逐渐趋于多样性、多元化。至宋明理学，则注重从"理"的角度加以诠释，这种诠释路径也深刻影响了后世对于"自强不息"的理解。清代以降，关于"自强不息"的理解和诠释更是经历了由传统到近代的转型。显而易见，正是得益于历代思潮特别是主流思潮的沾溉和影响，经过历代学者的不断诠释和阐发，自强不息逐渐"演变成为中华民族

---

① 孙中山：《建国方略（一九二二年六月前）》，《孙中山全集》第一卷，人民出版社 2015 年版，第 13 页。
② 中共中央文献研究室、中共湖南省委《毛泽东早期文稿》编辑组：《毛泽东早期文稿：1912.6—1920.11》，湖南人民出版社 1990 年版，第 53 页。

精神的核心内涵，构成我国古代优秀传统思想内容之一"①。

日往月来，时移世易。"自强不息"尽管走过了千百年的演进历程，但其所承载的刚健有为、奋进不止的精神却历久弥新，始终感召和激励着人们勇往直前。在中国历史上，无数仁人志士从经典和历史中汲取精神力量，为维护民族尊严和国家主权，大义凛然，仗义疏财，慷慨赴死，不断谱写着正气歌，传递着正能量，高扬着主旋律。诚如鲁迅所言："我们从古以来，就有埋头苦干的人，有拼命硬干的人，有为民请命的人，有舍身求法的人……这就是中国的脊梁。"②张岂之也曾指出："自强不息是中国传统文化的核心理念之一，它作为中华民族精神的内核，在中华民族发展史上起到了独特而不可替代的作用。"③进入新时代，各条战线、各个领域涌现出来的劳动英雄、道德模范等，同样也是在以自己的方式诠释、传承、发展着"自强不息"精神。

习近平总书记在一系列重要讲话中多次引用《周易》"自强不息"之语，强调"自强不息"精神的重要性，指出："正是这种'天行健，君子以自强不息'、'地势坤，君子以厚德载物'的变革和开放精神，使中华文明成为人类历史上唯一一个绵延5000多年至今未曾中断的灿烂文明。"④在全国抗击新冠肺炎疫情表彰大会上，习近平总书记强调："'天行健，君子以自强不息。'一个民族之所以伟大，根本就在于在任何困难和风险面前都从来不放弃、不退缩、不止步，百折不挠为自己的前途命运而奋斗。从5000多年文明发展的苦难辉煌中走来的中国人民和中华民族，必将在新时代的伟大征程上一路向前，任何人任何势力都不能阻挡中国人民实现更加美好生活的前进步伐！"⑤党的十九届五中全会也提出，"坚持创新在我国现代化建设全局中的

---

① 张茂泽：《自强不息》，学习出版社2014年版，第5页。
② 鲁迅：《中国人失掉自信力了吗》，《鲁迅全集》第六卷《且介亭杂文》，人民文学出版社1981年版，第118页。
③ 张岂之：《中华优秀传统文化核心理念读本》，学习出版社2014年版，第100页。
④ 习近平：《在庆祝改革开放40周年大会上的讲话》（2018年12月18日），人民出版社2018年版，第36页。
⑤ 习近平：《在全国抗击新冠肺炎疫情表彰大会上的讲话》（2020年9月8日），人民出版社2020年版，第26页。

核心地位，把科技自立自强作为国家发展的战略支撑"①。可以说，一个时代有一个时代的"自强不息"精神，一个时代有一个时代对"自强不息"的理解和诠释。在新时代，我们应当继续深入探讨、认真研究"自强不息"思想的历史发展及其规律和特点，从而有助于深化和拓展相关的学术研究和学科建设，有助于更好地传承和弘扬以"自强不息"精神为代表的中华优秀传统文化，进一步实现其创造性转化和创新性发展，使古老的中华文明不断焕发出新的时代活力，使伟大的中华民族永远屹立于世界民族之林。

三、占卜文化的起源与理性认知

自古以来，趋吉避凶都是人类的天性。在不同历史时期、不同地理区域，人们为了更好地生存下去，往往希望通过一定的方式预知未来、趋利避害，占卜即为其中的典型。占卜活动伴随人类社会的演进和发展，至今仍有生命力，无论是我国传统八字、手相、面相，还是近代以来域外传入的星座、塔罗牌、卡巴拉等占卜方式，都有其古老的渊源和传统。随着科技水平的提升、互联网的普及，这些占卜形式亦"升级"到网络，人们只需要在占卜网站中输入一些简单信息，就可以选择通过不同方式对自己所要了解之事进行预测。网络占卜正因其便利性和易操作性成为一些现代人疏解焦虑、迷茫情绪的出口，然而一些不法网站正利用了这一心理对用户进行欺诈，有的甚至借网络占卜之名召集非法网络组织，在一定程度上扰乱了网络空间秩序。这不禁引人深思，占卜究竟是什么？我们应该如何客观、理性地认识占卜？如何正确看待占卜文化和应对网络占卜带来的乱象？

（一）敬天重人：我国占卜文化的起源及其基本精神

所谓"占卜"，从字面上看，包括"占"和"卜"两方面。在《说文解字》中，"占"被解释为"视兆问也"，即通过观察预兆以判断吉凶；"卜"为"灼剥龟也"，即通过灼烧龟甲观察其裂痕以预测吉凶。新石器时代的考

---

① 《中国共产党第十九届中央委员会第五次全体会议公报》，人民出版社2020年版，第12页。

古遗迹中已经可见灼烧兽骨的现象，最晚到殷商时期已经形成我国目前最早可见的成熟文字——甲骨文，其内容绝大多数为殷商王室通过龟甲或兽骨进行占卜活动的记录。随着预测方式的逐渐丰富，人们又发明了一套通过排列蓍草或竹策之数而获得对应卦象的方法，称为"筮"，《周易》六十四卦及卦爻辞即属于"占筮"的系统。

两周时期，卜和筮应是同时流行的，《诗经·卫风·氓》"尔卜尔筮"、《左传·僖公四年》"筮短龟长"之语即是明证。随着龟卜的逐渐消失，"占卜"一词也被引申用以涵盖包括卜筮等通过预兆以推测吉凶祸福的所有相关活动。正如汉代郑玄所言："凡卜筮实问于鬼神"。① 不论所用方法为何，其实质都是要人们相信命运在其发生前就已经被上天安排妥当。所以，在决疑的过程中，人们往往希望借助一些方法达到预知未来、趋吉避凶的目的。然而，综观我国占卜活动产生与发展的悠久历史，占卜中所求问之"鬼神"在不同时期内涵不尽相同，人们对占卜的认识也一直在发生变化。

殷商时期，占卜求问的对象主要是自然神和商王的祖先。《礼记·表记》有云："殷人尊神，率民以事神，先鬼而后礼。"其中"神"即是自然神，殷人相信风、雨、山、河等自然现象背后都由对应的神明掌管，"鬼"指商王祖先，祖先去世后就加入神明行列，庇佑后人。此外，又有"上帝"在殷商信仰系统中居于绝对、最高的地位，掌管所有神明和人间之事。有学者指出其有"宗神"的性质，因为商代人相信，"上帝"是商部族的保护神，他指定商王作为其在人间的代理人，所以商王只要通过祭祀等活动取悦上帝及诸神明和祖先，就能获得他们长久的护佑。正如《尚书·商书·西伯戡黎》所载，商纣王在面对周部族壮大和威胁时仍坚信"我生不有命在天？""有命在天"一语正是这种观念的集中表现。从甲骨卜辞内容也能够看出这种绝对的命定观，凡涉及国家祭祀、征伐、王事等方面，商王皆要占卜，占卜的内容也较为简单，一般包括所占卜之事的内容、发生时间以及应验情况。此时的占卜结果完全是神明意志的体现，人们只能绝对服从与尊崇，并无任何能动

---

① （清）孙诒让撰，王文锦、陈玉霞点校：《周礼正义·春官宗伯第三上·天府》，中华书局2013年版，第1568页。

性可言。

王国维《殷周制度论》指出："中国政治与文化之变革，莫剧于殷周之际。"① 殷周鼎革之后，我国历史发展进入到一个新的阶段。这一时期，占卜所求问的对象逐渐转变为"天"。周人相信从前殷人有德，所以上天降下"天命"于商王先祖，纣王失德，致使"天命"转移到周，因此他们也认识到"天命靡常"，只有经常修养德性、爱护生民才能"以德配天"，这就是所谓的"敬天事人"或"敬天保民"思想。由此，周人一改殷人对神明的绝对服从，开始注重德行与德政在治理国家中的重要作用，也为此前神秘的"天"注入了人文性、道德性的理性因素。

《周易》正是形成于这样的背景之下，如《系辞下传》言："《易》之兴也，其当殷之末世、周之盛德邪？当文王与纣之事邪？"我们现在看到的《周易》分"经"和"传"两部分。"经"主要用作卜筮，大致成书于殷周之际，其内容为六十四卦及卦爻辞；"传"是解释经文的文字，大致成书于战国中晚期。与殷商时期以占卜窥测神意的思路不同，《周易》卦爻辞所体现的内容并不局限于天命对于人事的单项操控，而是一种双向互动，即人作为道德主体对天命走向也可能产生一定影响。如《乾卦》九三"君子终日乾乾，夕惕若，厉，无咎"，表明危险（"厉"）可能会降临，但如果有德君子能每日振作不懈怠，即使在夜晚依然保持警惕，行事谨慎，那么即将到来的灾祸也可以被化解。可见，《周易》认为天意并非玄远不可及，而是在一定程度上取决于人自身的德性，强调人虽然受天命影响，但还是有可以发挥主观能动性的空间。从某种程度上说，天命在此时已经有了人意的影子。

这影响到了此后春秋战国时人对于占卜的态度。如《左传·襄公九年》记载，鲁宣公去世后其子鲁成公继位，宣公之妻即成公之母穆姜却与大夫宣伯私通，二人密谋干政被鲁成公发现后，成公将穆姜幽禁。在前往幽禁之所前，穆姜占了一卦，主管占筮的史官根据结果告诉她说："这在《周易》里

---

① 王国维：《观堂集林》卷十《殷周制度论》，《王国维全集》第八卷，浙江教育出版社、广东教育出版社 2009 年版，第 302 页。

是随卦，意思是出走，示意您赶快出逃离开这里。"穆姜说："不对，随卦卦辞是'随，元亨利贞，无咎'。元亨利贞代表四种最美好的德行，我犯上作乱已经失德，所以不可能像卦辞'无咎'所说的这样做到没有危险，反之我一定会死在这里，再也出不去了。"鲁襄公九年，穆姜果然死于幽禁之地，正应验了她自己的推测。商周时期"巫史不分"，史官在当时作为与天沟通的职业占卜人员，自然倾向于注重《周易》预测天意的一面，而穆姜的思考显然更加深刻，她认为占卜结果虽关天意，但天意本身就是为有德者准备的，故而自己虽占得出路，却因无德而不得善终。

由此可见，《周易》六十四卦卦爻辞虽是卜筮之书，但其诞生于商周鼎革之际，受到"敬天保民"思想的强烈影响，成书之时即具备了天命与人事两个要素：在占筮吉凶、预测未来的基本功能之外，其对道德的推崇则显示出注重人事的一面，并强调人事也可对天命产生影响。这为此后《周易》从卜筮之书向着人文化、哲理化方向转变做好了思想准备，也为我国古代占卜文化的发展奠定了主要基调。

（二）"占者有其德"：《周易》卜筮功能的形式与内涵

《周易》是上古时期主流的占筮之书，但根据《周礼·春官·太卜》所言太卜"掌三《易》之法，一曰《连山》，二曰《归藏》，三曰《周易》"，可知当时流行的卜筮之书有三，《周易》仅居其一。其之所以能够在后世脱颖而出，受到先秦诸子的广泛关注，甚至在汉武帝独尊儒术之后位列官学而成为"群经之首"，与其崇尚德性、说理性强的特点密切相关。然而，占卜作为一种诉诸神秘力量的非理性活动，毕竟与道德教化这一理性目标存在矛盾，这两种倾向却熔冶于《周易》一书之中。如何理解两种不同的思想倾向，进而调和二者之间的矛盾，成为此后历代思想家在读《易》、研《易》过程当中必须思考的问题。

前文已述，《周易》卦爻辞中蕴含着对德性的倡导，但这些道理都隐藏在卜筮之书的形式之下，往往难以被普通人察觉。《周易·系辞上传》所谓"百姓日用而不知"，反映的正是当时的普遍情况。孔子及其后学注意到这个现象，开始对《周易》说理的内涵进行系统性挖掘和论述。孔子非常重视

《周易》卦爻辞对"德"的宣扬，他曾引述《周易·恒卦》九三爻辞"不恒其德，或承之羞"以说明卦爻辞有益于提高人的道德修养水平，晚年对《周易》的喜爱更是通过"韦编三绝"的典故可以得知，长沙马王堆汉墓帛书《周易》之《要》篇中的相关记载更为突出。尽管孔子不排斥传统的占卜之术，甚至颇为精通，"百占而七十当"，但他更强调占卜的目的是观其德义："《易》，我后亓（其）祝卜矣！我观亓（其）德义耳也！""后世之士疑丘者，或以《易》乎？吾求亓（其）德而已（已），吾与史巫同涂而殊归者也。君子德行焉求福，故祭祀而寡也；仁义焉求吉，故卜筮而希也。"① 在孔子看来，祭祀、卜筮等活动其目的在于从超自然的力量那里获得庇佑，但如果人能做到有德与仁义，亦能获得相同的结果。相较于卜筮这种将自己命运交给神明决定的行为，修养道德更能够发挥人的主观能动性，这也是《论语·子路》载孔子说"不占而已矣"的原因。可见在孔子看来，卜筮与重德是《易》的两大思想特征，二者不可分割，但德行和仁义在某种程度上也可以起到与占卜相同的作用。

至战国中晚期形成了十篇解释六十四卦卦爻辞和筮法的文字《易传》，亦即"十翼"，进一步阐释了这一思想。首先，《易传》为人伦道德找到了天道层面的理论依据。《说卦传》曰："立天之道曰阴与阳，立地之道曰柔与刚，立人之道曰仁与义。"天、地、人三才被纳入同一个理论框架，这个世界归根结底由阴阳构成，而这一规律投射到人道层面就是以仁义为代表的道德准则，因此人们修养道德符合天道运行的规律。其次，《易传》重申占卜与修德之间是现象与本质的关系。《系辞上传》言六十四卦本身只涉及六十四类事，并不能尽包天下之事，所以人们应当"触类而长之"，要引述具体卦象背后的道理，才能将其推广到其他类似的境遇当中。由于人伦道德与天道秩序相一致，个人命运的吉凶与否并非神秘而不可捉摸的神意，而是由自己的道德水准决定，修德则吉，违德则凶。

这种思想影响深远，直至西汉前期，不少大儒学者依然秉承此说。例如，董仲舒《春秋繁露·精华》曾直言"《易》无达占"。《史记·龟策列传》

---

① 裘锡圭主编：《长沙马王堆汉墓帛书集成》叁，中华书局2014年版，第118页。

亦有言："君子谓夫轻卜筮，无神明者，悖；背人道，信祯祥者，鬼神不得其正。"这些都是将卜筮功用与义理内涵合而观之，认为二者不应偏废，而是应该熔于一炉。西汉中期以后，偏重卜筮的象数易学立于学官，影响日渐扩大，朝廷上下说灾异和说谶纬风气炽烈，《易》的卜筮、预测功能大为彰显，道德教化的功能反而被忽视。这种风气直到汉末三国方为之一变，先是郑玄兼重今古文经，改变一时风气，王弼继踵其后，扫落象数，重新拾起《周易》义理的路数，以哲学化的视角解经。此后，经过唐代孔颖达和北宋胡瑗、程颐、张载、王安石等人的努力，《周易》经传中与儒家道德伦理相通的部分重新得到阐扬，致使人们讳于言及《周易》作为卜筮之书的本来面目。

针对这种情况，南宋朱熹提出正确对待《周易》作为卜筮之书和义理之书的"双重身份"。一方面，朱熹明确提出"《易》本卜筮之书"，"本"字说明要历史地看待《周易》经传，打破了"讳言《易》本为占筮作，须要说做为义理作"的局面。① 另一方面，他重新拈出孔子、《易传》以来的思想，指出卜筮之书并不会因其外在形式而失去价值，因为"许多道理，依旧在其间"。朱熹沿袭张载《正蒙·大易》之"《易》为君子谋，不为小人谋，故撰德于卦"的观点，提出人们应当透过现象看本质，从占卜之用的卦爻辞看其对人伦社会道德的推崇，所以他在《周易本义》中屡次强调"占者有其德"。随着程朱理学成为官学，朱熹此说对后世产生了深远影响。

千百年来，经过历代学者的不懈努力，《周易》的性质及其学术面貌基本得以澄清，在这一曲折过程的背后，反映的是人们对占卜与德行之间关系认识的深刻变化。朱熹在承认"《易》本卜筮之书"的同时，也强调"许多道理，依旧在其间"，并非单纯的调和论，而是回归孔子、《易传》的思路，对于《周易》具有卜筮、重德两种价值观的确认。但归根结底，无论是孔子还是朱熹，最终还是强调卜筮是君子之用，而重德才是君子之本，这正与儒家倡导的基本精神相契合。

---

① （宋）黎靖德编：《朱子语类》卷六十六，中华书局 1986 年版，第 1622 页。

（三）传统占卜文化与互联网结合衍生的乱象治理与理性认知"自强"

当今网络占卜形式多样、内容驳杂，吸引了相当数量的年轻网民参与其中，乐此不疲。实际上，这种现象是传统占卜文化与当今互联网结合的时代产物。对占卜活动的依赖，也投射出当今社会人们面对现实焦虑和困惑时渴望寻求心理依赖与精神寄托的愿望。但是，网络占卜作为一种社会现象，也存在着诸多消极因素。一是不少网络占卜充斥着低俗、有害的信息，宣扬消极的世界观、人生观、价值观，与社会主义精神文明建设的要求背道而驰。二是网络占卜容易滋生违法犯罪行为，如利用网络占卜虚构事实，以"转运"等理由诈取钱财，社会危害性不言而喻。三是对受害者个人及家庭有时会造成不可挽回的损失。据警方提供的案例，不少受害者由于身患重病、疑难病，感觉求医无望转而投向网络占卜，不法分子正抓住这种心理，大肆揽财，轻者致使受害者遭受经济损失、使家庭关系受损，重者则可能导致受害者家破人亡，社会影响极其恶劣。

因此，针对社会上日益活跃的网络占卜活动，多方综合治理势在必行。"首先要把网络占卜从边缘地带拉回法律聚光灯下"[1]，通过完善相关法律法规，把该行为明确纳入法律调整范围，划出网络占卜的边界和禁区。其次，司法、执法机关应当切实履行职能，针对花样百出的非法网络占卜活动加强监管，对骗取他人钱财、侵害他人合法权益的行为予以坚决打击。此外学校和家庭也应当积极参与，向未成年人传播正确的世界观、人生观、价值观。但最终的责任主体还是我们自己。作为新时代的公民，我们应当自觉树立科学观念，提高人文素养，从而增强辨别力。在这个过程中，中华优秀传统文化应当发挥积极的重要作用。

占卜文化存在于人类不同文明发展的不同阶段，它是人趋吉避凶这一朴素愿望的直接反映。《周易》作为中华文化中历史最悠久、地位最崇高的传统经典之一，其成书之初就有着卜筮的功用，但其价值绝不仅限于此。从《周易》卦爻辞对道德的宣扬，到孔子"观亓（其）德义"的态度，再到

---

[1] 史志鹏：《从游戏娱乐走向骗财牟利——网络占卜，该治治了！》，《人民日报海外版》2020年12月25日。

《易传》"与天地合其德"①的天人合一理念，均昭示着古代先民敬天、重德、保民的精神境界。此后历代仁人志士中，也不乏以《周易》经传中的名言警句作为座右铭者。在《周易》所构筑的世界中，天意固然有玄远难测的一面，但是人依然有发挥能动性的空间，而这种能动性就是体现在"德"上。德行高尚的君子，即使卜之不利，但仍然能够通过修身自省、夕惕若厉而化解祸端，而那些汲汲营营的小人，即使卜得大吉，但仍有可能遭遇灾凶。《周易》之"易"强调变化，其真义就在于此。正如《乾卦·象传》所云"天行健，君子以自强不息"，天道强健有为，君子的行事也需合乎于此。所谓"自强"，不是"天"使之强、"神"使之强，而是不断自我勉励，鼓舞干劲。因此，我们应当正确认识我国传统文化，汲取其中符合时代发展潮流的有利因素，坚信天上不会掉馅饼，努力奋斗才能梦想成真，始终坚持自强不息、厚德载物的精神和理念，时刻葆有昂扬向上、勇于拼搏的斗志和勇气，同时积极、自觉地提升、增强自身的文化素养、科学意识以及明辨是非、真假的能力，抵御网络上的消极甚至违法内容的不良影响。

四、文王演《周易》

在《孟子·公孙丑下》中，亚圣孟子有一个历史论断："五百年必有王者兴，其间必有名世者。"在《尽心下》中，孟子又解释了这个论断的含义：由上古圣王尧舜到商汤之间相隔 500 年，由商汤到周文王兴起又是 500 余年，这之后 500 年便到了孔子的时代，所以每过大约 500 年必有圣君兴起。孟子的这个说法揭示出商周易代是我国历史进程中一个重要节点，而这种剧烈的时代变革，又与周文王推演《周易》有着密切的关系。

（一）中国最早的"监狱文学"

《周易·系辞下传》曰："《易》之兴也，其当殷之末世，周之盛德邪？

---

① （三国魏）王弼、（晋）韩康伯注，（唐）孔颖达疏，于天宝点校：《宋本周易注疏》卷第一《乾》，中华书局 2018 年版，第 36 页。

当文王与纣之事邪？是故其辞危。"又曰："《易》之兴也，其于中古乎？作《易》者其有忧患乎？"意思是说，《周易》出现在"中古"时期的殷商末年，这时正当周德最为昌盛，其中记载的多是文王与纣王之间的故事，所以其中言辞充满忧患意识。那么，其辞之"危"、其忧患意识从何而来呢？太史公司马迁给出了解释，他在《报任安书》（也称《报任少卿书》）中提到"西伯（文王）拘而演《周易》"①。也就是说，《周易》六十四卦及其卦爻辞是周文王在被拘禁的时候推演出来的，可谓中国最早的"监狱文学"作品，后来则成为我国最古老、最重要的典籍之一，奠定了中国传统文化的基调。"西伯"在史书中常常是指周文王姬昌。他生活在商王朝统治之下，所在的"周"只是一个方国，所以姬昌只有"伯"的称号，加上当时周人的主要活动区域又是在商王朝西边，所以人们称姬昌为"西伯"。

其实，周人在最初也并非是西边的原住民。根据《史记·周本纪》记载，周的始祖原名为"弃"，是尧舜时代的农师，因他广为传播稼穑之法，极大地促进了当时的生产进步和经济发展，故而受到了统治者的重视，获得了位于邰（今陕西武功西南）的封地和"后稷"的封号，并世代以姬为姓。

经历了数代首领的统治，到了古公亶父即文王的祖父这一代，周族才真正进入强盛时期。古公亶父将国都迁至岐地（今陕西岐山），并带领民众改变了戎狄风俗，开始营建房屋住所，奖励耕织，使周人的生产力得到进一步发展，势力日渐强盛。经历了古公亶父和姬昌的父亲季历两代人的励精图治，到姬昌即位时，周人已经具备相当大的影响力，还获得了周边不少诸侯的支持。

据《史记·周本纪》等记载，姬昌即位后继承和发展了父祖的事业，他贤德的美名传扬四方。与之相反的是，纣王昏庸无道，宠幸妲己，作炮烙之刑苛待大臣，又耽于酒池肉林的宴乐，不理朝政，使得不少重臣、名士心生失望，纷纷择良木而栖。比如著名的伯夷、叔齐兄弟，在听说姬昌广施仁政、赡养老人后，不惜从千里之外的令支（今辽宁西部）前来投奔。然而，

---

① （汉）班固撰，（唐）颜师古注：《汉书》卷六十二《司马迁传》，中华书局1962年版，第2735页。

姬昌积善累德、广纳天下贤士的美名也引来了猜忌。佞臣崇侯虎向纣王进献谗言道："姬昌得到了诸侯归顺，恐将对君王您不利。"纣王生性残暴，疑心又极重，在听到这样的谗言之后，便马上下令将姬昌抓来，囚禁于羑里（今河南汤阴）。这一囚禁就是七年。在这七年的时间里，姬昌忍辱负重，经历了生死考验。有一次，纣王听到了民间的传闻，说姬昌为圣人。荒唐残暴的纣王竟然将在殷都做人质的姬昌之子伯邑考杀害，并且做成肉汤让姬昌食用。姬昌顾全大局，委屈自己，虽明知是儿子的肉做成的羹汤，也忍痛吃下了。而这又引来纣王的讽刺："圣人当不食其子羹"，"谁谓西伯圣者？食其子羹尚不知也"。①

此事过后，纣王不再相信姬昌是什么圣人，也就逐渐放松了警惕。最终，周臣闳夭等人看准时机，用丰厚的礼物换回了被长期囚禁的姬昌。纣王为了安抚姬昌，正式赐予他"西伯"的称号，同时赋予他自主领兵作战的权力。这七年的牢狱生活，使姬昌痛失爱子、历经屈辱，但他依然不屈不挠、自强不息，在极端困苦的条件下，研究、推演宇宙万物的奥秘和规律，推出了不朽巨著《易经》，即《周易》六十四卦及其卦爻辞。

（二）从"八卦"到"六十四卦"

文王《周易》和伏羲八卦之间的关系是什么呢？司马迁记载文王在羑里"演《周易》"。许慎《说文解字》："演，长流也。"清代学者段玉裁注曰："演之言引也，故为长远之流。"由此可知，周文王是在相传为伏羲所作八卦的基础上做了一些推演的工作。

今本《周易》有六十四个卦，每卦六爻，通过阴（--）阳（—）二爻来体现天地之间的秩序。六十四卦是由八卦两两相重而成的，如乾卦即是由两个乾卦（"☰"）重叠，表示天道刚健，自强不息。八卦称经卦、纯卦，六十四卦称别卦、复卦。文王对于《周易》做出的一大贡献正是在此：他将伏羲所作的八卦符号相互重叠，八八共为六十四卦，这一做法扩大了卦象所覆盖的范围，从而极大地丰富了《周易》的形式和内涵。在此基础上，文王

---

① （晋）皇甫谧撰，徐宗元辑：《帝王世纪辑存·周第四》，中华书局1964年版，第83页。

为六十四卦中的每一卦规定了其所代表的含义（即卦辞），又以具体事例的方式为三百八十爻中的每一爻赋予了意义（即爻辞）。这在当时对于周人和《周易》的影响都是极为巨大的。

文王在撰写卦爻辞的过程中，一方面继承了伏羲以来以八卦象征天道的做法，取象于自然，通过象征的方法揭示世界的运行规律，从而使《周易》具备了逢凶化吉、遇难成祥、占知未来的功能。以众所周知的乾卦为例，乾是天的意思，文王以"龙"比喻天，《乾卦》讲述由"潜龙勿用"逐步发展到"飞龙在天"，在到达"亢龙有悔"的极致时又归于"群龙无首"状态，开始了新的循环往复。通过这个循序渐进、周而复始的过程，文王为世人揭示了事物运行的规律和特点。

另一方面，文王在作卦爻辞的过程中还常常以具体事件为例，甚至一些卦名，如"无妄""归妹"等，都是直接取自真实的历史。另外，需要特别指出的是，《周易》爻辞中有"帝乙归妹"的记载，正是与文王自身息息相关的历史事件。《诗经·鲁颂·閟宫》记载，文王的祖父古公亶父迁居岐山以后，周族实力逐渐强大，由他开始了"剪商"之举。这引起了商王的忌惮，于是商王将文王的父亲季历召唤到殷都后杀害，文王与商王之间由此横亘着不可化解的仇恨。纣王继位后，为了笼络周人，将王室之女嫁给文王为妻，这便是《周易》"帝乙归妹"故事的原型，而"天作之合"这一出自《诗经·大雅·大明》的成语就是用以形容这段婚姻。按理说，文王应该牢记父仇，与商王室划清界限，但是他深知他当时还处于"潜龙勿用"的阶段，不宜暴露自己的真实想法和远大理想，还是接受了这段联姻，同时也让殷商王朝暂时放松了警惕，从保存实力的角度来说，确实是"天作之合"。《周易》全书也都是在体现一个道理——"易"，事物都有发展的过程，并不是一成不变的，所以人们应当审时度势，与时偕行，方能逢凶化吉，趋利避害，实现亨通。

（三）揭开"占卜"的文化奥秘

《淮南子·氾论》记载，纣王一生昏庸荒唐，最后葬送了国家，然而他却从来不曾反省过自己的荒淫无道，唯一使他后悔的就是没有将文王杀死在羑里，而是释放了他，为周灭商埋下伏笔。

这其实与文王演《周易》有很大关系，在当时，由于人们往往相信占卜的结果预示着天意，文王在推演八卦后，就把神明旨意的解释权牢牢掌握在自己的手中，从而扩大了号召力，为后来武王伐纣灭商提供了强大的精神支持和群众基础。此外，《周易》中充满哲理和教育意义的卦爻辞，奠定了周代文明的基本底色，这也是周王朝绵延数百年的文化奥秘。

文王拘于羑里而演《周易》，是易学演进史上最不可或缺的重要阶段。研究表明，商王朝有着高度发达的文明，从现今所发掘的殷墟甲骨卜辞就能够看出，商代贵族对于占卜极为热衷，并且有专职从事占卜的人员，由此也衍生出了发达的占卜文化。在商代的王畿，常常聚集着一大批从事占卜活动的巫师，这些人在当时是极受尊重的知识精英，因此，王畿不仅仅是政治中心，也成为当时华夏文明的文化中心。而我们今天说的羑里，就在这个文化核心区中。相比之下，周人地处西陲，文明发达程度自然不及王畿。文王被拘于羑里，客观上他能够接触到更先进的文化。另外，最新研究表明，文王作为当时方国的一国之主（"西伯"），并没有被纣王完全剥夺人身自由，而是被软禁在羑里城。如果研究属实，那么他就能够与王畿的高级知识分子来往，也可以见识到殷商文明的繁荣。因此，我们说"西伯拘而演《周易》"是易学演进和发展史上至关重要的一环，七年的囚禁岁月不仅给了文王充分的时间思考宇宙奥秘，也使其能够在商代文明中充分汲取所需的营养，最终推演出《周易》六十四卦及其卦爻辞。

文王被囚禁时，充分发扬了《周易》所讲求的自强不息、与时俱进的精神，身处逆境仍坚忍不屈，不忘故国子民，推演出《周易》以推动周文化的发展与进步。他还将居安思危、慎终敬始的忧患意识贯穿在《周易》卦爻辞当中，以自己的亲身经历警醒后人"生于忧患而死于安乐"①，要时刻反省自己的言行举止，谨言慎行。此外，他亲自示范了厚德载物、海纳百川的包容态度，通过积极吸收殷商文明的优秀成果，将其纳入到《周易》的范畴

---

① （清）焦循撰，沈文倬点校：《孟子正义》卷二十五《告子章句下》，中华书局1987年版，第872页。

当中，使其服务于六十四卦以及卦爻辞的推出。需要注意的是，文王在被赎回岐山之后，献出了洛水以西的土地以换取纣王废除炮烙之刑，这般胸怀天下的仁德正是《周易》所讲求的"九五""中正"之君应具备的品质和能量。

《周易》并非单纯的占卜之书那么简单，我们现在看《周易》更应该关注卦爻辞中所蕴含的哲理，由此更能体会到周文王的大格局、大智慧。正是因为文王演《周易》，周人的文明程度才又向前推进了一大步，才得以取代殷商而建立王国。

后来，儒家将文王纳入道统的传递、传承系统中，唐代韩愈将这个道统确定为尧、舜、汤、文王、武王、周公、孔子、孟子，可见文王处于一个承前启后的重要历史地位。他之所以能够开启新的时代，正是与《周易》的产生密切相关。

近年来，以习近平同志为核心的党中央多次强调传统文化及其经典在社会主义精神文明建设与核心价值观涵养、培育中的重要价值和意义。习近平总书记还曾引用包括文王拘而演《周易》在内的具体史实。一般认为，《周易》是高深莫测的秘籍，但实际上"百姓日用而不知"[①]，它早已悄无声息、潜移默化地融入了我们的日常生活。每一个中国人都应该认真体会周文王当年拘而演《周易》时的那种自强不息精神，并将其贯彻到具体的行为当中。

五、《周易》卦象新解

谈起《周易》，大家自然会想到算卦，这没有问题。《易经》早期出现时它的功能就是预测的功能，除了占卜之外还有观察风水的功能。最近日本和韩国都准备申请风水为世界文化遗产，我们国家的有关学者也在研究风水申遗的问题，当然这个事情还需要时间。《周易》在这两方面没有任何问题。

---

① （三国魏）王弼、（晋）韩康伯注，（唐）孔颖达疏，于天宝点校：《宋本周易注疏》卷第十《周易系辞上》，中华书局2018年版，第392页。

但是我们仅仅认为《周易》是算卦的书、是看风水的资料，那是不可以的。因为从孔子起就将《周易》看成大智慧的哲理之书了。《周易》的根本价值在哪儿？就在于它的大智慧。它的大智慧体现了中国传统文化的根源，这个根源不是用现在的语言容易表达的。用《周易》里面的原义，就是和谐。我们现在经常说的和谐，它的来源就是《周易》。当然我们再回到简单的问题，《周易》是怎么回事？

（一）《周易》的基本概况

我们知道，在汉代独尊儒术之后，《周易》被奉为"六经之首"，这本书就被称为广义的《易经》了。当然这是个广义的概念，"易经"和"周易"的说法是可以互换的。同时我们还要强调，《周易》分为六十四卦，这是狭义的理解，就是不包括相传为孔子所作的《易传》，也叫"十翼"的那一部分，因此《易》又有狭义和广义之分。关于《易经》的问题首先是成书年代的问题。

相传伏羲画八卦，距今已有六七千年的历史。我们知道，在甘肃天水有个羲皇故里，因为伏羲为三皇之首。当然对此也有争论，有河南淮阳说，有河北新乐说，山东与河南交界之处都有伏羲的遗迹。对这个问题，学术界目前还处于交流、探讨的阶段。我们一直说中国有五千年文明，但是有的国外学者不承认。我们国家现在对中国传统文化研究是非常重视的，尤其对中国远古时期的文化，也做了很多投入。现在有个"中华文明探源工程"，是继"夏商周断代工程"之后重要的学术工程，实际上就是对"三皇五帝"时期历史的研究。我们在细致研究中华文明的重要源头和来龙去脉的过程中，对伏羲和八卦的认识也会有一定程度的帮助。

大约3000年前，周文王演《周易》，作六十四卦及其卦爻辞。后来，大约2500年前，相传孔子作了《易传》（"十翼"）。从宋代开始，有学者开始质疑，认为《易传》的作者并非孔子。不过，大家几乎都承认，《易传》中反映了孔子的思想，历代也都有学者把它作为儒家经典。孔子对《易》真正开始产生认识是从50岁时开始的，他自己就有"五十而学《易》"的说法，这也体现了孔子的教学体系中进学次第的问题。真实的孔子是很富有人情味的。他没学《周易》前，是"知其不可为而为之"①的性格。周游列国对孔子来说也是一种无奈之举，因为他想将自己的思想主张贯彻到诸侯国君的政治实践中，但鲁国国君不重视他，所以他才周游列国，始终怀才不遇，最终才找到自己的归宿，开办私学，成为老师。在周游列国的过程中，孔子受了很多委屈，吃了许多苦头，也很狼狈，不是被人围攻，就是被人追赶。经过种种磨难之后，他对《周易》才有深切的认识，有了在 50 岁"知天命"之年方学《易》的说法。现在很多年轻人说，先不学《易》，等 50 岁时再学，我就说如果现在能早些读《易》，也许成功来得更早、更大。因为《易》是沟通天人的书，更是教人向善、使人成功的书。当然，我们也应注意到，现在的学术研究，有时容易忽略自然的历史，即我们常说天时、地利的变化，只关注人的历史是不行的。而《周易》致力于思考天、地、人三者间的相互关系，是一门究天人之际的学问，反映了天道与人道之间的内在联系。②孔子正是认识到这一点，开始从用于占卜的《易经》中阐发自然和人类文明的道理，将其转化为一部揭示天人关系的哲理之书。

我们现在看到的《周易》，包括《易经》和《易传》，就是距今 2500 年前后定型的。它的成书史是非常漫长的，它完整地流传到现在已有 2500 年左右，但它的成书史有六七千年，所以我们为什么说中国文化的源头活水在《周易》，它本身的成书历史就很长。有人提出，应该把《论语》《老子》(《道德经》)或是《孙子兵法》作为中国文化的代表，我认为值得商榷。孔子就是读了《易》之后才把哲理性的东西反映出来的。老子也是在学《易》之后，才把其中的思想贯彻到自己的学说中。老子、孔子都是学《易》之后，实现了思想的升华，他们的学说又反过来影响了后来易学的走向，所以《易传》中，既有儒家的特色，也有道家的元素。还有人说，《孙子兵法》也很厉害，但是它并不能代表中国文化的主流，因为中华民族不是一个好战的民族。现在什么人都在学《孙子兵法》，这未必是好现象。曾有朋友开玩笑说，

---

① （清）刘宝楠撰，高流水点校：《论语正义》卷十七《宪问第十四》，中华书局 1980 年版，第 597 页。
② 郭店楚简《语丛一》有云："《易》，所以会天道、人道也。"见荆州市博物馆：《郭店楚墓竹简》，文物出版社 1998 年版，第 194 页。

如果在战场上、商战中、竞技场上拿着《孙子兵法》，顶多能拿亚军；如果想拿冠军，那就得学《易经》。因为它才是主干和源头，《论语》《老子》《庄子》《孙子兵法》这些经典都是它的分支，如果舍本逐末，就会出现偏颇。《周易》这部书才最能代表中国的思想性格、精神面貌。如果在中国文化中只能找一部经典作为我们的精神法宝，那就要找《周易》。所以余敦康先生曾说，中国的智慧在《周易》，《周易》的智慧在和谐。

（二）《周易》卦象的基本知识

《周易》由六十四卦卦象和卦爻辞组成。我们先谈谈卦象的问题。六十四卦又由八卦两两重叠而成。八卦最初是三爻，如"☰"，这是乾卦。大约3000年以前，就是周文王被商纣王囚于羑里，即现在的河南安阳汤阴，周文王在此将八卦推演成六十四卦，即在已有的八个三画符号之上再加上一个三画的符号（重卦），便形成六十四个由六爻构成的不同卦象。八卦称为经卦、纯卦，六十四卦称为别卦、复卦。还以乾卦为例，在"☰"之上再加上"☰"，便组成"䷀"，我们还称之为"乾卦"。八卦只是一个基本的象征性符号。如乾（☰）代表天，坤（☷）代表地。但这只是对自然事物发展客观规律进行概括的东西，并不具备预测的功能。只有将八卦推演成六十四卦之后，它才具有了预测吉凶的功能。例如，乾卦卦辞是"元、亨、利、贞"，爻辞为"初九，潜龙勿用"。为什么说是初九呢？《周易》是讲阴阳的，《庄子·天下》里有句话说"《易》以道阴阳"。也就是说，《易经》主要通过"—""--"两种符号来表示阴阳，其中阳用九表示，阴用六表示。《周易》的变化是由最初的简单向高级、复杂发展。《易经》中的乾卦"䷀"的最下面一画叫"初九"，再上面叫"九二""九三"，以此类推，最上面叫"九六"或"上九"。"初九"是"潜龙勿用"，指沉在水下的龙，还没有发展成熟，尚处于积蓄力量的阶段。"九二"是"见龙在田"，指龙从水中出来了。到了"九四"的时候"在渊"，"九五"是"飞龙在天"。《周易》强调由最初到最终的发展、变化，所以画卦的时候都要从下向上画，这是卦爻的结构。

还有卦象问题。我们知道，阳爻居阳位、阴爻居阴位为吉。阳爻是九和初、三、五配，阴爻是六和二、四、上配。卦象上分"上卦"和"下卦"

或"内卦"和"外卦"。居上卦之中的爻叫"九五"。乾卦"九五"之尊，皇帝用"九五之尊"代表，在一些地方也有体现。天安门整个的格局就是面阔九间，进深五间。还有北京颐和园的十七孔桥，也是"九五之尊"的格局，五居中，中间一孔代表五，从两边算起各八个，中间代表五的孔两边共用，这样就不是十八孔而是十七孔了。现在我们也还用"九五之尊"，比如陕西黄陵、河南新郑，历代都祭祀黄帝，至今仍是国家级祭祀黄帝的地方。在这类国家级祭典中要怎样体现"九五之尊"呢？时辰上要体现"九五"，比如定在上午九点五十分正式开始。当然，"九五之尊"也分不同区域，就天下而言，皇帝代表"九五之尊"；对一个家庭而言，一家之主也是"九五之尊"。

也许有人会问，《周易》到底是讲哲理的书还是算卦的书呢？我认为二说都是正确的。它既有宗教巫术的东西，又有人文理性的东西。《易经》里有两种方向，"精英易学"和"民间易学"是不同的。"精英易学"在历史上占有主导地位，皇帝都在学。现在有学生在做一个课题叫"历代帝王与《易经》"，发现成功的帝王都和《易经》有关系。周文王就曾在被纣王囚禁期间推演六十四卦，后来他的儿子武王伐纣，结束了商朝的统治，奠定了周朝八百年的基业，这也是中国最长的朝代。虽然春秋战国时期周天子势力衰微，但名义上仍是周家的天下，直到秦始皇时期。至于民间，更重视《周易》的预测功能，即我们常说的算卦。当个人遇到很难把握的情况时，想要算一算，这没有什么好奇怪的，但如果是天天算，早上出门也算，遇见小事也算，那是对自己失去了信心，不如不算的好。也有人说算卦准确的概率有多少？历史上没有完全按照卦象来推测未来的，还要分析具体的形势和环境。如果对未来发展趋势的把握能达到51%，就能算作成功。《周易·系辞下传》有句话叫"见几而作"，它与"与时偕行"相似。什么叫"见几而作"？"几"就是苗头、势头，就是达到我们所说的51%时去做出决断。有人说一定要等到八九不离十时再做决断，但那时就晚了。所以历来很多成功人士，在看到某种苗头时，敢于下决心做事，最后实现了巨大收获，这就叫"见几而作"，亦即"与时偕行"。所以《易经》是智慧之书、智慧之学，如果大家都那么容易成功的话，我们就不谈它是智慧的力量了。而《易经》的这种价值，归根结底就是一种崇尚和谐的理念，通过和谐，通过创新，来达到人生的理想境界和远大目标。

（三）《大象传》里的六十四卦卦象

《周易》中的大智慧主要体现在对其卦象变化规律的把握之中。《周易》不是死板的，其中的吉凶都是变化的、综合的，没有一卦绝对好，也没有一卦绝对不好。每一卦和另外一卦都有内在的联系，唐代孔颖达总结其规律是"六十四卦二二相耦，非覆即变"，覆是倒过来的意思，变是阴爻变阳爻，阳爻变为阴爻。六十四卦卦象，除了八个卦可以阴阳互变之外，其余五十六卦皆可两两相覆。汉代郑玄等人说"易"不只是"变"的意思，"易"有三义，变易、不易和简易，就是该变的变，不该变的坚决不能变，我们变的是我们的行为方式，不变的是我们确定下的目标和根本性的原则。至于简易，《周易·系辞上传》言"易简而天下之理得"，就是越简单越好，这里具有辩证的思想。就像毛泽东所说的，"天下大乱，达到天下大治"①。所以，《易经》的原理是建立在变化上，不是变得越来越烦琐，而是按照简易、简约之道来的。

我们来看卦象。《周易·系辞上传》说："一阴一阳之谓道。"卦象变化的实质就是阴阳的变化。乾卦和坤卦作为《周易》的门户，是阴阳和谐精神的具体体现。《大象传》说乾卦的特点是"自强不息"，坤卦的特点是"厚德载物"。经过梁启超先生引用，清华大学就把这两句话当作自己的校训。但是，如果只提"自强不息"也会有问题，一味强健而没有包容的智慧是不行的，这时候就需要"厚德载物"的精神相协调、相配合。若用历史人物来比喻，孔子代表"自强不息"，老子就代表"厚德载物"。中国文化既离不开孔子，也不能缺了老子，所以儒道互补是中华文化的基本底色，也是阴阳和谐精神的体现。

还有一个比较经典的案例，我们都知道成语"否极泰来"，说的便是

---

① 中共中央文献研究室编：《毛泽东年谱（1949~1976）》第五卷，中央文献出版社2013年版，第597页。

《周易》中泰卦和否卦的情况。泰卦☷☰下面是乾，也就是天，上面是坤，也就是地，《大象传》称之为"天地交，泰"。否卦☰☷正好相反，下面是坤，上面是乾，《大象传》说它是"天地不交"。大家都知道"泰"好"否"不好。有人会说，天在上地在下不是很好吗，与自然相符。但是《周易》强调变，天地不交，所以是"否"。泰卦则是天地相交，地的走势是向下的，天的趋势是向上，这是天地相交。男女也是一样，故宫里有"交泰殿"，一般用"龙凤"比喻皇帝和皇后，龙在上，凤在下。但是在这里恰恰是凤在上，龙在下。有人不懂，针对清东陵的一块刻有龙在上凤在下的石雕，说慈禧太后想永远把凤放在上面，把皇帝压在下面。其实不是这样，这就是泰卦的形象体现，绝不是慈禧太后的什么独创。

再来看既济卦和未济卦。既济☵☲下离为火，上坎为水，其《大象传》曰："水在火上，既济，君子以思患而豫防之。"卦象下面是离卦，代表火，上面是坎卦，代表水，水火不相容。但如果看它的趋势，水势是向下走，火势是向上行。水不能总在上面，它要向下；火不能总在下，它要向上。水在火上，这是阴阳的交汇，是和谐。咱们讲象的时候还要带一些数，象指卦象，数是天数、地数。天数是从一至五，地数是从六至九，所谓"天一生水，地六成之"。一、三、五、七、九是阳数，二、四、六、八、十是阴数。再说既济这六个爻象，阳爻居一、三、五的阳位，阴爻居二、四、六的阴位，这个卦阳爻在阳位，阴爻在阴位，阴爻、阳爻各得其位，非常和谐，这样的卦爻结构就叫"中正"。当然，越是求中正越难做到中正。另外，古代建筑除了皇宫有正南、正北、正东、正西门之外，一般人家都是东南门、西南门，没有正南门。所以中正是一种理想，所以既济这种中正的情况不可能长期维持。未济☲☵正好相反，水在下，火在上，这叫"阴阳不交"。这个道理投射到人生的层面来说，便是遗憾。人生就是遗憾，没有任何人不是带着遗憾离开人世的，所有人的生命都是"未济"，虽然有成功，但终归还是有好多不理想的地方。有人把这比喻成装修，每一次装修设计得很好，但是真正装修完之后，仍然有好多遗憾。所以，人生始终要保持一种忧患意识。六十四卦都是这样，就是在追求和谐、创新的同时保持一种忧患意识，保持一种低调。

基于此，我们应该正确地理解《易经》，运用《易经》。大家都喜欢用龙来代表中国文化，乾卦六爻都在讨论"龙"，受到人们的广泛关注。现在给公司起名、个人起名、楼盘起名等都喜欢用《周易》里的词，最近发现叫"龙"的太多了，然后注册不上，又想用《周易》里的词，有的人就突发奇想，用"亢龙"来命名。可能他们查了古汉语词典，"亢龙"是高亢的龙，但是他们不知道的是，在《易经》里的说法是"亢龙有悔"，亢龙是最高点，已经没法发展了，也就是我们说的盛极而衰，到这里就是要走下坡路了。所以，名字也不是看见"龙"都好，还是得回到《周易》文本的原义中去看、去把握。

《周易》体现中华民族的根本精神就是和谐，另外就是创新。如果想达到和谐的境界，就要有创新精神。易学确实是一个大智慧而非小伎俩，从孔子到荀子，儒家都在强调："善为《易》者不占"①。到了更高境界，把《易》搞好的人是不用占筮的。有大智慧就够了，就是我们说的要跳出卦象看卦象，才能从源头上明白卦象，明白《周易》的根本精神。

（四）对《周易》卦象研究的展望

今后《易经》的研究就有这么个方面，以前我们太重视义理，现在应该把象数与义理结合起来。《易经》里是两套系统，一套是象数的系统，另外一套是讲哲理的系统。历史上就有象数派和义理派之争，象数派更多地关注天象、占算方面的研究，义理派则偏重研究《易》中的哲理。如果离开象数单独讲哲理，往往会得出片面的认识。但如果认为《易》纯粹就是讲象数的，与义理无关，也是不对的，哲理必须通过卦象、爻象来体现。我们都知道《十三经注疏》中的《周易》用的是王弼的本子，即唐代人孔颖达的《周易正义》。如果想研究象数，仅靠王弼的本子是看不明白的。还有好多学者只谈象数，但又讲得太过，就走向了烦琐而显得支离破碎。如果真想了解象数，可以看《周易集解》。该书是唐代人李鼎祚编纂的，主要集中了汉魏以

---

① （清）王先谦撰，沈啸寰、王星贤点校：《荀子集解》卷十九《大略》，中华书局1988年版，第507页。

来的象数学说。历史上真正成功的易学家，没有一个是单独的义理派或单独的象数派，两者是互通的、相融的。所以，当今治《易》研《易》，我们不能忽略象数，因为没有象数就没有《易》，或者说没有象数就没有义理。我们都要坚持象数、义理并重，吸收两派之所长。

现在已经到了一个综合创新的时代。众所周知，季羡林先生对中国文化的展望，认为21世纪是中国文化的世纪。我们对前人的东西要做总结，还要有自己的新意，要把当代中国学说与对古代中国学说的继承和发展结合起来。《周易》也是如此，它既古老又常新，既传统又时尚。我们知道，当年莱布尼茨发明了数学上的二进位制，便与《易经》有关。当代中国是古代中国的延续和发展，我们今后应该注意如何将《易经》中的思想理念同目前民间流传的文化习俗等相结合，秉持传统的天人合一精神，跳出卦象看卦象，跳出《易经》看《易经》，真正领会到易学的智慧和魅力。

六、关于《周易》学派归属问题的新认识

长期以来，关于《周易》文本形成及其学派归属等问题，学术界多有分歧，尤其是关于《易传》的学派属性，更是天水违行，颇有争议，或延续汉唐之说，将《易传》作为反映孔子和儒家思想的重要史料，或强调《易传》中占主导地位的思想倾向是道家，包括老庄学派和黄老学派。应该说，这两种观点各有其合理性，但又各有所偏，各有所蔽，各有质疑和批评者。晚近又有学者指出，《易传》的思想基调是儒道互补，是儒家人文主义与道家自然主义的相互结合、相互补益。此论可以视为易学研究的一个突破和进展，但似乎还无法彻底解决相关问题。对于《周易》经传与儒、道乃至诸子各家思想之间的关系，还有进一步深化和拓展的空间。经过长期的探索，我们认为，儒、道及诸子各家学派的形成都不同程度地受到《易经》的启示和沾溉，而各学派又或多或少、或隐或显地反过来影响了《易传》诸篇的形成。也就是说，《周易》经传不仅与孔子和儒家、老庄和道家有密切关系，而且还与墨家、法家、阴阳家、兵家等诸子各家有着重要的内在关联。《易经》是诸子各家思想形成的重要源泉，《易传》则是儒道互补、以儒为主、

综合百家、超越百家的产物。

(一)《周易》经传文本的形成

众所周知,《周易》包括"经""传"两大部分。《易经》由六十四卦卦象和卦爻辞组成。《易传》是对《易经》经文的解释,共有十篇,又被称为"十翼",包括《彖传》上下、《象传》上下、《系辞传》上下、《文言传》《说卦传》《序卦传》《杂卦传》。

《周易》经文形成的下限大约在殷末周初,带有浓厚的占筮色彩,是对殷商占卜文化的继承和发展。殷墟甲骨卜辞显示,商代占卜之风盛行,并且已产生官方筮法。传世文献如《尚书·周书·洪范》"择建立卜筮人,乃命卜筮"和《周礼·春官》中关于太卜、卜师、龟人、筮氏等职官的记载,虽属后人追述,但均有所本。与出土材料结合起来看,殷商时期主要通过卜、筮并用来推演吉凶,占知未来。另外,学者根据殷商甲骨和青铜器上的数字符号,即当代学术界关注的"数字卦",推测商代已有根据筮法所得筮数进行占筮的实践,商代末期已有六画符号出现。

殷周鼎革,周人继承了此前的卜筮系统,并有所发展。《周易》八经卦和六十四别卦的符号及卦爻辞,便是在此基础上产生的。《周礼·春官·太卜》载太卜掌"三《易》之法",即《连山》《归藏》和《周易》。《周易》最初主要是作为官方筮书,供王室进行占卜之用。随着《周易》六十四卦卦象、卦爻辞逐渐定型,《周易》文本也开始走上经典化的道路。《左传》《国语》所载筮例显示,卦爻辞的道德内涵在春秋时期已经得到充分挖掘和展现,六十四卦卦象及卦爻辞的文本也开始突破卜筮之书的性质,发展出哲理之书的功用和价值。

此后,随着《周易》经典化进程不断加深,开始出现对于经文的解释性文字,《易传》即"十翼"应运而生。"十翼"非一时、一地、一人所作,其形成经历了漫长而复杂的过程,大抵形成于战国中后期。春秋战国时期,诸子蜂起,百家争鸣,思想活跃,《易经》作为先王之旧典,诸子各家都对其有不同程度的吸纳、采撷和融会,并用以诠释、阐发自己的相关认识和理解,《易传》作者从中受到启发、沾溉和影响,从而撰成"十翼"诸篇。

（二）儒道互补，以儒为主

易学的演变和发展与儒、道两家都有着深刻而密切的渊源关系，从《易传》的思想来看，构成一种儒道互补、以儒为主的思想格局。

先来看《易传》与孔子、儒家的关系。在《论语·述而》中，孔子曾有感叹："加我数年，五十以学《易》，可以无大过矣。"孔子精通《易经》是显而易见的。据马王堆汉墓帛书《要》篇等，孔子并不否认《周易》作为卜筮之书的原初功用，自己亦曾"吾百占而七十当"，只是他更关注卦爻辞的德性内涵，强调："《易》，我后亓（其）祝卜矣！我观亓（其）德义耳也！"① 《论语·子路》亦载孔子引《恒卦》"不恒其德，或承之羞"，以说明"德"较之"占"的价值。可以说，"观亓（其）德义"乃是孔子读《易》、研《易》的根本精神所在。孔子对于《易经》的认识和理解也深刻影响了儒家后学及《易传》的产生。郭店楚简的出土及其研究显示了思孟学派在儒学传承过程中的重要地位，子思作为该学派的代表人物，在《中庸》中对于性、命问题的讨论能够与《易传》相辅翼，故曾有学者视《中庸》为解《易》之作，甚至称之为第"十一翼"②。今本《孟子》中虽不见直接称《易》引《易》，但不难发现，其中关于性与天道的论述多合于《易传》诸篇之义理。这一点早在宋代已为学者所留意和思考。邵雍曾说："孟子著书未尝及《易》，其间易道存焉。"③ 二程亦言："知《易》者莫如孟子矣。"④ 朱熹则指出孟子性善的思想"盖探其本而言之，与《易》之旨未始有毫发之异"⑤。至清代，既长于易学又精研《孟子》的焦循也说："孟子不明言《易》，而实深于

---

① 裘锡圭主编：《长沙马王堆汉墓简帛集成》叁，中华书局2014年版，第118页。
② 杨向奎：《〈易经〉中的哲学与儒家的改造》，《北京大学学报》（哲学社会科学版）1995年第2期，第34页。
③ （宋）邵雍：《皇极经世》卷第十二《观物外篇上》，郭彧、于天宝点校：《邵雍全集》，上海古籍出版社2011年版，第1228页。
④ （宋）程颢、程颐著，王孝鱼点校：《二程集·二程粹言》卷二《圣贤篇》，中华书局2004年版，第1237页。
⑤ （宋）朱熹：《晦庵先生朱文公文集》卷七十二《杂学辨·苏氏易解》，朱杰人、严佐之、刘永翔主编：《朱子全书》（修订本）第24册，上海古籍出版社、安徽教育出版社2010年版，第3466页。

《易》。"① 所以有学者认为《彖》《象》二传以及《系辞传》的有关章节曾为思孟学派所整理或润色。我们可以看到，《易传》中确实蕴含着丰富的儒家思想，如《系辞上传》言："天尊地卑，乾坤定矣。卑高以陈，贵贱位矣。"又说："成性存存，道义之门。"这些有关宗法等级和道德教化的内容，充分体现了儒家的文化价值理想。可见，孔子及先秦儒家源源不断地从《易经》中汲取思想资源，而他们的理论学说又成为《易传》诸篇得以哲理化、体系化的源头之一。

不可否认的是，《易传》中关于宇宙生化和天道运行等方面的诸多命题，明显与道家有着极为紧密的联系，而为儒家所罕言。自汉代以来，《老子》与《周易》之间的渊源已为学者所注意。扬雄《太玄赋》有言："观《大易》之损益兮，览老氏之倚伏。"班固《汉书·艺文志》在总述以老子为代表的道家思想主旨时指出："《易》之嗛嗛，一谦而四益，此其所长也。"在他们看来，《易》《老》旨多相通、相同之处。宋代邵雍强调"老子知《易》之体"②，而清代王昶则指出："余少诵《阴符》《道德》，意以为清静所宗，已而深究《易》旨，乃知皆原本于《易》。"③ 可以说，老子从《易经》即卦爻辞中得到颇多启示和沾溉，而其思想又深刻影响了《易传》诸篇的形成。

庄子在继承并超越老子之"道"论的同时，进一步延续了因《易》以立言的思路。正如钟泰《庄子发微》所揭示的："庄子之言，多取象于《易》，取义于老。"④ 庄子对《易经》的语言文字、思想内容都不陌生，而其思想又深刻影响到了《易传》，其中最为显著的便是《易传》"阴阳""太极"等范畴的运用。正因为如此，自魏晋《易》《老》《庄》并立为"三玄"，以《老》《庄》以解《易》，或是援《易》入《老》《庄》的思想成果层出不穷，王弼、韩康伯《周易注》，向秀、郭象《庄子注》便是其中的典型。随着中

---

① （清）焦循著，陈居渊校点：《易通释》之《叙目》，凤凰出版社2012年版，第230页。
② （宋）邵雍：《皇极经世》卷第十二《观物外篇上》，郭彧、于天宝点校：《邵雍全集》，上海古籍出版社201年版，第1241页。
③ （清）王昶：《读〈易〉感言》，陈烈主编：《小莽苍苍斋藏清代学者书札》（上，修订本），人民文学出版社2013年版，第123页。
④ 钟泰：《庄子发微》卷之一《逍遥游第一》，上海古籍出版社2002年版，第6页。

唐儒学复兴，《庄子》又多被视为"阳挤而阴助"①儒家的著作，被韩愈、苏轼、王雱、吕惠卿等著名学者引入《易》之注解当中，以至于援《庄》解《易》成为一时之风尚，甚至旁及佛理。明清时期有更多学者致力于此，较有代表性的有杨慎、陆西星、方以智、王夫之、胡文蔚等人。不难看出，《易传》中确有与《老》《庄》存在相通之处，这也成为历代会通儒道的重要思想根基。晚近还有学者将《易传》视为较之儒家来说更接近老庄之学的作品。此论虽不中，亦不远矣。另外，发端于战国中期齐国稷下的黄老之学，继承老子以"道"为最高范畴的理论，重视"精气"的观念，而《系辞上传》中"精气为物，游魂为变"云云，明显与此有所关涉和联系。

综上，《易传》论人事多本于儒家，但其中自然主义的天道观，由天道推衍人事的整体思维模式等，均与道家老庄和黄老学派的思想学说相一致。蒙文通曾经分析、总结说："《易传》多论天道，言性、命，言感、寂，言道、器，颇近道家，《易》家显然是有取于道家的。"②从总体上来看，《易传》的确呈现出一种儒道互补、以儒为主的思想倾向。

（三）综合百家，超越百家

战国中后期，与政治渐趋统一的形势相适应，在理性精神和人文主义的浸润下，诸子各家之间出现了互相吸收、互相渗透、互相融合的局面。在此背景下，《易传》诸篇问世，博纳一时貌离神合之百家学术，使得诸子各派的思想观念浑然一体，它不仅与儒、道两家有着紧密关联，还体现出与墨家、阴阳家、法家、兵家等学派的交流和融会。

墨家与儒家并为当世显学，相关记载屡见于以《韩非子·显学》为代表的典籍之中。今本《墨子》虽未见直接引《易》述《易》，但不能无视墨家与《周易》经传之间的内在联系，不能忽略其理论体系中的易学因素。《淮南子·主术》载墨翟"修先圣之术，通六艺之论，口道其言，身行其志"，可知墨子对于六经应不无了解。在《易传》中，兼爱、尚贤等均属墨

---

① （宋）苏轼撰，（明）茅维编，孔凡礼点校：《苏轼文集》卷十一《庄子祠堂记》，中华书局1986年版，第347页。

② 蒙文通：《孔子和今文学》，《蒙文通全集》一《儒学甄微》，巴蜀书社2015年版，第320页。

子所推崇的观念和主张,也不难找到与两者类似的表述。《家人卦·象传》有"'王假有家',交相爱也"之语,与墨家所强调的"兼相爱,交相利"非常相似。《系辞上传》曰"履信思乎顺,又以尚贤也",《颐卦·象传》言"天地养万物,圣人养贤以及万民",都体现出"尚贤""养贤"已被《易传》吸纳和发展,成为一种规律性、根本性的思想。此外,在一些具体的政治主张方面,《易传》更直承墨家之说。像《节卦·象传》"天地节而四时成,节以制度,不伤财,不害民"云云,就源于墨家所倡导的"俭节则昌,淫佚则亡"等崇尚节俭的理论主张。

阴阳家的思想观念中也反映出《易经》的深刻影响,可以说是《易经》理念的进一步发挥、发展。清华简《筮法》等资料显示,阴阳、五行观念与《周易》的全面结合早在战国时期就已经实现。《易传》则在建立和完善自身思想体系的过程中,不乏对阴阳家学说的吸纳和借鉴。阴阳家最典型的五德终始说,以五种"德"之间的生克制化为核心。《易传》更进一步用"生生"来概括这种规则,并以其为宇宙及万物存在的根本动力和依据。《吕氏春秋·有始览·应同》对五德终始说有详细的记录,其中提到事物根据"类固相召,气同则合,声比则应"的原则进行分类,后来的"天人感应"之说便是基于这一理念逐渐发展而完成的。《易传》亦重"感应",如《乾卦·文言传》有"同声相应,同气相求"的说法,《同人卦·象传》亦有"君子以类族辨物"之言,都体现出对阴阳家思想的采纳和融会。

除墨家、阴阳家外,法家、兵家的思想倾向在《易传》中亦有体现。例如《韩非子·心度》有"法与时转则治,治与世宜则有功"的说法,力主"变法",便与《易》"穷则变,变则通,通则久"①的"变通"理论一脉相承。法家的"用狱尚刑"观念在《易传》中亦多有反映,《贲卦·象传》"君子以明庶政,无敢折狱"之语,《解卦·象传》所谓"君子以赦过宥罪"皆是明证。此外,《蒙》《噬嗑》《丰》《旅》诸卦也都蕴含着以儒家教化为主、兼及施以刑罚的倾向。兵家极重用兵之法,常用"道"这个范畴阐述其对于战争

---

① (三国魏)王弼、(晋)韩康伯注,(唐)孔颖达疏,于天宝点校:《宋本周易注疏》卷第十二《周易系辞下》,中华书局2018版,第439页。

规律的认识与总结,如《孙子·计篇》有言:"兵者,诡道也。"兵书中亦多有诸如"凡战之道""凡兵之道"之类的表述。六十四卦中亦涉及军旅之事,如《师》《同人》《谦》《晋》等卦。《易传》在提炼、总结其中义理之时,则对兵家之"道"有所借鉴和吸纳,并使用"中"这个范畴来概括总体规律。如《师卦·象传》:"长子帅师,以中行也。"《同人卦·象传》:"同人之先,以中直也。大师相遇,言相克也。"清代魏源在《孙子集注序》中曾感叹:"《易》其言兵之书乎!"又说《易传》所阐发的易道与兵家之道是相近、相通的,"其道皆冒万有,其心皆照宇宙,其术皆合天人、综常变者也"。①

可以看出,对先秦墨、阴阳、法、兵家等诸子各派而言,《易经》是它们开宗立派的重要思想来源,《易传》又在儒道互补的基础上,融摄、会通各家思想学说,凝聚成为系统的哲理性著述,在保持自己特色的同时,也将诸子各家的思想发扬光大,这是一种在认同、包容基础上的综合超越、创新发展。

也就是说,先秦诸子各家均从《易经》之中获取借鉴和养料,进而发展成各自独特的理论形态,后来在易学向人文理性转化的过程中,诸子各家的思想学说又反过来影响着《易传》的问世。《易传》呈现出儒道互补、以儒为主、综合百家、超越百家的思想倾向,这种一致百虑、殊途同归的思想品格和文化特征,使得《周易》经传在秦汉以后成为中国思想文化的重要源头和内在灵魂,成为儒、释、道三教思想文化融合的坚实平台和重要津梁,方以智《药地炮庄》等著作甚至有"三教归《易》"的思想倾向。可以讲,《易传》诸篇的产生历程和思想内容,充分体现了中国文化兼容并蓄、融合百家之学、同化外来文化的能力和魄力,至今仍然值得我们认真研读和深刻领会,进行创造性转化和创新性发展。

七、新时代的易学古籍数据库建设

《周易》是中国最古老的文化经典,随着其思想体系的不断拓展、社会

---

① (清)魏源:《孙子集注序》,《魏源集》上册,中华书局1976年版,第226页。

价值的不断发掘，逐渐形成了博大深邃的易学文化。而在我国不同历史时期涌现出来的卷帙浩繁、汗牛充栋的易学古籍，成为中华优秀传统文化演进、发展的重要载体，也成为中华民族精神和智慧的集中体现。目前，国学发展已经进入"大数据时代"①，如何把传统易学古籍与现代信息技术结合起来，开展好易学古籍数据库建设，将是我们面临的一个重大学术课题。

（一）收集整理易学典籍，夯实数据库基础

作为一项浩大的文化工程，易学古籍数据库建设应当以易学古籍收集、整理和编纂为前提和重要基础。

我国历代学人非常重视对卷帙浩繁的易学文献进行整理、编纂，从最早的官修书目《别录》《七略》，到《汉书·艺文志》《隋书·经籍志》等史志目录等，都体现了易学文献整理、编纂的重要成果。及至清代，乾隆年间开四库馆，编纂《四库全书》，易学典籍作为群经之首，位列开篇，而且数量也是所有分类中最多的。阮元主持编纂《清经解》，进一步总结了清代易学的研究成果。王先谦编纂《清经解续编》，续收清代学者经学著作209种，涉及胡渭、惠栋、张惠言、俞樾等十数家易说，完整地展现出清代易学研究的全貌。20世纪20至40年代推出的《续修四库全书总目提要》是现存规模最大的文献解题目录，亦涉及大量易学典籍。

近年来，随着文化事业的发展，新的易学古籍整理和编纂工程不断涌现。北京师范大学中国易学文化研究院分别于2013年、2018年推出的《中国易学文献集成》68册和《中国易学文献集成续编》70册，共计138册，不仅网罗了各时期代表性的易学著作，而且首选善本为底本，为易学古籍的整理、编纂起到了重要的示范作用。与此同时，北京师范大学中国易学文化研究院又与国学网、首都师范大学电子文献研究所联合承担《中华易学全书》项目，以文渊阁《四库全书》经部易类典籍为基础，整理易学典籍183种、1839卷，共3500余万字，并制作2000余幅矢量易图，被已故著名学

---

① 赵敏俐、孙茂松、张涛、尹小林、杜晓勤：《国学大数据时代来了》（国学访谈），《光明日报》2013年9月16日。

者余敦康先生誉为"《易藏》"。同一时期，在学术研究机构和专门技术公司的共同推动下，我国陆续出现的各类古籍数据库，均不同程度地收录有易学古籍，传统易学古籍与现代信息技术相结合的趋势开始出现并获得初步发展。

虽然近年来易学古籍的整理、编纂工作不断取得新成就，但还存在许多有待改进之处。一方面，以往的易学古籍整理大多属于传统类型的典籍汇编，缺乏与现代信息技术的紧密结合。另一方面，现有各类古籍数据库所收录的易学古籍，由于受到分类法的限制，尚未实现优化整合。比如雕龙古籍数据库有《四部丛刊》《四部备要》《雕龙四库全书》等子库，却没有单独的"易学"分类。同时，各数据库收录的古籍版本相对比较单一，对各种版本尤其是海外珍本鲜少涉及，包括日本足利学校所藏南宋初年刊本《周易注疏》等。整体而言，现有古籍数据库尚存在资料不够完备、零散不成系统、内容未能精细化、文本尚待精准化等问题。因此在新时代，易学古籍数据库建设是一项亟须开展的学术课题和文化工程。

（二）确立数据库主体框架，推动易学数字化

易学古籍数据库是顺应信息化技术发展需要、服务于易学研究及中华优秀传统文化研究的重要平台，主要目标是开发通用的统一查询、辅助分析易学文献的综合管理和应用系统，以便快捷地进行数据和文献资料的查询、下载等工作。在我们看来，易学古籍数据库的建设应当以"古籍系统化＋数字化"的学术理念为推手，从传统文献学和数字文献学相互融合、相得益彰的角度展开，需要收集、整理易学古籍文献，运用先进技术将其转化为数字化资源，逐步建设数据库，最后还要校对数据库文本的精确性，完成数据库的检查和验收工作。具体来说，其主体框架可以概括为一条主线、两大环节和三个要点。

一条主线是以"易学古籍数据库"为中心，系统收集整理易学古籍，并采用先进的数据信息技术，将之转化为数字化资源，建立科学、全面、准确的易学古籍数据库。

两大环节是指建设易学古籍"录入文本"和"影像文本"，录入文本是

由人工输入计算机的易学古籍全文,影像文本则是采用现代技术工具真实呈现的易学古籍原貌。

三个要点是指数据库技术系统的三大方面,即数据存储系统、数据分析系统和平台管理系统。

数据存储系统作为数据库的上层系统、数据分析共享的支撑系统,是整个数据库的核心组成部分。能够满足对结构化数据、非结构化数据和半结构化数据统一存储和查询的需求,便于实现查询的高效性和存储的安全性。

数据分析系统利用分布式存储和并行计算框架,结合多种分布式计算引擎,对各类结构化、半结构化及非结构化的信息资源进行快速的分布式计算,并提供基于关联、聚类、分类、预测等类算法库以及可视化组件、拖拽式的数据挖掘分析开发工具包,既可提供易学古籍查阅与研究的深度挖掘和分析服务,也可提供数据资源管理、目录管理、组织人员管理、用户权限、数据接入和共享服务运行监控及平台运维等功能。

平台管理系统是围绕文本、PDF、图片、音视频等多种格式资源的持久化存储数据库,设计相关分类及元数据结构,以便为系统地查询检索、在线使用以及持续扩展等业务提供基础支持。这些都是非常重要的。

(三)整合易学书目版本,系统构建子数据库

关于易学古籍数据库建设的具体内容和步骤、方法,不同学者或许会有不同看法,见仁见智。我们认为,这一数据库至少应该包括易学古籍书目数据库、易学古籍全文数据库、易学古籍版本数据库,作为三个二级子目录即子数据库,统一于易学古籍数据库这一母数据库中。

易学古籍书目数据库是收录历史上出现的所有易学著作和篇章的数据库。具体的建设步骤应该分为两个方面:一是对易学古籍的编目,需要对历代相关史志目录和官修、私修目录以及近几十年来整理出版的出土易学文献和国内外馆藏易学古籍资料,进行全面收集、系统编目,注明版本、馆藏,编纂出高水平、高质量的易学古籍书目,并撰成《历代易学古籍书目》;二是充分借鉴、吸收中外建设数据库的成功案例和优秀经验,运用先进的数据库技术将其转化为数字、文字、图形、图像、声音等数据形式,并存储于计

算机内,成为由计算机操控、能够有效共享的数字化资源,推进易学研究的现代化。

易学古籍全文数据库是著录易学古籍全文内容的数据库。建设的重点是需要以现存易学古籍的文本为对象,参考著名学者的校释、研究成果,对已有标点的古籍文本进行重检,对无标点的古籍文本则运用先进的数据信息处理技术自动标点,再辅之以人工重检,纠正误差,最后产生古籍点校本,统一由人工输入计算机,形成数据库,以供使用者进行检索、阅览。考虑到全文数据库应用的广泛性,该数据库还应当具备丰富的检索方式,包括标题检索、全文检索、分类检索、专书检索、高级检索等。全文检索数据库需要在书目检索数据库的元数据基础上添加古籍内容及其与古籍的对应关系,能够让使用者对检索结果进行准确定位或对比,直接了解古籍内容。

易学古籍版本数据库是囊括现存易学古籍各种不同版本的数据库。版本学是以各类古籍的抄本、批校本、稿本和印本等为研究对象的学科,易学著作的不同版本有着不同的历史和价值,对修缮古籍、考辨真伪具有重要作用。建设易学古籍版本数据库需要尽可能全面地收集、整理现存易学古籍的所有版本,包括国内外高校、图书馆、博物馆等单位和科研机构收藏的传世易学古籍,以及载录于甲骨、金石、简帛等不同载体的易学出土文献,并转化为数字化资源,为使用者提供包括封面、序跋、插图、版本、版式、藏书印、批校题跋等古籍版本信息,真实呈现易学古籍原貌,满足读者和研究者不同的阅读体验和学术需求。

(四)打破时空限制,深化易学研究与保护

新时代的易学古籍数据库,将建成最具综合性、系统性的易学古籍总汇,建成最具专业性、权威性的一流数据库,其学术价值和现实意义尤为突出。

数据库对易学古籍的系统梳理和完整呈现,尤其是数据库所具有的共享性,为学者提供了便捷的检索和阅览服务,打破了获取资源的时空限制,即便在不同地区和不同单位,都能够便捷地获取分布于全球的易学古籍资源,不断提高工作效率,最大限度地推动易学研究的深化和拓展。同时,易

学古籍数据库的建设既需要易学古籍整理领域与数据库建设领域的通力合作，也需要积极整合学术界多学科、多方面的资源和力量。随着中华文化的广泛传播，易学古籍数据库的建设将有助于在当代易学研究中树立和把握全球意识、国际视野，从而在与国外学术界互学、互鉴、互动的过程中促进易学研究的进一步发展和传播，推动中华文化更好地走出去。

随着信息技术的不断革新、发展，建设中文古籍类数据库的技术已经在自动比对、自动标点、自动排版等方面取得突破性进展，但如何实现"影像文本"向"录入文本"的精准、高效转化，实现列表视图和提要视图的随时切换，实现从研读批注到下载打印的一站式完成，凡此种种，依然是有待攻克的重大难题。而且考虑到易学古籍文献会由于文物出土等因素而不断丰富，已完成的古籍数字化体系在吸纳现有数字对象的基础上，还需要不断补充新的研究资讯和成果，即该体系应是动态的、可灵活扩展的。如何在技术层面有效地实现这一点，也是我们应该思考的重要问题。易学古籍数据库建设为这些新技术的探索和研发提供了契机和平台，有助于实现数据库建设技术的新突破，确立数据库的典型范例。

古籍是人类智慧的结晶，历史上却屡因战乱、火烧水浸、虫蛀鼠咬等破坏而残缺、亡佚。古人采取的对策是抄写备份、分开保存，其中《四库全书》被分藏于全国七座藏书阁就是一例。相比之下，古籍数字化在保护古籍方面无疑具有得天独厚的优越性。利用现代信息技术对古籍文献进行加工处理，使古籍转化为电子数据形式，通过网络、光盘等介质传播，使其彻底免于各种灾厄而永续保存，可谓功在当代，利在千秋。在这一方面，易学古籍数据库建设将会是一个成功案例。

总之，在新时代，在易学研究更加综合、更具全球视野、更注重现代转化和创新发展的当下，易学古籍数据库不仅是对以往易学文化成果所作的一次系统、全面的总结和梳理，而且也会在研究思路、学科布局、研究方法、基本框架、主要内容等方面有所创获。我们相信，以此为契机和平台，今后易学研究的开展将获得更加坚实的文献资料基础，并获得人工智能、互联网、大数据等现代信息技术手段的支持和赋能，而这将有助于相关的学科建设和学术发展，有助于中华优秀传统文化的进一步传承、弘扬和发展。

八、《周易》经传的新读本

在中国浩如烟海的文化典籍中,《周易》无疑有着巨大的魅力。从汉代刘向、刘歆父子的《七略》到汇总中国古代典籍的《四库全书》等,《周易》一直居于"群经之首"。如果说经学是中国传统思想文化精髓之所在,那么《周易》则是经学的核心。《周易》天人合一、太和中正的和谐思想,自强不息、与时俱进的创新精神,厚德载物、海纳百川的包容态度,居安思危、慎终敬始的忧患意识等,都已融入中华民族的人文心理和价值观念之中,成为中华民族精神的重要组成部分。博大精深的易学思想作为中国传统思想文化的主潮、主旋律,深刻影响了中国传统政治、经济、军事、法律、教育等方面的制度建设,有力推动了天文、历法、地理、数学、化学、农林、医药、建筑、史学、文学、艺术等学科的理论发展,无怪乎清代学者纪昀等四库馆臣慨叹道:"易道广大,无所不包。旁及天文、地理、乐律、兵法、韵学、算术以逮方外之炉火,皆可援《易》以为说。"① 在传统文化遗产备受重视的当代社会,若想真正了解中华民族传统思想文化的核心精华以及其数千年以来的演变、发展规律,《周易》和易学是无论如何也都绕不开的一个关键点。

我们知道,《周易》以八卦为基础,包括经、传两个部分,其成书经历了一个"人更三圣、世历三古"的漫长的发展过程。原始的《易经》(六十四卦卦爻辞)虽为占筮之用,但其中却蕴含着一定的条理性、系统性、规律性,显示出理性思维与逻辑推演的因素。春秋战国时期,社会变动,诸子蜂起,易学开始丢掉卜筮的外衣,逐渐理性化、哲理化、抽象化。《易经》被赋予各种思想内涵和价值意义。随着《易传》诸篇的陆续问世,《易经》的性质发生了彻底的转变。而这个被后人称为"十翼"的《易传》,事实上是一个综合百家、超越百家的产物。《易传》诸篇,不仅吸收了道家的天道

---

① (清)永瑢等:《四库全书总目》卷一《经部一·易类一·序》,中华书局1965年版,第1页。

观与阴阳学说,提出了"一阴一阳之谓道"和太极生两仪的宇宙发展理论,还承继了儒家对宗法礼仪的推崇以及刚健有为、积极入世的人生态度,总结出了具有深远影响的"中正"理论和自强不息、及时立功的人生理想。同时《易传》进一步融合道家的自然主义与儒家的人文主义,升华、发展出以追求天人整体和谐为最高目标的"太和"思想,我们耳熟能详的"天行健,君子以自强不息""地势坤,君子以厚德载物",就是最好的证明。除儒、道二家之外,阴阳家的五德终始理论、墨家尚同尚贤、兼爱非攻的社会政治观、兵家尚谋奇正的军事理论、法家"法后王"的政治变革学说,等等,都在《易传》中有着或多或少、或隐或显的体现。《易传》的形成,顺应了战国中后期诸子各家互相吸收、互相融合的发展趋势,本着"天下同归而殊途,一致而百虑"的宗旨,综合融会诸子百家的思想文化精华,建立起集宇宙观、历史观、人生理想观、社会政治观于一体的庞大而完整的思想理论体系,使原属卜筮之学的《周易》,一跃成为古代中国人所信奉的"政教之所生"的文化经典,成为中华传统思想文化的重要源头和内在灵魂,其崇高地位和巨大影响历经千载而不衰。而历史上研读、解释《周易》的有识之士也是代不乏人、灿若群星,相关的著述更是汗牛充栋、不可胜数,推动着易学文化的不断丰富和发展。

今有幸得读韩广岳先生的《周易易读》①,可以发现,无论是对《周易》经传的诠释、研究,还是对易道的感受和体悟,作者都多有心得,颇见功力。书中既有历史上的掌故逸闻,又有现实中的鲜活事例,更不乏自身的深刻体悟,这一切无疑使《周易》的微言大义和思想智慧得以生动、清晰地展现出来。尤为难能可贵的是,在撰写本书的过程中,作者充分吸收、认真借鉴了前人治《易》的成功经验和学术传统,比如以《说文》为依据辨析《周易》字义,由小学入经学、易学,辨章学术,考镜源流,值得称道。相信本书的推出,将大大有益于人们学习《周易》经传、了解易学知识、深化易学乃至整个中华优秀传统文化的探讨和研究。

---

① 本文原系为韩广岳《周易易读》撰写的序,收入本书时略有改动。韩广岳:《周易易读》,上海古籍出版社 2012 年版。

第二章 易学发展的新认识

易学发展源远流长，在每一个历史时期都曾涌现出一批易学名家、名著，这些名家、名著与时偕行，与当时的社会政治、文化思潮相互适应、相得益彰，不断提升、凸显易学文化的影响力，同时也促进了易学领域自身的进一步演变和发展。北宋易学与变法活动、《永乐大典》中的易学典籍、易学与明代政治、易学与故宫学以及西南少数民族易学发展等问题，也应该引起我们的高度关注，值得广泛开拓和认真探索。

一、北宋易学漫谈

（一）引言

在中国易学发展史上，宋朝是一个极为重要的时期。宋易与汉易在中国易学史上并称双擘，其重要性可以从两个方面得以窥测：一是宋代易学在中国易学史上地位甚隆，远非其他朝代可比；二是在宋代经学中，易学又是最为发达兴盛的一门学问。

任何时代的思想文化，都是其特定时代的产物。它们在继承以往思想文化成果的同时，又与所处时代社会政治的演变、发展息息相关，因而也就蕴含着丰富的社会政治内容。在中国历史上，人们开展易学研究很大程度上是出于治国安邦的政治需要，这一点在北宋易学的发展中表现得尤为突出。

在北宋变法改革思潮的发展历程中，始终贯穿着《周易》及易学的启发和影响。《易传》是北宋变法改革思想的内在灵魂和重要源头，易学的研究和运用是北宋变法思想发展的重要载体。北宋的儒家士大夫们几乎无一例外地受到《易传》、易学的启示和影响,人们将《易传》等易学著作作为最为重要的借鉴和依据,用以构建自己的理论学说和思想体系。许多政治家、思想家的政治改革思想,其形成和提出以及改革方针、政策和措施的推行,都是通过对《周易》的诠释、阐述和研究来完成的。《易传》所倡导的一致百虑、殊途同归的精神及其具有的高度包容性的易学思想体系,深刻地影响了北宋士大夫们的政治思想和学术风格。《周易》和易学思想成了北宋政治家们变法改革思想演进的理论基础和推行政治改革的思想武器。而考察、研究北宋儒家士大夫们的学术体系和易学思想,又总是能看到他们始终"以忧患之心,思忧患之故"[1],"急乎天下国家之用"[2],致力于变法革新,推进政治改革,以求匡扶社稷、经世济民而奋发图强的影子。换言之,易学思想的发展演进与变法改革思想的发展阶段和实践交织在整个北宋的历史进程中,形成了北宋独特的易学学术和政治文化风格,并对后世中国产生了深远影响。而这正是我国传统思想文化在北宋变革之际进一步发展的标志,也是多姿多彩、古老又常新的中华文明不断发展的重要环节。

《周易》和易学研究的关键是要有思想,有思想才会有宗旨。我们认为,易学研究不应仅限于传统的研究内容和方法,更应将考察的范围扩展至受《周易》及易学启示、影响的全部历史过程和学术文化现象上来。易学的研究对象应当包括曾经研究易学、运用易学的所有重要人物和著作的思想主张,而不论这些人物是否为有所师承的易学家,不论这些著作是否为专门的易学著作。唯其如此,方能尽可能全面了解、把握易学发展的轨迹和规律,认识、解读当时的社会政治和思想文化现象,从而拓展、深化易学研究。同时,易学有其符合历史实际的独立地位,易学研究亦当适应和符合易学自身的发展环节和特有规律,不能大而无当、无所不包。易学研究可以超越经学领域或儒学领域,将考察的视野投向社会政治文化实践,对北宋易学的研究完全可以沿此思路展开。

易学中的义理和象数是统一的,前者是内容,后者是形式,两者缺一

---

[1] (宋)李觏:《易论》第十三,王国轩点校:《李觏集》,中华书局2011年版,第51页。
[2] (宋)李觏:《删定易图序论》,王国轩点校:《李觏集》,中华书局2011年版,第52页。

不可。在宋代易学中，义理、象数两派逐渐形成了合流、融会的趋势。义理派学者依据象数之学建构起自身的宇宙图式，致力于理学的创建；象数派学者则吸纳了义理派重人事的易学观点，完善自身理论体系。理学集大成者朱熹站在义理派的立场，吸收、总结了象数派的研究成果，构筑起一个完备的易学体系。但总体看来，宋代易学以义理易学为主，象数派易学未能占据主流，而是作为一种必要的补充，为义理派易学提供天道观等方面的依据。这种情况并不代表义理派与象数派的优劣高下，而是具体的历史环境使然，是时代的选择。宋代的易学和政治思想在许多方面发前人所未发，见前人所未见，进步和发展显著。有宋一朝建立起"明体达用"的易学思想和相对完善的政治思想、政治制度，但终因个人和历史等方面的局限性，王朝最终灭亡。

（二）北宋易学思想对变法思想的启示和影响

宋代易学的发展与同时代的儒学复兴运动紧密结合，二者相互影响，共同发展。宋初儒学复兴运动以明体达用为纲领，其主旨在于辟除释老，承续儒家道统，以儒家的仁义礼乐为本，重建社会秩序，回向"三代"的文化价值理想，因而重建儒学的学术思想系统成为必要。同时还需发展出"明体达用"的内圣外王之学，培养以天下为己任的人才，为政治改革提供思想基础和人才支持。宋代的士大夫们怀着强烈的用世思想，选择《周易》作为学术研究和政治改革的理论依据，著书立说，援《易》以用，由此促成了宋代易学的繁荣。

通过对北宋变法和易学思想发展历程的考察，可以看出，《易传》是北宋变法和易学思想的内在灵魂和重要源头，易学研究和运用是北宋变法思想发展的重要载体。《易传》和易学的思想观念、思维模式对北宋变法思想的启示和影响，大体表现在以下几个方面：

第一是对宋代士大夫们自强不息、刚健有为的人生理想观的影响。《易传》推天道以明人事，把人作为宇宙的一个有机组成部分，在周流六虚、寥廓深邃的天地自然中来观察社会，思考人生，确定个人的人生理想、价值取向和思想行为准则。它把"天人合一"看作最高的人生理想，强调君子应当

"与天地合其德,与日月合其明,与四时合其序,与鬼神合其吉凶"①,要求人们的行为顺应天时,遵循自然界的法则,使人类与自然相互协调;同时又指出应积极发挥人的主观能动性,对自然界进行合理的开发和妥善的利用,使之造福人类,所谓"财成天地之道,辅相天地之宜",从而实现天人之际的良性循环和可持续性发展。《大象传》特别强调"天行健,君子以自强不息","地势坤,君子以厚德载物",要求人们应当如天地自然生生不息,效法天行之道而刚健有为、自强不息,同时效法大地博载万物,涵养厚德,始终保持中正的精神和态度。《易传》的趋时说也要求君子应当与时偕行,趋时而动,见几而作,及时进德修业、建功立业,才能无咎。这些都对北宋的儒家士大夫们产生了巨大而深远的影响。如宋人汪藻记范仲淹曰:"文正范公未第时,已慨然有天下之志,不以死生祸福动其心。逮遭明天子,有为于时,其立朝如史鱼、汲直,其忧国如贾谊、刘向,其守边如马伏波、羊叔子。"②南宋陈垓赞范仲淹曰:"文正范公先生,吾道之元气也。盖夫子之道,不行于春秋战国,而为万世师;公之道,际运文明,措之华夏,而为万世法。"③

易学思想在士大夫们自我完善儒家理想人格和砥砺士风、提倡名节方面,起到了很大作用。阴阳互济不但是自然界的法则,也是君子修身养德的基本原则之一。如欧阳修释夬卦曰:"五阳而一阴,决之虽易,而圣人不欲其尽决也。"④对于小人,其盛时则决之,其衰时则养之。这就是外柔内刚的道理,君子要内刚而外柔,如此才能使小人受到教育,知君子之为利。欧阳修在《送王陶序》中对此做了进一步的论述:"太原王陶,字乐道,好刚之士也。……今其初仕,于《易》得君子动以进之象,故予为刚说以赠之。《大

---

① (三国魏)王弼、(晋)韩康伯注,(唐)孔颖达疏,于天宝点校:《宋本周易注疏》卷第一《乾》,中华书局2018年版,第36页。
② (宋)汪藻:《广德军范文正公祠堂记》,(宋)范仲淹撰,李勇先等点校:《范仲淹全集》附录五《历代祠庙记》,中华书局2020年版,第301页。
③ (宋)陈垓:《高邮军兴化县沧浪清风记》,(宋)范仲淹撰,李勇先等点校:《范仲淹全集》附录八《历代亭堂泉记》,中华书局2020年版,第1078页。
④ (宋)欧阳修:《易童子问》卷一,李逸安点校:《欧阳修全集》,中华书局2001年版,第1114页。

壮》之初九曰：'壮于趾，征凶。'"《夬》之初九亦曰："'壮于趾，往不胜为咎。'以此见圣人之戒用刚也……君之力学好刚以蓄其志，未始施之于事也。"① 其提出"刚以养志，柔以处事"的观点，深刻影响了后来儒家士大夫的处世哲学。有宋一代的士大夫仁人志士以身践行着自强不息、刚健中正、奋发有为的精神。

第二是对通变历史发展观的影响。《周易》推天道以明人事，强调自然界和人类社会都处于不断变化和发展之中，所谓"穷则变，变则通，通则久"②，此即是易学思想"通其变"的历史发展观，而变化的根本要义在于《易传》所强调的"日新之谓盛德""生生之谓易"，即日新其德，生生不息。历史发展观一直是古代思想家、政治家尤其是积极入世的儒家士大夫关注的焦点，它受到易学思想的启示并与之紧密联系。宋代士大夫密切关注社会历史的发展进程，不断总结历史发展规律，并立足于易学思想肯定了人类文明发展和社会进步的必然性和合理性，指明了人类历史发展、演进的总趋势。欧阳修身为文坛领袖，是北宋古文运动和儒学复兴运动的重要领导者，但他同时又是著名的史学家，撰史学名著《新五代史》和《新唐书》，总结历史兴衰规律。司马光更是以史家扬名后世，其史学巨著《资治通鉴》，网罗宏富，体大思精，对探索社会发展规律具有极大贡献。

易学思想成为北宋历次政治变法改革的重要思想支柱之一。北宋儒家士大夫大都继承和发扬《周易》的阴阳变易、革故鼎新思想，立足于《周易》通变历史观阐发理论主张，为其所处时代的变法改革构建理论基础和思想体系，进行改革论证，探索改革方略。范仲淹、欧阳修、王安石等人皆是如此。

第三是对忧患意识和革故鼎新、中正太和的社会政治观方面的影响。人类的思想文化与其生长的时代密切相关。一定时代的思想文化，往往体现着该时代社会政治的演变和发展。如欧阳修即是沿着"推天地之理，以明人

---

① （宋）欧阳修：《居士集》卷四十四《送王陶序》，李逸安点校：《欧阳修全集》，中华书局2001年版，第633页。
② （三国魏）王弼、（晋）韩康伯注，（唐）孔颖达疏，于天宝点校：《宋本周易注疏》卷第十二《周易系辞下》，中华书局2018版，第439页。

事之始终"① 的治《易》方向展开自身的易学研究,他的易学研究"不绝天于人,亦不以天参人"②。

《周易》兴于殷衰周盛之时,为圣人忧患之作,其卦象和卦爻辞中包含着强烈的忧患意识,宋代洪迈曰:"《易》乾、坤二卦之下,继之以屯、蒙、需、讼、师、比,六者皆有坎,圣人防患备险之意深矣!"③ 这种忧患意识经过《易传》的深入阐发,变得更为深广和浓重,而它到达清正的士人那里逐步成为一种社会、历史责任感,成为一种理智、远瞻的精神状态。忧患意识要求人们保有戒惧而沉毅的人生态度,充满危机意识,在对待人生和社会时要心存警惕和畏惧。在顺利通达之时不能掉以轻心,要善于洞察升平气象背后暗藏着的隐患,居安思危,处治思乱,常将有时思无时,防微杜渐;在艰难蹇涩之时也不要乱了方寸,不气馁,不屈服,要处变不惊,树立自信心,反求于自身,努力修德,锻炼生存意志和生活智慧,从而化险为夷,拨乱反正,重回正途,使个人、家族和国家重获光明前途。唯其"夕惕若",才能"厉无咎"。

在《周易》看来,要消除各种忧患,最根本在于革故鼎新,进行如同汤武革命那样的"顺乎天而应乎人"④ 的社会变革,将《易》"穷则变,变则通,通则久"⑤ 的思想具体落实到现实社会政治问题上,实行变法改革。北宋时期,许多怀着深广忧患意识的易学家、思想家和政治家,受《易传》影响,针砭时政,提出了一系列社会政治改革的设想和主张。从这些改革主张的思维方式、思想内容来看,《周易》对其影响十分明显,有些思想直接通

---

① (宋)欧阳修:《居士外集》卷十五《张令注周易序》,李逸安点校:《欧阳修全集》,中华书局 2001 年版,第 949 页。

② (宋)欧阳修撰,(宋)徐无党注:《新五代史》卷五十九《司天考第二》,中华书局 1974 年版,第 705 页。

③ (宋)洪迈撰,孔凡礼点校:《容斋随笔》卷五《六卦有坎》,中华书局 2005 年版,第 59 页。

④ (三国魏)王弼、(晋)韩康伯注,(唐)孔颖达疏,于天宝点校:《宋本周易注疏》卷第七《革》,中华书局 2018 版,第 298 页。

⑤ (三国魏)王弼、(晋)韩康伯注,(唐)孔颖达疏,于天宝点校:《宋本周易注疏》卷第十二《周易系辞下》,中华书局 2018 版,第 439 页。

过解《易》述《易》表达出来。这种本于《周易》的忧患意识在北宋易学家、思想家身上表现突出，每当社会危机日渐显露而个人挽救危机的才智又难以施展时，忧患意识就显露出来。面对承接唐末五季以来的前所未有的历史大变局，以通变、应变为宗旨的《周易》就成为北宋士大夫应对危机、推行变法改革的思想武器，北宋易学走向兴盛。从范仲淹"先天下之忧而忧，后天下之乐而乐"①这种"以天下为己任"的胸怀，到欧阳修"莫若修其本以胜之"②；从王安石意在遵循孟子"法先王之道"的主张以"法先王之政"，③到司马光服膺太史公"究天人之际，通古今之变，成一家之言"④，写成《资治通鉴》二百九十四卷；从胡瑗坚持"明体达用"，到李觏的"急乎天下国家之用"；从程颐发明的"体用一源，显微无间""随时变易以从道也"，⑤到张载"为天地立心，为生民立道，为往圣继绝学，为万世开太平"⑥，无不流露出强烈的忧患意识和变革思想。这批儒家士大夫几乎众口一词地要求最高统治者时刻抱定危机感、警惕心，居安思危，慎终敬始，养贤蓄才，革故鼎新，振作朝纲。"方庆历、嘉祐，世之名士常患法之不变也。"⑦陈亮此说，诚非虚言。

《周易》的忧患意识，对于处在积贫积弱的危局之中而无时不求一奋祖宗之烈、振兴中原王朝的宋代士大夫们，显得尤其炽烈。时至今日，后人深入到他们的思想深处，仍然能够感怀那份热度。从范仲淹、欧阳修、王安石到司马光，从胡瑗、孙复、李觏再到程颢、程颐等人，北宋的一大批易学

---

① （宋）范仲淹：《文集》卷八《岳阳楼记》，李勇先等点校：《范仲淹全集》，中华书局 2020 年版，第 165 页。
② （宋）欧阳修：《居士集》卷十七《本论中》，李逸安点校：《欧阳修全集》，中华书局 2001 年版，第 290 页。
③ （宋）王安石：《临川先生文集》卷四十一《拟上殿劄子》，王水照主编：《王安石全集》第六册，复旦大学出版社 2017 年版，第 791—792 页。
④ （汉）班固撰，（唐）颜师古注：《汉书》卷六十二《司马迁传》，中华书局 1962 年版，第 2735 页。
⑤ （宋）程颐撰，王孝鱼点校：《周易程氏传·易传序》，中华书局 2011 年版，第 1 页。
⑥ （宋）张载著，章锡琛点校：《张载集·近思录拾遗》，中华书局 1978 年版，第 376 页。
⑦ （宋）陈亮著，邓广铭点校：《陈亮集》卷之十二《策·铨选资格》，中华书局 1987 年版，第 134 页。

家、思想家和政治家受《周易》忧患意识激发，提出了一系列革故鼎新、中正太和的政治设想和举措。

（三）北宋变法思想对易学思想的影响和增益

北宋处于历史大变革的时代，变法改革思想极大地丰富和发展了易学思想，变法改革的政治实践为易学思想提供了实践平台，同时变法活动对易学思想发展也影响强烈。易学是一个开放的、批判的思想体系，在自身发展中不断汲取时代的营养，体现着时代的进步。如范仲淹以天下为己任，提出"先忧后乐"的思想，发展了易学的人生理想观，他所提出的"以天下为己任"成为宋代士大夫们的共识，也对后世中国产生了深远影响，与张载的"横渠四句教"等一起，成为中国士人的人生信条。再如作为荆公新学的重要组成部分的《三经新义》，也是在王安石变法改革过程中形成的，它为变法改革提供思想动力和培养人才，并被立为官学。

值得注意的是，北宋变法中激进者和稳健者之间的区别，正体现了《周易》通变思想的两面性。穷变通久固然值得肯定，但变也有另一方面，如何辩证地处理好二者的关系，做到变而不失其正，守正而不固，适时而变，确是一个难题。这种矛盾性在熙宁变法中表现得尤为明显，反对王安石新法的苏轼在王安石逝世后曾有过反思："吾侪新法之初，辄守偏见，至有同异之论。虽此心耿耿，归于忧国，而所言差谬，少有中理者……回视向之所执，益觉疏矣。"①

熙宁变法中，司马光的"义不可起"和王安石的"以道进退"，都是出于"以天下"的考虑。司马光在给王安石的信中曾指出他们两人"趣向虽殊，大归则同。介甫方欲得位以行其道，泽天下之民；光方欲辞位以行其志，救天下之民，此所谓和而不同者也"②。他们在政治斗争中均坚持自己的原则，以"道"或"义"自处，君主若不接受他们的意见，与之"共治天下"，他们不

---

① （宋）苏轼：《文集》卷四十八《与滕达道六十八首之八》，曾枣庄、舒大刚主编：《苏东坡全集》第四册，中华书局 2021 年版，第 1863 页。
② （宋）司马光著，李之亮笺注：《司马温公集编年笺注》卷六十《与王介甫书》，巴蜀书社 2009 年版，第 563 页。

会为官位招之即来。宋代士大夫的这种高风亮节尤为难得。

（四）北宋易学思想与变法思想的历史地位和影响

北宋易学与变法思想可谓气象万千，浩大磅礴。这一时期相继展开的政治变法改革活动以庆历新政、熙宁变法为高潮，也是气势宏阔，意旨深远。一时之间，群贤毕至，光彩熠熠，闪耀在北宋政坛和思想学术领域。在北宋诸儒家士大夫中间，有着共同的价值理想和目标追求，即重整三代以来一脉相承的文化传统，辟除佛老，复兴儒学，重新构建社会的核心价值体系，并以其作为社会政治、文化、教育及生活的伦理指导。这是一个关乎时代命运的重大课题，钱穆先生称其为"远从南北朝隋唐以来学术思想史上一大变动"[①]，其重要性显而易见，不言而喻。所以，陈寅恪先生指出："华夏民族之文化，历数千载之演进，造极于赵宋之世"，而未来中国文化的发展必归于"宋代学术之复兴，或新宋学之建立"。[②] 严复也有"中国所以成为今日现象者……为宋人之所造就，什八九可断言也"[③] 的论述。

以范仲淹、欧阳修、王安石、司马光等优秀知识分子为代表的一大批北宋儒家士大夫，在复兴儒学、重建秩序的总目标下，经过易学、文学、经学、史学、政治学等多方面的努力与探索，终于奠定并塑造了宋学的真正渊源与精神。只有理解了他们包括易学思想在内的全部学术思想与政治改革，才能理解理学及宋学。

一般认为，程朱理学似乎只关注内圣之学而忽视对外王之道的探究。我们认为，此类观点并不全面。任何学术思想的产生及其内容都不能脱离它所处的时代。王安石与程朱虽同处宋代，但我们必须认识到朱熹的时代已与王安石大不相同，他无法如王安石一样能够得君行道，故不得已而专注开辟

---

① 钱穆：《宋明理学概述》，《钱宾四先生全集》第9册，台湾联经出版事业公司1998年版，第30页。
② 陈寅恪：《邓广铭宋史职官志考证序》，《金明馆丛稿二编》，三联书店2001年版，第277页。
③ 严复：《与熊纯如书（1917年4月26日）》，《严复集》第二册，中华书局1986年版，第668页。

内圣之道，然而他的内心深处一刻也没有停止对得君行道的渴望和对外王的追求。仕以行义，但有"时"与"不时"的问题。在对待内圣外王的问题上，荆公新学与程朱理学并无本质的区别，只是人生际遇不同，思考的重心亦随之有不同偏重。

宋代易学研究围绕"体""用"关系所进行的探索，在"明体"和"达用"两个方面都继承并超越了王弼易学的玄学思路，形成了自身独具特色的风格。其贯穿始终的基本思想线索就是"明体达用""内圣外王"，把熙宁变法以前的经世外王之学和其后的内圣心性之学密切联系起来。前期的探索急于为天下国家之用，强调达用和外王，突出了儒家学说的道德规范和价值理想，体现了"以忧患之心，思忧患之故"的儒学人文情怀。后期的研究则倾向于明体，强调内圣心性之学。总之，宋代易学和儒学沿着这种双向互动、相须为用的内在逻辑，发展到了体不离用、用不离体、即体即用、"体用一源，显微无间"的哲学高度，全面完成了儒学宇宙本体论和价值本体论的构建，取得了对阵佛老的全面胜利，实现了儒学在宋代的真正复兴。这是宋学对中国思想和文化的最大贡献之所在。此后的中国历史上，儒学一直位居主流，毫无动摇。

北宋变法过程中出现的许多思想创新都对今天有着强烈的示范作用。如范仲淹在《用天下心为心赋》中说道：

> 得天下为心之要，示圣王克己之仁。政必顺民，荡荡洽大同之化；礼皆从俗，熙熙无不获之人……于是审民之好恶，察政之否臧。有疾苦必为之去，有灾害必为之防。苟诚意从乎百姓，则风化行乎八荒。如天听卑兮惟大，若水善下兮孰当？彼惧烦苛，我则崇简易之道；彼患穷夭，我则修富寿之方。夫如是则爱将众同，乐与人共，德泽浃于民庶，仁声播于雅颂。通天下之志，靡靡而风从；尽万物之情，忻忻而日用……不以已欲为欲，而以众心为心。达彼群情，侔天地之化育；洞夫民隐，配日月之照临……何以致圣功之然哉？从民心而已矣。①

---

① （宋）范仲淹：《用天下心为心赋》，李勇先等点校：《范仲淹全集》，中华书局2020年版，第18—19页。

"从民心而已"一句,正是范仲淹本人身体力行之所在,也是殷殷寄望于帝王和官吏们能予以躬行的执政为民之道。

再如,王安石推行新法过程中遇到的种种困局,不仅是王安石和北宋王朝的困局,也是现代国家所面临的困局,比如如何对市场经济进行宏观调控,如何协调市场与行政的关系,如何处理好财富在国家与国民之间的关系等。假如没有执政为民的思想,站在民本立场上考虑,问题很难解决。

冯友兰先生曾经说过:"中国哲学将来一定会大放光彩。要注意《周易》哲学。"① 冯先生在辞世之前,对中国哲学和《周易》充满了希望。冯友兰先生还阐述过中国历史上的反佛老问题,为什么要到宋代才取得反佛老的最后胜利,而唐代不行?原因即在于宋代的儒家士大夫大力运用《周易》。通过两宋士大夫前赴后继的探索、努力,重新恢复了《周易》作为群经之首的地位,提高了《周易》在国家政治和社会生活中的地位,确立了儒家的正统地位。欧阳修作《本论》,言"莫若修其本以胜之",这个"本"就是中国文化、精神之本——《周易》。欧阳修高瞻远瞩,立论深邃,他发出的历史呐喊振聋发聩,历经千年而不衰,时至今日,仍然发人深省,催人奋进。21世纪将是《周易》"大放光彩"的世纪。在中西文化优势互补的基础上实现民族文化的高度自觉,已成了哲学界、思想界的共识。矛盾的两方面是对立统一的,对立是斗争的一面,统一是和谐的一面,和谐是为了斗争可持续性发展。维旧邦以扶新命,易学大放异彩之时就是用易学的和谐文化调和矛盾斗争之机。面对当今中西文化的碰撞,古今文化的传承,我们更加有理由和信心弘扬传统文化,发挥《周易》和易学的大智慧,促进中华文化的繁荣和发展。

二、南宋史事易学研究的新成果

史事易学,是中国易学发展史上的一个重要流派。援引史事以参证《易》理,或引史入《易》,这种现象古已有之,特别是经过司马迁、干宝、

---

① 蔡仲德:《冯友兰先生年谱初编》(《三松堂全集》附录),河南人民出版社1994年版,第744页。

司马光等人的努力,这一学术传统世代传承、赓续,在南宋时期达到顶峰,出现了一大批以史解《易》的学者和著述,其中以李光、杨万里、胡宏、李杞、李中正等人最为典型。近年来,学术界关于史事易学的研究有一些成果推出,但还存着不少薄弱环节,需要进一步深化和拓展。续晓琼博士的《南宋史事易学研究》就是在这样的背景下推出的。

晓琼博士的这本书是在其博士学位论文的基础上完成的,全书充分占有和分析相关的文献资料,以史事易学的代表人物李光、杨万里、胡宏、李杞、李中正其人其书为切入点,对南宋时期史事易学的演变、发展及其规律进行了系统、全面的探讨和研究,立意新颖,选题具有重要的学术价值和意义。全书思路清晰,结构谨严,布局合理,历史线索与逻辑线索的结合较为成功,而且立论允当,多有创获。例如,书中以为,南宋史事易学的代表人物,他们在引史证《易》的共同基调下,也存在着些许差异:李光的引史经世,杨万里的援史用世,胡宏的经世致用,李杞的老庄与史事结合,李中正的象数与历史并用,等等,其中多有独到之见和精彩之笔。又如,书中关于南宋史事易学的历史渊源和后世影响的论述,也都不乏新意和突破,很好地体现了与时偕行、开拓创新的治学理念和学术精神,难能可贵,值得充分肯定。全书写作语言流畅,表述清晰,对前贤时哲的研究成果有较为全面和精准的把握,借鉴、吸收和引用也都清楚地加以标注或说明,原原本本,实事求是,符合学术规范和学术道德的标准和要求。

作为晓琼当年在北京师范大学读博时的导师,得知她的这本书即将顺利出版,本人感到非常欣慰,也衷心祝愿她在今后教书育人、科学研究及文化传承创新等方面的工作中不断取得新的更大的成绩。我们有理由相信,《南宋史事易学》的出版发行,一定会进一步推动中国易学史、经学史、学术思想史、史学史以及宋史研究等领域向前发展,进一步推动相关的学科建设和学术繁荣。①

---

① 本文原系为续晓琼《南宋史事易学研究》撰写的序,收入本书时略有改动。续晓琼:《南宋史事易学研究》,人民出版社 2016 年版。

三、关于《永乐大典》易学典籍整理研究的思考

（一）引言

《周易》作为"群经之首"，是我国现存最古老的文化经典，是中华文化重要的源头活水。唯其如此，历代学者对于《周易》和易学典籍的研究层出不穷，形成了极为丰厚的学术积淀。然而在历史传承中，不少典籍由于各种原因出现散佚，其中不乏重要学术价值者，如两汉之际的《易纬》、北宋胡瑗《周易口义》、司马光《温公易说》、南宋李光《读易详说》、冯椅《厚斋易学》等。这些重要典籍的亡佚，造成了易学、经学研究的巨大损失，更有碍于人们认识和重构易学史乃至整个经学史。

幸运的是，明代永乐年间编纂的《永乐大典》收录了上自先秦、下迄明初的大量典籍，包括大量明初尚未亡佚的易学著作，其中一些被整部、整篇、整段地保存，为我们整理、恢复这些著作的原貌提供了极其珍贵的文本依据。然而，作为类书，《永乐大典》"用韵以统字，用字以系事"①的编纂形式，容易使易学典籍的内容分散各处，甚至原貌不存，给检索、阅读造成诸多不便。因此，清代开馆编纂《四库全书》时，就曾对《永乐大典》中部分已亡佚的易学典籍进行过恢复性整理，为此后研究典籍原貌提供了基本依据和重要参考。但其中也不无问题，例如不少辑本存在漏辑、脱文和臆改的情况。虽然已有学者措意于此，但全面、系统的研究尚未见开展。因此，从学术繁荣、发展的角度来看，对《永乐大典》易学典籍进行系统整理和深入研究显得尤为重要。

（二）学术界相关成果述略

《永乐大典》作为一部集中国历代典籍之大成的类书，共收录宋元以前的重要古籍7000余种，其内容包罗万象，所谓"凡书契以来，经、史、子、

---

① （明）明成祖：《明成祖文皇帝御制〈永乐大典〉序》，《永乐大典》第十册，中华书局1986年影印本，第1页。

集、百家之书,至于天文、地志、阴阳、医卜、僧道、技艺之言,备辑为一书,毋厌浩繁"①,被誉为世界有史以来最大的百科全书。但自成书以后,《永乐大典》命运多舛,历经战火和盗毁,屡遭劫难,全书传续至今的卷数几乎十不存一。迄今为止,关于海内外所存《永乐大典》零册、残本的调查和搜集一直在持续进行,与此有关的研究也成为学术界关注的焦点。

明清以来,与《永乐大典》相关的研究主要集中在《大典》的流传与辑佚,其中都不同程度地涉及《永乐大典》易学典籍的整理研究。如顾力仁《永乐大典及其辑佚书研究》即以《周易口义》《厚斋易学》等典籍为例,论述了《大典》辑本的学术贡献②。也有学者对《大典》在世界各地的流传和收藏情况进行细致梳理,并将所知已辑佚典籍包括易学典籍书目制表③。这些都为我们的相关研究提供了便利。

对《永乐大典》易学典籍的专门研究,近年来也不断取得新进展。如罗琳、杨华的《〈四库全书总目〉"永乐大典本"与〈文渊阁四库全书〉考》述及《大典》中辑出的《易学辨惑》《易纂言》等易学典籍,并对四库馆臣的辑佚之功给予了高度评价④。张雪丹《南图所藏〈永乐大典〉残页文献考——兼述现存〈永乐大典〉所载已佚金元〈易〉学著作四种》认为,南京图书馆所藏《大典》残页属于古代易学类文献,并结合金元时期的四种易学著作对《大典》所见易学著作进行了评述⑤。李振聚《〈易传灯〉撰者考》经过翔实考证指出,辑自《大典》的易学典籍《易传灯》的撰者应为徐蒇⑥。杜以恒《〈永乐大典〉引〈周易〉经注疏释文底本初探》通过全面辑校《大典》残卷所引《周易》经、注、疏、释文,推断《大典》所引《周易注疏》

---

① (明)杨士奇等编:《明太宗实录》卷二十一"永乐元年七月丙子"条,台湾"中研院"历史语言研究所1962年校印本,第393页。
② 顾力仁:《永乐大典及其辑佚书研究》,台湾文史哲出版社1985年版,第377—379页。
③ 张忱石:《永乐大典史话》,中华书局1986年版,第45—46页。
④ 罗琳、杨华:《〈四库全书总目〉"永乐大典本"与〈文渊阁四库全书〉考》,《中国典籍与文化》2012年第3期。
⑤ 张雪丹:《南图所藏〈永乐大典〉残页文献考——兼述现存〈永乐大典〉所载已佚金元〈易〉学著作四种》,《古籍整理研究学刊》2016年第4期。
⑥ 李振聚:《〈易传灯〉撰者考》,《周易研究》2019年第5期。

的底本存在两种可能，或是业已失传的宋十行本，或是与日本关西大学所藏《尚书注疏》相似的宋本《周易注疏》①。高树伟和张鸿鸣《罗振玉藏〈永乐大典〉残帙辨伪》②、张学谦《今传〈易纬稽览图〉的文本构成——兼论两种易占、易图类著作的时代》③及张玲莉《〈四库全书总目·易类〉研究》④等亦对辑自《大典》的易学典籍多有梳理研究，为《永乐大典》易学典籍的整理和研究奠定了必要的学术基础。

应该看到，现有成果大都集中在对某一种或几种具体典籍上面，聚焦在《永乐大典》新见残页的具体考订上，尚无将《永乐大典》所引易学典籍尤其是七十余种已佚《易》学著作视作一个整体开展系统整理和综合研究，至于从易学发展史角度对这些典籍进行学术研究的成果更为鲜见。由此可知，《永乐大典》易学典籍的整理研究存在明显的薄弱环节，同时也存在相当大的可以拓展的空间，存在尤为突出的学术价值和研究意义，相关工作也亟待开展。

（三）《永乐大典》易学典籍的基本情况

自《永乐大典》辑录易学典籍始于清代全祖望，全氏有《读易序录》一文记录了辑自《大典》的诸多易学典籍："若河南史文徽证《易口诀义》六卷，司马温文正公《易传》三卷，陈中肃《了斋易说》一卷，李庄简公光《读易老人解说》十卷，丹阳都圣与絜《易变体义》十六卷，长阳先生郭雍《传家易》十一卷、《卦辞旨要》六卷，华亭田兴斋畴《学易蹊径》二十卷，山斋先生易袚《周易总义》二十卷，金华郑亨仲刚中《读易窥余》十五卷，都昌冯厚斋椅《易辑注》《辑传》《外传》共五十卷，节斋先生蔡渊《周易经传训解》三卷、《卦爻辞旨》□卷，吴陈宁极深清《全斋读易编》三卷，长

---

① 杜以恒：《〈永乐大典〉引〈周易〉经注疏释文底本初探》，《周易研究》2021年第1期。
② 高树伟、张鸿鸣：《罗振玉藏〈永乐大典〉残帙辨伪》，《历史文献研究》总第45辑，广陵书社2020年版。
③ 张学谦：《今传〈易纬稽览图〉的文本构成——兼论两种易占、易图类著作的时代》，《国学研究》第四十四卷，中华书局2020年版。
④ 张玲莉：《〈四库全书总目·易类〉研究》，北京师范大学2021年博士学位论文。

乐赵虚舟以夫《易通》十卷，建安张中溪清子《大易附录集注》十一卷，眉山李谦斋杞《易详解》二十卷，大名齐伯恒履谦《易本说》六卷，宁德陈石堂普《易解》两卷，莆田陈宏《易童子问》一卷，天水赵静之善誉《易说》二卷，郭东山昺《易解》一卷，朱祖义《易句解》十卷，黄岩陈泽云应润《爻变易蕴》四卷，及兰溪徐子才《周易直说》，泰和鲁传道贯《易学变通》，吉水解求我蒙《易经精蕴大义》，陈讷《河图易象本义》，胡震《易衍义》，则虽见于史志、书录，而绝不可得矣。至杨瀛《易尚四通》，赵与迥《易遗说》，张应珍、赵珪《易解》，苏起翁《读易记》，姑汾遁叟《□□指龟》，贡清之《易摄要》，吴说之《易疑问》，陈至《易辨疑》，无名氏《易象龟鉴》《易纂》，则并其名亦为史志、书录之所希见。（杨瀛以下，朱竹垞《经义考》皆无之）因亟钞一编，而别识其且于此，使予得以数年无事，遍钞诸经，遗棵滞穗，莫非经苑之脺，昔儒有知，其尚克相予也。"① 以上易学典籍共计41种，可惜这些辑本今皆佚失，诚为缺憾。

此后四库馆臣利用《永乐大典》编纂《四库全书》时，自《大典》辑出多种易学典籍，其中《四库全书·经部·易类》题"永乐大典本"书目有：唐史徵《周易口诀义》六卷、宋司马光《温公易说》六卷、宋邵伯温《易学辨惑》一卷、宋李光《读易详说》十卷、宋郑刚中《周易窥余》十五卷、宋都絜《易变体义》十二卷、宋程大昌《易原》八卷、宋赵善誉《易说》四卷、宋徐总干《易传灯》四卷、宋冯椅《厚斋易学》五十二卷、宋蔡渊《易象意言》一卷、宋李杞《用易详解》十六卷、宋丁易东《周易象义》十六卷、元俞琰《读易举要》四卷、元吴澄《易纂言外翼》八卷、元解蒙《易精蕴大义》十二卷、元曾贯《易学变通》六卷、《乾坤凿度》二卷、《周易乾凿度》二卷、《易纬稽览图》二卷、《易纬辨终备》一卷、《易纬通卦验》二卷、《易纬乾元序制记》一卷、《易纬是类谋》一卷、《易纬坤灵图》一卷，共计25种②。另有宋郭雍《郭氏传家易说》十一卷亦由四库馆臣从《永乐大典》中辑出，并付聚珍版排印，但后来得见浙江郑大节家藏旧钞本，遂以此

---

① （清）全祖望：《读易序录》，朱铸禹：《全祖望集汇校集注》附录，上海古籍出版社2018年版，第2688页。
② 曹书杰：《〈四库全书〉中"大典"本辑目》，《古籍整理研究学刊》1986年第3期。

本代辑本，收入《四库全书》①。还需要补充的是，也有部分易学典籍散见于古人的文集，经四库馆臣辑出后收录于《四库全书·集部》，如陆佃《陶山集》中的《易解》《八卦解》等，这不仅是四库馆臣辑录易学典籍的重要成果，也为我们从《永乐大典》中辑录易学典籍提供了重要启发和宝贵借鉴。

事实上，依然有多种易学典籍并未辑出。经统计，除了上述典籍外，现存《永乐大典》中目前仍有亡佚易学著作79种，这些典籍因具继绝存亡之功，尤为珍贵，更值得我们开展整理研究。从著述时代来看，亡佚的易学著作主要集中在宋元时期，还有个别著作属于明初，如陈讷《易象本义》。其中：

宋代26种，包括徐复《周易经义》、王楚《周易六十四卦》、张浚《读易杂记》、何基《周易发挥》、何万选《周易经义》、沈应丑《周易经义》、李谦斋《周易详解》、袁说友《周易讲义》、董楷《周易集说》、黄必大《周易经义》、蔡渊《卦爻辞指》《周易训解》、杨时《周易经说》、柳正孙《周易经义》、陈恺《周易经义》、陈宏《童子问》、陈次公《周易经义》、陈松龙《周易经义》、陈普《周易解》、田畴《学易蹊径》、冯勉《周易经义》、冯去疾《周易经义》、左梦高《周易经义》、姚镛《周易经义》、黄友龙《周易经义》、麻衣道者《火珠林》。

金元13种，其中金代2种，为杨瀛《四尚易通》、曹珏《周易经义》；元代11种，包括齐履谦《易本说》、邓锜《大易图》《周易图说》、张清子《周易总论》、傅贵全《周易经义》、解观《周易经义》、鲍恂《周易会要》、苏起翁《读易记》、赵珪《周易解》、陈深《读易编》、舒岳祥《周易兑》。

年代不确定者39种，包括龚琦《周易经义》、无名氏《诸家断易奇书》、李恕《易训》、郭禹《易解》《易本义》、王元《周易经义》、贡清之《周易撮要》、张应珍《周易解》、张有成《周易经义》、无名氏《双林影》、何庆璋《周易经义》、程缜《周易经义》、徐友龙《周易经义》、徐相直《周易说》、汤望之《周易经义》、祝毅《周易经义》、袁庄臣《周易经义》、董文

---

① 史广超：《〈四库全书总目〉未载四库馆〈永乐大典〉本辑佚书考》，《文艺评论》2011年第2期；吴婷：《〈四库全书荟要〉与〈四库全书〉所采〈永乐大典〉本书目比较分析》，《文教资料》2012年第26期。

虎《周易经义》、莫梓《周易经义》、姑汾遁叟《证类指龟》、叶应午《周易经义》、叶有庆《周易经义》、叶开先《周易经义》、赵与演《周易经义》、赵与迥《易遗说》、赵与澂《周易经义》、无名氏《易象龟鉴》、吴说之《易疑问》、吴适《周易经义》、吕好义《周易经义》、陈至复《周易辨疑》、周应虎《周易经义》、周元《周易经义》、周震龙《周易经义》、周源《周易经义》、金璋《周易经义》、钟大得《周易经义》、郑元序《周易经义》、郑天岩《周易经义》。

由于《永乐大典》的散佚，这些成残帙，有的甚至仅存一二散片。但是《大典》作为官修类书，在永乐初年进行编撰时，所选录古籍肯定大多是各个研究领域的代表性著作。这就意味着，尽管这些易学典籍如今只能见于《大典》残卷，但它们在明初应当都具有一定的影响力和知名度。因此，这些典籍包含了哪些内容和特点，具有怎样的价值和影响，当时何以能够被选录入《大典》，后来又如何在社会发展中淹没未彰，端赖《大典》而幸存？诸如此类的问题不仅有利于考察、把握更为丰富完整的易学思想文化史，也有助于彰显《大典》在文献学、思想史等方面的重要价值，值得我们认真思考和关注。

（四）关于《永乐大典》易学典籍整理研究的思路

《永乐大典》所保存中国古代易学典籍种类众多、内容丰富，且所据底本价值极高，尤其今已亡佚的诸多易学著作，更是弥足珍贵。但由于类书体例的限制，同一部典籍不同部分的内容往往被分割于各字韵之下，加之《永乐大典》散佚严重，在缺乏系统整理的情况下，后人很难对《永乐大典》所引易学典籍的全貌产生完整的认识。同时，目前的《永乐大典》标点整理本也存在失于校勘的问题，不少错讹较为明显。例如，"穷神知化"条，影印本作"《易·系辞》：'穷神知化，德之盛也'"，内蒙古大学出版社整理本"神"讹为"伸"；同条，影印本为"注曰：乃德盛仁熟而自化耳"，前述整理本"化"讹为"致"[1]；等等。在这种情况下，对《永乐大典》所引易学典籍

---

[1] 郑福田等主编：《永乐大典精华》，内蒙古大学出版社1998年版，第862页。

进行全面整理和系统研究，就显得尤为迫切、尤为必要。

《永乐大典》易学典籍系统整理，包括辑录、标点和校勘。我们结合《永乐大典》所引易学典籍的实际情况，大体做如下三种分类：

第一，对于仅见于《永乐大典》但前人尚未辑录的易学典籍，需要运用辑佚学的方法，借助相关古籍文献数据的检索手段，辑出现存《永乐大典》及新见残卷中所引全部易学典籍，并按照原书体例重新编排，所有录文注明出处，拟按中华书局影印本标明册数、卷数和页码，新见残卷标明出处，以及《永乐大典》原卷数和韵部。如田畴《学易蹊径》认为《同人》上互卦乾、下互卦巽，进而注解其《大象传》曰："巽为齐类也。乾为父，父者，族之至亲，类族之象。离为明，为言辩也。乾，阳物也，辩物之象。《象》曰：'天与火同人，君子以类族辨物。'或者解曰：'同人之象，不云火在天上，天下有火而言，天与火者，天在上，火性炎上，火与天同，故为同人之义。'如或者之说，固能辨圣人大象立言如此，其不苟然，不过解得'天与火同'四字耳，又岂可去一'人'字，而止解'同'字而已乎？愚尝探索，而为之说曰：'《洪范·五行》不言用，说者谓五行所以行其气以用乎人，非人可得而用之也。且水之成用，可以灌溉，可以浣濯；木之成用，可为舟车，可为梁栋；火土金之成用，则可陶可冶、可范可合，是岂人不得而用之乎？然而不言用者，以其用之最多而不可定名之，况在九畴之初，则尤贵乎藏用故也，虽金木水火土五者之在天下，无非为人之用，然亦非人力之能成其用，故水则资于雨，泄于泉，金则聚于沙，产于土，木则渐于山，升于地，此皆原于天地之造化者也。唯火则不然，艮石之火，不击则不见，巽木之火，不钻则不然，盖火者得地二之数者也。火之字，左右两点，乃地二之数，而其中以人字间之，意谓非属之人，则不成其火也。天与火同人者，五行之中，天独与火同人，以共成之也。'即出自《永乐大典》卷之三千九"九真·人部"，中华书局影印本《永乐大典》第二册第1777—1778页。

第二，对于前人已从《永乐大典》中辑出的易学典籍，还有进一步补充完善、考辨论证的空间。比如《四库全书·经部·易类》的邵伯温《易学辨惑》由四库馆臣辑自《永乐大典》，"朱彝尊《经义考》载此书，注曰未见。此本自《永乐大典》录出，盖明初犹存。《宋史·艺文志》但题《辨惑》

一卷，无'易学'字，《永乐大典》则有之，与《书录解题》相合，故今仍以《易学辨惑》著录焉①，可见四库馆臣苦心孤诣，贡献良多。不过核诸史籍，则会发现《易学辨惑》亦见于《邵康节外纪》。《四库全书》所收《邵康节外纪》为"两江总督采进本"，《四库全书总目》云："明陈继儒编……又附载伯温《易学辨惑》。"②显然，《易学辨惑》存有"大典本"和"附载本"两个版本，关于为何出现两种版本、它们之间有何异同等问题，进行探究颇为必要。又如，《四库全书》所收《周易象义》并非全本，余嘉锡指出："瞿镛藏有宋刻残本，《四库》本所阙豫、随、无妄、大壮、睽、蹇、中孚、既济、未济《象传》注，豫、随、无妄、大壮、睽、蹇、中孚《象传》注及《系辞上》'象也者，言乎其失得'至'各指其所也'之注，宋本皆全。瞿氏录其文入《铁琴铜剑楼藏书目录》卷一。好事者若刻此书，可据以补入。惟《四库》本豫、随、无妄经注之阙也，瞿氏宋本亦阙，则终无可考焉。"③核之《铁琴铜剑楼藏书目录》，诚如余氏所言④，可作为我们整理《周易象义》的重要补充。另外，四库馆臣也不乏漏辑者。例如，谢辉《曾贯〈易学变通〉易学思想论析》即列举漏辑《易学变通》数条⑤。张玲莉也对《大典》残本、《四库》底本和文渊阁底本的《易学变通》详加比对，指出《永乐大典》与《四库全书》不一致处数条⑥。凡此种种，都有待详考，宜选取版本最早、辑录最全的辑本作为底本，与现存《永乐大典》残卷的文字对校，并撰写校勘记。

第三，尚有多种版本传世的易学典籍。该类可以程颐《易传》、朱熹

---

① （清）永瑢等：《四库全书总目》卷二《经部二·易类二·易学辨惑一卷》，中华书局1965年版，第7页。

② （清）永瑢等：《四库全书总目》卷六十《史部十六·传记类存目二·邵康节外纪四卷》，中华书局1965年版，第544页。

③ 余嘉锡：《四库提要辨证》卷一《经部一·易类一·周易象义十六卷》，中华书局1980年版，第20—21页。

④ （清）瞿镛编纂，（清）瞿果行标点，瞿凤起覆校：《铁琴铜剑楼藏书目录》，上海古籍出版社2000年版，第28—40页。

⑤ 谢辉：《曾贯〈易学变通〉易学思想论析》，张涛主编：《周易文化研究》第八辑，社会科学文献出版社2016年版，第110—111页。

⑥ 张玲莉：《〈四库全书总目·易类〉研究》，北京师范大学2021年博士学位论文。

《周易本义》等为代表，对于这类典籍，有必要选取学术界比较公认的善本与现存《永乐大典》残卷（影印本）或前人辑录本对校，并广泛借鉴、吸收学术界现有整理研究成果，注明异文，考订是非，且在校勘记中加以简要说明。

在对以上不同种类易学典籍校勘的过程中，注重综合运用校勘学的基本理论和方法，包括对校、本校、他校、理校，或补底本文字之缺漏，或据校本、辑本改正底本文字之舛误，比如脱、衍、误、倒等，并在校勘记中加以记录和分析。对于异体字，在不需要造字的情况下予以保留，不做校改处理。对于避讳字，在能确定是原书在流传过程中改动的前提下，尽量回改且出校。同时，博览广采、充分吸收现有研究成果，并在校勘记中予以必要说明。对所辑文本加以标点，则根据我国最新的《标点符号用法》（GB/T15834—2011）进行。

最后，根据易学典籍涉及的书名、人名（作者名）等专门名词制作索引，置于卷末，提高易学典籍的实用性和利用率。

《永乐大典》易学典籍综合研究是在对相关典籍系统整理的基础上，突出问题意识，从文献学、思想史和易学史等方面进行的综合研究，具体包括如下内容：

第一，为《永乐大典》所引易学典籍撰写述评。在上述研究基础上，"辨章学术，考镜源流"，为所辑录易学典籍撰写述评，揭示作者生平里籍，考辨典籍成书年代，介绍著作基本内容，指出历代著录情况及篇卷分合，评析典籍的版本价值及学术意义等，力求文约义丰，言简意赅。如《周易解》作者陈普（1244—1315），字尚德，号惧斋，福建宁德人，生于宋理宗淳祐四年，卒于元仁宗延祐二年，享年七十二，所居有石堂山，学者称石堂先生，是宋末元初福建著名理学家、教育家。陈普是朱熹在福建地区的三传弟子[1]，明清时期学者对其高度评价，"蕺山诸生曰先生之学，入闽者熊勿轩（熊禾）、陈石堂（陈普）其尤也"[2]。可以说，陈普是当时朱熹学说在闽地的

---

[1] （清）李清馥撰，徐公喜、管正平、周明华点校：《闽中理学渊源考》卷四十《福宁陈石堂先生普学派》，凤凰出版社2011年版，第517—519页。

[2] （清）黄宗羲原撰，（清）全祖望补修，陈金生、梁运华点校：《宋元学案》卷六十四，中华书局1986年版，第2057页。

传承者，也是忠实的拥护者与传播者，对程朱理学在福建的历久不衰做出了重要贡献。① 撰写其人其书的述评，学术价值显而易见。

第二，通过分析、考辨《永乐大典》所引易学典籍，综合考察明初易学思想和治《易》风尚，揭示其在中国易学史上的重要价值。前面说过，《永乐大典》编排原则是"用韵以统字，用字以系事"，其中抄录各书总体上以时代前后为序，但编纂者在涉及易学典籍的字韵之下，往往将程颐《易传》和朱熹《周易本义》置于首位，次以孔颖达《周易正义》等官方学术著作，最后才按照时代顺序编排其他易学著作，这在一定程度上反映出当时以程朱理学为尊，重义理、轻象数等学术风尚。众所周知，理学是明代学术的重要组成部分，"理学以前所未有的深度和广度影响着社会生活的各个方面"②。《明史·儒林传》即指出"明初诸儒，皆朱子门人之支流余裔，师承有自，矩矱秩然"③。朱伯崑《易学哲学史》阐述道："朱棣还命胡广等人编《性理大全》，将周、程、张、朱诸家言性理之书类聚成编，成祖为之作序，宣布程朱理学为官方认可的正统哲学"，"标志着宋代的经学即宋学终于代替了汉唐经学《五经正义》，成为占统治地位的学术形态，对明代思想文化的发展起了深刻的影响"④。而《永乐大典》征引易学典籍的编排顺序，可以说是明初易学界受到这种思想深刻影响的真实写照。

第三，在上述研究的基础上，从宏观层面对《永乐大典》所引易学典籍的学术价值进行全面考察。如目录学方面，《永乐大典》通过"随字收载"的分类方式对易学典籍进行分类编排，尽管一定程度上割裂了原书的完整性，但它将不同典籍汇聚于同一主题之下的方法，则具有一定的借鉴意义和示范作用。辑佚学方面，《永乐大典》中所引易学典籍种类繁多，版本价值较高，许多在编纂《永乐大典》时尚存的典籍随着时间的流逝逐渐散佚，后人只能依靠《永乐大典》中保存的文献资料力求恢复其原貌，使诸多亡佚已

---

① 林颖政：《朱熹闽学三传：南宋福建遗民陈普学术源流初探》，《中华传统文化研究与评论》第三辑，人民教育出版社 2009 年版，第 368—369 页。
② 张学智：《明代哲学史》，中国人民大学出版社 2012 年版，导言第 1 页。
③ （清）张廷玉等：《明史》卷二百八十二《儒林传一》，中华书局 1974 年版，第 7222 页。
④ 朱伯崑：《易学哲学史》第三卷，昆仑出版社 2005 年版，第 4—5 页。

久的古籍珍本重见天日。版本学、校勘学方面,《永乐大典》编纂于明初,其中所引易学典籍的底本多为宋元善本,版本学价值极高,能够为易学典籍的校勘工作提供较大便利。尤其是对于有多种版本传世的典籍来说,《永乐大典》本在订正讹误、校补脱漏等方面发挥了极为重要的作用,校勘学方面价值较为突出。

对《永乐大典》易学典籍的整理研究,需要严格遵守古籍整理的学术规范和研究方法,力求全面、精确地查找、抄录、编纂《大典》易学典籍,网罗广泛,无所遗漏。同时,密切关注《大典》残卷的最新发现,及时将其纳入研究工作之中。以规范的体例、合理的编排和统一的格式,进行点校整理,为读者研读提供便利。此外,充分运用现代数字文献学的成果,及时提高典籍文献的利用率。

另一方面,有必要积极探究易学典籍在文献学、思想史和易学史等方面的价值,尤其以《永乐大典》所引易学典籍作为明代易学的一个重要环节加以考察。以往关于明代易学的研究一般以某一学者或著作作为研究对象,如蔡清、罗钦顺、来知德等,但是关于明代及某一历史时期整体的易学思想、易学风尚的研究则较为少见,尚属薄弱环节。《永乐大典》所引易学典籍的种类、数量、性质、编纂方式等能够在一定程度上反映当时易学文化的风尚和趋势,通过对其进行综合研究,不仅能够深化认识明代易学发展的思想文化背景,而且还有助于我们进一步考察和研究明代易学在整个中国易学发展史上的地位和作用。

简言之,《永乐大典》易学典籍的整理研究应当既注重在对《永乐大典》所引易学典籍全面辑录、精审校勘基础上进行系统性研究,又强调从综合研究的角度反过来指导文献整理工作,以期促使整理研究密切结合、相互呼应、相辅相成、相得益彰。

(五)结语

作为明代永乐年间举全国之力编纂的一部集历代典籍之大成的类书,《永乐大典》在我国历史上占有重要地位,影响深远。《永乐大典》易学典籍的全面整理和综合研究,具有显著的学术价值和现实意义。在易学研究方面，对《永乐大典》所引易学典籍的系统搜集、全面整理，不仅可以为学术界提供一个相对完整、可靠的文本，也可从历史学、文献学特别是校勘学等维度为今后易学文献的整理研究提供有益的借鉴和启示。对其中珍稀文献的辑佚和复原，更能为中国易学史、经学史、学术思想史等注入新的活力。在《永乐大典》研究方面，广泛搜罗和系统整理其中所引易学典籍，是《永乐大典》整理研究不可或缺的重要部分，对于深入挖掘《永乐大典》的文化传承和学术价值具有独特意义，对开展类书的专题研究也具有一定的示范和借鉴作用。

就现实意义而言，《永乐大典》易学典籍的整理研究能够通过历史经验的必要总结和概括，理论联系实际，推动中华优秀传统文化的创造性转化和创新性发展。古籍是传承中华文明的重要载体，古籍的保护、整理和利用是实现中华优秀传统文化创造性转化和创新性发展的基础性工作。做好《永乐大典》易学典籍的整理研究，有助于实现让书写在古籍里的文字都活起来，让博大、丰富的古老智慧重新焕发生机，为相关理论研究和相关部门的科学决策、精准施策提供历史经验、学术依据和智力支持，借鉴历史，赋能未来，为实现中华民族伟大复兴的中国梦做出应有的贡献。

四、明代政治与易学

（一）引言

易学在明代社会经济和文化学术发展过程中占有重要地位，朝野上下研《易》用《易》蔚为风气。从帝王（如明太祖、成祖、仁宗、宣宗、淮康王）到重臣（如朱升、刘基、张居正），于《周易》和易学皆有心得。此举泽及当时的易学研究领域，促使易学迅速发展且呈现出更加鲜明的时代特色。而另一方面，《周易》和易学，特别是其倡导的和谐理念和创新精神，也或多或少或隐或显地影响着有明一代的政治走向和社会生活，这在制度创新方面表现得尤为突出。其中，张居正改革就是典型的一例。

"通变"是易学的基本精神，研究"通变之道"，也就是探索变化之道和变化之理，这是形而上，是易学大智慧。"致用"是研究易学的基本着眼点，也就是说易学要能够解决实际问题，或者说能够为解决实际问题提供帮助和指导，这是形而下，是易学的"涉世妙用"。有明一代，朝野上下致力于"通变之道"的研究和"涉世妙用"的体验，在易学理论与实践两方面皆有重大成就，而张居正改革也正是易学"通变""致用"的典型代表。

（二）明朝与五行生克

这里先给大家提个问题，就是为什么明朝的官服、朝服主要是红色的呢？这都和易学特别是易学所倡导的阴阳和谐理念有密切的关系。我们知道，阴阳五行是中国的思想率，而这个思想论是源于《易经》的大智慧。《易经》这部有着几千年历史的重要文化典籍是一部智慧典籍，它对中国社会政治和历史文化的发展、演变产生了深远的影响。刚才说到的明朝，就是将阴阳五行"金木水火土"中的"火"德，作为立国、执政及其不断巩固和发展的一个基础。说到这个问题，我们先将五行的基本原理说一下。五行之间存在着相生相克、相互制约的关系，相生就是五行之间具有相互滋生、相互促进的作用，相生的顺序是水生木，木生火，火生土，土生金，金生水。相克就是相互抑制、制约的意思。相克的次序是金克木，木克土，土克水，水克火，火克金。五行之间就是靠着这种相互生克、相互制化的关系维持一种平衡协调的状态。

根据相关史料，从五行所属来说，明朝属火，颜色尚红色，明朝统治者认为他们是因火而兴，以火德取天下。当年明朝兴起是群雄逐鹿的结果，同一时期有陈友谅、张士诚等人，但这些人都没有明太祖朱元璋这么幸运。一方面因为朱元璋是一个雄才大略的人，自身有大智慧、大谋略，这是一个必需的条件。另一方面，朱元璋在五行这一个环节上也是占有优势的。我们知道，元朝是因金而兴，后来定国号为大元，就是取自《周易·乾卦·彖传》"大哉乾元，万物资始，乃统天"。而元世相忽必烈的年号"至元"也出自《周易·坤卦·彖传》"至哉坤元，万物资生，乃顺承天"。宋朝五行为木，元朝灭掉宋朝，可以理解为金克木。元朝五行为金，要用火来克制，朱元璋姓朱，他的国号是明，明火，火德非常兴旺。朱元璋灭掉了元朝，可以理解为火克金。

要是这样,大家就知道为什么清朝它原本叫大金(世称后金),后来改国号叫大清,因为火克金而水克火。这就是五行相克、五行相胜。由此可见,中国古代的国号问题,并不是就起一个名字而已,它事实上也蕴含着《周易》文化这种五行相克的思想。如果朝代更替蕴含火克金、水克火的这种思想,那么在一个朝代内,比如皇帝的传承或这个皇帝和下一个皇帝之间是不是也隐含着五行相生呢?确确实实是这样。我们知道,五行相生的意义一般要重于相克,中华文化是倡导和谐的,不是相克而是相生是我们最大的目标,《周易·系辞下传》所谓"天地之大德曰生"。在明朝历代的皇帝传承过程中,我们也发现一个非常有趣的现象,皇帝的名字就特别重视五行相生,用五行相生追求传承。比如说,如果前一个皇帝的名字带有"木"字,那么他的下一代皇帝的名字就一定用"火"字。这种现象在整个明朝非常突出。像十三陵的墓主人,他们的名字就很有意思。比如朱棣的"棣"字是"木"字旁,他的儿子叫朱高炽,"炽"是"火"字旁,木生火。朱高炽的儿子叫朱瞻基,"基"是"土"字旁(底)的,火生土。古代皇帝是特别重视五行思想,这种思想就取自易学。可见《周易》文化对明代的影响,甚至对中国整个历史的影响非常巨大。

明朝皇族的取名用字,注意到了五行相生的关系,我想这对我们今人也有启发。现在好多人强调学国学,恢复文化传统,搞家谱、族谱,强调家谱用字,家族成员名字上一代用了什么字,下一代再用什么字。我想,这不应该率性而行,随意而为,应该有一个基本依据。明朝这些皇帝的做法对我们有很大的借鉴作用。今后在为后代子孙取名的时候,也可以考虑一下五行相生相克的关系,不要弄反了。古人强调名字的重要性,强调"改名转运",很多成功人士都经过了改名的历程,很多重要的人物甚至连姓都改过。为了一个团队或集体的安全和政权的延续,往往采取改名的方法。这一文化现象对后人是有启发作用的。正如十三陵是明代皇帝陵寝,它给我们的不仅是景观的庄严肃穆,更重要的是文化内涵的熏陶和濡染。在现实生活中,明朝的皇帝是非常重视《周易》的,其重视程度超乎我们的想象。可以这么说,《周易》应该是中国古代的"圣经",是古代帝王包括明朝皇帝治国安邦的第一宝典。

（三）《周易》思想与明朝的治国理政

历史上有句话叫"半部《论语》治天下"。这句话是宋代宰相赵普说的，但是实际上相比起来，"半部《周易》治天下"似乎说得更确切一些。《周易》蕴含了丰富的管理思想，从一定意义上，我们完全可以将《周易》定性为一部管理学著作。汉代著名学者郑玄曾经说过："凡《易》八卦之气，验应各如其法度，则阴阳和，六律调，风雨时，五谷成熟，人民取昌，此圣帝明王所以致太平法。"① 你看，古人就明确说了，《周易》这本书是圣帝明王用于安邦定国、经世济民、管理国家的法典。中国历史上的许多改革家、政治家都研读《周易》，并以易学思想指导自己的改革事业和政治实践。如汉代魏相的政治学说，唐代柳宗元、刘禹锡等人的永贞革新，宋代范仲淹的庆历新政、王安石的熙宁变法、明代张居正改革、晚清维新变法等，都有易学革故鼎新、拨乱反正之论在其中发挥或隐或显的重要作用，都是《易》"穷则变，变则通，通则久"② 的变通理念在社会政治领域的具体实践，都反映了易学"涉世妙用"的实践功能。因此，我们说以《周易》治天下，在历史上是普遍存在的，完全符合历史实际。

如果我们要找一部中国最古老的书的话，那就是《周易》。现在我们说中华文明有着五千年的悠久历史，2008年北京奥运会的时候有一个说法，"世界给我十五天，我给世界五千年"。现在我们学的国学经典，比如说《论语》有两千五百年的历史，《道德经》也有两千五百多年的历史，《孙子兵法》说长了也是两千五百年。而且从整个世界来看，这个时候的中国已经不是一枝独秀了。我们知道大约在两千五百年前，人类文明史上出现了一个重要的哲学突破，也就是德国历史学家、哲学家雅斯贝尔斯提出的"轴心时代"。这个时代各个文明区域都出现了一些大家。在古代印度出现了释迦牟尼，古希腊有苏格拉底、柏拉图、亚里士多德，古代以色列地区也有一些先知先觉的人物出现。这个时候中国虽然也非常有光彩，群星灿烂，人才辈出，比如

---

① （汉）郑玄注：《易纬通卦验》卷下，[日] 安居香山、中村璋八辑：《纬书集成》上册，河北人民出版社1994年版，第207页。
② （三国魏）王弼、（晋）韩康伯注，（唐）孔颖达疏，于天宝点校：《宋本周易注疏》卷第十二《周易系辞下》，中华书局2018版，第439页。

说出现了老子、孔子等人物，但是其他文明区域好像也不亚于我们。所以，如果我们想占得先机，我们就应该把《周易》这本书放在最高的一个位置上，因为它是有六七千年历史的文化经典、智慧经典。古代文化交流并不是太发达，有时候往往有一本书的精神能量就足够了。假若现在要找一本能体现中国古代精神的书的话，那么建议你去读读《周易》。如果我们只读《论语》，它体现的是儒家的精神，它表现的是自强不息、奋发有为，知其不可而为之，太累了。为什么历代王朝、历代统治者都要把孔子请出来作为一个经典，作为一个号召和鼓励百姓的重要工具呢？因为儒家的精神与我们倡导的不断进取的精神是相通的。《道德经》那是另外一个方面了，它可以说是厚德载物、上善若水的经典，但还是有点偏于消极。试想没有自强不息、积极进取的精神和干劲，那我们国家的经济社会发展、文化教育事业这些谁来干？《孙子兵法》可能也有问题，中华民族是一个崇尚和谐、热爱和平的民族，《孙子兵法》不可能单独作为主要经典代表中国文化。现在国际上，大家一提到中国人就说到《孙子兵法》，兵不厌诈，说中国人很狡诈。其实，这是片面的，《孙子兵法》很难单独代表中国文化。总之，如果要找一本最能体现中华文化精神的书的话，我认为就是居群经之首的《周易》。

无论是《论语》《道德经》，还是《孙子兵法》，这些都只能代表中国文化或中华文化的一个方面，而《周易》是非常综合的、天人合一的，而且也是一个更加博大精深的体系。所以说《周易》更应该作为中华文化的一个代表。古代皇帝都要好好学《周易》。那皇帝学，大臣们也是应该非常重视的。在中国最经典的成功人士当然是拥有天下的皇帝，同时他的大臣特别是朝廷重臣，对《周易》也是非常重视的。一方面是因为《周易》是一种大智慧，它对人生具有重要的启迪和指导意义。《系辞上传》说："夫《易》，圣人所以崇德而广业也。"就是说，《周易》是圣人用来加强道德修养、成就辉煌事业的。从这一角度讲，我们也完全可以说《周易》是一门成功学。所以不仅仅是皇帝，还包括大臣及其他著名人士，都孜孜不倦地致力于易学的学习和研究。另一方面《周易》还是一个入仕的工具，就是科举考试。我们知道明朝科举盛行，《周易》是科举考试的重要内容，是士子们步入仕途的一个重要途径。长陵的墓主明成祖朱棣对《易经》就非常重视，下令编纂《五经大全》，首列《周易大全》，作为科举考试的教材。这种现实利益的驱动，也使人们非常重视对《周易》的学习和研究。

（四）《周易》思想与明朝的改革

明朝张居正的改革是不是也与《周易》思想有关系呢？是的，二者有密切的关系。张居正改革是明朝政治生活中的一件大事，它使明朝中后期取得了一个再度辉煌的成就。我们刚才提到，经过明朝早期的几个皇帝特别是经过仁宗、宣宗的努力，明朝早期可以说是国泰民安。中期开始出现一些衰败迹象，但同时也有"弘治中兴"出现，此后又有嘉靖时期的改革。"弘治中兴"解决了明朝前期出现的一些弊端，嘉靖时期的改革革除了武宗弊政，应该说都是有贡献的。然而二者都还没有从根本上解决衰败的问题。直到张居正改革，又把明朝后期的这种辉煌展现给大家。国外学者在研究明代社会史的时候，曾经提出有一个"中国历史上的文艺复兴"，指的就是明朝后期这一百年左右的辉煌。市民阶层崛起，市民文化兴盛，这些应该与张居正改革有密切关系。张居正处于一个特殊时期，当时明朝在政治上、社会上都出现了一些问题。"穷则变，变则通"，这种颓势需要用一种变革的手段、变革的方法来挽救。当时张居正在很大程度上受到了《周易》的启发和影响，特别推崇南宋杨万里以史解《易》的《诚斋易传》，放在身边经常玩味体悟，从中汲取智慧。他把《周易》看作治世宝典，指出："窃以为六经所载，无非格言，至圣人涉世妙用，全在此书。"[①] 张居正的大手笔、大智慧，可以说都闪现着易学的影子。

除了张居正改革，在明朝各个时期上至皇帝下到大臣们，他们在面对这种变局的时候，包括面对一些政治危机的时候，有没有积极地从《周易》里汲取一些精神或者某种精神的涵养呢？回答是肯定的。比如在明朝早期，有所谓"仁宣之治"。仁宗、宣宗这个时期，那是一个治世，相当于汉朝的"文景之治"，相当于唐朝的"贞观之治"。这个时期皇帝用的是《周易》的

---

① （明）张居正：《张太岳集》卷十二《签胡剑西太史》，上海古籍出版社1984年影印本，第450页。

和谐思想、和谐理念，倡导怎么样使社会各个阶层、各个集团能够各得其所，各安其位，和谐相处。《周易》强调的和谐，是各得其位、各得其正、各得其所，也就是说每一个人都有自己生存的空间，都有自己发展的空间，同时有各自的道路，有各自的义务和职责。用解《易》之作《中庸》的话来说就是："万物并育而不相害，道并行而不相悖。"所以，这个时候大多都是用《周易》的和谐精神、和谐理念与和谐思想，去适用于大千世界。和平时期或是稳定时期这个是特别要强调的，但是在变革时期就不同了。我们刚才提到张居正，张居正为什么特别喜欢《周易》，实际上他是看到《周易》创新精神、变革精神。《周易》，英语翻译成"变经"（the Book of Changes），是讲关于变化的道理的书。这种变化就需要革故鼎新，这个思想、这个成语就来源于《周易》：《周易》有革卦和鼎卦，都是六十四卦之一，讲变革的道理。如果社会腐败、社会危机、政治黑暗、政治动荡都已经出现了，我们要革除弊端，巩固这个朝代，振兴这个朝政，就必须用《易经》的精神即变革精神、创新精神来往前推动。所以，张居正改革更多地吸收并发挥了《周易》的创新、变革思想。《周易》博大精深，清代《四库全书总目》易类序中就曾说过："易道广大，无所不包。"说它是知识宝典，说它是锦囊妙计，说它是百科全书，都不为过。易学思想是中国传统思想的主潮、主旋律，不读《易经》、不懂易学恐怕很难理解中国文化。懂得了易学才能懂得中国的传统社会，才能洞悉明朝政治的根蒂，才能把握明朝政治的精华。在这个问题上大家可以交流。

（五）"易道广大，无所不包"

《周易》文化的雏形，早在六七千年以前就已经产生，一直影响到今天，现在的人也不能说已经脱离《周易》文化的影响了。《周易·系辞上传》里有一句话，"百姓日用而不知"，就是指我们的日常生活可能都受《周易》思想的影响，但大家对此已经不知道、不了解了。若干年前，北京某大学古文献专业硕士研究生入学考试，有一个考试题目好像是写出八卦之名，并且把八卦的卦画画出来，结果有三分之二以上的考生答不出来。刚才提到，《四库全书总目》有一句话，叫作"易道广大，无所不包"，这个说法事实上的确能够很好地揭示中国文化传统当中《周易》巨大的影响。六七千年前，《周易》，准确地说应该是早期的《易》就产生了，后来不断地发展、成熟。《周易》对中国人的影响，是融化在血液里面的。有些人说我没读过《周易》，不知道《周易》是什么，但是你的很多思维方式、思维习惯，跟《周易》很可能有某些方面的暗合之处。这就是说《周易》无处不在。

《周易》的原文不是很好读，虽然它在我们的生活中到处都有体现，但是你要把它的经文即卦爻辞这些搞清楚，也不是很容易的。我提出几个问题，和大家探讨一下，对大家可能会有所启发。首先要了解《周易》是一部智慧之书，一部管理之书，还是一部预测之书。就是说，你需要什么，《周易》都可以给你提供。比如明代张居正为什么改革？《周易》讲究变，讲究革故鼎新。实际上，改革本身就是一种变的过程。为什么变，要搞清楚，还有一个怎么变的问题。张居正怎样在他的改革和变法过程之中运用《周易》的思想理论，他采取了什么措施？举个很简单的例子，如"一条鞭法"。过去朝廷收税是非常复杂的，有各种各样的赋税，人头税、土地税、经营税等，名目繁多，非常烦琐，还有徭役等。而《周易》很讲究简易，"易则简从"。《周易》有三义：不易、简易、变易。张居正的"一条鞭法"，把这些东西统统地省略掉，逐渐过渡到以土地收税为主，实际上是省去了很多复杂的程序。以前每多加一道程序，官员就多一个搜刮、剥削的机会，老百姓就多受一份苦，张居正的改革是不得不改的。为什么？因为社会的各种矛盾非常尖锐，也就是说，引起这些矛盾的是一个制度性、结构性的问题，改革只能是由上而下地进行。

张居正比较喜欢六十四卦中的益卦。该卦《象传》说："益，损上益下，民悦无疆。自上下下，其道大光。"实际上，该卦卦辞已说："利涉大川。"九五爻辞也说："有孚，惠心，勿问，元吉。"张居正对"损上益下"有很深刻的认识，他说："夫惟弘济大川，而损己之有，不伤民财，是以举措光大而闿泽无疆也。夫天下未有十利之事也，劳民以便民，病寡而利多，仁者犹将为之。兹役也，诚不忍斯民之垫溺而思以拯之也。即上以诏令水衡出钱，间左兴役，责之有司，如期而办，凡以利民，夫谁曰不可？乃圣母与皇上视民之溺，由己溺之，既已涝漉，引救之矣。而又不烦有司，不扰闾阎，至出其脂盎之资，以为万姓造福，兹非所谓'损上益下'，而'有孚，惠心'者乎？以是而获'元吉'，受'介福'，奚俟问矣？"① 在那个时候，中央政府的财政收入非常高，但是普通百姓生活却非常困苦，而那些赋税、徭役每年也不减少，长此下去是不行的。张居正很敏锐地发现了这个问题。怎么办呢？张居正那个时候就用了"损上益下"的政策，现在对我们也应该有借鉴作用。

就《周易》而言，过去读书人都要学习研读的，因为《周易》还是帝王之术。帝王自己学习《周易》，你要想辅佐帝王，你也要学习《周易》。过去说读书人"学得文武艺，货与帝王家"。货，就是卖的意思。学那么多本事干吗呀？读到再高的学历也要有用武之地才行，也就是得卖得出去才行。过去主要是卖给帝王。现在我们普通老百姓也要学《周易》。要想在各种复杂的社会环境和社会关系当中，你的所作所为能够做到最合理状况，你就要学习《周易》。不是说学了《周易》都可以"货与帝王家"，都可以飞黄腾达，不是的。学了《周易》之后，可以使你做什么都做到最得体、最合适。就和我们打桥牌一样，不是说你拿一副好牌，你就能赢，拿一副比较差的牌，你仍然可以打成功。《周易》要求你在好的时候，比如"居庙堂之高"，当了大官，要像张居正那样，想着百姓，改革为民；如果说你只是个平民百姓，在你困顿的时候，能够给自己找到合适的安身立命的位置，不至于怨天尤人，得抑郁症。

《周易》的思想智慧可以概括成几个方面。第一，天人合一的整体和谐。我们现在构建和谐社会，口号提得很大。其中有几种关系，如人与自然的关系、人与人之间的关系、人与社会的关系，等等，具体也可以理解成人民群众和党的关系、官员和普通老百姓的关系。各种关系都要处于一种和谐状态。《周易》里的和谐还包括自身的和谐，自身不和谐，你就阴阳不平衡了，阴阳不平衡你就生病了，生病就要吃药，吃药再给你调成平衡，平衡了你就和谐了。就这么一个过程。所以《周易》第一就讲究整体平衡和谐。

---

① （明）张居正：《张太岳集》卷十二《敕建涿州二桥碑文》，上海古籍出版社1984年影印本，第145—146页。

第二，阴阳平衡。中国所有建筑的美学，也包括我们这个社会，也都是讲究阴阳的平衡。北京的鸟巢和水立方就完整鲜明地体现了阴阳之道。在北京中轴线（包括延长线）两侧，鸟巢在东侧，水立方在西侧，相对而立，事实上就是《周易》当中的平衡思想，"一阴一阳之谓道"的思想。按五行理论来分析也是如此。北京奥运会吉祥物是五个福娃，自从有奥运会以来，吉祥物最多的大概就是这五个福娃，而这个五，寓意就是五行，也是五色、五方、五常等。鸟巢在东边，里面主色调是红色。按五行生克来说，东方震卦属木，木生火，有生发之象。鸟巢的这种安排能增强气场，生机勃勃。不是说体育场这么做了之后，破了很多世界纪录就有根据了，但这是符合中国人思维习惯和心理习惯的。西边是水立方，西方属金，金生水，也是非常有讲究的。前面说过，阴阳五行是中国人的思想律。中国的阴阳五行理论你掌握了，基本上你就掌握了中国人的思维方式。还有故宫为什么左边一个文华殿，右边一个武英殿？文在东，武在西，文为阳，武为阴，也是一阴一阳这么构成的。北京的崇文门在东、宣武门在西，也是一样的道理。而这种构成恰恰是一种美，是一种文化，也是一种和谐。

第三，《周易》的"三易"理论：不易、简易和变易。《周易》讲变，但是总是有不变的东西在。刚才说的简易，张居正改革做得很好。不易很重要，不能总变，还有不变的，其核心理念是不变的。中国不变的就是秩序，几乎所有的东西都在强调秩序。比如故宫的建筑，比如北京城的规划，都突出了秩序的重要性。再比如现在的北京交通，二环、三环、四环、五环，很多人认为是摊大饼，不好，实际上有它的合理性在里边。因为在我们这种体制和文化理念之下，必须有一个中心，没有中心就乱了，所以必须强调秩序。

另外，《周易》还包含很多其他重要的理念，要求我们这些学《周易》的人，懂《周易》的人，要知道有所敬畏。《周易》文化除了象数、义理之外，还有一个《易》外别传体系。我们在街上常常遇到的江湖术士，看风水，打卦算命，也应该是《周易》文化的一部分。不管你认可不认可，你批判不批判，承认不承认，它就在那里。我们一直说"大易学"的观点，"大易学"指的不仅是庙堂之上的易学，江湖上那些过去被视为"旁门左道"、无法登大雅之堂的东西，其实也是易学文化的一部分，对易学的传承、传播也起到了很重要的作用。

总之，《周易》文化包含好几个层面，都在各朝各代产生了深远影响。这种影响有社会生活意义上的，也有神秘主义意义上的，还有哲学思想意义上的。明代易学与政治的彼此结缘和双向互动，再次说明《周易》文化是一种"大易学"，《周易》是一个"无所不包"的大的文化系统，值得我们认真探索，深入阐释。

五、关于康雍乾三朝易学研究的新成果

在中国易学发展史上，清代是一个极为重要的时期，而康熙、雍正、乾隆三朝又在其中占有特别突出的地位，名家、名著层出不穷，灿若星汉，如陈梦雷、李光地、胡渭、惠栋、钱大昕、纪昀及《周易折中》《四库全书总目·经部·易类》等。最高统治者的高度关注，众多一流学者的精心研读，一批集大成著作的相继问世，"两派六宗"等总结性理论的系统推出，都使得延续数千年的易学文化焕发出新的生机，呈现出新的面貌，展示出新的发展方向。清代康雍乾易学的巨大成就，也始终吸引着后世学者的注意力，他们在相关领域的积极探索，为当代的研究工作提供了必要的学术基础和土壤。

江玉博士数年前跟从我攻读硕士、博士学位，敏而好学，勤于深思，将主要精力放在易学与明清文化的研究上，最终撰成《康乾易学研究》的博士学位论文，得到了以中国社会科学院学部委员陈祖武先生为主席的答辩委员会的充分肯定，顺利获得博士学位。现在呈献给各位读者的这本书，就是以该论文为基础，经过充实、完善而完成的。本书大量占有和系统梳理相关文献资料，认真吸收和充分借鉴前人研究成果，对清代康熙、雍正、乾隆时期易学的演变、发展的轨迹和规律进行了全面、深入的研究，立意新颖，视野开阔，重点突出，脉络清晰，论述充分，宏观把握和微观分析、历史线索和逻辑线索的结合都做得较为成功。

在宏观方面，本书尤为关注清代康雍乾三朝社会政治和文化思潮的大

趋势，注意到易学与社会史、学术史的互动关联，将易学置于当时的学术大背景下加以系统考察和探究；在微观方面，则对康雍乾时期易学研究及运用方面的代表人物和作品进行了缜密、细致的分析和论证，且重视发现和使用文集、笔记、奏折、实录、起居注中的新史料，多出己意，颇见功力，特别是对帝王易学的论述更是多有独到之处和精彩之笔，弥补了以往易学及相关研究领域的缺憾，有着重要的学术启发意义。

前修未密，后出转精。通观本书，可以看出，经过多年的专业研习和工作实践，江玉博士已经具备了扎实的学术功底，治学严格遵守传统学术路数和学术规范，同时注意运用新的研究方法，注重原创，使全书体现了可贵的开拓意识和创新精神，表现出良好的治学态度和学术修养，学术价值和理论意义都较为突出。相信本书的出版发行将会大大有助于中国易学史、中国思想文化史以及明清史研究的开拓和深化，有助于国内外相关的学科建设和学术发展。在此也衷心祝愿江玉博士在今后的人生道路和学术征程上与时偕行，精益求精，不断取得更多、更好的成绩，为包括易学在内的中国优秀传统文化的现代转化和创新发展做出更大贡献。①

六、谈谈《周易述》

《周易述》二十三卷，清惠栋撰。惠栋（1697—1758），字定宇，号松崖，因其祖父号"红豆先生"，故世多称其为"小红豆先生"。江苏元和（今江苏苏州相城区）人，初为吴江县学生员，后改归元和籍，著述多题"元和惠栋"，即源于此。惠栋倡导汉学，表彰古注，卓成一家，为开创吴派之巨匠、乾嘉学派之中坚，余萧客、江声诸弟子亦显名于后，王鸣盛、钱大昕、戴震、王昶等皆问学请益，执以师礼。惠栋勤于治学，著述等身，主要有：《周易本义辨证》《周易爻辰图》《易例》《九经古义》《古文尚书考》《左传补注》《后汉书补注》《续汉志补注》《松崖文钞》《松崖笔记》《九曜斋笔记》等。

---

① 本文原系为袁江玉《康雍乾三朝易学研究》撰写的序，收入本书时略有改动。袁江玉：《康雍乾三朝易学研究》，现代出版社 2014 年版。

惠栋治经，源于家学。曾祖惠有声、祖父惠周惕、父惠士奇，至栋，四世传经，咸通古义。惠氏治学，特色显明，即重汉魏古注，强调识字审音，不改古训，并以"六经尊服郑"为治学座右铭。惠栋易学，肇始曾祖。明末，惠有声集取李氏《集解》，以表彰汉《易》，至栋，历四世而集汉《易》之大成。汉《易》去圣未远，古字古训，渊源有自，然经王弼，象数尽扫，老庄入《易》，唐孔颖达取王弼，弃汉注，王《易》日昌，汉《易》浸微。此后，"辅嗣《易》行无汉学"①。李鼎祚不满于此，广加搜讨，成《周易集解》一书，欲存汉《易》于一线。乾嘉之际，汉学日炽，惠栋于知天命之年后专心经术，尤邃于《易》，引申触类，贯通其旨。乾隆十九年（1754），惠栋游幕于两淮盐运使卢见曾，宾主相处怡洽，遂"讲授之暇，篝灯撰著"，"说经论文，亹亹甚乐"②。值此之际，惠栋全力撰著《周易述》。他以钩稽汉注、发明汉学为宗旨，注《易》约取虞翻、荀爽之说，兼采郑玄、马融之旨，自注自疏，卓然一体，于汉学推波助澜之功甚巨，"汉学之绝者千有五百余年，至是而粲然复章矣"③。

《周易述》原目为四十卷，但阙卷七后半部分鼎卦以下及卷八下经十五卦和卷二十一《序卦》《杂卦》二传，实因惠氏并未撰写。另，卷二十四至卷四十，"凡载《易大义》《易例》《易法》《易正讹》《明堂大道录》《禘说》六名，皆有录无书"④。这六篇除《易法》《易正讹》真正有目无书外，其他皆单行，故而只存目。

《周易述》主要传本有三：一为乾隆二十五年（1760）卢见曾雅雨堂刻本。此本刻于惠氏殁后两年，当是最早刻本。此本目录四十卷，卷八、卷二十一全阙，卷二十四至卷四十仅列目录，并未刊刻，实为二十三卷。二为《四库全书》本。此本二十三卷，卷八、卷二十一全阙。另外，较之雅雨

---

① 见惠栋《易汉学序》引宋赵紫芝诗。（清）惠栋撰，郑万耕点校：《易汉学·易汉学原序》，中华书局2007年版，第513页。
② （清）惠栋：《松崖文钞》卷二《秋灯夜读图序》，《聚学轩丛书》本（光绪年间刻）。
③ （清）钱大昕：《潜研堂文集》卷三十九《惠先生传》，陈文和主编：《嘉定钱大昕全集》（增订本）第九册，凤凰出版社2016年版，第621页。
④ （清）永瑢等：《四库全书总目》卷六《经部六·易类六·周易述二十三卷》，中华书局1965年版，第44页。

堂刻本，此本阙卷二十三《易微言下》后半部分。三为道光九年（1819）广东学海堂《清经解》刻本。此本二十一卷，后民国初年学海堂石印本、民国二十五年（1936）上海中华书局《四部备要》本皆源于此本。以上各本，雅雨堂本当为祖本。

我们此次校点，以雅雨堂刻本为底本，以台湾商务印书馆影印文渊阁《四库全书》本为校本（简称库本），参校以《清经解》本。他校诸书所用版本如下：

《十三经注疏》，中华书局1980年影印阮元校刻本；

李道平《周易集解纂疏》，中华书局1994年版；

徐铉校定《说文解字》，中华书局1963年影印清陈昌治刻本；

《易纬乾凿度》《春秋元命苞》，安居香山、中村璋八辑《纬书集成》本，河北人民出版社1994年版；

《国语》，上海古籍出版社1978年版；

《史记》，中华书局1959年版；

《汉书》，中华书局1962年版；

《后汉书》，中华书局1965年版；

《三国志》，中华书局1959年版；

《魏书》，中华书局1974年版；

《汲冢周书》，《四部丛刊》影印明嘉靖二十二年本；

王先谦《荀子集解》，中华书局1998年版；

许维遹《吕氏春秋集释》，中华书局2009年版；

阎振益、钟夏《新书校注》，中华书局2000年版；

何宁《淮南子集释》，中华书局1998年版；

苏舆《春秋繁露义证》，中华书局1992年版；

王利器《风俗通义校注》，中华书局1981年版；

《京氏易传》，《汉魏丛书》本；

司马光《太玄集注》，中华书局1998年版；

仇兆鳌《古本周易参同契集注》，上海古籍出版社1989年影印本；

《六臣注文选》，《四部丛刊初编》影印宋刊本；

《隶释》，中华书局影印洪氏晦木斋刻本；

惠栋《周易本义辨证》，清惠氏红豆斋钞本；

惠栋《易汉学》，影印文渊阁《四库全书》本；

惠士奇《易说》，清道光九年学海堂刻《清经解》本。

书前目录根据正文内容重新编制。校点者学识有限，闻见未广，其中或有疏漏，恳请方家批评指正。①

七、刘沅易道会通思想研究

刘沅是清代巴蜀地区的重要学者，其学说体大思精，被誉为"川西夫子"。其代表作《十三经恒解》通过对《周易》等古代经典的注释，建构起一个以易学为核心、以儒学为本宗、融通儒释道的博大恢宏的学术思想体系。关于易学思想与道教之间的互动关联，即易道会通，是刘沅思想的重要组成部分。但据我们所知，学术界相关研究尚显薄弱。② 以下，我们便试图系统揭示刘沅易道会通思想的渊源、根基及主要观点。

（一）刘沅易道会通思想的渊源

作为巴蜀哲学的重要代表，刘沅之所以选择援道注《易》的解经思路，与蜀中道教兴盛、易道融合的文化背景有一定的内在关联。从学理上看，

---

① 本文原系为点校本《周易述》所作校点说明，收入本书时略有改动。该点校本收入《儒藏（精华编）》八，北京大学出版社 2013 年版。

② 关于刘沅会通儒道的思想，学术界一直有所关注。例如：萧天石提出"称之为道化儒家可，称之为儒化道家亦可。"（萧天石《道海玄微》，华夏出版社 2007 年版，第 514 页）；马西沙等指出，刘沅将儒家伦理道德与道家内丹术相融合（马西沙、韩秉方《中国民间宗教史》下册，中国社会科学出版社 2004 年版，第 1006 页）；尚秉和、蒙文通、黄寿祺、黄忠天、金生杨、赵均强等的研究，也涉及刘沅如何借鉴儒释道三教的话语体系以建构槐轩学理论体系的问题。此外，谭继和、祁和晖笺解刘沅《十三经恒解》，并对刘沅的经学思想和成就进行了宏观评价，亦有助于相关研究。上述成果各有侧重，各有创获，但遗憾的是，从易学角度对刘沅易道会通思想的专题性研究，以及对刘沅会通易道的原因、具体逻辑和学术关怀等问题的系统研究，尚存在明显的薄弱环节，存在可以进一步拓展和深化的空间。

《易传》中自然主义的天道观、由天道推衍人事的整体思维模式及关于事物发展变化的辩证思想等，多与道家老庄学派和黄老学派观点一致，由此奠定了易道会通的可能性。时至西汉，特别是儒家经学被立为官学之后，蜀中能够融会《易》《老》、迭出新说的学者及著述众多。较具代表性的有西汉严遵所撰《老子指归》，对《周易》的框架结构及思想内容领会颇深、吸纳甚多，被称为"道书之宗"。严遵之徒扬雄仿《周易》撰《太玄经》，结合《周易》《老子》，为"三玄"之学的兴盛营造了良好的学术氛围，开启了我国学术史、思想史上以《老》解《易》的新篇章。① 巴蜀地区是我国道教的起源地和发祥地，拥有丰厚的道教信仰和文化土壤，亦使易道会通切实可行。东汉末期蜀中兴起天师道，奉《道德经》《太平经》等为教义。《太平经》对《周易》多有继承、发挥，堪称易道融合的典范。② 蜀汉至西晋时期的天师道教主范长生更是精研《易》《老》。魏晋南北朝时期，随着佛教的传入，儒释道相互对话、借鉴和融合，道教与佛学互为印证，又与儒学相为表里。隋唐时期，开始流行《易》《老》兼综的学术风气，③ 其中不乏蜀地拥趸者。如李鼎祚撰《周易集解》，就意在通过"刊辅嗣之野文，补康成之逸象"④，达至"权舆三教，钤键九流"⑤。道教"重玄"之学的展开亦大多依傍《易》《老》，代表人物有成玄英弟子李荣、绵竹道士王玄览及重玄哲学家杜光庭等。

唐五代以降，东汉魏伯阳所撰《周易参同契》受到高度关注，该书兼及内外丹道，是以《老》解《易》、易道融合的典型著作。但在唐代以前，该书流传较为隐蔽，后经蜀中道教信仰者广泛传播并发扬光大，成为"丹经

---

① 参见拙著《秦汉易学思想研究》，中华书局 2005 年版，第 189—211 页。

② 关于《太平经》与天师道的关系，可参熊德基《〈太平经〉的作者和思想及其与黄巾和天师道的关系》，《熊德基集》，中国社会科学出版社 2008 年版，第 1—29 页。关于《太平经》《周易》之间的内在联系，可参拙作《〈太平经〉易学思想初探》，《文献》1999 年第 2 期，第 94 页。

③ 参见卢国龙《论唐代〈易〉〈老〉兼综的道教学风》，《中华文化论坛》1994 年第 2 期，第 66—69 页。

④ （唐）李鼎祚：《周易集解序》，（清）李道平撰，潘雨廷点校：《周易集解纂疏》，中华书局 1994 年版，第 8 页。

⑤ （唐）李鼎祚：《周易集解序》，（清）李道平撰，潘雨廷点校：《周易集解纂疏》，中华书局 1994 年版，第 5 页。

之祖",五代道士彭晓所撰《周易参同契分章通真义》便是外丹学的代表性著作。与此同时,《周易参同契》中的内丹思想也被挖掘,临邛(今四川邛崃)道士刘知古是较早将《周易参同契》用于指导内丹修炼的道教学者。①五代末北宋初道士陈抟继承巴蜀道教传统,融合易道,阐发出"先天易学",开启了以北宋周敦颐、邵雍、刘牧等为代表的图书易学一派。此外,被后世追尊为全真南派始祖的张伯端,亦与巴蜀道教及易道融合传统有着密切关联。一方面,其《悟真篇》远绍《周易参同契》的内丹思想;另一方面,他还进一步完善了陈抟易道融通的丹法,②对后世道教理论和易道会通思想产生了深远影响。

由此可知,巴蜀地区不仅是道教兴盛之地,也是易学名家云集、名著层出不穷的区域,易道会通思想源远流长。刘氏一族自明末迁居入川以后,始终保持读书治学的传统,加之蜀地文化的浸润,至刘沅祖父刘汉鼎一辈,便显示出研《易》治《易》的学术旨趣以及崇尚易道会通的治学理路。据刘沅所记,其祖父刘汉鼎、父亲刘汝钦均重陈抟、邵雍一派的先天易学,并且深受王畿易学的影响。③而陈、邵先天之学,抑或王畿先后天之心学,均依托易道互释,以及《周易参同契》所揭示的内丹思想。就个人经历来说,刘沅更是屡获道士"点化":嘉庆元年(1796)落第归家途中曾偶遇静一道人并获赠《道德经解》;④归家后,接连遭遇家人生病或去世、家族坟茔被侵占,刘沅身心俱疲,染上重病,幸在街市偶遇云游道士野云老人传授类似内丹修炼的"心易之学""存神养气"之法,才重振元气,野云也成为影响刘

---

① 关于刘知古易道会通思想的研究,可参强昱《刘知古的〈日月玄枢论〉》,《中国道教》2002年第2期,第22—26页。
② 关于陈抟之学对宋代图书学派的影响,详参朱伯崑《易学哲学史》第二卷,昆仑出版社2005年版,第3—190页。张伯端与巴蜀地区的关系及其易道会通思想,可参卿希泰主编:《中国道教史》(修订本)第二卷,四川人民出版社1996年版,第735—762页。
③ 关于刘氏家学的具体论述,详参赵均强《性与天道以中贯之:刘沅与清代新理学的发展》,河南人民出版社2011年版,第37—40页。此外,其母亦重视易学,对少年时期的刘沅产生了一定影响。参见该书第42—43页。
④ 刘沅在《重刊道德经解叙》中曾说:"丙辰下第归,道出留侯庙下,邂逅静一老人。谭次,异以《道德经解》,予受而读之,如启琅环而遗身世也。"《经忏集成》第五册,《藏外道书》第30册,巴蜀书社1994年版,第1039页。

沅易道会通思想的关键人物。① 因此，无论从家学传承抑或个人际遇，刘沅易道会通思想皆渊源有自，有迹可循。

（二）刘沅易道会通思想的基本立场

虽然刘沅与道教有不解之缘，他本人对道教学说亦颇有兴致和研究，甚至两次应邀为成都青羊宫撰写碑记，② 但从其留下的撰述看，槐轩学的根基还是儒学，表现出援道入儒以解《易》的学术风尚和研究特点。概而言之，刘沅在建构易道会通思想体系的过程中，始终遵循两个基本立场，即"以孔子为宗"和"准之于人伦"。③

"以孔子为宗"有两层含义，一是思想宗旨归属儒家，二是上追孔孟，不以程朱为师。唯其如此，我们才能准确理解刘沅不排斥道家、道教思想，反而援道入儒、会通易道的举动。刘沅认为，从根本上来讲，支配宇宙产生、运行、发展的因素只有一个，老子称之为"道"，孔子以其为"太极"。④ 实际上，将"道"与"太极"联系起来并等而视之的做法并非始自刘沅，而源于远在三国时期的阮籍。阮籍在《通老论》中说："道者……《易》谓之太极，《春秋》谓之元，老子谓之道。"⑤ 基于儒道发展史，刘沅认为后世道士已经无法认识"道"的真谛，仅以肉体长生为修炼目标，最终只

---

① 刘沅与野云老人之间的交往，详参赵均强：《性与天道以中贯之：刘沅与清代新理学的发展》，河南人民出版社 2011 年版，第 45—47 页。
② 刘沅先后于嘉庆二十年（1815）、嘉庆二十二年（1817）撰《重修青羊宫三元殿碑记》《重修青羊宫记》，分别见龙显昭、黄海德主编：《巴蜀道教碑文集成》，四川大学出版社 1997 年版，第 419—420、423—424 页。
③ 刘沅在《周易恒解》序中说："顾尝深求其旨，极之于天地，准之于人伦，以孔子为宗，而折衷前人之绪论。"见（清）刘沅撰，谭继和、祁和晖笺解：《十三经恒解》（笺解本），巴蜀书社 2016 年版，第 3 页。本文所引刘沅《十三经恒解》中的篇章均为此版本，为行文简洁，下文仅标注篇目，不再标注整理者和版本信息。
④ 刘沅在《又问》中指出："老子曰'有物浑成，先天地生，吾不知其名，强名之曰道'，谓太极也，而不以太极名。夫子衍其义曰：'《易》有太极，是生两仪。两仪生四象，四象生八卦。'是孔子始言太极。"见《十三经恒解》（笺解本）卷之十《附录一》，第 205 页。
⑤ （三国魏）阮籍撰，陈伯君校注：《阮籍集校注》卷上《通老论》，中华书局 1987 年版，第 160 页。

能贻误后学;① 而儒者则不愿相信儒道就世界本原问题的看法同出一辙,更不愿承认儒家道德性命之学与道家修炼之方有所牵连,尤其程朱一脉的儒者更是混淆概念,不明孟子提出的"存心养性"究竟所指为何。② 于是,刘沅所要做的便是重新回到孔孟,借用道家、道教思想中与儒家思想相合的部分学说,理解孔孟心性思想的本质。

明末以降,"厌倦主观的冥想而倾向于客观的考察"③成为学术主潮。有鉴于此,刘沅通过称引《周易》之语,强调谈论心性的目的是实践圣人之学。他在《子问》中说:"《易》曰:'大哉健乎,刚健中正,纯粹精也。'圣人之性体如是,实践者希,又何由知其所云乎?"④感叹世人由于受到蒙蔽而无法全面理解圣人本性的真正含义,遑论实践圣人之道。为此,他强调践行人伦规范的重要性:"圣人之言皆是天理,非天理烂熟何能知圣人之言?而天理之熟必由内外交修,本末兼全,始能合人天为一致,通古今而不差。"⑤在此基础上,刘沅指出,道教有很多实践功夫与儒家存养之功相通:"儒言心性,道言神气。神气精,即心性也。存心养性,所以事天。"⑥在他看来,儒道均言修身养性,儒家的"心性"即道教的"神气",二者在思想上的融通便顺理成章且合乎情理。可以看出,刘沅易道会通思想主要集中在心性之学方面。他并不是简单比较二者之间的异同,而是本着正本清源的初衷,重新审视儒道之间的关系,这也正是他的学术体系被称为"新心学"的一个重要原因。⑦《周易》由于其文本形式、思想内涵方面的特点和优势,恰好能

---

① 刘沅在《又问》中说:"老曰:存神养气,即存心养性也,徒以世俗僧道养空空之心、存后天之气,便以为异端,而其实养浩然之气、不动心之义不明,真大道之贼,则误天下后世苍生于无穷者也。"见《十三经恒解》(笺解本)卷之十《附录一》,第214页。
② 刘沅在《又问》中说:"韩昌黎全不知道,见一切异端托于老子,遂贬斥老子。宋儒以理学自命,而谓知觉之心即天命之性,并不知人心、道心从何而分?今数千年矣。若再不明辨,存心养性之功,何以实践?"见《十三经恒解》(笺解本)卷之十《附录一》,第205页。
③ 梁启超:《中国近三百年学术史》,东方出版社2004年版,第1页。
④ (清)刘沅:《子问》卷之二,《十三经恒解》(笺解本)卷之十《附录一》,第140页。
⑤ (清)刘沅:《子问》卷之一,《十三经恒解》(笺解本)卷之十《附录一》,第124页。
⑥ (清)刘沅:《又问》,《十三经恒解》(笺解本)卷之十《附录一》,第214页。
⑦ 详参谭继和《十三经恒解·总叙》,第6—15页。

够成为儒道之间实现对话、沟通的媒介和津梁，① 成为刘沅借以阐发其独特学术思想理念的重要载体和平台。

（三）"穷理尽性"为贯通儒道的基本逻辑

关于刘沅的心性之学，后世学者潘雨廷曾这样评价："盖能深体乎'穷理尽性以至于命'之义，方能'先天而天不违，后天而奉天时'矣。"② 从这个简要精当的概括中，我们似乎可以看出刘沅之学的基本底色：以《易》为本，重视心性，说以先后天之学。正如刘沅在《周易恒解》中所言："日用事为之易，本于心易。心易者，穷理尽性之学也。人身一小天地，秉乾坤正理正气而生，克己复礼，全乎人道，即所以全其得天之正，默而成其德行，天人一贯，动罔不臧，不言易而易在我，尚安俟揲蓍灼龟为耶！"③ 在这里，刘沅直接提出"穷理尽性之学"即"心易"，并引入道教内丹学的话语体系，以人身为修炼的"小天地"，认为当体内之气全部源自天地之"正理"，那么支配人行为的就完全是"正气"，此即孔子所讲求的"克己复礼"。由此可见，刘沅通过《易传》中"穷理尽性"的命题，在理论层面初步明确了易道会通的可能性。那么，何为"心易"？"心易"与"穷理尽性"的关系为何？"穷理尽性"又与道教内丹理论有何关联？这些便成为刘沅真正实现融通易道需要解决的问题。

实际上，"心易"可以理解为"心即易"，是宋明以降心学一脉以"心"论"易"的重要理论。在《易传》语境中，"易"即支配世界运作的规律，"穷理尽性"所求之"理"即"易"之理。北宋时程颢上承孟子的相关学说，以"心"解《易》，在解释"穷理尽性"时说："只心便是天，尽之便知性，知性便知天，当处便认取，更不可外求。"④ 他以"心"为"天"，强调"不可外求"，就是把外界的客观准则内化于人们的主观认知，"穷理"不再是

---

① 参见拙著《易学研究新视野：从综合百家到融通三教》，社会科学文献出版社2019年版，第239—242页。
② 潘雨廷：《读易提要》，《潘雨廷著作集》肆，上海古籍出版社2016年版，第434页。
③ （清）刘沅：《周易恒解》卷五上《系辞上传》，《十三经恒解》（笺解本）卷之五，第217页。
④ （宋）程颢、程颐撰，王孝鱼点校：《二程遗书》卷第二上，中华书局2004年版，第15页。

穷究外物的本质，而是寻求人心的本质。"只心便是天"的说法更是启发南宋陆九渊提出了"心即理"①的命题，陆九渊的弟子杨简在此基础上进一步指出"人心即易之道"②。到了明代，心学大盛，王阳明就以"良知"为心之本体，提出"良知即是易"③，便是以"心"为"易"，以"良知"为支配世界运行的基本规则；到阳明弟子王畿，"心易"概念水到渠成，被正式提出。王畿说："易，心易也。……易不在书而在于我。"④然而，王畿之学由于过分强调顿悟而近乎禅学，最终流于空疏。黄宗羲就曾评价道："直把良知作佛性看，悬空期个悟。"⑤加之入清以后社会政治新局面的形成，学术风气便有了由虚向实的趋势。

面对这样的思想趋向，刘沅本着归宗孔孟的立场，接受了"心易"之学，但又有所扬弃。一方面，他承认"易"之理即是"心"；另一方面，他延续"知行合一"的理路，更强调"穷理尽性"目的是"至于命"，即体会到"心即理"是为实现生命的终极价值。因此，刘沅的"心易"应当是一门包含了道德境界和实践标准双重意义的学问，故而他以"穷理尽性"概括《周易》的性命之学。

> "穷理"句乃就学《易》者言，性即理也，在天曰命，在人曰性。本天而为性者，一本也；牵性而散见于事物者，万殊也。穷究事物之理，一一返求诸身，内外交养，本末交修，久之而性尽命立，则天命之原在吾身矣。⑥

---

① （宋）陆九渊撰，钟哲点校：《陆九渊集》卷十一《与李宰书二》，中华书局1980年版，第149页。
② （宋）杨简撰，董平校点：《杨氏易传》卷九《复》，《杨简全集》第一册，浙江大学出版社2016年版，第156页。
③ （明）王守仁撰，王晓昕、赵平略点校：《王文成公全书》第一册卷之三《语录三·传习录下》，中华书局2015年版，第155页。
④ （明）王畿撰，吴震编校整理：《王畿集》卷八《易与天地准一章大旨》，凤凰出版社2007年版，第183页。
⑤ （明）黄宗羲撰，沈芝盈点校：《明儒学案》之《师说·王龙溪畿》，中华书局2008年版，第9页。
⑥ （清）刘沅：《周易恒解》卷五下《说卦传》，《十三经恒解》（笺解本）卷之五，第239页。

"穷究事物之理",是要人们在道德层面通过全方位、长时段的渐次修养,从而认识到人性本是至善,是上天在人产生之初就赋予的"天命之原"。因此,他非常重视"穷理尽性"过程中"行"的价值。他在解释《系辞上传》"大衍之数"时说:

> 然趋吉避凶之念则人人有之,圣人藉此诱人,故立为筮法,使人知吉凶生于善恶,欲求趋避,莫如为善去恶,而又非矫为也。本河图天地之数以生变化,用该物理而达幽明。数之所在莫非理之所在,即数以观理,穷理以合道,则德行备于身,而天地阴阳不能外。①

在刘沅看来,卜筮的设立与圣人要人们在实际生活中"为善去恶"有关,天地之数虽为天理的外在形式,但其功能在于"即数以观理",是要人们去认识数理中所蕴含的道德价值,从而"德行备于身",毕竟天地之道尽在人心当中。

其实,这种重视实践的"心易"之学,在很大程度上还受到宋元之际高道李道纯的沾溉。历史上较有影响的"三易"说,即为李道纯提出的"深造天易则知时势,深造圣易则知变化,深造心易则知性命"②。"天易""圣易"和"心易"当中,李道纯直接点明"心易"即性命之学,认为只有知晓"天易"和"圣易"才能深造于"心易",进而达至内丹学"性命双修"乃至"性命双全"之境界。李道纯还说:

> 天易者,易之理也;圣易者,易之象也;心易者,易之道也。观圣易,贵在明象,象明则入圣。观天易,贵在穷理,理穷则知天。观心易,贵在行道,道行则尽心。不读圣人之易,则不明天易。不明天易,则不知心易。不知心易,则不足以通变。③

---

① (清)刘沅:《周易恒解》卷五上《系辞上传》,《十三经恒解》(笺解本)卷之五,第209页。
② (元)李道纯:《中和集》卷一《解惑第十四》,上海古籍出版社1989年版,第21—22页。
③ (元)李道纯:《中和集》卷一《三易第十三》,上海古籍出版社1989年版,第20—21页。

他以《周易》卦象为"圣易",认为圣人作《易》是让人们明了天地间的各种道理和规定,故又以易理为"天易"。最后,他指出明白天理是为了落实到人伦,此为"心易"。当一个人穷究"圣易"之象,就能知悉"天易"之理,由此才能"行道",即所作所为均符合天道规则,故他又非常重视"心易"的实际效用。

正是注意到儒道皆言"心易",都追求一定的修养境界,刘沅认为在所谓"穷理尽性以至于命"的层面上,儒道两家是可以互动、沟通的。他说:

> 道言修真养性,修即修己,养即存养。吾儒穷理尽性,心性外无理,除却存心养性,又何有道,使外于天理而别言玄空。①

在刘沅看来,道教尤其是内丹道所修之"道"其实就是修炼自己的精神境界,这与儒家穷理尽性以求体认"天理"实际上是一致的,二者都是希望通过"穷理"达至"尽性",最终实现"立命"的目的。其实,"穷理尽性"不仅是《周易》中的重要命题,亦是贯通儒道的基本逻辑。刘沅正是注意到了这个共通之处,创造地吸纳儒家"心易"说的道德性,结合道教"心易"说的实践性,以"穷理尽性"为桥梁,将二者紧密地连接了起来。

(四)"先后天之心"与"取坎填离"的互通共融

在明确"穷理尽性"的目的为"立命"之后,刘沅基于儒家先后天之学,结合道教内丹学"取坎填离"的相关理论,提出了如下的理论架构,②借此论证"立命"的具体内容实际上就是由后天复返先天,通过"取坎填

---

① (清)刘沅:《子问》卷一,《十三经恒解》(笺解本)卷之十《附录一》,第98页。
② 从中国思想史的发展脉络来看,先后天之学由陈抟、邵雍大加阐发,到朱子提倡三古四圣之易,得到进一步完善。但刘沅认为"先天""后天"出自《易传》,应当为孔子首倡,陈抟、邵雍不过是发现圣人之旨。他说:"先天、后天、小圆图及大方圆图,相传出于陈希夷,而邵子演之,其义广大精微,自非圣人不能作,特希夷始表章之耳。"(《周易恒解·义例》,《十三经恒解》(笺解本)卷之五,第8页)虽然清代不少学者已经对宋代图书易学有所质疑和清算,但是刘沅一方面因受家学沾溉认同邵雍之学,另一方面又必须熟悉以朱子学为主的科场考试内容,于是便笃信先后天之学并将其归宗于孔孟。

离"复归乾坤的过程。他说：

> 人本天地之正而生，未生以前为先天，既生以后为后天。先天阴阳之正，性立而命凝，太极之浑然者如天地，故人性皆善。后天阴阳之交，性微而命危，太极之粹然者非本来，故有人心道心。①

正是基于《易传》"先天而天弗违，后天而奉天时"的先天、后天概念，刘沅将人类的产生作为先、后天的分界线，认为先天太极浑然，为道心；后天蔽于气质，为人心。在他看来，之所以强调要划分先后天，是因为不论程朱还是陆王在论述这个问题时都没有详加辨析。对于朱子只知后天"知觉之心"且不识先天"纯一之性"的认识，他批判道：

> 朱子谓心即是性，所以解《大学》虚灵不昧便是明德，不知虚灵不昧，知觉运动之心也，纯一无为乃为性。②

朱子注《大学》"明明德"曰："明德者，人之所得乎天，而虚灵不昧，以具众理而应万事者也。"③而刘沅认为"明德"既然是"得乎天"，那便应当是"性"，是人性之本然；"虚灵不昧"之心是指知觉运动之心，夹杂了后天的杂质，不能等同于先天"纯一无为"之"性"。他又指责陆王不辨心性之别：

> 自宋儒以心为性，后之论者谓心外别无性，不知性非心比也。先天心即性，后天心夹阴识，不尽为性。④

他认为，陆王"心即理"发展到极致便将"心"完全等同于"性"，这是不

---

① （清）刘沅：《周易恒解》卷五下《说卦传》，《十三经恒解》（笺解本）卷之五，第240页。
② （清）刘沅：《又问》，《十三经恒解》（笺解本）卷之十《附录一》，第211页。
③ （宋）朱熹：《四书章句集注·大学章句》，中华书局1983年版，第3页。
④ （清）刘沅：《孟子恒解》卷二《公孙丑章句上》，《十三经恒解》（笺解本）卷之二，第196页。

正确的，因为"心"虽包含众理，但毕竟会受到物欲沾染。他指出，"先天之心"全是天理，"后天之心"夹杂阴识，所以只有"先天之心"才能等同于"性"，由此从先后天之学的角度阐释宋明以来的心性之辨。接下来，他又提出，区分先天、后天的目的不是为凸显天人之别，而是为促进天人相合的理论。他说：

> 惟太极之理气无形，而天地之呈象者有二，人遂不知天地之所以合。……去人心以纯道心，化气质而存天理，使返乎阴阳之正而已。人心阴欲，道心天理。道心全，而知觉运动之心皆当天则，由性以该命，天人之所以合。人心多，而仁义礼智之性皆为物囿，命浊性漓，天人之所以分。①

受宋儒以来宇宙观的影响，刘沅指出，天与人在太极未化生万物之前，即先天时，理气合一，万物浑然不分，世间全然只有"道心"；天地化生万物以后，即后天时，个人蔽于物欲，看到天、地、人三才相分，"人心"便与"道心"相分。故而他提出，要"去人心以纯道心，化气质而存天理，使返乎阴阳之正而已"，即人需要通过一定努力使得后天之"人心"合乎先天之"道心"，就能窥见天人合一之旨。

有鉴于此，刘沅敏锐地觉察到道教内丹修炼"取坎填离"理论与自己"去人心以纯道心"的理想颇有相通、相似之处。他说：

> 道流云"取将坎位心中实，点散离宫腹内阴"，名曰取坎填离。坎离变成乾坤，复还先天乾坤本然。神，火也；气，药也，以神养气，喻为以火炼药。性藏于乾窍，称为乾鼎；命藏于坤窍，称为坤炉。夫子系《易》曰"时行时止"，"动静不失其时，其道光明"，即是此义。人身性命之功与天地同……圣人尽性至命，亦如天地，天地无日不交，性命无时不合。②

---

① （清）刘沅：《周易恒解》卷五下《说卦传》，《十三经恒解》（笺解本）卷之五，第240页。
② （清）刘沅：《又问》，《十三经恒解》（笺解本）卷之十《附录一》，第198页。

此处"取将坎位心中实，点散离宫腹内阴"出自张伯端《悟真篇》。刘沅认为，这种"取坎填离"的方法实质上是"复还先天乾坤本然"，即孔孟讲求的"克己复礼"。他说：天地虽分先后天，而后天仍是先天。人身则不然，分者不能复合，散者不能复聚，心浮动而邪妄多，性沈伏而阴浊胜。先天乾命转为离情，先天坤命转为坎性，心性分而乾坤颠倒，所以克己复礼，必由养气，以虚无之神，养虚无之气，求放心而入于中宫，即止至善也。①

对于天地来说，乾坤二气纯粹，坎离日月无时不相交，故而"先天"始终与"后天"合一。然而人的发展是一个由"先天"至"后天"的过程，"先天"之纯粹容易受到各种污染，导致乾坤颠倒、性命两分，所以人们又追求通过一定的修养方式，使得"后天"全然符合"先天"。在刘沅看来，在儒家是"克己复礼"，在道教是"入于中宫"，二者实际上都是要到达"至善"的境界，是可以互通共融的。

"槐轩之言总于辨先天与后天"。② 刘咸炘对其祖父刘沅学术特色的评价可谓一语中的。因为在刘沅的视域中，所谓"取坎填离"之功法，就是通过摒除后天阴私驳杂之情，以复归先天纯然至善的道德境界，而这在本质上又与儒家由后天复返先天的理论趋于一致。

（五）"存心养性"与"存神养气"的共同旨归

在刘沅看来，"穷理尽性"是儒道二家共同遵循的修养目标。如前所述，他通过强调先后天之学与"取坎填离"之间的共通之处，提醒人们进行道德上的修炼，从而复归本性中的至善。为实现这个目标，他还拈出《孟子·尽心上》"存心养性"观念，荐之为实践道德修养的最佳途径。他说：

> 圣人之学，不外静存、动察两途，静而存养，致中也；动而诚意，致和也。孟子言：存其心，养其性，所以事天。人人皆有心性，心性近

---

① （清）刘沅：《又问》，《十三经恒解》（笺解本）卷之十《附录一》，第212页。
② （清）刘咸炘：《推十文》卷一《自述》，黄曙辉点校：《刘咸炘诗文集》，华东师范大学出版社2010年版，第41页。

在人身，存养只是自端心性。①

借用《孟子》"存心养性"论来解释《中庸》"致中和"说，刘沅指出，人修养心性就是心不动时涵养体贴天理，心念发动时正心诚意。虽然这样的说法并非刘沅独创，但他坚定地认为宋儒尤其是程朱一脉没有辨别先后天之心，因而他们所谓存养、修炼都是后天之心，即"以养知觉运动之心便为养性"。② 他还举例：

> 朱子解仁字，只说心存而不放，不知心有先天后天之分。先天之心即仁，后天之心拘于质，蔽于欲。故孟子言存其心，养其性。③

刘沅注意到，朱子解仁字言"仁者心存而不放"④，是只说后天蔽于物欲之心要"存而不放"，未提及如何养先天之"仁"。并且，他认为理学家"欲避佛老尽心养气，另说一番明明德功夫，使天下人，物物穷理，疲耳目，役心志，终身不能殚其功，不知仁字只是天理良心"，⑤ 这种做法完全是庸人自扰，因为孔子早在《易传》中已经论及"存心养性"的学问：

> 然此义非孟子创论，《易》已详之。夫子于《乾》曰：各正性命，保合太和。如何正？如何保合？养气存心，皆在其中矣。于《坎》言心亨，于《艮》言熏心，如何亨？如何熏？养气不动心，义备于此矣……心亨，心求其本而性复，止于其所也。艮限熏心，止非其所而

---

① （清）刘沅：《又问》，《十三经恒解》（笺解本）卷之十《附录一》，第211页。
② （清）刘沅：《又问》，《十三经恒解》（笺解本）卷之十《附录一》，第211页。
③ （清）刘沅：《论语恒解》下论下册《子张第十九》，《十三经恒解》（笺解本）卷之二，第134页。
④ 《论语·颜渊》记司马牛问仁。子曰："仁者，其言也讱。"朱子注曰："仁者心存而不放，故其言若有所忍而不易发，盖其德之一端也。夫子以牛多言而躁，故告之以此。使其于此而谨之，则所以为仁之方，不外是矣。"参见（宋）朱熹《四书章句集注·论语集注》卷六《颜渊第十二》，第133页。
⑤ （清）刘沅：《又问》，《十三经恒解》（笺解本）卷之十《附录一》，第212—213页。

反危，不得艮止之正也。故于《大学》之道，特言必先止于至善。①

也就是说，《周易》对于"存心养性"早有论述，并成为后来儒家经典各种相关表述的重要来源，宋儒完全没有必要因为它与道教"存神养气"说类似而避之不及。

更何况，在刘沅的视野里，儒家"存心养性"与道教"存神养气"甚至可以画等号。他说："道流所谓存神养气，即吾儒存心养性之功，儒者不察，以为异端。"② 根据前文所述，刘沅相信孔子与老子在世界根本问题上的认识和论述具有一致性，指出《周易·艮卦》所讲"不获其身"便是人们通过存心养性而达到"一念不生，万理浑然，当至静时，觉自家身体亦不知道了"的境界，而《老子》的"玄牝之门""天地之根"亦是此意。只是"秦汉而下，三教分门……儒者反以为异端。僧羽之徒，不遇明师，随心妄指，既无以存养其心，又安能动察善恶"？③ 在儒道逐渐失去师门宗旨而相互指摘、攻讦的过程中，他们似乎都忘记了"存心养性"和"存神养气"归根结底都指向人的心性修养之功，目的都是要复归先天之善性。

然而，刘沅基于儒家的思想立场，相信孔子"下学而上达"的修养次第，强调无论"存心养性"还是"存神养气"，都需要做渐次而成的功夫。他指出：

> 圣人教人复性，存有觉之心，养虚明之性，有许多功夫次第。诚意者，初存养时，于念头动处，善则行之，恶则改之也。正心则养浩然之气，久久而不动心，无念非天理。④

虽然复性"有许多功夫次第"，但从总体上来说，依照《大学》八条目，"诚意"和"正心"功夫最为紧要。当一个人刚开始做存养功夫，应先做到"诚

---

① （清）刘沅：《子问》卷一，《十三经恒解》（笺解本）卷之十《附录一》，第117页。
② （清）刘沅：《又问》，《十三经恒解》（笺解本）卷之十《附录一》，第207页。
③ （清）刘沅：《又问》，《十三经恒解》（笺解本）卷之十《附录一》，第212页。
④ （清）刘沅：《又问》，《十三经恒解》（笺解本）卷之十《附录一》，第211页。

意"，起心动念之时要能省察该念头的善恶是非，"善则行之，恶则改之"。如此积累到一定程度就能保证心正，从而"养浩然之气"。刘沅强调：

> 复性之学必养浩然之气，气非呼吸之气也，先天一元之理即气，而寓养此元气至于克复功深，则后天气质之累全无。①

此处"复性之学必养浩然之气"，便是为由后天复返先天的"复性之学"注入"养浩然之气"的内核。在这里，刘沅创造性地提出，此"浩然之气"即儒家"先天一元之理"，也就是道教所言之"元气"：

> 因道流多养气，亦有长年者，而不达于圣人之道，故先儒不言精气神，而不知元精、元气、元神，异于凡精、(凡)气、(凡)神也。此理不明，所以养气者，多流于邪妄，而养浩然之义亦无由而知。②

刘沅特别指出，道教之"气"亦有"元气"与"凡气"之别，而"浩然之气"就是"元气"，即先天之气而非后天之气。因此，道教之"存身养气"实际上是存养"元气"，这便与儒家"存心养性"所追求的"浩然之气"相通。由此看来，不论儒家还是道家，不论"存心养性"还是"存神养气"，最终目标都是"化凡气为元气"达至"尽去私而从理"。③

刘沅之所以强调"存心养性"与"存神养气"能够相融相通，是因为二者的落脚点都是对心性的培养，且其皆源于《周易》，体现了他归宗孔孟的基本立场。与此同时，通过存养功夫实现由后天复归先天，也彰显了他以日用人伦为准并倡导实践的治学风格。

（六）结语

刘沅以追求圣人之学为目标，治学强调考镜流变、正本清源。他将

---

① （清）刘沅：《子问》卷一，《十三经恒解》（笺解本）卷之十《附录一》，第132页。
② （清）刘沅：《子问》卷一，《十三经恒解》（笺解本）卷之十《附录一》，第132页。
③ （清）刘沅：《子问》卷一，《十三经恒解》（笺解本）卷之十《附录一》，第132页。

"穷理尽性"作为沟通儒道的桥梁，在此基础上将"先后天之心""取坎填离"和"存心养性""存神养气"两组概念进行对比，以实现儒道之间的融合、会通。他强调这种融合、会通的实现，是由于儒道在心性修养问题上所追求的目标一致，且均基于《周易》"穷理尽性"而展开。儒道均认识到万事万物不出吾心，"心"是世界的本质，所以皆言"心易"。儒道所尽之"性"均追求复返本心，儒家提出由后天复返先天，克尽"人心"以全"道心"，而道教则遵循"取坎填离"的内丹修炼之法，希望复返先天之"乾坤本然"。在具体实践过程中，儒家讲"存心养性"，所养的是一种"浩然正气"，此"气"正可与道教"存神养气"一概论之。在论述过程中，刘沅本着以孔孟为宗的基本立场，吸纳道家、道教思想中契合孔孟之说的内容，倡导心性修养理论落实于日用人伦之中，以体现其实践价值。

总体而言，刘沅深入考察、研究了《周易》所论心性之别与道教修养之道的内在关联，以先后天心性思想为基础阐释了两者的关系，不仅厘清了中国传统思想文化脉络中易道会通的演变路径，而且在清代嘉道年间易学、经学发生新变化的背景下，开拓出了独特的治《易》路径并颇有建树，进而推动了中国易学史、经学史及巴蜀哲学的发展。后来刘咸炘、蒙文通、马振彪、潘雨廷等都或多或少、或隐或显地受刘沅易学思想的启发和沾溉。

八、宗白华易学思想探微

宗白华先生是我国当代著名美学家、哲学家、思想家，他开创的"散步美学"独占中国美学史上一个重要的篇章，使他与邓以蛰先生并称"南宗北邓"，与朱光潜先生一并被誉为"美学的双峰"。宗白华先生之所以取得如此巨大的成就，一方面得益于他丰富的人生阅历，另一方面与他深厚的中华文化底蕴和修养密不可分。他在论述美学理论的过程中，常常征引、化用《周易》的文本和典故。可以说，作为群经之首的《周易》是宗白华先生美学思想及成就的重要来源之一。遗憾的是，学术界以往的相关研究主要是从宗白华先生关于《周易》的论述当中研究其美学思想特点，① 却较少从易学研究的角度讨论宗白华先生论《易》的创见和贡献。诚然，宗白华先生没有推出过专门的易学著作，但散见于相关论著中的易学思想却较为丰富，而且不乏引人深思的真知灼见。有鉴于此，我们试图细绎宗白华先生的著述，梳理其对《周易》的认识，以期更好地了解美学家眼中的《周易》，从而进一步加深易学与美学领域之间的交流和融通。

（一）"八卦"意蕴新解

八卦是《周易》的基本概念之一，也是《周易》展开论述的基础。它的产生是我国先民对自然现象的一种抽象概括与总结，甚至还有人将八卦看作中国最早的文字。八卦在流传过程中逐渐被增加了哲学上的意蕴，使其更具神秘性，这也符合一般事物的演变规律。

以往论及八卦的产生，通常根据《周易·系辞下传》"观物取象"的说法而论："古者包牺氏之王天下也，仰则观象于天，俯则观法于地，观鸟兽之文，与地之宜，近取诸身，远取诸物，于是始作八卦，以通神明之德，以类万物之情。"基于此，宗白华先生从哲学的高度出发直接点明了"八卦"是中国"法象"思维方式的成果，并指出此处的"象"不仅是具体象征的符号，还是一种高度抽象的思维方式，它不需要依照具体的事物而产生，故而其意义能够包罗万象，即"八卦"是多重意义"融于一象"的具体表现。

宗白华先生还提出"历律哲学"来概括"象"的深意。"历律"也就是历法与乐律，从《史记》《汉书》的记载可知，我国是一种"历律合一"的

---

① 参见王明居《宗白华先生的〈周易〉美学研究》，《安徽师大学报》（哲学社会科学版）1997年第1期；彭锋《宗白华美学与生命哲学》，《北京大学学报》（哲学社会科学版）2000年第2期；陈望衡《宗白华的生命美学观》，《江海学刊》2001年第1期；张节末《论宗白华中国美学理念的形而上学品格》，《文艺研究》2002年第5期；曾繁仁《气本论生态—生命美学》的发现及其重要意义——宗白华美学思想试释》，《文学评论》2014年第1期；屈行甫《宗白华的艺术本体论研究——基于〈周易〉生命条理思想的视角》，《中国文学研究》2016年第2期；王怀义《从易象到意象——宗白华论〈周易〉与意象的创构》，《学术界》2019年第7期；等等。

文化，"历"代表四时之时间，"律"代表四方之空间，二者交织而成的"全景"式思维就是"历律哲学"的核心，其实质是我国传统的"天人合一"观。但是《周易·说卦传》论"天人合一"依然是分别论及天道、地道与人道，一定程度上又体现了"天人相分"。与之不同的是，宗白华先生没有从天人关系的视角出发，而是直接提出时空交织的"历律哲学"，认为不论天道还是人道都尽在时间与空间之中。从这个角度上来看，宗白华先生对"八卦"的阐释一定意义上实现了"天人合一"。

（二）鼎、革卦爻辞新解

基于"历律哲学"对空间与时间的关注，宗白华先生对鼎卦与革卦的卦爻辞进行了新的诠解，明确提出："鼎卦为中国空间之象，革卦为时间生命之象。"①

以"空间"和"时间"解释此二卦，与传统注疏的论述重点大不相同。鼎，在古代社会不仅是食器，还由于其祭祀的用途而被视为权力的象征。②因而《鼎卦·象传》指出了"鼎"的政治内涵为"君子以正位凝命"，王弼以"明尊卑之序"解"正位"，以"成教命之严"释"凝命"，强调了政治上的君尊臣卑法则。《革卦》主要论述政权变更的合法性，如《革卦·象传》所谓"天地革而四时成，汤武革命，顺乎天而应乎人，革之时大矣哉"，意在通过"汤武革命"引申出合法的政权更替应当顺应天地四时之道，"革命"一词即出自此处。历史上诸家解此二卦的侧重点虽各不相同，但并未跳出政治与权力的视角。

宗白华先生在纵观以往各家注解的基础上，引入西方哲学对宇宙、时空命题的思考，从《鼎卦》中拈出一个"命"字，从《革卦》中寻出一个"时"字，进行了别出心裁的诠解。

---

① 宗白华：《形上学》之《中西哲学之比较》，《宗白华全集》第一卷，安徽教育出版社2008年版，第584页。
② 关于"鼎"政治内涵的起源与演变，参见［美］巫鸿：《中国古代艺术与建筑中的"纪念碑性"·导论》，李清泉、郑岩等译，上海人民出版社2017年版，第23—46页。

在解释《鼎卦》时，他以"正位凝命"为中国文化的"空间观"①，《鼎卦》"以器载道"的功能被凸显，"器"即空间，其所载之"道"不再是传统注疏的"治道"，而是"生命中的天则"、是自然规律。与此同时，"鼎"除了祭祀中的烹调之器外，还象征了生命。他又进一步指出"正位凝命"四字是"中国空间意识之最具体最真确之表现"②，因为西方几何学中的空间只注重对空间本身的界定，即"正位"而已，中国的空间观还强调"凝命"，即空间中的生命。在此基础上，他提出了"正位"为"序秩之象""凝命"为"中和之象"的新解。

在解释"革卦"时，他从《革卦》中抽绎出代表时间意蕴的内容，以"治历明时"为中国文化的"时间观"③，认为流动变化的时间并非无规律可循，历法即人顺应时间运动规律而制作，是时间的具象化产物。他援引苏嵩与丁寿昌的论述，均意在强调"治历"的作用在于"明时"。④宗白华先生以鼎卦象征空间、革卦象征时间，并进一步揭示二者之间的关系，"空间与生命打通，亦即与时间打通"⑤。在宗白华先生看来，鼎卦以生命充斥空间，而生命即时间的一种表现形式，鼎革之间即时间与空间的打通，是中国文化特有的时空观。

（三）"易"三义新解

"'易'一名而含三义；易简，一也；变易，二也；不易，三也"的说法是易学领域对《周易》之"易"含义的基本认识。虽然不同学派对于三"易"的说法各不相同、各有侧重，但都不外乎从天道运行、易道多变的角

---

① 宗白华：《形上学》之《中西哲学之比较》，《宗白华全集》第一卷，安徽教育出版社 2008 年版，第 584 页。

② 宗白华：《形上学》之《中国八卦："四时自成岁"之历律哲学》，《宗白华全集》第一卷，安徽教育出版社 2008 年版，第 612 页。

③ 宗白华：《形上学》之《中西哲学之比较》，《宗白华全集》第一卷，安徽教育出版社 2008 年版，第 583 页。

④ 宗白华：《形上学》之《革卦：中国时间生命之象》，《宗白华全集》第一卷，安徽教育出版社 2008 年版，第 616 页。

⑤ 宗白华：《形上学》之《中国八卦："四时自成岁"之历律哲学》，《宗白华全集》第一卷，安徽教育出版社 2008 年版，第 612 页。

度而论。① 其中，"变易"又是《周易》的一个核心范畴和重要命题。宗白华先生论"变易"，跳出以往诸家之说的局限，通过重新排列鼎、革、既济、未济四卦卦序，意在以自己的方式来解释"穷则变，变则通"的思想。

首先，宗白华先生将革卦与既济合观，认为革卦九四"打破既济之僵局，革故生新，生命乃能创造"②。以往一般将既济与未济合观，认为"既济道穷，则之于未济"③，宗白华先生则就卦变而言，指出"以九四入据既济之六四，则成革命"④。这种"革命"不再指"汤武革命"的政治性颠覆，而是指生命形式之新可能，故而他说"革故生新，生命乃能创造"。依照这种思维方式，宗白华先生根据虞翻注文"鼎五爻失正，独三得位"⑤，注意到鼎卦九三爻位为正，若九三变为阴爻则成未济，因此指出"以九三入据未济之六三，则成鼎新"⑥。

接下来，宗白华先生将四卦串联，建立了鼎—未济—既济—革—鼎的循环。他认为，四卦变化应始于鼎卦，因为鼎卦只有九三为正，当鼎之九三变六三则形成六爻皆不在其位的未济卦；未济上下颠倒成既济；但是既济"既安且定，凝固不动"，所以需要由革卦"打破既济平衡之僵局"⑦；革

---

① 具体论述参见孔颖所作《周易正义序》，在其中，孔颖达列举了当时比较流行的两种观点：一是郑玄以乾坤二卦为"简易"，乾坤相推生万物为"变易"，天尊地卑的规则为"不易"；二是周宏正（周简子）以易代为"变易"，玄学所讲体用之"体"为"不易"，未言"简易"。参见（三国魏）王弼、（晋）韩康伯注，（唐）孔颖达疏，于天宝点校：《宋本周易注疏》孔颖达序，中华书局2018年版，第8页。
② 宗白华：《形上学》之《革卦：中国时间生命之象》，《宗白华全集》第一卷，安徽教育出版社2008年版，第617页。
③ （晋）韩康伯注，（唐）孔颖达疏，于天宝点校：《宋本周易注疏》卷九《既济》，中华书局2018年版，第371页。
④ 宗白华：《形上学》之《革卦：中国时间生命之象》，《宗白华全集》第一卷，安徽教育出版社2008年版，第617页。
⑤ （清）李道平撰，潘雨廷点校：《周易集解纂疏》卷六《鼎》，中华书局1994年版，第447页。
⑥ 宗白华：《形上学》之《革卦：中国时间生命之象》，《宗白华全集》第一卷，安徽教育出版社2008年版，第617页。
⑦ 宗白华：《形上学》之《革卦：中国时间生命之象》，《宗白华全集》第一卷，安徽教育出版社2008年版，第618页。

卦上下颠倒又成鼎卦，又开始新一轮变革。这就是"穷则变，变则通，通则久"①的含义。最后，宗白华先生以一个重要命题进行总结："《易》以未济终焉！永远在不正之中求正也！"②实际上，这四卦无不是在不正之中求正，这种由"不正"到"正"本身亦是一种"变易"。

宗白华先生论"不易"与"简易"，同样在旧说的基础上有所发挥，认为人可以通过经验而得知规律，例如《周易》简单的卦象背后是深邃的事理，即"法则"，其特别之处就在于人不必通过理性思考，只需直观感受卦象所呈现之象征符号就能获得体悟，这个过程谓之"简易"。这似乎与他强调"象"与"历律哲学"之时空交织暗合，重申了"天人合一"之旨。

（四）宗白华先生论《易》特色

宗白华先生从八卦之象引出时空交织的"历律哲学"，接下来又通过六十四卦之鼎卦与革卦细论空间与时间之意蕴，最后通过论"易"之三义，又回到其"历律哲学"对"象"的强调。从这个过程，也可以看出宗白华先生对于易学重要命题的认识和理解，看出宗白华先生的论《易》特色。

1.《周易》经传并重。众所周知，《周易》成书经过了一个复杂的历史进程。《易经》的产生较早，初作卜筮之用。随着《易传》的产生，卦爻辞的哲理被不断挖掘，《周易》转而成为一部哲理之书。汉儒费直、郑玄以及三国魏王弼逐渐开始将单篇流行的《彖传》《象传》《文言》系在卦爻辞之下，经传开始合一。唐代孔颖达崇尚王学，为王弼《周易注》作疏而成《周易正义》，经传合一的形式经科举考试而渐成定本。两宋疑经破注之风盛行，自欧阳修疑孔子作《易传》始，学者开始倡导恢复《周易》本来面貌，最为典型的有吕祖谦刊刻《古周易》，朱熹据此为底本作《周易本义》，倡导经传分观。时至清代，易学研究情况趋于复杂，潘雨廷先生称之为"分裂的清易"③。

---

① （三国魏）王弼、（晋）韩康伯注，（唐）孔颖达疏，于天宝点校：《宋本周易注疏》卷第十二《周易系辞下》，中华书局 2018 版，第 439 页。

② 宗白华：《形上学》之《革卦：中国时间生命之象》，《宗白华全集》第一卷，安徽教育出版社 2008 年版，第 618 页。

③ 潘雨廷著，张文江整理：《易学史丛论》，《潘雨廷著作集》叁，上海古籍出版社 2016 年版，第 415 页。

有坚持"以传解经"的传统经学观；有倡导"经传分离"的考据派，崔述著《考信录》疑《易传》是其中的代表；也有坚信"经传一体"的今文派，如皮锡瑞、廖平、康有为等。《周易》经传的作者、成书以及经传关系成为20世纪以来甚至当今学者不得不面对的核心议题。

宗白华先生关于经传的看法与以往均不相同。由于对"象"的重视，他将《周易》经传等而观之，皆视作服务于卦象本身的阐释。例如，他在论贲卦之美时，既引用《贲卦·象传》"山下有火"来论证"夜间山上的草木在火光照耀下，线条轮廓突出，是一种美的形象"，又重视上九爻辞"白贲，无咎"说明"有色达到无色，例如山水花卉画最后都发展到水墨画，才是艺术的最高境界"①。可见，宗白华先生不囿于"以传解经"的既定思维方式，也不刻意"经传两分"，而是"经传并重"，从卦爻辞本身及《易传》诸篇中寻找到能够佐证其思想的理论来源。

此外，需要注意的是，《易传》的学派归属问题也是当时学术界讨论的热点和重点。宗白华先生更倾向于认为《周易》属于儒家，他说：

> 我觉得老子、庄子和儒家《周易》里的思想相比较，他们较为倾向于"空间"意识，而缺乏《周易》里"时空统一体"的积极性、创造性、现实性。②

于是明确提出"儒家《周易》"的观点，因为在他看来，《周易》中的时空观与孔子之"四时行焉，百物生焉"以及荀子之"天论"相通。③当然，这并不意味着他否认了《易传》与道家思想的关联。在讨论《易传》思想的过程中对《老》《庄》之言的多次引用，可见他认可道家思想与《易传》存在密

---

① 宗白华：《中国美学史中重要问题的初步探索》，《宗白华全集》第三卷，安徽教育出版社2008年版，第459—460页。

② 宗白华：《道家与古代时空意识》，《宗白华全集》第三卷，安徽教育出版社2008年版，第280页。

③ 宗白华：《孔子形上学》之《荀子：融会老庄与孔子的天道观》，《宗白华全集》第一卷，安徽教育出版社2008年版，第644页。

不可分的内在关联。然而，正如引文所言，道家所论偏于"空间"之一隅，不如儒家时空并重，故而宗白华先生从思想性质的角度认为《周易》经传属于儒家。

2. 象数、义理兼采。自古以来，象数与义理就是易学领域的两大主要流派，四库馆臣总结其发展历史为"两派六宗"。论"象数"者沿袭汉儒思想，多就卦象本身下功夫，配合阴阳、五行学说，至宋代图数学派兴起，《易传》论"大衍之数"的内容被重新挖掘，河洛之学昌盛。讲"义理"者多发明《周易》经传之事理，最有代表性的莫过于王弼扫落象数的玄学化易学，以及程颐的理学化易学。两派之间或各立门户，或相互攻讦，但亦不乏兼采两派之说者，如郑玄兼治今、古文，并用象数、义理，成为后来汉易集大成者，朱熹融会各家之长而撰《周易本义》，成为宋代易学的集大成之作。

宗白华先生在论及《周易》经传的过程当中，亦呈现出兼采象数、义理的倾向和风格。就象数的层面看，他"四时自成岁"的历律哲学强调"四时""四方"的时间、空间观念，而象数易学的经典理论，如卦气、建候、积算、爻辰等诸说，无不与时间和方位相关。就义理层面上看，他提出：

> 象即中国形而上之道也。象具丰富之内涵意义（立象以尽意），于是所制之器，亦能尽意，意义丰富，价值多方。①

他不再将"象"视作"象数"所指的具体卦象，而是视作抽象的概念，反复讨论《易传》言"立象"的目的是"尽意"，故而发扬前文所述"经传服务于卦象"的宗旨，在论述《周易》诸卦的过程当中，不拘门户，兼采汉、宋、清诸家注解，只要论述合理者，均抄录引用，以证己意。此外，他还承认《周易》本为卜筮而作，认同《系辞下传》的说法，认为"示吉凶，八卦以象告，爻彖以情立"②，反映出对《周易》本质的认识。

---

① 宗白华：《形上学》之《中国八卦："四时自成岁"之历律哲学》，《宗白华全集》第一卷，安徽教育出版社2008年版，第611页。
② 宗白华：《形上学》之《易之卦象：指示"人生"的"范型"》，《宗白华全集》第一卷，安徽教育出版社2008年版，第627页。

3. 在中西比较视野下看待《周易》。宗白华先生于 19 世纪 20 年代曾留学德国，接受了西方哲学、美学的熏陶，这也促成了其中国传统文化观的转向。回国后，他不仅将在德国所学介绍到国内，还开始了中西文化的比较研究，并对《周易》之宇宙观、人生观多有论述。

在看待世界的方式上，中西文化有根本的差异，宗白华先生总结为"西洋的概念世界"与"中国的象征世界"①。他认为西方文化从希腊哲学开始，就走向对纯理性的追求，这致使"'纯理'界与'道德'界、'美界'的鸿沟始终无法打通"②。中国则能通过"感觉的图形，以显露意义价值与生命轨道"③，即前文他反复强调的"法象"思维，正体现了中国文化"推天人合一于'保合太和，各正性命'之形上境"④。因此西方走向感性与理性的分裂，而中国始终坚持物我交融。

这种思维差异反映在人生层面，则体现在《周易》对人生规律的揭示和笛卡尔解析几何对物质世界的运动规律的掌握上。宗白华先生指出，《周易》卦象及卦爻辞能够指示"'人生'在世界中之地位，状态及行动之规律、趋向"，他将其称为"适合于人生之行动"的"范型"⑤。而解析几何尽管可以将物质世界都纳入坐标系，以代数的方式掌握"自然现象变化之迹象与定律，使之现于一永久固定之线网中"⑥，但是始终无法判定人生变化的规律和未来之轨迹。由此可见，其论中西人生观的差异，实际是想突出对中国式人生观的认可。

---

① 宗白华：《形上学》之《西洋的概念世界与中国的象征世界》，《宗白华全集》第一卷，安徽教育出版社 2008 年版，第 618 页。
② 宗白华：《形上学》之《中西哲学路线之异点》，《宗白华全集》第一卷，安徽教育出版社 2008 年版，第 585 页。
③ 宗白华：《形上学》之《西洋的概念世界与中国的象征世界》，《宗白华全集》第一卷，安徽教育出版社 2008 年版，第 619 页。
④ 宗白华：《形上学》之《中西哲学路线之异点》，《宗白华全集》第一卷，安徽教育出版社 2008 年版，第 585 页。
⑤ 宗白华：《形上学》之《易之卦象：指示"人生"的"范型"》，《宗白华全集》第一卷，第 627 页。安徽教育出版社 2008 年版。
⑥ 宗白华：《形上学》之《笛卡尔解析几何》，《宗白华全集》第一卷，安徽教育出版社 2008 年版，第 626 页。

综上所述，宗白华先生对于易学史上的重要问题形成了自己的独到见解。就经传关系问题来讲，他以卦象为主，反复强调"立象以尽意"，认为经传皆应服务于卦象本身。就象数、义理的治学方法而言，他兼收并蓄，纵览各家各派注疏，在论述卦爻辞的过程中旁征博引。就中西哲学对比而言，他总结出两种思维方式和人生观的差异，最终落脚在对《周易》"立象尽意"的思维方式和"各正性命"的人生观上，二者互动交融，乃成天人合一、保合太和的高远境界。

（五）结语

宗白华先生是我国著名的美学家，他虽不以治《易》著称，但解《易》、论《易》却多有真知灼见。他基于"八卦取象"提出了"历律哲学"，以空间与时间解鼎、革两卦，以卦变论《易》之"变易"、以"法象"论《易》之"不易"与"简易"，都是对传统易学观点的开拓、创新和发展。在论述过程中，他经传并重，象数、义理兼采，并引入西方哲学进行对比，最终表达了自己对中国文化的高度认同。这也启示我们，未来应当将易学研究的视野扩展到更为广阔的文化背景和历史长河中来，充分发挥《周易》兼容并包的文化品格，重视各个领域取得突出成就的学者及其著作，研究他们如何看待、论述、实践《周易》智慧和易学思想，从而在广度上不断强化学科之间的交流和融通，同时进一步推动易学研究的深化和拓展。

九、易学和谐思想在江西古代民间信仰中的体现

《周易》为群经之首，是我国现存最古老的文化经典，是中华文化重要的源头活水，是中华民族精神和智慧的集中体现。易学思想是中国传统思想文化的主旋律，对中国传统思想文化发展的影响至深至远。《周易》天人合一、太和中正的和谐思想，自强不息、与时俱进的创新精神，厚德载物、海纳百川的包容态度，居安思危、慎终敬始的忧患意识等，都已融入中华民族的人文心理和价值观念之中，成为民族精神的重要组成部分。几千年来，易学和谐思想广泛渗透于社会生活的各个领域，成为中华文化赓续不断的内在

源泉，也成为我国古代民众"生生不息"的精神支撑。近年学术界关于易学与古代民间信仰的研究不断有系列成果推出，但是江西区域社会民间信仰与易学思想关系的专题研究成果相对较少，有必要进一步深化和拓展。有鉴于此，在博士学位论文的基础上，德锋博士推出《和谐共生——易学和谐思想与江西古代民间信仰研究》一书，值得充分肯定。

德锋博士数年前跟从我攻读博士学位。他为学勤奋踏实，谦逊谨慎，将主要精力放在易学文化的研究上，最终撰成以"易学和谐思想与江西古代民间信仰"为研究内容的博士学位论文，得到答辩委员会的充分肯定，顺利获得博士学位。现在呈献给各位读者的这本书，就是以该论文为基础，经过德锋博士不断耕耘、充实、完善的成果。本书大量占有和系统梳理相关文献资料，认真吸收和充分借鉴前人研究成果，对易学和江西古代民间信仰进行了全面、深入的研究，立意新颖，脉络清晰。

本书基于江西古代民间社会信仰，分别从婚育、建筑、巫术、庙会和祖先崇拜五方面讨论其与易学思想之间的关联，指出《周易》中"生生不息""天人合一""忧患意识""神道设教""阴阳相感"等观念深刻地影响着江西地区古代民间信仰的内容与形式，并提出"和谐共生"的观念对主旨加以概括。在撰写过程中，德锋博士注意将民间信仰与传统思想史、文化史研究相结合，挖掘江西地区古代民间信仰所蕴含的思想内涵和文化特质，从而揭示古代民间信仰所体现的传统价值观和民众的生活形式，丰富了江西民间信仰的内容，彰显了江西文化的特色，这也是本书有所创新的地方。德锋博士通过翻阅大量民间历史文献，综合运用历史学、文献学、人类学、社会学等新的研究理论与方法，注重原创，体现了可贵的开拓意识和创新精神，表现出良好的治学态度和学术修养。本书学术价值和理论意义都较为突出，又有十分重要的现实意义，相信一定会引起学术界相关领域的关注。

作为德锋的导师，得知本书即将付梓，本人甚感欣慰，也衷心祝愿他在今后的教育教学、科学研究及文化传承创新等工作中不断取得新的更大的成绩。我们有理由相信，《和谐共生——易学和谐思想与江西古代民间信仰研究》的出版发行，一定会进一步推动中国易学史、社会史研究等领域向前发展，进一步推动相关的学科建设和学术繁荣。①

十、关于易学与故宫学的几点思考

作为中国传统文化重要载体的紫禁城故宫，其庞大完整的建筑群、博大深邃的文化遗存以及深广厚重的历史文化底蕴，不仅是中国古代文化艺术宝库，更使其成为凝聚着中华传统文化精神的殿堂。作为已融入中华民族的人文心理和价值观念的《周易》思想，无疑在这座思想文化宝库中有着相当厚重的分量。易学与故宫学的结合，不仅能更加深入地揭示故宫的文化内涵，还能极大地丰富明清乃至民国易学史的研究，开拓易学研究的新领域、新方向。经过初步探索，我们认为，易学与故宫学的结合，二者的双向互动，大体上可以从以下几个方面进行思考。

（一）易学与故宫建筑

自古以来，人们就把建筑当作天地间最伟大的人文工程，当作自我生存的理想环境和意志的象征。② 中国人的建筑，不仅是生存、生活和工作的场所，也是一个包容自我、安身立命、齐家治国平天下的精神依托；对于古代帝王而言，更是一个沟通天人、调理阴阳、敬天保民的工具。总的来看，整个故宫乃至整个北京城的皇家建筑都是"文化的建筑"，是在易学这个文化大框架中来经营的，蕴含了古代人们丰富的精神追求和价值理想。

故宫建筑是中国传统易学中太极、阴阳、五行、八卦、天干、地支、术数等思想的集大成者。当前，已经有一批学者关注故宫建筑设计与易学及其以易学为根基的术数学的关系问题，认定故宫建筑的设置和命名，阶、台、亭门、楼、堂的数目和布局等，都与《周易》有着密切联系。故宫建

---

① 本文原系为黄德锋《和谐共生——易学和谐思想与江西古代民间信仰研究》撰写的序，收入本书时略有改动。黄德锋：《和谐共生——易学和谐思想与江西古代民间信仰研究》，巴蜀书社 2021 年版。

② 徐伯安：《〈中国古代建筑与周易哲学〉序》，程建军：《中国古代建筑与周易哲学》卷首，吉林教育出版社 1991 年版。

的色彩搭配、建筑构件的品级，内部装饰图案、装饰材质的选取，及其严整的宫廷陈设都不同程度地受到了《周易》哲学、伦理学、美学思想的影响，这些研究对于深入挖掘故宫建筑的文化内涵是有积极意义的。同时，我们还应注意到，任何建筑都是人主观能动性的产物，反映了设计者及统治者的精神追求和价值理想。通过深入挖掘史料，在整个思想文化氛围和皇权政治以及建筑发展史的大背景下进一步探讨易学与宫殿建筑的密切关系，探讨这一现象背后所存在的深层次意义，重现设计者及统治者的思想理路和思维过程，将会进一步丰富和深化中国易学史、制度史、艺术史及建筑思想史等研究领域的内容。

正如故宫博物院前院长郑欣淼所说，以紫禁城为主体的明清皇家建筑是一个整体，整个北京城都是以紫禁城为中心规划设计的，是一个有统一规划、统一规制、统一管理的庞大体系。[①]郑欣淼还提到了"大故宫"的概念。从横向来看，遍布京城的皇家建筑、京外的行宫、离宫、陵寝以及朱元璋在凤阳修的明中都、南京明故宫、沈阳清故宫，都与北京故宫有着不可分割的关系；从纵向来看，故宫与中国历代皇宫以及相关苑囿、陵寝也都关系密切。[②]因此，当前一些学者对天坛、北京中轴线、明十三陵、清东陵的易学研究，也可以纳入故宫学范畴内展开，在研究中注意这些皇家建筑与故宫的关联，从整个北京城规划布局的视角进行研究。同时，还应注重考察历代易学及建筑思想发展与明清皇家建筑的关系等问题。

（二）易学与宫廷历史文化遗存

故宫有着600多年的历史，历经24位皇帝，留下了大量的宫廷历史文化遗存。这些文化遗存都是人类文明的产物，蕴含着丰富的思想理念，是研究中国思想文化史的重要材料。研究清代易学史，很多宫廷文化遗存是能拿来为我们所用的。如清代帝王的御批奏折、御制文集、实录、起居注等文献中有许多易学方面的史料，都是前人很少涉及的。还有一些帝王政治活动或

---

① 郑欣淼：《故宫与故宫学》，紫禁城出版社2009年版，第179页。
② 郑欣淼：《故宫学纲要》，《故宫博物院院刊》2010年第6期。

日常生活所留下的遗存，也很有史料价值。如乾隆帝钦定二十五方宝玺于交泰殿，二十五这个数字即来源于大衍之数中的天数二十五。帝王们把玩过的珍宝，如宋代米芾的行书《易义卷》，也是研究米芾易学思想的重要材料。

中国史学自古以来就有"以诗证史""以文证史"的传统，这一传统在研究清代易学方面有着极大的应用空间。例如，康熙帝御制文集中就有许多与易学相关的诗文，其《经筵进讲周易》《暑将退》《乾清宫读书记》《宝座五屏风铭》等都是研究其易学思想的珍贵资料。乾隆帝更是以擅长作诗闻名，一生留下的诗词多达四万余首，其中有许多是以易学为题材或摘录《周易》语句编写而成，如《乾清宫铭》《坤宁宫铭》《中和殿楹联》《交泰殿楹联》等，显示了其精深的易学造诣。此外，还有宫廷女性所留下的大量诗词书画，其中不乏对《周易》文化的认识，能够在一定程度上反映清代宫廷妇女的思想状况。

（三）易学与宫廷藏书

清代是中国古代宫廷藏书的最后阶段，经过明代的积累和清代的大力搜求、整理，宫廷藏书在乾隆年间达到登峰造极的地步，其中不乏世所罕见的易学书籍，极具研究价值。如故宫所藏明书林新贤堂张闽岳刻本《新刻官版周易本义》四卷，极为罕见，《中国古籍善本书目》著录仅此一部。还有一些官方编纂的书籍如《日讲易经解义》《周易折中》《四库全书总目》等，都是研究易学与清代思想文化政策的重要材料。

故宫藏书，以文渊阁所藏《四库全书》、武英殿所藏殿本书、昭仁殿《天禄琳琅》藏书、养心殿《宛委别藏》最为有名，大量的易学书籍保存其中。如《四库全书·经部·易类》收录的易学书籍，几乎囊括了历代最为重要的易学著作。而《四库全书总目·经部·易类》又是中国易学文献目录的重要作品，是易学研究者的必读之作。乾隆年间，首开武英殿书局，成为内府校刻图书的专门机构，其刊刻的书籍书品甚高，目前我们使用的很多易学书籍，便是得益于武英殿刻本。昭仁殿《天禄琳琅》藏书为宫廷善本特藏，所收书籍皆宋、元、明、清之精善者，世所罕见，珍贵无比。从《天禄琳琅书目》及《后编》中可看到，当时藏有大量宋、元、明版易学书籍，这些书籍流传有绪，有的是著名收藏家所藏珍品，有的是世间孤本，极具文献价值，可惜或毁于大火，或散落于海外，但所存书目仍不失为易学文献及易学史研究的重要材料。如宋、元、明版书籍经过数百年的辗转流传，其上印章众多，通过对《天禄琳琅书目》及其《后编》中印章著录的梳理，可以发现这些易学书籍的流传情况。《书目》还详录了书中题跋，如《后编》收录有乾隆帝御题《题宋版周易程传》："卜辞书违秦火殃，大程平正传言常。周张朱介三贤卓，凶悔吝中一吉当。开物无为自成务，抑阴有道在扶阳。幽明通以性顺，内圣由来贯外王。"① 这在一定程度上反映了乾隆帝的易学倾向。《宛委别藏》为阮元搜求、进呈的一批《四库》未收之精本、善本，保存有《泰轩易传》《周易经疑》《周易新讲义》等易学著作。除《周易经疑》尚有元刊本外，《泰轩易传》《周易新讲义》均已在中国亡佚，唯尚存于日本而被阮元收录，弥足珍贵。与其他学问一样，易学研究向来都是以前人研究成果作为出发点、支撑点的，加强对易学文献的整理和研究是推动易学发展的重要动力。易学与故宫学的结缘，无疑会为易学文献的整理研究提供新的机遇。目前，一大批宫廷藏书已经在易学研究中发挥了重要作用，进一步加强故宫易学藏书研究对于我们充分挖掘易学材料、认识易学在宋元明清时期的流传情况都有着重要意义。

（四）易学与故宫历史人物

《周易》是智慧之书，对管理国家、治理社会具有重要的指导意义和借鉴作用。历史上，许多思想家、政治家往往将《周易》视为"圣帝明王所以致太平法"②，从其中汲取政治智慧以提高执政水平。易学与政治产生了千丝万缕的联系，易学与历代帝王也结下了不解之缘。如在明代，作为内阁首辅和帝王之师的张居正，他本人就是一个大易学家，其易学思想无疑对当时的皇帝及整个宫廷产生了影响。在清代，易学与帝王结缘，以康、雍、乾三位

---

① （清）于敏中等著，（清）彭元瑞等著，徐德明标点：《天禄琳琅书目 天禄琳琅书目后编》，上海古籍出版社2007年版，第383页。
② （汉）郑玄注：《易纬乾凿度》卷下，[日]安居香山、中村璋八辑：《纬书集成》上册，河北人民出版社1994年版，第207页。

皇帝最为典型，他们虽不专以易学名家，但都推崇《周易》，具备很深厚的易学功底，始终在以特殊的政治影响力和学术感召力深刻影响清代易学的研究旨趣和发展趋势，在易学史上产生了深远影响。康熙帝自幼博览群经，对《周易》精深宏富的哲理甚为青睐，极力推崇朱熹易学，深刻地影响了李光地等一大批学者。同时他又对其他学派易学采取兼收并采的态度，积极推动了清代汉、宋易学争鸣局面的形成。康熙帝的统治思想和政治实践中也处处体现易学的濡染和启迪。他追求和谐、民本、尚中、尚简的理念，革故鼎新的变革精神，刚健有为、励精图治的进取精神以及防微杜渐的忧患意识，无不闪烁着易学的光辉。雍正帝也是一位有着深厚文化素养的帝王，其易学造诣在历代帝王中亦属佼佼者。他的政治思想与《周易》和易学联系密切，他实施"崇实黜虚"的文化政策，这对当时已经初显端倪并渐趋发展的汉易考据学起到了有力的推动作用。取资于《周易》文化，雍正帝对其中某些政治思想进行创造性转化，并充分发挥自强不息精神，对康乾盛世的辉煌业绩功勋卓著，正如他在遗诏中所写的："十三年来，竭虑殚心，朝乾夕惕，励精政治，不惮辛勤，训诫臣工，不辞谆复。"[①] 乾隆帝更是对易学达到了近乎痴迷的程度，留下了大量和易学有关的文字，甚至还对《周易》的一些字句作了精到的训释、解说，其学术水准不亚于当时一些考据学家。在政治上，他的文化专制政策对清代易学的发展产生了深远影响。他的社会治理思想、御民策略等，亦均与易学息息相关。此外，在整理古籍、编纂文献方面，乾隆帝也功不可没，像《四库全书》的编纂，这类古籍考订、整理和编纂工程都对易学典籍的流传和易学文化的发展影响巨大而深远。

除历代帝王外，还有一些与宫廷文化关系密切的大臣，如李光地、纪昀等人，其本身又是易学造诣精深的大学者。他们受帝王易学思想的影响颇为深广，同时又影响了其他一大批官员和学者。他们主编的《周易折中》《四库全书总目》等著作，既体现了官方意识形态，又对整个思想文化包括学术研究的走向影响重大。将他们一同纳入故宫学研究的范围之内，对于研究宫廷易学与社会思想的双向互动是有很大帮助的。

[①] 《世宗宪皇帝实录》卷一百五十九"雍正十三年八月己丑"条，《清实录》第八册，中华书局1985年影印本，第955页。

(五) 余论

1."大故宫学"与"大易学"

正如郑欣淼前院长所强调的，故宫学研究范围不应局限在紫禁城，应树立"大故宫"的概念。与故宫有密切联系、属于故宫文化遗产的内容，均应被纳入故宫学的研究范围。我们认为，在故宫学与易学的结合上，也应该树立起"大易学"的概念，我们不仅要研究易学与皇家建筑的关系问题、宫廷易学藏书和流传的问题，还应紧密结合当时的社会政治背景和思想文化氛围，对故宫文化展开多角度、全方位的考察，将学术视野、研究对象扩展至受《周易》及易学启示、影响的全部历史过程和文化现象上来。这包括《周易》和易学启示、影响下的故宫历史文化遗存，也包括与故宫有关的曾经研习易学、运用易学的重要人物及其思想政治主张。只有这样，才能更好地把握明清易学的发展全貌，才能更好解读明清时期宫廷政治和思想文化现象，从而实现对故宫深刻文化内涵的进一步挖掘和研究。

2.易学的基本精神

当前，一批学者已经开始从易学文化的角度来探讨明清皇家建筑与易学关系问题，在这个基础上，我们认为，还应该进一步研究易学与宫殿建筑及其他故宫文化遗存密切关系背后所隐藏的深层次意义。这有助于探讨中华文明的精神内核，传承和弘扬中华民族的核心价值观。

和谐是《周易》的根本精神，也是中国传统思想文化的主潮、主旋律。无论是故宫的建筑布局和命名，还是其他的一些文化遗存，抑或故宫历史人物的思想主张和政治实践，无不表现了中国古人追求人与自然、人与人、人与社会及自身心灵和谐的不懈努力。正如余敦康先生所说，中华民族的核心精神可用故宫三大殿——太和殿、中和殿、保和殿的名称来表示，"太和是最高的和谐，中和是阴阳相互协调产生的和谐，保和就是当它不和谐的时候，进行一种管理调节使它和谐"[①]。《周易》的智慧，代表了中华民族的根本精神，这可以说是易学能与故宫学结缘的根本原因。

---

① 拙作《余敦康先生论〈周易〉的和谐智慧》，张涛主编：《周易文化研究》第一辑，东方出版社2009年版，第3页。

3. 易学与故宫学的结缘

总的来看，从易学的角度对明清皇宫建筑、宫廷历史文化遗存、宫廷藏书、宫廷历史人物等方面的研究，有着广阔的空间。《周易》的精神与故宫文化的价值理想有着相通之处，易学与故宫学的发展方向也存在同一性。这些都为易学与故宫学的结缘提供了前提。

明清时期，易学获得了很大的发展，深刻地影响了民国乃至当代易学的走向。易学与故宫学的结合无疑为丰富我们对明清易学的认识提供了一个重要的视角和契机。此外，当代易学研究的多元化和跨学科的特点已经显现，反映了未来易学发展的重要趋势。故宫学作为一门新兴的综合性学科，其多学科交叉的特点也为易学研究的新突破提供了一个重要的学术平台。

对于故宫学而言，易学研究有助于丰富故宫学的内涵。在故宫文化的形成和发展史上，易学的影子随处可见，从易学的角度来展开研究有助于我们更好地理解和把握故宫的文化意蕴。同时我们还应注意到，经历600多年风风雨雨的故宫，随着时代和社会的变化，被不断赋予新的社会意义和文化内涵。如何把握故宫和故宫学的特色、优势，使古老的宫廷文化彰显出新的时代价值，这也是我们必须思考的重要问题。或许，《周易》和易学这一他山之助，能够给我们带来一些新的启迪和借鉴。

十一、关于西南少数民族易学研究的思考

中国西南地区少数民族易学历史悠久、源远流长，在中华民族易学发展史上具有代表性和典型意义。但长期以来，相关的文献整理和专门研究一直较为薄弱，这一领域推出的研究成果更是鲜见，可谓"绝学"。如何综合运用历史学、文献学、哲学、考古学、民族学、民俗学等学科的理论和方法，系统、全面地开展西南地区少数民族易学研究，无疑是一项需要迫切开展的学术工作。

（一）主要研究对象和研究内容

从事该项研究，主要研究对象包括：其一，亟须整理的西南少数民族易

学文献；其二，西南少数民族易学在与内地易学典籍、思想学说相互借鉴、相互吸收、相互融会、相互推动的历史进程中所体现出的类型、特点、价值和意义。

该项研究的主要内容，大致分为"整理篇"和"研究篇"，以突出在文献整理基础上进行系统、全面的研究和探讨。

整理篇：

从《中国少数民族古籍总目提要》《中国少数民族古籍集成·汉文版》《中国贝叶经全集》《云南少数民族古籍珍本集成》《毕摩经》《宇宙人文论》《彝族先天易学》《西南彝志》《东巴经》《白古通记》《苗族古歌》《水书》等典籍中整理出相关的易学文献，同时注重相关石刻文献、传说史料、口述史料等文献资料的搜集、整理。

编纂《中国西南少数民族易学文献综录》和《中国西南少数民族易学文献索引》，凸显西南少数民族易学文献的整体形态和总体概貌，并为相关研究提供必要的前提和基础。

研究篇：

西南少数民族易学的形成和发展。易学经典和易学思想在西南少数民族地区的传播可追溯到汉唐，发展到明清时期，中原王朝的统治方式由侧重政治经济的掌控转向重视文教的灌输，成为西南少数民族思想文化包括易学的内在构成要素。

西南少数民族易学的主要类型和重要特点。主要类型：学术性的经典易学文化；通过民间口耳相传的口述易学；仪典文化易学，即与民间仪式相联系的易学行为和易学观念；物态的易学文化，一般为唐宋以来在西南地区以实物形态存在的建筑遗存。重要特点：突出体现在哲学观念、民俗应用方面，西南少数民族易学已经超出原始经验的意识水平，呈现出初步的系统化、逻辑化，与各自民族古老的文化传统息息相关。

西南少数民族易学与内地易学之互动融会。西南少数民族易学的形成和发展从一开始就处于与内地易学双向互动、综合融会、相得益彰的进程当中，西南地区各民族之间的易学既有区别又有联系。中华民族共同的思维模式和思想观念的形成，与西南地区各民族对易学的认同和发展关系密切。

西南少数民族易学的当代价值和现实意义。西南少数民族易学在综合百家、超越百家的中华民族易学的形成和发展，在易学等学术领域增强中华民族的凝聚力和向心力、进一步铸牢中华民族共同体意识等方面做出了突出贡献，值得我们高度关注和深度研究。

（二）研究的预期目标

该项研究在学术思想理论、学科建设发展、文献资料发现利用等方面的预期目标是明确的。

在学术思想理论方面，预期目标有二：

一是立足于坚实的文献基础，充分论证西南少数民族易学文献所具有的重要文化传承价值。

二是深刻揭示西南少数民族易学文献、易学思想在中华学术中的独特价值，进一步佐证费孝通先生关于中华民族"多元一体"的论断，从而有助于进一步准确把握中国少数民族文化与中华民族优秀传统文化之间的关系，把握传承、弘扬中华民族优秀传统文化与筑牢中华民族共同体意识之间的关系。

在学科建设发展方面，预期目标为以下两方面：

第一，抢救、整理出尚属"冷门"的中国西南少数民族的易学文献，为文献学发展注入新的学术活力。

第二，对西南少数民族的易学文献进行系统整理和深入阐释，将在学术层面上进一步拓宽历史学、文献学、哲学、考古学、民族学、民俗学等学科领域的研究，也力求在保护和传承中国少数民族"绝学"方面起到一定的示范作用。

在文献资料利用方面，预期目标有三：

一是充分收集、整理彝族、白族、纳西族、傣族、水族等少数民族易学文献，加以辑录，进行编纂。

二是通过实证、问卷、田野调查等方法，掌握与本课题研究密切相关的、可靠的民俗资料，并进行分类、分析。

三是综合运用现代科技手段，编纂便捷、实用的文献索引和资料长编，建立数字化的资料库,为相关研究提供方便。

(三) 总体思路、研究视角和研究路径

关于该项研究,我们的总体思路是遵循历史与逻辑的统一,在全面整理、精准把握相关文献资料的基础上,突出中国西南少数民族易学的形成和演变这一主线,围绕着西南少数民族易学的历史渊源和影响、西南少数民族易学的主要特征和类型、西南少数民族易学与中华民族易学的综合融会和互动、西南少数民族易学的当代价值和意义等问题,展开系统研究和深度诠释。

研究的视角力图兼采"重归文献"和"易学视野下的呈现",认真搜集、整理相关的文献资料,考察西南少数民族易学生成的历史文化背景,同时综合运用易学的思维方式和研究方法来加以诠释和解读。

主要研究路径大致可以分为四个方面:

一是重视文献资料的搜集、整理和编纂工作,力求从西南少数民族的经典文献和文化现象中析出相关的易学内容。

二是把西南少数民族易学的研究重点放到文本书写、文献生成、民俗调查等所展现出的思想观念和民间信仰等方面。

三是关注作为西南少数民族易学赖以生长的自身文化土壤和背景,对其易学类型和特征进行重点考察和深度研究。

四是力求从西南少数民族易学的构成及其相关的思维、观念、精神的历史发生学的路径切入,展开哲学与文化阐释。

在该项研究的开展过程中,我们认为首先应对西南地区云南、贵州、四川、重庆等地的相关文献资料做整体上的把握、了解,摸清该地区少数民族易学文献的分布及收藏,一些珍贵的实物资料、古籍文献则需联系当地相关的博物馆或文物部门。以此为基础,再进行较为深入的田野调查,重点深入云、贵、川、渝等地几个主要的少数民族聚居地区,走访调研,搜集珍贵的口述史料、传说史料,就课题的预先设计从内容上分类,并进行初步分析。

其次,查阅中国大陆各地图书馆或博物馆的馆藏相关典籍,如国家图书馆、首都图书馆、中国民族博物馆、中央民族大学图书馆、北京大学图书

馆、清华大学图书馆、中国科学院图书馆、北京师范大学图书馆、中国社会科学院图书馆，以及云南、贵州、四川、重庆等地的省级、地级、县级图书馆或博物馆。另外，还有很多非常珍贵的反映西南少数民族习俗、信仰特别是易学文化的文献可以在县市区一级的民族调查机构中搜集。

再有，实际调研中如果条件许可，拟赴日本、韩国、欧洲、美国及中国台湾等国家和地区进行调研，查阅境外图书馆、博物馆收藏的相关文献典籍和研究成果，并对相关资料进行复印、复制或抄录，汇编成册。

该项研究计划五年完成，分为三个阶段：第一阶段，完成相关文献的收集、整理，对相关资料进行初步统计、编排，初步汇总，完成"整理篇"的编纂任务，推出《中国西南少数民族易学文献综录》和《中国西南少数民族易学文献索引》。第二阶段，在前期工作的基础上，进一步丰富、补充、修改研究内容，予以详细的论证，陆续完成初稿，并有阶段性成果推出。第三阶段，将著作与文献汇编初稿呈送相关专家审阅，根据专家意见，组织项目组成员，利用大约一年的时间修改并定稿，完成"研究篇"中的研究任务，推出最终的学术成果。最终成果形式为学术专著，拟定书名为《中国西南少数民族易学研究》，约50万字，大体包括了"整理篇"和"研究篇"两个部分的阶段性研究经验和研究成果。在专著内部结构中，"整理篇"作为附录安排在最后，集中收录该项研究第一阶段的综录和索引的精华。

无论是阶段性的学术论文，还是最终推出的学术专著《中国西南少数民族易学研究》，作为易学及其相关研究领域的最新成果，它们必将为相关领域的学者搜集资料、展开探讨和研究搭建良好的学术平台，推动高等院校和科研机构易学以及历史学、文献学、哲学、考古学、民族学、民俗学等学科的学科建设、学术研究的进一步深化和发展，也将有助于更好地传承、弘扬中华民族优秀传统文化，有助于进一步铸牢中华民族共同体意识，为全面推进中华民族共有精神家园建设、实现中华民族伟大复兴的中国梦贡献更大力量。

第三章　子学典籍与思想文化

在古人看来，先秦秦汉诸子乃六经之支脉与流裔，所以研究《周易》等经典自然也应关注子学典籍和诸子思想。可以说，包括易学在内的经学与子学是紧密联系在一起的。关于《孔子家语》的真伪问题，关于《墨子》的节葬主张及其影响、婚姻家庭思想和文学价值，关于《管子》的治国理政思想，关于荀悦《申鉴》流传和版本及其与徐幹《中论》思想的比较等，我们都有必要进行进一步探索和研究。

一、关于《孔子家语》的新认识

历史上，"亚圣"孟子曾力倡读书要"知人论世"，这对今人仍有重要的启发作用和指导意义。在阅读《孔子家语》的时候，有必要首先对这部古籍的作者问题、成书情况、流传过程、思想内涵、学术价值以及学术界相关的争鸣、论辩有一个较为系统的了解和把握，并借此进一步深化《孔子家语》以及其他中华优秀传统文化经典的学习和研究。

（一）《孔子家语》历代著录

《孔子家语》，或简称《家语》，今本十卷四十四篇，是中国古代儒家的一部重要典籍，它记录了孔子及孔门弟子的思想言行，记载了先秦两汉时期孔门思想的发端和演进。关于其作者和成书年代，历来存在不同说法。元代马端临《文献通考·经籍考》引三国魏王肃注《孔子家语》所附汉孔安国后序说："《孔子家语》者，皆当时公卿士大夫及七十二弟子之所咨访交相对问言语也。既而诸弟子各自记其所问焉，与《论语》《孝经》并时，弟子取其正实而切事者，别出为《论语》，其余则都集录之，名之曰《孔子家语》。"后来，"《孔子家语》乃散在人间，好事者或各以意增损其言"，安国"于是因诸公卿大夫私以人事募求其副，悉得之，乃以事类相次，撰集为四十四篇"。《通考》又引汉成帝时孔安国之孙孔衍奏言：武帝时，"鲁共王坏孔子故宅，得古文科斗《尚书》《孝经》《论语》，世人莫有能言者。安国为改今文，读而训传其义。又撰次《孔子家语》。既毕讫，会值巫蛊事起，遂各废不行于时"。《汉书·艺文志》六艺略论语类著录《孔子家语》二十七卷，唐代颜师古注："非今所有《家语》。"汉末三国时期，中国学术发展史上先后出现了郑学、王学以及两派的论争，其中王学的代表人物就是王肃。王肃，东海郯（今山东郯城）人，是继郑玄之后著名的经学大师，精通贾逵、马融之学，遍注儒家经典，对诸家经义加以综合融会，并极力反对郑玄之说。王肃在《孔子家语·序》中说，他从孔子二十二世孙孔猛那里得到《孔子家语》，发现其思想内容与己所论"重规迭矩"，故为之注解。由此，王肃注本遂广泛流行于世。《隋书·经籍志》经部论语类著录《孔子家语》二十一卷，王肃解。此后，各种公私目录大都著录有王肃注《孔子家语》十卷，《四库全书》列在子部儒家类。

然而，由于孔安国、孔衍序奏存有疑点，《汉书·艺文志》的著录亦与今本不同，王肃本人又与《孔子家语》有着密切关联，于是自宋以来，就有一些学者认为《孔子家语》及二孔序奏系王肃伪作，目的是伪托古人以自重，攻击郑玄之学。例如，宋代王柏撰有《家语考》，"以四十四篇之《家语》，乃王肃自取《左传》《国语》《荀》《孟》、二戴《记》割裂织成之，孔衍之序亦王肃自为也"[①]。至清代，一些学者出于尊崇郑玄之学的缘故，把王肃当成讨伐的目标，纷纷力证《孔子家语》的著作权属于王肃，较有代表性的有姚际恒（《古今伪书考》）、四库馆臣（《四库全书总目》）、范家相（《家语证伪》）、孙志祖（《家语疏证》）等。其间也有一些学者持有异议。例如，

---

① （清）朱彝尊著，林庆彰等点校：《经义考新校》卷二百七十八，上海古籍出版社2010年版，第5021—5022页。此语又见于（宋）王柏《鲁斋集》卷九《家语考》，文字稍有不同。

宋代朱熹认为："《家语》虽记得不纯，却是当时书"①。"《家语》只是王肃编古录杂记。其书虽多疵，然非肃所作"②。清代陈士珂撰《孔子家语疏证》，意在证实《家语》渊源有自，非王肃伪作，并且强调，颜师古"既未见安国旧本，即安知今本之非是乎？"③ 此外，黄震（《黄氏日钞》）、钱馥（《家语疏证》跋）、沈钦韩（《汉书疏证》）等都曾对王肃伪作说提出过不同看法。比如，钱馥认为，王肃所注《孔子家语》是在《汉书·艺文志》所载二十七篇的基础上增加了十七篇，"肃传是书时，其二十七卷俱在也，若判然不同，则肃之书必不能行。即行矣，二十七卷者必不至于泯没也。惟增多十七篇，而二十七篇即在其中，故此传而古本则逸耳"④。三国时马昭曾认定："《家语》，王肃所增加，非郑（玄）所见。"⑤ 钱馥之说应该是本于马昭，而其判断也应该是基于古代典籍的成书和流传规律，有一定的可取之处。但是，这些似乎并未引起人们的关注和重视。此后，学术界疑古之风日益盛行，《孔子家语》乃王肃伪作的观点几成定案，以至有人直接将《家语》之文当作分析、研究王肃思想甚至魏晋时期思想文化的主要资料，有的出版者则在出版《孔子家语》时径直标为"王肃著"或"王肃编著"，这些显然是极不妥当的。

20世纪70年代以来，天不爱道，地不爱宝，考古发掘中出土了不少与《孔子家语》有关的简牍文献，这得到了学术界的广泛关注，也使人们再度考虑《家语》的真伪问题。1973年，河北定县八角廊西汉墓出土的竹简《儒家者言》，内容与今本《孔子家语》相近。1977年，安徽阜阳双古堆西汉墓也出土了篇题与《儒家者言》相应的简牍，内容同样和《家语》有关。李学勤先生将其称为竹简本《家语》，看作是今本《家语》的原型或古本，并进而指出：孔安国序和王肃序的说法是有根据的。王肃称《家语》得自孔猛，

---

① （宋）黎靖德编：《朱子语类》卷一百三十七，中华书局1986年版，第3252页。
② （宋）黎靖德编：《朱子语类》卷一百三十七，中华书局1986年版，第3252页。
③ （清）陈诗：《〈孔子家语疏证〉序》，陈士珂：《孔子家语疏证》卷首，《丛书集成初编》本，第1页。
④ （清）钱馥：《〈家语疏证〉跋》，孙志祖：《家语疏证》，《丛书集成初编》本，第139页。
⑤ 《礼记正义》卷三十八《乐记》孔颖达正义引，中华书局2009年影印清阮元校刻《十三经注疏》本，第3325页。

当为可信。《家语》很可能陆续成于孔安国、孔僖、孔季彦、孔猛等孔氏学者之手，有很长的编纂、改动、增补过程，是汉魏孔氏家学的产物。王肃对原书或许作过一些改窜，但要说伪造整部书，恐怕是不可能的。①

胡平生先生则通过对阜阳双古堆汉简的研究，认定旧说孔安国编纂《孔子家语》并作序，应当是可信的。从汉初开始就已经流传了一批记载孔子及其弟子言行和诸国故事的文献，这些就是后来《孔子家语》《说苑》等书的基本素材。《孔子家语》的编纂，正是汉代儒术发达及孔子受到重视和推崇的产物。而王肃伪作《孔子家语》所列举的诸多证据，是古籍传承的普遍问题，不能由此来论定《孔子家语》为伪书。②

后来在上海博物馆藏战国楚竹书中，有一篇文献被定名为《民之父母》③，它与今本《家语》的《论礼》大体相同。庞朴先生据此认定，《家语》是"孟子以前遗物，绝非后人伪造所成"④。

受到关注的还有敦煌本《孔子家语》残卷。该残卷大体为六朝写本，是目前所见最早的《家语》版本。张固也先生从分析该残卷入手，试图证明今本系孔安国所编的二十七卷本，并力求对汉唐时期《家语》的分卷变迁进行合理解释，从而认为《孔子家语》并非王肃作伪。⑤

再往后，北京大学藏西汉竹书中，也有被定名为《儒家说丛》者⑥，其内容与《家语》的《贤君》近似，亦引起了人们的关注。⑦

上述各种出土文献的发现及其分析、研究，都可以说明，今本《孔子家语》是有来历的，早在西汉时就已有原型存在并流传，不能简单地说成是伪书，更不能直接说成是王肃撰著，应当承认它在有关孔子和孔门弟子及古

---

① 李学勤：《竹简〈家语〉与汉魏孔氏家学》，《孔子研究》1987 年第 2 期；《古文字学十二讲·纸以前的书籍》，《文史知识》1985 年第 6 期。
② 胡平生：《阜阳双古堆汉简与〈孔子家语〉》，《国学研究》第七卷，北京大学出版社 2000 年版。
③ 马承源主编：《上海博物馆藏战国楚竹书（二）》，上海古籍出版社 2002 年版。
④ 庞朴：《话说"五至三无"》，《文史哲》2004 年第 1 期。
⑤ 张固也：《〈孔子家语〉分卷变迁考》，《孔子研究》2008 年第 2 期。
⑥ 北京大学出土文献研究所编：《北京大学藏西汉竹书（三）》，上海古籍出版社 2015 年版。
⑦ 曾江：《深化〈孔子家语〉研究》，《中国社会科学报》2017 年 6 月 19 日。

代儒家思想尤其是孔氏家学研究中的重要价值、地位和影响。

（二）《孔子家语》的文献价值

就文献价值、史料价值而言，《孔子家语》有许多地方明显胜于其他相关古籍，可用来勘正其史实、文字的讹误，弥补其记载、抄录的疏略，应当予以高度重视。其实，不少前贤也已经注意到这一点。如《大婚解》："夫其行己不过乎物，谓之成身。不过乎，合天道也。"而《礼记·哀公问》此处仅有"不过乎物"4个字，于义不确。故朱熹曰："以上下文推之，当从《家语》。"① 再如《贤君》"孔子见宋君"云云，"宋君"，《说苑·政理》作"梁君"②。清代俞樾指出："仲尼时无梁君，当从《家语》作'宋君'为是。"③ 又如《七十二弟子解》记樊须"少孔子四十六岁"，《史记》作"三十六岁"。考《左传》哀公十一年，季氏以"须也弱"为由，不同意樊须为车右。而据《礼记·曲礼上》"二十曰弱"，当时孔子68岁，樊须则在20岁左右。因此，《家语》所说"少孔子四十六岁"是可信的。还有，从《问玉》中，亦可考见《齐论》的佚文。另外，《王言解》等篇也保存了一些古代亡佚之书的片段，可谓弥足珍贵。唯其如此，在清代，就连断言"其出于（王）肃手无疑"的四库馆臣也不得不承认："特其流传已久，且遗文轶事，往往多见于其中，故自唐以来，知其伪而不能废也。"④ 凡此种种，都显示出《家语》的特殊生命力和巨大影响力。

实际上，早已有学者在自己的研究著作中把《家语》所记作为立论的重要依据。如《本姓解》记述孔子生平，其中说道："孔子三岁，而叔梁纥卒，葬于防。至十九，娶于宋之并（或作'亓''上'）官氏。一岁而生伯鱼。鱼之生也，鲁昭公以鲤鱼赐孔子。荣君之贶，故因以名曰鲤，而字伯

---

① （清）孙希旦《礼记集解》卷四十八《哀公问第二十七》引，中华书局1989年版，第1264页。
② 北京大学出土文献研究所编《北京大学藏西汉竹书（三）》之《儒家说丛》亦作"梁君"。
③ （汉）刘向撰，向宗鲁校证《说苑校证》卷七《政理》引，中华书局1987年版，第153页。
④ （清）永瑢等：《四库全书总目》卷九十一《子部一·儒家类一·孔子家语》，中华书局1965年版，第769页。

鱼。"这段记载不见于别处，但又至为关键，所以每每为人们所引证、取资。只是由于疑古之风渐盛，人们谈伪色变，类似于这样的地方，大都不便或不敢明言出于何处而已。

众所周知，孔子是我国历史上地位最为重要、影响最为巨大的思想家、教育家，其思想学说、行为品格构成中华民族传统思想文化和人文精神的核心内容。所以，记述孔子思想言行的文献数据历来备受关注。那么，《孔子家语》又是如何反映孔子的思想言行的呢？通观全书，可以发现，《始诛》《王言解》《大婚解》《好生》《贤君》《辩政》《哀公问政》《入官》《执辔》《刑政》《正论解》等篇，较为集中地记述了孔子的仁政之说，勾画出孔子关于理想社会的美好蓝图和远大目标。在具体的治国方略和为政措施上，孔子力倡重德教、轻刑罚，先德教、后刑罚，实行仁德之治。他猛烈抨击"苛政猛于暴虎"的社会现实，要求统治者"省力役、薄赋敛"[①]，呼吁各级官吏"奉法以利民"[②]，公正廉洁，坚持"廉平之守"[③]。在孔子的社会政治、伦理道德思想中，仁是核心、是根本，礼则是仁的表现形式。孔子非常重视礼乐制度的建设，而且身体力行，乐此不疲。《观周》《辩乐》等篇即记述了孔子认真研习礼乐的一些情况。《弟子行》《问礼》《论礼》《礼运》等篇则较为集中地载录了孔子关于礼的一些论述。在他看来，礼作为一种秩序和规范，与仁一样，也是治国理政、济世安邦的大事和要务。孔子首创私学教育，主张"有教无类"，因材施教，堪称中国历史上第一个进行公开教育的伟大教育家。《致思》《三恕》《好生》《弟子行》《子路初见》等篇章就记述了不少孔子关于教育问题的言论。这些与《论语》所反映的孔子的思想倾向是基本一致的、相通的。毫无疑问，《论语》是研究孔子和孔门弟子以及早期儒家学派的权威典籍和主要依据，文约义丰，言近旨远，但毕竟其篇幅较小，语言简略，难以展示孔子等人思想言行的全貌和风采。《家语》尽管还不便直接用作先秦史料，但却完全可以作为对《论语》的有益补充、必要呼应和有力释证。

从文学艺术的角度来看，孔子及其弟子等人的人物形象、性格特征也

---

① 拙著《孔子家语译注》卷三《贤君第十三》，人民出版社2017年版，第143页。
② 拙著《孔子家语译注》卷三《辨改第十四》，人民出版社2017年版，第154页。
③ 拙著《孔子家语译注》卷三《辨改第十四》，人民出版社2017年版，第134页。

在《孔子家语》的许多篇章中得到成功塑造和充分展现。如《相鲁》中夹谷之会一段,通过生动的细节描写和人物对话,很好地刻画出孔子这位有胆有识、智勇双全的杰出政治家、外交家的形象:当时齐强鲁弱,齐国试图趁着两国国君相会的时机来施加压力,迫使鲁国无条件成为附庸国,因而屡屡寻衅、滋事,甚至想以武力劫持鲁君。孔子受命为鲁定公相礼,他正义凛然,临危不惧,应付裕如,以礼制、道义为武器,牢牢据守道德高地,巧妙地进行周旋和抗争,及时挫败齐国的各种阴谋,收回失地,在一定程度上维护了鲁国的尊严和利益。我们知道,孔子讲"仁"讲"义",常常与"勇"联系在一起。例如,他曾强调:"志士仁人,无求生以害仁,有杀身以成仁。"①"见义不为,无勇也。"②《论语》中的这些记述,与《家语》里孔子的忠勇形象,可谓相互呼应、相得益彰、异曲同工。另外,孔子一生坚持自强不息、积极进取、昂扬向上的人生价值观,用他自己的话来说就是:"默而识之,学而不厌,诲人不倦","发愤忘食,乐以忘忧,不知老之将至"③,"知其不可而为之"④,等等。而充分体现这种可贵精神和人格风范的孔子形象,在《家语》中有不少成功刻画,一些故事性、趣味性的细节描写,更是生动丰满,有血有肉,让人倍感亲切,百读不厌,回味无穷。

由此可见,在中国古代文学史特别是散文发展史上,《孔子家语》同样值得写上浓墨重彩的一笔,甚至大书特书。当然,在《家语》这里,作为承上启下的典籍,前代作品的各种样板作用、资鉴之功也是不容忽视的,何况《家语》有些篇章本身或许就是由这些作品采撷加工而来的。但不管怎样,在这一方面所进行的深入思考,必将大大深化、丰富中国文学史特别是中国散文史研究和教学的内容,而人们就此所做的积极探索也会大大有益于相关

---

① (清)刘宝楠撰,高流水点校:《论语正义》卷十八《卫灵公第十五》,中华书局1990年版,第620页。
② (清)刘宝楠撰,高流水点校:《论语正义》卷二《为政第二》,中华书局1990年版,第74页。
③ (清)刘宝楠撰,高流水点校:《论语正义》卷八《述而第七》,中华书局1990年版,第254、257页。
④ (清)刘宝楠撰,高流水点校:《论语正义》卷十七《宪问第十四》,中华书局1990年版,第597页。

的学科建设和学术发展。

(三)《孔子家语》与当代古籍整理研究

时至今日,对于《孔子家语》,已经很少有人再坚持王肃伪作的说法,也很少有人无视其文献价值和学术意义,这是学术研究特别是孔子和儒学研究的重大进展。当然,在这个问题上,目前学术界仍存在着不同的认识和见解,甚至还有激烈的争论。这也很正常,因为要在现有基础上进一步明确《家语》的具体作者和成书年代,还有待人们发现、占有更多、更直接的文献和考古资料,继续做大量艰苦、细致的研讨工作。尽管目前已有大量相关出土文献被发现、被释读,但还是要认真、审慎地加以对待,绝不可一锤定音,一断于出土材料而将传世文献和前人成果束之高阁、弃之不顾,更不必也不能将以往的"疑古"成果打翻在地、悉数推倒。在这个问题上,我们完全接受日本学者池田知久先生的如下观点:"随着新出土数据以令人惊异的速度出土问世,特别是20世纪90年代以后,出现了有目的有意识地对'疑古派'研究成果予以否定的风潮。这股风潮认为,应该相信经书等中国古典文献的作者、时代和内容就是历代传承下来的面貌,应该相信古典文献所描绘的内容反映了各个时代的历史事实。我不赞成这种轻率的'信古主义'。相反,我主张,要继承'疑古派'研究成果中杰出的部分,并批判地超越之。"[1] 池田知久先生的这段论述,我们认为也适用于对《孔子家语》的认识和研究。

"古来新学问起,大都由于新发现。"[2] 可以说,当今的古籍整理和文献研究,也已经离不开对出土文献的关注和研究,离不开对"二重证据法"的传承和应用了。但另一方面,这些年出土文献的频频发现,相关研究不断强化,又使学术界出现了某种不正常、不健康的现象或势头,那就是对出土简帛及其研究成果的过度信从,而对传世典籍及其研读或多或少、或隐或显地有所轻视,甚至认为整理研究出土材料高人一等,是所谓"预流",而一心

---

[1] [日]池田知久:《池田知久简帛研究论集》,曹峰译,中华书局2006年版,卷首《致中国读者》,第4页。

[2] 王国维:《最近二三十年中中国新发见之学问》,《王国维全集》第十四卷,浙江教育出版社、广东教育出版社2009年版,第239页。

沉潜于传世文献的人则根本"未入流"。当然，其依据看似也是有的，那就是王国维先生的"二重证据法"，还有陈寅恪先生当年为陈垣先生《敦煌劫余录》所作序文中说的那段话："一时代之学术，必有其新材料与新问题。取用此材料，以研求问题，则为此时代学术之新潮流。治学之士，得预于此潮流者，谓之预流（借用佛教初果之名）。其未得预者，谓之未入流。此古今学术史之通义，非彼闭门造车之徒，所能同喻者也。"① 这里，我们不得不说的是，对陈寅恪先生所谓"新材料"、对"二重证据法"，有些学者存在着狭义的甚至是片面的理解，只是我们不确定这种理解是由于眼界、视野和格局有限，或者是由于其他什么原因。

根据我们的理解，陈寅恪先生所论是对"二重证据法"的进一步发挥、发展，而陈先生所谓"新材料"，不单单是指甲骨文、金文、简牍、帛书等出土资料，还应包括从常见的传世文献中读出新意、得到新解，找到前人未加珍视、不曾措意的某些"新材料"。就陈寅恪先生而言，他一生的主要学术贡献和影响还是运用新方法、新眼光来看旧典籍，从常见书中读出别人看不出、想不到的重要材料，而他本人并没有因为少用或不用出土材料而研读常见书就"未入流"了。所以说，从常见书中发掘出新材料、体悟出新认识、开拓出新学问，同样也是"二重证据法"的一个应有之义。

进而言之，王国维先生的"二重证据法"亦有狭义与广义之分。我们知道，陈寅恪先生曾从三个方面概括王国维先生的学术贡献，即"一曰取地下之实物与纸上之遗文互相释证"，"二曰取异族之故书与吾国之旧籍互相补正"，"三曰取外来之观念，与固有之材料互相参证"。② 狭义的"二重证据法"，仅指第一个方面，即以出土文献与传世文献相互释证，其精准概括则见于王国维先生的《古史新证》："吾辈生于今日，幸于纸上之材料外，更得地下之新材料。由此种材料，我辈固得据以补正纸上之材料，亦得证明古书之某部分全为实录，即百家不雅驯之言亦不无表示一面之事实。此二重证据法，惟在今日始得为之，虽古书之未得证明者，不能加以否定，而其已得证

---

① 陈寅恪：《陈垣敦煌劫余录序》，《金明馆丛稿二编》，三联书店2001年版，第266页。
② 陈寅恪：《王静安先生遗书序》，《金明馆丛稿二编》，三联书店2001年版，第247页。

明者，不能不加以肯定，可断言也。"① 广义的"二重证据法"则以新发掘、新发现的材料来与原有的材料进行相互比较、相互补益、相互释证，新材料中既包括出土材料，也包括传世的文献典籍。这种广义，涵盖了上述陈寅恪先生所概括的王先生研究方法和学术贡献的所有三个方面。实际上，王国维先生并非专重出土文献，对于传世文献亦颇为关注和重视。在《最近二三十年中国新发现之学问》中，王先生曾总结道："自汉以来，中国学问上之最大发现有三：一为孔子壁中书；二为汲冢书；三则今之殷虚甲骨文字，敦煌塞上及西域各处之汉晋木简，敦煌千佛洞之六朝及唐人写本书卷，内阁大库之元明以来书籍、档册。此四者之一，已足当孔壁、汲冢所出，而各地零星发见之金石、书籍于学术有大关系者，尚不与焉。故今日之时代，可谓之发见时代，自来未有能比者也。"② 可见，就王国维先生而言，除了甲骨文、敦煌文献等材料，不属于地下出土范围的明清内阁大库档案及其重要价值，也是他推出"二重证据法"的文献依据和学术动因之一，不应忽略。

基于以上认识，我们认为，应该全面、正确地认识和把握"二重证据法"，它并非仅仅涉及出土文献，而是一种具有普遍意义的研究方法、学术规范，乃"天下之公器"。从另一个角度说，出土文献亦并非绝对万能，不应过分夸大其价值和作用。具体到《孔子家语》，现在仅仅依靠出土文献及其研究成果似乎并不能为其作者、成书等问题推出最终的结论，达成最后的共识。所以，目前有些学者仍然纠结于《孔子家语》的真伪问题，不认同《家语》内容的真实性，不承认《家语》在孔子和儒学研究上的权威性，甚至坚持认定《家语》是王肃伪作，对此我们也只能表示理解，并将问题的彻底解决寄望于未来大雅君子的努力。

可以说，有了上述这些认识，我们才能在学术界以往整理、研究成果的基础上推出一个较为完备而又便于阅读的《孔子家语》读本，从而有助于进一步深化对《家语》的认识和研究，有助于更好地研读孔子学说、儒家

---

① 王国维：《古史新证》，《王国维全集》第十一卷，浙江教育出版社、广东教育出版社 2009 年版，第 241—242 页。

② 王国维：《最近二三十年中中国新发见之学问》，《王国维全集》第十四卷，浙江教育出版社、广东教育出版社 2009 年版，第 239 页。

思想及其文化经典，有助于进一步拓展相关学科建设、学术研究领域，有助于进一步传承、传播和弘扬中华优秀传统文化，并实现其现代性转化和创新性发展。

二、孔子文化研究与推广完美结合的三部优秀著作

（一）《有节——儒家智慧》序

"喜怒哀乐之未发谓之中，发而皆中节谓之和。中也者，天下之大本也；和也者，天下之达道也。致中和，天地位焉，万物育焉。"《中庸》里的这句话广为传布，其中所凝结的"中节"思想在后世多有发挥和阐扬。从学术界的研究成果来看，由孔子学说及儒家思想中发掘旅游理念的不乏实例，而明确提出孔子"有节"旅游思想者，孔子研究院陈晓霞副院长《有节——儒家智慧》一书首开先河，此书成为名副其实的"先锋号"。除此之外，该书还具有以下特点：

脉络清晰，逻辑严密。该书由孔子旅游有节思想的诞生谈起，进而谈其详细内容，总结出旅游有节思想包括游山之乐、游水之乐、游教之乐、游道之乐、游艺之乐、游"礼"之乐，"执两用中"与"时中"等内容。儒家思想及其旅游有节思想，对于当今旅游实践、中华优秀传统文化的发扬与传承、文化与旅游的有机结合，真正实现身心合一、知行合一、天人合一等文化理念，有着突出的价值和意义。《有节——儒家智慧》一书在这些方面也进行了深入探讨，并在此框架下从旅游理论和实践的视角出发，对当下各种旅游形式及其相关的诸多方面条分缕析，指出存在的问题，结合文化传统，提出了实现旅游可持续发展的可行性战略。从历史到现在，再延展到未来；从古老智慧到创新性转化、创造性发展，具有重要的学术启发意义。作者注重以史为鉴、古为今用、瞻望未来，并依循这一条内在理路进行布局，将全书内容铺展开去，视野开阔，气势恢宏，给人留下了深刻的印象。

主旨明确，"有节"思想贯穿全书。作者指出，孔子将"仁"导入旅游思想，并以"君子比德"的理论高度提升了旅游文化的品位。将仁人君子的品德比喻为自然山水，在旅游时融儒家的仁、义、礼、智、信于山、水、

教、道、艺、礼之中，且能做到"执两用中""时中"，这就是旅游的"有节"思想，而这也正是本书宗旨之所在。有节奏地享受这种形式多样的游乐方式，合理地安排旅游出行计划，科学、有序地发展旅游行业。《论语·先进》中孔子有言"过犹不及"，旅游有节思想在某种程度上即与此相通。在文化旅游风生水起、日益勃兴的形势下，该书的推出，将为文化旅游有节发展、稳中有进地发展点亮一盏明灯，促使相关从业者更深层次地思考问题，把握未来前进方向，因地制宜地将中华优秀传统文化与旅游业有机结合，真正实现二者的双向互动、相得益彰。

一个国家、一个民族的强盛，总是以文化兴盛为支撑的。没有文明的继承和发展，没有文化的弘扬和繁荣，就没有中华民族伟大复兴中国梦的实现。中华民族创造了历史悠久、源远流长的中华文化，也一定能够铸就中华文化新的伟大辉煌。习近平总书记多次强调文化自信，强调中华传统文化的历史影响和重要意义，并赋予其新的时代内涵和当代价值。在这样的背景下，无论是《有节——儒家智慧》，还是《跟着孔子去游学》，我们都能从中感受到作者对中华文化尤其是儒家文化的关切和热爱。通过认真研究、缜密思考，作者能够开拓创新，用新颖的形式、精彩的笔触和独到的见解，将古老的中华文明，将博大的儒家智慧，与当今的社会建设、个人发展紧密联系起来，力求促进社会和谐，实现天人合一。作者正在通过自己的艰苦努力，顺天应人，与时偕行，续写中华优秀传统文化新篇章。

有鉴于此，本人很乐意向大家推荐《有节——儒家智慧》这部书，还有其姊妹篇《跟着孔子去游学》，相信它们一定能得到大家的喜爱和欢迎。①

（二）《跟着孔子去游学》序

"读万卷书，行万里路。"孔子研究院陈晓霞副院长编著的《跟着孔子去游学》一书，可谓对这句名言最好的践行和突出的呈现。该书以游学为主题，通过虚构的首都大学的程传茹教授和博士生李德毅、殷春阜师生三人在

---

① 本文原系为陈晓霞《有节——儒家智慧》撰写的序，收入本书时略有改动。陈晓霞：《有节——儒家智慧》，山东友谊出版社 2017 年版。

山东济宁的亲身游历，一一展现济宁各地区古老而悠久的文明。师生三人深厚的传统文化涵养与实地的观察闻见相互映照、有机结合，为读者呈现出济宁这个孔孟故里、礼仪之邦的恢宏历史和璀璨未来。本书立意新颖，立论明确，脉络清晰，将曲阜、邹城、泗水、兖州、任城、汶上、嘉祥、微山、鱼台、金乡、梁山等地的文化遗存囊括其中，天人一体，古今融汇，成一家之言。除此之外，该书还有如下几个特点：

首先，主题明确，紧贴时代脉搏。该书选取济宁地区作为阐释对象，选题意义突出。党的十八大以来，习近平总书记多次强调传承中华优秀传统文化的历史意义和当代价值，将其作为治国理政思想的重要资鉴和涵养社会主义核心价值观的重要源泉。在这样的背景下，该书深入剖析有着深厚传统文化底蕴的济宁地区，结合当地的历史遗迹，让大家看到在这片土地上逐渐发育形成的兼容并包、多元一统的文化特征。正如书中所说："在济宁，'雅'文化与'俗'文化并存，上层文化与下层文化并存，'武'文化与'文'文化并存，山文化与水文化并存，儒、释、道并存，形成了丰富多彩的多元文化体系。"如数家珍般的描绘、典型而生动的分析，为我们进一步传承和弘扬中华优秀传统文化，提供了一个经典案例，定会产生积极的学术启发之效。

其次，形式新颖，理论与实践结合。该书借鉴古代问答体著述的形式，以程传茹教授师生三人的游学路线为主线，逐一展开其在济宁各区县市的游历过程。三人在传统文化研究方面用力多年，学识渊博；行程开始前展开专题讨论，计划安排合理；游历过程中，师生三人一问一答。每到一景，师生轮流介绍，有问题时当场释疑解惑，将书本所学习与现实所闻见相互验证，亲身感悟祖国优秀传统文化的精髓，颇有孔子带领众弟子周游列国之古风。在这里，寓教于乐，寓学于游，学术性、理论性与趣味性、可读性结合得恰到好处。该书将为文化旅游、游学活动的健康发展提供重要的学术指导，难能可贵。

再次，内容丰富，覆盖面广泛。该书总括了济宁地区的总体文化特征，在此基础上，以章节形式一一介绍了辖区内文化遗迹的基本情况。师生三人在行走过程中结合所见、所学、所教进行研究探讨，广泛征引文献典籍，兼收民间传说，使得此次游学之行在确保学术文化"高含金量"的同时又兼顾生动形象，收到了良好的效果。读者仿佛也身临其境，与三位师生在济宁进行了一次文化润泽之旅、身心修养之旅。

古老而悠久的中华文明源远流长、博大精深，儒释道文化异彩纷呈、光芒万丈，各种地域文化也都各有千秋，各有特色和优势，而山东济宁地区则称得上是儒学重镇、中华文明标志之地。该书对这一地区进行了典型性分析，深度挖掘了该地区文化遗产的丰富内涵，探讨了其历史影响，为广大读者再现了昔日的古国遗风，身体行走于济宁大地，心灵则沐浴在中华优秀传统的精髓、精神之中，身心同修，知行合一。

唯其如此，我乐意向大家推荐该书，希望该书能为大家所欢迎和喜爱。①

（三）《游学三孔》序

大约三年前，孔子研究院陈晓霞副院长完成并推出了两部大著《跟着孔子去游学》《有节——儒家智慧》。蒙陈院长信任，本人当时有幸先"读"为快，并聊赘数言于书前，以期与更多的读者一起分享两部大著中的知识、思想和智慧，分享阅读两部书带来的愉悦、心得和收获。此后，陈院长笔耕不辍，陆续有研究成果推出，令人钦佩。如今，时隔不到三年，陈院长的新著《游学三孔》又将付梓，可喜可贺。本人再次先"读"为快，深感荣幸。仔细阅读《游学三孔》，可以发现，该书有三个特点值得关注。

第一，题材新颖，通俗易懂。该书一如既往地延续了作者前两部大著的特征，通过虚构的首都大学程传茹、文昌昊教授带领孙女文广闻和外孙懂天一在曲阜的亲身游历，将中华优秀传统文化的思想精髓和精神特质融入欢快的游学旅途当中，寓教于乐，寓学于游，颇具创新性和感染力。而且作者注重引经据典，以扎实的学术为立足点，深入浅出，可以说是通俗类读物的典范。如果您不便远行，该书可为您提供上佳的"书上游学"线路，使您

---

① 本文原系为陈晓霞《跟着孔子去游学》撰写的序，收入本书时略有改动。陈晓霞：《跟着孔子去游学》，山东友谊出版社2017年版。

增长见闻；如果您能够亲自到曲阜，参观和体验"三孔"的底蕴和魅力，那么，该书不啻是可信的随行"导游"。

第二，主题明确，选题切当。"游学三孔"聚焦于山东曲阜的至圣庙——孔庙、衍圣公府——孔府和至圣林——孔林。这三个地方习惯上被统称为"三孔"，是纪念至圣先师孔子、供历代儒士朝拜之圣地。该书的游历路线大致是由孔子生前旧宅，到孔子嫡奇长子长孙世代居住的府邸，然后移步至孔氏家族墓地，读者可以在这样的时空串联和转换当中，见证曲阜的浓厚史韵和庄严雄伟，也可从有趣的问答中感受、体悟那些浸润在古老建筑里的精深思想。近些年，文旅融合之势勃兴，而要真正做好这一工作，择取一条主题明确、有突出意义的游学线路十分关键。唯其如此，才能真正有益于人们把"读万卷书"与"行万里路"完美结合，从而真正实践知行合一、身心合一、天人合一等理念追求。可以说，该书为此提供了一个良好契机和重要平台。

第三，视野恢宏，关注当下。该书的重点与核心是曲阜"三孔"，但作者并未将目光局限于此，而是旁及该地区的周公庙和颜子庙。周公、颜子两位游先贤是准确认识和把握孔子及儒家思想不可或缺的重要人物，值得一述。而且作者还将视野放宽至孔子故里的整个山水胜境，如石门山、九仙山、尼山等，让人在阅读体验中形成对人杰地灵、钟灵毓秀的清晰认知。在带领读者领略古建筑的厚重历史和恢宏气势之余，作者还以专门章节介绍了与孔子思想的当代体验和研究密切相关的重要机构，如孔子研究院、孔子学院总部体验基地、孔子博物馆、孔子文化园和孔子六艺城等，呈现出对当下的关照和启示、对未来的展望和期待。《周易·益卦·象传》有言"凡益之道，与时信行"，古圣先贤为我们留下了珍贵的物质和文化遗产，我们只有紧密结合现实，才能实现其创造性转化和创新性发展。

大家知道，2013年11月26日，习近平总书记到曲阜和孔子研究院考察时强调："一个国家、一个民族的强盛，总是以文化兴盛为支撑的，中华民族伟大复兴需要以中华文化发展繁荣为条件。对历史文化特别是先人传承下来的道德规范，要坚持古为今用、推陈出新，有鉴别地加以对待，有扬弃地予以继承。"这些年，国学热、传统文化热方兴未艾，热度不减。一方面我们要看到这种现象背后是各界人士对优秀传统文化的关注和需求，另一方面也应该清醒地认识到这股热潮当中还存在着一些薄弱环节甚至一些深层次的问题，需要积极引导，精准施策，正本清源。我们相信，该书以及陈院长此前推出的著作将在其中发挥重要作用，从而藏之名山、传之后世。

游览曲阜名胜，沐浴儒学气象，体验中华文化。借此机会我诚挚地向大家推荐《游学三孔》及其同系列的《跟着孔子去游学》《有节——儒家智慧》，让我们跟着书中的人物一起去游学，从中感受古圣先贤不朽的人格魅力、思想智慧和文化精神，领略中华优秀传统文化的历史悠久、源远流长和博大精深，进一步坚定文化自信，为实现中华民族伟大复兴的中国梦而不断努力。[①]

三、从轴心期到新时代——儒家思想的历史发展和当代价值

下面，我们主要以"儒家思想的历史发展与当代价值"作为核心内容进行探讨。

前不久，党的十九届四中全会制定并颁布了《中共中央关于坚持和完善中国特色社会主义制度推进国家治理体系和治理能力现代化若干重大问题的决定》，提出了国家治理体系和国家治理能力现代化的相关问题。会议认为，我国国家制度和国家治理体系具有坚持共同的理想信念、价值理念、道德观念，弘扬中华优秀传统文化、革命文化、社会主义先进文化，促进全体人民在思想上、精神上紧紧团结在一起的显著优势。坚持以社会主义核心价值观引领文化建设制度，推进中华优秀传统文化传承发展工程。对此，我想说的是，在党领导人民群众推进先进文化建设、传承发扬优秀传统文化的过程中，实际上已经体现了优秀传统文化的深刻影响。习近平总书记 2014 年 10 月 15 日在文艺工作座谈会上的讲话中，提到了德国历史学家、哲学家雅斯贝尔斯的《历史的起源与目标》一书的观点并指出："公元前 800 年至公

---

① 本文原系为陈晓霞《游学三孔》撰写的序，收入本书时略有改动。陈晓霞：《游学三孔》，山东友谊出版社 2021 年版。

元前200年是人类文明的'轴心时代',是人类文明精神的重大突破时期,当时古代希腊、古代中国、古代印度等文明都产生了伟大的思想家,他们提出的思想原则塑造了不同文化传统,并一直影响着人类生活。这段话讲得很深刻,很有洞察力。古往今来,中华民族之所以在世界有地位、有影响,不是靠穷兵黩武,不是靠对外扩张,而是靠中华文化的强大感召力和吸引力。我们的先人早就认识到'远人不服,则修文德以来之'的道理。阐释中华民族禀赋、中华民族特点、中华民族精神,以德服人、以文化人是其中很重要的一个方面。"① 可见,我们的优秀传统文化是实现国家现代化发展的一个重要资源,甚至说是其文化根基和理论支撑,因而在这个问题上,我想同大家一道重温儒家思想的重要地位、历史发展及当代价值。

第一,是儒家思想的重要地位。习近平总书记2014年2月24日在中共中央政治局第十三次集体学习时强调,把培育和弘扬社会主义核心价值观作为凝魂聚气、强基固本的基础工程,继承和发扬中华优秀传统文化和传统美德,广泛开展社会主义核心价值观宣传教育,积极引导人们讲道德、尊道德、守道德,追求高尚的道德理想,不断夯实中国特色社会主义的思想道德基础。培育和弘扬社会主义核心价值观必须立足中华优秀传统文化。要认真汲取中华优秀传统文化的思想精华和道德精髓,大力弘扬以爱国主义为核心的民族精神和以改革创新为核心的时代精神,深入挖掘和阐发中华优秀传统文化讲仁爱、重民本、守诚信、崇正义、尚和合、求大同的时代价值,使中华优秀传统文化成为涵养社会主义核心价值观的重要源泉。要处理好继承和创造性发展的关系,重点做好创造性转化和创新性发展。②

第二,是儒家思想在历史上的发展与作用。陈寅恪在《冯友兰〈中国哲学史〉下册审查报告》中说:"自晋至今,言中国之思想,可以儒释道三教代表之。……儒者在古代本为典章学术所寄托之专家。李斯受荀卿之学,佐成秦治。秦之法制实儒家一派学说之所附系。《中庸》之'车同轨,书同

---

① 习近平:《在文艺工作座谈会上的讲话》(2014年10月15日),人民出版社2015年版,第3页。
② 《习近平在中共中央政治局第十三次集体学习时强调把培育和弘扬社会主义核心价值观作为凝魂聚气强基固本的基础工程》,《人民日报》2014年2月26日。

文，行同伦'（即太史公所谓：'至始皇乃能并冠带之伦'之'伦'），为儒家理想之制度，而于秦始皇之身，而得以实现之也。汉承秦业，其官制法律亦袭用前朝。遗传至晋以后，法律与礼经并称，儒家《周官》之学说悉采入法典。夫政治社会一切公私行动，莫不与法典相关，而法典为儒家学说具体之实现。故二千年来华夏民族所受儒家学说之影响，最深最巨者，实在制度法律公私生活之方面，而关于学说思想之方面，或转有不如佛道二教者。"①

  我们知道在20世纪80年代曾经有一场争论，当时的论题在现在看来可能已经不成问题了，就是关于孔子思想的核心究竟是什么，是仁还是礼呢？当时有两位重要人物：一位是匡亚明，认为孔子学说的核心是"仁"；另外一位是蔡尚思，认为其核心是"礼"。但是，依我之见，"仁"和"礼"是密不可分的。从历史上来看，有这么一段小小的争论是非常正常的。我一直认为，每个时代都有每个时代的孔子，从汉代新儒学家董仲舒的思想主张，再到宋明理学，均是如此。这正体现了儒家思想的历史发展过程。纵观中国历史，无数先进人物正是在优秀传统文化的感召和激励下，为了维护民族尊严和国家主权，大义凛然，仗义疏财，慷慨赴死，不断谱写着正气歌，传递着正能量。在这方面，儒家思想自身的不断完善和发展，显然对国家治理能力的提高和发展具有重要的借鉴意义。

  第三，优秀传统文化与革命文化。党的十九届四中全会提到了几个重要的资源：一个是我们优秀的传统文化，另外还提到革命文化和社会主义先进文化。其实这三个文化资源也是不可分割的。1938年，毛泽东所作的《中国共产党在民族战争中的地位》报告指出："今天的中国是历史的中国的一个发展；我们是马克思主义的历史主义者，我们不应当割断历史。从孔夫子到孙中山，我们应当给以总结，承继这一份珍贵的遗产。这对于指导当前的伟大的运动，是有重要的帮助的。"② 1944年，毛泽东看完新编平剧《逼上

---

① 陈寅恪：《冯友兰中国哲学史下册审查报告》，《金明馆丛稿二编》，三联书店2001年版，第283页。

② 毛泽东：《中国共产党在民族战争中的地位》，《毛泽东选集》第二卷，人民出版社1991年版，第534页。

梁山》，由衷地激赏："梁山好汉都是些不甘受压榨，敢于反抗的英雄。"① 刘少奇在《论共产党员的修养》中，列举"慎独""吾日三省吾身"等修养方法，引用《诗经·卫风·淇奥》"如切如磋，如琢如磨"的比喻，来说明共产党员不能放松警惕，自我修养是一个长期的实践。② 习近平总书记在纪念孔子诞辰 2565 周年国际学术研讨会上的讲话中指出："在带领中国人民进行革命、建设、改革的长期实践中，中国共产党人始终是中国优秀传统文化的忠实继承者和弘扬者，从孔夫子到孙中山，我们都注意汲取其中积极的养分。"③ 新时期各个领域、各个行业、各条战线上涌现出来的劳动英雄、道德模范等优秀人物或群体，同样也是在以自己的方式传承、弘扬和发展着"自强不息"的精神。

第四，在新时代继承、弘扬优秀传统文化。2019 年 11 月 16 日，王岐山副主席出席纪念孔子诞辰 2570 周年国际学术研讨会暨国际儒学联合会第六届会员大会开幕式并发表讲话，指出：中华文明推崇的"小康""大同""天下为公"，与今天我们为之奋斗的中国特色社会主义事业息息相通；中华文明推崇的"重民""安民"等民本思想，与今天我们坚持的"以人民为中心""全心全意为人民服务"一脉相承；中华文明推崇的"仁义礼智信"，与今天我们倡导的家国情怀、责任担当乃至社会主义核心价值观交相辉映；中华文明推崇的"和而不同""协和万邦"，与今天我们主张的开放合作、推动构建人类命运共同体的理念思致相因。中华文明始终是中华民族生生不息的源头活水。王岐山副主席强调，2014 年习近平总书记在国际儒联第五届会员大会上发表重要讲话，为弘扬儒学文化和一切优秀传统文化的思想精华，推动不同文明的互学互鉴指明了方向。站在新的历史起点，我们将以习近平新时代中国特色社会主义思想为指导，从中华优秀传统文化中汲取智慧和能量，同时尊重世界上所有文明，为人类文明进步不断做出贡献。要加强交流、互学互鉴，促进各种文明因地制宜、交流互鉴、顺时应势、永续

---

① 喜民：《魂系中南海》，中国文联出版公司 1990 年版，第 91—92 页。
② 刘少奇：《论共产党员的修养》，《刘少奇选集》上卷，人民出版社 1981 年版，第 109 页。
③ 习近平：《在纪念孔子诞辰 2565 周年国际学术研讨会暨国际儒学联合会第五届会员大会开幕会上的讲话》（2014 年 9 月 25 日），人民出版社 2014 年版，第 13 页。

相传。①

总之，儒家文化在国家治理层面自古以来都扮演着不可或缺的重要角色。回顾往昔，放眼当代，正如习近平总书记所强调的，我们必须认识到，"中华文化源远流长，积淀着中华民族最深层的精神追求，代表着中华民族独特的精神标识，为中华民族生生不息、发展壮大提供了丰厚滋养"。"培育和弘扬社会主义核心价值观必须立足中华优秀传统文化"②。推进中华优秀传统文化传承发展工程贵在继承，重在创新。儒家的国家治理思想在继承"仁"与"礼"两条基本思路的基础上，随着时代演进，也在不断推陈出新，以适应新时代的发展。我们现在也应当从中汲取思想资源，对传统儒家治国思想进行创造性转化、创新性发展，守正创新，结合时代条件和实践要求加以补充、拓展、完善，赋予其新的时代内涵以及适应时代发展的表达形式，为新时代国家治理体系建设和国家治理能力提升贡献更大力量。

四、略论《墨子》"节葬"思想对汉代社会的影响

两汉时期，墨家作为一种学术团体和思想派别已不复存在，但它的某些理论主张却没有消失和泯灭，而是依旧流行、传布，为人们所吸收、改造，对当时的社会产生着相当大的影响，墨子著名的"节葬"思想就是其中之一。这里拟对此作一初步探究。

（一）先秦秦汉时期的薄葬观念

埋葬死者，原本是一件极普通、很随便的事情。早期的墓葬形式非常简单，只是挖一个土坑，放进尸体，然后埋上，既无棺椁，也无墓室。更无封土的坟头及树木等标志。随着人类社会的发展和宗教迷信的产生，丧葬问

---

① 王岐山：《在纪念孔子诞辰 2570 周年国际学术研讨会暨国际儒学联合会第六届会员大会上的致辞》，来源：央视网 http://cpc.people.com.cn/shipin/n1/2019/1118/c243247-31461350.html。

② 《习近平在中共中央政治局第十三次集体学习时强调把培育和弘扬社会主义核心价值观作为凝魂聚气强基固本的基础工程》，《人民日报》2014 年 2 月 26 日。

题逐渐受到人们的重视,有关的仪式和制度也相继出现。统治阶级不仅过着奢侈糜烂的生活,而且把搜括来的大量人力物力财力,用于建造大型棺椁墓室,修筑高大的坟丘,并以贵重衣物殉葬,为自己准备了身后享乐的地下王国。据考古发掘资料,今湖北江陵西北的楚都郢遗址的周围,就有大小许多个坟墓,均属战国墓葬。河北易县燕下都遗址邻近的墓地,有20多个方锥形大墓,高达10—15米,每边长40—50米。针对这种"棺椁必重,葬埋必厚,衣衾必多,文绣必繁,丘陇必巨"①的厚葬之风,墨子提出了"节葬"的主张,并专门写了一篇《节葬》,分析了厚葬的危害,强调"无以厚葬久丧者为政"。在《墨子·公孟》中,他把厚葬久丧看作"足以丧天下"的"四政"之一。相关史实证明,墨子此论绝非危言耸听。史载,战国后期,苏秦为了帮助燕国,曾经出仕齐国,借机劝诱其君提倡厚葬,"使齐国之民高大丘冢,多藏财物",结果齐"财尽民贫,国空兵弱,燕军卒至,无以自卫,国破城亡,主出民散"。②可见,厚葬与否,的确关系着国家和人民的前途、命运。

　　降至汉代,社会政治各方面较之战国时期已发生了重大变化但统治阶级贪婪奢侈的本性并未改变,所修坟丘越来越大,厚葬之风愈演愈烈。有识之士则秉承墨子"节葬"思想的余绪,力主薄葬。汉初,陆贾曾提出过薄葬问题。今本《新语》已不见此内容,但从其所著《楚汉春秋》佚文中仍可略见端倪。惠帝去世,吕太后"欲为高坟",以便从未央宫内观望。诸将纷纷谏止,太后不听。后经东阳侯动之以情,太后才放弃己意。③陆贾记载此事,其旨当在倡导薄葬。汉文帝在接受张释之劝谏后,一意薄葬,因山川之故而造霸陵,规模较小。弥留之际,他下诏说:"当今之时,世咸嘉生而恶死,厚葬以破业,重服以伤生,吾甚不取。且朕既不德,无以佐百姓;今崩,又使重服久临,以离寒暑之数,哀人之父子,伤长幼之志,损其饮食,绝鬼神之祭祀,以重吾不德也,谓天下何!"他下令"天下吏民,令到出临三日,

---

① 吴毓江撰,孔启治点校:《墨子校注》卷六《节葬下》,中华书局2006年版,第263页。
② (汉)王充著,黄晖撰:《论衡校释》卷二十三《薄葬篇》,中华书局1990年版,第966页。
③ 王利器:《新语校注》附录二《楚汉春秋佚文》,中华书局2012年版,第182页。

皆释服"。另外，他还安排了薄葬的其他事宜。①

虽然连汉文帝都提倡薄葬，但厚葬之风仍未见消歇，而且随着社会生产的发展和财富的增多变得更加严重，带头的则是至高无上的皇帝。汉武帝整整花了53年的时间为自己营造陵墓（茂陵），其中金银财宝、珍禽异兽，应有尽有。陵墓周围建有祭祀用的便殿、寝殿。上行下效，一些富豪之家的墓地也开始出现祠堂、墙垣及门屏等建筑。与此同时，有识之士仍旧在做种种努力，以求矫正世风。具有诸子风范的《淮南子》的作者们，对墨子的"厚葬靡财而贫民，久服伤生而害事"的观点表示称赞，并主张"节财、薄葬、闲服"②。力行裸葬的杨王孙则明确指出，"厚裹之以币帛，多送之以财货，以夺生者财用"的厚葬，"诚无益于死者"，只会"靡财殚币"，危害人民。③后来，在昭帝时期著名的盐铁会议上，贤良文学们曾多方面揭露厚葬的现象，指出："今生不能致其爱敬，死以奢侈相高，虽无哀戚之心，而厚葬重币者，则称以为孝，显名立于世，光荣著于俗，故黎民相慕效，至于发屋卖业。"④这种揭露是颇为尖锐的。

西汉后期，围绕着成帝修筑陵墓的问题，朝野上下再次掀起要求薄葬的波澜。成帝先造延陵，后又营起昌陵，制度泰奢，"卒徒工庸以巨万数，至然脂火夜作，取土东山，且与谷同贾。作治数年，天下遍被其劳，国家罢敝，府臧空虚，下至众庶，熬熬苦之"。对此，明智之臣深感不安，纷纷要求成帝"还复故陵，勿徙民"⑤。当时最有名的是刘向。在给成帝的上疏中，刘向列举上古圣帝明王智士的薄葬故事，指出薄葬是"明于事情""远览独虑无穷之计"，强调"德弥厚者葬弥薄，知愈深者葬愈微"，并谴责了秦始皇等昏君暴主奢侈厚葬的罪行。他对成帝着力修造昌陵深表不满，认为此事"功费大万百余"，使"死者恨于下，生者愁于上，怨气感动阴阳，因之以饥

---

① （汉）司马迁：《史记》卷十《孝文本纪》，中华书局1982年版，第434页。
② 何宁：《淮南子集释》卷二十一《要略》，中华书局1998年版，第1459—1460页。"久"字据王念孙《淮南子杂志》补。
③ （汉）刘向撰，向宗鲁校证：《说苑校证》卷二十《反质》，中华书局1987年版，第528页。
④ 王利器：《盐铁论校注》（定本）卷六《散不足》，中华书局1992年版，第354页。
⑤ （汉）班固撰，（唐）颜师古注：《汉书》卷七十《陈汤传》，中华书局1962年版，第3024页。

谨，物故流离以十万数"。① 在强大的舆论压力下，成帝被迫迁回延陵，但是社会上厚葬的现象仍有增无已。

东汉时期，随着世家大族势力的发展和孝悌名节思想的盛行，奢侈厚葬之风更趋严重。不仅墓室增大，随葬品增多，而且雕刻壁画、修筑祠堂几成一时风尚。另一方面，深受墨子"节葬"思想影响的有识之士也更加强烈地呼吁人们实行薄葬，反对厚葬。王充在《论衡》中写了一篇《薄葬》，对墨子以来各种薄葬理论作了全面分析和总结，指出"圣贤之业，皆以薄葬省用为务"，肯定了墨子的"节葬"主张，抨击了"重死不顾生，竭财以事神，空家以送终"的厚葬陋习，强调"治死无益，厚葬何差乎？"此后，崔寔、王符等人又揭露和批判了奢侈厚葬的行径。崔寔说："乃送终之家，亦大无法度……多藏宝货……高坟大寝。是可忍也，孰不可忍……古者墓而不坟，文武之兆，与地平齐。今豪民之坟，已千坊矣。欲民不匮，诚亦难矣。"② 王符说："今京师贵戚，郡县豪家，生不极养，死乃崇丧，或至刻金镂玉，梓梗楩枏，良田造茔，黄壤致藏，多埋珍宝，偶人车马，造起大冢，广种松柏，庐全祠堂，崇侈上僭。"③ 这些都是深中肯綮的言论。

在汉代，有人呼吁薄葬，还有更多的人像汉文帝、杨王孙那样，身体力行，实践着墨子的"节葬"理论。西汉张临"且死，分施宗族故旧，薄葬不起坟"④。朱云"遗言以身服敛，棺周于身，土周于椁"⑤。龚胜临终前告诫准备丧事的弟子："衣周于身，棺周于衣。勿随俗动吾冢、种柏、作祠堂。"⑥东汉明帝、章帝、顺帝都曾遗诏"无起寝庙"。明帝马皇后的母亲去世，开

---

① （汉）班固撰，（唐）颜师古注：《汉书》卷六十三《楚元王传》，中华书局1962年版，第1955—1956页。
② （汉）崔寔撰，（清）孙启治校注：《政论校注》之《阙题三》，中华书局2012年版，第89页。
③ （汉）王符撰，（清）汪继培笺，彭铎校正：《潜夫论笺校正》卷三《浮侈》，中华书局1985年版，第137页。
④ （汉）班固撰，（唐）颜师古注：《汉书》卷五十九《张汤传》，中华书局1962年版，第2654页。
⑤ （汉）班固撰，（唐）颜师古注：《汉书》卷六十七《朱云传》，中华书局1962年版，第2916页。
⑥ （汉）班固撰，（唐）颜师古注：《汉书》卷七十二《龚胜传》，中华书局1962年版，第3085页。

始"起坟微高",皇后得知后马上下令"即时减消"①。吴汉夫人去世,"薄葬小坟,不作祠堂"②。王堂"遗令薄敛,瓦棺以葬"③。樊宏"遗敕薄葬,一无所用"④。郑弘"敕妻子褐巾布衣素棺殡殓"⑤。赵咨"遗书敕子",要求"平地无坟","葬无设奠,勿留墓侧,无起封树"。⑥卢植"敕其子俭葬于土穴,不用棺椁,附体单帛而已"⑦。赵岐临终前说:"我死之日,墓中聚沙为床,布簟白衣,散发其上,覆以单被,即日便下,下讫便掩。"⑧类似这样的事情,在两汉屡见不鲜。尽管其中有些人是在官场失意、家境败落时不得已而为之,但这种举动的本身则是难能可贵的,与墨子的"节葬"主张一样,具有积极的社会政治意义。

(二)墨子"节葬"思想对汉代薄葬观念的影响

很明显,汉代的薄葬是墨子"节葬"思想影响的产物。它们的主要出发点是相同的,即减轻人民负担,缓和社会矛盾,巩固国家政权。《墨子·节葬下》有言,厚葬则"国家必贫,人民必寡,刑政必乱"。汉文帝曾指出厚葬将导致"破业""伤生""损其饮食"⑨。杨王孙说厚葬"靡财殚币",

---

① (南朝宋)范晔,(唐)李贤等注:《后汉书》卷十上《皇后纪》,中华书局1965年版,第413页。
② (汉)刘珍等撰,吴树平校注:《东观汉记校注》卷十《吴汉传》,中华书局2008年版,第340页。
③ (南朝宋)范晔,(唐)李贤等注:《后汉书》卷三十《王堂传》,中华书局1965年版,第1106页。
④ (南朝宋)范晔,(唐)李贤等注:《后汉书》卷三十二《樊宏传》,中华书局1965年版,第1121页。
⑤ (南朝宋)范晔,(唐)李贤等注:《后汉书》卷三十三《郑弘传》,中华书局1965年版,第1157页。
⑥ (南朝宋)范晔,(唐)李贤等注:《后汉书》卷三十九《赵咨传》,中华书局1965年版,第1314—1315页。
⑦ (南朝宋)范晔,(唐)李贤等注:《后汉书》卷六十四《卢植传》,中华书局1965年版,第2119页。
⑧ (南朝宋)范晔,(唐)李贤等注:《后汉书》卷六十四《赵岐传》,中华书局1965年版,第2124页。
⑨ (汉)班固撰,(唐)颜师古注:《汉书》卷四《文帝纪》,中华书局1962年版,第132页。

"夺生者之财用"①。刘向进一步强调厚葬将使"死者恨于下,生者愁于上,怨气感动阴阳,因之以饥馑","亡万世之安"。②王充则明确主张立"薄葬省财之教"③,认为实行厚葬,"用索物丧,民贫耗之至,危亡之道也"④。

从关于薄葬的一些具体思想内容中,也可以看出二者的承继关系。汉文帝令天下吏民"到出临三日,皆释服"⑤。此种三日之丧,曾为墨子所力倡,《墨子·公孟》中有明确记载。《宋书·礼志》《后汉书·王符传》李贤注和《太平御览·礼仪部》引《尸子》说夏禹"制丧三日",正为墨子所宗⑥。杨王孙、王符都提到古代圣人之葬,"空木为椟,葛蘦为缄。其穿地也,下不乱泉,上不泄臭"⑦。这些均源于《墨子》而稍有异辞。

但是在汉代,除了王充之外、人们在提出薄葬问题时,从未涉及墨子,更没有以其学说为理论依据。刘向、王符等甚至用孔子的言行为自己张本,认为孔子也力主薄葬。据他们讲,孔子将母亲葬于防山,说古代只有墓穴,没有封土,还说:"丘,东西南北之人也,不可不识也。"便筑起四尺高的坟头。后来,坟头被大雨冲塌,弟子们加以修复,孔子得知,流着泪说:"吾闻之,古者不修墓。"刘向推测孔子之意,认为孔子很不同意这样做,"盖非之也"。他们又举出孔子称赞楚延陵季子薄葬儿子和反对宋桓司马做石椁的事。延陵季子自齐回国,其子死于途中,延陵季子就地将儿子埋葬,"穿不及泉,敛以时服,封坟掩坎,其高可隐"。孔子看过后说:"延陵季子于礼合矣。"宋桓司马为自己打造石椁,孔子愤愤地说:"不如速

---

① (汉)刘向撰,向宗鲁校证:《说苑校证》卷二十《反质》,中华书局1987年版,第528页。
② (汉)班固撰,(唐)颜师古注:《汉书》卷六十三《楚元王传》,中华书局1962年版,第1956页。
③ (汉)王充著,黄晖校释:《论衡校释》卷二十三《薄葬篇》,中华书局1990年版,第962页。
④ (汉)王充著,黄晖校释:《论衡校释》卷二十三《薄葬篇》,中华书局1990年版,第966页。
⑤ (汉)班固撰,(唐)颜师古注:《汉书》卷四《文帝纪》,中华书局1962年版,第132页。
⑥ 《韩非子·显学》《淮南子·齐俗》言晏子主三月之丧,属传闻异辞。毕沅(校注《墨子》)、汪继培(辑《尸子》)认为"三日"当作"三月",恐过于武断。
⑦ (汉)刘向撰,向宗鲁校证:《说苑校证》卷二十《反质》,中华书局1987年版,第528页。

朽!"① 从刘向、王符等所举事例中，我们的确可以看出，孔子并不同意厚葬，并不同意在丧葬问题上铺张浪费，而是强调对死者的悲哀之情。《论语·八佾》载，林放曾问起礼的本质，孔子说："大哉问! 礼，与其奢也，宁俭；丧，与其易也，宁戚。"厚葬思想并非早期儒家所固有，将厚葬的罪名安到孔子头上是不公正的，墨子也只是说儒家厚葬，而非孔子，厚葬之礼很可能是战国初期某些儒者的创造。《淮南子·氾论》说"厚葬久丧以送死，孔子之所立也"，是过于笼统的。当然，也应指出，孔子并没有明确主张薄葬，他反对厚葬只是为了维护传统的礼，而且他力主三年之丧，亦有碍于薄葬的真正施行。所以，孔子的言行并不能成为薄葬主张的依据。

墨子"节葬"思想对汉代社会产生影响，是与墨子学说及著述在当时的流传分不开的。刘汉王朝建立以后，社会上尚有先秦诸子之遗风。文帝时，"天下众书往往颇出，皆诸子传说，犹广立学官，为置博士"②。直到武帝初年，还有不少墨学信徒在四处活动，著书立说。《盐铁论·晁错》提到：淮南王刘安、衡山王刘赐，"招四方游士，山东儒、墨咸聚于江、淮之间，讲议集论，著书数十篇"。武帝绌百家，尊儒术，但又"建藏书之策，置写书之官，下及诸子传说，皆充秘府"③。其后学者仍可兼治包括墨家在内的诸子百家之学。至成帝时，刘向受命校书，凡诸子之说皆以各本相校，并在"条其篇目，撮其指意，录而奏之"④的叙录中，对诸子之说作了肯定，指出它们有益治道。

据清代孙诒让考证，《墨子》一书曾经"刘向校定"，"著于《别录》，而刘歆《七略》、班固《艺文志》因之，旧本当亦有刘向进书奏录，宋以后已不传"。⑤尽管这样，我们仍可从刘向对《晏子春秋》的整理和评价上窥出

---

① （汉）班固撰，（唐）颜师古注：《汉书》卷六十三《楚元王传》，中华书局1962年版，第1953页；（汉）王符撰，（清）汪继培笺，彭铎校正：《潜夫论笺校正》卷三《浮侈》，中华书局1985年版，第137页。事或见《礼记·檀弓上》《檀弓下》。
② （汉）班固撰，（唐）颜师古注：《汉书》卷六十三《楚元王传》，中华书局1962年版，第1967页。
③ （汉）班固撰，（唐）颜师古注：《汉书》卷三十《艺文志》，中华书局1962年版，第1701页。
④ （汉）班固撰，（唐）颜师古注：《汉书》卷三十《艺文志》，中华书局1962年版，第1701页。
⑤ （清）孙诒让：《墨子间诂》之《墨子附录·墨子篇目考》，中华书局2001年版，第653页。

某些消息。刘向在《晏子春秋》的整理上融注了极大的热情，并在叙录中特别称道晏子"以节俭力行、尽忠极谏道齐"，"文章可观，义理可法，皆合六经之义"①。强本节用，节俭力行是墨子思想的一大特色，而这种思想本身就包含着"节葬"的内容。唐代柳宗元曾经提出，《晏子春秋》属于墨家著作。他说："墨好俭，晏子以俭名于世，故墨子之徒尊著其事，以增高为己术者，且其旨多尚同、兼爱、非乐、节用、非厚葬久丧者，是皆出墨子。又非孔子，好言鬼事，非儒、明鬼，又出墨子。……又往往言墨子闻其道而称之……非墨子之徒，则其言不若是。……为是书者，墨之道也。"② 近世，郭沫若先生也曾指出："《晏子春秋》一书很明显是墨子学派的人所假托的。"③《晏子春秋·外篇》载晏子评价以孔子为代表的儒家丧葬观念时说："厚葬破民贫国，久丧循哀费日，不可使子民。"而《墨子·非儒下》也称引了晏子类似的语言。刘向在《说苑·反质》中收录了墨子同其弟子禽滑厘的谈话，其中墨子极重节俭，还说："景公喜奢而忘俭，幸有晏子，以俭镵之。"前人有的便疑此为《墨子·节用中》或《节用下》的佚文④。另外，刘向在上疏中征引的古代圣贤薄葬的故事，也有出自《墨子》者，如"禹葬会稽，不改其列"⑤，即根据《墨子·节葬下》"禹……葬会稽之山……既葬，收余壤其上，垄若参耕之亩"云云。三国魏人如淳在注释《汉书·楚元王传》时已经指出了这一点。种种迹象表明，《晏子春秋》与《墨子》之间至少是有某种联系的，而刘向对《墨子》也是充分肯定的。刘向等人的薄葬思想，当为墨子"节葬"主张之流风所被。

墨子学说既然在汉代流传并有所影响，为什么刘向等论述薄葬问题时，没有明确加以称引，反而从儒家立论，称引孔子之说呢？蔡尚思先生的一段

---

① （清）严可均校辑：《全汉文》卷三十七刘向《晏子叙录》，《全上古三代秦汉三国六朝文》，中华书局1958年版，第332页。
② （唐）柳宗元：《辩晏子春秋》，《柳宗元集》卷四，中华书局1979年版，第114页。
③ 郭沫若：《十批判书·孔墨的批判》，《郭沫若全集》历史编第二卷，人民出版社1982年第76—77页。
④ （清）万希槐：《困学纪闻集证》卷十。毕沅辑《墨子佚文》亦曾有此说。
⑤ （汉）班固撰，（唐）颜师古注：《汉书》卷三十六《楚元王传》，中华书局1962年版，第1952页。

话，可以为我们解释这一现象提供有益的启示。蔡先生说："汉代有许多学者混儒墨、兼爱别爱为一谈……也许是在武帝实行'辨白黑而定一尊'以后，思想不能自由，不得不如此歪曲的。如果敢于公开主张兼爱，就会得罪王朝，所以只好名为尊孔而实则兼尊墨，名为讲孔子的仁，而实则言墨子的兼爱。"① 对汉代人继承、发挥墨子"节葬"思想一事，亦应作如是观。"统治阶级的思想在每一时代都是占统治地位的思想。"② 代表统治阶级利益的儒家学说特别是它的一整套道德伦理学说，在总体上适应了建立和巩固大一统的中央集权政治的需要，于是汉武帝罢黜百家，独尊儒术，儒学由是被抬到至高无上的地位，并得到国家政权的保护。其他诸子失去了作为学术团体和思想派别的合法地位乃至生存权利，代表劳动群众利益、昔日曾与儒学难分轩轾、并称"显学"的墨家学说更是被视为异端邪说，严加禁绝。慑于专制统治的淫威，有识之士也只好"明修栈道，暗度陈仓"，把从墨子那里吸收来的思想成分包括"兼爱""节葬"这样有价值的合理主张，打上儒家或孔子的标签，以达到经世致用的最终目的。

（三）墨子"节葬"思想的价值

马克思主义认为："人们的观念、观点和概念，一句话，人们的意识，随着人们的生活条件、人们的社会关系、人们的社会存在的改变而改变。"③ 汉代人虽然继承和发挥了墨子的"节葬"思想，但由于社会政治的发展和客观矛盾的演化，其薄葬观念又与墨子有许多明显不同。另外，墨子代表着劳动群众的利益，而汉代主张薄葬的人大都是封建地主阶级的代表人物。阶级立场的差异和对立，更加大了这种因时代相异而出现的不同。

墨子的"节葬"既包括薄葬，又包括短丧。墨子认为，孔子力主的三年之丧，使人们"耳目不聪明，手足不劲强"，结果"百姓冬不仞寒，夏不仞暑，作疾病死者，不可胜计也"④。久丧同厚葬一样有碍于人民的生产和生

---

① 蔡尚思：《中国古代学术思想史论》，广东人民出版社 1990 年版，第 348—349 页。
② 《马克思恩格斯选集》第一卷，人民出版社 2012 年版，第 178 页。
③ 《马克思恩格斯选集》第一卷，人民出版社 2012 年版，第 419—420 页。
④ 吴毓江撰，孙启治整理：《墨子校注》卷六《节葬下》，中华书局 2006 年版，第 262 页。

活，带来严重的政治和经济危害。墨子还提出了三日之丧的要求。汉代主张薄葬者，除了汉文帝、王充等明确反对久丧，要求短丧外，其他人的薄葬，只是就墓室的大小、坟丘的高低来说的，并不包括短丧的内容。刘向曾在《列女传·贞顺》中称誉了卫宣夫人"公薨不反，遂入三年"的举动。脱离了短丧的薄葬，是难以真正实现的，因为要久丧就要墓祭，要墓祭就不能平地无坟或坟丘太低。作为劳动群众的代表，墨子深知生产的艰辛、时间的宝贵和财富的来之不易，所以在薄葬问题上较多地注意到经济利益的得失。而汉代主张薄葬者的着重点则是政治利益，强调薄葬是合于礼仪，"非苟为俭"，反对的厚葬也只是"违礼厚葬"。①

墨子制定过比较明确的薄葬标准，即所谓"棺三寸足以朽骨，衣三领足以朽肉"②等，而汉代的薄葬却不存在明确的标准。孔子母亲为四尺坟，刘向即认为是薄葬了。朱云实行薄葬，"为丈五坟"③。在他们看来，埋葬之事只要不违背传统的礼仪，不过分劳民伤财而引起百姓的怨愤就可以了，没有必要制定具体的薄葬标准。

汉代人往往从厚葬会诱使别人掘坟盗墓来强调薄葬的重要性。汉文帝起初准备用坚固的石椁厚葬，以为这样就无人能撼动了。张释之劝谏说："使其中有可欲者，虽锢南山犹有郄；使其中无可欲者，虽无石椁，又何戚焉！"④杨王孙也说厚葬后，"或乃今日入而明日出，此真与暴骸于中野何异？"⑤刘向列举秦始皇等厚葬者"咸尽发掘暴露"的故实，明确指出："无德寡知，其葬愈厚，丘陇弥高，宫庙甚丽，发掘必速。"他强调，薄葬"诚便于体也"。⑥这些都是墨子思想中所不曾有过的内容。

---

① （汉）班固撰，（唐）颜师古注：《汉书》卷六十三《楚元王传》，中华书局1962年版，第1953—1954页。
② 吴毓江撰，孙启治整理：《墨子校注》卷六《节葬下》，中华书局2006年版，第268页。
③ （汉）班固撰，（唐）颜师古注：《汉书》卷六十七《朱云传》，中华书局1962年版，第2916页。
④ （汉）司马迁：《史记》卷一百二《张释之冯唐列传》，中华书局1982年版，第2753页。
⑤ （汉）刘向撰，向宗鲁校证：《说苑校证》卷二十《反质》，中华书局1987年版，第528页。
⑥ （汉）班固撰，（唐）颜师古注：《汉书》卷六十三《楚元王传》，中华书局1962年版，第1953—1955页。

墨子要求薄葬，应该视为一种无神论的表现，但他又主张"明鬼"，以鬼神为实有，倡导祭祀鬼神，认为只有国富民丰才能向鬼神敬献好的祭品，厚葬于此却有害无益。他说：厚葬久丧，"国家必贫，人民必寡，刑政必乱。若苟贫，是粢盛酒醴不净洁也；若苟寡，是事上帝鬼神者寡也；若苟乱，是祭祀不时度也"①。汉代主张薄葬者，除汉文帝强调厚葬将"绝鬼神之祭祀"②而与墨子同旨外，一般都认为人死无知，不能为鬼。杨王孙说："夫死，终生之化而物之归者。"又说："精神离形而各归其真，故谓之鬼。鬼之为言归也，其尸块然独处，岂有知哉？"③刘向也不信鬼神，认为"信鬼神者失谋"。他说："以死者为有知，发人之墓，其害多矣；若其无知，又安用大？"④王充更是一位杰出的无神论者。他认为，人死肉体腐败，血脉干枯，也就没有精神的存在，所以人死无知，不能为鬼害人。在薄葬问题上，王充既继承了墨子的"节葬"思想，又反对他"人死辄为神鬼而有知，能形而害人"的有鬼论，认为这同其自身的薄葬主张相互矛盾，"术用乖错，首尾相违"，指出了墨子"节葬"的不彻底性。他强调，要从根本上铲除厚葬恶习，只能坚持无神论，让人明白"死人无知，厚葬无益"的道理，从而为实行薄葬打下了坚实的理论基础。⑤其后王符虽承认鬼神的存在，但又反对"淫鬼"⑥，强调"圣人不烦卜筮，敬鬼神而远之"⑦。当然，我们也应该看到，墨子"明鬼"的目的，是要借用传统的鬼神崇拜形式，树立起鬼神的权威，以此来保护劳动群众的利益，警戒和约束贪得无厌的统治者，使他们感到畏惧而去恶从善。在丧葬问题上亦是如此。墨子强调，鬼神也反对妨碍富强的厚葬，并对厚葬者

---

① 吴毓江撰，孙启治整理：《墨子校注》卷六《节葬下》，中华书局2006年版，第266页。
② （汉）司马迁：《史记》卷十《孝文本纪》，中华书局1982年版，第434页。
③ （汉）刘向撰，向宗鲁校证：《说苑校证》卷二十《反质》，中华书局1987年版，第528页。
④ （汉）班固撰，（唐）颜师古注：《汉书》卷六十三《楚元王传》，中华书局1962年版，第1956页。
⑤ （汉）王充撰，黄晖校释：《论衡校释》卷二十三《薄葬篇》，中华书局1990年版，第961—967页。
⑥ （汉）王符撰，（清）汪继培笺，彭铎校正：《潜夫论笺校正》卷六《巫列》，中华书局1985年版，第304页。
⑦ （汉）王符撰，（清）汪继培笺，彭铎校正：《潜夫论笺校正》卷六《卜列》，中华书局1985年版，第295页。

"降之罪厉之祸罚而弃之"①。

　　追求奢侈豪华的生活包括身后在地下的生活，是剥削阶级的本性。战国时期，群雄并争，各国社会生产力尚不够发达，过度厚葬确实可能导致"财尽民贫，国空兵弱"的现象，所以墨子当时提出"节葬"，某些统治者也曾表示欢迎，"世主以为俭而礼之"②。当然，社会上并未真正做到墨子要求的薄葬。《庄子·天下》称"其行难为也"，"天下将不堪"。《史记·太史公自序》则说"墨者俭而难遵"。两汉时期，社会生产力有了巨大发展，一体化专制政治日趋巩固和稳定，儒家的伦理观念开始根深蒂固，封建统治阶级的贪婪之心也更加膨胀。在这种情况下，只靠统治阶级中的一部分有识之士反复呼吁甚至身体力行，是无法革除厚葬陋习而完全实行薄葬的。源于墨子而又有所变化的汉代的薄葬主张很难有什么系统性和感召力，更不会有墨子"节葬"之说在往昔的那种声势。

五、墨子婚姻家庭思想述略

　　墨子在提出一系列社会政治主张的同时，提出了自己的婚姻家庭思想。关于这一问题，以往人们虽多有谈及，但未见有集中、系统的论述。这里拟对此作一初步探究。

　　人类历史的演进，同人口的发展有着密不可分的联系。"根据唯物主义观点，历史中的决定性因素，归根结底是直接生活的生产和再生产。但是，生产本身又有两种。一方面是生活资料即食物、衣服、住房以及为此所必需的工具的生产；另一方面是人自身的生产，即种的繁衍。"③在生产力低下的古代社会，人口的多寡更是直接制约着经济、政治的发展。由于男女婚姻是人口再生产的基本形式和手段，所以人们往往通过调整婚姻制度包括婚龄结构等来影响生育行为。墨子已经认识到人口的重要作用，因而极力倡导

---

① 吴毓江撰，孙启治整理：《墨子校注》卷六《节葬下》，中华书局2006年版，第266页。
② （清）王先慎撰，钟哲点校：《韩非子集解》卷十九《显学》，中华书局1998年版，第457页。
③ 《马克思恩格斯选集》第四卷，人民出版社2012年版，第13页。

增加人口，并主张通过及时婚嫁来实现这一目标。他说："孰为难倍，唯人为难倍。然人有可倍也。昔者圣王为法曰：丈夫年二十，毋敢不处家；女子年十五，毋敢不事人。此圣王之法也。"① 即是说，男二十、女十五成婚，就能使人口增加。墨子指出，人们并未严格遵守这一圣王之法，"其欲蚤处家者，有所二十年处家，其欲晚处家者，有所四十年处家。以其蚤与其晚相践，后圣王之法十年，若纯三年而字，子生可以二三年矣。"② 对此，墨子深感忧虑。

及时成婚，尽早生育，绝不单是婚姻当事人所能决定的。统治阶级的压榨，广大百姓的贫穷，是婚嫁及人口再生产受阻的主要原因。刘向《说苑·贵德》载：春秋时齐国一位老人有九个已成年的儿子，因家中贫困都未能娶上妻子。齐桓公将五名嫔妃嫁给他们，管仲却说："如果您只给遇见的人以恩惠，那么齐国能够娶上妻子的人就太少了。"可见那时下层劳动者成婚之难。墨子对统治阶级的"寡人之道"进行了揭露和批判，他指出："今天下为政者，其所以寡人之道多。其使民劳，其籍敛厚，民财不足，冻饿死者不可胜数也。且大人惟毋兴师以攻伐邻国，久者终年，速者数月，男女久不相见，此所以寡人之道也。"③ 要使婚姻及时，人口增加，最根本的，是要减轻剥削，停止攻战，实行"节用"，恢复圣王之道。通过及时成婚来增加人口，并非墨子的发明。春秋末年，越国被吴打败，越王勾践急于补充兵源，便下令，男子二十不娶，女子十七不嫁，其父母要被治罪。④ 可贵的是，墨子注意到了婚姻、人口问题与社会政治的关联，其说较之儒家提倡的男子三十而娶，女子二十而嫁，也更实际一些。当然，在婚姻和人口问题上，单纯的政令或呼吁都是很难奏效的。

墨子在提倡女子十五成婚之时，还从生理上进行了论证。他说："年逾

---

① 吴毓江撰，孙启治整理：《墨子校注》卷六《节用上》，中华书局 2006 年版，第 247—248 页。
② 吴毓江撰，孙启治整理：《墨子校注》卷六《节用上》，中华书局 2006 年版，第 248 页。
③ 吴毓江撰，孙启治整理：《墨子校注》卷六《节用上》，中华书局 2006 年版，第 248 页。
④ 徐元诰撰，王树民、沈长云点校：《国语集解·越语上第二十》（修订本），中华书局 2002 年版，第 570 页。

十五，则聪明心虑无不徇通矣。"① 后来的《素问·上古天真论》提到，女子十四、男子十六而天癸至，然后精通。也就是说，女子十四、男子十六以后即可结婚了。这种说法，当是对包括墨子在内的前人之说的继承和总结。不过，现在看来，男子二十、女子十五结婚仍属早婚，不利于人口素质的提高。

在私有制时代，婚姻的成立往往取决于双方的地位、财产、容貌诸因素。对这种世俗的择偶标准，墨子十分不满。他说："今夫世乱，求美女者众，美女虽不出，人多求之。今求善者寡，不强说人，人莫之知也。"② 墨子力倡"尚贤"用贤，要求"不偏贵富，不嬖颜色"，"不辩贫富贵贱"③。在择偶问题上，亦当如此。在墨子看来，结婚时不应只看地位、财产、容貌等，而是要注重品德、才华等条件。这一主张，与儒家"贤贤易色"④ 的主张有着某种相似、相通之处。另外，墨子对儒家制定和倡导的繁缛婚姻礼仪也颇多微词，认为这样是"繁饰礼乐以淫人"⑤，会浪费人们的精力和财富，很不足取。此论是与墨子"节用""非乐"的主张相互一致、相得益彰的，即使今天看来也还是值得充分肯定的。

进入文明时代以后，我国的单偶制即一夫一妻的婚姻制度随之确立。但在父权、夫权的支配下，这种婚姻制度实际上只是单向的，男子特别是中上层社会的男子一直享有多妻的特权，他们广纳妃妾，挥霍无度。这种婚姻一方面促使不少家庭多育，另一方面又使一部分下层劳动者过着独身生活，所谓外多旷夫，内多怨女，从而降低了整个社会的人口生育率及其增长率。春秋时齐襄公有九妃，又有六嬖，《管子·小匡》还说他陈妾数千。战国时卿大夫侍妾数百的现象仍屡见不鲜，《墨子·贵义》就提到赵简子家中"妇人衣文绣者数百人"。墨子对此持反对态度，并主张节私。他说："当今之

---

① （清）孙诒让：《墨子间诂》之《墨子附录·墨子佚文》，中华书局2001年版，第657页。
② 吴毓江撰，孙启治整理：《墨子校注》卷十二《公孟》，中华书局2006年版，第703页。
③ 吴毓江撰，孙启治整理：《墨子校注》卷二《尚贤中》，中华书局2006年版，第74—78页。
④ （清）刘宝楠撰，高流水点校：《论语正义》卷一《学而第一》，中华书局1990年版，第19页。
⑤ 吴毓江撰，孙启治整理：《墨子校注》卷九《非儒下》，中华书局2006年版，第437页。

君,其蓄私也,大国拘女累千,小国累百,是以天下之男多寡无妻,女多拘无夫,男女失时,故民少。君实欲民之众而恶其寡,当蓄私不可不节。……俭节则昌,淫佚则亡。"①这些观点都是难能可贵的。当然,墨子反对多妻,并不是意识到真正的一夫一妻制能促使夫妻间爱情专一,使生活美满幸福,而是感到贵族士大夫的多妻有碍于人口的增加,并导致奢靡之风的盛行。

至于如何看待婚姻关系中男女双方的地位问题,墨子不曾明确谈及。墨子生活的下层社会,妇女不同程度地参加生产劳动,男性特权相对弱一些,再结合墨家"爱无差等"②的理论来看,墨子似应倾向于男女地位平等。但受传统意识的影响,加上反驳儒家学说的实际需要,他又强调了男女有辨、男女有别,承认了男女不平等的地位。如他在批评儒家亲迎之礼时称,"取妻身迎,袛褍为仆,秉辔授绥,如仰严亲。昏礼威仪,如承祭祀。颠覆上下,悖逆父母"③。孔子说过"唯女子与小人为难养也"④的话,带有轻视妇女的色彩,但并没有流露出妻子应服从丈夫之意。相形之下,墨子的男尊女卑观念倒显得更强烈一些。

家庭是以特定的婚姻形态为纽带结合起来的最基础的社会组织形式,也是人口再生产的基本单位。家庭一般由父母、子女、兄弟组成,他们之间的关系按照什么样的道德规范来确立和调整,成为思想家们关心的重大问题。在提倡君惠、臣忠的同时,孔子主张父慈、子孝、兄友、弟悌,但尤其强调孝悌,以其为"仁"之本,提倡"三年无改于父之道"⑤,要求"弟子入则孝,出则悌"⑥,意在维护日趋动摇的宗法分封制度和旧的统治秩序。墨子

---

① 吴毓江撰,孙启治整理:《墨子校注》卷一《辞过》,中华书局2006年版,第48页。
② (清)焦循撰,沈文倬点校:《孟子正义》卷十一《滕文公上》,中华书局1987年版,第403页。
③ 吴毓江撰,孙启治整理:《墨子校注》卷九《非儒下》,中华书局2006年版,第429页。
④ (清)刘宝楠撰,高流水点校:《论语正义》卷二十《阳货第十七》,中华书局1990年版,第709页。
⑤ (清)刘宝楠撰,高流水点校:《论语正义》卷一《学而第一》,中华书局1990年版,第27页。
⑥ (清)刘宝楠撰,高流水点校:《论语正义》卷一《学而第一》,中华书局1990年版,第18页。

所处的时代，旧的统治秩序逐渐紊乱，宗法分封制度已经崩溃。在家庭关系中，用墨子的话来说，"内之父子、兄弟作怨仇，皆有离散之心，不能相和合"①。墨子试图加以匡救。墨子非儒，但并不反对以孝悌为本的"仁"，且将其发展而为"兼爱"，甚至反过来批评儒家"久丧伪哀以谩亲"②，认为厚葬久丧"非孝子之事也"③。在要求君惠、臣忠的同时，他大谈父子之别，要求父慈、子孝，指出"乱之所自起"，就是由于"臣子之不孝君父"。然而，墨子又特别指出："虽父之不慈子，兄之不慈弟，君之不慈臣，此亦天下之所谓乱也。"④父子、兄弟之间均有各自的义务，其关系是相对的，不是一方对另一方的绝对服从。此外墨子还强调，不应处处效法父母。他说"天下之为父母者众，而仁者寡，若皆法其父母，法不仁也。法不仁不可以为法。"⑤此言真有点骇世惊俗。

儒家的"仁"，由己推人，由近及远，施由亲始，强调的是"亲亲有术，尊贤有等"⑥，把"仁"看成是"亲亲"的扩大，后来孟子将其总结为："老吾老，以及人之老；幼吾幼，以及人之幼。"⑦也就是说，从爱己出发，推广一步，爱到自己的父母兄弟、子女，即所谓"亲亲"，再推广一步，才爱到其他人。在墨子看来，这只是一种偏爱，不是真正的爱。墨子的"兼爱"，则在一定程度上打破了宗法制度和血统观念的束缚，要求超越家庭的界限，不别亲疏，不分远近，"爱无差等"。墨子呼吁人们"视人之国若视其国，视人之家若视其家，视人之身若视其身"⑧，他认为，在自己父母与他人面前应该一视同仁，墨子所主张的孝悌，已经大大社会化了不仅限于爱利自己的亲人，而且还包含爱民利众的意思。他强调，只有"先从事乎爱利人之

---

① 吴毓江撰，孙启治整理：《墨子校注》卷三《尚同中》，中华书局 2006 年版，第 116 页。
② 吴毓江撰，孙启治整理：《墨子校注》卷九《非儒下》，中华书局 2006 年版，第 436 页。
③ 吴毓江撰，孙启治整理：《墨子校注》卷六《节葬下》，中华书局 2006 年版，第 263 页。
④ 吴毓江撰，孙启治整理：《墨子校注》卷四《兼爱上》，中华书局 2006 年版，第 154 页。
⑤ 吴毓江撰，孙启治整理：《墨子校注》卷一《法仪》，中华书局 2006 年版，第 30 页。
⑥ 吴毓江撰，孙启治整理：《墨子校注》卷九《非儒下》，中华书局 2006 年版，第 436 页。
⑦ （清）焦循撰，沈文倬点校：《孟子正义》卷三《梁惠王章句上》，中华书局 1987 年版，第 86 页。
⑧ 吴毓江撰，孙启治整理：《墨子校注》卷四《兼爱中》，中华书局 2006 年版，第 159 页。

亲",然后人才能"报我以爱利吾亲也"①。这些主张都是难能可贵、颇有价值的。

另外,以"亲亲为大"的儒家的"仁",提倡"父为子隐,子为父隐,直在其中矣"②,在处理父子亲情与天下公义的冲突时,使后者服从于前者。墨子重视孝悌,却又倡导"举公义,辟私怨"。"不义不富,不义不贵,不义不亲,不义不近"③,认为"虽有慈父,不爱无益之子"④。这也是"爱无差等"的一个重要方面。后来墨家巨子腹䵍就曾坚持在法律面前亲疏平等,毅然以父杀子,大义灭亲。从这种意义上讲,"兼爱"又与以孝悌为本的"仁"有很大矛盾,所以孟子说墨子"兼爱是无父也","是禽兽也"⑤。

还有,墨子并言"爱""利",主张"义""利"合一。他认为,不但要"兼相爱",而且要"交相利"。只有"交相利","兼相爱"才会有实际内容。对家庭成员的"爱",也必须落实到"利"上。后期墨家继承、发展了这一思想。如《墨子·经上》言:"孝,利亲也。"把"孝"与"利"直接联系了起来。这与一些儒家只讲"爱",不讲"利",将"义""利"对立起来的做法是完全不同的。

毋庸讳言,墨子关于婚姻家庭问题的理论,是为小生产者的利益服务的,并未摆脱传统观念的束缚,其目的还是要维护旧的统治秩序和宗法分封制度。墨子曾说,"天下之乱也,至如禽兽然,无君臣、上下、长幼之节,父子、兄弟之礼"⑥,这是应该予以反对的。在他看来,无论是一个国家还是一个家庭,人们都有自己的职责,应各尽其职,各安其位,各守其分:"王公大人蚤朝晏退,听狱治政,此其分事也。士君子竭股肱之力,亶其思虑之智,内治官府,外收敛关市、山林、泽梁之利,以实仓廪府库,此其分事

---

① 吴毓江撰,孙启治整理:《墨子校注》卷四《兼爱下》,中华书局2006年版,第179页。
② (清)刘宝楠撰,高流水点校:《论语正义》卷十六《子路第十三》,中华书局1990年版,第536页。
③ 吴毓江撰,孙启治整理:《墨子校注》卷二《尚贤上》,中华书局2006年版,第66页。
④ 吴毓江撰,孙启治整理:《墨子校注》卷一《亲士》,中华书局2006年版,第2页。
⑤ (清)焦循撰,沈文倬点校:《孟子正义》卷十三《滕文公章句下》,中华书局1987年版,第456页。
⑥ 吴毓江撰,孙启治整理:《墨子校注》卷三《尚同中》,中华书局2006年版,第116页。

也。农夫蚤出暮入，耕稼树艺，多聚叔粟，此其分事也。妇人夙兴夜寐，纺绩织纴，多治麻丝葛绪，綑布缘，此其分事也。"①做到这一切，加上"兼相爱，交相利"，在"为人君必惠，为人臣必忠"的同时，在家庭关系中，"为人父必慈，为人子必孝，为人兄必友，为人弟必悌"，做个"惠君、忠臣、慈父、孝子、友兄、悌弟"②，那么，就会实现圣王之治。然而，在阶级社会里，墨子的主张只能是一种空想，是根本无法成为现实的。毛泽东同志说："至于所谓'人类之爱'，自从人类分化成为阶级以后，就没有过这种统一的爱。过去的一切统治阶级喜欢提倡这个东西，许多所谓圣人贤人也喜欢提倡这个东西，但是无论谁都没有真正实行过，因为它在阶级社会里是不可能实行的。"③墨子就是提倡这种"人类之爱"的"圣人贤人"中的一位。尽管如此，与墨子的其他社会现治主张一样，墨子的婚姻家庭思想仍是我国古代思想史上的一个新发展，它弘扬了中华民族的传统美德，有着积极的社会意义和思想价值。

六、略论《墨子》的文学价值

《墨子》是我国先秦诸子学说中的代表性理论著述之一，同时也是一部重要的散文作品。但是，由于它语言质朴，文采较少，其文学价值往往为人们所忽略。我们拟对此作一初步探讨。

（一）立言著文注重历史经验和社会需要

任何著述包括文学作品的问世，都要反映现实的社会政治和一定阶级或阶层的需要，《墨子》也不例外。作为下层小生产劳动者的思想代表，与儒家"博学于文"的思想倾向不同，墨子主张文以用为尚，提出"言必有三

---

① 吴毓江撰，孙启治整理：《墨子校注》卷八《非乐上》，中华书局2006年版，第382页。
② 吴毓江撰，孙启治整理：《墨子校注》卷四《兼爱下》，中华书局2006年版，第178—180页。
③ 毛泽东：《在延安文艺座谈会上的讲话》，《毛泽东选集》第三卷，人民出版社1991年版，第871页。

表":"有本之者,有原之者,有用之者。上本之于古者圣王之事,下原察百姓耳目之实","废(发)以为刑政,观其中国家百姓人民之利"①。是为著名的"三表法"。与先秦其他诸子相似,在墨子那里,"言谈"与"文学"并提,凡是人们所谈论的、用文字书写出的知识和学问,都是"文学",因而作为语言艺术的文学作品自然也就包括于其中了。墨子的"三表法",将历史经验、人民群众的实践效果和实际利益当作立言著文的标准和依据,这在中国文学发展过程中还是第一次,具有重要的进步意义,远远超越于当时的儒、道、法诸家之上。特别是他注意到人民群众的生产、生活经验和利益,"在中国文学批评史上不仅是前无古人的,就是后来的一般文学理论家中也是少见的,它在中国历史上具有民主性、革命性的精神"②。

然而,在这个问题上,墨子又过于偏激,走了极端。他一味追求实用和功利,认识不到著述活动中修辞的重要作用,对文采、藻饰采取了一种轻视的态度,甚至将其当作毫无价值的奢侈和累赘之物。《韩非子·外储说左上》记载,楚王曾问墨家后学田鸠:"墨子者,显学也,其身体则可,其言多不辩,何也?"田鸠答道:"今世之谈也,皆道辩说文辞之言,人主览其文而忘有用。墨子之说,传先王之道,论圣人之言,以宣告人。若辩其辞,则恐人怀其文,忘其直,以文害用也。"这里,"言多而不辩"之"辩",是指言辞华美。墨子立言不重辞采,是怕人们过多考虑文辞字句而忘掉义理,影响了实用。这不能说没有一点合理之处,但墨子却矫枉过正了。于是他力倡重内容,轻形式,以实用为本,轻视文章的修饰和文采。实际上,作品的内容和形式是辩证统一、不可分割的,它们互为依存,互相渗透,一同发挥着作用。墨子尚用不尚文,一方面直接冲淡了《墨子》的文学色彩,不利于文学创作、文学理论的深化和发展,另一方面也在一定程度上削弱了墨家学派的社会影响,并成为后来墨学中绝的原因之一。我们知道,孔子主张文质升重,既重视作品的内容和思想性,又重视语言的形式和艺术性。孔子认为:

---

① 吴毓江撰,孙启治整理:《墨子校注》卷九《非命上》,中华书局2006年版,第400—401页。

② 施昌东:《先秦诸子美学思想述评》,中华书局1979年版,第44页。

"质胜文则野，文胜质则史。文质彬彬，然后君子。"①这是对人而言，也是指著述活动。又《礼记·表记》引孔子曰："情欲信，辞欲巧。"《左传·襄公二十五年》引孔子曰："《志》有之：'言以足志，文以足言。'不言，谁知其志？言之无文，行而不远。"所以，就对文与质、内容与形式、思想性与艺术性之关系的认识来讲，墨子较孔子是后退了一步。

当然，文学艺术的发展离不开社会环境、阶级地位、经济状况和文化累积水平的制约和影响。墨子出身于下层社会，生活于"农与工肆之人"中间，深知稼穑之艰难，生产之不易，广大劳动群众为获取那少得可怜的生产和生活资料，早出暮入，终日劳作，几乎没有什么时间去读书识字，更谈不上欣赏、品味文章的辞采了。而墨子及其弟子为救世除弊，也是勤勤恳恳，夜以继日地奔走呼号。在这种情况下，其著述也就不可能过多地讲求形式，讲求文采和修饰。鲁迅先生说得好："假使劳动太多，休息时少，没有恢复疲劳的余裕，则眠食尚且不暇，更不必提什么文艺了。"②再者，当时主要的书写材料是竹简和缣帛，《墨子·鲁问》即有"书于竹帛"之语。在这两种材料中，竹简笨重，每片所载字数有限，而且书写前须经过裁段、剖削、"汗青""杀青"等多道工序，费时费力；缣帛轻便，但却价格昂贵。在物质财富远不如后世充裕的战国初期，以墨子师徒为代表的下层小生产劳动者，常常是缺衣少食，连最基本的生存条件都难以保证，也就不可能有精力和财力准备太多的书写材料。这也是影响《墨子》文章修饰和辞采的一个因素。如果我们结合墨子的"节用""非乐"等主张来看，这一点就更清楚了。另外，纵观古代文学发展过程，墨子所处的时代，诸子散文从无到有，尚处于发轫和起步阶段，形式上一般都带有简约、朴拙的特点，文学意味稍浓的《论语》《老子》亦是如此，因而我们不能根据战国中后期诸子散文的艺术水平，去简单、直观地评判《墨子》的文学价值。

---

① （清）刘宝楠撰，高流水点校：《论语正义》卷七《雍也第六》，中华书局1990年版，第233页。
② 鲁迅：《中国小说史略》附录《中国小说的历史变迁》，《鲁迅全集》第九卷，人民文学出版社1981年版，第303页。

(二)"意显而语质"的文章风格

《墨子》的著述宗旨,是要宣传墨家学派的思想主张,并使其深入人心,为社会所承认和接受,这就需要文章有一定的说服力和感染力。所以,墨子虽然不重文采,但却非常重视文章的布局谋篇,力求以内容取胜,用道理服人。于是,《墨子》就基本表现为有组织、有结构的论说文形式,而且粗具规模。这是《墨子》散文一个最突出的特点,亦当是墨家能够与儒家一时并称"显学"的一个原因。翻阅《墨子》全书,尽管《耕柱》《公孟》《贵义》等篇还保留着语录体的对话形式,但其他大部分篇章则从实有的争论发展为概括性的论辩,已经有了代表中心思想的标题,同时篇幅增加,由简单的对话进而为理论的发挥。书中从《尚贤上》到《非命下》所提出的十大主张,几乎全是专题论述,比起论说文形式还不完备的《论语》,应该说是前进了一大步。这也是诸子散文迅速发展的一个标志。

对于论辩的作用,墨子是充分肯定的。他强调,言语"教天下以义者,功亦多"[1]。身处乱世,"求善者寡,不强说人,人莫之知也"[2]。他主张"君子之必以谏","虽不扣必鸣"[3],认为凡属贤良之士都是"厚乎德行,辩乎言谈,博乎道术者"[4],要求"选择天下赞阅贤良、圣知辩慧之人,置以为三公,与从事乎一同天下之义"[5]。为了明辩其说,墨子特别讲求论辩的艺术和准则。他的"三表法",既是立言的准则,又是论辩的方法。在《墨子》中,所有专题论述都是依照"三表法"完成的,首尾呼应,条理谨严,而且层层推演,由小及大,以此例彼。如《非攻上》:"今有一人,入人园圃,窃其桃李。众闻则非之,上为政者得则罚之。此何也?以亏人自利也。"下面再由攘人犬豕鸡豚论到攻人之国,皆属亏人自利之事。整段文字朴实无华,但却明白易懂,其反对战争的立论主旨也可以一览无遗。刘勰在《文心雕龙·诸子》中曾将《墨子》的文章风格概括为"意显而语质",可谓一语中的。

---

[1] 吴毓江撰,孙启治整理:《墨子校注》卷十三《鲁问》,中华书局2006年版,第737页。
[2] 吴毓江撰,孙启治整理:《墨子校注》卷十二《公孟》,中华书局2006年版,第703页。
[3] 吴毓江撰,孙启治整理:《墨子校注》卷十二《公孟》,中华书局2006年版,第703页。
[4] 吴毓江撰,孙启治整理:《墨子校注》卷二《尚贤上》,中华书局2006年版,第66页。
[5] 吴毓江撰,孙启治整理:《墨子校注》卷三《尚同中》,中华书局2006年版,第116页。

《墨子》多处采用对比方法，以求增强文章的逻辑性和说服力。如《非乐上》："民有三患：饥者不得食，寒者不得衣，劳者不得息。三者，民之巨患也。然则当为之撞巨钟，击鸣鼓，弹琴瑟，吹竽笙而扬干戚，民衣食之财将安可得乎？即我以为未必然也，意舍此。"也就是说，罢除音乐的目的，是担心它影响人民群众的衣食之财。又说："今有大国即攻小国，有大家即伐小家，强劫弱，众暴寡，诈欺愚，贵傲贱，寇乱盗贼并兴，不可禁止也。然即当为之撞巨钟，击鸣鼓，弹琴瑟，吹竽笙而扬干戚，天下之乱也，将安可得而治与？即我（以为）未必然也。……是故子墨子曰：为乐非也！"在墨子看来，时值天下大乱，寇乱盗贼并兴，各国之间攻伐不已，岂可撞巨钟，击鸣鼓，弹琴瑟，吹竽笙而扬干戚！此处用饥不得食，寒不得衣，劳不得息这些关乎国计民生的大事，来和吹奏音乐这样的生活琐事做一比较，又用国泰民安和击鼓奏乐做一比较，自然容易看出孰重孰轻。尽管我们不可能同意"非乐"主张，但是这两者的比较，又使我们情不自禁地倾向其说了。《墨子》中这些强烈的对比，收到了很好的论辩效果。

特别应该指出的是，《墨子》中的《经上》《经下》《经说上》《经说下》《大取》《小取》诸篇，集中讨论和总结了论辩之学，世称"墨辩"。据近世学者考证，这些篇章出于墨家后学的手笔，不过，它们肯定是对墨子学说的继承和发展。《经》与《经说》四篇记述了许多自然科学方面的知识，这有助于加强其语法运用和逻辑理论的严密性、科学性，推动了名辩之学的发展，并为后来《荀子》中《正名》等篇的撰著导夫先路。《小取》则全面分析了论辩的目的和方法，比"三表法"更为详尽，更有独到之处："夫辩者，将以明是非之分，审治乱之纪，明同异之处，察名实之理，处利害，决嫌疑，焉摹略万物之然，论求群言之比，以名举实，以辞抒意，以说出故，以类取，以类予，有诸己不非诸人，无诸己不求诸人。或也者，不尽也。假者，今不然也。效者，为之法也。所效者，所以为之法也。故中效则是也，不中效则非也，此效也。辟也者，举也（他）物而以明之也。侔也者，比辞而俱行也。援也者，曰'子然，我奚独不可以然也'。推也者，以'其所不取之'同于'其所取者'予之也。'是犹谓'也者，同也；'吾岂谓'也者，异也。"这里明确指出，论辩的目的，是要弄清是非、治乱、同异、名实的区别和规律，分析利害，抉发疑难，并在此基础上描述客观事物的状貌，对各家学说进行比较和探究。其"以名举实"云云，是论辩过程中应该遵守的原则。"或""假""效""辟""侔""援""推"，是进行论辩的几种有效方法。"或"是或者如此，也就是并非全部如此。"假"是假设，且假设之事须非当前实有，却能用以说明事理。"效"是呈效，即提供某一事例作标准，以判断议论正确与否。"辟"同"譬"，也就是比喻。"侔"是相等，即把事义相同的判断性言辞排列在一起，以加强文章的力度。"援"是援引对方的论点来证明自己的论点。"推"就是推理，但须是同类事物之间的相互推理，不同事物间则不可相推。实际上，《墨子》已经多次成功地运用了这几种论辩方法。像上文所引《非攻上》"今有一人"一段文字，就是一个形象的比喻。

可以说，在古代论说性散文中，《墨子》具有一定典范性，所以胡适强调："墨家注重论辩方法，故古代议论辩证的文体，起于《墨子》《非攻》《非命》《明鬼》《尚同》诸篇。……此种辩证之论，正是古代哲人对文学理论的重要贡献，不应当忽视的。"① 胡氏此论，还是极有见地的。

（三）"先质而后文"的著述宗旨

《墨子》为文简朴平实，不重文采，那么是不是对文章的修饰、词句的琢磨一点都不讲究呢？不是的。第一，《墨子》文章中有许多押韵的地方。这一点，曾经整理《墨子》的清代毕沅、苏时学等已经有所发现，但未能加以总结。《亲士》："臣下重其爵位而不言，近臣则喑，远臣则唫，怨结于民心；谄谀在侧，善议障塞，则国危矣。"此处喑、唫、心为韵，侧、塞为韵。《七患》："以七患居国，必无社稷；以七患守城，敌至国倾。七患之所当，国必有殃。"此处国、稷为韵，城、倾为韵，当、殃为韵。又："凡五谷者，民之所仰也，君之所以为养也。故民无仰则君无养，民无食则不可事。故食不可不务也，地不可不力也，用不可不节也。"这里仰、养为韵，食、事为

---

① 胡适：《郭绍虞〈中国文学批评史〉序》，胡明主编：《胡适精品集》第12册，光明日报出版社1998年版，第172页。

韵，立、节为韵。《所染》："染于苍则苍，染于黄则黄。"这里苍、黄亦为韵。《墨子》的这些语句，音韵铿锵，节奏明快，对后世作家用韵于散文之中，散韵相间，肯定有某种启示。

第二，《墨子》注意到文字的对称，有些地方使用了对偶、排比等修辞方式，从而增强了文章的气势。《尚贤上》："不义不富，不义不贵，不贵不亲，不义不近。"此处既是对偶，又是排比，从中突出了"义"的重要性。又："以德就列，以官服事，以劳殿赏，量功而分禄。故官无常贵，而民无终贱。有能则举之，无能则下之。举公义，辟私怨。"这些对偶句子的运用，有助于彰扬"尚贤"之说。再如《尚贤下》："有力者疾以助人，有财者勉以分人，有道者劝以教人。若此，则饥者得食，寒者得衣，乱者得治。若饥则得食，寒则得衣，乱则得治，此安生生。"此处排比其辞，使文章气势宏大，说理透彻。《兼爱中》："诸侯不相爱则必野战，家主不相爱则必相篡，人与人不相爱则必相贼，君臣不相爱则不惠忠，父子不相爱则不慈孝，兄弟不相爱则不和调。天下之人皆不相爱，强必执弱，众必劫寡，富必侮贫，贵必敖贱，诈必欺愚。"下面又谈到"天下之人皆相爱"，则"强不执弱，众不劫寡，富不侮贫，贵不敖贱，诈不欺愚"。文章从正反两方面论证"兼爱"的重要意义，层层递进，步步深入，充满了凛然之势和纵横气息。

第三，《墨子》多处引《诗》，同时略加变通。本来，墨家是反对孔子《诗》教的。孔子曾要求弟子们"诵《诗》三百"[1]，并再三强调："不学《诗》，无以言。"[2] 其目的之一，是要让他们有一个好的语言修养，增美其辞，使文章有可观的文采。墨子则认为，此举有碍于社会政治和生产经营的进行："或以不丧之间诵《诗》三百，弦《诗》三百，歌《诗》三百，舞《诗》三百。若用子之言，则君子何日以听治？庶人何日以从事？"[3] 然而有趣的是，为了增强语言的使用效果及文章著述的力度，《墨子》又爱引《诗》

---

[1] （清）刘宝楠撰，高流水点校：《论语正义》卷十六《子路第十三》，中华书局1990年版，第525页。

[2] （清）刘宝楠撰，高流水点校：《论语正义》卷十九《季氏第十六》，中华书局1990年版，第668页。

[3] 吴毓江撰，孙启治整理：《墨子校注》卷十三《公孟》，中华书局2006年版，第690页。

证事。这或许是墨子早年"学儒者之业，受孔子之术"①的一种收获吧！如《兼爱下》引《小雅·大东》"君子所履，小人所视"，又引《大雅·抑》"无言不雠，无德不报"；《非攻中》引《逸诗》"鱼水不务，陆将何及"。值得注意的是，《墨子》引《诗》，常常在原文中加上几个助词。像"君子所履，小人所视"引作"君子之所履，小人之所视"②，加了一个"之"字；"鱼水不务，陆将何及乎"③，引用时在"及"下加了一个"乎"字。这样做，加强了语言的口语化、通俗化，读来自然顺畅。与《论语》《孟子》《荀子》等一样，《墨子》的引《诗》以证，对后来文学作品穿插进大量诗词，并采取"有诗为证"的收尾形式，当起过一定的借鉴作用。

第四，《墨子》中的部分篇章已经将叙事、议论和抒情结合起来，在某种程度上表现出人物的性格特征。其中的上乘之作，当推《公输》一篇：为了止楚攻宋，墨子甘冒风险，前往楚国。在与公输盘和楚王的论辩中，他勇敢、机智、沉着，一会儿以恰当的类比或缜密的推理折服对方，一会儿又不失时机地给对方以深刻揭露和猛烈抨击，使之措手不及。整篇文章记述紧凑，通畅易读，很好地刻画出墨子这位道德高尚且又善于论辩的平民圣人形象，使人如闻其声，如见其貌。这就为古代散文的创作提供了一种独特的表现艺术和技巧。

第五，《墨子》中引入了一些寓言故事，从而丰富了文学的表现手法。如《尚贤上》："譬之富者，有高墙深宫，墙立既谨，上（止）为凿一门。有盗人人，阖其自人而求之，盗其无自出。"《鲁问》："譬有人于此，其子强梁不材，故其父笞之。其邻家之父，举木而击之曰：'吾击之也，顺于其父之志。'"另外，《贵义》"子墨子南游于楚"一段，记述了汤与伊尹的历史传说，其故事性和寓言性也比较突出。不过，《墨子》中的这些内容主要是为论辩服务的，而且大半是现身说法或亲口问答，语言不免浅近显露，缺乏深意，只能看作是比喻的一种扩大形式。故事开头所用"譬"字，就足以说明这一点。当然，这也是早期寓言的一个共同特征。

---

① 何宁：《淮南子集释》卷二十一《要略》，中华书局1998年版，第1459页。
② 吴毓江撰，孙启治整理：《墨子校注》卷四《兼爱下》，中华书局2006年版，第179页。
③ 吴毓江撰，孙启治整理：《墨子校注》卷五《非攻中》，中华书局2006年版，第204页。

由上述诸例可以看出，荀子批评"墨子蔽于用而不知文"①，是过于片面了。的确，墨子力倡尚用不尚文，反对华采丽藻，但是，无论在著述实践中，还是在理论总结中，他都没有绝对地否定文采、藻饰的作用。墨子明确说过："诚然，则恶在事夫奢也。长无用，好末淫，非圣人之所急也。故食必常饱，然后求美；衣必常暖，然后求丽；居必常安，然后求乐。为可长，行可久，先质而后文，此圣人之务。"②这里的"先质而后文"，一方面是指在保证人民群众基本的生产和生活条件之后，可以去"求美""求丽"甚至"求乐"，另一方面就著述活动而言，是说在作品的内容达到某一要求之后，可以进而在形式上讲求修饰和文采，增强语言的使用效果。今天看来，墨子的这一观点也不乏合理性、科学性的因素，有一定的积极意义。

总之，作为一部先秦典籍，《墨子》不仅有着巨大的思想价值，而且具有较高的文学价值，对我国古代文学思想和文学创作的发展都有所贡献，在中国文学史尤其是散文史上占有特殊而重要的地位，应该受到人们的特别瞩目和高度重视。

七、《管子》的治国理政思想

管仲作为先秦时期的一名政治家，需要处理政治、经济、军事等各方面的政务。其治国理政思想也分别见于《管子》一书的各个篇章中，如《法禁》《任法》《明法》《论法》等篇主要阐述法治思想；《国蓄》《乘马》《轻重》《海王》诸篇阐释经济思想；《度地》《地员》《五行》《四时》等篇阐述生态思想；等等。《管子》的思想内涵专而不偏，博而不杂，充实而系统，显示了一代名相管仲的高屋建瓴的政治眼光和海纳百川的思想气魄。我们拟从这一角度出发，跳出学派归属的思路，通过分析《管子》中治国理政的思想智慧，以史为鉴，期冀能够有助于当今生产生活的发展。

---

① （清）王先谦撰，沈啸寰、王星贤点校：《荀子集解》卷十五《解蔽篇第二十一》，中华书局1988年版，第392页。
② （汉）刘向撰，向宗鲁校证：《说苑校证》卷二十《反质》，中华书局1987年版，第516页。

(一)《管子》的法治思想

法令制度作为统治者管理国家最重要的工具，尤其为人所重视。法令的严整与否、法制的贯彻与否，关乎国家存亡大计。因此在《管子》中，单独辟出数篇内容专门论述。其中所蕴含的法治思想，大致可分为以下四方面。

确立法律的至高无上地位，保障法律权威。法律之所以至高无上，是因为法律是社会全体成员一体遵循的行为规范。《任法》篇中说："有生法，有守法，有法于法。夫生法者君也，守法者臣也，法于法者民也，君臣上下贵贱皆从法，此谓为大治。"《管子》认为，法虽然由君主创设，但君主本身也要服从于法律约束，这样才能明确法律权威，达到天下"大治"。此外，《任法》篇中还提到，"故法者天下之至道也，圣君之实用也""不法法则事无常，法不法则令不行""法者民之父母也"。《管子》将法提升至天下之至道、治国之根本、百姓之父母的崇高地位，足见其对于法律权威性的重视，其目的无非在于使整个社会形成知法、守法的法治氛围，促使各阶层的人们都对法律保持敬畏。

保证法律的公正性。法律如果要有效施行，就必须保证法律公正、执法公平。《任法》篇中说道："以法制行之，如天地之无私也……上以公正论，以法制断，故任天下而不重也……夫私者，壅蔽失位之道也。"其意为：按法制办事，就应该像天地对待万物那样没有私心。君主凭公正原则来考论政事，凭法制来裁断是非，所以担负治理天下的大任而不感到沉重。如果以私心干涉法律，那就会使政令不能通行。

立法需要因应时事。立法的优劣、具体执行与否、执行的难易程度都会对治国理政产生相当的影响。因此，立法一定要遵循自然规律和社会发展规律。《管子》提出了"法天地之位，象四时之行，以治天下"①的观点，强调法制必须效法天道，合乎四时，使法律的制定符合自然和社会的发展规律。因而"顺应天道"是《管子》第一条非常重要的立法原则。除此原则

---

① 黎翔凤撰，梁运华整理：《管子校注》卷二十一《版法解》，中华书局2004年版，第1196页。

外，在《管子》一书中还提出了立法要"顺乎人性，合乎人情"的立法思维。《形势解》中说道，"民之情莫不欲生而恶死，莫不欲利而恶害"①。在《管子》看来，国君若想治理好国家，必须做到："夫民必得其所欲，然后听上，听上然后政可善为也。"② 因此，立法必须顺乎人性，合乎人情，顺应民心。

《管子》还强调礼（德）法并用，认为法律是天下必须遵循的行为准则，是治国的重要工具。但《管子》又未忽视和排斥道德、礼义在社会生活中的作用，因为法治并不是万能的，不可能解决社会发展中的一切问题。《管子》在强调以法治国的同时，也更加重视"礼"的作用。《牧民》中把"礼""义""廉""耻"比作"国之四维"，并且指出"一维绝则倾，二维绝则危，三维绝则覆，四维绝则灭"，"四维张则君令行"，"四维不张，国乃灭亡"。这里把道德教化与法治并列起来，提高到治乱兴亡的高度。《管子》的最终理想，是希望使人们自觉重德守法，以达到"法立而不用，刑设而不行"③的目标。可以说，礼法相辅、礼法并用，是《管子》法治思想的一大创新点。

（二）《管子》的经济思想

财政收入作为统治者实行统治的物质基础，是影响国家兴亡的决定性因素，而经济发展与否又直接影响到国家财政收入。因此，古往今来的统治者无不重视发展经济。管仲亦是如此，他在任期间施行的一系列经济改革是齐国崛起的关键，其重视经济的思想也深刻地反映在《管子》中。《管子》中有几乎一半篇章都涉及经济，其中包括农业、工商业、物价调控等诸多方面。由此，《管子》也成为研究中国古代经济思想史最宝贵的资源之一。

《管子》经济思想的一大特色，就是在尊重市场规律的基础上实施国家宏观调控。这主要体现在两个方面：一方面，通过国家吞吐大宗物资来稳定市场物价、为国家牟取利润，所谓"以重射轻，以贱泄平"④。"以重射轻"，

---

① 黎翔凤撰，梁运华整理：《管子校注》卷二十《形势解》，中华书局2004年版，第1169页。
② 黎翔凤撰，梁运华整理：《管子校注》卷三《五辅》，中华书局2004年版，第195页。
③ 黎翔凤撰，梁运华整理：《管子校注》卷十一《禁藏》，中华书局2004年版，第1008页。
④ 黎翔凤撰，梁运华整理：《管子校注》卷二十二《国蓄》，中华书局2004年版，第1269页。

指国家商品的价格较低时，运用大量货币购入商品。这时货币对商品来说比价较高，即"币重"。而"以贱泄平"，指在商品价格上涨时，大商人往往囤货居奇，牟取赢利，于是国家把过去购入的商品以较市价低廉的价格大量抛售，迫使商人把囤积的商品售出，从而使商品的价格下跌。最终达到调控、平抑、稳定物价的目的。另一方面，把货币和粮食这两种关键物资作为控制商品流通和整个国民经济的关键杠杆。在货币方面，主张国家垄断货币发行；而对于粮食方面，则通过运用国家掌握的货币资源，在粮价涨落时吞吐粮食，以稳定粮价，维护国家粮食安全。

《管子》经济思想的另一大特色，是注意到了缩小社会贫富差距对于国家的重要意义。《管子》认为人民贫富差距太大则会导致社会动荡，不利于国家统治，《五辅》中说"贫富无度则失"，《侈靡》中说"甚富不可使，甚贫不可耻"，《国蓄》中则指出："民富则不可以禄使也，贫则不可以罚威也。法令之不行，万民之不治，以贫富不齐也。"在自然经济条件下，如果民过于富足，衣食无忧，则可能会轻爵贱禄，对君的依赖性就会减少，就不能为君所用；如果民过于贫穷就会为了生存无所顾忌，甚至铤而走险，抗拒法律，这两种情况同样会使人成为"不牧之民"。同时，从经济角度来说，贫富差距太大则会影响农民从事生产的热情，从而制约农业的发展。《管子》认为在"百业"中农业是最薄利的，而工商业赢利最大，如果放任工商牟取暴利而忽视农业，会动摇国家之本，后果不堪设想。《治国》说："今为末作奇巧者，一日作而五日食；农夫终岁之作，不足以自食也。然则民舍本事而事末作，则田荒而国贫矣。"①

虽然其中有古代统治者"驭民之术"的消极成分，但《管子》较早地注意到贫富差距过大对国家的危害，则是需要肯定的。为此，《管子》提出了一些缩小贫富差距的措施。具体办法是：关注社会弱势群体，并给予抚恤，所谓"养长老，慈幼孤，恤鳏寡，问疾病，吊祸丧，此谓匡其急。衣冻寒，食饥渴，匡贫窭，赈罢露，资乏绝，此谓赈其穷"②；其次，对赢利单薄

---

① 黎翔凤撰，梁运华整理：《管子校注》卷十五《治国》，中华书局 2004 年版，第 924—925 页。
② 黎翔凤撰，梁运华整理：《管子校注》卷三《五辅》，中华书局 2004 年版，第 195 页。

的农业实行一系列的扶持政策，如春天时给予财政贷款、贷给其种子或发放农业用具帮助生产等措施，以保证农业再生产的稳步推进。

(三)《管子》的生态思想

《管子》的生态思想，是建立在敬畏自然、遵循客观自然规律的基础上的，所谓"天不变其常，地不易其则，春夏秋冬不更其节，古今一也"①，进而认识到自然生态作为人类生存发展基础的重要意义。关于这一点，在《禁藏》《霸言》《牧民》诸篇中有集中体现，如："民之所生，衣与食也。食之所生，水与土地也"②。"不务天时则财不生，不务地利则仓廪不盈"③。"以时为宝"④。"圣人能辅时，不能违时。智者善谋，不如当时。精时者，日少而功多"⑤。《禁藏》中关于四时耕作的论断，明确强调人的生存和发展必须按照四季的规律来运行，最终得出"人与天调，然后天地之美生"的结论。

《管子》认为，人必须通过积极地配合顺应着天地的变化，从而达到与天地和谐相处，才能从自然中合理获取所需资源。反之，如果违背自然规律，则会遭到相应惩罚，即《七臣七主》中所谓："四者俱犯，则阴阳不和，风雨不时，大水漂州流邑，大风漂屋折树，火暴焚地燋草天冬雷，地冬霆，草木夏落而秋荣蛰虫不藏，宜死者生，宜蛰者鸣直多腾蟆，山多虫螟六畜不蕃，民多夭死国贫法乱，逆气下生。"

除此之外，《管子》中可持续发展的观念也值得瞩目。《管子·立政》云："修火宪，敬山泽林薮积草。夫财之所出，以时禁发焉。使民于宫室之用，薪蒸之所积，虞师之事也。"⑥森林失火是国家财产的巨大损失，因此《管子》主张国家应该制定防火法令，重在预防。此外，还要按照时节封禁山林，以保护森林的成长，不至于遭受过度开采。"山林虽近，草木虽

---

① 黎翔凤撰，梁运华整理：《管子校注》卷一《形势》，中华书局2004年版，第21页。
② 黎翔凤撰，梁运华整理：《管子校注》卷十七《禁藏》，中华书局2004年版，第1025页。
③ 黎翔凤撰，梁运华整理：《管子校注》卷一《牧民》，中华书局2004年版，第3页。
④ 黎翔凤撰，梁运华整理：《管子校注》卷三十《白心》，中华书局2004年版，第788页。
⑤ 黎翔凤撰，梁运华整理：《管子校注》卷九《霸言》，中华书局2004年版，第469页。
⑥ 黎翔凤撰，梁运华整理：《管子校注》卷一《立政》，中华书局2004年版，第73页。

美,宫室必有度,禁发必有时,是何也? 曰:大木不可独伐也,大木不可独举也,大木不可独运也,大木不可加之薄墙之上。故曰:山林虽广,草木虽美,禁发必有时。国虽充盈,金玉虽多,宫室必有度。江海虽广,池泽虽博,鱼鳖虽多,罔罟必有正,船网不可一财而成也。非私草木、爱鱼鳖也,恶废民于生谷也。故曰:先王之禁山泽之作者,博民于生谷也。"① 也就是说,山林的开采要有节制,要遵循自然规律,在树木快速生长的季节,是禁止砍伐的;江河虽然广阔,但是渔业捕捞也要有限度,不得用网眼过密的网捕鱼,禁止捕捞幼鱼、小鱼,以保护渔业资源。

虽然《管子》问世距今已有两千余年的历史,但在这些篇章中依然可以寻找出可资借鉴的思想资源,《管子》的治国理政思想,在今天看来仍不过时,为我们今天的社会发展提供有益指导。2013年2月23日,习近平总书记在中共中央政治局第四次集体学习时强调:"人民群众对立法的期盼,已经不是有没有,而是好不好、管不管用、能不能解决实际问题;不是什么法都能治国,不是什么法都能治好国;越是强调法治,越是要提高立法质量。"② 重视立法质量,确立法律权威,这样的思想原则也是《管子》所积极提倡。坚持人与自然和谐共生,必须树立和践行绿水青山就是金山银山的理念,坚持节约资源和保护环境的基本国策,像对待生命一样对待生态环境。这与《管子》中积极提倡的生态思想也不谋而合,虽然后者是基于古代阴阳五行学说提出的观点,但二者殊途同归,《管子》对于生态保护和经济发展之间关系的深刻认识,仍然可被视作古代思想家的真知灼见,对今天的人们仍有可资借鉴之处。

(四)管子与围绕《管子》的争议

管仲本名夷吾,字仲,后人习惯称他为管仲,或尊称为"管子",是我国春秋时期齐国著名的政治家、经济学家和军事家。他在齐桓公在位时担任齐国国相,深受信任,辅佐桓公在内富国强兵,在外尊王攘夷,会盟诸侯,

---

① 黎翔凤撰,梁运华整理:《管子校注》卷五《八观》,中华书局2004年版,第261页。
② 《习近平关于全面依法治国论述摘编》,中央文献出版社2015年版,第43页。

使齐桓公成为春秋五霸之首，也一举奠定齐国此后数百年的基业。鉴于管仲的不朽功业，他被后世冠以"名相"之称。

管仲本来名声不好，还曾站在齐桓公的对立面，但齐桓公即位后求贤若渴，最终在鲍叔牙的力荐下，尽弃前嫌，任用管仲为国相，由此开启了齐国的霸业。管仲担任国相期间，政治上推行地方行政系统改革，将地方行政系统与军队编制相结合，既整顿了行政区划，又增强了军队的凝聚力和战斗力；经济上则推行"相地而衰征"和"徼山海之业"，前者是按照土地质量来确定赋税征收额，提高了农民的生产积极性，后者则开辟了盐、铁税源，一农一商，极大地增加了国家收入；外交上则打出"尊王攘夷"的旗帜，以诸侯盟主的身份，挟天子以伐不敬。管仲的各项施政措施，使齐国迅速崛起，成为当时最为强大的诸侯国。

《管子》一书，则是管仲治国理政思想的结晶。但对于《管子》的作者、成书年代和主旨思想问题，自古以来的学者就议论不绝。首先关于作者问题，就有大致三种说法：有学者认为就是管子本人所作，有学者认为是后人记录管子的言行所作，也有学者认为是齐国"稷下学派"的学者依托管仲之名编撰的。后世学者通过逐字逐句分析书中的内容，发现《管子》成书并非由一人一家在短时间内完成，而是经历了一个相当漫长的过程。但最终形成于何时，学术界还存在较大争议，大致有三种说法：西汉文帝、景帝时代，武帝、昭帝时代，西汉末王莽时代。

《汉书·艺文志》将《管子》一书列入道家，《隋书·经籍志》又将其列入法家，《四库全书》沿袭之。郭沫若先生指出《白心》《内业》《心术》等篇为道家宋钘、尹文的遗文[1]，在《十批判书·后记》中又指出《管子》书中多法家言，但不限于一家[2]。而后，学术界通过解读《管子》各篇，发现其中包含儒家、道家、阴阳家、兵家、农家等诸多学派的学说，并不限于一家一派，这使《管子》主旨思想难以判断。后世学者或摘取其中的某一部分

---

[1] 郭沫若：《青铜时代·宋钘尹文遗著考》，《郭沫若全集》历史编第一卷，人民出版社1982年版，第551页。

[2] 郭沫若：《十批判书·后记》，《郭沫若全集》历史编第二卷，人民出版社1982年版，第485页。

来通论全书的主旨思想，由此产生歧义；或直接将《管子》与《吕氏春秋》并列视作"杂家"，甚至认为《管子》无非是先秦思想的大杂烩。

学术界尽管对于《管子》的作者存在争议，但却大都承认这样一个事实，那就是《管子》中关于治国思想的部分与历史文献中的记载基本相符。如果从管仲的生平、经历和身份出发，那么关于《管子》思想主旨的疑案也就可以涣然冰释了。管仲的身份首先是政治家，作为国相，他必须站在国家政治的高度统领全局，需要处理政治、礼仪、经济、军事等方方面面的事务。加之他早年从商、从军的坎坷经历，使他拥有了丰富的社会阅历，对于社会各行各业可谓了若指掌。因此，管仲的治国理政思想也必然包括了各行各业、方方面面的内容，其中既有儒家礼治的影子，也有法家以法治国的思想；既有道家重视心、气的黄老之术，又有阴阳家的阴阳五行；既有重视农业生产的农家理论，也不乏攻城略地的兵家谋略。

但这并不意味着《管子》是杂乱无章的大杂烩，正如有的学者所揭示的："全书体系严密，一家之学，脉络相承，言论不离其宗，非随意缀辑也。"① 《管子》的编纂最终是要服务于治国理政这一终极目标。因此，无论是哪家哪派的思想，只要是有利于治理国家，均可为其所重、所用。

八、荀悦《申鉴》的流传和版本问题

《申鉴》五篇（卷）（《政体》《时事》《俗嫌》《杂言上》《杂言下》），东汉末年荀悦撰。此书是一部重要的政论著作，而且"其所论辩，通见政体"②，所以广泛流传，颇为后世所重。

（一）北宋之前群籍引用《申鉴》的情况

东晋时，袁宏著《后汉纪》，对建安十年（205）荀悦奏呈《申鉴》一事做了记载，并节引了该书《政体》有关"四患""五政"和《时事》有关

---

① 黎翔凤撰，梁运华整理：《管子校注》之《序论》，中华书局2004年版，第15页。
② （南朝宋）范晔撰，（唐）李贤等注：《后汉书》卷六十二《荀悦传》，中华书局1965年版，第2058页。

"备史官"的内容，文字多有与今所见各本不同之处。如"小人之情，缓则骄，骄则怠，怠则怨"一句，就与今本"小人之情，骄则恣，恣则急，急则怨"迥异。再如"使自安之"的"安"，今本作"交"；"虽天下不得保其性"的"下"，今本作"地"；等等。

袁宏《后汉纪》问世约五十年后，南朝刘宋时，范晔成《后汉书》，其中《荀悦传》亦节引《申鉴》，内容与袁书大致相同，只是在"备史官"前多引了"尚主之制"一段。所引与今本相异者也不少。如今本"财不虚用"的"虚"，此作"贾"；"而成王治"的"治"，此作"化"；还有前引"小人之情"一句，此作"恣则怨，怨则叛"；等等。前人校读《申鉴》时，都十分注重《后汉书·荀悦传》的材料，但对早出的袁宏《后汉纪》几乎从未涉及，令人遗憾。

隋代虞世南编纂《北堂书钞》，三处引用《申鉴》，文字与今本略异。如今本《俗嫌》："或曰：'祈请者，诚以接神，自然应也。故精以底之，牺牲、玉帛以昭祈请，吉朔以通之。'"《书钞》卷九十引作："或问祈请。曰：'诚以接神，自然应也。故精神以底之，牺牲玉帛以昭之，告诉以通之也。'"所引实较今本为明晰。

唐太宗初年，魏徵等编集《群书治要》，征引《申鉴》中《政体》《时事》《杂言上》和《杂言下》的各一部分内容。于此我们可以发现今本夺落甚多。如《政体》中，"民作基"下脱"制度以纲之，事业以纪之"两句，"外无异望虑其"下脱"有罪恶者无"五字，"则贤臣不用"下脱"贤臣不用"四字，"上不访"下脱"下"字，"不谏"下脱"上"字。《杂言》中，"君子三谏"下脱"鉴乎前，鉴乎人，鉴乎镜"三句。"臣戒专利"下脱"或问天子守在四夷有诸"至"一言之寇袭于膝下"，凡一百七十一字。另外，其他与今本相异之处，也多有较今本为胜者。清代钱培名在《申鉴札记》中说："若无《治要》一书，则《申鉴》不可读矣。"此诚为笃论。

在《群书治要》成书后不久，唐高宗年间，《隋书·经籍志》修成，其子部儒家类著录："《申鉴》五卷，荀悦撰。"这是《申鉴》最早见于现存目录著作中。此后《旧唐书·经籍志》《新唐书·艺文志》及《郡斋读书志》《直斋书录解题》等均予著录，且未见有篇卷变化。

唐德宗时，马总编成《意林》，摘录《申鉴》要语八条，文字也有与今本相异之处。如今本"百僚和而不同"的"僚"，此作"官"；"私政行"的"私"，此作"内"；等等。

至宋初，李昉等编纂《太平御览》，亦引《申鉴》之文，且有与今本不同者。如卷四百一所引"圣不至圣，何以尽性"，今本无。今本《俗嫌》有"学必至圣，可以尽性"一句，《御览》所引当在此句下，其首一"圣"字，疑为"学"字之讹。再如今本"夏商之衰"，《御览》卷七一七引作"商德之衰"。

宋神宗时，司马光撰成《资治通鉴》，也记载了荀悦奏呈《申鉴》一事，节引了书中"四患""五政"的内容，文字也有与今本相异之处。

以上是北宋及其之前的书籍引用《申鉴》的情况。当时流传的《申鉴》的抄本或刻本，文字与后世的本子多有不同，而这些抄本或刻本面貌是大致相同的。如今本"不可观以善"的"观"，《后汉纪》《后汉书》《治要》《通鉴》均作"劝"。"慎其刑也"，《后汉纪》《后汉书》《治要》《通鉴》均作"矜其人也"。"则国治矣"，《后汉纪》《后汉书》《通鉴》均作"则国法立矣"。"垂拱揖逊"的"逊"，《后汉纪》《后汉书》《治要》《通鉴》均作"让"。"等各有异"，《后汉纪》《后汉书》《书钞》《治要》均作"苟有茂异"。应该看到，有些异文是由形近、音同或义同所致，如"观"与"劝"，"逊"与"让"。还有今本"善恶要于功罪"的"于"，"恶无不彰"的"彰"，《后汉书》分别作"乎""章"；"政末由行"的"末"，"以奸评伤忠正"的"评"，《治要》分别作"无""干"；等等。另外，古人引书，未必一字不差，完全符合原文，或有节略其辞，仅用书意者，对《申鉴》亦不例外。如原书首句"夫道之本，仁义而已矣"，《意林》节引作"道本仁义"。再者，《通鉴》及其以前诸书所引，个别文字也有小异，一书与今本异而另一书与今本同的情况还有不少。校读《申鉴》时，必须注意到这些问题。

（二）目前所知《申鉴》的主要版本

目前所知《申鉴》的最早刻本，是南宋尤袤江西漕台刻本。此本刊于南宋淳熙九年（1182）。尤氏在其序里说："荀悦书五卷……世罕见，全本余家有之，因刻置江西漕台。但简编脱缪、字画差舛不一者，不敢以意增损，疑则阙之，以俟知者。"惜此本今已不存，唯尤序收入明清时的一些刻本中。《增订四库简明目录标注》续录记有元陈子仁本，今亦未见。

现在能够看到的最早的《申鉴》刻本，是明正德十三年（1518）大梁李濂刻本。此本半页十行二十字，白口，四周单边，前有尤袤序和李濂自序。李氏自序称："《申鉴》久无刻版，余守沔阳，乃刻之郡斋。"此后，嘉靖十二年（1533）张惟恕刻本以及《十二子》本、《子汇》本（后二本均题《小荀子》）等，也是据此本刊刻的。

李濂本刊成的第二年，即正德十四年（1519），吴县黄氏文始堂刻本问世。此本半页九行十七字，白口，四周双边，黄省曾注，注为双行小字，顺文解说，前有王鏊序和黄氏自序。黄省曾，字勉之，年轻时与其兄鲁曾散金购书，覃精艺苑，嘉靖时举人。他在自序中说："（其注）浃旬而成，共得万四千余言，以笥藏之。虽不能无揭竿求海之病，而事可证引者亦略具矣。若其深词奥义，讹文脱简，则俟大方君子览而正焉。"嘉靖年间，文始堂再度印行，前增嘉靖四年（1525）何孟春序，末附正德十六年（1521）乔宇跋。王氏序称："（《申鉴》）世亦罕传，吾苏黄勉之好蓄异书，又为之训释，搜讨磔裂，出入五经、三史、《春秋》内外传、《老》《庄》《淮南》《素》《难》，天官地志，博洽精密，多得悦旨。"何序亦称："是五篇者，宋尤袤刻置江西漕台时，已云其'简编脱缪，字画差舛'。君兹所注，得微其本欤？有功仲豫多矣。"正因为如此，明万历年间程荣《汉魏丛书》本、何充中《广汉魏丛书》本、胡维新《两京遗编》本，清乾隆年间《四库全书》本、王谟《增订汉魏丛书》本以及民国时期《龙溪精舍丛书》本等，依据的都是文始堂黄注本，只是王谟本及据其刊行的湖北崇文书局《子书百家》本、上海五凤楼《子书四十八种》本、世界书局《诸子集成》本、中华书局《四部备要》本等，对黄注多有删略，前面只收了王鏊序。另外，商务印书馆《四部丛刊》本，还有上海古籍出版社出版的《诸子百家丛书》本，也都是用文始堂黄注本影印的。

文始堂黄注本原文脱缪之处较多，有些几不可读。清代陆心源《仪顾堂题跋》说："是书刊于正德中，当时宋本必多，省曾意在作注以抒寄托，不暇访求善本，故讹夺如此耳。"此论可备一说。乔宇跋提到《申鉴》"深切时弊，关治化、人君所当遵行者，悦之用心可谓勤矣。勉之感其所遭，而先帝之时适有奸臣心迹如操者窃弄威柄，遂愤激为注此书"。乔跋作于正德十六年十一月，当时明世宗已立，所谓"先帝"，当指明武宗；所谓"奸臣心迹如操者"，当指权宦刘瑾之流。正德时，宦官刘瑾及马永成、谷大用、张永等八人得宠于武宗，专擅朝政，肆意妄为。特别是掌司礼监的刘瑾，势焰熏天，朝中公卿多出其门。作为忠正耿直的读书人，黄省曾对此愤懑不已，于是愈加推重荀悦的道德文章，进而借注《申鉴》以抒其志。他在自序中说，荀悦"立汉庭十二年，清虚沉静，未尝效一言于操，不其贤欤！不其贤欤！予尝悲其所遭而读其书，间窥其领要，遂为之注"。然而，这些并不能说明黄氏无暇访求善本或对善本不予重视。南宋尤袤刻书时，世上已罕见《申鉴》全本，连尤袤所用版本都有"简编脱缪，字画差舛"的现象。至明代李濂刻书时，《申鉴》仍是"久无刻版"。可见当时并没有什么善本，即使有也极不易得。再者，早一年问世的李濂刻本，其文字与黄注本无所差异，更未见胜于黄注本之处。如《时事》"故二仪立而大业成"之后，此本亦有"君子之道，匪阙终日，造次必于是"一段错简。这说明，二者据以刊刻的本子是相同的。

关于黄注本身的优劣得失，前人说法不一。王鏊序认为其"博洽精密"，乔宇跋也称其"尤为博洽"，而钱培名《札记》却言其"无甚发明"，并于刊刻时"概从删汰"。还是清代四库馆臣的说法较为全面，在他们看来，黄注"引据博洽，多得悦旨。其于《后汉书》所引间有同异者，亦并列其文于句下，以便考订。然如《政体篇》'真实而已'句，今本《后汉书》'实'作'定'；'不肃而治'句，今本《后汉书》'治'作'成'，而省曾均未之及，则亦不免于偶疏也"[①]。

的确，黄注的可取之处是很多的。首先，引据博洽，注意运用各种文献资料参稽互证。如释《政体》"虎臣乱政"时引《尚书》，释"民不畏死，

[①] （清）永瑢等：《四库全书总目》卷九十一《子部一·儒家类一·申鉴》，中华书局1965年版，第773页。

不可惧以罪"时引《老子》，释"通于道者其守约"时引《孟子》等，原文与《后汉书》的异同也大都标出。其次，释词精当，便于人们把握文意。如《政体》"王允迪厥德"注："迪，蹈也。""臣作辅，民作基"注："辅，助也，弼也；基，址也。谓臣工协毕，民心巩固也。"《时事》"禄依食，食依民，参相澹"注："澹，古'赡'字，给也，即《汉书》'犹未足以澹其欲'及'以澹不足'之'澹'。此言民以给食，食以给禄，所谓'参相赡也'。"《杂言下》"贞以为质"注："质，实也，主也。"再次，重视对历史背景和典章制度的说解。如《时事》"五铢之制宜矣"的注文，从"太公为周立九府圜法"，谈到"汉孝武帝元狩五年初铸五铢钱"，又谈到"世祖受命复五铢钱"，叙述颇详。接下来，"今废之如何"注云："今谓献帝时。废者，初平元年董卓坏五铢钱，更铸小钱是也。""海内既平，行之而已"注云："言卓已诛，此制宜复。"这些都为正确理解原文提供了帮助。最后，对原书的讹文脱简，慎于阙疑，不妄下断语或轻易改字，这在明朝中后期的学术氛围中，显得尤为可贵；同时某些注文的推断，又是极有见地的。像《政体》"大有讲业"注："'有'当作'则'。""隐于手，应于钩"注："'手'下当有'而'字。""三曰道顺"注："此下疑脱'衰世之臣所贵乎顺者三，一曰体顺，二曰辞顺，三曰事顺'二十二字。"这后一推测正与《群书治要》相合，并为清代卢文弨《群书拾补》所用。又如《杂言下》"莫不为道"注："'道'当作'大'。""恶以成祸"注："'恶'当作'怨'。""上智怀惠"注："'惠'当作'恶'。""故人有情"注："'人'当作'神'。""情恶非情之罪也"注："（首一）'情'当作'神'。"① 这几条注文，后来成为钱培名《小万卷楼丛书》本校改的依据，尽管钱氏认为黄注"无甚发明"。

当然，正如四库馆臣所说，黄注"亦不免于偶疏也"②。一则今本原文与《后汉书》所引的相异之处并未全部标出，而且对《后汉纪》《意林》《治要》《书钞》《御览》《通鉴》所引没有涉及。二则个别解释不当甚至有误，其中

---

① 以上黄省曾注文均见（汉）荀悦撰，（明）黄省曾注，孙启治校补《申鉴注校补》，中华书局2012年版。
② （清）永瑢等：《四库全书总目》卷九十一《子部一·儒家类一·申鉴》，中华书局1965年版，第773页。

最明显的莫过于《杂言上》"定陶傅太后之申意而怨于郑"一句的注。这里的"郑"，黄注指为傅太后同母弟郑恽之子郑业，谬甚。此处"郑"实指郑崇。郑崇，字子游，汉哀帝时为尚书仆射。哀帝欲封傅太后从弟傅商，郑崇坚决反对，认为这是"坏乱制度，逆天人心"，还提醒哀帝注意"犯阴之害"，最后愤而取走诏书。傅太后闻之，大为怨怒。事见《汉书·郑崇传》。另外，黄注对一些错乱、脱误之处，亦未能指出，或言之不当。但是，瑕不掩瑜，到目前为止，在《申鉴》的注本中，黄注仍是最完整、最精善和最具权威性的。

（三）明清以来《申鉴》的流传和版本

在明代，《申鉴》的刻本还有不少，主要是一些节本、选本。沈津《申鉴类纂》一卷，节录《申鉴》各篇文字，无注，前有尤袤序和李濂序，在《百家类纂》中。张邦翼《申鉴选》，节选《申鉴》文字四十三则，无注，在《汉魏丛书选》中。吴世济《删节申鉴》一卷，删节《申鉴》各篇原文三十六则，无注，前有小叙，在《汉魏丛书钞》中。李元珍《小荀子类编》，节录《申鉴》原文，分类编入各目下，并加圈点、旁注，在《诸子纲目类编》中。归有光、文震孟《小荀子评点》，节录《申鉴》原文，无注，加圈点、眉评，征引洪宣之、刘剑华、王子充、商素菴、何孟时、宋方城、王凤洲等诸家杂说，前有荀悦传略，在《诸子汇函》中。陈仁锡《申鉴奇赏》一卷，节录《申鉴》原文，以文评为主，前有序及荀悦小传，在《诸子奇赏》中。陈继儒、王衡《申鉴类语》，节录《申鉴》原文，分类编入各目内，在《诸子类语》中。上述各本均据李濂本或黄注本刊刻，版本价值不高，但对阅读和欣赏《申鉴》还是大有裨益、颇有帮助的。

至清代，《申鉴》的刻本更为繁多，不过大都据黄注本刊成，只有钱培名《小万卷楼丛书》本是经过校刊、改动较大者。它以黄注本原文为底本，依据《后汉书》《治要》《书钞》《御览》等，订其讹脱，凡有更正，著之札记，附于书后，其不可读者，悉仍其旧。此本于咸丰四年（1860）刊成后，世人皆称善。后来的《丛书集成初编》本即据之排印。在钱培名之前，卢文弨、焦循、陈鳣等人也曾在明本上批校，撰写题跋。此外还有一些校勘、疏解性的著述出现。卢文弨《群书拾补》的《申鉴》部分，据黄注本及《汉魏丛书》本、《广汉魏丛书》本参校，摘其讹脱，辨正数十字。像《时事》"或问复仇古义也"，卢氏以为"复仇"下当有"曰"字。《俗嫌》"曰时群忌"的"曰"，卢氏校改为"日"。《杂言上》"学而知之者寡矣"的"寡"，卢氏校改为"众"。这些都是非常精当的。但卢氏未见《治要》，个别地方不免以意武断。孙诒让《札迻》的《申鉴》部分，依据《小万卷楼丛书》本，校订原文两条，皆以己意出之。如解说《时事》"埶（执）不俱是，比而论之，必有可参者焉"时，孙氏说："埶，当作'埶'，即古'勢（势）'字。此言经师聚讼，势无两是，当参定之耳。"此说发疑正读，确实精辟。另外，李宝洤《申鉴文粹》一卷，节录《申鉴》各篇原文，并加圈点、断句，间附按语，收入《诸子文粹》中，亦有可参之处。

民国以后，除了据明清刻本校刊、排印的各种《申鉴》版本，尚有张文治《申鉴治要》，在《诸子大纲》中，录有《政体》全文和《杂言下》的五则文字，有断句，无注。1960年中华书局出版了《中国哲学史资料选辑》（两汉之部），其《申鉴》部分，据黄省曾注本校刊，节录原文，篇目各附白话译文，前有荀悦及其《申鉴》简介。此书于1982年再版。本人曾撰《申鉴选译》，所选原文，以黄注本为底本，参照他本及诸书所引，还有卢文弨《群书拾补》、钱培名《札记》、孙诒让《札迻》等，作了必要的校订，各篇有题解，加简要注释，末附今译，与《中论选译》合刊，名《申鉴中论选译》，列入《古代文史名著选译丛书》中，巴蜀书社于1991年出版，凤凰出版社于2011年再版。另有林家骊、周明初《新译申鉴读本》推出，台湾三民书局将其列入《古籍今注新译丛书》，于1996年印行；后又有孙启治在黄省曾注的基础上撰《申鉴注校补》，中华书局将其列入《新编诸子集成续编》丛书中，于2012年出版发行。

九、荀悦、徐幹思想比异

东汉末年，随着封建一体化政治的衰微和儒家神学经学的没落，意识形态领域出现了一股强烈的社会批判思潮。在这一思潮中，荀悦的《申鉴》

和徐幹的《中论》，都是颇有影响而又极具特色的著作。它们通过对历史与现状的深刻反思和理性分析，通过对封建时代各种矛盾的大胆揭露和批判，成为忠实反映当时社会政治危机的一面镜子。它们提出的一系列匡救时弊的思想主张，对后人也有很大的启示作用。

荀悦（148—209），字仲豫，颍川颍阴（今河南许昌）人，荀况第十三世孙。汉灵帝时曾托疾隐居，献帝初应曹操征辟，任黄门侍郎、秘书监、侍中等职，与从弟荀彧、名士孔融俱侍讲于宫中。因有感时政，作《申鉴》五篇，"其所论辩，通见政体"①，献帝"览而善之"②。荀悦又是著名的史学家，曾受献帝诏，仿《左传》体删改班固《汉书》，成《汉纪》三十篇（卷），"辞约事详，论辨多美"③。另外他还著有《崇德》《正论》及诸论数十篇（均已亡佚）。见《后汉书·荀悦传》。徐幹（171—218），字伟长，北海剧（今山东昌乐）人。年轻时就博览群书，"言则成章，操翰成文"④。董卓乱起，隐居不仕，以读书自娱。建安十三年前不久，应曹操之命，出任司空军谋祭酒掾属、五官中郎将文学。一生潜心著述，"著《中论》二十余篇，成一家之言，辞之典雅，足传于后"⑤。他更是著名的文学家，为"建安七子"之一，善辞赋，能诗。今存诗、赋数首。事迹附见《三国志·魏志·王粲传》。

今本《申鉴》凡五卷，卷为一篇，其目为政体、时事、俗嫌、杂言上、杂言下。我们对各篇都进行了选译，但有所删节。今本《中论》凡二卷，卷十篇，卷上为治学、法象、修本、虚道、贵验、贵言、艺纪、核辩、智行、爵禄，卷下为考伪、谴交、历数、夭寿、务本、审大臣、慎所从、亡国、赏

---

① （南朝宋）范晔撰，（唐）李贤等注：《后汉书》卷六十二《荀悦传》，中华书局1965年版，第2058页。

② （南朝宋）范晔撰，（唐）李贤等注：《后汉书》卷六十二《荀悦传》，中华书局1965年版，第2062页。

③ （南朝宋）范晔撰，（唐）李贤等注：《后汉书》卷六十二《荀悦传》，中华书局1965年版，第2062页。

④ （汉）徐幹撰，孙启治解诂：《中论解诂》附录一《徐幹中论序》，中华书局2014年版，第393页。

⑤ （三国魏）曹丕：《与吴质书》，（南朝梁）萧统编：《文选》卷四十二《书中》，上海古籍出版社1986年版，第1897页。

罚、民数。我们选译了治学、法象、修本、虚道、贵验、贵言、核辩、爵禄和谴交、夭寿、务本、审大臣、慎所从、亡国等十四篇，其中部分篇章稍有删略。

东汉中期以后，地主贵族的土地兼并发展到极为严重的地步，农民纷纷破产，很大程度地阻碍着社会的稳定和经济的发展。为遏止这一势头，有识之士相继提出关于改变现行土地制度的新构想。崔寔、仲长统主张恢复井田之制，荀悦不同意崔、仲的主张，提出了"耕而勿有"[1]的理论。他主张农民拥有土地使用权，而土地的所有权则统一掌握在国家手中，禁绝土地的自由买卖。这个理论，尽管在当时也是一种无法实现的空想，但它第一次区分了土地的所有权和使用权两个概念，在思想史上不失为新的见解，在历史上也有着值得肯定的意义。徐幹对于解决土地兼并问题给予了很大的注意。他要求国家切实掌握"民数"（即农民的户口），要把逃亡、隐庇于地主贵族田庄中的大批无户籍农民争夺过来，以防止土地兼并的进一步发展。

荀悦沿袭了传统的"重本抑末"观念，主张"绝末伎，同本务"[2]，但并不反对商品流通。他要求恢复"便于事用，民乐行之"[3]的五铢钱，以"贸迁有无"[4]，繁荣市场。后来魏文帝于黄初年间复行五铢钱，应该说与此不无关系。徐幹也曾主张士农工商"各世其事，毋迁其业"，"不使相夺"，[5]各勤其职，共同致力于社会经济的发展，同样表现了有进步意义的识见，是难能可贵的。

战乱连年、兵燹不断的东汉末年，人民的生命财产受到严重摧残，生活十分艰难。鉴于此，荀悦非常强调人民在国家中的重要地位和作用，认为

---

[1]（汉）荀悦撰，（明）黄省曾注，孙启治校补：《申鉴注校补·时事第二》，中华书局2012年版，第78页。

[2]（汉）荀悦撰，（明）黄省曾注，孙启治校补：《申鉴注校补·时事第二》，中华书局2012年版，第56页。

[3]（汉）荀悦撰，（明）黄省曾注，孙启治校补：《申鉴注校补·时事第二》，中华书局2012年版，第81页。

[4]（汉）荀悦撰，（明）黄省曾注，孙启治校补：《申鉴注校补·时事第二》，中华书局2012年版，第80页。

[5]（汉）徐幹撰，孙启治解诂：《中论解诂·谴交第十二》，中华书局2014年版，第223页。

"天作道，皇作极，臣作辅，民作基"①，"天下国家一体也，君为元首，臣为股肱，民为手足"②。在他看来，普通百姓虽然卑贱，却是国家的根基，同国家的盛衰、君主的安危息息相关，"民存则社稷存，民亡则社稷亡"③，因此应当把治国之道置于重视人民力量的基点上，"爱民如身"，"重民而轻身"④。徐幹同样看重人民的存在及其至关重要的作用，强调务使"民尽其心"，"百姓休和"⑤，认为这是治理国家的关键。荀、徐爱民、重民的主张，继承和发展了先秦时期的民本思想，构成了我国优秀传统文化中一个值得珍视的重要组成部分。

关于君臣关系，西汉后期的刘向在《说苑·建本》中曾提出过君臣互相为本的理论。荀悦对此加以发挥，指出君臣二者同样重要，是"两立"的。君主必须依赖臣下才能履行统治职能，因而应该放下万乘之主的架子，"抑情绝欲"⑥，"以义申、以义屈"⑦，"不拒直辞，不耻下问"⑧。他强调"受谏不难"，然后"进谏斯易"；⑨ "上不塞耳"，才会有"下不钳口"⑩。荀悦又指出，作为臣下，首先应该尽"忠直"之道，否则就应"奉身以退"，认为

---

① （汉）荀悦撰，（明）黄省曾注，孙启治校补：《申鉴注校补·政体第一》，中华书局2012年版，第8页。
② （汉）荀悦撰，（明）黄省曾注，孙启治校补：《申鉴注校补·政体第一》，中华书局2012年版，第37页。
③ （汉）荀悦撰，（明）黄省曾注，孙启治校补：《申鉴注校补·杂言上第四》，中华书局2012年版，第148页。
④ （汉）荀悦撰，（明）黄省曾注，孙启治校补：《申鉴注校补·杂言上第四》，中华书局2012年版，第148页。
⑤ （汉）徐幹撰，孙启治解诂：《中论解诂·民数第二十》，中华书局2014年版，第364页。
⑥ （汉）荀悦撰，（明）黄省曾注，孙启治校补：《申鉴注校补·杂言上第四》，中华书局2012年版，第163页。
⑦ （汉）荀悦撰，（明）黄省曾注，孙启治校补：《申鉴注校补·杂言上第四》，中华书局2012年版，第160页。
⑧ （汉）荀悦撰，（明）黄省曾注，孙启治校补：《申鉴注校补·政体第一》，中华书局2012年版，第34页。
⑨ （汉）荀悦撰，（明）黄省曾注，孙启治校补：《申鉴注校补·杂言下第五》，中华书局2012年版，第188页。
⑩ （汉）荀悦撰，（明）黄省曾注，孙启治校补：《申鉴注校补·杂言上第四》，中华书局2012年版，第155页。

"君臣有异无乖，有怨无憾，有屈无辱"。①

徐幹同样重视调整君臣关系，但他希望应把这种关系建立在道义基础上。认为臣下是君主的耳目和手足，所以必须广泛寻求贤能之人，授以官位，使其掌握国家的政令，并听从其德义忠信之言；同时也强调，臣下应该"行不媮合，立不易方，不以天下枉道，不以乐生害仁"，不为利禄所诱惑而服务于昏君暴主，若被强执而不得脱身，亦应"杜口佯愚"。②

汉献帝时，"政移曹氏，天子恭己而已"③，荀悦、徐幹的君臣观，正是产生在这样一个历史背景下，本质上反映了荀、徐渴望重振刘汉大统的强烈愿望。不过，要求调整君臣关系，毕竟涉及对于当时封建制度某些改良和变革，是一种企望在政治上有着开拓和前进的理论。至于荀悦主张任人唯贤，认为"贤臣不用，用臣不贤，则国非其国也"④。徐幹也将"其贤不用"⑤看作是亡国的一个重要原因，并进一步强调"明王之得贤也，得其心也，非谓得其躯也"⑥，应该"修其道义，昭其德音"⑦而使贤者归心等等，更是明显针对东汉后期吏治腐败、外戚和宦官的关系网遍布各地、卖官鬻爵之风盛行的黑暗现实，表现了一定的正义感，也是具有历史进步意义的。

为了防止禄利之徒滥竽充数、尸位素餐，荀悦、徐幹都主张改革封建官僚制度。荀悦要求"明考试"，对各级官吏进行全面考查，"有事考功，有言考用，动则考行，静则考守"⑧，根据考查结果给以进退升黜。他反对州牧权力过大，认为这不利于中央集权政治的巩固，"非所以强干弱枝

---

① （汉）荀悦撰，（明）黄省曾注，孙启治校补：《申鉴注校补·杂言上第四》，中华书局2012年版，第155页。
② （汉）徐幹撰，孙启治解诂：《中论解诂·亡国第十八》，中华书局2014年版，第350页。
③ （南朝宋）范晔撰，（唐）李贤等注：《后汉书》卷六十二《荀悦传》，中华书局1965年版，第2058页。
④ （汉）荀悦撰，（明）黄省曾注，孙启治校补：《申鉴注校补·政体第一》，中华书局2012年版，第25页。
⑤ （汉）徐幹撰，孙启治解诂：《中论解诂·亡国第十八》，中华书局2014年版，第335页。
⑥ （汉）徐幹撰，孙启治解诂：《中论解诂·亡国第十八》，中华书局2014年版，第345页。
⑦ （汉）徐幹撰，孙启治解诂：《中论解诂·亡国第十八》，中华书局2014年版，第349页。
⑧ （汉）荀悦撰，（明）黄省曾注，孙启治校补：《申鉴注校补·时事第二》，中华书局2012年版，第59页。

也"①。他强调官吏的俸禄应与人民的承担能力相统一，主张"正贪禄，省闲冗，与时消息，昭惠恤下，损益以度"②。他还特别注重史官的作用，认为在史官笔下，"臧否成败，无不存焉……或欲显而不得，或欲隐而名章。得失一朝而荣辱千载"③，完全可以用来"副赏罚"和"辅法教"④。徐幹则把着重点放在选官之制上，强调君主选拔大臣时应注意"亲察"，不以众誉为验，不以世变，不为俗移。他主张分职设官，察举取士，循名责实，认为"明哲之为用也，乃能殷民阜利，使万物无不尽其极者也"⑤。这些主张的提出，使左雄、王符等人已经阐述过的政治理论，由零散、浮泛而变得更加系统和深刻了。

关于鉴别人才的标准，荀悦和徐幹则表现出了明显的不同。荀悦指出，德才统一于一身时以才智为贵，德才不统一时以德行为贵，若有德无才，就如同适楚而北辕，无济于事。这里注重德才兼备，无疑是值得肯定的，但其所谓"德行"不过是旧礼制政教的代名词，则显出较大的局限。与荀悦不同，徐幹反对传统的重视德行的观念，强调才智重于德行，认为依靠才智能够生财富民，建立功业而有益于世，指出圣人之所以成为圣人，"非徒空行也，智也"⑥。这显然与那种以传统礼制政教为上的意识颇异其趣，而透露出一种新的观念。徐幹重才轻德的主张，为曹操推行"唯才是举"的革新政策作了某些思想理论方面的准备，对历史的发展起了积极作用。

从上面可以看出，荀悦、徐幹都是站在儒家立场、以儒家学说为本建立自己的理论体系的。但他们活动在东汉后期，思想比较复杂，从两人论著看，又往往不无道家学说的色彩，吸收了老庄诸如恬淡、自然、无为等观念。像荀悦说：在实现新政后，"无为为之，使自施之；无事事之，使自

---

① （汉）荀悦撰，（明）黄省曾注，孙启治校补：《申鉴注校补·时事第二》，中华书局2012年版，第54页。
② （汉）荀悦撰，（明）黄省曾注，孙启治校补：《申鉴注校补·时事第二》，中华书局2012年版，第76页。
③ （汉）荀悦撰，（明）黄省曾注，孙启治校补：《申鉴注校补·时事第二》，中华书局2012年版，第105页。
④ （汉）荀悦撰，（明）黄省曾注，孙启治校补：《申鉴注校补·时事第二》，中华书局2012年版，第105页。
⑤ （汉）徐幹撰，孙启治解诂：《中论解诂·智行第九》，中华书局2014年版，第144页。
⑥ （汉）徐幹撰，孙启治解诂：《中论解诂·智行第九》，中华书局2014年版，第144页。

交之。不肃而治，不严而成，垂拱揖逊，而海内平矣。是谓为政之方也"①。这是以老子"无为而治"作为立论的基础。又如徐幹也说："夫名之系于实也，犹物之系于时也。物者，春也吐华，夏也布叶，秋也凋零，冬也成实。斯无为而自成者也。"②又说："君子者能成其心，心成则内定，内定则物不能乱，物不能乱则独乐其道。"③同样是宣扬了道家崇尚"自然之道"以及"抱朴""守一"之类的理论。时人称徐幹"怀文抱质，恬淡寡欲，有箕山之志"④，"颐志保真，淡泊无为，惟存正道"⑤，都是很有道理的。应该指出的是，包括荀悦、徐幹在内的一批士大夫对道家思想的这种吸取和利用，既是一定历史阶段上的某种标志，同时也为魏晋玄学的出现，铺设了桥梁，做出了思想观念上的准备。

东汉中期以后，反映官方意志的今文经学日趋衰微，今古文经学逐渐融合。郑玄兼通今古文，遍注群经，在实践上基本完成了这一学术发展的历史任务。而在理论上最早提出平息经今古文之争的，乃是略晚于郑玄的荀悦。荀悦第一次比较客观地指出了今古文经学的源流及其争执的缘起。他将今古问题的内容划分为文字和经说两项，使后人对这一问题的认识基本能够得其要领。他认为，今古文学各有是非优劣，都未必能反映经籍全貌。为了结这场浪费士人学子之精力，无益于学术文化发展的论争，他建议"备博士，广太学"⑥，让持不同见解者"比而论之"⑦，最后打破学派壁垒，共求学

---

① （汉）荀悦撰，（明）黄省曾注，孙启治校补：《申鉴注校补·政体第一》，中华书局2012年版，第22页。
② （汉）徐幹撰，孙启治解诂：《中论解诂·考伪第十一》，中华书局2014年版，第205—206页。
③ （汉）徐幹撰，孙启治解诂：《中论解诂·考伪第十一》，中华书局2014年版，第206页。
④ （汉）曹丕：《与吴质书》，（南朝梁）萧统编：《文选》卷四十二《书中》，上海古籍出版社1986年版，第1897页。
⑤ （汉）徐幹撰，孙启治解诂：《中论解诂》附录一《徐幹中论序》，中华书局2014年版，第394页。
⑥ （汉）荀悦撰，（明）黄省曾注，孙启治校补：《申鉴注校补·时事第二》，中华书局2012年版，第95页。
⑦ （汉）荀悦撰，（明）黄省曾注，孙启治校补：《申鉴注校补·时事第二》，中华书局2012年版，第96页。

术之真。这些,即使在今天看来也不失为有识之论。

对于泛滥一时、搞得东汉朝野上下一片乌烟瘴气的谶纬神学,继桓谭、尹敏、张衡之后,荀悦又给予了有力的抨击,斥之为西汉末年以来神仙方术之士假托孔子之名而以伪乱真的东西。但另一方面,他并未否定纬书中的有价值的部分,因而不同意将其付之一炬,认为只要统治者头脑清醒、有较强的鉴别能力就行了。这些认识,应该说也是很有见地、很有意义的。

荀悦和徐幹都表现出某些朴素唯物主义和无神论的倾向。荀悦对卜筮、禁忌等迷信之事颇多批评,一再强调人事的作用,把吉凶祸福同是否实行德政联系起来,还揭露了逃避疾厄之术和求为神仙之术的荒诞不经,认为人的生老病死是一种无法抗拒的自然规律。徐幹则进一步指出,世间的吉凶祸福是人们自觉行为的结果,并非天所主宰,如比干、伍子胥重义轻死,苦谏受戮,"已知其必然而乐为焉,天何罪焉?天虽欲福仁,亦不能以手臂引人而亡之"①。他们又都强调学习的重要性。荀悦指出,人可以为尧舜,亦可以为桀纣,关键要看学习了哪些东西,接受了哪种教育。徐幹在《中论》中专门写了《治学》一篇,认为"学也者,所以疏神、达思、怡情、理性,圣人之上务也"②,还提出了学习过程中应注意的五个方面。他反对当时流行的训诂章句之学,主张"凡学者,大义为先,物名为后,大义举而物名从之"③。这在客观上对于魏晋时期重义理、鄙章句的治学方法和学术风尚有一定的影响。

《申鉴》《中论》的上述思想内容,在我国文化学术发展史上有着不容忽视的地位,是我国古代思想宝库中的重要组成部分,有必要加以进一步了解和研究。

我们这个选译本,《申鉴》原文依据《四部丛刊》影印明嘉靖四年文始堂本,同时在校勘和注释中参考了其他版本和《后汉书·荀悦传》《群书治要》所引,以及明黄省曾注、清卢文弨《群书拾补》、钱培名《申鉴札记》、孙诒让《札迻》等。《中论》原文依据《四部丛刊》影印明嘉靖四十四年青州刊本,同时在校勘和注译中参考了其他版本和《群书治要》《意林》《太

---

① (汉)徐幹撰,孙启治解诂:《中论解诂·夭寿第十四》,中华书局2014年版,第281页。
② (汉)徐幹撰,孙启治解诂:《中论解诂·治学第一》,中华书局2014年版,第1页。
③ (汉)徐幹撰,孙启治解诂:《中论解诂·治学第一》,中华书局2014年版,第14—15页。

平御览》和明归有光《诸子汇函》所引，以及清钱培名《中论札记》、俞樾《中论平议补录》（李天根辑）、孙诒让《札迻》等。限于我们的水平，书中肯定有不少错误和疏漏之处，敬请专家、读者批评指正。①

十、《御制奇门大全》与奇门遁甲之学

奇门遁甲是古代中国传统社会特有的一门学问，它源自《周易》的学说体系，以《周易》的思想内涵和表述方式为旨归，整合天文、历法、地理、数学、医学等方面的知识，利用阴阳五行、天人感应之说综合阐述和解释自然演变和社会人生中的一系列问题。

何谓奇门遁甲？在中国古代，"奇门"分别指的是"三奇"和"八门"两大内容。其中，"三奇"是以十天干中的乙、丙、丁来代指日、月、星辰，古人称乙为"日奇"，丙为"月奇"，丁为"星奇"，故而合称"三奇"；而所谓的"八门"，实际上是源自《周易》的八卦理论，即以休、生、伤、杜、景、死、惊、开等八门来指代八方、八卦等内容，古人用之判定吉凶、制定对策、筹划事情等，因而逐渐被体系化，内容也日渐丰富。

至于"遁甲"一词，也是以《周易》象数之学以及天文、历法等为思想基础的，其中"遁"的意思是隐藏，而"甲"主要是指"六甲"，即甲子、甲戌、甲申、甲午、甲辰、甲寅。古人认为，甲是十天干中最为尊贵的，但是其道很难捉摸，藏而不现，常人一般难以知道，故而称之为"遁甲"。在古人看来，"六甲"藏于戊、己、庚、辛、壬、癸等六天干（亦称为"六仪"）之中，简而言之，即甲子藏于戊、甲戌藏于己、甲申藏于庚、甲午藏于辛、甲辰藏于壬、甲寅藏于癸。

可见，奇门主要运用了十天干中的乙、丙、丁，而遁甲则使用了甲及戊、己、庚、辛、壬、癸等七天干，因此奇门遁甲通常是以整体的形式出现，而不是特别突出奇门或者遁甲，但古人有时也会以"奇门"来代指奇门

---

① 本文原系张涛等《申鉴中论选译》的前言，收入本书时略有改动。张涛等：《申鉴中论选译》，凤凰出版社2011年版。

遁甲。总之，奇门遁甲是以《周易》为基础，将象数之学与方技之术熔铸为一，借助天干地支、阴阳五行构成的诠释体系来表达思想的一种思维形式和预测手段。

奇门遁甲的流行，当与中国传统社会的政治尤其是战争密切相关。《史记·齐太公世家》载，周文王结束在羑里的囚禁生活后，"与吕尚阴谋修德以倾商政，其事多兵权与奇计，故后世之言兵及周之阴权皆宗太公为本谋"。后人因而称姜太公吕尚精通阴阳五行之术，善用奇门遁甲之学，民间风俗更是有"姜太公在此而诸神退位"一说，以其画像、牌位的陈设来求吉安身，逢凶化吉。当然，从历史和民俗的角度来看，《史记》的记载说明至迟在周秦时期，因为战争的出现和政权的鼎革，奇门遁甲已然兴盛起来，并与兵法之学相互结合。战国时代的鬼谷子也以精通兵法及阴阳占卜、奇门遁甲著称于世。从历史记载和民间传说来看，至迟在周秦时期，因战争的频发和政权的不断更迭，奇门遁甲已经颇为兴盛，并与兵法之学、为政之学相互结合、相得益彰。这些既体现了中国古代先民对宇宙万物及其变化、发展规律的探索和思考，同时也为我们提供了全面了解和深刻认识当时社会状况和文化思潮的重要信息。

可以说，奇门遁甲的精要之处，在于告诉我们遇事要进行透彻的分析，运用适当且无过无不及的策略，通过统筹一切可以为己所用的资源，以求达到预期的目标。这正是奇门遁甲的魅力，也是它的优长之处。虽然它有着明显的历史局限和一定的迷信色彩，但其理念、方法和内容还是值得我们去深入了解、认真研究的。

国家图书馆出版社影印出版《御制奇门大全》，颇有助于我们系统了解奇门遁甲的理念和内容，以及其在不同时代的演变情况，颇有助于我们深入探索中国传统思想文化的演进轨迹和发展规律，具有重要的学术价值和文化意义，肯定会受到专家和读者的广泛欢迎。①

---

① 本文原系为《御制奇门大全》撰写的出版说明，收入本书时略有改动。《御制奇门大全》，国家图书馆出版社 2011 年版。

第四章　灾害治理与社会保障

在中国古代国家治理体系当中，灾害治理和社会保障始终占有重要地位。如何认识中国传统救灾体系的建设和运转、中国传统救灾思想的演进和特点以及中国古代优抚制度产生和发展等，从而进一步总结和把握古人在灾害治理、社会保障方面的经典案例、成功经验及其当代价值，都是我们应该认真思考、深度研究的重要问题。

一、中国传统救灾体系刍议

我国历来就是一个自然灾害多发的国家。不但灾害的种类繁多，而且发生频率极高。据邓云特《中国救荒史》记载，从公元前1776年到公元1937年的3700余年间，我国总共发生各类灾害5258次，平均约6个月一次。灾害带来的风险损失通常表现为人口的迁移或死亡、贫困程度的加剧、社会的动荡直至危及统治秩序。稍加留意就不难发现，历次农民起义的发生几乎都是以灾荒为背景的。有鉴于此，历代政府均采取系列措施对灾民实施救助，并建立起了较为完善的救灾体系。

在我国传统的灾害救助体系中，政府发挥了救灾责任主体的作用，传统的天人合一、天人感应、敬天保民等思想理念，"天下有溺者，由己溺之"，"天下有饥者，由己饥之"[1]，"民饥无食，济之当如拯溺救焚"[2] 的责任

---

[1] （清）焦循撰，沈文倬点校：《孟子正义》卷十七《离娄章句下》，中华书局1987年版，第597页。
[2] （清）张廷玉等：《明史》卷七十八，《食货志二》，中华书局1974年版，第1908页。

意识，以及社会上褒扬爱民国君、谴责虐民国君的价值观念，使得我国历史上各朝政府从一开始就成为救灾活动的责任主体，并在整个体系中扮演了制度制定与推广、财政支付与兜底以及及时检查与监督的重要角色。为了保障救灾措施的有效实施，从中央到地方各级政府成立了一些官办救灾机构，并在救灾工作中发挥了最为重要的作用。

一般认为，西方的现代社会保障制度始于1883年德国政府颁布《社会保险法》。在西方，国家正式建立社会保障制度之前，只有当宗教慈善事业的救助不能满足社会需要时，政府才会根据经济实力出面举办一些有限的救助活动。在其整个社会体系中，政府介入时间较晚，而且是一个渐进的过程。在这一点上，我国与西方有着巨大的差异。

在传统救灾救助体系中，历代政府十分注重对民办救灾机构进行引导和管理。与官办救灾机构不同的是，民办救灾机构的钱粮等救助元素或房屋、土地等不动产主要来源于民间，或来源于国民的义务纳输，或来源于乡绅、商贾的捐助。民间举办的各种救灾机构在整个灾害救济体系中起到了相当重要的作用，它是官办救灾机构的有力补充。尤其在灾害影响最为严重的广大的乡村地区，民办的救助机构因为分散在村社，救助活动更为直接，也更加有效，正好弥补了官府救助的覆盖面缺失。鉴于民办救灾机构的重要作用，政府给予了极大关注，为保障其救灾元素（主要是钱粮）的持久与充盈，政府会投入一些钱粮作本，并对民间的捐助给予激励，或以行政命令将原来的自愿捐助变为强制缴纳；政府还会委派或选派官员对民办的救灾机构进行管理，使民办救灾机构发挥政府责任分担者和中转站的作用。

在救灾过程中，传统的救灾项目是全面的，投入的救灾元素也是多样的。我国历史上十分注重灾前预防。为了应对可能发生的风险，提高整个社会抵御和防范风险的能力，并最终减少或降低国家或国民在风险事故中的损失，国家采取了一系列积极措施。这些措施主要有两点，一是实施国家减灾工程，兴修水利以防御水灾、旱灾造成的损失；二是增加国家或民间村社的粮食储备，以应各种不时之需。作为一种社会调控政策，常平仓发挥了重要的救助功能，而设于村社的义仓（又称"社仓"），通过民间正税之外的义租形式形成粮食储备，对灾民的救济则更为普遍和直接。

与灾前防御相比较，各种救济机构特别是官方的社会救济机构更加注重灾后的救助。为解除国民的生活危机，食物性或货币性的无偿救助，贷粮食、钱款、种子、农具、耕牛等放贷性救助，以工代赈性的救助和基于灾害程度减免力役、租税的蠲免性救助，均是较常见的措施。疾病与瘟疫往往是灾害的连带后果，与以上救助措施并行的，一般还有医疗等服务性救助，如政府或各保障机构派遣医疗特使前往灾区巡诊，或是向灾区运送药物，或是设立医疗机构为灾民看病。

要保证制度实施的实际效果，就必须实行有效的管理和监督。由于灾害救济事关统治秩序，所以从西周开始，历代政府都设立了负责灾害救济的政府管理机构及相关官员，说明救灾从来就是政府的基本工作之一。历代政府还设立了绩效考核制度，对各级官员的救灾业绩进行考核，以定其高下优劣，奖罚十分严明。为了防范救灾过程中的舞弊行为，历代朝廷也制定了严格的防范措施。虽然这些措施并不能完全杜绝救灾中的流弊，但它们使得皇帝的诏令或国家的制度在实施过程中基本上能够达到设定的效果。

以上所述，就是我国传统灾害救助体系的概况，从中可以看出它对现代灾害救助的启迪：在人类文明历史的发展进程中，灾害救助是一个永恒的主题，因为灾害的发生是不以人类的意志为转移的；在强调政府责任的同时，也要注重民间的自救与互助；同时，监督制度的推行，确实能够保障制度的实际效果。应该说，从这一角度来认识中国传统的灾害救助体系，才是最有意义的。

二、中国传统救灾思想的发展和特点

自古以来，我国的自然灾害发生就比较频繁，而中华民族抗灾救灾的思想意识同样也是源远流长，并且一直贯穿于数千年历史发展进程之中。作为中国传统思想文化的重要组成部分，这些思想彰显了中华民族战天斗地的英雄气概和无穷智慧，更显现出巨大的民族凝聚力和崇高的爱国主义精神。通观中国传统救灾思想的发展历程，大致可分为七个阶段：先秦时期，救灾思想初步形成；两汉时期，出现救灾思想发展的第一个高潮；魏晋南北朝时期，是汉代救灾思想的承继期；隋唐时期，传统救灾思想日趋完备；宋元时期，传统救灾思想实现新的跨越，是第二个高潮；明朝时期，传统救灾思想持续发展；清朝时期，传统救灾思想的发展则进入了第三个高潮。

谈起中国传统救灾思想的萌芽，自然要追溯到中华文明的幼年时期。那时产生的丰富多彩的神话传说，既记录了人类童年的瑰丽幻想，也描绘了人类现实生活的艰难处境。为了能够得以顺利生存和不断发展，先民们往往能够正视现实的灾难，并且锲而不舍地与自然灾害抗争。在神话传说中，"女娲补天"为人类的生存和延续创造了必要的自然条件；神农尝百草展示了对人类生命的关怀备至；鲧窃息壤以堙洪水，尽管遭遇悲惨，但其中所蕴含的抗御洪水、拯救生民的积极意义仍显而易见；随后的大禹治水，更堪称典型的救灾史诗。史载"汤汤洪水方割，荡荡怀山襄陵，浩浩滔天"①，于是大禹带领人民进行疏导，最终战胜洪水，取得胜利，体现了中华民族万众一心、战胜困难的宝贵精神；面对"十日并出，草木焦枯"的现状，后羿弯弓搭箭，射落九日，人间秩序得以恢复。其他如精卫填海、夸父追日等神话传说，都反映了中华民族的先民们敢于挑战自然和善于抗御天灾的大无畏精神。

伴随着文明前进的坚实步伐和救灾经验的日积月累，战国时期，以李悝、商鞅等为代表的政治改革家们设计出"尽地力之教""平籴法"等着眼于防灾救灾的开发性措施；同时，西门豹引漳水溉邺，李冰开离碓以溉成都平原，秦开郑国渠以溉关中，从而形成了有名的三大水利工程，化水患为水利。但是，统治者中也确实普遍存在着魏相白圭那种"以邻为壑"的不光彩行为和单纯注重聚敛、吝于救灾的严重问题。于是，孟子明确指出统治者保证民众能够拥有百亩土地等相当财产和足够的劳动时间，并使赋敛程度适宜，以抵御自然灾害，达到"乐岁终身饱，凶年免于死亡"②的基本目标。荀子对救灾的见解，大体类似于孟子，也认为风雨、水旱等自然灾害是"不

---

① （汉）孔安国传，（唐）孔颖达等正义：《尚书正义》卷第二《虞书·尧典》，中华书局2009年影印清阮元校刻《十三经注疏》本，第256页。

② （清）焦循撰，沈文倬点校：《孟子正义》卷三《梁惠王章句上》，中华书局1987年版，第94页。

为尧存,不为桀亡"的客观规律,而救灾的成效如何,则取决于世间的社会政治制度是否有效运转、应对得当,"应之以治则吉,应之以乱则凶"。①"夫日月之有蚀,风雨之不时,怪星之党见,是无世而不常有之。上明而政平,则虽是并世起,无伤也"②。荀子同时批评了墨子等人过分囿于节俭的防灾思路,着重强调发展经济、提高全社会生产水平等开源性措施方是真正有效的治本之策。他指出:"若夫兼而覆之,兼而爱之,兼而制之,岁虽凶败水旱,使百姓无冰馁之患,则是圣君贤相之事也。"③"万物得宜,事变得应,上得天时,下得地利,中得人和,则财货浑浑如泉源,汸汸如河海,暴暴如丘山,不时焚烧,无所臧之,夫天下何患乎不足也。"④这种救灾观念同其"制天命而用之"的天道观一样,洋溢着昂扬向上的乐观、自信精神。当时其他思想家也都论及救灾问题,这些共同构成了先秦传统救灾思想的基本内容。

就整个中国传统救灾思想史而言,两汉时期是其第一个高潮。两汉救灾思想承上启下,与先秦救灾思想有着很深的渊源。如萧望之粟"臧于民"和刘向"囊漏贮中"的主张,就继承了荀子"下贫则上贫,下富则上富"⑤和管子"凡治国之道,必先富民"⑥的"富民"之论;而汉代的积贮备荒思想则源于《礼记·王制》:"国无九年之蓄曰不足,无六年之蓄曰急,无三年之蓄曰国非其国也。三年耕,必有一年之食;九年耕,必有三年之食。以三十年之通,虽有凶旱水溢,民无菜色。"又耿寿昌"常平仓"之议,即师李悝"平籴""平粜"之遗意而有所发展。同时,汉代救灾思想又对以后的救灾理论和实践产生了极其深远的影响。比如,桓谭"以工代赈"的思想就为后代

---

① (清)王先谦撰,沈啸寰、王星贤点校:《荀子集解》卷十一《天论篇第十七》,中华书局1988年版,第307页。
② (清)王先谦撰,沈啸寰、王星贤点校:《荀子集解》卷十一《天论篇第十七》,中华书局1988年版,第313页。
③ (清)王先谦撰,沈啸寰、王星贤点校:《荀子集解》卷第六《富国篇第十》,中华书局1988年版,第184页。
④ (清)王先谦撰,沈啸寰、王星贤点校:《荀子集解》卷第六《富国篇第十》,中华书局1988年版,第187页。
⑤ (清)王先谦撰,沈啸寰、王星贤点校:《荀子集解》卷第六《富国篇第十》,中华书局1988年版,第194页。
⑥ 黎翔凤撰,梁运华整理:《管子校注》卷十五《治国》,中华书局2004年版,第924页。

所传承并发扬光大。受其影响，宋代王安石在实施农田水利法过程中，成功地把赈恤灾民与兴修水利的劳动力问题结合起来，"今及未困，募之兴利"①。史称当时"募人兴修水利，即既足以赈救食力之农，又可以兴陂塘沟港之废"②，兴修水利以发展农业生产，从而收到了既"御灾"又"赈灾"的双重效果。此外，无论是史学家司马迁、儒学宗师董仲舒还是汉末批判思潮中的学者，抑或《淮南子》《盐铁论》等所表现出的救灾思想，都在不同程度上体现了以儒家经学为主导的时代特点。另外，司马迁《史记·河渠书》和班固《汉书·沟洫志》是两篇侧重于控制水患、兴修水利的防灾救灾文献，尤其是《汉书·沟洫志》中所收的西汉贾让《治河三策》堪称名作，其中提出的主动疏导为上、被动拦堵为下的治河原则，至今仍有重要的参考价值。创立常平仓的耿寿昌、主持治河的王景、开湖防旱的召信臣等两汉名臣，在救灾实践和理论方面亦多有创获。

魏晋南北朝时期救灾思想多是对两汉救灾思想的承继。在治理国家方面，统治者尽管重佛弘道，但其统治思想仍主要以儒家经学为主导，儒学依然是传统救灾思想的理论支柱和基本内核。在此背景下，汉代以来在"天人合一""君权神授"基础之上产生的天人感应、阴阳五行的灾异学说，仍然在现实生活中起着主导作用，无论官方还是民间仍多以此来解释发生在眼前的天灾人祸，而在救灾实践上也大多因袭汉制，往往从汉代学者的救灾思想中撷取精华。这种思想在今天看来似乎对于开展救灾没有任何实际意义，甚至往往导致贻误救灾时机，有时还会成为统治者消极救灾的借口，不利于救灾工作的顺利进行；但也不应否认，在儒家仁政思想指导下形成的罪己禳弭的救灾主张，包含了诸如自省、倡俭、体恤民情等积极内容。还要指出，在承继汉代思想的同时，这一时期，政府救灾思想与民间救灾思想交互辉映，也形成了独具时代特色的救灾理念：下层民众积极加入到抗灾救灾之中，甚至异军突起的佛教等宗教组织也积极参与救灾，展现了独特的宗教救

---

① （宋）李焘：《续资治通鉴长编》卷二百六十四"神宗熙宁八年五月丙寅"条，中华书局2004年版，第6458页。

② （宋）李焘：《续资治通鉴长编》卷二百三十七"神宗熙宁五年八月辛丑"条，中华书局2004年版，第5777页。

灾思想。

早在西汉时期，贾谊就怀着强烈的忧患意识，在《论积贮疏》《治安策》等奏疏中强调居安思危、积贮粮财以备饥荒的迫切性。晁错则在《论贵粟疏》中具体阐明了增加积贮的较佳途径，就是通过国家宏观控制，提高粮食价格，引导民众积极投身农业生产，从而达到"畜积多而备先具"[①]应付大的自然灾害的效果。遗憾的是，由于各种原因，这些在当时未引起足够的重视。而到隋唐时期，劝农积谷成为此时期关于救灾的积极性对策的首要主张。统治者认为"居安不忘于虑危，有备可期于无患"，而使国家有备无患的首要之举便是"劝农重谷，以备饥荒"。[②] 这一思想的主要表现即是仓储制度的日益完善和隋唐统治者对于仓储救灾作用的高度重视。义仓的正式建立是隋代对中国仓储思想的一大贡献，充足的粮食储备，使国家、政府和民众能够从容应对灾荒。隋朝义仓设立后，"自是州里丰衍，民多赖焉"[③]，但又只是"随其所得，劝课出粟及麦"[④]，表现出民间备荒自救的性质。至唐代，义仓在管理赈贷和劝募形式上均发生了较大变化。政府对义仓的干预进一步加强，使义仓救灾成为统治者救灾工作中最可依靠的有效手段之一。自魏晋南北朝恢复常平仓后，至隋唐时期，常平仓即成为政府最大的仓储中心。与前代不同的是，常平仓不再单纯发挥调节物价的作用，而是更多地参与到救灾活动中来。除了赈济灾民之外，赈贷也成为其重要职能之一，并日益走向成熟。隋唐统治者仓储思想的不断发展和完善，使仓储救灾在日常生活中的作用日益凸显。当时的积极对策，还表现为治蝗思想的确立。玄宗采纳姚崇的建议，开展轰轰烈烈的治蝗工作，取得明显成效和丰硕成果。又设置捕蝗吏，专管全国的治蝗工作。此后，虽然在灭蝗工作中"修德禳灾"思想仍占重要地位，但科学灭蝗思想已深入人心，人们越来越多地摆脱了天谴思想的束缚。其后至明朝

[①] （汉）班固撰，（唐）颜师古注：《汉书》卷二十四上《食货志上》，中华书局1962年版，第1130页。
[②] （宋）宋敏求编：《唐大诏令集》卷第一百一十七《政事》，中华书局2008年版，第614页。
[③] （唐）魏徵、令狐德棻：《隋书》卷四十六《长孙平传》，中华书局1973年版，第1254页。
[④] （唐）杜佑撰，王文锦等点校：《通典》卷十二《食货·轻重》，中华书局1988年版，第289页。

末年,徐光启上《治蝗疏》《除蝗疏》等,还在《农政全书》中对从春秋到明朝万历之前的蝗灾记载进行了分析和整理,找出了蝗灾最盛于夏秋之间的规律,得出了蝗虫发源并生长于沼泽地区的论断,提出了从消灭虫卵入手的根治蝗灾的办法。究其渊源,应该说与姚崇的治蝗主张不无关系。

两宋是传统救灾思想的又一高峰。就北宋而言,首先是以宋太祖等为代表的最高统治者汲取唐末五代多因大灾、饥荒导致社会动荡的历史教训,重视提倡节俭之风,并把"荒年募兵"给灾民以生活出路作为一项基本国策确立下来,这对救灾工作的顺利开展发挥了积极作用。其次,在皇帝"为与士大夫治天下"[①]政治运作理性化、文明化成分大大加强的宽松政治大环境下,士大夫多能本着像范仲淹"先天下之忧而忧,后天下之乐而乐"那样的胸怀,以天下为己任,勇于抒发个人政见。表现在救灾领域,则是包拯、欧阳修、范仲淹、司马光、苏轼等一批名臣都有资料翔实的著述传世,其真知灼见不胜枚举,而成就最大的,当推著名改革家王安石。其"赈贫乏,抑兼并,广储蓄以备百姓凶荒"[②]的青苗法,以及鼓励兴修水利、防治水患的农田水利法等,都堪称救灾史上的创举。尤其是贯穿其中的"因天下之力以生天下之财,取天下之财以供天下之费"[③]的开发性理财、救灾的思想更应得到高度评价。而在南宋,朱熹留下了诸多抗灾言论和实践,如"蠲阁、赈恤本是一事"[④],"救荒之政,蠲除赈贷固当汲汲于其始,而抚存休养尤在谨之于其终"[⑤]等。他还发布《劝农文》,强调州县官吏当"以劝农为职",为积极防灾抗灾奠定了基础,其社仓实践更在以后的漫长岁月中产生了广泛影响。董煟《救荒活

---

① (宋)李焘:《续资治通鉴长编》卷二百二十一"神宗熙宁四年三月戊子"条,中华书局2004年版,第5370页。

② 刘成国:《王安石年谱长编》卷四《熙宁三年庚戌》,中华书局2018年版,第1005页。

③ (宋)李焘:《续资治通鉴长编》卷一百八十八"仁宗嘉祐三年九月甲子"条,中华书局2004年版,第4531页。

④ (宋)朱熹:《晦庵先生朱文公文集》卷十七《奏救荒书一事件状》,朱杰人、严佐之、刘永翔主编:《朱子全书》(修订本)第20册,上海古籍出版社、安徽教育出版社2002年版,第793页。

⑤ (宋)朱熹:《晦庵先生朱文公文集》卷十六《绵纳南康军任满合奏禀事件状》,朱杰人、严佐之、刘永翔主编:《朱子全书》(修订本)第20册,上海古籍出版社、安徽教育出版社2002年版,第755页。

民书》是其结合自身救灾实践所撰写的一部著作，其中提出一套较完整、系统的救灾思想，更为明清救灾著作的大量涌现奠定了基础。有元一代，首屈一指是水利神人郭守敬，史称其"习水利，巧思绝人"①。初见元世祖，郭守敬就提出了六条水利建议，元世祖认为其建议很有道理，当时就任命他为提举诸路河渠，掌管各地河渠的整修和管理等工作，或疏通旧渠，或开辟新渠，或重新修建许多水闸、水坝。这些对于重兴水利，恢复农业生产，抵御各种自然灾害都起到了积极的作用。

明朝时期，救灾思想持续发展。统治者为了安定社会，巩固政权，十分重视备荒救灾工作，无不把荒政作为基本国策，其中一个独特表现就是严厉推行政令，重典惩吏，如《大明律》规定灾荒不奏杖八十。而中央官员因为迟缓赈恤饥民被诛杀的，以赵乾为首例。当时荆、蕲等地发生水灾，朝廷命户部主事赵乾为使前往救济，然其无视民不聊生，坐视灾情蔓延，至次年"方施赈济，民饥死者多矣"。太祖知后大怒："民饥而上不恤，其咎在上；吏受命不能宣上之意，视民死而不救，罪不胜诛！"于是斩杀赵乾，"以戒不恤吾民者"。②在惩处贪暴的同时，明政府也旌扬在救灾活动中提出有效建议和援助救灾的官吏和百姓。如万历年间，陕西义妇王氏输粟一千石赈饥，"上命给银竖坊旌表"③；福建一知州车大任、乡官陈长祚等倡言建仓以备荒，朝廷均行记录并量加服色，"以鼓尚义"④。随着灾荒频发、救灾问题备受瞩目和救灾制度逐步完善，产生于明代的救灾典籍不仅数量不断增多，而且规模、内容都有新的丰富和完善。明代的救灾典籍数量已经大大超越宋元时代，仅以黄虞稷《千顷堂书目》为例，其所著录的明代救灾典籍的数量就达22部之多。此外，海瑞、张居正的救灾思想和实践，徐光启《农政全书》关于救灾的文字等，也都在传统救灾思想发展史上占有重要的地位。

---

① （明）宋濂等：《元史》卷一百六十四《郭守敬传》，中华书局1976年版，第3845页。
② （明）薛应旂撰，展龙、耿勇校注：《宪章录校注》卷五"洪武十年五月"条，凤凰出版社2014年版，第70页。
③ （明）王圻：《续文献通考》卷四十一《国用考·赈恤》，明万历三十年松江府刻本。
④ （明）王圻：《续文献通考》卷三十一《市籴考·籴》，明万历三十年松江府刻本。

清朝作为中国传统社会的最后一个封建王朝，在吸取前代救灾经验的基础上，把传统救灾思想推向了一个鼎盛阶段。高度重视救灾工作的清朝统治者，十分关心地方灾害情况，要求地方官吏定期奏报雪、冰、霜、雹等气候变化情况和庄稼丰歉状况，一有灾伤，蠲免之诏频频颁布，赈济之法屡屡实施，还形成了一套基本救灾操作程序：报灾、勘灾、审户、发赈。清代的救灾思想进入了集大成阶段，一方面，从清初的黄宗羲、顾炎武、王夫之，到清末的梁启超等人，许多有识之士都以民本思想为基石，阐发自己的救灾宏论，其中靳辅、陈潢治理黄河水患的思想方略和成功实践，洪亮吉把人口和灾荒问题联系起来进行考察的做法等，都颇具价值；另一方面，在"务为实用之学"的实学思想指导下，出现了众多总结性的救灾著作，其中多有独到之见和精彩之论。清代学者在编制丛书、类书、政书时，大都收录或汇集了各种灾荒资料。如《四库全书》除了收录《荒政丛书》，还有《捕蝗考》《钦定康济录》《救荒本草》等列入，《古今图书集成》则在庶征典、食货典、乾象典、职方典、草木典等类下收集了大量灾荒资料。此外，《皇朝通志》《皇朝通典》《钦定续通志》《钦定续通典》《钦定大清会典》《钦定文献通考》《皇朝经世文钞》《皇明奏疏类钞》《皇朝经世文编》《皇朝文献通考》《皇朝经世文统编》《皇朝经世文续编》《钦定大清会典事例》《二十四史九通政典类要合编》等书，均设置了专门篇章辑录灾荒资料。清代学者将较为零散的灾荒资料聚而拢之，既很好地保存了中国古代的救荒图书，也极大地方便了后来者研究中国古代灾害治理思想和实践，值得充分肯定。

纵观以上历史事实，根据我们的初步研究，中国传统救灾思想可以概括为以下几个特点：

第一，儒学是传统救灾思想的理论支柱和基本内核。儒家学说及其经典中确有一些涉及救灾的内容。汉武帝独尊儒术以后，随着儒家经学成为统治思想，儒学的仁政、民本、重农等主张都构造了救灾思想的理论前提和核心内容。儒学本身的演变，如汉代经学、宋明理学、明清实学的相继兴起，都对救灾思想有着不容忽视的影响，而救灾思想的发展又促进了儒学的不断深化和丰富。

第二，追求天人合一、物我合一，追求人地和谐、人与自然生态环境之间的和谐共生，这是传统救灾思想的重要出发点和立足点，而推天道以明人事则是其重要的思维方式。中国传统救灾思想中有很强的环境保护意识，《周礼》《秦律》等文献中就有不少自然资源保护法规，其中强调人类社会必须保护生态环境，处理好人地关系，对自然资源不能进行无节制的掠夺性开采。

第三，注重在节俭、积储、赈济基础上的开发性救灾是传统救灾思想的重要思路。充足的物资储备和对灾民的适当赈济，是抗灾救灾的起码条件和有效措施，但这仅仅限于节流和治标，而且实际上往往是杯水车薪。所以，传统救灾思想特别注意标本兼治，强调以兴修水利、种植林木为中心的开发性救灾，认为这不仅能保证灾民的生活急需，而且可以为日后发展生产、防范灾害奠定坚实的基础。

第四，救灾活动中的积极投入是中国传统救灾思想论述的重要内容。如北宋王安石就曾以极大兴趣、投入较多资金来支持研制铁龙爪、浚川杷等新的治河工具。农学、气象学、医药学、建筑学等与防灾救灾有关的科目，在传统救灾思想中都得到不同程度的重视。

第五，日趋合理化的救灾管理思想在中国传统救灾思想中占有重要地位。救灾活动不可避免地要牵涉到大量的人力使用、资金和物资调配、财务管理等事务，救灾的成效如何在很大程度上取决于管理系统能否高效、有序运转。因此，救灾管理思想在传统救灾思想中显得特别突出。当然，中国传统救灾思想中也有一些明显的消极因素，如君主专制、巫术迷信的思想观念等。另外，在当时的社会历史条件下，许多具有进步意义的救灾思想只能是空想，并不能真正落到实处。

综上所述，中国传统救灾思想深深植根于抗灾救灾的伟大实践中，成为中国古代日益丰富、渐趋完备且至今仍具有资鉴作用的救灾政策和措施的理论依据。全面、深刻地认识中国传统救灾思想，从中汲取各种有益成分和历史经验，将有助于今后抗灾救灾工作的正确开展，有助于中华民族优秀传统文化的继承和弘扬，有助于美丽中国建设、生态文明建设与和谐社会建设。同时，这也将拓宽和深化人文社会科学的研究领域，并为高等院校相关课程改革、创新提供更多、更有价值的借鉴和参考，从而有助于相关的学科建设和学术发展。

三、中国古代城市排洪防灾解析与借鉴

世界文明大都是缘水而起的，如起源于尼罗河流域的埃及文明，起源于幼发拉底河、底格里斯河流域的两河文明，发祥于黄河、长江流域的中华文明等。相应地，古代建城也自然沿河选址，以水为邻、依水而建自然佳处颇多，然而也不免有一定的隐患。古人有很多与城市水患斗争的例子，甚至也有为躲避水患而迁都的。如商代第十二位君王河亶甲立，是时嚣有河决之患，遂自嚣迁于相；其后祖乙既立，是时相都又有河决之患，乃自相而徙都于耿。近年来，由于极端天气的影响，我国许多省份暴雨成灾，洪水肆虐，城市被淹，汽车成了渡船，经济损失巨大，百姓生活颇受影响。如2011年北京地区遭遇暴雨，市民蹚水而行，交通严重堵塞甚至一度瘫痪，大批下班人群滞留在地铁站。其他一些城市也因暴雨骤至，出现了所谓"看海"奇观。于是，城市排水管理问题成了社会关注的焦点之一，考验着政府的社会治理能力和水平。对此，我们有必要从古人那里汲取排洪防灾的有益经验。

（一）历代城市排水制度法规

大致说来，古代城市排水系统，一是依赖城内排水沟渠，二是依靠城中河道，两者相辅相成、相得益彰。我国古代的城市排水，在夏商之前相对简陋，至西周以后渐次发展，逐步形成了相对完善的排水系统。我国历朝都制定了许多与城市排水有关的制度和法规，值得今人借鉴。

古人已经深刻意识到，"水失其性，百川逆溢，坏乡邑，溺人民，而为灾也"[①]。所以，我国历朝都很重视排水沟渠的疏浚和整修，可谓代不乏人，史不绝书。例如，唐玄宗曾下诏修理两都街市、沟渠、道桥，而其旧沟渠，令当界乘闲整顿疏决。德宗时修石炭、贺兰两堰，并造土堰，开淘渠。五代

---

① （宋）欧阳修等：《新唐书》卷三十六《五行志》，中华书局1975年版，第927页。

十国时期，周太祖曾诏开封府淘疏旧壕，以免雨水毁坏百姓庐舍。民间也非常重视城中河道的日常疏通和维护。如唐懿宗咸通年间，史载"金陵秦淮河中，有小民棹扁舟业以淘河者"①。可见，当时已经出现专门以养护河道为业的人，他们负责在河道上挖掘污泥、清除残秽，向管理部门领取报酬。

相对而言，宋代在城市排洪防灾方面所做的工作要更多一些，形成了比较完善的体制。当时对河渠的管理有一套严格而科学的制度，每年定期疏浚河渠，颇见成效。有些制度则以皇帝诏书的形式加以确定。例如，宋真宗大中祥符八年（1015）六月"诏：自今后汴水添涨及七尺五寸，即遣禁兵三千，沿河防护"②。哲宗元祐四年（1089）"十二月，诏：京城内汴河两岸，各留堤面丈有五尺，禁公私侵牟"③。仁宗天圣二年（1024），张君平等人推出治理河渠的八条建议，提及"民或于古河渠中修筑堰埧，截水取鱼，渐至淀淤，水潦暴集，河流不通，则致深害，乞严禁之"④。其议被皇帝采纳，诏令颁行。

当时对于城市水系的排洪防灾作用也已有深刻认识。成书于北宋元丰七年（1086）的《吴郡图经续记》就已明确指出，苏州城发达的河渠水系具有重要的排洪作用，能够"泄积潦，安居民"，"故虽名泽国，而城中未尝有垫溺荡析之患"。

北宋绍圣初年吴师孟著有《导水记》，记载了成都疏导城内河渠的情况。又据《宋史·河渠志》，绍圣元年（1094）十一月，李伟言："清汴导温洛贯京都，下通淮、泗，为万世利。自元祐以来屡危急，而今岁特甚。臣相视武济山以下二十里名神尾山，乃广武埽首所起，约置刺堰三里余，就武济河下尾废堤、枯河基址增修疏导，回截河势东北行，留旧埽作遥堤，可以纾清汴下注京城之患。"在将近千年之前，我们的先民就有了这样的认识，确属难能可贵。

---

① （南唐）刘崇远撰，夏婧点校：《金华子杂编》卷下，中华书局2014年版，第298页。
② （元）脱脱等：《宋史》卷九十三《河渠志三·汴河上》，中华书局1985年版，第2321页。
③ （元）脱脱等：《宋史》卷九十四《河渠志四·汴河下》，中华书局1985年版，第2334页。
④ （元）脱脱等：《宋史》卷九十四《河渠志四·京畿沟渠》，中华书局1985年版，第2344页。

明清时期，人们对城市排洪防灾的认识，有了进一步深化和发展。清代对于城市排水系统的管护也十分重视，京城内外排水沟渠有专人分段进行管理。顺治元年（1644），定令街道厅管理京城内外沟渠，以时疏浚。若旗民淤塞沟道，送刑部治罪。康熙五年（1666），定修筑城壕例，护城河遇水冲坏处，内城由工部委官修筑，外城由顺天府及五城官修筑，城上挂漏处则由步军统领衙门会同工部委官修补。

（二）历代专职官员的设置

古人不仅重视城市排水设施的修建和疏导，而且设有管理城池沟洫的专职官员，以强化管理。我国历代水官专职负责管理水利与工程事宜，而城市排水设施的规划、建设和管护，也在其职责范围之内。但各朝水官称呼不同，职能亦有差异。据《续汉书·百官志》，汉朝设有司空，汉代将疏通城市沟渠作为水官的工作之一，甚至还与政绩考核直接关联。而太常、少府、大司农也都有都水属官，其中隶属太常的水官负责京畿地区和皇家园囿。唐朝设工部，有尚书一人。下有"工部郎中、员外郎各一人，掌城池土木之工役程式"。又有"水部郎中、员外郎各一人，掌津济、船舻、渠梁、堤堰、沟洫、渔捕、运槽、碾硙之事"①。北宋初年，"水部判司事一人，以无职事朝官充。凡川渎、陂池、沟洫、河渠之政，国朝初隶三司河渠案，后领于水监，本司无所掌"②。其都水监的职能主要是防洪、防汛管理。元代都水监主要职能也是防洪和管理运河，驻外的河渠司则参与地方水利工程建设。明代除黄河、运河的防洪外，其他的水利事务均归地方，工部的主要责任是督导："凡诸水要会，遣京朝官专理以督有司。"③ 其工部的建制和职能为清代所继承。清工部设都水清吏司，握有工程款稽核、估销的大权，凡河道、海塘、江防、沟渠、水利、桥梁、道路、渡船等工程经费，以及河防官兵俸饷、皇差均在稽核估销之列。

---

① （宋）欧阳修等：《新唐书》卷四十六《百官志》，中华书局1975年版，第1202页。
② 《宋会要辑稿·职官》一六之三，中华书局1957年影印本，第2723页。
③ （清）张廷玉等：《明史》卷七十二《职官志》，中华书局1974年版，第1761页。

（三）古代城市排洪防灾的经验

古人在城市排水管理方面都做了一定的工作，留下了很多值得我们学习和借鉴的财富。除上述内容外，还有三个方面给今人以特别的启示：

1. 面对水患洪灾，各级官员要率先垂范、勇于担责

每当水患洪灾肆虐之时，各级官员能够做到亲临现场，直接指挥，都会有效促进救灾工作的开展。在这方面，古人也为我们做出了榜样，体现了惠民爱民的优良传统。西汉元封年间，汉武帝亲自指挥黄河堵口工程，"沉白马玉璧于河"，命令随行官员自将军以下都要参加施工劳动，最终制服洪水，梁、楚之地从水患中解脱出来。而且汉武帝还亲自创作了著名的《瓠子歌》二首。① 在地方官员方面也不乏先例，如南朝宋元嘉十三年（436），会稽发生大水灾，"余杭高堤崩溃，洪流迅激，势不可量"，钱塘县令刘真道、余杭县令刘道锡"躬先吏民，亲执板筑，塘既还立，县邑获全"②。

当然，需要特别提到的是宋代官员的积极努力，其中最突出的就是苏轼和程颢。宋神宗熙宁十年（1077）七月，黄河决口于澶州曹村，洪水"泛于梁山泊，溢于南清河"，夺泗入淮，包围徐州城。苏轼称"吾在是，水决不能败城"③，及时安定民心，组织当地百姓奋勇抗洪。正如明代诗人吴宽《赋黄鹤楼送李贞伯》所赞誉的那样："自公去后五百载，水流无尽恩无穷。"④ 从这次抗洪至明末的五百余年间，徐州虽水患不断，然终有长堤为屏，一直安然无恙。苏轼还曾亲自指导、指挥疏浚运河，开浚西湖。茅山河、盐桥河是杭州城内的两条大河，北连大运河而入钱塘江。由于江水与河水相混，江潮带的泥沙常常倒灌淤积到河内，殃及市内稠密的居民区，每隔三五年就需要开浚一次，既妨碍航运又费人力物力，居民患厌已久。苏轼组织人员花半年时间整治二河，使"江潮不复入市"⑤。苏轼还大力疏浚西湖，

---

① （汉）司马迁：《史记》卷二十九《河渠书》，中华书局 1982 年版，第 1413 页。
② （南朝梁）沈约：《宋书》卷四十七《刘怀肃传》，中华书局 1974 年版，第 1405 页。
③ （元）脱脱等：《宋史》卷三百八十三《苏轼传》，中华书局 1985 年版，第 10808 页。
④ （明）吴宽：《赋黄鹤楼送李贞伯》，见（清）朱彝尊选编：《明诗综》卷二十四，中华书局 2007 年版，第 1235 页。
⑤ （元）脱脱等：《宋史》卷三百三十八《苏轼传》，中华书局 1985 年版，第 10813 页。

采用一举两得的办法：取淤泥、葑草直线堆于湖中，筑起一条贯通南北的长堤，堤上筑六桥，堤上两旁种植杨柳。为了日后能及时疏浚西湖，苏轼还建立"开湖司"，具体负责西湖的整治和疏浚。由于苏轼在杭州有德于民，当地人民为了纪念他，就把这一长堤称作"苏公堤"。

程颢在澶州为官时，也曾经成功地处置了曹村的决堤事件。当时曹村埽河堤决口，如果曹村决口堵不住的话，洪水就会灌向京城开封。程颢受命全权指挥那里的抗洪士卒，"立走决所，激谕士卒"。"议者以为势不可塞，徒劳人尔"。程颢不顾困难，让善于游泳的士卒，衔细绳索泅渡到对岸，再引大绳把众人渡过去。经过数昼夜的奋战，终于堵住缺口，使京城免于水灾。① 这些都值得今人好好学习。

2. 未雨绸缪，提早做好城内河渠的疏通工作

《东京梦华录》记载："每遇春时，官中差人夫监淘在城渠。"② 据此可知，宋代市政管理者在每年雨季来临之前，已经安排好有关人员前往各处，督促人们做好疏通河道、防止发生内涝的各项准备工作。北宋著名画家文与可写有《积雨》一诗，其中提到："京师值积雨，浮淖皆满城。况当淘决时，左右罗深坑。"③ 古人的这些举动，都值得我们认真借鉴，切不可等水患洪灾发生再临时处置，那样就会错过最佳时机。

3. 避免短视，长远规划城市排水工程建设

近几年，关于赣州古城的报道屡见不鲜，主要是因为它有年代久远却创造奇迹的排水设施。在我国多座城市遭遇洪涝灾害时，赣州却没有一辆汽车泡水，这主要得益于宋代熙宁年间造的福寿沟，利用地势将雨水直排入章江和贡江，江水高时防倒灌、内水高时能排出。虽然历经900余年，福寿沟至今仍是赣州居民排水的主要渠道。

据清代同治《赣县志》记载："福寿二沟，昔人穿以疏城内之水，不知

---

① （元）脱脱等：《宋史》卷四百二十七《道学传一·程颢传》，中华书局1985年版，第12716页。

② （宋）孟元老撰，邓之诚注：《东京梦华录注》卷之三《诸色杂卖》，中华书局1982年版，第119页。

③ （宋）文与可：《丹渊集》卷十八《积雨》，《四部丛刊》影印明汲古阁刊本。

创自何代，或云郡守刘彝所作。"刘彝于北宋熙宁年间出任赣州知军，曾规划建设了城中街市和"十二水窗"（即下水道出口闸门）。他依据城市地形特点、街道布局以及发展趋势，主持建造了福沟、寿沟两个排水系统，寿沟受城北之水，福沟受城南之水。福寿沟为合流制下水道，因此设计断面较大，其宽约 0.6—1 米、高约 1.6—2 米，总长约 12.6 公里，其中寿沟约 1 公里，福沟 11.6 公里。"十二水窗"设计巧妙，能"视水消长而启闭"。其主要做法是在出水口处装一扇木门，门轴装在上游方向，江水低于下水道水位时，借下水道的水力冲开闸门，使雨水污水顺利排入江中；江水高于下水道闸门时，借江中水力关闭闸门，阻止江水倒灌。[1] 该水窗沟道的坡度为 4.25%（指水平距离每 100 米，垂直方向上升或下降 4.25 米），这是正常下水道采用坡度的 4 倍。如此可确保水窗内能形成强大的水流，足以带走泥沙，排入江中。所以有专家评价，以现在集水区域人口的雨水和污水处理量，即使流量再增加三四倍都可以应付，都不会发生内涝。[2]

早在 100 多年前，法国文学家维克多·雨果就说过，下水道是"城市的良心"，指出了城市排水系统的重要性。就城市市政建设和发展而言，排洪防灾工程的规划、设计和管护，需要一种科学、长远、可持续的眼光，而一些只顾当下利益的短视行为，影响了城市的长远发展和百姓的正常生活，也丢弃了古代先民的思想智慧，一定要加以杜绝。

四、中国古代灾害治理的历史经验

中华民族几千年的发展史，就是一部与自然灾害特别是重大自然灾害做斗争的历史，而中国古代灾害治理的得失成败也就成为衡量当时国家治理能力和水平的重要标尺。中国古代中央各部门之间、中央与地方政府之间职责明确，统筹协作，合理运转，逐步建立起了以各级政府为主导、社会民众为辅助的多元化灾害治理格局，保障了防灾救灾的顺利开展。同时，生态保

---

[1] 李海根、刘芳义：《赣州古城调查简报》，《文物》1993 年第 3 期。
[2] 吴其生：《论城市防洪工程的有效性和经济性》，《水利科技与经济》2011 年第 3 期。

护、科技创新与灾害治理密切结合，广泛汲取域外救灾成果，及时总结救灾历史经验，促使灾害治理能力和水平不断提高。鉴往知来，中国古人灾害治理的智慧和经验将为我们最终战胜各种自然灾害特别是重大自然灾害提供重要启示和有益资鉴，为进一步提高我国灾害治理能力和水平提供文化依据和学术支持。

（一）引言

灾害的历史与人类的历史一样悠久，人类自诞生之日起便承受着各种自然灾害的威胁和打击，同其进行斗争也由此成为人类社会共同面对的永恒命题。自古以来，我国就是世界上自然灾害最为严重的少数几个国家之一，不仅灾害种类多，包括水灾、旱灾、风灾、雹灾、霜灾、雪灾、蝗灾、火灾、瘟疫、地震和海啸等，而且发生频率高，持续时间长，波及地域广，造成损失重，成为中华儿女难以忘却的苦难记忆。另一方面，中华民族灾害治理的思想和实践同样源远流长、极为丰富，始终贯穿于数千年中华民族生存、发展和不断壮大的历史进程之中。无论是经部、子部、集部典籍，还是历代正史、政书、地方史志和荒政汇编等文献，其中都不乏灾害治理的相关记载，给我们留下了宝贵的文化遗产。可以说，中华民族数千年的发展史，既是先民尊重自然、顺应自然、与大自然和谐共生的历史，也是战天斗地、与各种自然灾害特别是重大自然灾害进行斗争的历史。

我国是世界上最早开展灾害治理活动的国家之一。整体来看，我国古代灾害治理呈现出越来越成熟、越来越健全的发展趋势。至迟在商周时期，我国已初步形成包括兴修水利、散粟赈民等在内的救灾机制。秦汉时期奠定了灾害治理的基本制度，仓储管理、水利疏通和赋税蠲免等逐渐以法律法规的形式确定下来。魏晋南北朝时期民间救灾发展迅猛，家族宗族、慈善团体等社会力量均发挥了积极作用。隋唐救灾法律法规较之以往更加明确、细致，从制度层面进一步强化了灾害治理的举措和成效。宋朝注重统筹国家与社会力量的协调运转，推动了两者在灾害治理中的互动、融合。元朝在借鉴前人救灾经验方面成效显著，发展迅速。明朝的灾害治理进一步程序化、规范化、法制化，相关的监督机制也有所强化和完善。及至清朝，灾害治理体系的建设和运转更加成熟、完善，在官民合赈、推广高产农作物等方面都有显著进步和长足发展。应该说，我国古代灾害治理的思想和经验是中华优秀传统文化的重要组成部分，显示出中华民族顽强不屈、坚韧不拔的英雄气概和无穷智慧①。

改革开放以来，学术界十分重视对中国古代自然灾害治理特别是重大自然灾害治理的研究，取得了一系列丰硕成果。不过，客观来说，相关研究仍存在明显的薄弱环节和不足之处。一方面，现有研究成果叙述史实多于评论和研究，对相关历史经验和启示的反思、总结重视不够。另一方面，已有成果大多集中于某朝某代，集中于某一个或几个灾种的相关研究，对于古代自然灾害治理的长时段、综合性探讨则相对有限。所以，有必要对我国古代灾害治理的历史经验进行全面、深入的考察和研究。尤其当前全国各地都在继续抗击新冠肺炎疫情，在这种形势下，考察和研究中国古代灾害治理及其历史经验无疑更为重要、更为迫切。

（二）灾害治理能力和水平在古代国家治理中占有重要地位

关于灾害治理的重要性，历代先贤早已具有深刻认识。《管子·度地》即言："善为国者，必先除其五害……水，一害也；旱，一害也；风雾雹霜，一害也；厉，一害也；虫，一害也……五害已除，人乃可治。"西汉时期，贾谊向汉文帝上《论积贮疏》，特别重视灾害治理，重视农业生产和粮食积贮在灾害救助过程中的重要作用，提出"夫积贮者，天下之大命也"②。董仲舒则给汉武帝上《天人三策》，以"天人感应"作为理论依据，强调"国家将有失道之败，而天乃先出灾害以谴告之"③，将灾异、灾害视作上天对统治者无道失德的谴惩。站在政权巩固、社会稳定、百姓安宁的战略高度，先哲前

---

① 张涛等：《中国传统救灾思想研究》，社会科学文献出版社2009年版，前言第1页。
② （汉）班固撰，（唐）颜师古注：《汉书》卷二十四上《食货志上》，中华书局1962年版，第1130页。贾谊语又见《新书·无蓄》，参见阎振益、钟夏《新书校注》卷四《无蓄》，中华书局2000年版，第163页。
③ （汉）班固撰，（唐）颜师古注：《汉书》卷五十六《董仲舒传》，中华书局1962年版，第2498页。

贤对灾害治理进行思考和分析,成为我国古代不断完备且至今仍然具有资鉴作用的各种灾害治理政策和措施的历史依据。翻检史籍,不难发现,我国古代逐渐形成了涉及政治、经济、社会、文化、生态、科技、对外交流等领域的灾害治理体系,并体现在灾前预防、灾时救治和灾后重建等环节,而其得失成败则成为衡量国家治理能力和水平的重要标尺。

《周礼·地官·大司徒》中明确记载有"荒政"的制度设计和主要内容,及至两汉时期,灾害治理机制在持续不断的实践中得到显著发展。汉文帝前元十二年(前168)十二月,黄河因凌汛而在东郡境内决溢致灾,岁颇不登,民有饥色,文帝多次劝民重农耕稼,并下诏"赐农民今年租税之半"[1],为尽快恢复百姓生产、生活提供了重要保障。汉景帝时期,旱涝、蝗灾和瘟疫等自然灾害频发,严重影响了粮食生产、经济发展和社会稳定,景帝制定了一系列应对之策,如减轻赋税、调粟赈济等[2],有效减轻了灾害损失。应该看到,汉文帝、景帝在灾害治理方面的举措,与他们推行的"轻徭薄赋""与民休息"等政策高度一致,成为推动人口不断增长、经济持续发展的制度保障,开创了著名的"文景之治"。从更宏观的视野来看,上述灾害治理的实践也有力推动了我国古代灾害治理体系的不断完善,对后世防灾救灾具有重要的经典意义和示范作用[3]。

作为我国古代的重要灾种,蝗灾因其直接威胁到粮食生产,历代统治者无不予以重视。其中,唐朝的"姚崇治蝗"成效最为显著,经验最为典型。开元初年,山东、河北、河南等粮食主产区爆发了严重蝗灾,对粮食生产造成毁灭性打击,也给人民生活带来深重灾难。宰相姚崇以政治家的敏锐眼光,认识到蝗灾与政权稳固、社会安定的内在关联,主张积极灭蝗,得到唐玄宗批准。经过审时度势,姚崇提出"夜火坑埋法"灭蝗,并派出御史担任捕蝗使,分道指挥山东等地的除蝗工作,并将灭蝗成效作为考核各级政府官员政绩的标准,极大地调动了他们治理蝗灾的积极性,来势汹汹的蝗灾很

---

[1] (汉)班固撰,(唐)颜师古注:《汉书》卷四《文帝纪》,中华书局1962年版,第124页。
[2] (汉)班固撰,(唐)颜师古注:《汉书》卷五《景帝纪》,中华书局1962年版,第140—151页。
[3] 陈业新:《灾害与两汉社会研究》,上海人民出版社2004年版,第300页。

快得到有效遏制①。"姚崇治蝗"是唐朝乃至我国古代灾害治理的成功典范，也是国家治理能力和水平不断提升的突出体现，为"开元盛世"的形成做出了积极贡献。

"咸平之治"是宋朝步入盛世的开端，并直接为仁宗盛治的到来奠定了坚实基础，而这又与宋真宗对灾害的有效治理密不可分。面对频发的自然灾害，真宗多次诏令免除或减轻各地赋税，用以赈灾等社会救助。如咸平四年（1001）闰月河北地区发生饥荒，真宗下诏减免赋役并调发粮食以赈灾。②宋真宗还从制度层面为防灾救灾提供稳固保障，其中尤以常平仓制度的推行最具代表性。常平仓起源于战国李悝平籴法，汉宣帝时正式确立，宋真宗于大中祥符六年（1013）下令在全国推广常平仓制度，对设仓条件、籴粜要求、管理标准等加以详细规定。日渐完善的常平仓制度在储粮备荒、平抑物价、恢复生产、稳定社会等方面作用显著，也成为此后统治者颇为倚重的灾害治理的常规举措③。另外，真宗还曾在蝗灾爆发时下令成立详定茶法所，修订税法，弛禁通商，通过调整既有法规以应对自然灾害，成效显著。这些举措，有力地推动了灾害治理体系的进一步完善和发展，标志着当时国家治理能力和水平已经达到一定高度。

各种自然灾害直接或间接地破坏了正常的社会生产生活秩序，然而颇具成效的灾害治理也有可能为政府提供化危为机、塑造新形象、增强亲和力、提升信任度的难得契机。明朝永乐年间苏松地区突如其来的涝灾，不仅给两浙民众的生活、生产乃至生存造成严重威胁，也给"靖难之役"后的永乐政权带来严峻考验。毕竟这一地区本来对建文政权一直保持着深厚感情，对永乐政权则持怀疑甚至敌视态度。在此情形下，夏原吉等人于苏松地区的成功治水，不仅有效解决了当地最为关切的现实生活问题，有力保障了国家财赋重地的税收稳定，而且也使得永乐政权在当地得到普遍认可和肯定④，

---

① （宋）欧阳修等：《新唐书》卷一百二十四《姚崇传》，中华书局 1975 年版，第 4384—4385 页。
② （元）脱脱等：《宋史》卷六《真宗纪》，中华书局 1985 年版，第 116 页。
③ 李华瑞：《宋代救荒史稿》（下册），天津古籍出版社 2014 年版，第 651 页。
④ 《光明日报·理论周刊》编辑部：《总结历史经验加强灾害史研究——〈光明日报·理论周刊〉史学话题》，《光明日报》2006 年 9 月 25 日。

积极、正面的形象得以重塑。此后相继即位的明仁宗、宣宗同样忧国忧民，关心灾害救助。仁宗还在监国时，颍川"军民困乏，待哺嗷嗷"，于是派人"即发廪赈之勿缓"①。宣宗在户部奏请勘验赈济饥民时下诏："民饥无食，济之当如拯溺救焚，奚待勘！"②此时国家治理能力和水平得到进一步提升，盛世局面得以延续，史称"仁宣之治"。

尽管古代统治者都非常重视灾害治理，但清朝康熙皇帝对治理黄河的重视可谓空前绝后，罕有其匹。康熙帝在亲政之初即坦言："朕听政以来，以三藩及河务、漕运为三大事，夙夜廑念，曾书而悬之宫中柱上。"③康熙帝先后诏令善于治水的靳辅、于成龙和张鹏翮为河道总督，负责治理黄河水患。康熙帝六次南巡，无不将视察河务纳入重要议程，并多次亲临治河现场④。依靠靳辅、陈璜等治水能臣的付出，经过数十年的努力，康熙年间的黄河治理成效显著，在更大程度上防治了黄河水患，从灾害治理方面成就了"康乾盛世"。

诚然，我国历史上所谓的"之治""盛世"诸如汉朝文景之治、光武中兴、明章之治，隋唐开皇之治、贞观之治、开元盛世，宋朝咸平之治、仁宗盛治、乾淳之治，明朝洪武之治、永乐盛世、仁宣之治，以及清朝康乾盛世等等，它们形成的原因或许不止一种，但不可否认都是由于有了明君贤臣，吏治相对清明，能够励精图治，善于做出一系列政治、法律、经济、社会、文化决策，而灾害治理则是其中的重要内容，影响深远。可以说，凡是历史上的"之治""盛世"等，都是国家安全、社会稳定、吏治清明、百姓安居乐业的时期，更是灾害治理能力和水平取得巨大成就、得到极大发展的历史时期，灾害治理能力和水平可谓国家治理能力和水平的重要内容与直观体现。

当今世界正经历百年未有之大变局，国内外形势复杂多变，我们面临

---

① （清）谷应泰：《明史纪事本末》卷二十六《太子监国》，中华书局1977年版，第391页。事又见《明史》卷七十八《食货志二》，第1908页。

② （清）张廷玉等：《明史》卷七十八《食货志二》，中华书局1974年版，第1908页。

③ 《圣祖仁皇帝实录》卷一百五十四"康熙三十一年二月辛巳"条，《清实录》第五册，中华书局1985年影印本，第4565页。

④ 商鸿逵：《康熙南巡与治理黄河》，《北京大学学报》（哲学社会科学版）1981年第4期。

的风险挑战之严峻也前所未有，尤其新冠肺炎疫情仍在肆虐，灾害治理更在国家治理中占有不容忽视的重要地位。以古鉴今，借助于古代灾害治理的历史经验和智慧，不断深化和拓展对灾害治理能力和水平的认识，不断强化和完善灾害治理体系的建设和运转，对于进一步巩固和健全国家治理制度体系，进一步推进国家治理体系和治理能力现代化至关重要。

（三）在灾害治理中不断加强中央与地方、国家与社会的互动协作

在任何国家、任何时代，灾害治理都是一项系统工程。各种灾害治理特别是重大自然灾害的治理，无不需要调动政治、法律、经济、社会、文化等多种要素来共同完成。在诸多因素当中，中央与地方政府的统筹联动、国家和社会力量的协同合作，始终发挥着不可或缺的积极作用。

在我国传统的灾害治理体系中，政府和君主承担着灾害治理的主体责任。上古时期，大禹、后稷始终心系黎民百姓。孟子有言："禹思天下有溺者，由己溺之也；稷思天下有饥者，由己饥之也。"① 西周初年出现"敬天保民"思想，开启了后代重民思想的先河，加上后来天人合一、天人感应、灾异谴告等思想观念的影响，历朝政府从一开始就成为灾害治理活动的责任主体，并在整个体系中扮演着制度制定与推广、财政支付与兜底、检查与监督等重要角色。为了保障灾害治理措施的有效实施，从中央到地方各级政府普遍设有负责灾害治理的相关官职，并在防灾救灾工作中发挥了核心作用②。春秋时期，晋悼公初即位（前572），命百官"匡乏困，救灾患"③。百官主持或参与灾害治理，一定程度上折射出先秦时期中央各部门之间在灾害治理中的密切合作和有效联动。秦汉以来，灾害救助机构逐渐体系化、专业化，既有汉朝民曹尚书和隋唐以后的户部等兼管救灾的中央常设部门，又有奔赴灾区协助或主持地方救灾的临时派遣的使臣。例如，汉朝元始二年（2），"郡

---

① （清）焦循撰，沈文倬点校：《孟子正义》卷十七《离娄章句下》，中华书局1987年版，第597页。
② 拙作《中国传统救灾体系刍议》，《中国社会科学院院报》2006年3月9日。
③ （晋）杜预注，（唐）孔颖达等正义：《春秋左传正义》卷二十八《成公十八年》，中华书局2009年影印清阮元校刻《十三经注疏》本，第4175页。

国大旱、蝗……遣使者捕蝗"①。唐朝贞观元年（627）关东及河南、陇右沿边诸州霜害秋稼，太宗"命中书侍郎温彦博、尚书右丞魏徵等分往诸州赈恤"②。及至宋朝，安抚使、廉访使等差遣职位的出现，标志着派遣使臣协理救灾的临时性举措逐渐成为定制。而且，这些差遣职位在一定程度上也成为中央朝廷与地方政府的重要衔接，成为二者联动救灾的有力枢纽。

与此同时，灾害治理也是地方政府的主要职责之一。湖北云梦睡虎地出土秦简《田律》中即对各级地方官勘灾、报灾等权限、职责进行明确划分，并对报灾的项目、时限以及奖惩给以相应规定③。此后各个历史时期也都对此高度重视，地方政府的救灾职能也更加条文化、法律化④。关于地方官员主持或参与救灾的记载不绝于史。例如，西汉时河水盛溢，"吏民皆奔走"，东郡太守王尊不畏险难，率先垂范，亲身投入救灾⑤。到了后来，灾害治理也始终是地方官员最为重要的工作内容之一，所谓"办理灾赈，乃疆臣最为切要之事"⑥。与此同时，从事灾害治理的地方官职设置也不断趋于健全和完善。例如，北宋时期实行地方长官兼河堤使制度，清朝则在黄淮等地区专设河道总督和漕运总督，完善河道管理体制，强化河务官员职权，促使相关机构设置更加细化、更加合理。

在我国传统社会，灾害治理机制的运行依托于强大的行政体系及其运作。从历代救灾实效来看，中央各部门之间、中央与地方政府之间职责明确，统筹协作，高效运转，在一定程度上为灾害治理提供了重要的制度保障。据有的学者研究，宋朝时已具备现代灾害治理模式的雏形，出现了管理体系的三

---

① （汉）班固撰，（唐）颜师古注：《汉书》卷十二《平帝纪》，中华书局1962年版，第353页。
② （后晋）刘昫等：《旧唐书》卷二《太宗纪》，中华书局1975年版，第33页。
③ 睡虎地秦墓竹简整理小组编：《睡虎地秦墓竹简·秦律十八种·田律》，文物出版社1990年版，第19页。
④ 赵晓华：《救灾法律与清代社会》，社会科学文献出版社2011年版，第79页。
⑤ （汉）班固撰，（唐）颜师古注：《汉书》卷七十六《王尊传》，中华书局1962年版，第3237页。
⑥ 《德宗景皇帝实录》卷四百三十六"光绪二十四年十二月辛丑"条，《清实录》第五十七册，中华书局1987年影印本，第737页。

个行政等级和四个层次,即国家级、路级和地方州县三个等级和决策层、管理层、执行层、操作层四个层次①。与此同时,灾害治理的法律法规系统不断完善,提升了灾害治理的法治保障水平,确保了灾害治理程序的执行落实。

在灾害治理体系中,历代政府十分注重对社会力量进行引导和管理。与政府机构不同的是,社会性救助的各类元素如房屋、土地等不动产主要来源于民间,或来源于国民的义务纳输,或来源于乡绅、商贾的慈善捐助。社会的各种救灾机构在整个灾害治理体系中起了相当重要的作用,也成为我国古代政府灾害治理的必要补充。特别是在灾害影响最为严重的广大乡村地区,社会性的救助机构因为分散在村社,救助活动更为直接,也正好弥补了国家救助覆盖面的某种缺失。从一定程度上讲,社会个体互帮互助的机制比国家救助往往更为灵活、更具成效,有必要予以充分关注。

自古以来,中华民族就有遏恶扬善、扶危济困、乐善好施、守望相助等传统美德,无论是先秦时期的儒、道、墨、法诸家思想,还是佛教、道教以及中国化佛教的各类典籍,其中都不乏相关的思想学说或理论阐释,为各个历史时期的社会力量广泛参与灾害治理提供了持续不断的文化源泉和思想动力。在我国古代,先秦时期即出现了以里社为单位的民间互助救灾组织。及至魏晋南北朝时期,社会救灾力量又有了新的发展,以血缘为纽带的宗族组织和以信仰为纽带的慈善团体等都积极参与灾荒救助。例如,李士谦家族"每以振施为务",遇灾荒之年,或散粟糜粥,或"收埋骸骨",或"出田粮种子",或施药"以救疾疠"②。这可以视作魏晋南北朝时期宗族力量参与灾害治理的重要典范。僧、道等慈善团体在普度众生、救危济贫等思想感召下,普遍具有主动参与救灾的强烈意愿并积极付诸实践,同时政府也与其保持着密切互动,进一步引导寺院、道观等参与灾害治理。

随着传统医学等知识技能的传播和发展,社会力量在救灾抗疫等方面

---

① 石涛:《北宋时期自然灾害与政府管理体系研究》,社会科学文献出版社2010年版,第22—23页。
② (唐)李延寿:《北史》卷三十三《李士谦传》,中华书局1974年版,第1233—1234页。李士谦事又见于(唐)魏徵、令狐德棻《隋书》卷七十七《李士谦传》,中华书局1973年版,第1752—1753页。

做出的贡献尤为显著。魏晋至隋唐之间，与社会政治动荡相伴而生的是疾疫迭起，"普天大疫""死者数万"的记载屡载于史①。疾疫不仅给个人健康带来直接威胁，而且给家族、社会和国家造成不安隐患，不断加深社会对疾疫的集体焦虑。医者身处其时，一方面在医学实践中持续探索建立专业的医学理论，另一方面则以悲天悯人的情怀，通过提供预防方法与医疗服务，为古人一次又一次地战胜疾疫铸就了坚强堡垒②。同时，具备医学技能的僧道团体也为当时的救灾抗疫进行了不懈努力。例如，北魏肃宗初年有僧人惠怜在疫病流行之时无偿为平民治病，"病人就之者，日有千数"，还得到灵太后的嘉奖和赏赐③，可见其影响之大。

唐宋以降，政府逐步将民间救助和慈善机构纳入管理，尤其宋朝正式建立了以各级官府为主导、社会民众为辅助的多元化灾害治理格局，历经元明清不断完善发展，为应对各种自然灾害做出积极贡献。以仓储体系为例，我国历史上的义仓即出于救灾纾困的公益目的，储民粮于民间以备救荒之需④，堪称社会民众救灾的典型代表，它与国家代表的常平仓合力齐心，以丰年之有余补歉年之不足，成为我国古代取得防灾抗灾成功的得力工具。及至清代，还出现了民办官管性质的社会慈善机构，如普济堂、养济院、育婴堂等⑤，成为国家政权与社会力量在灾害治理方面广泛、深入地开展互动合作的有力佐证。另外，历朝统治者也普遍重视救灾法律法规在官民合作中的重要性、严肃性和约束力，这对协调国家政权与社会力量的密切互动大有裨益、颇有帮助。应该说，国家和社会力量协同行动、各展所长，减轻了国家的财政、物资等负担，也推动了灾害治理政策在基层的有效落实，保障了防灾救灾的顺利开展。

在当前的灾害治理过程中，我们仍有必要以史为鉴，向古人学习，坚持以政府为主导，调动各种民间组织、企业、社区和群众的积极性，使其发挥各自

---

① 武斌：《瘟疫与人类文明的进程》，山东人民出版社2020年版，第66—70页。
② 张嘉凤："'疾疫'与'相染'：以〈诸病源候论〉为中心试论魏晋至隋唐之间医籍的疾病观"，林富士编：《疾病的历史》，台湾联经出版事业股份有限公司2011年版，第198页。
③ (北齐)魏收：《魏书》卷二十二《清河王传》，中华书局1974年版，第591—592页。
④ 辛德勇：《古代赈灾救济的"义仓"与"义田"》，《人民论坛》2022年5月上期。
⑤ 孙绍骋：《中国救灾制度研究》，商务印书馆2004年版，第123页。

优势，协同配合，相得益彰，不断推动多元化灾害治理格局的健全和完善，并通过灾害治理法律体系建设，使其更加科学规范、系统完备、运行有效。

（四）注重灾害治理与生态保护的结合和统一

追求天人合一、物我合一，追求人与自然生态环境的和谐共生，是我国古代灾害治理的重要出发点和立足点。作为中国传统生态世界观的高度概括和集中体现，天人合一思想把人与自然视为一个有机整体，其根本意蕴就是顺应自然、保护自然、尊重自然，实现人与自然的和谐发展[1]。中国古代救灾思想和实践中存在着很强的环境保护意识，各个历史时期也都制定了保护自然资源、防止环境破坏的相关法规，力求避免因生态环境恶化而导致自然灾害频发。生态环境保护与灾害治理的有机融合，成为我国古代灾害治理的重要组成部分。

先秦时期，我国有关生态环境保护的活动就也已经展开。据《尚书·虞书·舜典》，尧舜时期便设有"虞官"之职，掌管山川林木、鸟兽鱼虫的保护。相传夏禹曾发布禁令："春三月山林不登斧，以成草木之长；夏三月川泽不入网罟，以成鱼鳖之长。"[2]古代还流传着商汤"网开三面"的故事。商汤狩猎，将四面所张之网去其三面，只捕取触犯天命之鸟，以体现上天好生之德。"汤收其三面，置其一面，更教祝曰：'昔蛛蝥作网罟，今之人学纾。欲左者左，欲右者右，欲高者高，欲下者下，吾取其犯命者。'"[3]这一思想对后世影响很大，后代多代帝王狩猎时都用"三驱之礼"，以体现作为"与天地合其德"的圣君对"天德"应有的遵循。周文王征伐天下时也明确下令："毋坏室，毋填井，毋伐树木，毋动六畜。有不如令者，死无赦。"[4]其中显然包含着保护自然资源的倾向，因而被奉为我国现存最早的环境资源

---

[1] 参见拙作《天人合一——传统文化中有机整体的生态世界观》，《光明日报》2016年10月10日。

[2] 黄怀信等：《逸周书汇校集注》卷四《大聚解》（修订本），上海古籍出版社2007年版，第406页。

[3] 许维遹集释，梁运华整理：《吕氏春秋集释》卷十《孟冬纪·异用》，中华书局2009年版，第235页。

[4] （汉）刘向撰，向宗鲁校证：《说苑校证》卷十五《指武》，中华书局1987年版，第378页。

保护法规，长期为后世所推崇。西周还专门设有山虞、林衡、川衡、迹人等职官，管理山川、湖泊、沼泽、森林、渔猎等自然资源及其相关工程建设。可见，夏商周时期已经出现了较为系统的有关环境保护的法令和原则，负责保护和管理自然资源的相关机构也已出现，其重要精神就在于通过保护生态环境努力减少自然灾害的发生，而这些也颇为后世所效法。

秦汉以后，人们对生态环境破坏与自然灾害发生的因果关联的认识进一步深刻。西汉贡禹曾指出："斩伐林木，亡有时禁，水旱之灾，未必不由此也。"① 同时，人们对灾害爆发原因的认识也受到天人合一、天人感应等思想观念的影响。董仲舒建构了以天人感应为核心的思想体系，将灾祸或祥瑞视作上天对世人的责罚或奖赏。经过长期实践，天人合一、天人感应等思维方式逐渐由观念层面转化为一整套相对完善的运行方式，其中即包括通过保护自然生态环境来防范自然灾害。"四时之禁"也成为人们普遍接纳并遵循的环境实践准则，即"法天时，兴地利，导人和"，遵循"春生、夏长、秋收、冬藏"的自然运行规律来安排人类的生产活动。

运用行政手段加强对自然生态环境保护的趋势，秦汉以来也在不断加强。云梦睡虎地秦简《田律》是目前所知保存最完整的环境保护法律文献，其中有一部分专门讲述资源和环境保护。秦始皇焚书时，明确规定"医药卜筮种树之书""不去"②，也折射出统治者对林木等生态环境的重视和保护。及至汉代，关于"四时之禁"的规定内容更为丰富。在甘肃悬泉置遗址发现的西汉《四时月令五十条》，不仅内容详细，而且包含大量的司法解释，如"禁止伐木"条下有："谓大小之木皆不得伐也，尽八月。草木零落，乃得伐其当伐者。"③ 根据居延汉简所记，当时地方政府每个季度皆须向上级汇报"四时之禁"的实施情况。由《淮南子》《春秋繁露》《四民月令》等记载亦可知，汉代人们大体都在按照季节更替有序保护生态环境，开展生产活动，

---

① （汉）班固撰，（唐）颜师古注：《汉书》卷七十二《贡禹传》，中华书局1962年版，第3075页。
② （汉）司马迁：《史记》卷六《秦始皇本纪》，中华书局1982年版，第255页。
③ 中国文物研究所、甘肃省文物考古研究所：《敦煌悬泉月令诏条》，中华书局2001年版，第4页。

反映出"四时之禁"等思想观念的深远影响①，而这些也都有助于防范自然灾害特别是重大自然灾害的发生。

及至隋唐，"虞官"以及其他分管山川林木的官员在官制中占据更为重要的地位。唐朝进一步将山林川泽、苑囿、打猎等纳入政府职责范围，并在京兆、河南两都四郊三百里划出禁伐区和禁猎区，管理范围远超前代。宋太祖也曾下诏鼓励臣民种树，规定"课民种树，定民籍为五等，第一等种杂树百，每等减二十为差，桑枣半之"②。此举颇有助于保护生态环境、防范自然灾害。不过，随着人口急剧增长、生产力飞跃发展，人类改造自然的能力越来越强，也就与环境保护产生了一定的冲突和矛盾。宋朝及此后文献中有关"弛猎禁""弛山泽之禁"的记载越来越多，蓄泄两误、乱砍滥伐引发水土流失等问题屡屡发生。于是，宋朝又进一步扩大了负责管理川泽的虞部和衡部职权，使其在抑制水土流失、维护生态平衡、防范自然灾害等方面发挥重要作用和功能。

明清时期依然延续了生态保护和灾害治理深度融合的优良传统，与保护山林川泽相关的法律法规也更为细致。不过明仁宗时一度放松了对山场、湖泊等地域的管制，"山场、园林、湖池、坑冶、果树、蜂蜜官设守禁者，悉予民"③，导致出现了乱砍滥伐的现象，进而引发湖泊干涸、水土流失等问题，生态平衡逐渐被打破，自然灾害的爆发也愈加频繁。清朝康熙时期实施"永不加赋"的宽松政策，我国人口呈现出爆炸式的增长趋势。为确保粮食供给，政府不得不加紧垦荒屯田，又直接或间接地造成林木大面积毁损和严重水土流失，使生态环境保护面临巨大压力，应该引起我们高度重视。

如今，我国正在全面开展生态文明建设、美丽中国建设，生态环境保护较之古代也已发生了历史性、根本性、全局性的变化，但我们还是必须牢记"绿水青山就是金山银山"的发展理念，借鉴古人将生态保护与灾害治理深度融合的传统智慧，进一步筑牢生态环境保护防线，让人民群众在绿水青山中共享自然之美、生命之美、生活之美，走出一条生产发展、生活富裕、

---

① 罗顺元：《中国传统生态思想史略》，中国社会科学出版社2015年版，第184—185页。
② （元）脱脱等：《宋史》卷一百七十三《食货志上》，中华书局1985年版，第4158页。
③ （清）张廷玉等：《明史》卷八十二《食货志六》，中华书局1974年版，第1992页。

生态良好的文明发展之路。

（五）重视救灾科技，及时将科技创新运用于灾害治理

众所周知，科学技术是第一生产力。在灾害治理过程中，科学技术的创新发展同样也是重要因素。我国古代一直高度重视科学技术尤其农业技术在灾害治理过程中的积极作用，兴修、维护各类农田水利工程，不断改进生产工具和耕作技术，形成了一整套耕作栽培技术体系，抵御自然灾害的能力不断增强。可以说，救灾科技的创新发展，是我国古代灾害治理中一条宝贵的历史经验。

兴修农田水利工程是治理水患的重要前提和有效举措，"除五害之说，以水为始"①。我国自古流传有大禹治水的故事，一定程度上就折射出人们关于水患治理的理想和期望。秦汉时期，政府始终将兴修水利作为有效提高防御水旱灾害能力的核心政策，我国古代的水利建设也由此进入了全新发展阶段。竣工于战国晚期的都江堰和郑国渠，秦朝以后得到良好维护，一直在农业生产和抗灾救灾方面发挥重要作用。汉朝政府在关中等地区兴建的六辅渠、漕渠等大型水渠，也都同时具备防洪治水、航道运输、农田灌溉等多重功能，成为我国古代水利工程的典型代表，并在防范水旱灾害方面发挥了积极作用。

隋唐、北宋时期是我国农田水利事业发展的鼎盛时期，水利建设遍及各地，技术水平得到明显提高。隋朝建成沟通长江和黄河流域的大运河，使水运成为有效联结广大地区的主要途径之一。唐朝进一步大力兴建农田水利，尤以关中的三白渠和浙江的它山堰最具代表性，极大地提升了抵御水旱灾害、调运救灾物资的能力，特别是黄河堤防系统工程建设取得的重大成就，有效地遏制了洪水危害，增强了灾害治理能力。北宋以来，受黄河夺淮改道的直接影响，频发的黄河水患成为农业生产、社会稳定的最大威胁，因而水患治理在灾害治理中的地位也更加重要②。元朝北方多水灾，郭

---

① 黎翔凤撰，梁运华整理：《管子校注》卷十八《度地》，中华书局2004年版，第1059页。
② 李华瑞：《宋代救荒史稿》（下册），天津古籍出版社2014年版，第670—715页。

守敬"习水利，巧思绝人"①，为各地河渠的整修和管理做出重要贡献。朝廷"内立都水监，外设各处河渠司，以兴举水利、修理河堤为务"②。贾鲁任都水监，"循行河道，考察地形，往复数千里备得要害"，成效显著③。明朝潘季驯治黄采用"筑堤束水，以水攻沙"之法，借淮河之清以刷黄河之浊，确保了黄河下游在一定时期内的相对稳定④，成为我国古代治黄史乃至救灾史、水利史上的一座里程碑。清朝依靠靳辅、东潢等治水能臣的智慧和努力，长期将河务、漕运列为核心政事，有效地缓解了水患威胁，为百姓安居乐业、国家稳定发展创造了良好的环境和条件。

在注重兴修水利的同时，我国古代先民还创造性地把农业生产和灾害治理结合起来，从农业生产各个环节入手，采取了抗旱保墒、调整作物种植结构、病虫害防治、中耕除草等农业技术措施减灾防灾，收到了良好的综合效益。换言之，我国古代传统农业技术素来具备双重性特点：既是一种增产措施，也是一种防灾抗灾措施。春秋战国时期，以铁器、牛耕为主要标志的传统农业奠立了我国古代历史发展的重要基石。与农业生产相关的耕作栽培技术、动植物品种培育技术、水利灌溉技术、植物保护技术等，不仅对农业增产增收，而且对防范和应对各种自然灾害都发挥着重要作用。汉武帝时赵过的代田法，在耕作技术、生产工具的改革、动力使用方法的调整等方面都有所进步，有效提升了防范农业灾害的能力和水平。西汉末期氾胜之发明区田法，其主旨就在于通过防旱抗旱达到增产、丰收的目的。魏晋南北朝时期，我国进入寒冷期，黄河中下游连年干旱，人们创造了"耕耙糖压锄"的抗旱保墒土壤耕作技术，在相当程度上缓解了旱灾的威胁⑤。与此同时，我国先民根据不同的自然地理环境，在对前人农业生产技术不断总结、继承和创新的基础上，逐渐形成了一整套耕作栽培技术体系，即魏晋以前在中国北

---

① 王培华：《元代北方灾荒与救济》，北京师范大学出版社 2010 年版，第 30—93 页。
② （明）宋濂等：《元史》卷六十四《河渠志一》，中华书局 1976 年版，第 1588 页。
③ （明）宋濂等：《元史》卷一百八十七《贾鲁传》，中华书局 1976 年版，第 4290—4291 页。
④ （清）张廷玉等：《明史》卷八十四《河渠志二》，中华书局 1974 年版，第 2055—2056 页。
⑤ 李根蟠：《〈元代北方灾荒与救济〉序》，王培华：《元代北方灾荒与救济》卷首，北京师范大学出版社 2010 年版，序言第 2 页。

方地区形成的抗旱保墒耕作体系和宋元时期在中国江南地区形成的以"耕耙耖耘耥"为中心的稻田耕作技术体系①。就实效而言，这些都为防灾抗灾、增产增收做出了重要贡献。

值得注意的是，关于农业减灾技术的记载也多见于我国历代农书。从《氾胜之书》《齐民要术》的编撰到《农桑辑要》《农政全书》等农书的推出，都是古人努力以技术革新做好灾害救助、灾害治理的有效尝试和突出成果。尤其明朝徐光启《农政全书》较为全面地记述了我国古代农业生产、农业政策、土地制度、土地利用方式、耕种方法、农田水利、农具农时、救荒政策和措施等，总结了此前我国农业生产、农业技术等方面的重要成就，其中涉及大量救灾减灾技术。此外，气象学、医药学、建筑学等与防灾救灾相关的领域，在灾害治理中也得到不同程度的重视，亦是人们对科技创新的广泛运用②。必须承认，农业技术的进步极大地增强了古人抵御自然灾害的能力，在历代灾害治理中发挥了重大作用。当灾害频发时，传统农业科技在一定程度上控制了灾情蔓延，减轻了灾害的破坏和威胁，也防止了更大的次生灾害的出现。换言之，依赖于农业科技的救灾减灾功能，我国古人成功防治、控制了无数自然灾害的发生或蔓延，并将可能发生的次生灾害消除于萌芽之中。

科技创新始终是人类社会进步和发展的重要引擎，当今社会自然也不例外。随着科学技术的进步，目前我们对自然灾害的发生机理和规律已经有了更为深刻的认识，防范、预测和应对灾害的能力得到显著提高，我们更应该始终坚持创新引领发展，将科技创新作为中国实现高质量发展的动力之源，同时注重传承和发展我国历史上的创新智慧、成功经验，进一步推动救灾科技水平和能力的提高。

（六）在文明交流互鉴中充分汲取域外救灾经验和成果

纵观人类历史，不同文明之间的互动交流是一个永恒的主题。正是不同文明之间的交相辉映、相得益彰，为人类文明的进步发展提供了重要的动

---

① 卜风贤：《农业技术进步对中西方历史灾荒的影响》，《自然杂志》2007年第5期。
② 张涛等：《对中国传统救灾思想的认识》，《光明日报》1999年6月25日。

力之源。众所周知，中华民族素来秉持天下大同的精神理念，推崇怀柔远人、和谐万邦的天下观，颇为重视与域外文明之间的互动交流。早在享誉盛名的汉代"丝绸之路"出现之前，中外文化之间的互动交流已经广泛存在。根据考古材料，公元前3500年左右中外文化即出现交流的迹象，在青海曾发现这一时期多件饰锯齿菱形纹和舞蹈纹的彩陶，类似的纹饰在中亚、西亚和东南欧并不鲜见。公元前2500年左右，中外文化交流开始加速。中亚南部的文化对我国甘青和新疆等地区产生了极大的影响，具体表现在锯齿纹彩陶、尖顶冠形符号、人物雕塑、土坯等方面。根据饶宗颐先生考证，殷墟YH127坑卜甲上黏附的纺织品相当于榜葛剌国的兜罗棉，同时武夷山船棺葬也有棉布出土，这证明印度货物在殷代已有交流来华的迹象[1]。

随着西汉张骞出使西域，中国同西亚、欧洲的交流互动日益密切，中国的丝绸、铁具等源源不断运往西域，西域的葡萄、苜蓿等农作物和犀牛、汗血马等动物则被陆续引入[2]，增加了我国农作物的种类，也大大有助于农业生产进步、灾害治理能力提升。据有关报道，近年在英国伦敦一处罗马帝国时代墓地发现的骸骨中，有两副可能是源自二至四世纪的中国[3]。这应该是当时"丝绸之路"畅通的反映，也是当时中外文明互动交流的有力佐证。开放包容的中华文明与其他文明的密切联系、互学互鉴、互利共赢，也为中国古代灾害治理的发展提供了丰富的域外文化养料和有益资鉴。

佛教的中国化，也是我国文化史上中外文明互动交流的成功范例。起源于古印度的佛教，在两汉之际传入中国。为了在中国传播和发展，佛教先后采用汉代方术、魏晋玄学、儒家学说等思想理念来诠释佛教教义和概念，于是汉魏两晋时期佛教经典翻译领域普遍出现了"格义"现象。"格义佛教"旨在建立中国佛教语言哲学体系，其本质则是佛教与传统道家、儒家文化的对话和融会，成为本土语言体系融摄异质文明的典范[4]，有力地推动了佛教

---

[1] 饶宗颐：《李学勤〈比较考古学随笔〉序》，李学勤：《比较考古学随笔》卷首，广西师范大学出版社1997年版，序言第3页。

[2] （汉）司马迁：《史记》卷一百二十三《大宛列传》，中华书局1982年版，第2174页。

[3] 《伦敦出土疑似两千年前中国人骸骨》，《厦门日报》2016年10月2日。

[4] 唐嘉：《佛教"格义"研究》，宗教文化出版社2021年版，第401页。

中国化的迅速发展。值得注意的是，在佛教中国化的过程中，它也或隐或现、或多或少地影响了我国传统救灾思想和实践。佛教众生平等、因果报应、大慈大悲、功德无量等观念与我国传统的积善余庆、遏恶扬善、民胞物与、天下为公等思想具有深层次的共通性，在佛教与中国社会相适应、相融合的过程中，逐渐被引入救灾活动和慈善事业，对于推进灾害救助、社会慈善等起到了潜移默化的重要作用。此外，佛教祈祷国泰民安、祈求制止瘟疫等活动①，也成为我国古代灾害治理的重要组成部分。可以说，佛教思想与中华传统文化的密切结合和融会，为我国古代灾害治理、慈善事业发展带来了新的因素，注入了新的活力。

事实上，谈及我国古代及时总结和借鉴域外救灾经验，最具代表性的莫过于积极引进与大力推广海外的高产农作物。在社会发展过程中，不断增加的人口促使社会对高产稳产农作物的需求变得尤为迫切。伴随着国内外交流日益密切，我国在明清时期迎来了引进域外粮食作物的高潮，玉米、番薯、花生、南瓜、番茄等高产稳产、耐旱耐涝、适应性广、抗逆性强的农作物陆续被引入国内。这些农作物一定程度地满足了人口稠密地区最紧要的食物需求，成为人们度过灾荒之年的重要物资，提升了防范旱灾、饥荒等灾害的能力，在我国灾害救助、灾害治理史上占有不容忽视的重要地位。

清朝康乾时期，玉米、番薯等高产作物进一步得到全国性推广。据史料记载，乾隆五十年（1785）河南等地发生饥荒，乾隆帝接受河南巡抚毕沅等人的建议，决定在河南等地推广备荒植物番薯："闽省地方，向产番薯一种，可充粮食，民间种者甚多。因思豫省近年屡经被旱……番薯既可充实，又能耐旱，若以之播种豫省，接济民食，亦属备荒之一法……著传谕富勒浑（闽浙总督）即将番薯藤种，多行采取，并开明如何栽种、浇灌之法，一并由驿迅速寄交毕沅，转饬被旱各属，晓谕民人，依法栽种，于民食自属有裨。"②诏令颁行后，河南各府州县认真奉行，并邀请番薯种植及技术推广专

---

① ［英］崔瑞德编：《剑桥中国隋唐史（589—906）》，中国社会科学院历史研究所、西方汉学研究课题组译，中国社会科学出版社1990年版，第69页。
② 《高宗纯皇帝实录》卷一千二百三十二"乾隆五十年六月庚寅"条，《清实录》第二十四册，中华书局1986年影印本，第548页。

家陈世元指导栽培,效果理想,在一定程度上达到了预期的防灾减灾目的。此举也成为我国历史上推广域外农作物、提升灾害治理能力的典型例证。

此外,域外科学技术和救济思想也对我国古代灾害治理产生了深远影响。在引进西方科学技术方面,明代徐光启可以说是我国历史上的先驱之一。他翻译了《泰西水法》,对西方水利科学进行了较为系统、全面的介绍和吸收,结合当时我国农业提出了一整套开发农田水利的设想,影响深远[1]。此外,西方救济思想也为当时有识之士所汲取和借鉴。中国传统救济思想以"养"为主,主要关注鳏、寡、独、孤"此四者天下之穷民而无告者"[2]。作为农业文明的产物,这种被动救济理念容易积久生弊,助长被救济者的消极依赖思想。西方近代救济则以"教"为主,是工业文明的产物。外国传教士来华创办慈善事业,往往"教养兼施",对中国传统救济理念、救灾活动也具有一定的启发意义和借鉴作用。

正是不同时期中外文化之间持续不断的互动交流,才为古老的中华文明源源不断地注入了新的血液,从而塑造了历史悠久、博大精深的中华文明。积极有效的文明互鉴交流有助于开创发展新机遇、谋求发展新动力、拓展发展新空间,实现优势互补、利益共享。进入新时代,在构建中国特色灾害治理机制和体系的过程中,我们应当立足于我国国情,及时总结、吸收域外救灾理念、经验和智慧,赋予中国特色灾害治理更为开放包容的时代精神。

(七)及时总结历史经验,不断提升灾害治理能力和水平

古今中外,重视和借鉴历史是众多民族的共同特点,中华民族尤其如此。我国历代先贤始终注重总结和汲取历史经验。唐朝以来形成的易代修史传统,即改朝换代后由后代编修前代正史,更是蕴含着以史为鉴的初衷和期许。《周易·大畜卦·象传》曰:"君子以多识前言往行,以畜其德。"人们的认知应当以传统的历史知识为起点,对往圣前贤言行举止不断记录和认识的过程就是蓄养德行的过程。《礼记·经解》有言"疏通知远,《书》教也"。

---

[1] 张涛等:《中国传统救灾思想研究》,社会科学文献出版社2009年版,第279页。
[2] (清)焦循撰,沈文倬点校:《孟子正义》卷四《梁惠王章句下》,中华书局1987年版,第136页。

"疏通知远"就是要鉴往知来，这也是史学致用的重要体现。历史上凡是能疏通知远的人，大体都不外是"多识前言往行"之士①。事实上，古代对历史经验、前人智慧加以继承和创新，也体现在灾害治理方面。

"居安思危""有备无患""未雨绸缪"等传统理念，无不隐含着朴素的灾害防范意识。历代众多政治家、思想家以及能工巧匠等也都在救灾思想和实践中不断总结和借鉴前人经验，进而推动灾害治理的进一步深化和发展。同时，得益于数千年来各类史料的记载和保存，灾害治理的历史延续性也显而易见。例如，就历代史部文献而言，正史类中的纪、传和《五行志》《食货志》《河渠志》以及政书类、地理类典籍等，都不乏对自然灾害及其应对、救助的记载。这些都彰显了历代明君鸿儒对自然灾害的重视，也反映出他们力图以史为鉴的良苦用心。

我国古人在灾害治理方面对历史经验的因袭和借鉴，也集中体现于救灾著作的编纂和刊刻，宋朝以来更是代不乏人，著述迭出。陈寅恪先生指出："华夏民族之文化，历数千载之演进，造极于赵宋之世。"②若将此论运用于灾害治理领域，几乎同样也是不刊之论。古代史家曾高度评价宋代的灾害治理，认为"宋之为治，一本于仁厚，凡振贫恤患之意，视前代尤为切至"③。当此之时，以救灾著作编纂和刊布为代表的对传统灾害治理历史经验的总结也进入到一个高峰期，其中南宋董煟《救荒活民书》尤为典型。该书备采自上古至南宋的荒政成例，而且详列南宋政府筹措救荒的策略和方法，并罗列出行政区划内不同等级官吏的相应职责。以该书的推出为标志，我国古代救灾著作编纂由依托"天道"转变为侧重"人道"，"上卷考古以证今，中卷条陈救荒之策，下卷备述本朝名臣贤士之所议论、施行可为矜式者，以备缓急观览"，成为后来各种救灾著作的"母本"④。此后，元朝张光大《救

---

① 刘家和：《史学、经学与思想：在世界史背景下对于中国古代历史文化的思考》，北京师范大学出版社2013年版，第23—37页。
② 陈寅恪：《邓广铭宋史职官志考证序》，《金明馆丛稿二编》，三联书店2001年版，第277页。
③ （元）脱脱等：《宋史》卷一七八《食货志上》，中华书局1985年版，第4335页。
④ 夏明方：《救荒活民：清末民初以前中国荒政书考论》，《清史研究》2010年第2期。

荒活民类要》、欧阳玄《拯荒事略》和明朝朱熊《救荒活民补遗书》、林希元《荒政丛言》等救灾著作相继推出，无不从中汲取众多资源和养料，获得某种沾溉和启发。明初编纂的大型类书《永乐大典》也收录有与救灾相关的著作，如《河防通议》《治河图略》《农桑辑要》《农桑衣食撮要》《王祯农书》《博济方》《济生方》等，为我们认识古代灾害治理提供了宝贵资料和重要线索。

清朝承继数千年来的历史积淀，迎来古代文化和学术全面总结的集大成时期，灾害治理方面的救灾著作编纂更是如此。据统计，汉至清末现存救灾著作411部（其中清代352部），辑佚书目65部（其中清代16部），共约476部，而清代共计368部，占总数四分之三以上①。其中，清朝救灾著作不仅在数量上远超前代，在体例上也突破了《救荒活民书》的奠基性范本，如康熙年间的《康济录》等，就不仅辑录了更为丰富的资料，也更加注重详载现行荒政则例与律例②，既有对前书的资料保存，也有对之发展完善后的重新认识。康熙、雍正时期编纂《古今图书集成》，其中"历象汇编"之"庶征典"和"经济汇编"之"食货典"等都有救灾文献收录。乾隆年间编纂《四库全书》，史部、子部收入了《救荒活民书》《康济录》《捕蝗考》《治河奏续书》《行水金鉴》《农桑辑要》《农政全书》《救荒本草》《济生方》等与灾害治理相关的各类典籍。以上这些，皆可谓是在继承和发展前人灾害治理经验基础上形成的重要思想宝库和文化资源。

历史上救灾著作的相继编纂和刊布，确保了相关史料记载的连续性、可靠性和精准性，为我们认识各个历史时期的灾害治理提供了更为丰富、扎实的研究依据，也从一个侧面反映了历代先贤对待前人智慧和历史经验的态度。清人龚自珍曾感叹："灭人之国，必先去其史。"③历史既是民族文化的

---

① 李文海、夏明方、朱浒主编：《中国荒政书集成》，天津古籍出版社2010年版，序言第9页。
② [法]魏丕信：《略论中华帝国晚期的荒政指南》，曹新宇译，李文海、夏明方主编：《天有凶年：清代灾荒与中国社会》，三联书店2007年版，第97—99页。
③ （清）龚自珍：《古史勾陈论二》，《龚自珍全集》第一辑，上海人民出版社1975年版，第22页。

重要载体，又依靠民族文化的血脉、基因而延续、发展。鉴往知来，我们仍有必要效法前贤，充分汲取中华优秀传统文化在灾害治理方面的思想和智慧，为应对自然灾害特别是重大自然灾害提供必要的历史经验和学术依据。

我们知道，自然灾害不但会造成人员伤亡、财产损失等直接后果，而且也会通过放大作用对国计民生、国家安全乃至社会发展构成长期的灾害风险和危害后果，这种多样性和复杂性也促使历代政府高度重视灾害治理。多难兴邦，中华先民依靠丰富的古代智慧和历史考验，有效应对了各种灾害威胁，化解灾害风险的能力和水平日渐提升。他们在沿袭前代治理灾荒的经验和教训基础上进行合理的改良，在无形中保障了我国古代灾害治理体系一直处于动态更新和完善之中，进而促使我国古代灾害治理的手段愈益成熟、经验愈益丰富。当然，我们也应该认识到，我国古代灾害治理相关规章制度的完备不等于措施及具体实践的完善，也不等于结果及社会效果的完美。恰好相反，在一定程度上说，越完善的制度越意味着措施实施过程中灵活性在更大程度上的丧失，如由于监督机制不健全，致使灾害治理客观上为贪污腐化开了方便之门，进而最终引发更深层次的社会弊端和危机[①]。而且面对各种自然灾害，先民采取了一系列的灾害治理举措，但从结果来看，严峻的灾荒形势长期并未得到有效控制和根本解决，说明诸多举措难免存在治标不治本、救民不养民等弊端，这些都应当引起我们格外警醒。

在漫长的人类文明史上，中国人民创造了源远流长、博大精深的优秀传统文化，为中华民族生生不息、不断发展壮大提供了强大的思想力量和精神支撑。中华优秀传统文化中丰富的哲学思想、人文精神、价值理念、道德规范等，蕴藏着解决当代人类面临的难题的重要启示，可以为人们认识和改造世界提供有益启迪，可以为治国理政提供有益借鉴。我国历史上关于灾害治理的诸多思想理念和实践举措等，都是中华优秀传统文化的重要组成部分，是古人留给我们的宝贵历史文化遗产。当代中国是古代中国、历史中国的延续和发展。作为中华优秀传统文化忠实的传承者和弘扬者，我党一直高

---

① 周琼：《制度与成效：乾隆朝粥赈制度研究》，高岚、黎德化主编：《华南灾荒与社会变迁：第八届中国灾害史学术研讨会论文集》，华南理工大学出版社 2011 年版，第 152 页。

度重视从历史中汲取治国理政的经验和智慧，这些经验和智慧自然也涉及灾害治理的内容。改革开放以来特别是党的十八大以来，我国的灾害治理工作已经取得显著成就。但是，我们仍然有必要不断运用中华优秀传统文化充实自身、涵养自我，进一步总结、吸收古代灾害治理的思想理念和智慧精华，汲取、借鉴其经验和启示，从一个侧面不断推动中华优秀传统文化的创造性转化和创新性发展。

当前，肆虐全球的新冠肺炎疫情仍尚未得到全面控制，各地疫情防控形势依然严峻。这就更需要我们以史为鉴、古为今用，向古人借智慧，向历史借能量，以中国古代灾害治理的历史经验为重要镜鉴，服务于进一步建设、发展具有中国特色的灾害治理体系和机制，服务于灾害治理的科学决策、精准施策，服务于我们国家治理体系和能力的现代化。环顾世界，挖掘、总结中国古代灾害治理的经典案例和历史经验，也有助于积极推动全球治理理念的创新发展，为全球灾害治理、疫情防控等事业贡献中国智慧、中国方案和中国力量，造福当下，赋能未来。

五、中国古代优抚政策与思想

（一）引言

优抚是当今我国的一项重要的政策措施，不论是战争年代还是国家和平建设时期，优抚工作都保证了国防建设的稳步推进，也使军民融合步入到一个新阶段，从而维护了社会和谐稳定，促进了经济社会发展。党的十八大以来，以习近平总书记为核心的党中央对军人优抚工作十分重视，而且提出了更高的要求，将其与实现"两个一百年"的目标、实现中华民族伟大复兴的中国梦联系在一起。随着时代发展和社会进步，我国的优抚政策作为社会保障的一个重要组成部分，在面临新问题、新挑战时，仍然存在着一些需要进一步完善和提高的地方。

我国的优抚政策和优抚思想历史悠久，最早可以上溯到西周"以人为本"的思想。春秋战国，士兵的重要性凸显，政论家开始呼吁统治者重视士兵待遇，优抚政策走向独立化和系统化。秦汉以降，尤其是汉武帝之后，思想定于儒家一尊，其仁政思想促使统治者不断重视民生，优抚政策也趋于细化。历史上优抚政策常常伴随王朝的兴衰而起伏，究其原因，其实施与国家政治的稳定和财政的充盈息息相关。但总体来看，我国古代优抚政策还是不断趋于完善的，这一方面是由于历史形势所驱，另一方面历代思想家、政论家对于优抚问题的反思也督促着统治者爱惜民力，实施仁政，从而助推了优抚政策日渐走向成熟。

我们应该"以史为鉴"，向古圣先贤借智慧和能量，对中国历代优抚政策和制度追根溯源，挖掘其中的思想精华，总结其中的经验教训，这无疑会为当今国家优抚政策的制定和实施提供有益的启示和借鉴。

（二）从"敬天保民"到"按功授爵"：先秦秦汉时期

优抚制度作为社会保障制度的一个分支，其成为一个单独名目时间自然要晚于后者。因此，我国早期的优抚制度，是包含在社会保障制度之内的。早在我国西周时期，由于统治者受到"敬天保民"思想的影响，社会保障政策悄然诞生。① 《尚书·周书·大诰》载，周公东征管、蔡之前提道："肆予冲人永思艰，曰：呜呼！允蠢鳏寡，哀哉！"由此可见其对于弱势群体的关心。

周朝兵制是兵民合一，王畿士兵由"国人"构成，而各地诸侯的族军则是由以血缘关系为纽带的亲族组成，他们本质上都是具有一定身份的"民"。因此，"保民"在某种程度上即是"保兵"，那些因年老或伤病退役的士兵，都能够享受国家对于鳏寡孤独的照顾。②

及至春秋时期，诸侯各自为政，包括优抚在内的社会保障关乎民心所向、国家兴亡，所以引起了各国统治者的重视，其中走在前列的是齐国。齐桓公时，名相管仲执政，他对齐国的政治、经济制度进行了一系列重要改

---

① 关于周代"敬天保民"思想的产生及发展，可详参王保国《周初的王权转移论与民本思想的萌芽》，《中州学刊》2004年第3期。

② 关于中国古代养老问题的研究，可以参考谢元鲁、王定璋《中国古代敬老养老风俗》，陕西人民出版社2004年版。其中涉及先秦时期对"年老"这一概念的界定，指出这个问题是从征发力役的角度出发而言。

革，其中涉及社会保障的改革尤为引人瞩目。鉴于战争频发的形势，管仲真正将社会保障系统化，上升到了一定程度的制度层面，并且专门提出了对士兵家属的优待措施。①

> 君问其若有子弟师役而死者，父母为独，上必葬之，衣衾三领，木必三寸，乡吏视事，葬于公壤。若产而无弟兄，上必赐之匹马之壤。故亲之杀其子以为上用，不苦也。②

这是针对烈士家属的优抚政策。这样一来，可以免除父母的后顾之忧，进而保证兵源充足。因为有这样的政策，齐国士兵的士气和战斗力都有所保障，这使得齐国在春秋初年率先崛起，成为"春秋五霸"之首，也由此奠定了此后百年不衰的基业，得到了后世儒家的肯定和赞颂。孔子赞叹道："桓公九合诸侯，不以兵车，管仲之力也！如其仁！如其仁！"③通过管仲的改革，士兵斗志昂扬，齐国国力大增，通过"不以兵车"的衣裳之会，就成为诸侯盟主。

值得注意的是，儒家这种不以战争解决问题的倾向和态度，客观上也起到了爱惜民力、抚恤士卒的作用。到了战国时期，随着战争频次、规模、烈度不断增加，儒家还是延续"春秋无义战"的态度，不主张各国之间以武力解决冲突和矛盾。如孟子有言："梁惠王以土地之故，糜烂其民而战之，大败，将复之，恐不能胜，故驱其所爱子弟以殉之，是之谓以其所不爱及其所爱也。"④在孟子看来，君主应当体恤民情，不应该频繁发动战争。但是，这终究只是儒家的一种理想秩序，从孔、孟周游列国而未能畅其志、如其愿

---

① 关于《管子》中社会保障、社会救济思想的研究颇丰，但鲜有就士兵优抚，老疾、伤残士兵保障角度论述的成果。关于此方面研究，可以参考李岩《管子德治中的养老救济思想》（《浙江学刊》2016年第3期）一文。该文从社会保障措施的角度，系统介绍了《管子》中的养老救济思想，其中部分涉及士兵优抚。
② 黎翔凤校注，梁运华整理：《管子校注》卷二十三《揆度》，中华书局2004年版，第1386页。
③ （清）刘宝楠撰，高流水点校：《论语正义》卷十七《宪问第十四》，中华书局1990年版，第573页。
④ （清）焦循撰，沈文倬点校：《孟子正义》卷十四上《尽心章句下》，中华书局1987年版，第953页。

的窘境即可见一斑。

在当时，军事力量的强弱是衡量各国综合国力的绝对标尺，即所谓"国富则民众，民众则兵强，兵强则土广"①。因此，各国纷纷变法，以图强兵富国。为了鼓舞士兵士气，激发战斗热情，如何优抚士兵以提高军队战斗力成为各国面对的重要课题。地处西陲的秦国正是由于此项改革的彻底性得以从各国之中脱颖而出，进而统一天下。

秦孝公任用商鞅展开变法运动，其中最重要的指导思想便是实施"军功爵制"，代替原本以"亲亲尊尊"为原则的"世卿世禄制"。后来，直到汉代初年还在施行这一制度，可见其影响之深远。②在"军功爵制"下，爵位和田宅的授予完全以军功多少为准，而授予的范围则由原先的少数贵族扩大到全部庶民群体。《商君书·境内》说："能得爵首一者，赏爵一级，益田一顷，益宅九亩，一除庶子一人，乃得人兵官之吏。"③甚至连"隶臣妾"之类的刑徒群体也都能因军功享受到优待，如秦律规定："工隶臣斩首及人为斩首以免者，皆令为工。"④可见，"军功爵制"的制度精神在于士兵所享受的一切赏赐和优抚待遇，完全同其自身爵位挂钩，而爵位则与军功多寡直接相关。

张家山汉简《二年律令》有相当部分的内容沿袭自秦律，其中《户律》《傅律》《置后律》均对士兵依据爵位所能享受的各种优待政策进行了规定，其爵位越高，嗣子所继承的爵位就越高。⑤由此可见，秦及汉初盛行的军功

---

① 银雀山汉墓竹简整理小组编：《银雀山汉墓竹简》（壹），文物出版社1985年版，第143页。
② 朱绍侯《军功爵制研究》（商务印书馆2017年版）一书对先秦秦汉时期的军功爵制的发展、演变、影响有较为系统的研究，可参看。
③ 蒋礼鸿：《商君书锥指》卷五《境内第十九》，中华书局1986年版，第119页。
④ 睡虎地秦墓竹简整理小组编：《睡虎地秦墓竹简·秦律十八种·军爵律》，文物出版社1990年版，第55页。
⑤ 关于《二年律令》中军功爵制的研究，参见朱绍侯《西汉初年军功爵制的等级划分——〈二年律令〉与军功爵制研究之一》，《河南大学学报》（社会科学版）2002年第5期；《吕后二年赐田宅制度试探——〈二年律令〉与军功爵制研究之二》，《史学月刊》2002年第12期。关于《二年律令》中《户律》《置后律》《傅律》等律文所反映不同爵位的相关待遇问题的研究，代表性成果有：徐世虹《张家山二年律令简所见汉代的继承法》，《政法论坛》2002年第5期；张荣强《〈二年律令〉与汉代课役身分》，《中国史研究》2005年第2期。

爵制，是将士兵待遇与抚恤同军功爵绑定在一起，爵位越高，待遇就越优厚。优厚的抚恤条件，使秦国士兵作战热情高涨，据记载，"秦人捐甲徒裎以趋敌，左挈人头，右挟生虏"①。最终，秦国凭借着强大的军事实力统一了六国。

除了"军功爵制"下的优抚待遇，秦代对于战时死伤士兵的就地安置和抚恤也有一套规定。在里耶出土的秦简中，我们可以见到秦国的"痹舍"制度，即专设战时安置伤兵的场所，居住于此的伤兵每日能够得到官府提供的食粮，直到伤愈为止。汉承秦制，在军队中同样设有此类场所。②《后汉书·皇甫规传》记载："军中大疫，死者十三四。规亲入庵庐，巡视将士，三军感悦。"其中的"庵庐"亦即安置伤兵的机构。而这种制度的效果也显而易见：一方面提高了士兵的士气，另一方面又使士兵免于后顾之忧，增加了军队的战力。

对于战死的士兵，官府亦有相应的"助葬制度"。《岳麓书院藏秦简》记载：

> 令曰：诸军人、漕卒及黔首、司寇、隶臣妾有县官事不幸死，死所令县将吏劾〈刻〉其郡名椊及署送书，可以毋误失道回留。卒令丙卅四。③

汉代亦是如此。汉高帝四年（前203）八月汉王刘邦下令："军士不幸死者，吏为衣衾棺敛，转送其家。"④高帝八年（前199）十一月又下令："士卒从军死者为椊，归其县，县给衣衾棺葬具，祠以少牢，长吏视葬。"⑤可见，汉代初年为了抚恤战死士兵，其丧葬规格更为隆重，官府不仅要提供葬具，还要

---

① 何建章：《战国策注释》卷二十六《韩策一》，中华书局1990年版，第974页。
② 杨先云：《秦简所见"痹"及"痹舍"初探》，简帛网，2018年5月16日，http://www.bsm.org.cn/show_article.php?id=3102。
③ 陈松长主编：《岳麓书院藏秦简》（伍），上海辞书出版社2018年版，第111页。
④（汉）班固撰，（唐）颜师古注：《汉书》卷一《高帝纪》，中华书局1962年版，第46页。
⑤（汉）班固撰，（唐）颜师古注：《汉书》卷一《高帝纪》，中华书局1962年版，第65页。

以少牢的规格予以祭祀，并且要求长吏亲自到场致哀。此后，抚恤战死士兵成为汉代政府的常制。西北简牍中亦有大量官府助葬戍边士卒的记载①，有学者认为："由汉高祖亲手定的这条政策，终汉之世一直在贯彻实行。"②

汉代不少思想家也关注这一问题，并推出了对后世颇有影响力的优抚主张。例如，贾谊提出："自陇西延至辽东，各有分地以卫边，使备月氏、灌窳之变，皆属之直郡。然后罢戍休边，民天下之兵。"③发明戍边建议，成为此后汉王朝巩固西北边防的基本措施。东汉思想家仲长统则从保障后勤的角度进行论述，认为这是战争的基础保证，假若平时不够重视，遇到战乱则会出现"坐视战士之蔬食，立望饿殍之满道"④的情况。

可见，先秦秦汉时期是我国历史上优抚制度的发轫和创立期。优抚制度脱胎于社会保障制度，其发展经历了一个具体化、制度化的过程。优抚思想从"敬天保民"转而为"按功授爵"，可以说，优抚政策与思想的不断发展和完善，是与战争的专业化、剧烈化，以及兵制、爵制的演进密切相关的。此外，诸子争鸣的学术氛围也为优抚政策、优抚思想的发展注入了不竭动力，它既是国家的政治文明不断进步的缩影，又是影响国家兴亡的要素。总之，先秦秦汉时期的优抚措施及其指导思想奠定了此后数千年的基础。

（三）"战亡蠲复"与"收敛藏埋"：魏晋南北朝时期

魏晋南北朝是我国历史上的乱世，这样的时代特点在一定程度上制约了政权的制度建设和发展。这时的优抚政策，主要集中体现在相对稳定的几个政权中，诸如曹魏、两晋南朝、北魏等，它们承续西汉中期以来的做法，即安葬战死士兵和抚恤家属。需要注意的是，由于曹魏政权正式建立的时间

---

① 关于秦汉时期官府抚恤研究的最新进展，可参看王泽《秦汉时代的官府助葬及其不同侧面》，《山东大学第二届先秦秦汉史研究生暨青年学者论坛会议论文集》（2019年4月），第231页。
② 王文涛：《秦汉社会保障研究》，中华书局2007年版，第231页。
③ （汉）贾谊撰，阎振益、钟夏校注：《新书校注》卷第四《匈奴》，中华书局2000年版，第134页。
④ （南朝宋）范晔撰，（唐）李贤等注：《后汉书》卷四十九《仲长统传》，中华书局1965年版，第1656页。

较晚，为了方便讨论，我们将曹操执政时期与曹魏政权建立之后统称为"曹魏时期"。

曹操在击败河北袁绍后逐步统一北方，与此同时，为了稳定兵源，曹操在其辖境内推行了士家制。所谓士家制，实际上是一种世兵制度，从军者一人为兵，其家即是"士家"，受到官府严密控制，如果本人身死，则需要在本户中另出一名壮丁替代。这种制度在实施之初并无歧视之意，只是为了稳定兵源。曹魏初期，虽然战争频仍，但是屯田制保证了曹魏稳定的财政收入，官府尚有余力优抚士卒。建安十四年（209）赤壁之战后，曹操麾下士兵死伤惨重，因此，为了安抚士卒，他下令：

> 自顷已来，军数征行，或遇疫气，吏士死亡不归，家室怨旷，百姓流离，而仁者岂乐之哉？不得已也。其令死者家无基业不能自存者，县官勿绝廪，长吏存恤抚循，以称吾意。①

从这份命令来看，曹魏时期的抚恤比之前代已经是简陋不少。其给予阵亡士兵家属的抚恤只有维持其生计的口粮而已，这与官府安抚普通鳏寡孤独的待遇无异。此举从一个侧面说明，在战争状态下，官府优抚士兵的待遇在显著降低。

西晋时期，在经历了短暂统一后，全国又陷入了分崩离析状态。此时各政权对士兵的抚恤，更像是一种为了收买人心的政治表演。如八王之乱时，成都王司马颖曾在卢志的建议下，为了抚恤黄桥之战的死难士兵，下令厚葬之：

> 卢志言于颖曰："黄桥战亡者有八千余人，既经夏暑，露骨中野，可为伤恻。昔周王葬枯骨，故诗云'行有死人，尚或墐之'。况此等致死王事乎！"颖乃造棺八千余枚，以成都国秩为衣服，敛祭，葬于黄桥

---

① （晋）陈寿撰，（南朝宋）裴松之注：《三国志》卷一《魏书·武帝纪》，中华书局1982年版，第32页。

北，树枳篱为之茔域。又立都祭堂，刊石立碑，纪其赴义之功，使亡者之家四时祭祀有所。仍表其门闾，加常战亡二等。又命河内温县埋藏赵伦战死士卒万四千余人。①

司马颖此时实际控制朝政，为了收买人心，显示自己的仁德和威信，不惜出私库资财厚葬士卒，看似对士兵优抚颇为重视，但从卢志的上书称"既经夏暑，露骨中野"来看，此时实际上距离大战结束已经有了一段日子，如果不是卢志的建议，恐怕司马颖依然意识不到抚慰死难者的重要性。《晋书》本传称"颖形美而神昏，不知书，然器性敦厚，委事于（卢）志，故得成其美焉"②，是很中肯的评价。

东晋南朝时期，由于要应付北方政权随时南侵，稳定兵源就更显重要，兵户制亦由是更加盛行。然而自西晋以来，兵户作为社会中的特殊群体，其身份流动性差，徭役重，逐渐成为备受歧视的对象。这也反映在优抚政策上，如《宋书·武帝纪》有：

> 夫铭功纪劳，有国之要典，慎终追旧，在心之所隆。自大业创基，十有七载，世路迍邅，戎车岁动……战亡之身，厚加复赠。③

同书《文帝纪》：

> 登城三战及大将战亡坠没之家，老病单弱者，普加赡恤。④

此时皇帝的抚恤诏书虽也可见，但说到抚恤待遇时往往只是笼统言之，并无具体的优待条件的记载。能够见到具体优抚条件的，只有《南齐书·高帝纪》：

---

① （唐）房玄龄等：《晋书》卷五十九《成都王颖传》，中华书局1974年版，第1616页。
② （唐）房玄龄等：《晋书》卷五十九《成都王颖传》，中华书局1974年版，第1616页。
③ （南朝梁）沈约：《宋书》卷三《武帝纪下》，中华书局1974年版，第53页。
④ （南朝梁）沈约：《宋书》卷五《文帝纪》，中华书局1974年版，第97页。

> 战亡蠲复,虽有恒典,主者遵用,每伤简薄。建元以来战亡,赏蠲租布二十年,杂役十年。其不得收尸,主军保押,亦同此例。

其中提到"战亡蠲复,虽有恒典,主者遵用,每伤简薄",说明优抚士兵在此前虽一直有明文规定,但大都不认真付诸实行,因此萧道成才特意下令规定抚恤标准。这从一个侧面说明,此前的抚恤诏书大都是流于形式,并无实际效果。

至于北魏方面,由于少数民族政权的制度和思想往往较为原始,社会保障作为一种理念直到北魏孝文帝汉化改革后,才初现端倪。抚恤士兵的诏书,也往往出现在孝文帝执政时期。《魏书·高祖纪》:

> (太和十七年)乙未,诏隐恤军士,死亡疾病务令优给。
> (太和十八年)丙寅,诏六镇及御夷城人,年八十以上而无子孙兄弟,终身给其廪粟;七十以上家贫者,各赐粟十斛。
> (太和十九年)二月甲辰,幸八公山。路中雨甚,诏去盖;见军士病者,亲隐恤之。

虽然北魏建立优抚制度相对较晚,但由于其政权是少数民族政权,士兵地位较高。孝文帝南迁后,虽然北方士兵地位出现低落,但依然是要高于南朝的兵户。然而,北魏后期统治者对于士兵抚恤一再疏忽,最终导致北边六镇军民不满,由此爆发的六镇大起义将北魏王朝推下了悬崖。这也为此后北齐、北周政权敲响了警钟。

总之,走马灯似的政权更替、旷日持久的对峙战争不断消耗着国家财政,这注定了魏晋南北朝时期的抚恤政策只能在最基本的层面保障士兵及其家属的生活:免除兵役,安埋尸骨。这一时期不断低落的士兵地位则决定了其悲哀的命运,使国家无心也无力进行优抚事业。然而,北朝政权率先改革,使其优抚制度得以建立,士兵的生活由此得到保障,这也为此后隋朝发动的统一战争奠定了制度基础。可见,北方统一南方,并不是历史的偶然,是相对健全而又人性化的制度为其赢得了先机,优抚制度的建立和实施就是其中的生动案例。

（四）"轻重优赏"与"优给终身"：隋唐时期

隋唐五代时期的兵役制度大致可以被分作前后两个部分，以唐玄宗时期为一分水岭。前期以府兵制为主，后期以募兵制为主。与之对应，此时的优抚制度及其指导思想也可以被划分为相同的两个阶段。以下论述据此展开。

隋及唐初，依然沿用北周创制的府兵制，但在其基础上做了改进：将原本兵、民分籍改作兵、民合籍，士兵及其家庭既是军户又是民户，并且依据勋官高低享受不同的待遇。这就避免了魏晋以来士家制的弊端，而发挥了秦汉时期的军功爵制的优点。此时的优抚政策，也主要是与此紧密结合。《通典》中就详细记载了不同等级军人可受永业田配额，对于那些战死或伤残的士兵，官府在经济上也有保障优待：

> 诸因王事没落外蕃不还，有亲属同居，其身分之地，六年乃追。身还之日，随便先给。即身死王事者，其子孙虽未成丁，身分地勿追。其因战伤及笃疾废疾者，亦不追减，听终其身也。诸田不得贴赁及质，违者财没不追，地还本主。若从远役外任，无人守业者，听贴赁及质。其官人永业田及赐田，欲卖及贴赁者，皆不在禁限。[①]

可知官府对于伤亡士兵的土地所有权是严格保护的，并不因为其个人原因追夺土地。

除了经济上的优待，唐代官府还对在战争过程中伤亡的士兵有一套颇为完整的抚恤制度，这集中体现在唐代著名将领李靖所著《卫公兵法》中：

> 诸每营病儿，各定一官人，令检校煮羹粥养饲，及领将行。其初得病，及病损人，每朝通状报总管。令医人巡营，将药救疗。如发，仰营主共检校病儿官，量病儿气力，能行者给儋一人；如重不能行者，

---

① （唐）杜佑撰，王文锦等点校：《通典》卷二《食货二·田制下》，中华书局1988年版，第31—32页。

加给驴一头；如不能乘骑畜生，通前给驴二头，傔二人，缚轝将行。如弃掷病儿，不收拾者，不养饲者，检校病儿官及病儿傔人，各仗一百；未死而埋者，斩。①

其规定，将领要每日统计军营中的伤兵，派出军医随时医治，并且依据伤者伤情轻重，给予随从或负重牲畜。对于那些不认真照顾伤员的人，要立刻问斩。

总之，唐代前期政治稳定、国力较强，虽然对外屡有大战，但社会并未出现大的动荡，这应与其优抚制度的有力执行不无关系。安史之乱后，藩镇割据局面形成，中央对地方的控制力呈下降之势，官府对优抚政策的执行力也开始走向下坡路。而且，当返籍的士兵由军籍转为民籍后，地方政府便开始对这些军转民的士卒征收相应的差课，更有地方牧宰为了自己的政绩考核，对人口上的减耗和逃逸隐瞒不报。对此，朝廷多次下令，禁止逃亡死绝士卒课税虚摊邻保，如代宗即位后便下诏："应征租税，刺史、县令据见在户征科，其逃亡死绝者不得虚摊邻保。"②虽然，唐代中后期对士卒病老还乡的待遇有种种调整，在一定程度上减少了在还乡过程中死亡、逃逸。但是，由于中央政府控制力不足，导致了政策在实施层面出现了许多实际问题。

另一方面，此时的"骄兵现象"又成为同时困扰中央和节度使的难题。所谓"骄兵现象"，是指由于在军中长期共同服役，逐渐因共同利益形成了士兵共同体，这些群体经常不听从长官指挥，甚至驱逐主将。③这样的现象使将帅们不得不重视士兵的待遇和抚恤问题。另外，当时军队职业兵居多，一旦对退役士兵处置不当，便会引发严重的社会问题。比如，长庆元年（821），穆宗曾实行消兵，解除了一些职业兵的军籍，"既而籍卒逋亡，无生

---

① （唐）杜佑撰，王文锦等点校：《通典》卷二《食货二·田制下》，中华书局1988年版，第3819—3820页。
② （宋）王钦若等编纂，周勋初等校订：《册府元龟》卷八十八《帝王部·赦宥》，凤凰出版社2006年版，第5531页。
③ 关于唐代后期的"骄兵"现象，可参王育民《论唐末五代的牙兵》，《北京师院学报》（社会科学版）1987年第2期，徐嫩棠《试析唐朝后期的兵变》，《贵州社会科学》1990年第4期。

业，曹聚山林间为盗贼"①，后果十分狼狈。为了避免矛盾的激化，唐王朝对职业兵的裁减便十分慎重，一般都会事先考虑妥当，并安排周全，如有诏书言："其本额将士之中，有不乐在军，愿归农业者，委节度、刺史量给逃死户田宅，并借贷种粮，优给复终身，使之存济。"②只有具备了土地、种粮等基本的生产条件，化兵为民才有可能实现，只是鉴于唐王朝后期拮据的财政状况，这些政策到底能在多大程度上实现落实则需要打上一个问号。

此外，唐代著名诗人杜甫的《兵车行》、前后《出塞》等诗歌，描绘了唐代基层士兵的痛苦生活状况。岑参、高适等边塞诗人，更是对西北士卒久戍不归的现实进行了生动刻画。可以说，一句"征客关山更几重"③，道尽了唐代士人群体对于朝廷改善士兵生活现状的期冀，也是对实施优抚政策的一种呼吁。

由上述可知，隋及唐前期，国家摆脱了魏晋南北朝以来的混乱局面，各项制度被重新整顿，同时，稳定的政权也保证了政策的有力实施，优抚制度得以进一步发展。安史之乱后，割据局面渐成，无论是制度的制定还是实施都受到了严重影响。此外，"骄兵"现象又倒逼官府在有限的财政收入下，不得不关注士兵抚恤的问题，在一定程度上抵消了一部分由割据局面所带来的不良影响。

（五）"不可弃去"与"廪之终身"：宋元时期

唐末五代藩镇割据，军人在政治中占据了绝对的话语权。与军人政治并生的骄兵现象，引发了政局的不断动荡和社会秩序混乱，从而严重干扰了国家的正常运行。这也由此成为下一任统治者所必须面对的问题。宋灭南唐后，基本完成了统一事业。随着局势趋于稳定，赵匡胤即着手处理历史遗留问题。在加强对军队控制的同时，为了稳定社会、减少流民，北宋实行募兵

---

① （宋）欧阳修等：《新唐书》卷一百一《萧俛传》，中华书局1975年版，第3958—3959页。
② （唐）陆贽：《陆贽集》卷三《诛李希烈后原宥淮西将士并授陈仙奇节度诏》，中华书局2006年版，第103页。
③ 该诗句出自唐代诗人王勃之《采莲归》，（宋）郭茂倩编：《乐府诗集》卷第五十《清商曲辞七·江南弄中》，中华书局1979年版，第736页。

制，以吸纳大量人口进入军队。另一方面，为了安抚士兵，宋代官府也给予其较之前代颇为优厚的待遇，这就一定程度上造成了宋代"冗兵"问题。宋代的优抚制度便是在这样的背景下发展起来。总体来看，其特点有三：全面化、系统化、优厚化。

宋代军队的主力是禁军和厢军，他们均是招募而来的职业兵，这就需要国家投入大量经费用于养兵，优抚便是其中的一项重点支出。从"养兵之费"的用途可以看出，宋代优抚政策主要体现在优待现役军人及家属、安置退役士兵及家属以及抚恤伤亡军人三个方面。

在优待现役军人及家属方面，对于普通士兵来说，除去基本俸禄之外，还可以获得一些生活补助和赏赐。[①] 并且，朝廷还有专项资金，用于犒劳军队将领的，叫作"旬设"[②]。此外，士兵的家属也是国家优待的对象。宋代募兵制下的军属需落入军籍，无法再进行劳动生产，失去收入来源。而且，士兵职业的特殊性使国家必须出台相应措施来保障军属的基本生活，军心才能够稳定。所以，宋代诏令就有规定，就粮禁军的家庭可以随军生活，留营军属则每月能获得士兵一半的军俸；对于那些仍然有困难的家庭，中央会专门彻查并另行补贴；法律上还有专门的条例惩罚出逃、与他人通奸的士兵之妻，以保护军婚。[③]

在退役士兵安置方面，宋代政府亦有相关政策。达到退役年龄或是因战争而导致残疾的士兵，连同被裁的军士主要有两种安置方式：一种是归为剩员或小分，另一种是一次性补偿一笔抚恤金后放归为民。如仁宗庆历元年（1041）八月诏：

[①] 王曾瑜先生对这个问题有详细的论述，详见王曾瑜《宋朝军制初探（增订本）》，中华书局2011年版，第278—309页。

[②] （元）脱脱等：《宋史》卷一百九十四《兵志·禀给之制》，中华书局1985年版，第4841页。

[③] 关于宋代就粮军及其家属的研究，可以参考姜锡东《宋代就粮军简析》，《文史哲》1985年第2期。宋代士兵家庭的生活状况以及官府相关诏令，可以参考籍勇《宋代士兵妻子生存状态研究》，《兰台世界》2012年第18期。论及宋代关于军婚法律条例的，有屠阴平《宋代的军人保障研究》，四川大学硕士学位论文，2013年；张淑霞《北宋士兵婚姻与家庭相关问题研究》，西北大学硕士学位论文，2014年。

> 军士经战至废折者，给衣粮之半终其身，不愿在军，人给钱三十千听自便。①

以及仁宗皇祐元年（1049）诏：

> 拣河北、河东、陕西、京东西禁厢诸军，退其罢癃为半分，甚者给粮遣还乡里。②

分别是对伤残军人和被裁军士的安置措施。小分或剩员并没有脱离军籍，领取原先一半的军俸，终身享受政府补贴，但基本上不参加军事行动。③遣返又称为"放停"，是要取消军籍，即士兵完全退役，返乡归农者还能获求地方政府发放的粮食作为补贴。

至于阵亡军士，更是得到国家的高度重视。地方政府会妥善安葬并祭祀烈士，其家属则会得到一笔抚恤金以示慰问，将领或军功卓著者还能受赏田宅，子孙也能得到荫补。那些无主的尸骨也会由官府收瘗，北宋漏泽园墓地的发现便是当时国家重视抚恤工作的重要考古例证。④另外，士兵阵亡意味着其家庭失去收入来源，所以政府会免去这些家庭一定年限的赋税，以示安抚。病死或遭遇意外的士兵也能得到政府的抚恤，并收录其后代续任。政府还常常责令地方官员"抚存"⑤役兵，以防止劳役过重造成伤亡。这些规定的颁布和实施，一方面保证了士兵及其家庭的基本生活，另一方面也保证

---

① （宋）李焘：《续资治通鉴长编》卷一百三十"仁宗庆历元年八月戊子"条，中华书局2004年版，第3164页。

② （宋）李焘：《续资治通鉴长编》卷一百六十七"仁宗皇祐元年十二月壬戌"条，中华书局2004年版，第4024页。

③ 关于小分和剩员的区别可以参考游彪、张国英《北宋军队拣选制度研究》，《暨南史学》第七辑，广西师范大学出版社2012年版；郭红超《北宋剩员制度再探》，《西昌学院学报》（社会科学版）2014年第2期。

④ 三门峡市文物工作队：《北宋陕州漏泽园》，文物出版社1999年版。

⑤ 如：宋真宗天禧三年冬十月辛亥，诏"滑州修河兵夫，方属凝寒，宜令官吏常切存抚，无令失所"。宋仁宗皇祐四年四月戊寅，诏"去冬修河兵夫逃亡及死者甚众，盖官吏不能抚存，自今宜会其死亡数而加罚之"。分别见于《续资治通鉴长编》，第2169、4141页。

了兵源的稳定。

《宋史·兵制》说："为农者出租税以养兵，为兵者事征守以卫民。"宋代的士兵是职业军人，他们的职责就是保家卫国。国家则有相应规定，保障军人及其家属的生活，免去其后顾之忧。苏轼在论及宋代募兵制度时亦曾指出：

> 夫既已募民而为兵，其妻子屋庐，既已托于营伍之中，其姓名既已书于官府之籍，行不得为商，居不得为农，而仰食于官，至于衰老而无归，则其道诚不可以弃去，是故无用之卒，虽薄其资粮，而皆廪之终身。①

这是对宋代兵役制度和军人生活状况的高度概括，同时表达了国家优抚制度的核心乃是"其道诚不可以弃去"。这一思想贯穿了有宋一代优抚工作的开展，也对后世优抚制度的完善产生了重要影响。

元朝继起，在优抚制度上却建树无多，主要还是承袭前代。在《元史·兵志》中，载录"军官承袭之制"：

> 十五年正月，定军官承袭之制。凡军官之有功者升其秩，元受之职，令他有功者居之，不得令子侄复代。阵亡者始得承袭，病死者降一等。总把、百户老病死，不在承袭之例。凡将校临阵中伤、还营病创者，亦令与阵亡之人一体承袭。禁长军之官不恤士卒，及士卒亡命避役，侵扰初附百姓者，俱有罪。②

可见，其优抚政策的内容只是重申旧制，并无太大新意。此外需要注意的是，元朝政府实行"四等人制"，有区别地对待不同人群，因此在这一背景下，不同系列的兵员在实际待遇上也会因此产生差异。

纵观历史，宋代的优抚政策在全面性、系统性方面走上了一个高峰，许多规定在今天还能找到其影子，其指导思想在于一兵一卒皆"不可以弃

---

① （宋）苏轼：《苏轼文集》卷一百一十二《策别训兵旅二》，曾枣庄、舒大刚主编：《苏东坡全集》第五册，中华书局2021年版，第2713页。
② （明）宋濂等：《元史》卷九十八《兵志·兵制》，中华书局1976年版，第2516页。

去",体现了国家对将士兵群体的人文关怀。但是,需要指出的是,这些政策在实施过程中却有许多不尽如人意的地方,加之宋代社会风气歧视武人,导致宋代士兵的社会地位较为低下,就连狄青和岳飞这种名将,脸上也被刺上记号。因此,官府对于士兵的诸多优抚措施究竟有多少能够实际执行,则成疑问。而元代政局又鲜少安定,加上不同军队之间待遇的等级的差距,又可见宋元时期士兵的实际生活之困苦和窘迫。

(六)"依例优给"与"优养老疾":明清时期

明代前期主要的兵役是军户制,士兵家庭一旦被编为军户,就要世代为军。这个制度在明朝初期保证了军队编额及军队成分稳定。而随着时代的发展,军户制的弊端逐渐显现。嘉靖十三年(1534),明王朝确立了募兵制,表明朝廷承认卫所制度下的世兵制已经无可挽回,以募兵代替世兵。①

我们对明代士兵优抚政策的认识主要来源于《明会典》中的记载,根据其中的条例,可以总结其总体思想为"优给"与"优养"。"优给"主要针是对亡故将士的善后,以及对其家属的抚恤;"优养"则是对现役军官的优待。虽然明代的兵制发生了较为明显的变化,但是为了保证兵源的充足、军心的稳定,明朝国家对于军人的优抚政策却贯穿王朝始终,未有较为明显的变化。

首先来看亡故士兵的善后及其亲属的抚恤。士兵亡故主要有两种情况,一是阵亡,二是病故。士兵阵亡方面,明代主要还是沿袭前代的做法,即收敛烈士尸骨、主持祭祀仪式以及支付其家属抚恤金,对于阵亡的将领则根据军功追赠谥号。至于病故士兵,政府则优待其家属。详细规定如下:

> 洪武四年定。军职阵亡:无子弟而有父母若妻者,给全俸;三年后给半俸。有子弟而年幼者亦同;候袭职,给半俸。……其病故:无子弟而有父母若妻者,给半俸终身;有子弟年幼者,初年给半俸,次年又半

---

① 关于明代军户制学术史的梳理,可参赵世瑜《卫所军户制度与明代中国社会——社会史的视角》,《清华大学学报》(哲学社会科学版)2015 年第 3 期。明代军制研究得代表性成果可以参考于志嘉《卫所、军户与军役:以明清江西地区为中心的研究》,北京大学出版社 2010 年版;范中义《论明朝军制的演变》,《中国史研究》1998 年第 2 期。

之，俟袭职给本俸……

军士阵亡：有妻者，月粮全给；三年后，守节无依者，月给米六斗终身。病故：有妻者，初年全给；次年，总小旗月给米六斗，军士给月粮一半，守节，给终身。

将士守御城池，战没、病故，妻子无依者：守御官计其家属，有司给行粮，送至京优给；愿还乡者，亦给粮送回；愿留见处者，依例优给。①

由此可见，根据军队内职位不同，"军职"和"军士"的家属所受到抚恤的范围和内容亦不相同，担任职位的军官，其父母和妻子都能获得保障，且嫡长子可以袭职。然而，一般的军士只有其妻子能够得到政府的抚恤。此外，值得注意的是，诏令对于未改嫁的军士之妻给予终身抚恤，可以从一个侧面反映出明代对于妇女"守节"的关注。

对于现役军人的优待，主要分为准许老疾、伤残军士替役和免役，以及对老残军官的优养两方面。军士衰老或残疾后，便失去了战斗力以及服役能力，政府在查证后准许其军户中的壮丁代替其服役，如果军户中没有合适的人替代，则豁免此老残军士的兵役。至于老残军官本身，政府还有优厚的抚恤政策，以保障其基本生活。例如，"洪武六年令，武官残疾者月给米三石优养"。"弘治十年令，武职年老、户无承袭者，支全俸优养。入大选，应袭人残疾者旧官，依洪武六年例"②。他们的子孙也有荫袭的机会，因为法律规定，"武官世职殁者承袭，老疾者替，载在职掌"③。

值得注意的是，明代著名思想家王阳明在军事上也颇有建树，而且关注过优抚问题。在广西平定思田之乱后，他上疏朝廷乞求罢兵，即著名的《奏报田州思恩平复疏》。在其中，他希望朝廷"罢兵而行抚"④，陈列了十条

---

① （明）申时行等重修：《明会典》卷一二二《兵部·优给（优养附）》，《万有文库》本，商务印书馆1936年版，第34页。
② （明）申时行等重修：《明会典》卷一百二十二《兵部·优给（优养附）》，第36页。
③ （明）申时行等重修：《明会典》卷一百二十二《兵部·优给（优养附）》，第4页。
④ （明）王守仁：《王文成公全书》卷十四《奏报田州思恩平复疏》，中华书局2015年版，第575页。

优抚士兵的好处，并指出："今日之抚，利害较然，势在必行。"① 这一系列优抚思想，都体现了王阳明作为前线将领对普通士卒的关怀，更是把优抚行为与国家命运相联系，将其重要性推向了一个新的高度。

清代八旗军制与明代初期的军户制相似，均是一种世兵制。它有满洲、蒙古、汉军三类，各分八旗，共有二十四旗。各旗的兵额都有定额，非经批准不得增扩缩减，是所谓"经制兵"。其特点是满、汉有别，前者的优抚待遇要高于后者。② 此外，雍正时还为闲散八旗余丁设立了养育兵制。③ 可见，清政府对八旗兵丁的抚恤是比较全面而优厚的，而八旗兵丁能够享受到这种待遇不是因为其军人的身份，而是旗人的身份使然。绿营兵方面，自雍正七年开始，清政府也开始赏给绿营"红白事例银"，但赏给的金额和范围都有较大限制，并不能与八旗相比。在日常优抚方面，绿营更是相形见绌，八旗所享有的份地、官为赎地等待遇，绿营一概全无。可见绿营士兵的待遇之低。

明清两朝作为中国帝制时期的尾声，在优抚制度上逐渐臻于完善，这体现为各项措施的制度化、体系化，优抚思想层面则贯彻"优养"与"优给"方针。但是，其政权性质决定了其所施行的优抚措施存在较大的局限，比如优抚等级差距大、行政落实不到位、不同民族差别对待等。前者是历代封建王朝的通病，而后者则又是受到了统治者集团自身的狭隘观念的影响。

（七）小结

通过上述史实可以看出，中国古代优抚政策经历了一个逐渐具体化、系统化的过程。先秦秦汉时期，当国家对军人优抚从一般社会保障制度中独立之后，优抚的力度即与爵位高低紧密挂钩，由汉至唐代则是各项具体措施

---

① （明）王守仁：《王文成公全书》卷十四《奏报田州思恩平复疏》，中华书局 2015 年版，第 576 页。
② 陈锋《清代军费研究》（武汉大学出版社 1992 年）一书，对以往学术史有过总结，其中第二、三章对八旗、绿营的优抚措施多有论及，此处多有参考。
③ 关于养育兵制的研究成果颇多，相关学术史梳理，可参考安双成《清代养育兵的初建》，《历史档案》1991 年第 4 期；方华玲《清代八旗养育兵制探》，《故宫博物院院刊》2014 年第 6 期。

详细化、精密化的历史时期，并在宋代臻于完善，明清则可以视作宋代以降优抚政策的余韵。总的来说，我国历朝优抚措施主要集中在对伤亡军人家属的抚恤，以及对现役、退役军人的优待两个大方面，其背后的指导思想，例如"优给""优赏""优养""抚存"等，亦是基于此而实行。可见，国家政局稳定和财政状况良好作为物质基础，直接影响了优抚政策的落实；另一方面，统治者的态度及兵制的情况也是影响政策落实的关键因素。与此同时，历代有远见卓识的思想家都提出了自己对于士兵优抚的看法和建议，呼吁政府善待士卒、关心士兵及其家属的生活，这在一定程度上也促进了优抚政策的发展和完善。

以古鉴今，中国古代优抚政策的得失及其指导思想对于我们今天优抚政策的制订和实施不无启发、借鉴意义。经济基础决定上层建筑，优抚政策和思想的落实需要强有力的财政保障，这就需要坚持以经济建设为中心，为国家积累更多的财富和资源。时至今日，道理同样也是如此。还要形成全社会关爱军人、尊崇军人的良好氛围。身处当代社会，身处中国特色社会主义新时代，更要让军人成为全社会人人尊崇的职业，更要使优抚工作成为一种社会自觉。在政策落实过程中，也需要加强监督，压实基层组织责任，对那些不作为、乱作为的部门要严肃处理，切实保证军人及其家属的正当权益。古人的这些做法均有可取之处，都是当今时代可以进一步汲取、传承、发展的历史经验和文化遗产，值得我们高度关注和深入研究。

第五章　地方史志与地域文化

改革开放以来，地方史志和地域文化受到学术界广泛关注，齐鲁文化、燕赵文化、北京文化等都是其中的重点。山东的古国、潍坊文化的地域特点、齐鲁文化世家、《永乐大典》中北京方志等问题的研究以及反映北京市昌平区流村镇发展历程的《流村镇志》的编纂等，都从特定角度反映了地方史志和地域文化研究的新动向、新趋势，值得关注。

一、山东的古国

人们常以"齐鲁"代指山东，这是因为齐鲁作为周王朝两个重要的诸侯国曾于现在的山东地区存在了数百年之久，对后世影响至为深远。正是由于这样，齐、鲁之外的其他山东古国，就渐渐地被人们淡忘了。但是，这些国家的存在，同样对山东地区的历史进程产生过重要影响，是不应被埋没的。有鉴于此，这里根据文献资料和有关的考古成果，欲对先秦时期山东诸国情状作一粗略介绍。

（一）姬姓国

姬姓相传为黄帝后裔。山东地区的姬姓国，大都是周武王灭商后分封的同姓诸侯。

1. 鲁　伯爵，始封祖是周公旦长子伯禽。建都曲阜（今山东曲阜），北凭泰山，东依大海，拥有今山东南部的广大地区，是周王室的重藩，西周及春秋初期为东方强国，颇有与齐争雄之势。春秋中期后国力渐衰，公室为季孙氏、孟孙氏、叔孙氏三家所分。战国时成为小国。鲁顷公二十四年（前256），鲁为楚所灭。

2. 曹　伯爵，始封君为周文王之子叔振铎。都于陶丘（今山东菏泽定陶区），拥有今山东西南部地区，处于齐、鲁、宋、卫之间，国力较弱，传二十五世，至曹伯阳十五年（前478）被宋灭掉。

3. 滕　侯（后或称子）爵，始封祖是文王之子错叔绣。今山东滕州西南有古滕城遗址。它与鲁国关系密切，并依附宋、晋，参加大国的会盟和战争。公元前415年为越所灭，不久复国，后又被宋（一说齐）灭掉，共传二十三世。

4. 郕　或作成、盛，伯爵，始封君为周文王之子叔武。史不载其世系与国君号谥。1975年陕西岐山董家村发现成伯孙父甗，或疑郕本封于西周畿内，春秋时改封于今山东。地在今山东宁阳东北，一说在今河南范县。鲁庄公八年（前686），鲁、齐围郕，郕降于齐。

5. 郜　亦作告，子爵，始封是周文王之子（名不详）。国境在今山东成武东南。约于春秋初年为郑所灭。传世器有郜史硕父鼎及告仲尊。

6. 茅　亦作茆，始封君为周公旦之子（名不详），在今山东金乡西南。后入为邾邑。

7. 阳（或说为偃姓，又说为御姓）　侯爵。故在今山东沂水西南。鲁闵公二年（前660），齐国逼徙其民而取其地。一说本在今山东青州东南，齐逼迁于此。

8. 极　亦作遽。鲁附庸国。在今山东金乡南稍东。鲁隐公二年（前721）为鲁占有。

9. 邢　始封君为周公旦之子（名不传）。本在今河北邢台。公元前662年，翟攻邢，后齐桓公联合宋、曹救邢，将它迁往夷仪（今山东聊城东昌府区西南）。前635年被卫国灭掉。

（二）任姓国

任（或作妊）姓亦传为黄帝后裔。夏以前，即活动于山东南部地区。

1. 薛　侯（后或称伯）爵，始封祖为夏朝车正奚仲。今山东滕州南有薛国故城遗址。后迁邳，亦曰下邳，在今江苏邳州东北。不久又迁上邳，即今山东微山西北。奚仲之后仲虺居薛，为商汤左相。周武王灭商，复封其后裔于薛。春秋以后，薛又迁下邳。薛国历夏、商、周三代，可考者凡六十四世。战国时（或疑齐湣王三年，即前298年）灭亡，入为齐邑。传世器有薛侯匜、薛侯鼎、薛仲铜簋。

2. 郜　亦作诗、寺，鲁之附庸国。地在今山东济宁南五十里处。鲁襄公十三年（前560）发生内乱，分裂为三，被鲁国趁机攻取。传世器有郜伯鼎、郜遣簋、寺季鼎、寺季簋。

3. 铸（一说祁姓）　亦作祝，公爵，武王灭商后受封建国。地在今山东肥城南大汶河北岸。或疑后来为齐所灭。

4. 过（一说猗姓）　即有过，夏代部落国家，地在今山东莱州西北近海处。寒浞之子寒浇曾居于此，后为夏帝杼所灭。

（三）姜姓国

姜姓相传是炎帝之后。山东地区的姜姓国，一部分是周初分封的，一部分则是夏商时代就已立国的。

1. 齐　侯爵，开国君主为姜尚（姜太公）。在今山东北部，建都营丘（后称临淄），即今山东淄博临淄区。春秋初期，继齐僖公小霸之后，齐桓公任用管仲改革，国富力强，九合诸侯，称霸天下。齐灵公十五年（前567）灭莱，国土扩张至今胶东半岛。其疆域东到海滨，西至黄河，南到泰山，北到无棣水（今河北盐山南）。春秋末年，君权渐为陈氏（即田氏）所夺。战国初期，田氏代齐，田和列为诸侯，迁齐康公于海上，姜齐遂亡。

2. 纪　亦作己，侯爵，西周初年受封立国。地在今山东寿光南纪台村。与齐为世仇，一直受其威胁。齐襄公八年（前690），纪被齐国灭掉。传世器有己侯钟、己侯簋、己侯貉子簋等。

3. 州　或称淳于，公爵，建都淳于（今山东安丘东北）。春秋初年被杞吞并，成为杞都。

4. 莱　亦作䅘、釐、郲，子爵，商代即已存在。今山东龙口东南有莱子城，即古莱国；一说在今山东昌邑东南。莱与齐毗邻，常有矛盾和冲突，莱共公时（前567）被齐灵公攻灭。

5. 鄣　纪附庸国。或说为纪邑。今山东东平东约六十里旧有鄣城集。齐桓公二十二年（前664），鄣被迫降于齐国。

6. 向　今山东莒县南七十里旧有向城，即此。公元前721年为莒国所灭。

7. 巽　亦作其。存在于殷商至春秋时代。地在今山东沂水东七十里。传世器有巽公作叔姜匜等。

8. 逢　即有逢。商代诸侯。周灭商，地入齐国。

（四）风姓国

风姓传为太昊（皞）之后。太昊相传是东夷族首领，活动中心本在陈（今河南周口淮阳区），后向北发展，控制了济水流域。一说太昊（皞）即伏羲。

1. 宿　男爵，地在今山东东平东南约二十里。公元前684年，宋国派兵迁其民而取其地。后入齐为邑。

2. 任　在今山东济宁。战国时仍存。或说任即夏代的仍。

3. 须句　亦作须朐，子爵，在今山东东平西北，或说东南。鲁僖公二十一年（前639）为邾所灭，次年鲁以婚姻之国伐邾，送须句君回国复位。后又灭于邾。鲁文公七年（前620），鲁再伐邾，取须句，终为鲁地。

4. 颛臾　鲁之附庸国。今山东费县西北约八十里旧有颛臾城。地在鲁国封疆内，其君为鲁社稷之臣，曾受鲁命主蒙山之祭祀。

（五）己姓国

己姓相传是东夷族首领少皞的后裔，被华夏族视为蛮夷。

1. 莒（或说曹姓）　子爵，开国君主为兹舆期。旧都介根（亦作计斤，今山东胶州西南），春秋初年迁于莒（今山东莒县）。有今安丘、诸城、沂水、莒县、日照等市县间地。其君无谥，多以地名为称号。春秋时屡遭齐国侵伐，公元前431年为楚所灭。

2. 郯（或说嬴姓）　子爵，在今山东郯城北。史不传其世系名号。其君曾朝鲁。战国初年（前414）为越所灭，或疑后又复国。

（六）曹姓国

曹姓本自颛顼，相传颛顼玄孙陆终生六子，第五子名安，为曹姓始祖。

1. 邾　亦称邾娄、邹，子爵，开国君主是挟。据有今山东费县、邹城、滕州、金乡等县市和济宁市区，建都于邾（今山东曲阜东南南陬村）。公元前614年，邾文公将都城迁往绎（今山东邹城东南纪王城）。邾虽被华夏诸侯视为蛮夷小国，但其国力之强和文化之盛，在今山东地区仅次于齐、鲁两国，曾多次参与列国会盟和战争，出兵侵伐邻近国家。战国时为楚所灭。

2. 小邾　亦称小邾娄、郳。子爵，本出于邾。周宣王时，邾君夷父颜（挟的五世孙）封子友（亦作肥）于郳（或作倪、兒，今山东滕州东南），为附庸之国。友的后代曾跟从齐桓公尊扶王室，周天子命之为小邾子。与鲁国关系密切，战国时为楚所灭。

（七）妘姓国

妘姓相传为帝喾高辛氏火正祝融的后代。

1. 偪阳　亦作傅阳，子爵，在今山东枣庄南。与邾、小邾相邻。故城遗址周围九里，基身宏阔。鲁襄公十年（前563）被晋悼公会合宋、鲁等国攻灭，土地并入宋国，其族嗣远徙晋国霍人邑（今山西繁峙东郊）。

2. 鄅　子爵，在今山东临沂北。鲁昭公十八年（前524），邾人袭入鄅，鄅国君民被掠往邾。次年，宋以婚姻之国伐邾，使邾尽归鄅俘，鄅复存。后土地入于鲁。

3. 夷　伯（后或称子）爵，在今山东青岛即墨区西约六十里壮武故城。古彝器有夷伯簋。

4. 寒　夏代部落国家。在今山东潍坊寒亭区。寒浞即出于此。

（八）妫姓国

妫姓相传为虞舜之后。

1. 遂　亦作隧，地在今山东肥城南。公元前681年为齐所灭。

2. 齐　即战国时田氏齐国。春秋时陈国（妫姓国）公子完因内乱奔齐，为齐桓公大臣。其后代便以陈（田）为氏。陈（田）氏逐渐控制齐政，至公元前 386 年，田和被周王室列为诸侯，彻底取代了姜姓政权，但仍以齐为国号，都临淄。齐为战国七雄之一，曾败魏灭宋，长期与秦东西对峙，多次左右战国局势。齐湣王十七年（前 284），燕、秦与三晋攻齐，燕将乐毅破临淄，从此国势渐衰。齐王建四十五年（前 221）被秦始皇灭掉。

（九）姚姓国

姚姓亦传为虞舜后裔。

缗　即有缗，夏代部落国家。在今山东金乡东北约二十五里，旧名缗城阜。《左传·昭公四年》："夏桀为仍之会，有缗叛之。"又《昭公十一年》："桀克有缗，以亡其国。"

（十）姒姓国

姒姓传为夏禹之后。

1. 杞　伯爵。商汤时已受封立国，周武王克商后，寻夏禹后裔，封东楼公于杞，是为重封，故亦称夏。初都雍丘（今河南杞县）。受淮夷威胁，西周末期开始北迁，或以为今山东新泰曾为杞都所在。杞成公（前 654—前 637 在位）得齐桓公之助，迁都缘陵（今山东昌乐东南）。杞文公（前 549—前 536 在位）时又迁都淳于。杞简公元年（前 445）为楚惠王所灭。传世器有杞伯鼎、杞伯豆等。

2. 鄫　亦作缯、曾，子爵，故城在今山东枣庄东，兰陵稍北。一度为鲁附庸。鲁襄公六年（前 567）被莒灭掉。昭公四年（前 538）鲁取其地。后又属齐。

3. 斟灌　夏代部落国家，在今山东寿光东北。夏帝相曾居此。后为寒浞之子浇攻灭。

4. 斟寻　亦作斟鄩，夏代部落国家，在今山东潍坊西南。夏太康曾居此，后被寒浇攻灭。

（十一）子姓国

子姓相传为商祖契之后。

谭　亦作鄟，子爵。今山东章丘西旧有谭城，抗战前曾发掘出遗址。地当齐国东西通道，公元前684年被齐借故灭掉。

（十二）偃姓国

偃姓传为皋陶之后。

有鬲　夏代部落国家。在今山东德州北。太康失国，夏贵族大臣靡逃奔至此，收集残余势力，援助少康恢复夏朝统治。

（十三）嬴姓国

嬴姓相传是伯益的后裔。

奄　亦作郁、盖。在今山东曲阜旧城东。伯益曾居于此。后为殷商的盟国。周成王时随商纣王之子武庚叛乱，反抗周朝，为周公所灭，地入于鲁国。

（十四）漆姓国

漆姓传为防风氏之后。

鄋瞒　长狄的一支，西周至春秋时代活动于今济南以北的山东境内，大约处在由部落向国家的过渡阶段。常侵扰齐、鲁、宋等国，春秋中期为三国所灭。

（十五）东夷国

东夷是远古时代就活动于山东地区的古老民族，后渐与华夏族融合。

1.介　或说在今山东胶州西南。其君葛卢曾朝见鲁僖公，并率师远袭宋邑。

2.根牟　鲁附庸国，地在今山东沂水南。鲁宣公九年（前600），被鲁国攻取。

(十六)未详祖姓的国家

1. 郭　伯爵，地在今山东聊城东北。存在于西周至春秋初期。约在齐桓公以前灭亡。有器物传世。

2. 於余丘　或作余丘，在今山东临沂境内，一说在章丘。鲁庄公二年（前692）曾遭鲁国攻伐。

3. 牟　子爵，故城在今山东济南莱芜区东二十里处。鲁之附庸国，与鲁通婚。其君曾朝见鲁桓公。

4. 鄟　鲁附庸国，在今山东郯城东北三十余里。鲁成公六年（前585）为鲁所灭。

5. 莘　亦作有莘，夏商时期的部落国家，在今山东曹县北，与商汤通婚。伊尹即出于此。

6. 蒲姑　亦作亳姑、薄姑，在今山东博兴东南。周成王即位时，参与武庚和东夷叛乱，被周公灭掉，地入齐国。

公元前221年，秦始皇完成统一大业，存在于山东地区的诸小国随之从此彻底消亡。

二、潍坊地域文化传统的融会与潍坊三百年文化的发展

三百多年来，与世界其他文明区域一样，中国文化也走过了一个不断变化和发展的历程。其中既包括中国传统文化的整个体系，也包括构成这一整体的各种各样的地域文化。在清代至民国时期，以今山东省潍坊市所属区域为基本范围的潍坊地方文化，经过长期的历史积淀和深化，同样得到了进一步升华和发展，其文化资源更加丰厚，文化特色更加凸显。在潍坊这片农业发达、工商业繁荣的沃土上，不仅风筝、剪纸、年画、泥塑、核雕、仿古铜等民间工艺大放异彩，独领风骚，而且名家辈出，精英迭起，在治学、为政、经商等各个领域大显身手，闻名遐迩。这些历史文化名人的人格与风格带有明显的潍坊地方文化特征，而这一特征在很大程度上又是齐文化与鲁文化、北方文化与南方文化、儒家文化与道家文化等文化传统多元互补、综合融会的结果。

（一）齐鲁文化的融通与潍坊文化

人们习惯上将齐文化和鲁文化统称为齐鲁文化，并作为古代特别是周秦时期山东地域文化的代称。实际上，齐文化和鲁文化本是渊源有自、风格各异的两种不同的文化体系。西周至春秋战国之时，以今淄博临淄为中心的齐国和以曲阜为中心的鲁国，成为当时山东地区的两大诸侯国，并由此分别形成了两种不同风格的文化传统。

当初齐鲁各自在东方立国时，就有着不同的社会政治理念，制定并实施了不同的治国方针。据《史记·齐太公世家》，"太公至国修政，因其俗，简其礼，通商工之业，便鱼盐之利，而人民多归齐"。《汉书·地理志》则载，"太公以齐地负海舄卤，少五谷而人民寡，乃劝以女工之业，通鱼盐之利，而人物辐辏"。"初太公治齐，修道术，尊贤智，赏有功，故至今其土多好经术，矜功名，舒缓阔达而足智"。"昔太公始封，周公问：'何以治齐？'太公曰：'举贤而上功。'"这说明，齐国的治国方针是建立在务实、开放的基础之上的。鲁国的情况则与此不同。据《史记·鲁周公世家》，当初鲁公伯禽受封到鲁国，三年之后回朝向周公报告为政情况。周公问："何迟也？"伯禽答道："变其俗，革其礼，丧三年然后除之，故迟。"而那时姜太公封于齐国，五个月后便回朝报告为政情况。周公问："何疾也？"太公答道："吾简其君臣礼，从其俗为也。"针对此事，周公叹道："呜呼，鲁后世其北面事齐矣！夫政不简不易，民不有近；平易近民，民必归之。"《汉书·地理志》亦载，"周公始封，太公问：'何以治鲁？'周公曰：'尊尊而亲亲。'"可见，恪守周朝的礼乐制度，尊尊亲亲，重礼重乐，是鲁国治国的主导方向。这样，从齐鲁两国各自立国开始，重利趋时与尚礼守成，就分别成为齐文化和鲁文化的发展趋势和主要特征。

值得注意的是，潍坊古属齐鲁之邦，这种得天独厚的地理位置也为同时汲取齐鲁文化之长并加以综合融会提供了难得的自然和人文条件。在当时，今诸城、安丘南部曾属于鲁国，其他地区则大都是齐国的势力范围。可以想见，以两国交界地带为中心，双方的交往特别是各种形式的经济、文化交往是极为频繁的，而社会风尚和民间习俗也随之相互融合而渐趋一致，并在一个特定的区域内形成了相对统一的文化氛围。

春秋战国时期，在包括今潍坊地区在内的广阔区域内，齐文化、鲁文化的交流、融合进一步加强。以管仲、今高密人晏婴及孔子为代表，齐鲁两国不少开明人士纷纷在对方的文化传统中汲取有益的东西，以使自己的文化思想不断丰富和发展。秦始皇一统天下，汉武帝独尊儒术，各种地域文化走向趋同，齐鲁文化更是逐步融合并汇入统一的中华文化之中，但齐文化和鲁文化的不同风格仍时有显现。汉武帝以后，经学居于独尊地位，但其内部的分化和斗争也有了进一步发展。随着儒家经典的相继复出，传经者日渐增多，而各地经师所据经典的文本或有不同，对经书的解说也不尽一致，所用方言亦有差异，这样就形成了一些带有区域性特点的经学流派，其中势力最强、影响最大的是与鲁文化、齐文化有一定渊源关系的鲁学、齐学，前者的代表性著作有《鲁诗》《春秋穀梁传》《鲁论语》等，后者则有《齐诗》《春秋公羊传》《齐论语》等。两派在治学风格、思想方法等方面多有相异之处。大致说来，齐学崇尚权变，近于趋时，多信谶纬，具有一定的神秘性；鲁学较为迂谨，颇为好古，大多不信谶纬。齐学、鲁学自然分别由鲁、齐两地的学人构成，不过学派一旦形成，只要对经典的解说基本相同，即可视为同一学派，不再受地域观念的限制了。如董仲舒是赵人，但与齐人胡毋生同业，也属于齐学，而且成为齐学的一代宗师。鲁学兴于儒学的发祥地，属于儒家经学的正统，在传授经籍、研习典章方面也有一定优势，故而率先崛起。但它因循守成，一味信古，不像齐学那样善观时变，与时进取，所以社会影响不及齐学，以致连一些鲁人也变成了齐学的信徒，如夏侯始昌就是辕固生的弟子。鲁学一直受压抑的局面，到宣帝末年才一度有所改变。而两派对立发展，到西汉后期便出现了今古文学之争。

经学内部的这种齐学、鲁学之分，尽管两家所传都是今文经，但就它们的治学特点和风格而言，齐学容易演变为今文学派，鲁学则容易演变为古文学派，而且鲁学的某些经籍，也与古文存在着某种关联。如《穀梁传》，史籍中往往与古文经传并提，而且与古文经一样在汉代的大部分时间处于在野地位。所以，从一定意义上讲，今古文之争实际上是源于齐学与鲁学之争。当然，相对而言，今古文之争的学派壁垒更加森严，争论也更为激烈。他们各立师法，标榜门户，在依据的材料和对史实的解释上，在研究的原则和方法上，都存在着较大分歧。刘师培在《经学教科书》中曾指出："大抵两汉之时，经学有今文、古文之分，今文多属齐学，古文多属鲁学。今文家言多以经术饰吏治，又详于礼制，喜言灾异、五行。古文家言详于训诂，穷声音文字之原。各有偏长，不可诬也。"①今文经学最先兴盛并始终立于官学，而古文经学在东汉时期则极为兴盛。更为重要的是，在东汉中后期，今古文学出现合流的趋势，其间北海高密人郑玄起着举足轻重的作用。在郑玄看来，今古文学互相争执，浪费士人学子之精力，让他们莫知所从，实在无益于经学的发展，于是他依靠自己既通古文又懂今文的优势，以古文为宗，兼采今文之说，遍注群经，以求打破学派壁垒，恢复经典的本来面目。《后汉书·郑玄传》说："郑玄括囊大典，网罗众家，删裁繁诬，刊改漏失，自是学者略知所归。"郑玄整理儒家典籍，为士人学子研治经学指出了门径和方法。由于郑玄注经立足于古文，只是参采了今文经说，所以今文学实际上被推倒了。当然，古文学也已不是昔日的面貌了。从此，郑学居于独尊的地位（尽管没有被正式列为官学），经学出现了一个小统一的局面，延续二百年之久的今古文之争基本上宣告平息。这也可以看作古代潍坊文化对中国思想文化发展的一个重要贡献。

然而，齐文化、鲁文化和齐学、鲁学以及今古文经学的学术文化风格，对后世的影响是始终存在的。清代的理学与朴学或者说宋学与汉学，在治学风格和价值取向上就分别带有它们的影子。而在当时潍坊涌现出的著名学者中，既有蜚声学坛的理学大师，也有成就卓然的朴学大家。潍县韩梦周是理学的代表人物，学宗程朱，严守陆陇其"居敬穷理"之说，有多种著作推出。益都李文藻则是朴学大师钱大昕的高足，是乾嘉学派的重要成员，尤精于金石之学。其后，安丘王筠也成为朴学家队伍中的重要成员，所撰《说文句读》《说文释例》一向为学术界所称道。尤其重要的是，这些学者虽各有宗守，但又不盲目排斥其他学派的治学方法和成就以及那些有益于社会进步和文化发展的东西。例如，李文藻潜心向学，但并不是一味沉迷于故纸堆中不问世事，而是关心民瘼，体恤民情，他的不少诗作对此都有所反映。韩梦

---

① 刘师培著，陈居渊注：《经学教科书》，上海古籍出版社2006年版，第3页。

周也不是空谈性理，而是敬业务实、造福百姓的清官。在任安徽来安知县时，韩梦周写了《养蚕成法》，教民植桑养蚕，改善生活状况。韩梦周还撰有《圩田图记》，其中制订出了防治水灾工程的具体规划。应该说，这些都是对齐文化尚权变和鲁文化重谨守之不同风格的综合融摄、完美统一。这也是潍坊文化能够始终保持旺盛生命力和巨大影响力的重要因素。

（二）南北文化的综合与潍坊文化

众所周知，北方黄河流域是中华文明发展的重要地区，并在唐宋以前居于中华文明的核心位置，而在思想文化领域，以儒家文化为主导，形成了重礼节、尚守成的北方人的文化习性，现实主义的特色较为突出。在以长江流域为中心的广大南方地区，以道家思想为主导，形成了机智巧思、性情放达、追求新异的南方精神，具有更多的浪漫主义倾向。特别是随着南方的经济繁荣、文化发达以及北方发展的相对滞后，南方人和北方人在学术文化方面的不同愈益明显地展现出来。《隋书·儒林传》在谈到东晋南北朝的经学流传时说："大抵南人约简，得其英华，北学深芜，穷其枝叶。"清代以来，不少学者也对南北文化、南北学人的不同特点有所论述。如顾炎武曾借《论语》之语指出："'饱食终日，无所用心，难矣哉'，今日北方之学者是也。'群居终日，言不及义，好行小慧，难矣哉'，今日南方之学者是也。"[①] 其后刘师培亦说过："大抵北方之地，土厚水深，民生其间，多尚实际；南方之地水势浩洋，民生其际，多尚虚无。"[②] 鲁迅则强调："据我所见，北人的优点是厚重，南人的优点是机灵。但厚重之弊也愚，机灵之弊也狡。"[③] 我们不是地理环境决定论者，但必须承认包括自然和人文环境在内的地理环境对社会进步、文化发展的重要影响。上述前贤所说，的确是有某种依据的，虽不中，亦不远矣。

---

① （清）顾炎武撰，（清）黄汝成集释，栾保群点校：《日知录集释》卷十三《南北学者之病》，中华书局 2020 年版，第 723 页。
② 刘师培：《南北学派不同论》，《刘申叔遗书》，江苏古籍出版社 1997 年版，第 557 页。
③ 鲁迅：《北人与南人》，《鲁迅全集》第五卷《花边文学》，人民文学出版社 1981 年版，第 435—436 页。

但另一方面，在一定地理环境基础上形成的某种地域文化，在相对定型以后，又会不断汲取其他地域文化的精华，来改造、充实和完善自己，尽管这些文化有着独特的人文地理和自然地理特征。而此举又是某种优秀地域文化能够保持旺盛生命力和强大影响力的必要前提。同属北方文化的齐文化、鲁文化是这样，而且南方文化与北方文化之间亦是如此。特别是随着官员安置、人口迁徙、商业交往以及军事征战等活动的进行，南北文化以及各种地域文化之间的交流、对话和融合更是越来越频繁、越来越深广。作为优秀地域文化的一种，地理位置属北方文化范围的潍坊文化，也在多方面和深层次上取资于南方文化，并使南北方文化在这里得到综合融会、有机统一。现在看来，郑板桥《潍县竹枝词》所谓"潍州原是小苏州"①，绝不仅仅是对当时潍县繁华景象的赞叹，恐怕其中也有意显示潍县的某种南方文化内涵。

清代至民国时期，有相当一批生长于潍坊的人士，通过仕途或学坛、商海走向南方，走向全国各地，并受到了南方文化的影响；又有相当一批生长于南方的人士，来到此地为官、为学、经商，从而自觉不自觉地接受了北方文化的熏陶。如清初文学家、书画家安丘张贞，曾拜南方学者黄宗羲为师，往来京师，数游吴越，北走燕赵，南泛江淮，广交天下名流，探研各家学说。正是由于深得南北文化之沾溉，张贞的诗文、书画独树一帜，既充满北方的质朴之风和豪侠之气，又不乏南方的空灵、飘逸。书法家安丘张在辛，早年也是北至燕赵，南游吴越，博采众长，形成自己的独特风格。还有李文藻，受业于今上海嘉定人钱大昕，而且长期在南方为官，在带去北方士人雷厉风行、敢作敢为风格的同时，也从南方文化中汲取了许多有益的东西。著名政治家、书法家刘墉更是其中的代表性人物，是南北文化的精华及其会通成就了刘墉在政治舞台和书法领域的盛名。例如，刘墉的书法，楷、行、草兼擅，志在追求大巧若拙、味厚神藏的艺术境界，其作品的共同特点是浓中有淡，拙中含巧，刚健生动而又静穆安闲，自成一格。另一方面，那些生长于南方的人士，在来到潍坊之后，也会很快为这里悠久、深厚的文化传统所濡染，在细腻、精明、勇于创新的同时多了几分质朴、厚重和沉稳。

---

① 卞孝萱、卞岐编：《郑板桥全集》（增补本）卷四，凤凰出版社2012年版，第115页。

其中最为典型的，当推郑板桥的政风和诗文、书画风格。譬如，郑板桥的书法，字如其人，耿介拔俗，守正创新，以隶、楷、行、草数体相参，形成了很有特色的"六分半书"，从中体现了一种古朴与秀丽、现实主义与浪漫主义的有机结合，体现了"一种参差对比之美，一种整体中极富变化，变化中极有规正倾向的组织法度，因而他的书法不管整幅欣赏，还是字字琢磨，一切合于法度而又一切突破法度，产生了一种全新的韵律"①。而郑板桥的文艺创作主旨，就是既主张不拘一格，独出机杼，"删繁就简三秋树，领异标新二月花"②，又强调"理必归于圣贤，文必切于日用"③，言之有物，有的放矢。另外，郑板桥所用的一枚印章，刻有"心血为炉，熔铸今古"，也从一个侧面反映出他兼众妙之长、集百家之美的思想艺术境界和精神文化追求。④凡此种种，都是应该引起我们注意的。

（三）儒道互补与潍坊传统的政治文化

我们知道，鲁国是孔子故里，是儒家文化的发祥地，鲁文化的发展是以儒家学说为基础的。儒家力主积极入世，为现实政治服务。南方的楚国、北方的齐国则是道家文化的发祥地，其中的老庄学派兴盛于楚地，稷下黄老学派则以齐国为主要活动区域。这样，道家学说也就成为齐文化和南方文化的重要基础。道家特别是其中的庄子学派，坚守法天贵真、遗世独立的价值取向，主张与现实政治保持一定距离，甚至要求对统治政权采取某种怀疑态度和批判精神。在中国传统文化特别是政治文化的发展进程中，儒道互补而又以儒家为主是一个不容忽视的现象。这在潍坊文化中同样有所体现。

受儒家"学而优则仕"观念的深刻影响和长期熏陶，潍坊政治文化素称发达，特别是在科举制度兴起以后，不少潍坊人士通过寒窗苦读，博取功名，迈向仕途，走上政治舞台，有的还成了举足轻重的政界要员。入清以来

---

① 周时奋：《扬州八怪画传》，山东画报出版社2003年版，第154页。
② 卞孝萱、卞岐编：《郑板桥全集》（增补本）卷六，凤凰出版社2012年版。
③ 卞孝萱、卞岐编：《郑板桥全集》（增补本）卷九，凤凰出版社2012年版。
④ 张学曾、薛振国：《郑板桥为陆伯瞻出使朝鲜之诗文卷书跋的赏析》，《文物》1986年第2期。

更是这样。例如，晚清时期山东的两位状元都是潍坊人，一位是曹鸿勋，一位是王寿彭，后者曾做过山东大学校长。这反映出当时潍坊勤奋好学、尊师重教的社会风尚，也折射出一种关心时事、热衷政治的官本位民众文化心理。很有意思的是，从潍坊走出去，或者从外地来潍坊做官的人士，有着许多共同的特点。一方面，他们具有很高的政治热情，坚持儒家传统的从政理念和道德规范，清正廉洁，亲民忧民，富民教民，造福一方；另一方面，他们又颇具政治智慧，对各种事情的处理能够应付裕如，恰到好处；既有坚定的原则性，又有充分的灵活性；既胸怀远大的政治理想，以天下为己任，又非常务实，讲求实效。郑板桥的大智若愚，"难得糊涂"，刘墉的亦庄亦谐，娴于政术等等，都是一种很好的体现。与此同时，面对瞬息万变的名利场，他们不迂腐，不贪恋，而是能够从容应对，急流勇退，以保持一定的人格独立和精神自由。一个明显的历史事实是，潍坊籍在外地或外地籍在潍坊为官者，大都很有诗词、书画才能。这一现象，也不排除有为官者时刻准备在下野后以此自我排遣甚至谋生的考虑在其中。上述情形，从地域文化渊源上来说，既有鲁文化的严守礼义，又不乏齐文化的善变趋时；既有北方文化的质朴厚重，又不乏南方文化的灵活多变；既有儒家传统的自强不息，积极进取，又不乏道家的谦退自守，无为而治。郑板桥在一首题画诗中说："乌纱掷去不为官，囊橐萧萧两袖寒。写取一枝清瘦竹，秋风江上作渔竿。"① 这可以看作是对诗人本人以及与诗人有大致相同经历和相同心境者的生动摹写与艺术再现。

李泽厚先生在谈到中国思想文化史上儒道互补问题时指出："表面看来，儒、道是离异而对立的，一个入世，一个出世；一个乐观进取，一个消极退避；但实际上它们刚好相互补充而协调。不但'兼济天下'与'独善其身'经常是后世士大夫的互补人生路途，而且悲歌慷慨与愤世嫉俗，'身在江湖'而'心存魏阙'，也成为中国历代知识分子的常规心理以及其艺术意念。"② 当然，"无论在现实生活中，还是在思想情感中，儒家孔孟始终是历代众多

---

① 卞孝萱、卞岐编：《郑板桥全集》（增补本）卷十一，凤凰出版社2012年版，第339页。
② 李泽厚：《美的历程》，文物出版社1989年版，第53页。

的知识分子的主体或主干。但由于有了庄、老道家的渗入和补充，这个以儒为主的思想情感便变得更为开阔、高远和深刻了"①。可以讲，以儒为主的儒道互补在潍坊历史文化名人的人格和风格中表现得相当明显、相当典型，值得关注和研究。

（四）结语

三百多年来，以一批杰出的各界精英为代表，勤劳智慧的潍坊人民创造了自己独具特色、成就辉煌的地域文化，而这又是在继承中华民族优秀文化传统包括各种地域文化传统的基础上实现的。马克思曾经说过："人们创造自己的历史，但是他们并不是随心所欲地创造，并不是在他们自己选定的条件下创造，而是在直接碰到的、既定的、从过去承继下来的条件下创造。一切已死的先辈们的传统，像梦魇一样纠缠着活人的头脑。"②通观清代至民国时期潍坊文化发展的历史进程，通观这一时期潍坊文化名人的人格与风格，不难看出，多种优秀地域文化传统在这里的有机结合、综合融会，是潍坊文化得以兴旺发达、历久不衰的一个重要原因，而潍坊文化的长盛不衰，又同时为其他地域文化的发展树立了典范，提供了资鉴。这也是潍坊人民、潍坊文化对中华民族文化发展做出的巨大贡献。

三、略论《永乐大典》本《析津志》及其史学价值

《析津志》又名《析津志典》《燕京志》，是迄今所知北京地区最早的方志，内容客观翔实，体例清晰明了，文风质朴简洁，是一部具有代表性的方志类文献，是研究北京地区历史地理、风土人情的宝贵文化资源，史学价值突出，应当引起我们的高度重视。《析津志》传本久佚，今见《析津志》是据《永乐大典》辑录而来的。目前学术界对该志的研究已经取得了一定成就，但相关研究特别是该志在交通、民俗方面之史料价值的研究仍有进一步

---

① 李泽厚：《华夏美学》（增订本），三联书店 2008 年版，第 96 页。
② 《马克思恩格斯选集》第一卷，人民出版社 2012 年版，第 669 页。

深化和拓展的空间。这里拟在学术界以往研究的基础上，对《永乐大典》本《析津志》的辑录、整理情况，对该志作者、成书年代、编纂体例及其在交通、民俗等方面的史学价值进行考察和探讨，从而彰显该志重要的学术价值和文化意义。

（一）《永乐大典》本《析津志》的辑录和整理

顾名思义，《析津志》是关于析津地区的方志。析津，本古蓟燕之地，以"析津"为政区之名始于辽代。五代时后晋统治者石敬瑭将燕云十六州割让给契丹，辽太宗于会同元年（938）升幽州为幽都府，建号南京。至开泰元年（1012），辽圣宗取古人以星宿分野的办法，"以燕分野旅寅为析木之津"①，故更名析津府。因析津府建为辽之南京，故又统称为南京析津府。开泰二年（1013）南京更号燕京，所以也称燕京析津府。析津府治所在宛平，在今北京市西南，领顺州、檀州、涿州、易州、蓟州、景州以及析津县、宛平县、昌平县、良乡县、潞县、安次县、永清县、武清县、香河县、玉河县、漷阴县六州十一县。宋宣和五年（1123）二月，金太祖以"海上之盟"向北宋归还了太行山以南的燕京诸州。金天会三年（1125）十二月金太宗第一次伐宋攻下燕山地区，改名燕山府，属县中仍置析津县。贞元元年（1153）金海陵王改为永安府，次年改为大兴府。从辽开泰元年（1012）到金贞元元年（1153），"析津"之名共计沿用了142年，但其间始终没有专门的志书推出。直到元朝末年，才有熊梦祥以"析津"之名为北京编纂志书。可见，"析津"之名自古有之，而以"析津"名志则是沿用了辽之政区的旧称。需要说明的是，元末北京的政区名称是大都路，直隶中书省，称大都路总管府，所以《析津志》载录的是元代大都路及其周边属县的范围，大约亦即今北京市及其周边地区。

明朝初年，《析津志》尚甚流行，《（永乐）顺天府志》和《永乐大典》从中采择、征引了不少引文即为明证。直到明正统六年（1441）杨士奇等编成《文渊阁书目》、成化年间叶盛编成《菉竹堂书目》，还著录有《析津志

---

① （元）脱脱等：《辽史》卷四十《地理志四》，中华书局1974年版，第494页。

典》三十四册①，可见此书至明成化时仍有传本存世。但到明万历年间沈应文等重修《顺天府志》时，却并未见到征引《析津志》的痕迹，万历中张萱等编《内阁藏书目录》亦无此书。明末清初，黄虞稷《千顷堂书目》将"熊自得《析津志典》"列于《史部·地理类下》，并提及熊自得"字梦祥，丰城人，崇文监丞"，②此时《析津志》已成为存目状态。后来倪灿、卢文弨、钱大昕等分别补撰辽金元史《艺文志》，也只是抄录《千顷堂书目》的内容。可见，《析津志》大概自万历后即不再流传于世。《永乐大典》固然对其有征引、收录，外界亦未能轻易见到。

虽然《析津志》传世本在明万历时即已亡佚，但后人在由《永乐大典》辑录各类文献时，又将其辑出，今见《析津志》即由《永乐大典》辑录而来。对于《析津志》多舛的历史命运，徐苹芳曾做过简要梳理："《析津志》明初自内府收入《永乐大典》后，即束置阁库，世人罕见。明人未见征引，清初学者虽知有熊自得其人，然于《析津志》亦皆惜其不传，并有误称为《燕京志》者。乾隆三十八年修《日下旧闻考》等书时，始由《永乐大典》中得见而引用之，使禁锢达四百年之《析津志》再显于世，此实一大功劳也。然清人奉敕修书，仓促翻检，挂一漏万，又往往不引全文；而修《日下旧闻考》者，由于不谙大都诸事，尝以己意转述原文，误之更甚，其过亦不可恕也。最令人骇异者为四库馆臣自《大典》中辑录佚书时，何独不及《析津志》欤？致使元代重要史料失之交臂。"③的确如此，《析津志》传本久佚，正是得益于《永乐大典》的收录，才有后世《析津志》辑本传世。尽管包括四库馆臣在内的前代学者对该志的重视程度明显不足，但客观而言，他们在征引和保存《析津志》方面的重要作用仍应得到充分肯定。辑自《永乐大典》的各种《析津志》辑本，是我们从事相关整理研究的重要基础：

---

① （明）杨士奇等：《文渊阁书目》卷十八，影印《读画斋丛书》本，《宋元明清书目题跋丛刊》第4册，中华书局2006年版，第180页；叶盛：《菉竹堂书目》卷六，《丛书集成初编》本，商务印书馆1935年版，第127页。
② （清）黄虞稷：《千顷堂书目》卷8，瞿凤起、潘景郑整理本，上海古籍出版社2001年版，第230页。
③ （元）熊梦祥著，徐苹芳整理：《辑本析津志》，北京联合出版公司2017年版，第1—2页。

第一，天津图书馆藏清末徐维则铸学斋《析津志》抄本。叶淑芬《〈析津志〉源流研究》指出，此抄本早先为清乾隆时藏书家李宏信所藏的辑本《析津志》，"该辑本起初题名为《宪台通纪》，首页有李宏信手笔，并有'述史楼''维则所得善本''会稽徐氏铸学斋藏书印'等章印，并附有徐维则跋文"①。邱靖嘉《天津图书馆藏抄本〈析津志〉的四库学考察》从四库学视角对天津图书馆藏清末徐维则铸学斋《宪台通纪》进行了考辨研究，认为它应该是清乾隆时四库馆臣辑自《永乐大典》的《析津志》稿本②。由此亦可见，包括《析津志》在内的许多久已亡佚的典籍有赖《永乐大典》而得以重见于世，同时《永乐大典》也为诸如《析津志》等久已亡佚的典籍的校补、注释提供了宝贵的学术线索和研究基础。

第二，《日下旧闻考》抄本。清康熙时，朱彝尊曾撰《日下旧闻》，对北京的历史掌故、民俗风物等记载详细，旁征博引，征引典籍多达1600余种，但并未引及《析津志》。到乾隆时，官方敕令重修，又作补充、考证，增添新内容，定名为《日下旧闻考》。此次增补从《永乐大典》中引录《析津志》，因而《析津志》的部分内容也依靠《日下旧闻考》得以保存。值得注意的是，前引邱靖嘉文认为，天津图书馆藏清末徐维则铸学斋《析津志》抄本应当是为纂修《日下旧闻考》而誊抄、精校的一个本子③。

第三，《(永乐)顺天府志》抄本。明初纂修《(永乐)顺天府志》采录了很多《析津志》的内容，因此当《(永乐)顺天府志》从《永乐大典》中辑出时，也就意味着辑录了部分《析津志》佚文。现存《(永乐)顺天府志》辑本主要有二：一为国家图书馆藏孙殿起所购清雍正间抄本残帙两卷，系辑自《永乐大典》卷四六五〇至四六五一④；二为北京大学图书馆藏清光绪十二年（1886）缪荃孙艺风堂抄本八卷，即《府志》卷七至卷十四，辑自《永乐大典》卷四六五〇至四六五七⑤。

---

① 叶淑芬：《〈析津志〉源流研究》，首都师范大学2015年硕士学位论文，第28页。
② 邱靖嘉：《天津图书馆藏抄本〈析津志〉的四库学考察》，《文献》2017年第4期。
③ 邱靖嘉：《天津图书馆藏抄本〈析津志〉的四库学考察》，《文献》2017年第4期。
④ 孙殿起著，雷梦水整理：《庚午南游记》，《文物》1962年第9期，第39页。
⑤ 《顺天府志》，北京大学出版社1983年影印本。

第四，北京图书馆（今国家图书馆）善本组《析津志辑佚》。据李致忠《析津志辑佚》"整理说明"，此本主要来自四种典籍：第一种是从《永乐大典》原本中直接采集；第二种是从《日下旧闻考》中转辑；第三种是从徐维则铸学斋藏本所谓《宪台通纪》中采集；第四种是从通学斋主人孙殿起收购又转让给北京图书馆的《（永乐）顺天府志》残卷以及北京大学图书馆所藏缪荃孙所辑《（永乐）顺天府志》残卷中转录。① 20 世纪 30 年代，当时的北平图书馆"因清点核对文津阁《四库全书》，发现《四库全书》中的若干种《永乐大典》辑本，与当时存馆的《永乐大典》原本有出入。即当年四库馆臣从《永乐大典》中为某种失传之书辑佚时，有多寡不同的遗漏"②。于是北平图书馆善本组又由赵万里主持进行了《永乐大典》残本的辑佚工作，先后共辑出 208 种佚书稿本，其中即包括《析津志》，但未能印行。20 世纪 80 年代初，北京图书馆善本组重启《析津志》辑佚和整理工作，将现存《析津志》佚文几乎搜罗殆尽，并做了校勘，于 1983 年推出了《析津志辑佚》一书，成为《析津志》目前最为流行的版本。

第五，徐苹芳《辑本析津志》。徐苹芳在已有辑佚成果的基础上，又从影印本《永乐大典》以及《日下旧闻考》、胡敬《南薰殿图像考》和《历代职官表》中辑录出《析津志》佚文 147 条，并进行了详细的校勘、考订，尤其对于《析津志》划入《元一统志》或《元一统志》划入《析津志》的个别条文进行了必要更正。"此辑本内不包括缪抄本、徐旧藏抄本、《永乐大典·顺天府志》所引之文"③，但附有熊梦祥事迹及诗文，应当引起学术界的高度重视。

显而易见，《析津志》的上述五种版本都与《永乐大典》密切相关，这从一个侧面反映出《永乐大典》的一大重要贡献即在于其保存了大量明初及以前的珍贵历史文献尤其是方志类文献。这也充分证明了《永乐大典》在史学史、文献学、方志学等方面具有不可估量的重要价值和特殊意义。

---

① （元）熊梦祥著，北京图书馆善本组辑：《析津志辑佚》，北京古籍出版社 1983 年版，"整理说明"第 7 页。
② （元）熊梦祥著，北京图书馆善本组辑：《析津志辑佚》，"整理说明"第 7 页。
③ （元）熊梦祥著，徐苹芳整理：《辑本析津志》，第 1 页。

《永乐大典》本《析津志》残缺严重，但鉴于其重要的史学价值，当代学者踵继前贤，不断加以考辨、订补和完善。党宝海《〈析津志〉佚文的新发现》指出，明代《图经志书》中存有《析津志》的引文，但由于引文标点和记载的疏漏，这段引文尚未被学术界关注。该文重新句读引文，并根据成书时间推断其应当是《析津志》的内容。① 这是《析津志》佚文的重要发现，对于整理研究《大典》本《析津志》意义突出。此外，吴志坚《〈析津志辑佚〉句读订误九则》②、马晓林《〈析津志辑佚〉勘误二则》③、王晓宁《〈析津志辑佚·人物〉校补两则》④及都刘平《〈析津志·名宦〉条勘误四则》⑤等成果也都有所发现、有所创获，在一定程度上拓展和丰富了《永乐大典》本《析津志》的研究。

（二）《永乐大典》本《析津志》的作者、成书年代及编纂体例

《永乐大典》本《析津志》的作者是元代学者熊梦祥，但其编纂的具体时间已难稽考，只能根据作者的行迹和现存辑佚的材料进行大致推测。关于熊梦祥其人，正史无传，其行迹散见于某些方志、文集等。另外，宿白《居庸关过街塔考稿》⑥、赵其昌《〈析津志〉及其著者熊梦祥》⑦、李致忠《析津志辑佚》"整理说明"⑧等亦皆有其行迹的相关考证。下面谨择其要者而录之：

  熊梦祥，字自得，江西人。博读群书，旁通音律，能作数体书。

---

① 党宝海：《〈析津志〉佚文的新发现》，《北京社会科学》1998年第3期。
② 吴志坚：《〈析津志辑佚〉句读订误九则》，《元史及民族与边疆研究集刊》（第20辑），上海古籍出版社2008年版。
③ 马晓林：《〈析津志辑佚〉勘误二则》，《中国地方志》2011年第10期。
④ 王晓宁：《〈析津志辑佚·人物〉校补两则》，《辽宁省博物馆馆刊》（2015），辽海出版社2016年。
⑤ 都刘平：《〈析津志·名宦〉条勘误四则》，《江海学刊》2019年第5期。
⑥ 宿白：《居庸关过街塔考稿》，《文物》1964年第4期。
⑦ 赵其昌：《〈析津志〉及其著者熊梦祥》，《首都博物馆丛刊》第1辑，1982年12月。
⑧ 李致忠：《析津志辑佚》"整理说明"，北京古籍出版社1983年版，第1—17页；《析津志与析津志辑佚》，载李致忠《肩朴集》卷六，北京图书馆出版社1998年版，第392—403页。

乘兴写山水尤清古，无庸工俗状。以茂才举教官，不乐拘制，辄弃去。以诗酒放浪淮浙间，卜居娄江上，扁"得月楼"。与予为忘年交，旷达之士也。号松云道人。①

梦祥，字自得，南昌进贤人。聪敏旷达，作诗为文，思若涌泉。旁晓音律，能作数家书，写山水尤清古。以茂才异等荐为白鹿书院山长，授大都路儒学提举、崇文监丞。以老疾归，游淮浙间，放意诗酒，脱略不拘，有晋人风度。卜居娄江上，匾"得月楼"，自号松云道人。与玉山主人为忘年交，年九十余卒，其所著述有《释乐书》行于世。②

熊自得《析津志典》，佚，见卢文弨《补辽金元艺文志》地理类。自得字梦祥，丰城人，崇文监丞。《日下旧闻》张鹏序引熊自得《燕京志》，大约即此书也。③

熊自得，字梦祥，横冈里人，博学强记，尤工翰墨。元以茂才异等荐为白鹿洞书院山长，授大都路儒学提举、崇文监丞。以老疾归，年九十余。④

斋堂村在西山之北百余里，产画眉石处也。元豫章熊自得偕崇真张真人往居，撰《燕京志》。欧阳元功、张仲举皆有诗送之。⑤

由上可知，熊梦祥，字自得，号松云道人，江西丰城人，生于元代中期，卒于明初洪武年间，历 90 余年。熊氏博览群书，尤工翰墨，旁通音律，曾任江西庐山白鹿书院山长、大都路儒学提举、崇文监丞，后以老疾辞官，游于

---

① （元）顾瑛辑：《草堂雅集》卷八《熊梦祥》，杨镰、祁学明、张颐青整理本，中华书局 2008 年版，第 669 页。
② （清）顾嗣立编：《元诗选三集》庚集《熊监丞梦祥》，中华书局 1987 年版，第 396 页。
③ （清）周家楣、缪荃孙等编纂：《(光绪)顺天府志》卷一百二十二《艺文志一·纪录顺天事之书》，北京古籍出版社 1987 年版，第 6324—6325 页。
④ （清）何士锦修，陆履敬纂：《(康熙)丰城县志》卷九《人物传》，《稀见中国地方志汇刊》第 28 册影印本，中国书店 1992 年版，第 626 页。
⑤ （清）纳兰性德：《渌水亭杂识》，《纳兰性德全集》第 4 册，新世界出版社 2013 年版，第 65 页。

淮浙，卜居娄江上，年九十余卒，曾编纂《析津志》，又称《析津志典》《燕京志》。需要注意的是，元代崇文监丞尽管只是从五品官员，但其主要任务是用蒙古语翻译儒家典籍，并兼管校雠儒家典籍，这使其可以接触大量内府藏书和文献典籍，从而为后来编纂《析津志》准备了必要的文献基础。熊氏有晋人风度，脱略不拘，喜游历山水，纵意诗酒。辞官后，他曾一度隐居于京西深山斋堂村（在今北京市门头沟区），并与欧阳元功、张仲举等之间有山水诗歌的往还唱和。这说明他对当地及周边地区山川地理和风土人情是非常熟悉的，也为后来编纂《析津志》做了较为充足的准备工作。

其次，关于《析津志》的编纂时间。《析津志》究竟撰于何时，未见明文记载，但从准备素材、整理资料、动手编纂直至定稿，绝非短时间内可以完成。尤其需要注意的是，方志是信史，许多史实需要认真考证，着手编纂前要广泛搜罗材料，编纂过程中仍要补充材料并详加核实，甚至要进行实地调查。因此，《析津志》从前期准备到编纂成书，应该经历了一个较为漫长的过程。

由熊梦祥的生平行迹来看，《析津志》编纂的开始时间应是其担任儒学提举和崇文监丞之时，完成时间则可以从现存辑佚史料中探寻线索。天津图书馆现藏清末徐维则铸学斋藏书《宪台通纪》抄本二册，宿白、李致忠、徐苹芳等已考订其中包含着《析津志》的内容，并将其视为《析津志》辑佚的重要来源。在此基础上，前引邱靖嘉文认为，该抄本应为《析津志》抄本，由四库馆臣从《永乐大典》中辑出[①]。抄本中出现了一则改国子监为府学、洪武三年（1370）颁行格式的记事，这似乎与该书编纂于元末的史实不符，《析津志辑佚》亦未予以收录。对此，赵其昌已做了令人信服的解释，即《析津志》虽由熊梦祥编纂于元末，但此人较为长寿，元亡后隐居乡里，年九十余卒，在明洪武初年还曾与告老还乡的族人熊太古一起参加当地的乡饮酒礼，所以这部《析津志》抄本所见明初记事很可能是熊梦祥后来增补进去的。[②] 应该说，熊梦祥编纂《析津志》始于元末，成于明初。党宝海通过

---

① 邱靖嘉：《天津图书馆藏抄本〈析津志〉的四库学考察》，《文献》2017年第4期。
② 赵其昌：《〈析津志〉及其著者熊梦祥》，《首都博物馆丛刊》第1辑，1982年12月。

分析明初《图经志书》所存《析津志》引文，包括文中石碑、国师宝塔、珠砌宝冠等记述的时间，初步判断这段文字应是出自元人之手，而非明人编辑《图经志书》时所作。①

再次，由于失传已久，《析津志》的编纂体例已经难以详考，但今从天津图书馆藏《析津志》抄本和北京大学图书馆藏缪荃孙《（永乐）顺天府志》抄本中可窥其大略。例如，在天津图书馆现藏《析津志》抄本二册中，第一册题有"古迹"和"台谏叙"两门，第二册首题"析津志"②，下文依次有"祠祀""学校""风俗""岁纪""河闸""桥梁""古迹"等门目，卷末为徐维则跋文。现存抄本分门别类地记述了元大都的官署布局、学校制度、岁时风纪、河闸桥梁、寺观古迹等名目，符合一般方志类文献的具体编纂体例，故《析津志》是一部结构完整、体例严谨的北京方志。再者，现存缪荃孙《（永乐）顺天府志》抄本对我们研究《析津志》的编纂体例也具有重要的参考价值和借鉴意义。缪荃孙《（永乐）顺天府志》抄本先叙顺天府，次述府属各县，具体内容均以建置沿革、县境、至到、城池、廨宇、坊市、乡社、民屯、军屯、坛场、祠庙、学校、风俗、山川、关隘、桥梁、古迹、寺观、户口、田粮、宦迹、人物、孝义、贞妇、仙释、土产、场冶、灵异等为顺序，这在一定程度上折射出《析津志》的编纂体例和主要内容。

唯其如此，北京图书馆《析津志辑佚》参照上述体例，并变通标目，立为"城池街市、朝堂公宇、台谏叙、工局仓廪、额办钱粮、太庙、祠庙仪祭、寺观、河闸桥梁、古迹、大都东西馆马步站、人物、名宦、学校、风俗、岁纪、物产、属县"18目，结构严谨，安排合理，整体上再现了《析津志》体例和内容的原貌。可以看出，《析津志》"对北京的沿革、至到、属县，以及城垣街市、朝堂公宇、河闸桥梁、名胜古迹、人物名宦、山川风物、物产矿藏、岁时风尚、百官学校等，都有翔实的记载，是研究北京及北

---

① 党宝海：《〈析津志〉佚文的新发现》，《北京社会科学》1998年第3期。
② 至于为何"析津志"3字出现在第二册，而不见于第一册卷端，据邱靖嘉《天津图书馆藏抄本〈析津志〉的四库学考察》推断，此书原来应是有"析津志"题名者为上册，无题名者为下册，后来可能是徐维则在改装时误将其另纸书写的跋文附于上册，以致后人产生误解，将两册顺序颠倒。

京地区地理、历史的宝贵资料"①。

（三）《永乐大典》本《析津志》中的交通和民俗史料

近年来，方志学特别是北京方志的研究形成热潮，引发了人们对《析津志》的关注。一部分学者专注于辑录《析津志》文本，试图恢复其原貌；另一部分专家学者则围绕《永乐大典》本《析津志》的具体内容进行深入研究，旨在挖掘《大典》本《析津志》的史学价值。其实，"无论古今，地方史志的编纂总有着相似的文化理念：追求人与自然、人与社会、人与人以及人自身心灵的和谐。前人编纂地方史志，于山川、都邑、室屋、祠基、名贤无所不载，以便使人明了时令之盛衰、地势之险易、政治之得失、风俗之厚薄，览一隅以知天下之巨，从而风示劝惩，达到存史、资治、教化的目的"②。《大典》本《析津志》亦不外乎此。但需特别指出的是，《大典》本《析津志》除了具有上述一般方志类文献的价值之外，在交通和民俗史料方面的价值尤为突出，这主要表现在"天下站名"部分和"风俗""岁纪"部分。

关于《永乐大典》本《析津志》所载"天下站名"部分。"站名"即"站赤"的名字，"站赤"为蒙古语"驿传"的音译。驿传制度在我国起源很早，大致在殷周时期就已出现。元代因袭旧制，并将驿传改称站赤，故"站赤者，驿传之译名也"③。驿传制度是中国交通史上的重要内容，而中国交通史作为中国史研究中的重要组成部分，一直为历代史学家所关注。白寿彝先生早年曾撰有《中国交通史》，这是我国第一部全面、综合研究中国历代交通的史学专著，1937年由商务印书馆作为《中国文化史丛书》中的一种出版发行，在史学界影响深刻而广泛。近年来，李之勤利用《经世大典》和《中国历史地图集》作为参考，辅以其他文献资料，对《析津志》中的"天下站名"部分进行了系统考辨，尤其对文句次序错乱、地名脱误、大小字修改不当、驿道分段不详及句读、标点错误等进行了详细订补，积累了丰硕的

---

① （元）熊梦祥著，北京图书馆善本组辑：《析津志辑佚》，"整理说明"第1页。
② 张涛、邓瑞全等编著：《流村镇志》，人民出版社2011年版，"编纂说明"第2页。
③ （明）宋濂等：《元史》卷一〇一《兵志四·站赤》，中华书局1976年版，第2583页。

研究成果①，值得我们吸收和借鉴。

《析津志》"天下站名"部分成文于至元十八年（1281）二月至次年三月②，较为完整地记载了元代站道和站名，不仅成为了解当时站赤交通的重要史料，也是目前所知古代全国驿道和驿站的最早的系统性史料之一。"天下站名"部分的总体布局、编写体例以大都为中心，分东、西北和南三路，由近及远，依次分段记述各段站道上的站名以及前后两站的相对方位和里距等信息。每段站道的首站另行起，自成一个自然段，末站下注明本段站道由此将分几路以及所分各路的行进方向和将要到达的末站站名。站名为正文用大字，其他为注文用小字。"天下站名"部分主次分明、条理清晰地反映出当时全国站道网络的整体结构及每个站赤在该网络中的地位和作用，是研究元代乃至中国古代道路交通历史的重要资料。

元代疆域空前辽阔，为加强中央集权，统治者尤为重视站赤在信息传递、物资转运等方面的重要作用，"通达边情，布宣号令，古人所谓置邮而传命，未有重于此者焉"③。"天下站名"部分共列水陆站道100余条，站名1000有余，这些站赤所构成的全国站道网络在当时政治生活中发挥着重要作用。

首先，"天下站名"部分能够折射出全国站道网络加强了各地区、各民族之间的政治联系和文化交流，民族认同感、文化认同感空前增强。"钦惟圣朝一统天下，龙节虎符之分遣，蛮陌骏奔之贡奉，四方万里，使节往来，可计日而至者，驿马之力也"④。元代结束了各政权并峙的局面，驿站在全国普遍建立，使中央政令能迅速传达至各地，包括主要由少数民族聚居的边疆地区，这些地区的情况信息也能有效地传递到中央。尤其从元代起中央政府实现了对西藏的直接而有效的管理，这与驿站的重大作用是分不开的。同

---

① 李之勤：《〈析津志·天下站名〉校正——大都通河南和陕西行省部分》，《中国古都研究》第3辑，浙江人民出版社1987年版；《元熊梦祥〈析津志·天下站名〉江西、江浙行省部分站名考》，《中国历史地理论丛》2010年第1辑；《〈析津志·天下站名〉校释》，三秦出版社2017年版。

② 默书民：《〈析津志·天下站名〉成文时间考》，《中国史研究》2008年第3期。

③ （明）宋濂等：《元史》卷一百〇一《兵志四·站赤》，中华书局1976年版，第2583页。

④ （元）熊梦祥著，北京图书馆善本组辑：《析津志辑佚》，第120页。

时,驿站为各族上层人物前来首都提供了便利,中央政权的向心力、凝聚力和影响力进一步增强。

其次,"天下站名"部分能够反映出全国站道网络加强了各地区和各民族之间的经济联系和物资交流。驿站虽是为军国大事所设,但是四通八达的站道也为人们的商业活动提供了方便和保障。这与此前由于各政权对峙而造成的道路阻绝、商人安全经常受到威胁的情况形成鲜明对比。例如,当时云南地区即出现了"远夷蚁附,烟火相望,千里无间,既富且庶,诸蛮朝贡,络绎不绝"的繁荣景象①。可以说,元代商品经济的快速发展与驿站的普遍设置是有密切关系的。

再次,"天下站名"部分所载站户负担之沉重对于认识元代社会经济生活也具有重要史料价值。元代驿站为官府来往人员提供驿马、住宿和饮食,"于是四方往来之使,止则有馆舍,顿则有供帐,饥渴则有饮食,而梯航毕达,海宇会同"②。驿站饮食供应实行两种办法:由站户承担"自备首思"与由政府出钱的"官降首思"(也作"官供祗应")。大都、上都驿站供驿繁忙,长期由站户自备首思。虽曾短期实行官降首思,但很快又改为自备首思。"天下站名"部分记载了京城大都驿站任务繁重背后站户所历难述之苦,"供亿丛剧,驰传实繁。服役者,有罄家之忧;居贫者,有逃家之苦,无能伸诉,亦云久矣"③。站户在签发时大都有一定产业,但随着时代发展难免产生贫富分化,而且由"给驿泛滥"带来的沉重站役,促使富有的站户往往用投靠蒙古贵族和寺院、贿赂站官等办法加以逃避,把负担都转嫁到贫困的站户身上。许多贫困的站户只好典卖田产来应对,有的甚至卖妻鬻子,最后被迫流亡。虽然政府曾多次采取各种措施整治,但收效甚微。站户之苦当为熊梦祥目睹,这不仅促使"天下站名"部分成为后人认识元代政治日渐腐败、民众负担沉重的直接注脚,也为我们带来了反思,即如何在推行某种制度的过程中尽最大可能发挥其积极作用,规避其消极

---

① 龙云、卢汉监修:《新纂云南通志》(五),刘景毛、文明元、王珏、李春龙点校本,云南人民出版社 2007 年版,第 231 页。
② (明)宋濂等:《元史》卷一百〇一《兵志四·站赤》,中华书局 1976 年版,第 2583 页。
③ (元)熊梦祥著,北京图书馆善本组辑:《析津志辑佚》,第 120 页。

影响。

最后,"天下站名"部分在补充正史方面也具有珍贵价值。据记载,元顺帝至正二十年(1360),因军储不足,朝廷两次会议决定水陆联运延安以及宁夏粮食,以济大都,为此加强东胜州(今内蒙古托克托)至白登县(今山西阳高大白登镇)间的驿站转运,共设丰州、三庄、夏永固等处牛站一十四处①。此事见于《大典》本《析津志》而未载于《元史·顺帝本纪》,却对认识元末交通道路建设和政治经济发展具有重要价值。

关于《永乐大典》本《析津志》所载"风俗""岁纪"部分。王文宝撰文着重摘录了《析津志》在服饰、饮食、居住、交通、用具、婚丧生育、禁忌、商贸、岁时节令等方面的部分具体内容②。张宁也关注了《析津志》中的风俗史料,详细比较了民俗与官俗、传统汉民族风俗与少数民族风俗之差异和交融,分析了元大都建制、两城巡回制、大都风俗沿袭等制度和民俗演变的历史缘由,再现了元代不同阶层的社会生活状况,意在进一步挖掘和彰显《析津志》的风俗史料的重要价值③。

首先,在节庆习俗方面,《永乐大典》本《析津志》涉及了立春、正月一日、二月二日(龙抬头)、清明寒食、三月三日(脱穷贫)、四月八日(浴佛会)、五月端午、六月六、七夕(女孩儿节)、八月中秋、重阳节、十月一日(寒衣节)、冬至日、腊八日、除日等岁时节令。这些原本大多是汉民族传统节日,但从其记载来看,当时大都城百姓基本上不分民族都参与庆祝这些节日,从而在一定程度上实现了传统汉民族节日与少数民族节日的会通和融合。以冬至为例,冬至原本是中国古代重要节日,古人认为这天阳气开始生发,所以官方和民间历来对此极为重视。《周易·复卦·象传》曰:"先王以至日闭关,商旅不行,后不省方。"《大典》本《析津志》载:"冬至日,太史院进历,回回太史进历,又进画历。后市中即有卖新历者。宰相于至日,亲率百辟恭贺,上位根前递手帕、随贡方物。士庶人家并行贺

---

① (元)熊梦祥著,北京图书馆善本组辑:《析津志辑佚》,第120—121页。
② 王文宝:《最早反映北京风俗的一本书——推荐〈析津志辑佚〉》,《神州民俗》(学术版)2012年第4期。
③ 张宁:《试论〈析津志辑佚〉中的风俗史料》,《大同高专学报》1998年第1期。

礼，馈遗填道，遇节物时令，自然欢怿。"① 可见，元朝政权虽然为少数民族所建，但又在很大程度上接受和吸纳了汉民族的文化风俗。此外，元大都位于旧燕京城东北隅，正月"十九日，都城人谓之燕九节，倾城士女曳竹杖，俱往南城长春宫、白云观，宫观葳扬法事烧香，纵情宴玩以为盛节，犹有昔日风纪"②。此即为踏青。这本是元世祖忽必烈为避免迁都引起旧贵族反对而创立两京巡回制度的产物，但却在一定程度上促进了民族融合和民俗交流。

其次，在丧葬习俗方面，《永乐大典》本《析津志》记述了大都城市人家在佛寺举行火葬礼的情况："烧毕，或收骨而葬于累累之侧者不一。孝子归家一哭而止，家中亦不立神主。若望东烧，则以浆水、酒饭望东洒之；望西烧，亦如上法。初一，月半，洒洒饭于黄昏之后。色目大食等，则各从本俗"③。有的学者认为，"这里的火葬是采用了佛教的典仪。而其他举止，显然不像是汉族礼俗，或者是蒙古的某些丧葬风俗进入了大都；或者是汉族受到了蒙古某些丧葬风俗的影响"④。这一说法，虽不中，亦不远矣。

再有，在体育文化方面，原先少数民族的射柳、击球、射天狼等活动也被其他民族所吸收和传承。以击球为例，《永乐大典》本《析津志》载："击球者，今之故典。而我朝演武亦自不废。常于五月五日、九月九日，太子、诸王于西华门内宽广地位，上召集各衙万户、千户，但怯薛能击球者，咸用上等骏马，系以雉尾、缨络，紫缀镜铃、狼尾、安答海，装饰如画，玄其障泥，以两肚带拴束其鞍。先以一马前驰，掷大皮缝软球子于地，群马争骤。各以长藤柄球杖争接之。而球子忽绰在球棒上，随马走如电，而球子终不堕地。力捷而熟娴者，以球子挑剔跳掷于虚空中，而终不离于球杖。马走

---

① （元）熊梦祥著，北京图书馆善本组辑：《析津志辑佚》，北京古籍出版社1983年版，第223—224页。
② （元）熊梦祥著，北京图书馆善本组辑：《析津志辑佚》，北京古籍出版社1983年版，第213页。
③ （元）熊梦祥著，北京图书馆善本组辑：《析津志辑佚》，北京古籍出版社1983年版，第210页。
④ 白寿彝总主编，陈得芝主编：《中国通史》第8卷，上海人民出版社、江西教育出版社2013年版，第848页。

如飞，然后打入球门中者为胜。"① 而《金史·礼志》载："行射柳、击球之戏，亦辽俗也，金因尚之。"② 这说明元代的击球运动完全是承袭于辽代习俗。射柳亦是承自辽代的传统，只是已有所改进。射天狼原为蒙古骑射习俗，但也逐渐被其他民族接受。从《大典》本《析津志》及其他文献记载可以看出，这些习俗原本都与少数民族善游牧、喜骑射有关，后来又为汉民族群众所借鉴、吸收和发展。

实际上，不管是汉民族吸收和融合了少数民族风俗文化，还是少数民族吸收和融合了汉民族风俗文化，都根源于持久的、深层次的民族文化认同。尽管元代社会有着明显的民族和阶级划分，但是文化的影响却是潜移默化、润物无声的，元代统治者唯有用和谐包容的文化态度对其广袤土地和众多人口进行有效管理才能够实现长治久安，而这种态度本身也在滋养和沾溉着统治者自身的精神气质和文化素养。因此可以说，《大典》本《析津志》中的民俗史料生动形象地反映出中华民族和谐包容、与时俱进的文化特点和民族精神，也再次证实了白寿彝先生有关民族学与历史学关系的论断："用历史学的眼光来看，各民族的风俗、习惯、信仰和民间文学，都是社会的存在，也都是历史的一部分。按照中国历史学的传统来说，历史书里也常常记载不少的民俗材料。在所谓'史部'的著作里，也有专门记载民俗的书"。"研究历史，不能完全摆脱民俗的研究。研究民俗，也常常要采用历史的解释"③。

当然，除了有关交通和风俗方面的史料价值，《永乐大典》本《析津志》中"名宦""人物"等部分也受到一些学者的关注。例如，孙立慧发现《析津志辑佚》中有15条记载错误的"名宦"条目，于是撰文指出它们在年代、官衔上存在的讹误以及名宦仕履方面记载的遗漏。④ 尚衍斌对《析津志辑佚》

---

① （元）熊梦祥著，北京图书馆善本组辑：《析津志辑佚》，北京古籍出版社1983年版，第203页。
② （元）脱脱等：《金史》卷三十五《礼志八》，中华书局1975年版，第826页。
③ 白寿彝：《民俗学和历史学》，白寿彝：《民族宗教论集》，河北教育出版社2001年版，第746页。
④ 孙立慧：《〈析津志辑佚〉中的有关问题》，《文献》2006年第4期。

"名宦""人物"部分的相关疏漏和错误做了考辨和订补。① 刘晖对《析津志辑佚》中的"朝堂公字""台谏叙""工局仓廪""人物"部分进行对照和考订,并探讨了致误的原因②。王晓宁根据《析津志》对金代张大节和胥鼎二人的记载,对照《金史》等进行了校订、补正等工作。③ 陈佳臻则指出《析津志》"名宦"部分从木华黎到刘因等47人的记载是从《元朝名臣事略》中辑录而得,二者之间存在密切史源关系,并揭示了《析津志》和《元朝名臣事略》对元初中书官员刘肃的官职记载有误,应为"左三部尚书"而非"右三部尚书"④。由此可知,当代学者对《大典》本《析津志》的关注点主要集中于交通驿站、民间风俗及名宦人物等领域,此举是相当可取的,值得我们充分借鉴。

(四) 结语

作为迄今所知北京地区最早的一部方志,《永乐大典》本《析津志》是人们了解北京的历史演进、地理沿革、山川形胜、行政建制、人物传记、民间习俗等内容的重要史料,长期为学术界所关注。学术界积累了一定的研究经验,推出了一系列学术成果,这些经验和成果又为《大典》本《析津志》的进一步整理和研究提供了重要启示和必要参考。但不可否认的是,对以《析津志》为代表的《永乐大典》北京方志的整理研究工作还存在明显的薄弱环节,尤其缺乏系统、全面的校注成果⑤。随着国内外《永乐大典》残卷的相继发现,《永乐大典》北京方志尤其是《析津志》的整理研究还有待进一步深化和拓展。也就是说,关于《大典》本《析津志》的研究仍存在一定空间,特别是对其进行系统辑佚和深入研究,不仅能够为《永乐大典》研究

---

① 尚衍斌:《也谈〈析津志辑佚〉中的有关问题》,《中国边疆民族研究》(第2辑),中央民族大学出版社2009年版。
② 刘晖:《〈析津志辑佚〉订误》,中央民族大学2012年硕士学位论文。
③ 王晓宁:《〈析津志辑佚·人物〉校补两则》,《辽宁省博物馆馆刊》(2015)。
④ 陈佳臻:《〈析津志·名宦〉史源考——兼考元初中书官员刘肃的官职》,《文献》2020年第3期。
⑤ 赵万里曾计划校注《析津志》,惜未成书。详参赵芳瑛、赵深编,胡拙整理《赵万里先生传略》,载《赵万里文集》第一卷,国家图书馆出版社2011年版,"卷首"第7—8页。

和北京史地研究等相关领域提供良好的学术基础和典型的研究范例,而且也有助于历史学、方志学、文献学等学科门类的教育教学和人才培养,有助于进一步推动相关的学科建设和学术发展,学术价值和文化意义显著。

就现实意义而言,《永乐大典》本《析津志》的辑佚和研究能够通过历史经验的必要总结和概括,理论联系实际,推动中华优秀传统文化的创造性转化和创新性发展,更好地以学术研究服务于首善之区的政府决策和经济社会发展,在更大历史跨度上科学规划、稳步实现北京建设全国政治中心、文化中心、国际交往中心、科技创新中心的发展目标,进而增强全民族的文化自信,为实现中华民族伟大复兴的中国梦贡献力量。

四、《流村镇志》编纂说明与凡例

(一)编纂说明

编纂《流村镇志》,是在新时期和谐社会建设、社会主义新农村建设、文化大发展大繁荣的形势下,以"史"为线索,以"志"为形式,全面、综合、系统地展现流村镇千百年来的古韵渊源、地理山川、建置沿革、平准食货、烽火戎祀、舆地交通、风土人情、文物古迹、贤达遗风等诸多历史文化风貌,以及当今经济社会和文化建设所取得的巨大成就。换言之,《流村镇志》的编纂就是要系统梳理流村古镇的历史变迁,全面展示改革开放以来特别是近几年来流村镇的经济社会发展成就,从而为流村镇当前的和谐社会建设、新农村建设以及未来发展,提供一定的历史资鉴和学术支持。总之,《流村镇志》秉持以史为鉴、述往思来的编纂宗旨,其性质实际上就是一部地域性的当代文化史志。

一般地方史志的编纂往往存在程式化倾向严重的问题,其突出表现为经济、政治方面规划细致,文化、艺术方面稍显粗糙和薄弱;而一部成功的地方史志应该具有科学性、准确性,并且兼具艺术性、可读性,只有以上四个方面紧密结合、相映成趣,才能从文化观念和思想意识的角度来深刻反映社会整体风貌和历史发展规律。有鉴于此,《流村镇志》在延续传统地方史志编纂方法的同时,尤其注意了以下四个方面的问题:

（1）从编纂结构到思想内涵，都突出其科学性、准确性；（2）从遣词造句到语言风格，都体现出艺术性、可读性；（3）依据对文物古迹和文化建筑的现场勘察，合理安排结构并详细记述；（4）对民俗文化、乡土风情等原生态的非物质文化遗产进行搜求和整理。

为编纂好这样一部规模宏阔、内涵丰富的《流村镇志》，由北京师范大学、中国社会科学院、北京市社会科学院等单位的有关专家组成的《流村镇志》编纂组，会同北京市和昌平区相关部门、相关领域的专家学者，力求在总结、吸纳学术界以往研究方法和成果的基础上，首先对相关的历史文化遗存进行认真寻访、全面调查，对相关文献、文物和口述史料进行广泛搜求、认真整理、准确把握、综合分析，然后按照一定的时代顺序和逻辑线索，系统、全面地研究涉及的各种问题从而得出有价值、有说服力的结论，做到古代文物、出土文献、传世文献及口述史料的综合运用和相互印证，使人文社会科学与自然地理环境资源等自然科学相互补益、融会贯通，并将考据与义理、历史线索与逻辑线索、微观剖析与宏观把握、传统理念与时代精神进行有机结合，使其相得益彰。

在《流村镇志》编纂的两年时间里，编纂组得到了流村镇领导及昌平区有关部门以及刘守仁老人、张俊昌老人等各界贤达的大力支持和热情帮助。通过对流村镇域内历史文物、文化遗存、口述史料等所作的实地寻访和考察，编纂组获得了许多比较珍贵的第一手资料，对古韵流村的历史文化魅力有了更加充分的认识和更加深刻的体会。

在实地调研的同时，编纂组也积极查找相关文献资料，并经过长时间的探讨、协商、总结、整理和研究，将流村的自然景观、社会状况民俗风情、文化遗产、革命历史等内容与实地考察的经验、所得熔于一炉，再经过专家的认真剖析、细致筛除，逐渐形成编纂《流村镇志》的资料长编，又经过数次删削增补，终于成书。

无论古今，地方史志的编纂总有着相似的文化理念：追求人与自然、人与社会、人与人以及人自身心灵的和谐。前人编纂地方史志，于山川、都邑、室屋、祠基、名贤无所不载，以便使人明了时令之盛衰地势之险易、政治之得失、风俗之厚薄，览一隅以知天下之巨，从而风示劝惩，达到存史、资治、教化的目的。《流村镇志》亦不外乎此。当然，作为一部新型志书，《流村镇志》还负有为当代经济社会发展提供历史的、文化的、科学的地方综合信息的任务。这就要求我们将传统文化与现代生活相对接、相融会，摒弃旧志编纂方式、方法的糟粕，提炼出适应新形势、新发展的理念，并通过这种新理念体现具有民族特色、符合我国传统的地域性文化风貌，从而使人们更好地认识过去，服务现实，开创未来。

但愿各界人士能够关注和喜欢这部《流村镇志》，并不吝赐正。我们先行致谢！

（二）凡例

1. 本书以《大事记》开篇，本着贯通古今、服务当代、惠及后人的宗旨，全面记述流村镇域内的历史和现状。

2. 本书依据所占有资料，上限不作划一，下限至2008年12月，部分重要资料延至2010年年底。

3. 本书记述范围以流村镇现行行政区划为准，涉及古代或旧事则难免旁及其他乡镇。

4. 本书采用的记事体裁包含述、记、志、传、图、表、录，大事记以编年体为主。

5. 本书人物排列大体以生活年代先后为序。

6. 本书纪年，清及清前沿用帝王年号，民国时期采用民国纪年，均括注公元纪年。中华人民共和国成立以后，一概采用公元纪年。

7. 历史朝代、政权、党派，直书当时名称；机关、团体、企事业单位和会议名称，在行文中第一次出现时用全称，以后用简称。地名用事件发生时地名，其后有变动或与今地名不同者，在圆括号内注明今地名。人物直书其名（党政工作人员加职位）。

8. 计量单位采用1984年2月27日国务院发布施行的法定计量单位，即公制计量单位。历史上曾使用过的计量单位则如实记载。

9. 本书资料来源于各种史籍、旧志、专著、谱牒、档案、报刊、调查采访、实地勘察，以及涉事单位、有关当事人，已经校订，一般不注明出处。

10. 本书为通志，为系统地展现本镇综合风貌，所录事迹资料务求广收博取，凡北京市、昌平区对本镇产生较大影响及与之相关的事物和活动，本志亦予以记述。①

五、关于齐鲁文化世家研究的新进展

齐鲁是今天山东地区的代称。齐鲁是中华文明发祥最早的地区之一，齐鲁文化在中国文化史上占有特殊地位，产生过巨大而深刻的影响。根据考古发掘，在这里，有四五十万年前人类活动的遗迹和遗存，有迄今所知最早、最发达的新石器文化，如后李文化、北辛文化、大汶口文化、山东龙山文化、岳石文化等。在距今约5500年的大汶口文化中期遗址中，发现了陶器文字和象牙梳上的雕刻文字。这些文字预示着中华文明曙光的来临。春秋战国时期，鲁国、齐国成为中国文化的中心地区。诸子百家中，儒、道、墨、法、兵、阴阳、纵横等重要学派的创始者或代表人物，大都生活于齐鲁地区。各种思想学说相互碰撞，相互融合，最终形成中国传统文化的主干和核心。

正是在这样的文化氛围中，古往今来，一批又一批文化名人和文化世家在齐鲁大地上涌现出来，成为齐鲁文化代代相承、历久不衰的重要支撑力量，成为齐鲁文化的优秀代表。他们在文化上取得的伟绩丰功，体现出的自强不息的刚健风格、厚德载物的仁爱精神、吃苦耐劳的敬业观念、勤谨睿智的创新意识、忧以天下的爱国情怀、凛然不屈的人格魅力、义薄云天的君子之德等等，都凸显出中华民族的传统美德和优良品质，值得我们去赓续传承、去发扬光大。需要指出的是，内涵丰富、多姿多彩的齐鲁文化绝不单单是一种普通的地域文化，它还是整个中华文化的核心和典范。如果说，研究中国传统文化不能不研究齐鲁文化，那么我们同样应该说，研究中国文化世家也不能不研究齐鲁文化世家。换言之，中国文化世家的优秀传统、演变轨

---

① 张涛、邓瑞全等编著：《流村镇志》，人民出版社2011年版。

迹和发展规律，大都能在这里觅得某种基因和渊源，找到某种具有典型性、示范性的东西。我们有理由相信，通过《中国文化世家》之《齐鲁卷》的编撰，总结、继承和弘扬这一珍贵的文化遗产，对于我们进行相关的学术研究和学科建设，更好地开展社会主义精神文明建设和文化强国建设，是大有裨益、颇有价值的。

本卷在操作过程中，始终得到总主编曹月堂先生的悉心指点和热情鼓励，得到参与撰稿的各位同好的大力支持和积极配合，其他师友也以各种形式给予关心和帮助。在此谨表谢意。由于我们学识不足、闻见有限，书中肯定会有不少疏漏和错误之处，恳请各位专家和读者不吝赐正。这里我们先行致谢！①

---

① 本文原系《中国文化世家》之《齐鲁卷·总论》，收入本书时略有改动。张涛等主编：《中国文化世家·齐鲁卷》，湖北教育出版社 2004 年版。

第六章　历史文化认同与中外文化交流

自古以来，我国就是一个统一的多民族国家，多元一体的中华民族是由汉族和少数民族共同组成的。在中华民族繁衍、壮大的过程中，历史文化认同发挥了重要作用。儒家的夷夏民族观、佛教在中原地区的传播等，都促进了这种认同的不断扩大、不断深化，同欧洲相比具有自己的明显特点。与此同时，中国思想文化与东亚、欧洲的互动交流也有了进一步发展，东西方文明的互学互鉴达到了一个新的高度。

一、儒家关于民族关系论述的演变

中国传统的夷夏之辨以强调种族之间的文化差异为表征，遵循着文化、道德的价值判断尺度，兼具开放、包容的特性，又在早期民族激烈争夺生存空间的过程中，融进了某些封闭性、保守性的因素。这种情况，与儒家思想关于夷夏之辨及其民族思想的演变是分不开的。

（一）孔子和早期儒家的夷夏观

作为中国传统思想文化的正统和主流，儒家强调夷夏之辨，这是一个不争的事实。因为从先秦时期开始，夷夏之辨就成了儒家文化的重要内容，尊王攘夷，以夏变夷，几乎成了儒家所推崇的理论。《论语·八佾》记孔子曰："夷狄之有君，不如诸夏之亡也。""夏"成了华夏族正统文化的代名词，为历代儒者所津津乐道，大力渲染；而"夷"则成了中原地区周边非主流文化的泛称，是华夏文化濡染、熏陶的对象。夷夏之辨，夷夏之防，成为儒家文化中的重要理念和思想传统。

但是，必须指出的是，孔子和早期儒家对夷与夏的区别，其主要标准不是种族、地域的不同，而是文化水平的高下。孔子所坚持的夷夏之辨，是以周礼为根据，以维护、弘扬和发展先进的中原文化为指归，不单单是族属或地域的观念。《论语·子罕》载，孔子曾想移居九夷之地，有人对他说："陋，如之何？"孔子答道："君子居之，何陋之有？"在孔子看来，只要有君子在，即使是僻远荒蛮之地，也终究会受到传统礼仪的沾溉和影响，从而纳入周文化的范围，成为礼仪之邦，所以也就没有简陋之可言。孔子注重致力于复兴周礼，对春秋时期"礼崩乐坏"的局面痛心疾首。《论语·雍也》载孔子曰："齐一变，至于鲁；鲁一变，至于道。"孔子认为，齐国一变就能变成鲁国这样的礼仪之邦，鲁国再一变，就能重振天下一统的周文化。此处所谓"齐"，是指齐桓公称霸后的齐国。孔子对使齐国强盛的齐桓公颇有好感，称其"正而不谲"①，具有正直而不欺诈、不虚伪的优秀品质。

据《论语·宪问》，孔子曾高度赞扬辅佐齐桓公而"不以兵车"的管仲，说"如其仁！如其仁！"对于其"尊王攘夷"、保卫华夏文化成果的义举，孔子更是极力表彰："管仲相桓公，霸诸侯，一匡天下，民到于今受其赐。微管仲，吾其被发左衽矣！"管仲辅佐齐桓公争霸天下之举，是在尊崇周王室、捍卫华夏文化的旗帜下进行的，自然受到孔子的肯定和赞扬。在孔子看来，如果没有管仲，我们恐怕已沦为夷狄，披散头发，衣襟向左开了。"被发左衽"，本为狄人之俗，孔子在此处特指落后于华夏文化的原始之俗。孔子认为，只有"尊王攘夷"，"内诸夏而外夷狄"，才能使华夏文化源远流长、发扬光大。而在这个问题上，管仲是有功之臣，不愧"仁人"之称号。

可见，孔子以是否遵循周礼作为区分夷夏的标准，并不单纯以地域、族属为限。而他所说的"周礼"，则泛指有所"损益"的夏、商、周三代的礼仪文化。凡遵此礼者为夏，违此礼者为夷，即使地处中原之诸侯国亦不例外。所以，当颜渊问及如何治国理政时，孔子答道："行夏之时，乘殷之辂，

---

① （清）刘宝楠撰，高流水点校：《论语正义》卷十七《宪问第十四》，中华书局1990年版，第570页。

服周之冕，乐则《韶舞》。放郑声，远佞人。郑声淫，佞人殆。"① 意谓为政之道就是采用夏代的历法，乘坐商代的车辆，头戴周代的礼冠，欣赏舜时的《韶舞》乐曲。摈弃郑国乐曲而不听，远离奸佞的小人。郑国乐曲淫荡，奸佞小人凶险。孔子的这段话，可以说是他关于夷夏之辨的绝妙注解："尊夏"，即是采用三代礼制；"攘夷"，即是"放郑声"，"远佞人"。这里并没有族属之偏见，因为郑、卫之国地处中原，如有淫逸之音充斥，亦就属于夷狄了，一定要加以摈斥。应该说，孔子的这种观点是进步的，是有利于弘扬先进文化而摈弃落后习俗的积极主张。很显然，孔子是从文化着眼，依据夷夏文化的发展水平和阶段来立论的。所以，他的夷夏之辨实际是文化之辨，而非种族或地域之辨。

至于如何改变这种文化高低的差异，孔子和儒家学派也做过相关的深度思考。《春秋·定公四年》："冬，十有一月庚午，蔡侯以吴子及楚人战于伯举，楚师败绩。"《穀梁传》曰："吴其称'子'何也？以蔡侯之'以'之，举其贵者也。蔡侯之'以'之，则其举贵者何也？吴信中国而攘夷狄，吴进矣。"吴国距中原较远，文化、风俗与中原地区有较大差异，故被称为"蛮"，而楚国也是蛮。吴国伍子胥帮助蔡国讨伐楚国，是"信中国而攘夷狄"，是积极接受中原文化的表现，因而被尊称为"子"。可见，夷狄之民众若是接受了中原文化，就应与华夏之民一视同仁。当然，在夷狄之国（如楚国、秦国、吴国等）日益强大的情况下，《公羊传》又提出"不与夷狄之执中国也"②和"不与夷狄之主中国也"③的说法，表露出对中原文化命运的忧患意识。

在夷夏关系方面，孟子继承了孔子的思想。孟子曾说："吾闻用夏变夷者，未闻变于夷者也。陈良，楚产也，悦周公、仲尼之道，北学于中国，北

---

① （清）刘宝楠撰，高流水点校：《论语正义》卷十八《卫灵公第十五》，中华书局1990年版，第624页。
② （汉）何休注，（唐）徐彦疏：《春秋公羊传注疏》卷三《隐公七年》，中华书局2009年影印清阮元校刻《十三经注疏》本，第4795页。
③ （汉）何休注，（唐）徐彦疏：《春秋公羊传注疏》卷二十四《昭公二十三年》，中华书局2009年影印清阮元校刻《十三经注疏》本，第5056页。

方之学者，未能或之先也，彼所谓豪杰之士也。"① 在孟子看来，"未闻"有用夷狄文化来改变华夏文化者。尽管陈良出生于"夷"地（楚国），但却是一位豪杰之士，能够学习中原的周孔之道，甚至学识比一些北方学者还要高，堪称"用夏变夷"的典型。这里的陈良与上文的吴子有某种相似之处，都是通过学习而认同中原（华夏）文化的代表。显然，孔、孟的思想在这个问题上是相当一致的。

为了阐明夷夏文化的渊源关系，讲明儒家对这一问题的认识，我们有必要对中国古籍中所提到的夷夏概念作一简要的考辨。夏，本指华夏民族，由夏民族、商民族、周民族、楚民族、越民族等在春秋时期融合而成。若往上溯，可以发现其中的夏民族是传说中炎黄部落联盟中黄帝部落的后裔。《国语·鲁语上》载："夏后氏禘黄帝而祖颛顼，郊鲧而宗禹。"夏民族奉黄帝为始祖，有直接的血缘关系。《大戴礼记·帝系》说："黄帝产昌意，昌意产高阳，是为帝颛顼……颛顼产鲧，鲧产文命，是为禹。"《世本》（辑本）称："黄帝生昌意，昌意生高阳，是为帝颛顼……颛顼五世而生鲧，鲧生高密，是为禹。"《史记·夏本纪》也说："禹之父曰鲧，鲧之父曰颛顼，颛顼之父曰昌意，昌意之父曰黄帝；禹者，黄帝之玄孙而帝颛顼之孙也。"这些史料表明，以禹为开国之君的夏民族与黄帝部落有直接的血缘关系，所以华夏族世称黄帝为始祖，将一切文明制度和习俗的创立都归功于他，奉之为人文始祖。耸立在今陕西黄陵的黄帝陵，成为汉民族始源的象征。周民族则与留居于陕西渭水流域的黄帝部落和炎帝部落有着族源关系。《国语·晋语四》说："黄帝以姬水成，炎帝以姜水成。"姜水即岐水，"岐水又东，迳姜氏城南，为姜水"②。《世本》（辑本）称："炎帝姜姓。"《帝王世纪》（辑本）亦曰："炎帝神农氏，姜姓。母女登，游华阳，感神而生炎帝。长于姜水。"由此可见，姜水是渭水的一条支流，其地在今陕西西南部。炎黄两个部落相距不远，后来陆续迁到中原地区，但仍有部分成员留在原地，所以春秋时期关中

---

① （清）焦循撰，沈文倬点校：《孟子正义》卷十一《滕文公章句上》，中华书局1987年版，第393页。

② （北魏）郦道元注，（清）杨守敬、熊会贞疏，段熙仲点校，陈桥驿复校：《水经注疏》卷十八《渭水中》，江苏古籍出版社1989年版，第1538页。

一带仍有"夏声"。

当华夏民族起源之时，与炎黄部落并居而崛起于黄河流域的民族是东夷。所谓东夷，《礼记·王制》说："东方曰夷。"《说文解字》亦云："夷，东方之人也。"也就是讲，因其居于炎黄部落联盟之东而谓之。东夷一词，向有广义与狭义之分。有的学者认为，狭义专指秦以前居今山东、江苏、安徽等省自淮以北沿海一带之异民族，广义则为秦汉以后的朝鲜、日本、琉球等①。与华夏族相对的东夷不是一个单一的共同体，而是包括众多氏族、部落、部落联盟在内的一个地方。古籍上常号称为"九夷"，其主要部族为蚩尤、帝俊、莱夷、徐夷、淮夷五大部分，分布于黄河中下游和淮河流域地区，而其中的帝俊部则是商民族的先祖，因而孟子有言："舜生于诸冯，迁于负夏，卒于鸣条，东夷之人也。"② 帝俊部的活动范围就在今山东、河南交界一带。在夏、商、周三代时期，东夷与华夏民族已经有了十分密切的联系。在夏代，东夷与华夏经常处于和战之中。《竹书纪年》（辑本）中的材料显示，夏王相元年，征淮夷。二年，征风夷及黄夷。七年，于夷来宾。少康即位，方夷来宾。后芬即位三年，九夷御。至夏朝末年，由于商汤不朝见，不纳贡，夏桀遂起"九夷之师"③，讨伐商汤。至商代，商朝虽由帝俊部发展而来，但对其他夷族部众仍常用兵，帝乙时便大举征伐东夷。纣王对东夷用兵，规模更大，俘虏数以万计的东夷人以充实自己的军队。至商末，在牧野之战中，夷人倒戈，附和周军，攻进朝歌。这样，商王朝源于夷而亡于周。在周代，东夷与周经常处于紧张对峙乃至征战状态，武庚、管叔、蔡叔举兵反周时，就联合了徐、奄、薄姑等"东夷"的部落或方国。周穆王时，东夷势力十分强大，常常攻周，周王朝力不能敌，不得已而妥协，同意徐偃王统率"九夷"之众，承认了徐偃王在东方的霸主地位。④

---

① 林惠祥：《中国民族史》上册，上海书店1984年版，第76—83页。
② （清）焦循撰，沈文倬点校：《孟子正义》卷十六《离娄章句下》，中华书局1987年版，第537页。
③ （汉）刘向撰，向宗鲁校证：《说苑校证》卷十三《权谋》，中华书局1987年版，第329页。
④ （南朝宋）范晔撰，（唐）李贤等注：《后汉书》卷八十五《东夷传》，中华书局1965年版，第2807页。

由上述史实不难看出，华夏诸族与东夷无论在族缘上，还是在地缘上，都是相互渗透、相互交错的，并无截然的界限。在春秋时期，徐夷、淮夷、莱夷等都先后卷入了民族大融合的历史潮流中，成为华夏民族的重要组成部分，以至出现"东夷非夷"的先进文明。夏商时期，夷族虽不占领先地位，但在同夏商政权的交往中仍发挥着至关重要的作用。夷夏关系几乎成为夏商政权的对外关系史，更何况商朝本身即源于夷之帝俊部。周朝兴起后，分封太公姜尚于齐，分封周公姬旦于鲁，更是使华夏周礼传播到东方，本属"东夷"的邹鲁之地竟成了周朝在东方的政治、军事、文化重镇。周公长子伯禽代替其父赴鲁，将周礼带到鲁国，使鲁国成为体现周文化的礼仪之邦。这就是以华夏之周礼文化交革鲁地原有之"夷俗"，并与姜太公"因其俗，简其礼"的治齐策略形成了鲜明的对比。《史记·鲁周公世家》载："周公卒，子伯禽固已前受封，是为鲁公。鲁公伯禽之初受封之鲁，三年而后报政周公。周公曰：'何迟也？'伯禽曰：'变其俗，革其礼，丧三年然后除之，故迟。'太公亦封于齐，五月而报政周公。周公曰：'何疾也？'曰：'吾简其君臣之礼，从其俗为也。'及后闻伯禽报政迟，乃叹曰：'呜呼，鲁后世其北面事齐矣！夫政不简不易，民不有近，平易近民，民必归之。'"从周公对伯禽"报政"的评论中，可以清楚地看到，用周文化去变革鲁国风俗，即儒家所谓以夏变夷，是一个极其艰难而渐进的过程，但却最终成就了鲁文化根深蒂固的礼乐传统，影响后世至深至远，使鲁国成为儒家孕育和诞生的丰厚土壤，而其不够简易、少于变通的缺陷和不足，也为后来儒道兼综、儒法并用的政治思想和权变之谋所弥补。

鲁国成为周文化在东方的中心，这与鲁国当时的政治地位是密不可分的。鲁国本为殷商旧地，曲阜作为商朝属国奄，不仅是商王朝的后方基地，而且在盘庚迁殷之前的四十年中还一度成为商朝的建都之地，青铜文化高度发达，这为鲁文化乃至儒家文化的兴起和繁荣奠定了雄厚的基础。鲁国处于交通要冲，土地肥沃，汶泗流域早在远古时代就是人类栖息和活动的重要地区。远古时代的太昊、少昊、黄帝、炎帝、皋陶、伯益等氏族、部落或部落联盟首领，其活动区域大都涉及曲阜。鲁国由于文化历史积淀深厚，又曾是殷商故都，得到周王朝的高度重视，因而成为周公及其后裔的封地，一方面与齐、卫一起，构成周王朝统治东方的重要基地，另一方面，其都城曲阜也和周公苦心经营的镐京、洛邑相应，成为著名的文化中心。伯禽赴鲁就封之时，带去大量礼器、法物和典籍，后经周王室特许，还可以郊祀上帝，祭礼文王，鲁君礼乐可以采用天子之制。"于是成王乃命鲁得郊祭文王，鲁有天子礼乐者，以褒周公之德也"①。后来西周亡，镐京破，洛邑颓，鲁城曲阜进一步上升为华夏周礼文化的中心，鲁国的思想文化空前繁荣，成为春秋时期保存周礼最多的诸侯国。韩宣子出访鲁国时，也由衷地赞道："周礼尽在鲁矣！"②。在春秋末年，随着儒家文化在鲁国的兴起和昌盛，鲁国成为诸子百家活动的中心之一。及至秦汉，以儒家为主导的鲁文化长盛不衰，始终保持着学术文化的优势地位，鲁地成为著名的礼仪之邦，甚至战乱之时亦然。对此，司马迁曾写道："及高皇帝诛项籍，举兵围鲁，鲁中诸儒尚讲习礼乐，弦歌之音不绝，岂非圣人之遗化，好礼乐之国哉！"③"项王已死，楚地皆降汉，独鲁不下。汉乃引天下兵欲屠之，为其守礼义，为主死节，乃持项王头视鲁，鲁父兄乃降。始，楚怀王初封项籍为鲁公，及其死，鲁最后下，故以鲁公礼葬项王谷城。汉王为发哀，泣之而去"④。鲁地受儒家文化熏陶、浸染如此之深之广，连刘邦这位"不喜儒"的君主也为之动情。

在鲁国，以周礼为主要内容的儒家文化，不仅反映在上层贵族礼仪之中，而且也反映在一般百姓的风俗习惯之中。据《汉书·地理志》，燕地"宾客相过，以妇侍宿"；齐地"民家长女不得嫁，名曰'巫儿'"；郑、卫之地"山居谷汲，男女亟聚会"；赵地和中山一带则多娼妓。这些行为，独不见于邹鲁之地。司马迁称誉"邹、鲁滨洙、泗，犹有周公遗风，俗好儒，备于礼，其民龊龊"⑤。可见其言不虚。

以上史料证明，在儒家思想中，夷夏是有区别的，但这种区别又是相

---

① （汉）司马迁：《史记》卷三十《鲁周公世家》，中华书局1982年版，第1523页。
② （晋）杜预注，（唐）孔颖达等正义：《春秋左传正义》卷四十二《昭公二年》，中华书局2009年影印清阮元校刻《十三经注疏》本，第4406页。
③ （汉）司马迁：《史记》卷一百二十一《儒林列传》，中华书局1982年版，第3117页。
④ （汉）司马迁：《史记》卷七《项羽本纪》，中华书局1982年版，第337—338页。
⑤ （汉）司马迁：《史记》卷一百二十九《货殖列传》，中华书局1982年版，第3266页。

对的、可变的，儒家文化中"尊夏卑夷"的倾向，其根源在于以炎黄为始源的周民族在后来的民族大融合中成了华夏民族的核心，成为正统，而以东夷为始源的商民族及其他东夷各部往往是被征服者，是非正统。但是，非正统在吸取正统文化之后，由夷变夏，又成为华夏族的重要组成部分，而正统文化所在区域，随着政治、经济、军事中心的迁移，又由夏变夷，变成了非正统。如作为周王朝发源地的岐山，平王东迁之后，即成为西戎之地，而地处东夷的曲阜则一跃而成为礼仪之邦。在华夏诸族与周边诸族的交往中，不少处于较低发展阶段的民族和地区，为先进的华夏文化所吸引，自觉地移风易俗，甚至进行政治、经济改革，迅速迈入华夏文化的门槛，为本民族和华夏族的发展做出了重大贡献。春秋初年，被华夏诸国视为南蛮的楚国，往往不得参与中原诸侯的会盟活动。楚君为此很是自卑，自称"蛮夷"。在中原地区争霸的过程中，楚国逐渐改变了南方之俗，向华夏文化靠近，并宣称自己与华夏诸族存在血缘关系。特别是吴起辅佐楚悼王实行变法后，楚国迅速华夏化，并问鼎中原。秦国的情况与之类似。司马迁提到，秦人祖先的子孙，"或在中国，或在夷狄"①，但秦人最初实为夷，而后入戎，经商鞅变法又由西戎而为诸夏了。除了秦、楚以外，吴、越亦属远离中原地区的"夷狄"，不过越之君入中原称霸之后，也渐染华夏之风而成为大国；若依道义的标准，晋国多内乱，犯上之事多，而楚国一依华夏礼仪。这样，"晋变而为夷狄，楚变而为君子"②了。

儒家的夷夏之辨是着眼于文化角度，较少地域之分和种族之别，这对于促进华夏族和周边诸族的交往、交流、交融，提高经济社会、思想文化水准，巩固和发展中华民族的团结、和睦，产生了许多正面的积极的作用。事实上，夷夏文化除有差异性外，还有统一性、和合性，如果从地域文化、民族文化相互交融的角度来看，随着历史的演进、社会的变化，这种交融性、和合性远比其差异性突出。华夏族及其文化的形成、壮大过程，也是夷夏相互融合的过程。不仅夷狄采用华夏礼仪，而且华夏诸国也吸收和改造夷狄

---

① （汉）司马迁：《史记》卷五《秦本纪》，中华书局1982年版，第174页。
② （汉）董仲舒撰，（清）苏舆撰，钟哲点校：《春秋繁露义证》卷二《竹林第三》，中华书局1992年版，第46页。

可行之风俗制度。例如，赵武灵王"胡服骑射"即是这方面的一个成功案例，且深刻影响了此后中国几千年的军事制度、军事装备和军事思想。所以，从一定意义上说，中国上古文化史就是一部夷夏互变，最终由夷变夏的历史①。

当然，孔子和早期儒家毕竟有反对夷狄入主中原的倾向，这源于西周因犬戎入侵而灭亡，其都城、宫殿、礼乐制度也随之破坏和崩溃。孔子信守周礼，曾说："周监于二代，郁郁乎文哉！吾从周。"② 在匡遇险，他坚持认为："文王既没，文不在兹乎？天之将丧斯文也，后死者不得与于斯文也；天之未丧斯文，匡人其如予何？"③ 可见，孔子致力于追求恢复西周礼乐文化，既然导致西周灭亡、文化流失的主要因素是夷狄入侵，排斥夷狄的言论也就随之产生了。但从根本上看，孔子的着眼点是文化，而非民族或其政权，而西周政权对华夏文化起到了某种保护作用，所以孔子会产生拥护华夏，排斥夷狄的思想倾向。

因种族之间的竞争，儒家思想影响下的传统夷夏观念具有一定的封闭性、保守性，但在更多时候，开放性为其主流。这种开放性，着重强调文化和道德上的异同。中原各王朝灿烂的礼乐文化和发达的农业经济，构筑了华夏和夷狄的文野之分这一价值评判标准。华夏文化的优越感使中原华夏族的中心意识膨胀，同时也使华夏族往往居高临下，对"夷狄"持一种开放性的心态，"远人不服，则修德以来之"④ 的观念就是一个典型。不过，后世的华夷之辨重文化之区别，而其表述则常常以族类观念为形式，并且根据一定的政治情势来加以运用。当社会政治变革一度激烈时，夷夏之辨也会随之高涨起来。

---

① 黄德昌：《儒家与夷夏之辨》，《四川大学学报》（哲学社会科学版）2003 年第 4 期。
② （清）刘宝楠撰，高流水点校：《论语正义》卷三《八佾第三》，中华书局 1990 年版，第 103 页。
③ （清）刘宝楠撰，高流水点校：《论语正义》卷十《子罕第九》，中华书局 1990 年版，第 327 页。
④ （清）刘宝楠撰，高流水点校：《论语正义》卷十九《季氏第十六》，中华书局 1990 年版，第 649 页。

（二）儒家夷夏之辨的强化

在中国历史上，随着社会政治危机的加深、异族的入侵等社会外缘的变革，夷夏观念作为一种记忆而经常被重新唤起，夷夏之辨的封闭性、保守性逐步凸显出来。在政治和军事斗争的环境中衍生出的夷夏之辨，更多地包含了同族之间的认同和对外族的强烈排斥。魏晋南北朝时期就是如此。然而，值得注意的是，这种封闭、保守的夷夏观念更多的是社会外因的结果，本身并没有太多地关注自然意义上的种族血统之区分。唐朝中期，韩愈从恢复儒家道统、反对佛道之说的目的出发，提出了"诸侯用夷礼则夷之，夷而进于中国则中国之"的观点。其《原道》有言："今也欲治其心而外天下国家；灭其天常，子焉而不父其父，臣焉而不君其君，民焉而不事其事。孔子之作《春秋》也，诸侯用夷礼则夷之，夷而进于中国则中国之。经曰：'夷狄之有君，不如诸夏之亡。'《诗》曰：'戎狄是膺，荆舒是惩。'今也举夷狄之法，而加之先王之教之上，几何其不胥而为夷也。"① 而其《论佛骨表》更是反佛并强化夷夏之辨的一篇檄文，其中有言："佛者，夷狄之一法耳。自后汉时流入中国，上古未尝有也。……夫佛本夷狄之人，与中国言语不通，衣服殊制，口不言先王之法言，身不服先王之法服，不知君臣之义，父子之情。"②

韩愈担心佛道文化凌驾于儒家文化之上，因而力辟佛道，以求重振儒学，恢复道统，并成为理学思潮的先声。韩愈反佛，而佛教来自印度，本非华夏自有之宗教，于是为反佛而有"尊王攘夷"之论提出。另外，韩愈这样立论也有更深层次的时代背景和社会原因。陈寅恪先生指出："退之以谏迎佛骨得罪，当时后世莫不重其品节，此不待论者也。今所欲论者，即唐代古文运动一事，实由安史之乱及藩镇割据之局所引起。安、史为西胡杂种，藩镇又是胡族或胡化之汉人，故当时特出之文士自觉或不自觉，其意识中无不具有远则周之四夷交侵，近则晋之五胡乱华之印象，'尊王攘夷'所以为古

---

① （唐）韩愈：《原道》，刘真伦、岳珍校注：《韩愈文集汇校笺注》卷一，中华书局2010年版，第3—4页。
② （唐）韩愈：《论佛骨表》，刘真伦、岳珍校注：《韩愈文集汇校笺注》卷二十，中华书局2010年版，第2904—2905页。

文运动中心之思想也。"① 但是，不管怎样，因对夷狄入侵的忧患而反对、排斥佛道文化，将文化与政权、民族视为一体，认为佛教这种外来学说不适宜在中国传播、发展，这种观点是不正确的，与早期儒家的夷夏思想相比，是一种历史的倒退。

唐朝在农民大起义的打击下灭亡，中国历史进入了五代十国的大分裂时期。宋朝建立，只是实现了黄河流域及其以南地区的统一，北方则有契丹族建立的辽朝、女真族建立的金朝以及党项族建立的西夏，中国仍处于分裂对立状态。宋朝文弱，常常受到北方少数民族政权的侵扰，但其文化发达，始终以华夏文化正统自居。儒家知识分子也常常把自己的大一统理念贯彻到儒家经典的研究之中。于是，倡导大一统的《春秋》学大盛于世。

宋初，孙复著《春秋尊王发微》，强调大一统必须建立在"尊王"的前提下，而"尊王"就必须"攘夷"，二者是联系在一起的。尤其值得注意的是，宋儒不再像孔子和早期儒家那样以文化、文明来区分夷夏，认为"夏夷互变"，而是片面强调种族标准，并从现实出发，将夷狄的概念加以相对固定，把尊王攘夷视为抗击辽、夏等异族政权的观念力量，并将这一思想引入《春秋》学之中。到北宋后期，理学家们更是另创新义，按照自己的思想重新解释《春秋》，阐发尊王攘夷之说，倡导抗金救宋。其中最突出的就是程颐的《春秋传》，不仅不像《公羊传》那样强调"夏夷互变"，不"贱夷狄"，而且将夷狄比作禽兽。受这种思想影响的还有历史学领域，像欧阳修撰《新唐书》《新五代史》，司马光撰《资治通鉴》，其中涉及民族问题，涉及夷夏之别，都是如此。

宋儒讲《春秋》，倡导尊王攘夷，就要强调"大一统"，但宋朝又不可能真正实现大一统，就只好在思想上强调正统，使正统与大一统在概念上合一。在他们看来，宋朝虽然没有实现大一统，但却是正统皇朝，即所谓"实不能一统而文一统"。欧阳修有著名的《正统论》，其中曰："《传》曰'君子大居正'，又曰'王者大一统'。正者，所以正天下之不正也；统者，所以合天下之不一也。由不正与不一，然后正统之论作。"② 欧阳修强调，"正统之

---

① 陈寅恪：《论韩愈》，《金明馆丛稿初编》，三联书店2001年版，第329页。
② （宋）欧阳修：《居士集》卷十六《正统论上》，李逸安点校：《欧阳修全集》，中华书局2001年版，第267页。

序，上自尧、舜，历夏、商、周、秦、汉而绝，晋得之而又绝，隋、唐得之而又绝，三绝而复续，惟有绝而有续"①。他自称"得圣人之法"，就历史上的正统问题进行系统分析论证，认为"魏梁不为伪"②，并进而主张宋承五代为正统。对于欧阳修此论，时人章望之持有异议。章望之撰《明统论》上中下三篇，坚持宋继唐为正统。其后，苏轼亦作《正统论》三篇，赞同欧阳修之说，与章望之进行辩论。虽然他们立论角度不同，但政治出发点却并无二致，都是要论证宋朝在南北分离局面中的正统地位，从而表明赵宋政权的合理性、合法性。这也可以说是新形势下的大一统理论。这种思想反映到史学领域，欧阳修撰《新五代史》，就将边疆"四夷"放在最后，并使用了一些鄙视性的文字。

北宋灭亡，宋室南渡以后，宋朝时刻遭受金人侵扰，形势更加危急。宋儒更加热衷于宣扬"尊王攘夷"之旨，这以胡安国的《春秋传》三十卷最为突出。《胡传》指出，《春秋》"攘夷"之义，其要在于"谨于华夷之辨"，"此《春秋》之旨也"。③ 在《胡传》看来，《春秋》"谨于华夷之辨"，而且早在隐公二年就提出来了。是年春，"公会戎于潜"，《胡传》说："戎狄举号，外之也。……《春秋》，天子之事，何独外戎狄乎？曰：中国之有戎狄，犹君子之有小人。内君子外小人为泰，内小人外君子为否。《春秋》，圣人倾否之书，内中国而外四夷，使之各安其所也。"④ 在这里，《胡传》解释"华夷之辨"，不仅使用了内与外的地域概念，而且还使用了君子与小人的伦理道德概念。应该说，在中国历史上，经学家尤其是公羊学家，每每用内与外的地域概念来辨华夷，强调"夷狄"之必攘，但其中许多人又认为攘夷之义仅见于《春秋》中的部分时段。例如，孙复指出，昭公以前，"天下之政，中国之事"，属于"诸夏"的内部问题，而昭公以后，"夷狄"才"迭制

---

① （宋）欧阳修：《居士集》卷十六《正统论上》，李逸安点校：《欧阳修全集》，中华书局2001年版，第269—270页。
② （宋）欧阳修：《居士集》卷十七《魏梁解》，李逸安点校：《欧阳修全集》，中华书局2001年版，第298页。
③ （宋）胡安国著，王丽梅点校：《春秋传》卷一《隐公上》，岳麓书社2011年版，第16页。
④ （宋）胡安国著，王丽梅点校：《春秋传》卷一《隐公上》，岳麓书社2011年版，第15页。

之"。① 也就是说，《春秋》仅在昭公、定公以后有攘夷之义。现在《胡传》不但用内与外的地域概念来辨华夷，而且认为《春秋》全经皆贯穿了"攘夷"之义。

严格说来，用君子与小人的伦理道德概念来辨华夷，也不是始于胡安国，但胡安国却最早将这种做法同《周易》之义联系起来。《周易·泰卦·彖传》："'泰，小往大来，吉，亨'，则是天地交而万物通也，上下交而其志同也。内阳而外阴，内健而外顺，内君子而外小人。君子道长，小人道消也。"《否卦·彖传》："'否之匪人，不利君子贞，大往小来'，则是天地不交而万物不通也，上下不交而天下无邦也。内阴而外阳，内柔而外刚；内小人而外君子，小人道长，君子道消也。"《胡传》借助《易》理，说明君子、小人之道的消长，并由此阐明内"中国"而外"戎狄"的道理。由于《周易》乃群经之首，将华夷之辨与其结合起来，似乎更显权威，更有说服力。

在此基础上，《胡传》将华夷之辨直接与父子、君臣之义联系起来，强调："中国之所以贵于夷狄，以其有父子、君臣之义耳"②。"中国之为中国，以有父子、君臣之大伦也。一失则为夷狄矣"③。在《胡传》看来，既然华夷之辨事关封建纲常，那么就应该积极"攘夷"，反对"亲戎狄"。"以诸夏而亲戎狄，致金缯之奉，首顾居下，其策不可施也。以戎狄而朝诸夏，位侯王之上，乱常失序，其礼不可行也。以羌胡而居塞内，无出入之防，非我族类，其心必异……为此说者，其知内外之旨而明于驭戎之道。"④ 因此，对于"攘夷狄"之盟，《春秋》是予以充分肯定的。例如，僖公二年九月，齐桓公与诸侯盟于宋之贯，《春秋》独言江、黄等"东方之与国"。《胡传》说："二国来定盟，则楚人失其右臂矣……其服荆楚之虑周矣，其攘夷狄免民于

---

① （宋）吕本中撰，韩酉山辑校：《春秋集解》卷三十《哀公十四年》，中华书局 2019 年版，第 929 页。
② （宋）胡安国著，王丽梅点校：《春秋传》卷二十三《襄公下》，岳麓书社 2011 年版，第 302—303 页。
③ （宋）胡安国著，王丽梅点校：《春秋传》卷十一《僖公上》，岳麓书社 2011 年版，第 129 页。
④ （宋）胡安国著，王丽梅点校：《春秋传》卷一《隐公上》，岳麓书社 2011 年版，第 16 页。

左衽之义著矣。"① 这说明，《胡传》的"攘夷"，不仅是要拒"夷狄"于"中国"之外，而且要变"夷"为"夏"，使夷狄接受华夏文明。在《胡传》看来，"尊王"与"攘夷"是密切相连、不可分割、互为表里的，即"尊王"必"攘夷"，"攘夷"必"尊王"。僖公二十一年秋，宋襄公大会诸侯于盂（宋地），为楚成王所执。《胡传》说："《春秋》为贤者讳。宋公见执，不少隐之，何也？夫盟主者，所以合天下之诸侯，攘戎狄、尊王室者也。宋公欲继齐桓之烈而与楚盟会，岂攘戎狄、尊王室之义乎！故人……直书其事而不隐，所以深贬之也。"② 春秋之时，楚被视为南蛮，宋襄公名为"尊王"，却与"楚蛮"为盟，这实际上与"尊王"的宗旨是相悖的，因为"尊王"必须"攘夷"。

再往后，朱熹也强调正统，大讲华夷之辨。"某尝谓上古之书莫尊于《易》，中古后书莫大于《春秋》，然此两书皆未易看。今人才理会二书，便入于凿。若要读此二书，且理会他大义：《易》则是尊阳抑阴，进君子而退小人，明消息盈虚之理；《春秋》则是尊王贱伯，内中国而外夷狄，明君臣上下之分。"③ 朱熹还说："《春秋》大旨，其可见者：诛乱臣，讨贼子，内中国，外夷狄，贵王贱伯而已。"④ 也就是说，《春秋》一书的大义是尊王贱霸，重视华夷之辨，以中国为内，以夷狄为外，明于君臣上下之别。

朱熹还将《春秋》大义贯彻到《资治通鉴纲目》一书之中。在该书的凡例中，朱熹大讲统系，指出："凡正统，谓周、秦、汉、晋、隋、唐。列国，谓正统所封之国。篡弑，谓篡位干统而不及传世者。建国，谓仗义自王，或相王者。僭国，谓乘乱篡位，或据土者。无统，谓周秦之间、秦汉之间、汉晋之间、晋隋之间、隋唐之间、五代。不成君，谓仗义承统而不能成功者。"⑤ 这说明，南宋之时，华夷之辨的调子在儒家知识分子之间仍占据主

---

① （宋）胡安国著，王丽梅点校：《春秋传》卷十一《僖公上》，岳麓书社2011年版，第124页。
② （宋）胡安国著，王丽梅点校：《春秋传》卷十二《僖公上》，岳麓书社2011年版，第148页。
③ （宋）黎靖德编，王星贤点校：《朱子语类》卷六十七，中华书局1986年版，第1659页。
④ （宋）黎靖德编，王星贤点校：《朱子语类》卷八十三，中华书局1986年版，第2144页。
⑤ （宋）朱熹：《资治通鉴纲目》附录一《凡例》，朱杰人、严佐之、刘永翔主编：《朱子全书》（修订本）第11册，上海古籍出版社、安徽教育出版社2010年版，第3476—3477页。

流。这与当时宋与辽、夏、金对峙和冲突的形势是一致的。

(三) 对早期儒家夷夏观念的回归和发展

蒙古族入主中原,建立元朝,也通过推行"汉法"迅速接受华夏文化,以儒学作为理政治国的主导思想,成为华夏文化正统的最高代表,并一举灭掉偏安江南的南宋政权。在这一过程中,儒家知识分子的夷夏思想也有了很大转变,回归到了早期儒家以文化而不是种族来区分夷夏的思想,并有所发展。其间,郝经(1233—1275)是一位不可忽略的人物,因为他在夷夏思想上有重要建树。郝经曾进言忽必烈:"今主上在潜开邸,以待天下士,征车络绎,贲光丘园,访以治道,期于汤、武。岁乙卯,下令来征,乃慨然启行。以为兵乱四十余年,而孰能用士乎?今日能用士,而能行中国之道,则中国之主也。"① 又说:"故礼乐灭于秦,而中国亡于晋,已矣乎!吾民遂不沾三代、二汉之泽矣乎?虽然,天无必与,惟善是与;民无必从,惟德是从。中国而既亡矣,岂必中国之人而后善治哉?圣人有云:'夷而进于中国,则中国之。'苟有善者,与之可也,从之可也,何有于中国于夷?故苻秦三十年而天下称治。元魏数世而四海几平,晋能取吴而不能遂守,隋能混一而不能再世。以是知天之所与,不在于地而在于人,不在于人而在于道,不在于道而在于必行力为之而已矣。"②

在这两段论述中,郝经明确表达了对两个民族或两个民族政权的看法。他认为,朝廷不论是宋还是元,民族不论是汉还是蒙古,区域不论是在中原还是塞北,只要能够行中国之道,也就是能够认同、接受华夏的文化传统、典章制度、伦理观念,并且能够起用儒家知识分子,就可以做"中国之主"。

在此基础上,郝经进一步推出"用夏变夷"的主张。他说:"宋真尚书德秀云:'金国有天下,典章法度,文物声名,在元魏右。'经尝以是为不刊

---

① (元)郝经著,田同旭校注:《郝经集校勘笺注》卷三十七《与宋国两淮制置使书》,三晋出版社2018年版,第3050页。

② (元)郝经著,田同旭校注:《郝经集校勘笺注》卷十九《时务》,三晋出版社2018年版,第1510页。

之论。盖金有天下，席辽、宋之盛，用夏变夷，拥八州而征南海。威既外振，政亦内修，立国安疆，徙都定鼎。至大定间，南北盟誓既定，好聘往来，甲兵不试，四鄙不警，天下晏然，大礼盛典，于是具举。泰和中，律书始成，凡在官者，一以新法从事，国无弊政，亦无冤民。粲粲一代之典，与唐、汉比隆，讵元魏、高齐之得厕其列也。"① 也就是说，北魏、金朝能够实行汉化，学习并采用儒家思想指导下的典章法度，施行仁政德治，于是"粲粲一代之典，与唐、汉比隆，讵元魏、高齐之得厕其列也"。由此，郝经又推出了"用夏变夷"之论。他认为，北魏、金朝取得的成就皆缘于对"华夏"文化的学习、认同，因而应该用华夏文化改变少数民族的某些较为落后的制度、习俗等。

郝经毕竟是受儒家文化影响较大的汉族士大夫，在他看来，华夏的典章制度以及儒家伦理是最优秀、最先进的，蒙古族也应该像其他少数民族那样，学习、认同汉民族的典章制度和伦理精神。这种思想尽管含有唯华夏典章文物独尊的倾向，但必须承认，其中还是有不少地方值得肯定。因为蒙古族进入农耕地区而成为全中国的统治者之后，学习中原文化，认同儒家思想指导下的制度建设、伦理规范，这对于不同文化的融合，对于国家的长治久安，都是颇为有益的。再者，从国家形成的过程来看，各种文化在交流、发展中自然会形成一种为大多数人所认同的主流、主体文化，而在中国，这种文化自然就是儒家文化。认同主流文化，对于一个多民族的国家来说至关重要，因为此举能够大大促进民族融合。多民族国家的统一，除了经济社会发展、政治结构合理等因素以外，各民族对于主流文化的认同也是一个不可或缺的条件。若是没有对主流文化的认同，就难以形成一个统一的国家，即使暂时通过政治的、军事的高压也无法长期维持。所以，对于主流文化的认同或接受，不仅是简单的文化问题，也是涉及民族融合、国家统一的重要政治和社会课题。当然，主流文化之所以能够成为主流而为各民族所认同，除了应具有先进性外，还应具有包容性，具有海纳百川、兼收并蓄的精神气度，

---

① （元）郝经著，田同旭校注：《郝经集校勘笺注》卷三十《〈删注刑统赋〉序》，三晋出版社2018年版，第2323页。

及时吸收其他民族、其他文化系统有益的文化成果。在中国传统社会，儒家文化就是两者兼备的一种文化。

如前所述，郝经把"用士"与"行中国（儒家）之道"联系起来加以论述，是相当深刻的。因为在中国传统社会，儒家文化以士大夫为载体，要吸收儒家文化，必然要任用儒士，否则就不可能真正融摄儒家文化，也无法以礼仪为核心进行制度建设。而既然儒家士大夫是社会的核心，对社会各阶层都有一定的吸引力，如果接受了他们的文化观念，自然可视为接受了中国的主流文化，即儒家文化。蒙古族所建立的元朝是一个新的王朝，他们要接受、继承华夏文化，离不开儒家士大夫的支持。换言之，正是由于中原士大夫的加入，元朝才得以继承汉、唐、宋之制，并在此基础上有所发展。在郝经的理论中，任用儒士同"用夏变夷"也是紧密联系在一起的，因为华夏文化（即"中国之道"）的核心是儒家文化，没有儒家士大夫在其中发挥关键作用，具体的典章制度、伦理道德规范都只能是空洞的条文、规则，单单依靠它们，是很难起到"变夷"之功效的。

应该看到，郝经的夷夏观与早期儒家的思想精神是前后相承、一脉相传的，是对孔孟和早期儒家思想的继承、发展。《春秋》《孟子》赞扬吴子、陈良，是因为他们能够学习、认同中原文化。同样，契丹、女真、蒙古等民族，在接受、认同了华夏文化之后，也应该得到赞扬。进一步说，吴子、陈良作为个体能够得到肯定，那么上述少数民族作为群体更应该得到赞扬，因为夷夏文化的差别，主要体现在群体的差别上，个体转变较为容易，群体转变则困难、复杂得多。很显然，少数民族接受、认同华夏文化的意义更大，影响自然也就更为深远。

但是，这里还有一个问题值得注意，即"夷狄"进入中原，建立政权，若能学习、认同甚至保护华夏文化，又该如何看待呢？郝经根据儒家重文化、重视以夏变夷的理念，给予了较为充分的肯定。的确，按照早期儒家的思想精神，既然赞同"夷狄"个人学习华夏文化，那么也就没有理由反对其民族接受华夏文化。儒家反对"夷狄"政权入主中原，是因为他们破坏了中原的文化秩序。如果他们非但不破坏，还继承、发展华夏文化，还应反对吗？当然不应该。这就是郝经的见解。若是结合《论语》《孟子》中的一些论述，郝经的观点也是有所依循的。孔子强调"有教无类"①，其弟子子夏则说："四海之内，皆兄弟也。"②既然四海之内的人都可成为兄弟，生活在中原之外的"夷狄"，当然也可成为兄弟。既是兄弟，就不应相互排斥，而应相互团结。孔子注重教育的"有教无类"，其中自然也应包括"夷狄"之人在内。通过教育、学习，夷狄也可以接受、认同华夏文化。《孟子》中表达的思想倾向也大体相同。孟子认为，舜是东夷之人，文王是西夷之人，两者相距千余里，然而都是"得志行乎中国，若合符节，先圣后圣，其揆一也"③。既然连圣王都生于夷狄，又有什么理由对这些民族加以排斥呢？《春秋》主张大一统，大一统的天下自然包括中原以外的少数民族在内。由此可见，郝经的夷夏观是先秦儒家思想的延续和发展。

郝经的夷夏观源于早期儒家的思想传统，同时是当时社会实际的反映。郝经生活在金元时期的北方，这时宋朝退出北方（从1127年算起）已有近百年之久。在这样一段时间里，党项、契丹、女真、蒙古诸民族，或同时或相继成为当地的统治者，并逐渐学习、认同了华夏文化。党项族建立的西夏，对流行于汉地的儒家、道教、佛教文化都有所接受，并将主要经典翻译成西夏文。契丹族建立的辽朝，也大力推行汉化，其启蒙教学的内容与中原地区几乎完全一致。女真族建立的金朝，起于东北地区，在建立金朝政权后，都城逐渐南移，先到燕京（今北京），后又迁到汴京（今河南开封）。这一迁都历程，也反映出其汉化程度在逐渐深化。此外，金朝统治者极力倡导尊孔、尊经。《重修圣文宣王庙碑》中就记载，金章宗即位以来，"凡立功建事，必本《六经》为正，而取信于夫子之言"④。女真族进入中原后，日常生活所用多是汉语、汉字，以至金世宗见到孙子会讲女真语，感到非常高兴。

---

① （清）刘宝楠撰，高流水点校：《论语正义》卷十八《卫灵公第十五》，中华书局1990年版，第641页。
② （清）刘宝楠撰，高流水点校：《论语正义》卷十五《颜渊第十二》，中华书局1990年版，第488页。
③ （清）焦循撰，沈文倬点校：《孟子正义》卷十六《离娄章句下》，中华书局1987年版，第540页。
④ （清）张金吾编纂：《金文最》卷七十《曲阜重修至圣文宣王庙碑》，中华书局2020年版，第1026页。

元灭金后，也极力推行汉化政策，力求在实现政治统一的同时，借助儒家思想学说和中原文化传统，实现思想文化上的大一统。早在藩邸时期，元世祖忽必烈就重用元好问、郝经、姚枢、杨惟中等汉族儒生，并欣然接受元好问、张德辉奉予的"儒家大尊师"的封号。又召用窦默、姚枢等，请他们讲"三纲五常""正心诚意"及治国平天下之道。忽必烈诏命姚枢，求儒、医、僧、道、卜筮者，"采取故老诸儒之言，考求前代之典，立朝廷而建官府"①。他采用中原皇朝的建元之制，建元中统，并诏告天下："朕获缵旧服，载扩丕图，稽列圣之洪规，讲前代之定制。建元表岁，示人君万世之传；纪时书王，见天下一家之义。法《春秋》之正始，体《大易》之乾元。"②公元1271年，忽必烈又接受汉族儒生建议，取《周易·乾卦·文言》"大哉乾元，万物资始"之义，改蒙古国号为大元朝，表明要秉承华夏文化正统，统一天下，并为此诏告天下曰："诞膺景命，奄四海以宅尊；必有美名，绍百王而纪统……可建国号曰大元，盖取《易经》'乾元'之义。"③他对儒家学说的作用有较为深刻的认识，推崇孔子，提倡儒学，给予儒户免役的特权，在中央设立国子监，教授蒙古贵族子弟，后又吸收各族官僚贵族子弟入学，而国子监的第一任祭酒就是著名理学家许衡。在各路、府、州、县，也都分别建立儒学学校。忽必烈推出这些政策措施，表明其政权已不单是蒙古族的政权，而是大一统理论支配下的中原封建王朝的继续和发展。这说明，少数民族在进入汉地尤其是成为中国统治者后，大多选择学习和接受华夏文化，而文化交流又反过来促进了民族融合。汉地民众逐渐认同了现有政权，汉族与少数民族通婚的事例也在增多，如大族韩氏（汉族），自韩匡嗣以下，世代都有与后族萧氏（契丹族）通婚者。

作为汉族士大夫、儒家知识分子，看到少数民族学习、接受以儒家为主的华夏文化，郝经自然感到高兴。同时，他又是元朝的官员，是政治家，非常清楚宋、元朝廷军事、经济、政治力量的差异。尤其是在忽必烈统治时

---

① （元）赵世延等撰，周少川等辑校：《经世大典辑校》第五《治典·官制》，中华书局2020年版，第12页。
② （明）宋濂等：《元史》卷四《世祖纪一》，中华书局1976年版，第65页。
③ （明）宋濂等：《元史》卷七《世祖纪四》，中华书局1976年版，第138页。

期，元朝政治较为清明，而贾似道专权下的南宋王朝则日趋黑暗、腐败。这种差异使北方具备较为明显的优势。可是在郝经看来，元朝统一中国后，要想能被视为正统，具有合法的地位，就必须突破传统夷夏观的束缚。自唐宋以来，民族、文化、政权三位一体的思维方式逐渐形成，若不加以破除，就很难确立蒙古族认同华夏文化的合理性及其统治中国的合法性。另一方面，郝经的论述也对元朝政府有所警醒：只有认同华夏文化，行仁义之道，朝廷才具有正统的地位，并实现长治久安。

应该指出的是，在《论语》《孟子》等儒家经典中，并没严格区分夏文化、汉民族及汉族朝廷之间的关系，若是断章取义，极容易推导出与孔孟根本精神相悖的观点，夷夏之辨也将由以往的文化之辨演变为单纯的种族、政权之辨，并形成一种汉族的文化霸权，这在宋代胡安国、朱熹为代表的汉族士大夫的著作中都有体现。这种文化霸权虽然涉及面较广，但其中最根本的是文化、民族、政权三位一体的思维方式，即将"夏"视为汉民族、文明、正统，"夷狄"则为少数民族、野蛮、非正统。郝经的贡献就在于将这三者区别开来，说明华夏文化与汉民族、汉族政权没有必然联系。因为汉民族虽然创造了华夏文化，但"礼乐灭于秦，而中国亡于晋。已矣乎！吾民遂不沾三代、二汉之泽矣乎"①。氐、鲜卑建立的后秦、北魏政权则能治理中国北方，并有统一整个中国的趋势。所以，正如前引郝经之语，他认为天之所兴，"不在于地而在于人，不在于人而在于道，不在于道而在于必行力为之而已矣"。亦即治理、统一中国不在于地区是中原还是边疆，也不在于民族是否为汉族，而在于统治者能否推行儒家之道。郝经这段言论实际上带有一定的颠覆性，在某种程度上颠覆了汉族士大夫建立起的文化霸权，也颠覆了将"华夏"等同于汉族统治的合法性依据。

在农耕文明与游牧文明的对垒过程中，汉族朝廷总将"华夏"作为其统治合法性的依据，尤其在与少数民族政权发生对立和冲突时，总是要援用这种文化资源，为自己的统治寻找理论来源和依据，积弱的南宋朝廷更是如

---

① （元）郝经著，田同旭校注：《郝经集校勘笺注》卷十九《辨微论》，三晋出版社2018年版，第1510页。

此。前面说过，孔孟的夷夏之辨主要是就文化而论，但是，汉族政权往往将"夷"片面理解为少数民族及其政权，"夏"理解为汉民族及其政权；不能"以夷变夏"，自然被解释为原来居住在边疆的少数民族不能统治汉民族。对此，郝经依据历史事实，阐明了华夏文化与汉族政权没有必然联系，少数民族一样可以接受、学习华夏文化，从而在一定程度上消解了汉族对于"华夏"概念的独占。

对于郝经的上述思想，后来顾炎武曾做过进一步发挥和发展。顾氏说："有亡国，有亡天下。亡国与亡天下奚辨？曰：易姓改号，谓之亡国；仁义充塞，而至于率兽食人，人将相食，谓之亡天下。"① 这里，"国"指朝廷，"天下"指文化。在顾氏看来，朝廷与文化是有根本区别的，因而不可不辨。在顾炎武看来，"保国者，其君其臣'肉食者谋之'；保天下者，匹夫之贱与有责焉耳。"②

顾炎武之说与郝经的思想具有明显的一致性，他们极力保护的是华夏文化，而不是一姓朝廷；其安身立命的根本是儒家思想文化和道德规范，而不是某一汉姓政权。这是他们的创新之处。郝经将文化与民族、政权分离开来，即将"夷夏"定位在文化的范围内，反对文化、民族、政权三位一体的夷夏观，在一定程度上突破了汉族的文化霸权，为蒙古族学习、接受华夏文化，为元朝政权顺利地统治中原，提供了合理、合法的根据，也为包括自己在内的汉族士大夫在元朝统治下安身立命，提供了某种理论支持。

现在看来，华夏文化本应是中华民族大家庭所有成员的共同财富，大家都可以、也应该学习、接受华夏文化，当然也没有必要相互排斥。中华民族大家庭就是在各民族不断地相互交往、交流、交融过程中发展起来的，郝经上述思想显然合乎这个道理③。

在夷夏观方面，与郝经具有同样思想倾向的还有著名理学家许衡。许

---

① （清）顾炎武撰，（清）黄汝成集释，栾保群点校：《日知录集释》卷十三《正始》，中华书局2020年版，第681页。
② （清）顾炎武撰，（清）黄汝成集释，栾保群点校：《日知录集释》卷十三《正始》，中华书局2020年版，第682页。
③ 季芳桐：《论元代儒家郝经夷夏观》，《南京社会科学》2004年第10期。

衡在元朝为理学的进一步发展贡献颇多，以致被视为"朱子之后一人而已"①。忽必烈时，他位列台辅，身显廊庙。传统的夷夏之辨，在他身上表现得相当淡薄。他曾向忽必烈疏陈《时务五事》，中心是推行"汉法"，重视儒学，与郝经疏陈的《立政议》互为表里。其中说："自古立国，皆有规模。循而行之，则治功可期……考之前代，北方之有中夏者，必行汉法乃可长久。故后魏、辽、金历年最多，他不能者，皆乱亡相继，史册具载，昭然可考。使国家而居朔漠，则无事论此也。今日之治，非此奚宜？"②许衡的这篇奏疏，向忽必烈阐明，无论是汉族还是其他民族，若要统治"中夏"，"必行汉法乃可长久"，否则就会"乱亡相继"。这里的"汉法"，即是指以儒家礼乐秩序和道德修养为主体的华夏文化。忽必烈欣然采纳许衡的建议，改变部分原有的民族习俗，在典章制度、礼仪方面尤遵华夏之风。

许衡还同徐世隆、刘秉忠、张文谦、王恂、郭守敬等人一起，为元朝立朝仪，定官制，制历法。尤其值得一提的是，他曾在太学教授贵族子弟，以"表彰朱子《小学》一书以先之，勒之以洒扫应对以折其外，严之以出入游息以养其中"。③作为"修身、齐家、治国、平天下之本"④，朱子《小学》讲述了洒扫、应对、进退之节，爱亲、敬长、隆师、亲友之道，简明易习。许衡令蒙古弟子们在跪拜、揖让、进退、应对的实际操作演练中逐渐体味圣贤之道，"久之，诸生人人自得，尊师敬业，下至童子，亦知三纲五常为生人之道"⑤。这样，经过儒家礼义教化，这些蒙古弟子，有的在日后成了达官要员，对蒙古统治者的汉化进程起到了一定的促进作用。

---

① （明）薛瑄著，孙玄常等点校：《薛文清公读书录》卷一，三晋出版社2015年版，第693页。
② （明）宋濂等撰：《元史》卷一百五十八《许衡传》，中华书局1976年版，第3718—3719页。
③ （元）虞集：《送李扩序》，《许衡集》卷末附录后《名儒论赞》，中华书局2019年版，第510页。
④ （宋）朱熹：《晦庵先生朱文公文集》卷七十六《题小学》，朱杰人、严佐之、刘永翔主编：《朱子全书》（修订本）第24册，上海古籍出版社、安徽教育出版社2010年版，第3671页。
⑤ （明）宋濂等撰：《元史》卷一百五十八《许衡传》，中华书局1976年版，第3728页。

正是由于郝经、许衡等儒家知识分子的努力，继忽必烈之后，元朝诸帝对儒家思想一直加以推崇和表彰。元成宗即位时曾诏令中外崇奉孔子，武宗则加封孔子为大成至圣文宣王。元仁宗时以宋儒周敦颐、二程、朱熹、张栻等人从祀孔庙，并决定恢复科举制度，指出："朕所愿者，安百姓以图至治，然匪用儒士，何以致此？设科取士，庶几得真儒之用，而治道可兴也。"① 恢复科举，以程朱之学考试学子，这对于确立儒学或者说理学的独尊地位，起到了至关重要的作用。仁宗对翻译汉文经史也十分重视。为了使蒙古人、色目人诵习儒经，他命李孟等人择要译写《资治通鉴》，并将《大学衍义》译成蒙古语刊印。这对于在蒙古、色目人官员中传播、激扬儒家文化发挥了重大作用。元文宗派遣儒臣曹元去曲阜代祀孔子，又建颜回庙。这些举动，都有利于儒学的传播和发展，也有利于儒家夷夏观念的深化和发展。

在史学领域，《宋史》《辽史》《金史》得以修撰，三国各与正统，各系其年号，较为客观地反映了历史的真实面目。元末之时，朱元璋曾以华夷之辨作为号召反元的思想工具，但很快，随着时局的变化，随着蒙古势力退出中原，"天下一统""天下一家"的观念又在明代思想文化领域占据了主导地位。

（四）儒家夷夏观的最后归宿

明清之际，异族的入侵，家国的沦丧，使这一时期士人的夷夏之辨思想又有所反复。对异族的愤恨、鄙夷，对明亡的哀痛和无奈，这些复杂情感交织、融会在一起，对士人的思想产生了重要影响。黄宗羲、顾炎武、王夫之、傅山、朱之瑜、唐甄等人的思想，大多笼罩着明亡的阴影。

王夫之的夷夏思想继承了先秦以来的文野标准。立足于文化发展水平的高低，他评价"中国"文化为"人极"，是人区别于禽兽的最高标准。相形之下，夷狄之人"文不备"，不知仁义为何物，"文字不行"，只不过是"植立之兽"。② 应该说，王夫之对华夷界限区分的依据仍然是仁义、文化等

---

① （明）宋濂等撰：《元史》卷二十四《仁宗本纪》，中华书局1976年版，第558页。
② （清）王夫之撰，王伯祥点校：《思问录》外篇，中华书局2009年版，第73页。

标准。他对夷狄的判断，仍然建立在文明发展水平的认知基础上，遵循道德的价值判断。这种思想具有典型的华夏文化优越意识。

基于这种观念，王夫之力主华夷之防。此举一方面继承了先秦时期种族内部的强烈认同和"夷狄非我族类"的判断，另一方面又"贵华夏"而"贱夷狄"，信守对华夏文明优越的认知，强烈反对异族入侵中原。国破家亡的现实，使王夫之的激愤之情溢于言表："此一片中原干净土，天生此一类衣冠剑佩之人，如何容得者（这）般气味来熏染。"① "夷狄者，欺之而不为不信，杀之而不为不仁，夺之而不为不义。"② 在这里，华夷之防拥有一种至上地位，有着不容置疑的正义性，传统的"仁""义""信"等伦理道德标准已经让位给了民族性。应该说，这些激烈的言辞不可能是理性思考的结果，只能是王夫之遭受家国丧失后悲愤之情的反映。

黄宗羲也有同样的思想倾向。他在《留书》中说："中国之与夷狄，内外之辨也。以中国治中国，以夷狄治夷狄，犹人不可杂之于兽，兽不可杂之于人也。"③ 这是恪守传统的华夷之别，以至将异族与禽兽相提并论。在当时的社会文化环境中，此举应当是家国之痛的自然流露。另外，明遗民"保发严夷夏，扶明一死生"等口号的提出，亦是民族主义情感强烈的表达。在天崩地裂的状态下，黄宗羲、顾炎武、吕留良等人对国亡的反思，对君主专制的激烈批判，与其说是"启蒙思潮"的产物，不如说是"亡国""亡天下"等悲怆感情下深刻反思的结果。

尽管他们对明朝廷一次次地失望，对其朝政腐败悲愤异常，但面对明朝的江山倾颓，他们还是注入了自己深厚的感情，因为在他们的观念中，那是衣冠礼乐之所在，是华夏文化的正统。当时的士人面临着生与死的抉择，或者"临危一死报君王"，或者举起反清复明的旗帜，投身于反抗异族的斗

---

① （清）王夫之撰，王孝鱼点校：《读四书大全说》卷八《孟子·滕文公下篇》，中华书局1975年版，第586页。
② （清）王夫之撰，舒士彦点校：《读通鉴论》卷二十八《五代上》，中华书局1975年版，第870页。
③ （清）黄宗羲：《留书》之《史》，沈善洪主编：《黄宗羲全集》第11册，浙江古籍出版社1993年版，第12页。

争之中，或是受人唾骂而归附异族，抑或是拒绝与异族合作而保持民族气节。历史上，没有哪个时期拥有那么多前朝遗民，依据传统的忠节和夷夏观念拒绝同异族政权合作。

他们依据华夷之辨的文化道德标准，从文化方面对清廷的合法性、合理性进行全面质疑。在中国传统社会，最高统治者拥有"普遍皇权"，政治统治、宗教权威与文化秩序集于一身。一个政权的合法性和合理性的建构不仅是依靠统治者的魅力、宗教力量的护佑以及官僚政治的运作，还需要文化秩序的建设、认同，这很大程度上需要士人的合作。当时，以文化道德为标准的华夷之辨，对清廷产生了巨大的精神压力。因为依据这种观念，被视为夷狄的异族入侵带来的不仅是战争灾难，而且也使中国传统的礼乐文明、文化价值观遭到严重破坏。"天下之大防二：中国、夷狄也，君子、小人也"①，而君子与小人是不相为伍的，华夏与夷狄也不可能混而为一。

然而，出于防范和消解士人反清思想的需要以及与士人合作的需要，政治高压和怀柔笼络成了清朝统治者得心应手、交互使用的不二法门。政治高压下，《明史》案、《南山集》案、吕留良案等文字狱的出现，都一次次地给具有反清思想的士人以压制和震慑。就文字狱而言，清朝君主可谓秉承了明朝的做法，但其重点却转向了消弥汉族士人的民族情绪和反清倾向。在政治权力的压制下，士人的话语空间一次次地被压缩。龚自珍《咏史》诗曰："避席畏闻文字狱，著述都为稻粱谋。"②专制主义政治权力的文化高压政策，在很大程度上造成士人思想空间的逐渐封闭，社会话语权利逐渐丧失。

作为少数民族入主中原的帝王，从康熙帝到乾隆帝，无不优待、重用理学名家，因袭元明科举之制，以程朱理学为科考取士的内容，在社会上掀起了尊孔崇儒之风，儒家学说获得了长足发展，从心理上消除了夷夏之防，在一定程度上消解了民族隔阂和对立。这有助于民族团结和国家统一，显示了儒家文化的巨大亲和力和向心力，也使宋代以来知识阶层通过"道统"对于"治统"的钳制和约束力逐渐丧失。另一方面，这些政策又符合了士人的

---

① （清）王夫之撰，舒士彦点校：《读通鉴论》卷十四《哀帝》，中华书局1975年版，第372页。

② （清）龚自珍：《咏史》，《龚自珍全集》第九辑，上海人民出版社1975年版，第471页。

守节心理,他们可以坚决拒绝朝廷的征召而不仕,但他们的文化责任感、经世意识以及建功立业的志向,又使他们不能不面临入仕清廷或隐遁山林的痛苦选择。

因此,明清之际的士人在生与死的抉择中,既承担着"扶长中夏"的文化使命,又在感情上不能容忍"夷狄"之统治。而事实上,士人的分化也比较明显:依据夷夏之防,他们或拒绝与统治阶级的合作,坚守最后的气节底线而选择出家(如方以智)、行医(如吕留良)、务农(如孙奇逢)、苦隐(如王夫之)等生活方式,或著书立说,或亲身实践,自觉传承、延续文化的血脉;或选择仕途,或为了解决气节和生存等的矛盾,选择游幕的形式。无论是选择入仕或归隐,他们更多希望延续文化的血脉。明末清初的士人心态可谓历史的一面镜子。如万斯同,为保持气节而拒绝接受翰林院纂修官之职,不当官,但还是出于文化传承和延续的考虑,参与撰修《明史》,"以布衣参史局,不署衔,不受俸"①,与人交往,自称"布衣万斯同",可谓煞费苦心。但他在京参与撰修《明史》,实际上已经表明接受了异族统治的现实。同样的例子还有顾祖禹,"不愿列名《一统志》"②,以表明对亡明最后一片忠心,但他参与纂修《大清一统志》,也是对现实无奈的妥协和接受。

将这一心态表述得较为明显的是陆世仪。他在《思辨录辑要·治平类·学校》中说:"历观古今以来,大抵经时变革,一时贤者不死于忠节,则归于隐遁,其或去而入于空释者,更多有之……然而圣道自此日晦,世界自此日坏矣。"这种看法,在清初颇具代表性,它揭示出忠节与圣道的矛盾和冲突。在二者之间,陆世仪认为"圣道"和"世界"更占有优先地位。从思想史的角度来看,它无疑会从一种文化的视角来瓦解民族主义的情绪。其潜在思路是:如果为了拯救华夏文化也就是圣道,入仕难道不能被接受、被理解吗?士人的矛盾心态和文化使命感、责任感正瓦解着传统的华夷观念以及在此基础上建构的民族主义情绪。

---

① (清)全祖望:《鲒埼亭集》卷二十八《万贞文先生传》,朱铸禹:《全祖望集汇校集注》,上海古籍出版社 2018 年版,第 520 页。
② (清)陈康祺撰,晋石点校:《郎潜纪闻三笔》卷五"顾祖禹不愿列名《一统志》"条,中华书局 1984 年版,第 744 页。

随着时间的流逝和社会的变迁，早先的故国哀思、家国之痛等种种复杂情感在明遗民心中逐渐淡去。当第二代遗民成长起来时，民族主义情绪逐渐弱化。另外，在当时经济凋敝的状况下，面对"衣食无仰"的生存之忧，士人必须协调养家糊口和保持民族气节之间的矛盾，传统士大夫的经世观念亦难以抵挡住科举的吸引。其实，随着时间的流逝和文化政策的实施，第一代明遗民的思想已经开始转变，对新政权的态度也逐渐改变，华夷观念也在思想领域被逐渐边缘化。对君主专制制度有过强烈批判的黄宗羲，便曾经历了从反清到称清帝为"圣主"的过程。顾炎武则鼓励外甥徐乾学"以道事君"。而新一代遗民的思想中，民族主义情绪越来越让位于现实的各种需要。像黄宗羲之子黄百家开始"注意举业"，吕留良的儿子则在仕途上逐渐发达。针对这一转变，张履祥曾经有言："方昔陆沈之初，人怀感愤，不必稍知义理者，亟亟避之，自非寡廉之尤，靡不有不屑就之之志。既五、六年于兹，其气渐平，心亦渐改，虽以向之皎然自异，不安流辈之人，皆将攘臂下车，以奏技于火烈具举之日。"①

夷夏之防和君臣大义的关系在士人思想中的转向亦值得关注。明亡之时，大批士人"临危一死报君王"，保持忠节，为明朝殉国。如大儒刘宗周对征召使臣所称，"国破君亡，为人臣子，唯有一死"。"其敢尚事迁延，遗玷名教，取讥将来"。② 而到了康熙年间"三藩"之乱时，则有大批士人参与清廷的平定活动。如时人谓："三逆难作，投笔从戎者以千数，死难死事者累累。范公以名进士首先殉节，从而死者及百余人。云贵总督甘公死，其幕客某及从者俱自杀。"③ 这表明，吕留良等明遗民所强调的"华夷之分大于君臣之伦"的观念，此时已经发生了重要的转向。短短几十年，大批士人为清廷殉节，正表明士人忠节观念的对象已经发生了变化，传统的儒家忠节在士人心中的对象已经转向了清廷，这也展现出士人们价值认同的变化轨迹。

---

① （清）张履祥著，陈祖武点校：《杨园先生全集》卷之四《与唐灏儒三》，中华书局 2002 年版，第 77 页。

② （清）黄宗羲：《子刘子行状》卷下，沈善洪主编：《黄宗羲全集》第 1 册，浙江古籍出版社 1985 年版，第 247 页。

③ （清）陈鼎撰：《留溪外传》卷一忠义部上《嵇永仁传》，清康熙三十七年刻本。

最高统治者的相关举动也值得注意。其中最著名的，就是雍正帝以一国之君的身份同民间读书人就华夷之辨的问题直接进行文字论战，这在历史上恐怕也是极其少见的。对于曾静的书生意气和迂阔，作为最高统治者的雍正帝可谓煞费苦心。众所周知，雍正帝的用意不仅是和书生大打笔墨官司，更深层的意图仍然是从思想上对士人进行一番过滤，尤其是要消除刺激清廷敏感神经的华夷之辨，运用政治和话语权力压制士人的反清思想和民族主义情绪。把吕留良戮尸不仅暴露了他们行为的残暴，而且暴露了他们精神上的脆弱和敏感。其重要目的是运用政治权力震慑天下士人，压制民族主义思想的发展。在这个意义上讲，曾静只能算政治权力运作下的一个牺牲品。

雍正帝与曾静辩论的内容之一便是夷夏之防。针对人们的华夷观念，雍正帝入室操戈，尖锐地指出儒家所谓的圣人也不过出自夷狄，"舜为东夷之人，文王为西夷之人，曾何损于圣德乎？"他釜底抽薪，指出孔子并无华夷之分的观念，"若以戎狄而言，则孔子周游，不当至楚应昭王之聘；而秦穆之霸西戎，孔子删订之时，不应以其誓列于《周书》之后矣"①。对华夷之辨的内在相悖，雍正帝也提出了质疑："既云天下一家，万物一源，如何又有中华、夷狄之分？"②这也是对传统的夷夏观念的有力质问。针对读书人质疑清政权的合法性和合理性，雍正帝强调，政权的合法性和合理性并不在于地域空间，而在于道德文化水平。一个朝代"怀保万民，恩加四海，膺上天之眷命，协亿兆之欢心，用能统一寰区，垂庥奕世"，也就具有了合法性和合理性。按照传统思路，既然"有德者足以君天下"，"惟有德者乃能顺天"，那么满洲人为何不能为天下之主？"何得以华夷而有殊视？"况且，"自我朝入主中土，君临天下，并蒙古极边诸部落俱归版图，是中国之疆土开拓广远，乃中国臣民之大幸，何得尚有华夷中外之分论哉！"③这些论断在直接瓦解传统的华夷之辨的同时，也明显暗示满洲已经成为华夏一员，恪守传统的华夷之别已经没有什么意义。

由于君主的"谆谆教导"和感召，曾静"幡然悔悟，大义觉迷"。清朝

---

① （清）雍正帝：《大义觉迷录》，《清史资料》第四辑，中华书局1983年版，第4页。
② （清）雍正帝：《大义觉迷录》，《清史资料》第四辑，中华书局1983年版，第55页。
③ （清）雍正帝：《大义觉迷录》，《清史资料》第四辑，中华书局1983年版，第3—5页。

君主取得话语统治权，夷夏之防的思想在政治权力的激烈批判下终于奄奄一息，清廷成为华夏文化的正统。随着清朝政权的日益巩固，士大夫的责任又从维护种族尊严转向了建设道德秩序，夷夏之防在士人话语体系中的结局已经可想而知了。这样，儒家关于夷夏之辨的思想也有了根本性转变。同时这也说明，我们的多民族统一国家又有了新的发展。①

中国传统的夷夏之辨以强调种族之间的文化差异为表征，遵循着文化、道德的价值判断尺度，兼具开放、包容的特性，又在早期民族激烈争夺生存空间的过程中，融进了某些封闭性、保守性的因素。这种情况，与儒家关于夷夏之辨和多民族统一国家思想的演变是分不开的。

二、魏晋隋唐时期汉化与"胡化"的双向互动——兼与欧洲蛮族入侵之比较

在中华民族的发展史上，大体发生过三次民族大融合，许多少数民族都逐渐地与汉民族进行融合。这三次大融合，第一次发生在魏晋南北朝时期，匈奴族、羯族、氐族、羌族、鲜卑族、乌丸族、高车族、畲族、蛮族、越族等少数民族与汉族实现了部分融合，并在此基础上形成了隋、唐时期的大一统局面。第二次发生在五代十国、宋、辽、金、元时期，沙陀族、契丹族、女真族、党项族、部分蒙古族以及部分西域民族与汉族相互融合，形成了元、明时期的大统一局面，多民族统一国家又大大向前迈了一大步。第三次发生在清代，满族以及北方、西方各少数民族部分地与汉族相融合。这是在大统一局面下的融合，是在商品经济有了进一步发展情况下的融合，所以在清代，我国各民族都相对定型了，各民族之间的关系也更加稳定了，多民族国家的大一统局面也更加巩固了。尤其是在反对外国势力入侵的长期斗争中，各族人民之间的联系、合作进一步加强，多民族统一国家得到了前所未有的发展，从而在世界东方出现了一个以汉民族为主体的中华民族。这里我

---

① 郑传斌：《从思想史角度论明清之际夷夏观念的嬗变》，《河南大学学报》（社会科学版）2003 年第 6 期。

们就简单谈一下魏晋隋唐时期汉化与"胡化"的双向互动,并将其与欧洲蛮族入侵作一简单比较。

(一)北方少数民族的汉化趋势

魏晋南北朝时期,来自北部、西部的各少数民族,大都在中原建立过自己的政权。这些政权的少数民族建立者,还大致保存着自己的部落组织,有自己的语言和习俗。就社会发展而言,他们要比汉族落后,但他们又都与汉族有着较为深远的渊源关系,在迁入中原地区后也必然要接受汉族文化,而他们的封建化在一定程度上也就是汉化。

匈奴贵族刘渊在北方最早建立起割据政权,而当时的匈奴贵族的文化水平都很高。例如,《晋书·刘元海载记》说刘渊"幼好学,师事上党崔游,习《毛诗》《京氏易》《马氏尚书》,尤好《春秋左氏传》《孙吴兵法》,略皆诵之。《史》《汉》、诸子,无不综览",又载刘渊之子刘和"好学夙成,习《毛诗》《左氏春秋》《郑氏易》",重臣刘宣"好学修洁,师事乐安孙炎,沉精积思,不舍昼夜,好《毛诗》《左氏传》"。刘宣"学成而返,不出门闾盖数年。每读《汉书》,至萧何、邓禹传,未曾不反复咏之",并说"大丈夫若遭二祖,终不令二公独善美于前矣"。刘渊之子刘聪,"幼而聪悟好学,博士朱纪大奇之。年十四,究通经史,兼综百家之言,《孙吴兵法》靡不诵之。工草隶,善属文,著述怀诗百余篇、赋颂五十余篇"。以上诸人有着共同的特点,就是好学深思,精研经史,而且刘渊、刘宣还曾分别拜汉族学者为师,刘聪更是精通书法,擅长诗文。这些都显示出他们的汉文化水平之高,是难能可贵的。

刘渊起兵反晋时,为了争得汉人的支持,曾宣称自己乃"汉氏之甥,约为兄弟,兄亡弟绍,不亦可乎!"① 也就是说,魏晋政权皆为"篡逆",而他才是汉朝的合法继承者。所以,他立国号为汉,自称汉王,以汉朝宗室自居,以恢复汉朝自命,下令曰:"昔我太祖高皇帝以神武应期,廓开大业。太宗孝文皇帝重以明德,升平汉道。世宗孝武皇帝拓土攘夷,地过唐日。中

---

① (唐)房玄龄等:《晋书》卷一百一《刘元海载记》,中华书局1974年版,第2649页。

宗孝宣皇帝搜扬俊乂，多士盈朝。是我祖宗道迈三王，功高五帝，故卜年倍于夏商，卜世过于姬氏。而元成多僻，哀平短祚，贼臣王莽，滔天篡逆。我世祖光武皇帝诞资圣武，恢复鸿基，祀汉配天，不失旧物，俾三光晦而复明，神器幽而复显。显宗孝明皇帝、肃宗孝章皇帝累叶重晖，炎光再阐。自和安已后，皇纲渐颓，天步艰难，国统频绝。黄巾海沸于九州，群阉毒流于四海，董卓因之肆其猖勃，曹操父子凶逆相寻。故孝愍委弃万国，昭烈播越岷蜀，冀否终有泰，旋轸旧京。何图天未悔祸，后帝窘辱。自社稷沦丧，宗庙之不血食四十年于兹矣。今天诱其衷，悔祸皇汉，使司马氏父子迭相残灭。黎庶涂炭，靡所控告。孤今猥为群公所推，绍修三祖之业。顾兹尪暗，战惶靡厝。但以大耻未雪，社稷无主，衔胆栖冰，勉从群议。"刘渊还"追尊刘禅为孝怀皇帝，立汉高祖以下三祖五宗神主而祭之"①。据前人所说，"渊以汉高祖、世祖、昭烈为三祖，太宗、世宗、中宗、显宗、肃宗为五宗"②。刘渊还录用了一些汉族官吏，使其参与以匈奴贵族为主体的政权建设。刘渊的这种举动，既是刘渊为代表的匈奴贵族的一个策略，也是他们认同汉文化、宗奉汉文化的具体体现。

刘渊死后，其子刘聪即位，灭掉西晋，使汉国成为控制黄河中游大片地区的强大割据势力。刘聪病死，大臣刘曜乘机夺权，改国号为赵（前赵）。不久，另一大臣、羯人石勒也在河北称赵王。后来，石勒打败刘曜称帝，是为后赵。石勒的汉文化水平也不低，《晋书·石勒载记下》说"（石）勒雅好文学，虽在军旅，常令儒生读史书而听之，每以其意论古帝王善恶，朝贤儒士听者莫不归美焉。尝使人读《汉书》，闻郦食其劝立六国后，大惊曰：'此法当失，何得遂成天下！'至留侯谏，乃曰：'赖有此耳。'其天资英达如此。"石勒还曾兴办教育事业，"亲临大小学，考诸学生经义，尤高者赏帛有差"。石勒太子、后来即帝位的石弘，"幼有孝行，以恭谦自守，受经于杜嘏，诵律于续咸。勒曰：'今世非承平，不可专以文业教也。'于是使刘徵、

---

① （唐）房玄龄等：《晋书》卷一百一《刘元海载记》，中华书局1974年版，第2649—2650页。
② （宋）司马光编著，（元）胡三省音注：《资治通鉴》卷八十五《晋惠帝永兴元年》，中华书局1956年版，第2702页。

任播授以兵书，王阳教之击刺。"① 可见，羯族贵族也正在接受汉文化。

冉魏为鲜卑慕容部所灭，前燕建立。慕容氏的汉化水平是相当高的。前燕的奠基者慕容廆"尚经学，善天文"②。前燕的建立者慕容俊，"博观图书，有文武干略"③。后燕建立者慕容垂之太子慕容宝，"砥砺自修，敦崇儒学，工谈论，善属文"④。南燕的建立者慕容德，"博观群书，性清慎，多才艺"⑤。正因为如此，慕容氏建立的国家具有更为突出的汉化色彩。

再看羌族。《晋书·姚襄载记》记载姚襄"少有高名，雄武冠世，好学博通，雅善谈论"。《晋书·姚兴载记》讲姚兴，"与其中舍人梁喜、洗马范勖等讲论经籍，不以兵难废业"。《晋书·姚泓载记》也说姚泓"博学善谈论，尤好诗咏"。可见，羌族上层人士的汉化水平已经相当高，而且对文化事业的重视要超过前秦。

《晋书·沮渠蒙逊载记》记载，建立北凉的卢水胡沮渠蒙逊，"博涉群史，颇晓天文"。卢水胡长期和汉人错居，不仅熟悉汉语，而且汉化水平已经很高。"卢水胡沮渠部落的社会发展阶段及其经济文化生活和汉化程度，大概仅次于氐苻氏、羌姚氏（他们都居住在关东近二十年之久），而要远远高出于鲜卑乞伏氏、秃发氏"⑥。

在汉化过程中，少数民族政权发挥了极为重要的作用。少数民族统治者要建立健全封建统治大都会面临各种困难，他们自己没有经验，在本族中也难以找到合用的人才，因而不得不利用汉族知识分子，广泛搜罗汉族士人。于是一些汉族知识分子得到少数民族统治者的青睐，石勒重用张宾，苻坚重用王猛，都是较为典型的例子。张宾之父张瑶曾任晋中山太守，张宾曾任中丘王帐下都督，以病免，后投靠石勒，"渐进规谟"，被"引为谋主。机不虚发，算无遗策，成勒之基业，皆宾之勋也"，"任遇优显，宠冠当时"。⑦

---

① （唐）房玄龄等：《晋书》卷一百五《石勒载记下》，中华书局1974年版，第2752页。
② （唐）房玄龄等：《晋书》卷一百九《慕容廆载记》，中华书局1974年版，第2815页。
③ （唐）房玄龄等：《晋书》卷一百十《慕容俊载记》，中华书局1974年版，第2831页。
④ （唐）房玄龄等：《晋书》卷一百二十四《慕容宝载记》，中华书局1974年版，第3093页。
⑤ （唐）房玄龄等：《晋书》卷一百二十七《慕容德载记》，中华书局1974年版，第3161页。
⑥ 王仲荦：《魏晋南北朝史》上册，上海人民出版社1979年版，第311页。
⑦ （唐）房玄龄等：《晋书》卷一百五《石勒载记下》，中华书局1974年版，第2756页。

王猛，北海剧人，少贫贱，博学好兵书。投靠苻坚后"岁中五迁，权倾内外"，"军国内外，万机之务，事无巨细莫不归之"①。

　　少数民族统治者重用汉族士人，除了对汉族文化的仰嘉和崇拜，另外一个重要原因则是要借重他们在汉族人民中的影响，缓和汉族人民的反胡情绪，以巩固自己的统治。于是一些硕学名儒、士族高门便成了少数民族统治者搜罗的主要对象。石勒曾设"君子营"，将汉族衣冠人物集于其中，加以特殊保护，并且颁布了"不得侮易衣冠华族"的禁令。少数民族统治者的这一政策收到了一定成效，以至"神旗所经，衣冠之士靡不变节"②。当然，各族的隔阂并不能很快消除，少数民族统治者与汉族衣冠之士的结合也情形各异。时有京兆隐士韦祖思，不拜后秦统治者、羌人姚兴。大夏统治者、匈奴铁弗部赫连勃勃到长安，征祖思，祖思"至而恭惧过礼"，勃勃怒曰："吾以国士征汝，汝奈何以非类处吾！汝昔不拜姚兴，何独拜我？我今未死，汝犹不以我为帝王；吾死之后，汝辈弄笔当置吾何地！"③遂杀祖思。

　　随着历史的不断发展，少数民族政权逐渐走上了封建化的道路。石勒在控制了幽、冀之地以后，"始下州郡，阅实人户，户赀二匹，租二斛"④。从掠夺到征租，这是一个巨大的进步，是恢复封建秩序的重要环节，也是汉化的主要成效。后赵、前秦、后燕等几个规模较大的少数民族政权，都曾明令恢复魏晋的士族地位，给士族以免役和仕进的优遇。然而，在少数民族政权中，士族并不居于主要地位，他们只能分享部分权力而不能左右政局。在许多情况下，士庶界限并不分明，不少庶族寒门位列显要，高门士族反而无足轻重。最突出的例子，就是出身贫贱的王猛在苻坚政权中的"权倾内外"。

　　少数民族政权在接纳、吸收旧有的汉族士人的同时，也注意专门通过教育手段来培养自己的统治人才，有的还继承汉晋之制，设立太学和郡国学，招收贵族豪门子弟。如姚兴之时，有姜龛、淳于岐、郭高等皆耆儒，"经明行修，各门徒数百，教授长安，诸生自远而至者万数千人。兴每于听

---

① （唐）房玄龄等：《晋书》卷一百十四《苻坚载记下》，中华书局1974年版，第2932页。
② （唐）房玄龄等：《晋书》卷一百四《石勒载记上》，中华书局1974年版，第2720页。
③ （唐）房玄龄等：《晋书》卷一百三十《赫连勃勃载记》，中华书局1974年版，第3209页。
④ （唐）房玄龄等：《晋书》卷一百四《石勒载记上》，中华书局1974年版，第2724页。

政之暇，引龛等于东堂，讲论道艺，错综名理。凉州胡辩，苻坚之末，东徙洛阳，讲授弟子千有余人，关中后进多赴之请业"。姚兴令关尉曰："诸生咨访道艺，修身厉身，往来出入，勿拘常限。""于是学者咸劝，儒风盛焉。"①这种大兴儒学的举动，使少数民族贵族子弟自幼就接受汉族文化的熏染和影响，逐渐实现自身的汉化，这在客观上还是有利于汉文化在北方地区的传播和发展。

尽管少数民族统治者采取了一系列积极措施，但在广大的汉族群众中，夷夏之分的民族心理很难一下子消除。针对这种情况，刘渊称帝之时，一方面在本族人中宣传："夫帝王岂有常哉！大禹出于西戎，文王生于东夷，顾惟德所授耳"，但另一方面，他又担心"晋人未必同我"，所以强调自己与汉朝的甥舅关系。②而石勒找不到这样较为有利的根据，迟迟不敢称帝，直到起兵25年后，才造作祥符，以"答乾坤之望"，即皇帝之位。再有鲜卑慕容氏，长期以晋臣自居。群臣上称号时，慕容儁则说："吾本幽漠射猎之乡，被发左衽之俗，历数之箓，宁有分邪。"③然而，这些并不能成为阻碍汉化的决定性因素。

为了笼络汉族人民，少数民族统治者还改革了一些落后的生活习俗，如石勒曾"下书禁国人不听报嫂及在丧婚娶"④。他们还实行九品中正制，以笼络汉族士大夫。如石虎曾下书曰："魏始建九品之制，三年一清定之、虽未尽弘美，亦缙绅之清律，人伦之明镜，从尔以来，遵用无改。先帝创临天下，黄纸再定，至于选举，铨为首格。自不清定，三载于兹。主者其更铨论，务扬清激浊，使九流咸允也。"又恢复某些士族的权利。如"镇远王擢表雍、秦二州望族，自东徙以来，遂在戍役之例，既衣冠华胄，宜蒙优免，从之"。⑤他们还实行汉族法制，尊崇儒学。如太康十年（289），慕容廆迁于徒河之青山，"教以农桑，法制同于上国"。又以"平原刘赞儒学该通，引

---

① （唐）房玄龄等：《晋书》卷二百十七《姚兴载记上》，中华书局1974年版，第2979页。
② （唐）房玄龄等：《晋书》卷一百一《刘元海载记》，中华书局1974年版，第2649页。
③ （唐）房玄龄等：《晋书》卷一百十《慕容俊载记》，中华书局1974年版，第2834页。
④ （唐）房玄龄等：《晋书》卷一百五《石勒载记下》，中华书局1974年版，第2736页。
⑤ （唐）房玄龄等：《晋书》卷一百六《石季龙载记上》，中华书局1974年版，第2770页。

为东庠祭酒,其世子皝率国胄束脩受业焉"。"览政之暇,亲临听之。于是路有颂声,礼让兴矣"①。慕容皝也"雅好文籍,勤于讲授,学徒甚盛,至千余人"。② 后来,河西鲜卑秃发利鹿孤也接受汉族士大夫的建议,兴复儒学。《晋书·秃发利鹿孤载记》载,祠部郎中史暠对:"今取士拔才,必先弓马,文章学艺为无用之条,非所以来远人,垂不朽也。孔子曰:不学礼,无以立。宜建学校,开庠序,选耆德硕儒以训胄子。""利鹿孤善之,于是以田玄冲、赵诞为博士祭酒,以教胄子"。他们采取这些措施,目的是笼络汉族士大夫,而这样做的结果,也就很自然地接受了汉族的文化。虽然在当时他们的民族意识还很强烈,但是,民族意识也会随着经济、政治、文化生活的转变而逐渐转变的。

在十六国中,氐族苻氏建立的前秦不仅非常强盛,而且汉化水平也很高。苻坚"八岁,请师就家学"。"性至孝,博学多才艺,有经济大志,要结英豪,以图纬世之宜"。③ 苻坚之弟苻融,"聪辩明慧,下笔成章,至于谈玄论道,虽道安无以出之。耳闻则诵,过目不忘,时人拟之王粲。尝著《浮屠赋》,壮丽清赡,世咸珍之。未有升高不赋,临丧不诔,朱肜、赵整等推其妙速。旅力雄勇,骑射击刺,百夫之敌也"。④ 苻坚从兄子苻朗,精研经籍,手不释卷,每谈虚语玄,不觉日之将夕。著《苻子》数十篇行于世,一本于老、庄之旨。"既至扬州,风流迈于一时,超然自得,志陵万物,所与悟言,不过一二人而已。骠骑长史王忱,江东之隽秀,闻而诣之,朗称疾不见"。王国宝谮而杀之,临刑,志色自若,作诗曰"四大起何因?聚散无穷已。既过一生中,又入一死理。冥心乘和畅,未觉有终始。如何箕山夫,奄焉处东市! 旷此百年期,远同嵇叔子。命也归自天,委化任冥纪。"⑤ 苻坚族孙苻登,"折节谨厚,颇览书传"⑥。陈寅恪就此指出:"氐人不仅学儒,而且

---

① (唐)房玄龄等:《晋书》卷一百八《慕容廆载记》,中华书局1974年版,第2806页。
② (唐)房玄龄等:《晋书》卷一百九《慕容皝载记》,中华书局1974年版,第2826页。
③ (唐)房玄龄等:《晋书》卷一百十三《苻坚载记上》,中华书局1974年版,第2884页。
④ (唐)房玄龄等:《晋书》卷一百十四《苻坚载记下》,中华书局1974年版,第2934页。
⑤ (唐)房玄龄等:《晋书》卷一百十四《苻坚载记下》,中华书局1974年版,第2937页。
⑥ (唐)房玄龄等:《晋书》卷一百十四《苻坚载记下》,中华书局1974年版,第2947页。

学玄，有的有经济大志，有的风流迈于一时，汉文化水准之高，在五胡中，鲜能与比。前秦政策较之前燕又有发展，这与氐人汉文化水平之高有密切的关系。"①

在十六国众多统治者中，苻坚是一位少有的杰出人物。他一定程度上摆脱了所谓"胡人"身份的制约，明确主张"夷夏可变"而全面实行汉化政策，力求一统天下。在他看来，帝王之正统不是根据族属，而是以德相承，有德者居之，而德之所授是没有民族界限的，实行仁政德治的君王是有道明君，理应统有四海；无德之君王，尽管有华夏族统，也没有资格统治天下。在淝水之战前，苻坚召见群臣曰："吾统承大业垂二十载，芟夷逋秽，四方略定，唯东南一隅未宾王化，吾每思天下不一，未尝不临食辍餔，今欲起天下兵以讨之。"又说："朕忝荷大业，巨责攸归，岂敢优游卒岁，不建大同之业，每思桓温之寇也，江东不可不灭。"他还说"非为地不广，人不足也；但思混一六合，以济苍生。天生蒸庶，树之君者，所以除烦去乱，安得惮劳。朕既大运所钟，将简天心以行天罚。"② 这说明，苻坚已经一定程度上从"戎狄"身份的约束中解脱出来，立志结束分裂局面，完成统一中国的"大同之业"，实现推行"王化"的理想。所以，当苻融认定东晋为天之所相，终不可灭，劝阻苻坚南征时，苻坚断然拒绝："帝王历数，岂有常哉？唯德之所授耳。汝所以不如吾者，正病此不达变通大运。刘禅可非汉之遗祚，然终为中国之所并。"③ 在苻坚看来，东晋僻处江南，已不具备作为华夏文化代表的资格，真正代表华夏文化的政权是前秦而非东晋。苻坚以汉族政治传统和文化传统的继承者自命，对古代"圣君贤相"的治国之道，十分赞同，把他们当作自己效法的楷模。

对于儒家文化，苻坚也不遗余力地加以尊崇、提倡和力行，他广修学宫，甚至"亲临太学，考学生经义优劣，品而第之，问难五经，博士多不能对"。他还对博士王寔说："朕一月三临太学，黜陟幽明，躬亲奖励，罔敢

---

① 万绳楠整理：《陈寅恪魏晋南北朝史讲演录》，黄山出版社1987年版，第104—105页。
② （唐）房玄龄等：《晋书》卷一百十四《苻坚载记下》，中华书局1974年版，第2914页。
③ （唐）房玄龄等：《晋书》卷一百十四《苻坚载记下》，中华书局1974年版，第2935页。

倦违，庶几周孔微言不由朕而坠，汉之二武其可追乎！"①他规定"太子及公侯百僚之子皆就学受业"②，甚至阉人、女隶、降虏都可选送"诣博士受经"，其倡行儒家文化之热心已经超过了某些汉族君主。史称："坚广修学宫，召郡国学生通一经以上充之，公卿已下子孙并遣受业。其有学为通儒，才堪干事，清修廉直，孝悌力田者，皆旌表之。于是人思劝励，号称多士，盗贼止息，请托绝路，田畴修辟，帑藏充盈，典章法物，靡不悉备。"在用人上，苻坚不仅不歧视汉族，而且重用汉族士人王猛等。在苻坚的统治下，前秦曾经出现经济、政治、文化各方面欣欣向荣的景象。"自永嘉之乱，庠序无闻，及坚之僭，颇留心儒学。王猛整齐风俗，政理称举，学校渐兴，关陇清宴，百姓丰乐"。③然而，前秦的南下攻晋招致大败，未能使上述局面得到进一步发展。

（二）"胡化"的几个主要方面

在中国历史上，特别是魏晋南北朝时期，民族之间的交融是双向互动进行的。由于民族迁徙、杂居所形成的历史环境，加上少数民族进入中原，汉族也深受各少数民族文化的影响。汉族文化与少数民族文化在发生接触并逐渐融合的过程中，二者相互渗透，相互吸收。汉族吸收、融会了少数民族的许多优秀的东西，大大丰富了自己的经济生活和文化生活，从而促进了统一多民族国家的发展。

在经济生活方面，少数民族的影响主要表现于均田制的实行，因为平分土地是原始社会末期的习惯做法。例如拓跋鲜卑入主中原以前，曾实行"分土定居"，后来又实行过"计口受田"，而均田制就是"计口受田"的推广与扩大；在政治上，北方士族深受以鲜卑贵族为代表的少数民族尚武之风影响，长于文武之略，日益兴旺；而在文化方面，更表现在文学、艺术、服装、语言、音乐等众多领域，都受到北方少数民族刚劲、强悍风格的影响。

---

① （唐）房玄龄等：《晋书》卷一百十三《苻坚载记上》，中华书局 1974 年版，第 2888 页。
② （宋）司马光编著，（元）胡三省音注：《资治通鉴》卷一百三《晋孝武帝宁康三年》，中华书局 1956 年版，第 3271 页。
③ （唐）房玄龄等：《晋书》卷一百十三《苻坚载记上》，中华书局 1974 年版，第 2895 页。

文学上如诗歌中的《木兰辞》《敕勒歌》，艺术上如云冈、龙门的石刻等。下面仅着重谈谈服装、语言、音乐等几个方面。

在服饰方面，从东汉末年以来，汉族就受到少数民族的影响。《续汉书·五行志》载："灵帝好胡服、胡帐、胡床、胡坐、胡饭、胡空候、胡笛、胡舞，京都贵戚皆竞为之。"至西晋时，这种影响又有了进一步发展。《晋书·五行志》记载"泰始之后，中国相尚用胡床貊盘，及为羌煮貊炙，贵人富室，必畜其器，吉享嘉会，皆以为先。太康中，又以毡为絇头及络带，袴口。百姓相戏曰，中国必为胡所破。"宋代顾文荐说："汉魏时皆冠服，未尝有袍、笏、帽、带。自五胡乱华，夷狄杂处，至元魏时，始有袍、帽，盖胡服也。唐世亦自北而南，所以袭其服制。"① 宋人沈括也说"中国衣冠，自北齐以来，乃全用胡服。窄袖、绯绿短衣、长靿靴，有蹀躞带，皆胡服也。窄袖利于驰射，短衣、长靿皆便于涉草。"② 可见，自魏晋以来，在服装方面，北方少数民族不少的东西，逐渐融会到汉族的社会生活中了。

在语言方面，汉族受北方各少数民族的影响也很大。颜之推曾记北齐朝一士大夫曰："我有一儿，年已十七，颇晓书疏，教其鲜卑语及弹琵琶，稍欲通解，以此伏事公卿，无不宠爱，亦要事也。"③ 颜氏还曾记载："近世有两人，朗悟士也，性多营综，略无成名……鲜卑语、胡书、煎胡桃油、炼锡为银，如此之类，略得梗概，皆不通熟。"④ 可见，学习鲜卑语已经成了贵族子弟引为时髦的东西。当时，"南染吴越，北杂夷虏"⑤ 的语言现象十分普遍，表明自十六国以来，不论是在北方还是在南方，汉族语言中都吸收了不少少数民族的语言成分。

---

① （宋）顾文荐：《负暄杂录》，（明）陶宗仪编：《说郛三种》卷十八，中国书店影印1927年涵芬楼本，第27页。
② （宋）沈括撰，金良年点校：《梦溪笔谈》卷一，中华书局2015年版，第3页。
③ （北齐）颜之推撰，王利器集解：《颜氏家训集解》卷一《教子》，中华书局2009年版，第21页。
④ （北齐）颜之推撰，王利器集解：《颜氏家训集解》卷五《省事》，中华书局2009年版，第327页。
⑤ （北齐）颜之推撰，王利器集解：《颜氏家训集解》卷七《音辞》，中华书局2009年版，530页。

在音乐方面，汉族从少数民族吸收来的东西更多，汉族和少数民族文化的彼此渗透在这方面表现得更为突出。史称"陈、梁旧乐，杂用吴、楚之音；周、齐旧乐，多涉胡戎之伎"。① 过去的雅乐，就是"《诗》三百篇"，汉末大乱，乐谱已大部失传，西晋时完全失传。西晋灭亡之后，乐府无人采集，中原正声难以保存，而鲜卑、匈奴、羯、氐、羌等少数民族先后进入中原，也带来了各具特色的音乐文化，于是北方音乐多为胡音。祖珽曾说："魏氏来自云、朔，肇有诸华，乐操土风，未移其俗。"② 《魏书·乐志》记载"《皇始》舞，太祖所作也，以明开大始祖之业……正月上日，飨群臣，宣布政教，备列宫悬正乐，兼奏燕、赵、秦、吴之音，五方殊俗之曲，四时飨会亦用焉。"到北齐时，"杂乐有'西凉鼙舞''清乐''龟兹'等……后主唯赏胡戎乐，耽爱无已，于是繁手淫声，争新哀怨。"③ 至北周，"太祖辅魏之时，高昌款附，乃得其伎，教习以备飨宴之礼。及天和六年，武帝罢掖庭四夷乐。其后，帝聘皇后于北狄，得其所获康国、龟兹等乐，更杂以高昌之旧，并于大司乐习焉。采用其声，被于钟石，取《周官》制以陈之"。④

当时，江南乐曲中杂有吴楚之音。《魏书·乐志》载："初，高祖讨淮汉，世宗定寿春，收其声伎。江左所传中原旧曲《明君》《圣主》《公莫》《白鸠》之属，及江南吴歌，荆楚四声，总谓《清商》，至于殿庭飨宴兼奏之。"入隋后，颜之推也曾说过："礼崩乐坏，其来自久。今太常雅乐，并用胡声。"⑤ 可见，在南北朝音乐中，胡乐成分占的比重是相当大的。在江南地区，有流传下来的汉魏旧音，也有吴歌、西曲、清商乐，但所受北方胡人乐舞之影响依然非常明显。《宋书·乐志》载："又有西、伧、羌、胡诸杂舞……并列于乐官。哥词多淫哇不典正。"陈朝的章昭达，"每饮会，必盛设女伎杂乐，备尽羌胡之声，音律姿容，并一时之妙，虽临对寇敌，旗鼓相

---

① （后晋）刘昫等：《旧唐书》卷二十八《音乐志一》，中华书局 1975 年版，第 1041 页。
② （唐）魏徵、令狐德棻：《隋书》卷十四《音乐志中》，中华书局 1973 年版，第 313 页。
③ （唐）魏徵、令狐德棻：《隋书》卷十四《音乐志中》，中华书局 1973 年版，第 331 页。
④ （唐）魏徵、令狐德棻：《隋书》卷十四《音乐志中》，中华书局 1973 年版，第 342 页。
⑤ （唐）魏徵、令狐德棻：《隋书》卷十四《音乐志中》，中华书局 1973 年版，第 345 页。

望，弗之废也"。① 据考古发现，在河南安阳北齐范粹墓中，出土了有着胡人乐舞形象的黄釉瓷扁壶。这说明，在音乐方面，北方、南方都深受胡乐影响，在北方尤其突出。这种影响，直到隋唐以后还很明显，其中以《真人代歌》（又称《北歌》）最为著名。此歌是用鲜卑语唱的叙事歌，雄浑壮美，大约始作于北魏初年，不仅在北方广为流传，而且还传播到了南方，由南朝人用汉文记录下来，收入《梁鼓角横吹曲》。《隋书·音乐志》载："及（陈）后主嗣位，耽荒于酒，视朝之外，多在宴筵。尤重声乐，遣宫女习北方箫鼓，谓之'代北'，酒酣则奏之。"一般认为，"代北"指的就是《真人代歌》。到唐朝贞观年间，此歌尚存，朝廷曾命"世习北歌"的歌工长孙贵昌"以其声教乐府"。②

汉族对少数民族音乐的吸收、借鉴，汉族与少数民族在音乐方面的相互交流、相互融会，以慕容鲜卑音乐的兴盛、流传的历史进程为代表。据学者研究，慕容鲜卑音乐在八九百年中经历了由兴到衰、由俗而雅的发展演变过程，其发展演变过程与慕容鲜卑族的发展演变过程是一致的、同步的，它从一个侧面反映了慕容鲜卑族的汉化和汉族对慕容鲜卑文化的吸收。一方面，鲜卑族没有自己的民族文字，随着汉化程度的加深，民族语言日益淡漠，除了少数译成汉语的歌词得以流传下来之外，其余大多数则随着时间的流逝而消亡。另一方面，那些进入宫廷雅乐的慕容鲜卑音乐，受到艺术性、思想性等方面的局限而缺乏生命力，必将随着政权更迭而日渐衰亡。③

慕容氏建国以后，不仅将本民族的音乐纳入其宫廷音乐之中继续演唱，而且全面、广泛地采纳和吸收了中原传统音乐，以致当时慕容诸燕政权所掌握的传统宫廷雅乐不仅高于其他北方少数民族政权，甚至还一度高于继承汉魏正统、自以为正朔之所在的江南政权。慕容政权掌握的比较完备而庞大的宫廷雅乐，曾引起其他政权的觊觎。例如，关中的姚秦政权就曾为此威逼利诱南燕，令其奉送了"太乐诸伎"120人。"太乐"为魏晋时期掌管宫廷雅

---

① （唐）姚思廉：《陈书》卷十一《章昭达传》，中华书局1972年版，第184页。
② （后晋）刘昫等：《旧唐书》卷二十九《音乐志二》，中华书局1975年版，第1072页。
③ 黎虎：《魏晋南北朝史论》，学苑出版社1999年版，第582—622页。

乐的机构，东晋政权曾"以无雅乐器及伶人，省太乐并鼓吹令"，① 只是在陆续从北方得到乐器和伶人之后，才逐渐恢复组建雅乐，而其重要来源就包括慕容诸燕政权。淝水之战，东晋打败苻坚，获得前秦乐工，此后初步完善了其宫廷音乐，而前秦的音乐恰恰是从前燕那里得到的。对此，作为南朝音乐家的王僧虔也不得不承认："古语云：'中国失礼，问之四夷'。计乐亦如。苻坚败后，东[晋]始备金石乐，故知不可全诬也。"② 后来东晋又从后秦那里得到了南燕雅乐，才得以进一步充实、完善其雅乐，从而使其成为南朝雅乐的重要基础。可以说，在当时中国北方战乱不断的情况下，慕容燕国较为完整地保存、继承了中原传统音乐，这是慕容鲜卑对于中华文化传承和发展的重大贡献。以此来看，这个文化瑰宝被当时的各个政权相互争夺、相互转移也就不足为奇了。至少在慕容政权后期的宫廷音乐中，中原政权的传统音乐或许已经成为主体了。慕容超在将"太乐诸伎"送给后秦之后，"正旦朝群臣于东阳殿，闻乐作，叹音伎不备，悔送伎于姚兴，遂议入寇"。于是他不惜冒致寇亡国的危险而悍然发动对东晋的边境战争，攻陷东晋的宿豫，"大掠而去。简男女二千五百，付太乐教之"。③ 他为什么非要从东晋掠得人员以培养音乐人才呢？这是因为具有汉文化基础或音乐基础的汉族男女才有可能迅速有效地培训成为合格的演奏人员。

与此同时，汉族政权也热衷于吸纳慕容鲜卑及其他民族的音乐，并没有将其作为夷狄之音而加以排斥。东晋曾相继从冉魏、前秦苻坚、南燕慕容超和后秦姚泓那里得到乐器和乐工，这对于东晋南朝的宫廷音乐的发展起了重要作用。于是，源自北方游牧民族"马上之声"的鼓吹乐曲，不仅流行于北朝，同样也影响了南朝，今所见宋代郭茂倩编《乐府诗集》所载"梁鼓角横吹曲"之六十六曲，就是这种"马上之声"，其中有慕容鲜卑、拓跋鲜卑、氐族、羌族等民族的歌曲。而且这些歌曲都被翻译成汉语，故"其辞华音，与北歌不同"④。对于周边各民族音乐加以广泛吸收，这是古代的一个优

---

① （唐）房玄龄等：《晋书》卷二十三《乐志下》，中华书局1974年版，第697页。
② （南朝梁）萧子显：《南齐书》卷三十三《王僧虔传》，中华书局1972年版，第595页。
③ （唐）房玄龄等：《晋书》卷一百二十八《慕容超载记》，中华书局1974年版，第3180页。
④ （后晋）刘昫等：《旧唐书》卷二十九《音乐志二》，中华书局1975年版，第1072页。

良传统。据《周礼·春官·鞮鞻氏》载："鞮鞻氏掌四夷之乐，与其声歌。"郑玄注："王者必作四夷之乐，一天下也。"广泛采纳四夷音乐，是统治者天下一家意识的具体体现，所以其音乐观从来都不拒绝少数民族音乐，而是倡导："古今夷、夏之乐，皆主之于宗庙，而后播及其余也。夫作先王乐者，贵能包而用之，纳四夷之乐者，美德广之所及也。"[1] 这种音乐思想是难能可贵的，对于推动中原政权吸收周边民族和各国音乐有一定的积极作用。

从慕容鲜卑音乐的发展演变过程中，可以看到各民族文化之间交流、融合，具有明显的双向互动的特点，不仅少数民族学习、吸收汉族文化，汉族也同样学习、吸收少数民族文化。慕容鲜卑音乐融入华夏音乐体系的历史进程，从一个侧面表明，少数民族虽然为汉族所同化，但这并不是单纯的同化，汉族也吸收了少数民族的东西，应该说也是一种融合。事实上，民族之间的文化交往交流交融从来都是双向互动的，在魏晋南北朝之后，同样也是如此。

（三）民族融合的历史影响与欧洲蛮族入侵的比较

恩格斯在谈到欧洲历史时曾经指出："由比较野蛮的民族进行的每一次征服，不言而喻，都阻碍了经济的发展，摧毁了大批的生产力。但是在长时期的征服中，比较野蛮的征服者，在绝大多数情况下，都不得不适应由于征服而面临的比较高的'经济状况'；他们为被征服者所同化，而且多半甚至不得不采用被征服者的语言。"[2] 这一论断实际上具有普遍的意义，以魏晋南北朝时期为例，北方少数民族在进入中原地区以后，逐渐为中原的汉族人民所同化。特别是以北魏孝文帝为代表的鲜卑贵族大力推行汉化政策，促进了民族融合的迅速发展，因为在一定意义上说，汉化也就是封建化，对于鲜卑族来说，这是一个巨大的进步。北魏末年尔朱氏当权时期，及北齐、北周建立时，一度推行鲜卑化政策。这实际上是对北魏孝文帝汉化政策的反动，但它毕竟违反历史潮流。不顾少数民族发展状况的极端汉化与不顾一切地鲜卑

---

[1] （南朝梁）沈约：《宋书》卷十九《乐志一》，中华书局1974年版，第538页。
[2] 《马克思恩格斯选集》第三卷，人民出版社2012年版，第563页。

化及形形色色的"胡化",都不是统一多民族国家的发展所需,或许能推行于一时,但终究要服从民族融合的发展趋势。所以,后来隋文帝杨坚在统一中国的过程中,一方面继续依靠前北周军事贵族集团,另一方面又反对极端的鲜卑化,积极争取汉族士人和已经汉化的鲜卑军事贵族的拥护。他曾下令:"诸改姓者,悉宜复旧"。①"已前赐姓,皆复其旧"。②这就正式废除了宇文氏强制府兵将领恢复和改从鲜卑姓的做法。

北魏的汉化政策已经使南北在文化上互相认同,而隋朝的建立又从体制上消除了南北差异。隋朝统治集团出于由鲜卑族和汉族相杂而成的关陇集团,而这个集团与北方其他政治、军事集团一样,都是魏晋南北朝以来民族大融合的产物。杨坚乃北周元勋之后,长期生活在鲜卑人中间,并娶鲜卑贵族独孤信之女为妻,他的女儿则是周宣帝的皇后,他建立隋朝倚重的也基本是与鲜卑有着密切关系的汉人和汉化的鲜卑人。因此,杨坚能够坚持华夷并重、胡汉等同政策,这顺应了历史发展的趋势。继隋而起的唐朝,其最高统治集团也出于关陇集团。唐高祖李渊祖上在北朝世代为官,而李渊之母是独孤信第四女,其妻窦氏乃北周鲜卑贵族窦毅之女,窦氏即原鲜卑纥豆陵氏。其子唐太宗李世民妻长孙氏,"其先魏拓拔氏,后为宗室长,因号长孙"。③唐朝前期的三代皇帝皆鲜卑女子所生,而皇帝之女出嫁鲜卑族者也有不少。如唐太宗的两个妹妹和六个女儿都嫁给了鲜卑贵族。在这样的背景下,唐初朝廷在胡汉关系的处理上,反映了较为开明、进步的民族思想,这以唐太宗最为突出。唐太宗坚持民族怀柔、民族团结政策,打破民族偏见,反对以往那种"贵中华,贱夷狄",以夷狄为"禽兽"的错误观念,指出:"夷狄亦人耳,其情与中夏不殊。人主患德泽不加,不必猜忌异类。盖得泽洽,则四夷可使如一家;猜忌多,则骨肉不免为仇敌。"④本着这种认识,在处理内地和边

---

① (唐)令狐德棻等:《周书》卷八《静帝纪》,中华书局1971年版,第135页。
② (唐)魏徵、令狐德棻:《隋书》卷一《高祖纪》,中华书局1973年版,第7页。
③ (宋)欧阳修等:《新唐书》卷七十六《后妃传·文德长孙皇后》,中华书局1975年版,第3470页。
④ (宋)司马光编著,(元)胡三省音注:《资治通鉴》卷一百九十七,《唐太宗贞观十八年》,中华书局1956年版,第6215页。

疆事务时，唐太宗基本上做到了一视同仁，内外无别。他对自己的民族政策、民族思想相当自信："自古帝王虽平定中夏，不能服戎狄。朕才不逮古人而成功过之。"而其中的原因，"自古皆贵中华，贱夷狄，朕独爱之如一，故其种落皆依朕如父母"。① 唐太宗还把"抚九族以仁"当作自己的本分，强调："我今为天下主，无问中国及四夷，皆养活之；不安者，我必令安；不乐者，我必令乐。"② 应该说，这种华夷一家、天下一体的观念，是魏晋南北朝以来民族交往、交流、交融成果的总结，有利于统一多民族国家的进一步发展。

经过空前的民族大融合，"曾在古代中国历史舞台上活跃一时的匈奴、氐、东羌、鲜卑、乌桓、柔然、羯以及众多的杂胡等都在这个时期先后与汉族融为一体……这样一次大规模的古代民族的历史终结，它所留下的后果，是隋唐的大一统和唐代开明而开放的新局面"。③ 其间的原因，应该是多方面的。根据有的学者论述，④ 主要有以下几点：

第一，各少数民族在汉族聚居区同汉族形成了杂居状态。他们在迁至中原地区，特别在反复迁徙以后，便很难继续保持聚居状态，而只能与汉族人民杂居。如索头郁鞠率众三万降于石虎，"散其部众于冀、青等六州"。⑤ 三万人分散到了六个州，只能与汉人杂居。既然杂居，那么在经济生活上、语言上、风俗习惯上，势必要受到汉族的影响。像当时的氐族，就"多知中国语，由与中国错居故也。其自还种落间，则自氐语"⑥。少数民族与汉人杂居，受汉人的影响自然会更大。这是民族融合的基本条件，因为只有杂居才会形成共同的地域。

---

① （宋）司马光编著，（元）胡三省音注：《资治通鉴》卷一百九十八《唐太宗贞观二十一年》，中华书局1956年版，第6247页。
② （宋）王钦若等编纂，周勋初等校订：《册府元龟》卷一百七十《帝王部·来远》，凤凰出版社2006年版，第1891—1892页。
③ 黄烈：《评魏晋南北朝的政治特点》，《魏晋南北朝史论文集》代序，齐鲁书社1991年版，第4页。
④ 黄佩瑾：《魏晋南北朝民族关系的发展》，中国魏晋南北朝史学会编：《魏晋南北朝史论文集》，齐鲁书社1991年版，第213—235页。
⑤ （唐）房玄龄等：《晋书》卷一百六《石季龙载记》，中华书局1974年版，第2764页。
⑥ （晋）陈寿撰，（南朝宋）裴松之注：《三国志》卷三十《魏书·乌丸鲜卑东夷传》注引《魏略西戎传》，中华书局1971年版，第858页。

第二，杂居的结果必然会形成共同的经济生活。在经济社会发展方面，汉族与以游牧为主的各少数民族不同，而杂居就必然要发生互相影响。对统治者来说，只要他们比较开明一些，也会懂得这个道理。如石勒就深知发展农业生产的好处，"劝课农桑，农桑最修者赐爵五大夫"。① 苻坚更加重视农业生产，而且注意学习汉族有益的统治经验和为政之术。如大宛献给苻坚天马千里驹及诸珍异 500 余种，苻坚曰："吾思汉文之返千里马，咨嗟美咏。今所献马，其悉返之。庶克念前王，仿佛古人矣。"② 秃发利鹿孤是一个相对狭隘的少数民族统治者，但也重视农业生产。在他自称河西王后，其将鏴勿伦进言："宜置晋人于诸城，劝课农桑，以供军国之用，我则习战法以诛未宾，若东西有变，长算以縻之；如其敌强于我，徙而避其锋。不亦善乎？"③ 利鹿孤欣然接受了这一建议。在这里，秃发鲜卑虽然自己不从事农业生产，却也对汉人劝课农桑，说明他们在经济生活方面已开始向汉人学习农业生产了。

第三，汉族人口占多数，在有些地方可以说是占绝对优势。西晋末年，一部分汉人逃到江南、凉州和益州，但大部分依旧留居中原。他们结为坞、堡、壁、垒，后来便以此为形式归附于少数民族统治者。少数民族分散与汉人杂居，就更加处于少数。即使是流亡边疆的汉人，在当地人口中也占有绝对优势。如慕容氏统治的辽东地区，"流人之多旧土，十倍有余"。④ 所以，慕容氏不仅开始从事农业生产，而且十分重视农业生产，以农业生产为主要生产部门，强调"一夫不耕，岁受其饥，必取于耕者而食之"，强调"习战务农，尤其本也"。⑤ 因此，少数民族很自然地就会受到汉族文化的影响。

第四，少数民族统治者的大力提倡特别是北魏孝文帝自觉、全面地提倡和推行汉化，从而推动了民族交往交流交融。如孝文帝废除宗主督护制，

---

① （唐）房玄龄等：《晋书》卷一百五《石勒载记下》，中华书局 1974 年版，第 2743 页。
② （唐）房玄龄等：《晋书》卷一百十三《苻坚载记上》，中华书局 1974 年版，2900 页。
③ （唐）房玄龄等：《晋书》卷一百二十六《秃发利鹿孤载记》，中华书局 1974 年版，第 3145 页。
④ （唐）房玄龄等：《晋书》卷一百九《慕容皝载记》，中华书局 1974 年版，第 2823 页。
⑤ （唐）房玄龄等：《晋书》卷一百九《慕容皝载记》，中华书局 1974 年版，第 2825 页。

实行三长制，有利于打破部落界限和宗族关系，实现按地域划分人民。迁都洛阳，极大地促进了与汉族在经济上、文化上的融合，同时也有利于改革派斩断与鲜卑族保守势力的联系。孝文帝在迁洛以后，又进行了一系列改革，使鲜卑贵族与汉族贵族逐渐一体化，用门阀制度将他们联结了起来。由于各少数民族的分化，鲜卑人、汉人以及其他各族的劳动人民，也逐渐地由于共同的阶级利益而结合起来，阶级矛盾逐步压倒民族矛盾而居于主导地位，民族矛盾则逐渐缓和下来。

第五，各民族间密切而频繁的交往交流，经历了相当长的时间，从汉末算起至隋重归一统有大约400年，就是从西晋灭亡算起也有270多年。在这样一个漫长的时段里，在共同的地域上过着共同的经济生活，因而也逐渐地改变了相互之间的关系，各少数民族在经济、文化上受到汉族文化的深刻影响，同时汉族也吸收了少数民族的许多优秀文化成果，因而很自然地相互融合起来。这一历史进程，是一个自然历史过程，是不以人的意志为转移的。

另外，汉化和胡化的这种双向互动，也很好地反映出历史上"统一意识的传统"。白寿彝先生曾经指出："进入中古以后，政治上变动比较大，很有几个历史阶段出现分裂。尽管出现分裂阶段，但在思想意识上还是统一的。比如三国时期……尽管三国鼎立，但统一的意识却是共同的。南北朝时期也是如此。北朝自认为他就是中国，南朝是从自己分裂出去的一部分。南朝也认为自己是中国，北朝应属他所有。所以当时的历史家，北朝称南朝是'岛夷'，不承认他是正式政权，南朝称北朝是'索虏'。这两种称呼带有污蔑的意思，但都同样反映了统一的意识。"[①] 这表明，即使在政治上处于分裂状态，而统一意识也从未中断过。

的确，这一时期值得注意的是汉族对少数民族的认同，少数民族尤其在其统治者的带领、推动下对中原文化的认同。早在汉代，中原人主要是与北方匈奴人关系密切。中原汉人并不把匈奴人当作完全的外人看待，而是把

---

① 白寿彝：《关于"统一的多民族国家"》，白寿彝：《民族宗教论集》，河北教育出版社2001年版，第17页。

他们看作夏王朝的后裔。其他如鲜卑人被认为是曾与夏禹之子启争夺王位的有扈氏的后裔，羌人被认为是舜的后裔。所以，汉民族一面把他们称为"五胡"，一面又把他们看作兄弟。这些说法也是少数民族所同意的。其实，当时的少数民族也是很愿意认同与汉人同祖的关系的。少数民族的统治者也极力提高在汉文化方面的修养，推动本民族的汉化进程，与汉人在历史文化认同上越来越近。匈奴贵族刘渊、刘聪以及羯、氐、羌、鲜卑族的统治者，都是如此。

一位当代学者曾提到在云南大学见到的一张有关中国人基因状况的图表，该图表表明中国北方汉族同北方少数民族基因相近的程度超过了北方汉族与南方汉族基因相近的程度；同样，中国南方汉族同南方少数民族基因相近的程度超过了南方汉族与北方汉族基因相近的程度。这说明不仅汉族是由许多原来不同的民族融合而成，而且汉族同各少数民族也在历史上长期密切交往中形成你中有我、我中有你的局面，血缘在构成不同民族中所起的作用是有限的。① 这种南北不同的民族融合趋势自有其历史原因。自魏晋至宋元，中国历史的多数时期主要是汉民族作为民族融合的主体民族，但是其间也不乏少数民族推动"汉化"政策以推动民族融合的时期，与前者相比，后者主要出现在北方中国。这大概就是中国南北不同的民族融合趋势出现的原因。

魏晋时期中国北方基本处于少数民族建立的政权的统治之下，当时杰出的少数民族领袖如匈奴刘渊、羯人石勒、氐族苻坚、鲜卑拓跋部的历代首领等都采取魏晋时期政治体制，依据民族特点的不同分别设官管理，并推行农耕定居的政策，以便劝课农桑。反观此时的中国南方，因为北方战乱，大批汉人南迁，推动了南方的开发，其势必与江南地区的原住民发生密切的政治、经济联系，从历史上看，虽然有出于对汉族经济或文化的向往，主动采取汉族生活方式或迁往汉族人民聚居区从而实现民族融合的情况，但是多数联系主要与南方的汉族统治者推行的征讨、招抚等政策有关。由于以上原因，汉族的范畴有所扩大，原来的少数民族由于对汉族文化、经济、政治的认同而产生了融入汉族的意愿和趋势，对于这种多民族构成的文化认同体，

---

① 金冲及：《中华民族是怎样形成的》，《七十后治史丛稿》，人民出版社2010年版，第7页。

我们可以依据其主体民族和主体文化命名为汉族共同体。这种汉族共同体在魏晋时期初步发展，表现为中国南北不同的民族融合趋势，这种南北不同特点的共同体直到隋唐大一统皇朝的出现才得到了改变。

隋唐时期与魏晋南北朝时期不同，由于国力的强盛、文化的发达，汉族为主体民族的民族融合趋势辐射到很多边疆少数民族。通过大一统政权的管理，尤其是唐代在边疆少数民族聚居地区设置官吏、州县的羁縻政策，少数民族逐渐与汉民族产生了文化、经济、政治方面的认同，从而推动了民族融合。据统计，这种羁縻州府在唐代数量众多，其中隶关内道者有府29、州90，内有突厥、回纥、党项、吐谷浑等族；隶河北道者有府14、州46，内有突厥别部、奚、契丹、靺鞨、降胡、高丽等族；隶陇右道者有府51、州198，内有突厥、回纥、党项、吐谷浑别部以及龟兹、焉耆、于阗、疏勒和河内内属诸胡；隶江南道者有州51；隶岭南道者有州92。除此以外，别有党项州24，不知所属。① 可以看出，这样的羁縻州府不仅北方设置了，南方一样也存在，这是唐朝统治者通过汉族政治文化来管理少数民族的政策的体现，同时也说明了魏晋时期出现的汉族共同体在一定程度上摒弃了南北不同的发展轨道，统一于中央政权的管理之下。这时的民族认同开始趋向统一的多民族国家的发展方向，与此前主要基于经济、文化的民族认同相比又有所发展。

不过，这种民族认同的发展方向并非是线性的，其间也经历了反乱、调整和恢复，十六国时的冉魏政权曾一度实行屠杀少数民族的政策，这种违背历史发展规律的做法必然导致失道寡助，因而冉魏政权短命而亡。当然，民族认同和融合的发展大势是不会有所改变的，即使是民族融合政策经历反复的宋元时期也是如此。

唐末及五代十国战乱纷繁，其间的统治者虽不乏出身少数民族者，然而他们通过实行汉化或部分汉化，保证了政权的稳定和发展，这种做法逐渐为宋元时期的统治者所继承。辽、金等少数民族政权推行的南、北官制便是这种做法的新发展。这种制度的基本构架是以不同的民族特点为依据，在统

---

① 卢勋等：《中华民族凝集力的形成与发展》，民族出版社2000年版，第505页。

治地区的北部设立游牧部落的管理体制，而在南部设立农耕民族的管理体制，这在实际上区分了以游牧为基本经济特点的少数民族和以农耕为基本经济特点的汉民族。但是，这种区分并非简单的割裂。在整个体制的上层，即统一管理南面官、北面官的中央，其政治文化却是融合了汉文化传统和少数民族文化的，而且其主体是汉文化。这一点主要体现在其官制以汉法为基础，兼采少数民族习惯，而教育体制则一依中原文化特点，崇尚儒学，开科取士，更主要的特点在于文字和对历史文化的认同上。

先后与宋对峙的辽、金、西夏等民族，本是游牧民族，文字体系并不发达，其中辽、西夏先后采用汉字的模式，创立本民族文字。这种脱胎于汉字的少数民族文字自然便于学习和使用，也就更便于与作为母文字的汉字的转化、交流和理解。文字的同源大大推动了民族认同的发展；同时，也因为文字的同源，汉字在少数民族中也得到了推广。近代以来发现的西夏文文献中便包含西夏文字典以及同时使用两种或两种以上文字的古代文书，这一发现在一定程度上说明了上述的发展方向。

文字是文化的载体，文化是民族认同的基础。由于这种认同的发展，即使是辽、金、西夏、元这样的少数民族贵族为主的政权，也采用了与以往历代政权类似的史官制度。史官制度的确立以及历史记载的完善，在客观上加强了各民族对中原传统文化的认同观念，从而推动了民族融合。在欧洲，古罗马帝国是在封建制开始萌芽的时候，由于日耳曼人的入侵以及内部奴隶、隶农起义的冲击而灭亡的。日耳曼首领成为新兴的封建领主阶级。他们通过长期的兼并战争，到公元 8 世纪形成了以封土封臣制为特征的封建制度。

就民族认同而言，在当时的欧洲，情况并不明显。罗马人与日耳人界限分明，没有任何渊源上的联系，不像中国中原地区的汉人之于北方少数民族。另外，日耳曼人文化水平很低，甚至不识字，这与中国的许多少数民族首领是大不相同的。

在当时的欧洲，经过民族迁徙的蛮族纷纷建立自己的民族国家。公元 419 年，西哥特人在高卢南部和西班牙地区建立了以土鲁斯为中心的蛮族王国，即西哥特王国，并得到罗马帝国的承认。5 世纪中叶，在高卢东南部又出现了勃艮第王国。476 年，西罗马帝国的最后一个皇帝被日耳曼雇佣军首领奥多亚克废黜，西罗马帝国灭亡。在这前后，原来居住在莱茵河下游的法兰克人，乘机占领高卢。其首领克洛维在基督教会和法兰克人、罗马人等的支持下，于481年建立了法兰克王国。486年，法兰克国王克洛维在苏瓦松（巴黎东北）大败罗马戍将，从此克洛维以苏瓦松为首都，巩固了法兰克王国的统治地位。也是在5世纪中叶，盎格鲁-撒克逊人和裘德人也侵入不列颠，在岛上建立了许多小王国。至6世纪，更有伦巴德人入侵意大利，罗马主教、贵族大部分被屠杀或沦为奴隶，土地几乎全部被没收。西罗马帝国业已灭亡，但新来的蛮族征服者不可能把大量罗马人收容到氏族内部来，而且日耳曼人也不可能长期保留公社制，利用简单的氏族组织去统治罗马人。于是，氏族组织变成国家组织，军事首领成为国王，亲兵成为贵族，社会制度逐渐向封建制转化。在建立政权后，蛮族统治者首先将没收来的土地分封给自己的亲兵、廷臣和主教。这就打破了日耳曼农村公社的平等原则，从而促进了西欧封建等级制的迅速形成。

当时，蛮族统治者既没有现成的官僚机构，也没有完备的军制，加上这个新的征服者又受到文化素质及统治经验的限制，提不出较为完善的政治制度和法律体系。于是，为了巩固和加强自己在新征服地区的统治，他们也把一些罗马贵族吸收到新政权中来，统治阶级在政治上逐渐合流。例如，罗马族卡西奥多尔被东哥特国王狄奥多里克任命为首相，罗马元老利伯里则被邀出任土地划分委员会的首脑。在利伯里的策划下，凡未经土地划分委员会许可而非法强占的土地，一律要归还原主。显然，这是在维护罗马大土地占有者的利益。奥多亚克被废黜后，狄奥多里克只夺取其本人及其拥护者的土地，用来封赏，并未触动罗马大土地所有者的利益，他们三分之二的地产依然保留。506年，西哥特国王阿拉里克二世在重新编纂法典时，曾邀请罗马贵族参与，并在法典中收入了帝国的隶农法。法典强调，大土地所有者可以把隶农从一个领地迁移到另一个领地，允许将试图逃跑的隶农罚作奴隶。假若罗马贵族的田庄被人非法役占，他可以得到赔偿，即使他本人住在新王国疆域之外。法兰克国王克洛维没收了罗马帝国三分之二的土地，将其分给自己的亲兵、近臣和主教，但这些土地原来主要属于罗马皇室和国库，于是许多罗马大土地所有者得以保留，并逐渐与法兰克贵族合流。

同时，蛮族统治者也一直在极力争取使自己的政权成为正统，使自己戴上罗马皇帝的冠冕。例如克洛维在东征西讨、攻城略地的过程中，接到东罗马帝国皇帝阿纳斯塔西乌斯的敕书，任命他为执政官。在都尔的教堂里，克洛维穿上紫色袍服，披上披肩，头戴王冠，接受人们对他的欢呼和拥戴，以示自己是全法兰克的国王。这说明，在民族问题上，魏晋隋唐时期的中国和欧洲又存在某些相同或相似之处。

三、佛教在中国的传播——兼与基督教在欧洲的传播之比较

自东汉时起，佛教传入中国，其教义也在全国多处铺展、传扬。西晋灭亡后，中国陷入了混战状态，少数民族纷纷入主中原。然而，这种局面却恰恰有利于佛教的传播和发展。一方面，"方中原异族错居时，佛教本来自外域，信仰归依，应早被中国内地之戎狄"[①]。作为一种外来宗教，在东晋南北朝，佛教得到统治者尤其是少数民族统治者包括十六国中的后赵、秦、后秦、北凉等统治者的信仰、尊奉和支持。另一方面，长期的战乱使人们对社会现实生活失去信心，而佛教教义特别是它所宣传的"一切众生皆有佛性"的宗教平等观又对各民族、各阶层产生了巨大的吸引力和影响力。于是，一时间，佛教发展特别迅速，传播特别广泛。在我们多民族统一国家发展进程中，早期传播的佛教所发挥的作用也是非常明显的。而这又与基督教在欧洲的传播存在某种相同、相似之处。

（一）佛教在中国的早期传播与发展

羯人石勒建都襄国（今河北邢台），灭掉前赵，建立了后赵政权，一度占有除东北地区以外的北方广大地区。他一方面大力提倡儒学，保护和起用儒家士大夫，力图以汉文化教化、统御各族民众；另一方面则推崇神僧佛图澄，大兴佛教，广建寺庙。至石虎即位，迁都于邺，后赵政权更是一意崇

---

① 汤用彤：《汉魏两晋南北朝佛教史》（增订本），北京大学出版社2011年版，第109页。

佛，倾心师事佛图澄，致使"民多奉佛，皆营造寺庙，相竞出家"，其中不乏目的在于逃避租役者。石虎下令："（王）度议云：佛是外国之神，非天子诸华所可宜奉。朕生自边壤，忝当期运，君临诸夏。至于飨祀，应兼从本俗。佛是戎神，正所应奉……其夷、赵、百蛮有舍其淫祀，乐事佛者，悉听为道。"① 于是，作为外来之教，佛教日益风行，广泛传播。

后来氐族的前秦在长安建都，至苻坚即帝位，占据了黄河流域和长江上游的广大地区。苻坚亦笃信佛教，征召各地高僧。攻破襄阳时，俘名僧道安，尊之为"神器"，将其带回，"住长安五重寺，僧众数千，大弘法化"②。羌人姚苌攻杀苻坚，建立后秦，亦尊崇佛教，迎请鸠摩罗什，使长安沙门云集，名僧辈出，为南北中国佛学的发展提供了重要契机，同时吸引了更多的外来僧人进入内地传教。值得注意的是，受江左风气的影响，姚兴本人把佛学看作"玄教"，虽主神识不灭、三世因果，但并不崇尚灵异神通、巫术妖言等，应该说，这是一大进步，是南北胡汉各族相互交往交流交融的一种表现。

匈奴贵族首领沮渠蒙逊，占据姑臧（今甘肃武威），称河西王，史称北凉。沮渠氏统治的确立，使内地与西域诸国的往来在一定程度上得到恢复，而其兴造佛像，也促进了佛教的进一步普及和传扬。沮渠蒙逊请昙无谶译经，以《涅槃经》为主，影响远及长安、建业。一时间，姑臧成为西陲的佛学重镇。同时，他还让昙无谶教其女媳多子之术，信敬咒神役鬼，开创密法的实际传播。

由于统治者的推崇和倡导，传入内地的佛教也不断有新的思潮出现。如竺僧朗移居泰山，别立精舍，闻风而至者多达百余人。前秦苻坚、后秦姚兴、南燕慕容德、北魏拓跋珪，以及东晋孝武帝，或殷切征请，或致书问候，或出资供养，竞相招致，使泰山成为佛教早期传播的一个重要基地。③

---

① （南朝梁）释慧皎撰，汤用彤校注，汤一玄整理：《高僧传》卷第九《竺佛图澄传》，中华书局1992年版，第352页。
② （南朝梁）释慧皎撰，汤用彤校注，汤一玄整理：《高僧传》卷第五《释道安传》，中华书局1992年版，第181页。
③ （南朝梁）释慧皎撰，汤用彤校注，汤一玄整理：《高僧传》卷第五《竺僧朗传》，中华书局1992年版，第190页。

佛教的传播成为一些主要政权用以争取民众而共同支持的信仰，这对于增进南北各族人民的相互了解、相互联系，对于形成各族人民的共同心理、共同的思维方式、生活方式等，都产生了一定的影响。

这一时期的佛教，还可以从佛僧的角度来考察。在北方，最初影响较大的僧人是来自西域的僧人。他们从西域来到中国内地之前，已经深受佛教的熏陶和影响，具有很高的文化素养和佛教造诣。他们到来之后，译经传教，培养信徒，大大推动了佛教在中国的传播。佛图澄、鸠摩罗什是其中最具典型性的代表。

佛图澄（232—348），是以神异著称一时的和尚。本姓帛，西域（可能是龟兹）人，曾到罽宾受学，晋怀帝永嘉年间（307—313）来到洛阳。时值中原大乱，他通过石勒部下信佛的大将郭黑略拜见石勒，以预"知行军吉凶"、烧香咒水生莲华等道术博得石勒信任。石勒尊其为"大和尚"，"有事必咨而后行"，令其直接参与到外灭刘曜、内平叛乱等军国大事。石虎继位，对佛图澄同样倍加推崇，誉为"国之大宝"，派大臣朝夕问候，太子诸公五日一朝。一时间，佛图澄几乎成了石赵政权的精神支柱。

面对石勒、石虎这样的暴君，佛图澄宣传"帝王之事佛"之术在于"体恭心顺，显扬三宝"，在"当杀可杀，刑可刑"的同时，"不为暴虐，不害无辜"。他曾劝说石勒效法"王者"，推行"德化"，又恐吓石虎："布政猛烈，淫刑酷滥，显违圣典，幽背法诫，不自惩革，终无福祐。"石勒、石虎部分地接受了其建议。① 当然，佛图澄传播的佛教，带有某种妖妄的色彩，如敕龙出水降雨、治病复生、观天象知休咎、与天神交通等等，在相当程度上反映了西域的原始巫术渗入佛教的情况，但他开创的中国神异僧侣的传统，堪称中国佛教密宗的先声。

佛图澄声望远播内外，在中国北方活动三十多年，将巫术神异、军国机要与佛教教义三者融为一体，使佛教在中国历史上第一次被最高统治者作为真正的信仰而广为崇奉，并纳入国家政权扶植和支持范围之内。这样，佛

---

① （南朝梁）释慧皎撰，汤用彤校注，汤一玄整理：《高僧传》卷第九《竺佛图澄传》，中华书局1992年版，第345—357页。

教在民族融合方面的作用就得到了进一步强化和凸显。

鸠摩罗什，意译"童寿"，祖籍天竺，其父迁居龟兹。他七岁随母出家学《毗昙》，九岁随母同去罽宾游学，从名德槃头达多法师学《杂藏》，中、长二《阿含》。十二岁时，随母还龟兹，途经沙勒（即疏勒，今新疆喀什一带），诵《阿毗昙》，讲《转法轮经》，博览《四围陀》及"五明"诸论，并习阴阳星算等术。后遇出身莎车贵族的大乘名僧须利耶苏摩，从受《阿耨达经》，"闻阴界诸入皆空无相"①之义，于是由小乘之学转向大乘中观派，受诵《中论》《百论》《十二门论》等。此后，鸠摩罗什即经龟兹北的温宿国回龟兹，广说诸经。20 岁时受戒，更从卑摩罗叉学习《十诵律》。鸠摩罗什回龟兹后，住新寺，披读《放光经》及其他大乘经论，宣传大乘教义。苻坚遣骁骑将军吕光率兵西伐，攻陷龟兹，获鸠摩罗什，并妻以龟兹王女。此前淝水之战发生，苻坚兵败，前秦国内大乱。吕光占据凉州，建立后凉国，建都姑臧。鸠摩罗什追随吕光至凉州，羁留 16 年，为吕氏充当军政咨询。但由于吕氏父子对佛教重视有限，鸠摩罗什只能潜心佛法，而不能广泛传播佛教教义。

至后秦姚兴出兵西伐吕凉，鸠摩罗什又被邀进长安，尊为国师。作为北方诸国中最有作为的帝王之一，姚兴注意招徕人才，提倡儒学和佛教。得其支持，鸠摩罗什组织了庞大的译经团队，开展了频繁的讲经活动，佛教译经已正式成为国家的一项宗教文化事业。四方义学沙门慕名而至，汇集于长安的僧尼达 5000 余人，其中影响较大、有姓名可考的就有 30 多人。姚兴虽然崇佛，但并不着意于兴建庙宇，作诸佛事，也不倡导灵异辅政，而是注重发挥佛教在政教风俗方面的功用。于是，"州郡化之，事佛者十室而九矣！"②姚兴为鸠摩罗什设立译场，促进了全国的佛学理论重心明显地转向佛教义学。学术水平较高的僧侣成了谈玄的达官显贵之师，成了玄谈的理论创制者，而佛典译场事实上已经成了理论研讨的中心。这种文化思想上的变化，使胡汉各族的界限大大缩小，有利于民族交往交流交融的进一步发展。

---

① （南朝梁）释慧皎撰，汤用彤校注，汤一玄整理：《高僧传》卷第二《鸠摩罗什传》，中华书局 1992 年版，第 47 页。
② （唐）房玄龄等：《晋书》卷一百十七《姚兴载记上》，中华书局 1974 年版，第 2985 页。

魏晋南北朝时期，来自域外的僧人在佛教传播和发展中发挥了重要作用，然而随着内地汉族出家僧人的增多，随着汉人僧侣阶层的形成，中国本土的高僧大德也开始成长起来，并在佛教传播和发展史上扮演着日益重要的角色，而这又进一步强化了佛教在民族融合进程中的重要作用。道安是其中的杰出代表。

道安（312—385），俗姓卫，出身于常山扶柳（今河北冀州）的士人家庭，很小就成为孤儿，12岁（一说18岁）出家为僧，曾在邺城从佛图澄学律。佛图澄去世后，他往来于黄河中下游地区，避难传法，所到之处总是研习佛理，教授学徒，成为传播佛教的重要据点，而聚集在他周围的僧众日渐增多，从数百以至上千，声望远及东晋统治地区。

后来，应东晋名士习凿齿之请，道安到东晋治下的襄阳弘法。由于习凿齿的肯定和称颂，道安被誉为"弥天释"。晋孝武帝以王公之礼待之，激励他"居道训俗"。在襄阳，道安师徒数百，讲诵不倦，"自相尊敬，洋洋济济"，深刻影响了社会民风，而他本人也实现了由消极出世到积极入世的转变。至苻坚派兵围攻襄阳，道安分散徒众，与守将朱序等共守城池，城破被俘。苻坚十分敬重道安，于是道安成了北方学界领袖。

苻坚坚持伐晋，其弟苻融及朝臣石越、原绍等劝阻，但未能奏效。于是人们便请道安出面劝说苻坚。道安对苻坚说："陛下应天御世，有八州之贡富，居中土而制四海，宜栖神无为，与尧舜比隆。今欲以百万之师，求厥田下下之土。且东南区地，地卑气厉。昔舜禹游而不返，秦皇适而不归，以贫道观之，非愚心所同也。"①他希望苻坚不要过江攻晋，但同样没有成功。不过，道安能够进言身为夷狄的苻坚，说明他试图发挥作为佛教领袖在处理民族关系方面的作用。而且，他劝止苻坚攻晋，尽管在一定程度上曲折地反映出对晋室的关注，但他劝说苻坚的具体语言，又说明他是将苻坚当作天下之主看待的。起初道安的民族正统观念还是很强的，有过所谓"皇纲纽绝""山左荡没""戎狄孔棘""猃狁猾夏"云云。现在他却有所改变。道安

---

① （南朝梁）释慧皎撰，汤用彤校注，汤一玄整理：《高僧传》卷第五《释道安传》，中华书局1992年版，第182页。

认定，佛教唯依国主才能生存和发展，应主动承担对社会实施"教化"的使命，这就使佛教从以个人或"众生"为本位转变成了以国家和社会为本位，从而强化了佛教的政治色彩，也为淡化"夷夏之辨"提供了合理依据。另外，道安在其著作中借助历史上固有的思想文化尤其是玄学的概念和语言表述方式来解释、阐发佛教教义，创立了佛教般若学派"本无宗"，成功地实现了印度佛学与中国文化的对接、融会，在佛教中国化、本土化的道路上迈出了坚实的一步。

道安还制定了僧尼轨范，统一了佛教徒的姓氏。中国僧侣自身的日常宗教修习和活动仪轨，是由道安开其端的。这种礼仪形式的规定，大大增强了戒律的效果和佛教的影响力。汉魏以来，僧尼名前多加异国或异族名称以为姓氏，如安、支、康、竺等，其中一部分与来自外籍或沿袭祖籍有关，但不少汉人也以胡音为姓。道安规定，僧尼均以"释"为姓。这样就减少了由姓氏上表现出的国界和民族差别，强化了宗教统一的色彩，这在当时政治分裂的局面下，对维系和稳定一种共同的文化心理、文化认同有一定的意义。道安的影响相当深远，时人称为"印手菩萨"，居于"西国"的鸠摩罗什则称赞他是"东方圣人"。[①]

诚如陈寅恪先生所论："释迦之教义，无父无君，与吾国传统之学说，存在之制度，无一不相冲突。输入之后，若久不变易，则绝难保持。是以佛教学说，能于吾国思想史上，发生重大久远之影响者，皆经国人吸收改造之过程。"[②] 应该说，道安作为对佛教进行改造的典型代表，为佛教的中国化、本土化做了理论上的示范，在一定程度上启发和引导着中国化佛教的形成和发展。道安的传教活动，也大体反映了当时佛教在全国的发展，而这种发展又是与统一多民族国家的发展相伴而行的。

佛教在东晋也得到不断发展，帝王、贵族信奉佛教，竞相修建寺庙，在当时表现得很突出。王、谢、庾、桓等世家大族，也多是佛教的信奉者、

[①] （南朝梁）释慧皎撰，汤用彤校注，汤一玄整理：《高僧传》卷第五《释道安传》，中华书局1992年版，第184页。

[②] 陈寅恪：《冯友兰中国哲学史下册审查报告》，《金明馆丛稿二编》，三联书店2001年版，第283页。

支持者。自向秀、郭象注解《庄子》而创崇有派新理论之后，东晋的理论重心已经转向佛教义学方面，而这一转变的重要标志，就是东晋名士普遍向名僧求教，阐发佛理。

汉魏以降，佛教般若经类受到内地士大夫的青睐。东晋般若学进一步盛行，皇室贵族和所有奉佛的贵族官僚，几乎无不研习《般若》思想。《般若》成了名士玄谈的重要资料，般若学也上升为东晋佛教的显学。所谓名僧，既需要有《易》《老》《庄》等传统文化的较高修养，又大都在讲说般若时能迭出"新义"。据僧睿总结，在鸠摩罗什之前，般若学的发展经历了两个阶段，即"格义"和"六家"。① 所谓"格义"，就是用《老》《庄》等中国典籍中的固有词语去解释佛教教义。从竺法雅到道安，当时大多数知识僧侣都曾经历过这个阶段。道安后期意识到"格义"在理解佛理方面的抵牾之处，转而译介《毗昙》。因为《毗昙》表达佛理采用的是给概念下定义的方法，其准确性远远高于"格义"。当然，就大的趋势而言，人们还在继续立足于中国传统文化与现实需要相结合来解释佛理。

魏晋般若学流行的原因，与玄学产生和发展的原因大致相同。东晋时期，民族冲突、社会动荡和政治危机，使士族阶层已有的无常感和虚幻感在佛、庄氛围中表现得愈益强烈。自我的失落感强化了人们对"因缘"说和"无我"说的兴趣；然而又必须在理实世界中找到一个安身立命之所，这就使"即色"和"无心"等思想更容易为人们所普遍接受。如名僧支遁，字道林，撰有《释即色本无论》《即色游玄论》《道行旨归》《妙观章》等，用"即色本无"和"即色游玄"两个命题，把般若的"空观"同庄子的"逍遥"结合起来，使般若学和玄学都达到了一个新的高度。他所注的《庄子·逍遥游》，被世人认为是拔理于郭象、向秀之外，称为"支理"。② 自此之后，某些僧侣也逐渐成了解《庄》的权威。可见，僧人的影响已经深入玄学领域，与当时士大夫的学术风尚产生互动，佛教中国化、本土化的趋势进一步强化和发展。

---

① 参见（南朝梁）释僧祐撰，苏晋仁、萧炼子点校：《出三藏记集》卷第八《毗摩罗诘提经义疏序第十四》，中华书局1995年版，第311页。
② 余嘉锡：《世说新语笺疏》卷上之下《文学》，中华书局2007年版，第260页。

东晋时期，在佛教传播方面影响最大的，当推慧远。慧远（334—416），本姓贾，雁门娄烦（今山西宁武附近）人。因躲避战乱而辗转各地，来到恒山，投于道安门下，于是专心佛教，还说"儒道九流，皆糠秕耳"。但受当时风尚的影响，直到他独立开讲，往往还是"引《庄子》义为连类"。慧远后随道安至襄阳，成为道安和竺法汰的得力助手。离开道安后，慧远率弟子十人南下，到荆州住上明寺，后至浔阳，发现庐山清静秀丽，足以息心，于是定居于此。江州刺史桓伊为他更建东林寺。慧远住庐山三十余年，"影不出山，迹不入俗"，直至圆寂。①

慧远在庐山传播佛教，得到了东晋各种政治力量的支持和帮助，历任江州刺史都与他结交。殷仲堪在赴荆州刺史任中，登庐山拜会慧远，共论《周易》。桓玄攻荆州，杀殷仲堪，亦向慧远表达敬意，共论《孝经》。何无忌与刘裕等诛杀桓玄之后，侍卫晋安帝返回建康，安帝遣使进庐山慰问。此后，何无忌亲临庐山，又与慧远书，论沙门袒服。卢循攻杀何无忌，也登庐山，与慧远叙旧。刘裕追讨卢循，特派使入庐山，馈赠粮米。当时北方少数民族统治者也与慧远保持着良好的关系。如后秦姚兴与慧远过往甚密，几常"信饷"不断，还赠以龟兹细缕杂变像等，而其左将军姚嵩则献上珠佛像等宝物。慧远将外来的佛教思想同中国的传统文化特别是文化经典更加紧密地结合起来，在一定意义上也促进了民族文化的融合。慧远继承了道安研习和弘扬佛教的学风，一方面广泛介绍外来佛典和外来思想，以准确把握佛教本意；另一方面坚持佛教必须适应今时习俗需要，不惜"失本"地将其纳入中国传统文化的轨道。慧远还将佛教同儒家的政治伦理和道家的归隐倾向协调起来，强调作为佛教的礼制右袒，能将沙门与俗人区别开来，便于出家者冲破世俗名分等级的限制，服膺和遵守佛家教条。佛教与名教，如来与尧孔，在出世和入世上或有不同，但最终目的却是一致的。按照佛教的说法，如来化世，可以为仙帝卿相、国师道士。同样，诸王君子尽管迂回曲折，但毕竟都要走到佛教一途上来，也就是"内外之道可合"。

---

① （南朝梁）释慧皎撰，汤用彤校注，汤一玄整理：《高僧传》卷第六《释慧远传》，中华书局1992年版，第211—222页。

值得注意的是，慧远所特别重视的佛教理论，并非盛行于世的般若学，而是三世报应说，这是佛教的神学基础。他撰写《沙门不敬王者论》《明报应论》《三报论》等文，反复阐发的就是这个主题。他大力提倡的神不灭论，具有鲜明的中国特色，成为确立三世因果说的理论支柱。形死寿尽而神不灭，这是慧远为中国佛教奠定的最牢固的基石。

"神不灭"是中国传统信仰祖宗崇拜的前提，在《周易》《孝经》《庄子》等中国传统经典中都有反映，但对"神"的性能却缺乏具体规定和描述。佛教小乘犊子、有部和大乘涅槃、唯识等派别，虽从不同角度肯定不灭的神，但较为含糊。至于佛教的其他派别，尤其是魏晋流行的般若经类和大乘中观学派，更是断然予以否定。慧远比较细致地论述了神与情、识的关系，指出了去情识、存神明的解脱之路，把中国传统与外来思想结合起来，创造了中国佛教特有的理论学说。

慧远的神学观点，也曾受到对有神论持有异议的鸠摩罗什的批评。鸠摩罗什对慧远所持"四大"是"实"、"自性"是"有"、"法身"永存等观点，均持批评态度，甚至直斥慧远所言近乎"戏论"，原因就在于这些观点可以直接导向有神论，并进而构成有神论的思想理论基础。的确，相对于般若和中观派的放浪形骸、不拘礼教，慧远的有神论，包括三世报应和净土信仰，尽管在探讨人的思维本质上有所退步，但更容易激发人们的宗教热情和恭谨虔诚，对佛教继续在统一多民族国家发展进程中发挥作用是有一定益处的。

"中国的佛教在南北朝各代，完全与政治结合在一起，统治阶级利用它来麻醉人民，同时也自我麻醉……王公大人既醉心于'若晓而昧'的学说中，佛教便由此得到不断的发展。这是南朝的情形。至于北方，当时的统治者为少数民族，具有倾向汉文化的心情，对佛教理论也给予了充分发展的便利条件。北魏时期，由于政治和经济的原因，虽一度出现了灭佛的事件，但随之而来的却是大兴佛教的反动。"① 佛教在南北朝时期的发展，异常迅猛，持续高涨，这是由于统治者尤其是少数民族统治者的大力扶植和支持。这种扶植和支持不同于以前统治者仅把佛教看作一种祈福的手段、太平吉祥的象

---

① 吕澂：《中国佛学源流略讲》，中华书局1979年版，第138页。

征或争取人才的途径，而是当作进一步维护自身统治的工具。与此同时，一些佛教上层人士，实际上已经成了世俗政权的重要组成部分。

（二）佛教与儒、道的论争及融合

佛教流行与传播是在与儒、道的深层冲突和融合中实现的。魏晋南北朝时期，儒、释、道三者并存，儒学和佛教、道教三者之间既互相冲突，又互相融合。道教在理论上和组织上都趋于成熟，从民间宗教转向社会上层。佛教则从由外国传来的"方术"变成了一种对中国文化有全局影响的意识形态和社会力量。儒学作为主流意识形态不能不受到一定程度的冲击和影响。魏晋南北朝时期，封建统治阶级努力探索适应宗法等级制度的意识形态，在这个过程中，发生了儒、释、道三者的冲突与融合。

当时儒学虽然丧失了独尊的至上权威，但仍然保持着思想文化领域中的正统和统治地位，这是由中国传统宗法社会的性质所决定的。儒家思想以忠孝为核心，把三纲五常当作不可移易的天道人伦秩序，提倡内圣外王之道，修身、齐家、治国、平天下，代表了中国封建宗法等级制度的根本利益。因此，无论佛、道崇拜多么狂热，都不可能取代儒学的正统地位。道教是中国土生土长的宗教，尽管理论建树相对薄弱，也不如儒家与宗法社会联系紧密，但其优势在于，它本身是中国传统文化的重要组成部分，是传统宗教、神仙方术和道家思想的混生物，因而在价值观念、思维方式上与儒家倾向一致。为了求得自身的生存，道教经常与儒学结成同盟，反击外来的佛教。华夏正统是道教自我标榜的主要出发点，所以在反佛运动中道教徒甚至比儒家学者表现得更为激进。

三者之中，佛教在哲理上占有较为明显的优势，因而在东晋玄学衰微以后成了人们关注的重点，般若学和佛性论可以说代表了当时思想文化界的一种趋势。不过，佛教毕竟是来自外国的文化体系，在价值观、人生观、伦理观、思维方式乃至生活习俗方面都与中国思想文化传统存在着矛盾。所以，佛教徒在反击儒、道两家的攻击时，一方面要不断显示自身的存在价值，另一方面也在逐渐地对自己的理论学说加以修正，使之适应中国的土壤。

魏晋南北朝时期，儒、释、道之间发生过几次大的思想冲突和理论争辩。首先是沙门敬王者之争。这场大的争论发生在东晋，冲突主要发生在儒、佛两家之间。庾冰与何充、桓玄与慧远围绕着沙门要不要跪拜王者的问题进行了两次辩论，争论的实质是宗教与政治的关系。

在古代印度，佛教徒有着很高的社会地位，他们只礼拜佛祖释迦牟尼，面对世俗任何人，包括帝王和父母都不跪拜。这种教仪与中国传统的纲常伦理发生了矛盾。东晋成帝时庾冰、何充辅政，庾冰反佛，何充崇佛。庾冰代皇帝下诏，令沙门跪拜王者，认为名教不可弃，礼典不可违，不允许域内有不敬王者的不臣之民。何充却认为沙门虽然礼仪有殊，但尊重王权，有助王化，因而不必过分勉强他们。结果，庾冰之议被搁置，沙门竟不施拜。

东晋安帝时，桓玄总理朝政，下令和尚跪拜王者。在他看来，沙门沾受国恩，应守国制，不宜废其敬王之礼。针对此举，慧远作《答桓太尉书》和《沙门不敬王者论》，系统论述佛教的社会功用，竭力调和宗教礼仪与封建伦常的矛盾，明确强调佛教的基本教义与儒家的忠孝伦理并不矛盾。慧远主张在家的佛教徒应该尽忠尽孝，并把宗教信仰提升到稳定政权和教化百姓的高度来认识，将穿袈裟的僧侣和戴儒冠的书生都看作国家利益的坚定拥护者，认为他们对巩固宗法等级制度各有作用。由于慧远的劝说和影响，桓玄最终放弃了沙门必须跪拜王者的要求。这一事件虽不能说明佛教获得了超越王权的地位，但也至少说明佛教实质上开始与儒家纲常合流。慧远在这一问题上的反复论证，一方面使佛教保持了某种独立性，另一方面又使佛教与王权政治达成了某种妥协。

与上述争论相比，更为突出的是夷夏论之争。实际上，早在佛教传来中国不久的东汉，即有人提出"夷夏"问题，利用夷夏之别来批评舍儒学佛，舍华夏而"学夷狄之术"。其后，利用夷夏之别来反佛者也时常可见。西晋道士王浮，伪作《老子化胡经》，其中心思想还是用夏变夷。十六国时，北方统治者多为夷狄之人，所以利用夷夏之别来反佛一度难以奏效。而在东晋南朝，夷夏之别依然是反佛者喜欢谈论的问题。桓玄反佛的理由之一，即佛教乃夷狄之道，不宜行于中国。

经过多年反复，夷夏之争终于在南朝宋齐之际达到了高潮。道士顾欢作《夷夏论》，以夷夏之防来否定佛教在中国传播的合理性。佛教徒则纷纷撰文，反击顾欢，以求得中土文化对佛教的认同，从而形成魏晋南北朝时期的又一次理论冲突。在《夷夏论》中，顾欢罗列了华夏与夷狄在文化传统、风俗习惯等方面的种种差异，还借机抬高道教的地位。他表面上并不否定佛教的合理性，但又强调佛教在中国传播于国情不适："佛道齐乎达化，而有夷夏之别。若谓其致既均，其法可换者，而车可涉川，舟可行陆乎？"①《夷夏论》一出，立即遭到佛教徒的反击。例如，朱广之著《咨顾道士夷夏论》，批判顾欢狭隘的民族偏见。他认为，夷夏风土人情虽异，但却无美恶之别，更不能使用侮辱性的文字。各民族有不同的语言，亦无高低之分。朱昭之在《难顾道士夷夏论》中强调，圣道不分夷夏，皆可通用。明僧绍作《正二教论》则认为夷夏风俗虽殊，但人性不异，教化之道也并无二致。佛教徒的这些言论，显示出一定的理论优势，在某种程度上为佛教的传播减少了阻力。

另外，佛教徒借助自身在理论上的这种优势，也尖锐批评了与佛教争胜的道教。而相形之下，道教的某些弱点和缺陷就暴露出来了。佛教徒的反批评扩大了佛教的声势，但夷夏论的影响并未从此绝迹，每当反佛活动高潮中必有其回声。南朝梁人荀济谏梁武帝崇佛，北周武帝灭佛前佛道互争优劣高下，都可以看作夷夏论争辩的余波。②

这些论争并没有影响佛教在中国的传播和发展，没有影响到三教融合的趋势。最早将儒、释、道三者并称为"三教"，始于《北史·周本纪下》载北周武帝事："（建德二年）十二月癸巳，集群官及沙门、道士等，帝升高座，辨释三教先后。以儒教为先，道教次之，佛教为后。"最早在思想理论和具体实践两方面真正从事三教合一的人，当推生活在南朝齐、梁之际的陶弘景。陶弘景信奉道教，但是并不反对儒、释两家。他的《真灵位业图》融儒家尊卑等级观念于道教诸神体系之中，将庞杂的道教神祇系统化；而他所著之《真诰》则吸收了佛教的生死轮回、业报等思想内容，平时他本人更是

---

① （南朝梁）萧子显：《南齐书》卷五十四《高逸传·顾欢传》，中华书局1972年版，第931页。
② 牟钟鉴、张践：《中国宗教通史》（修订本），社会科学文献出版社2003年版，第443—455页。

供养佛像，诵读佛经，偶遇僧人也能以礼敬之。总之，陶弘景对三教思想融合做出了很大贡献。所以当他去世时，送葬者既有道士，也不乏儒生、和尚，可见其在三教教众中的地位之高。

三教合一思想经过南北朝的发展，在隋唐之际达到一个高峰。隋朝统治者认识到，三教虽然在不同方面各有优劣，但是在维护政治统治方面却能相互配合，相得益彰，三者缺一不可。这一思想也被当时不少学者所接受。如著名学者王通在其所著《文中子》中，以孔孟儒学的"致中和"为理论出发点，认为儒、释、道三教的思想融合可以使国家、个人各得其位，各得其所，实现和谐。

当统治者发现三教合一对维护统治有利的时候，可想而知，他们定然不会允许任何人继续对三教分歧进行无限制的论争。唐太和元年（827），唐文宗召集秘书监白居易与安国寺的和尚义林、太清宫的道士杨弘元在麟德殿辩论，其结果是认为三方互有优劣，但是凡治国、修身，则三教思想缺一不可。这次辩论被白居易整理成《三教论衡》。① 实际上，唐朝统治者正是通过这一辩论，表达了自己弥合三教分歧的目的。值得注意的是，在这场辩论中，代表儒家思想的白居易颇为主动，俨然居于三教的中心位置，这恰恰体现了隋唐时期三教合一的发展趋势。自此以后，三教合一思想更加高涨，并最终形成了以儒家为主，道、释二教融入其中的发展格局。

这种格局在宋代得到了充分的发展。例如，宋人已不再把佛、菩萨当成胡神。宋神宗曾问王安石："佛，西域人，言语即异，道理何缘异？"王安石答道："臣愚以为，苟合于理，虽鬼神异趣，要无以易。"神宗表示认同。② 儒、释、道思想相互融合，不仅关注个人的成长和发展，同时也更加凸显治国平天下的治世理想。

两宋时期的儒家士人往往出入佛、老，在倡导儒家修身教化之学的同时，兼谈佛、道二教之理。如苏辙曾指出："老、佛之道，非一人之私说也，

---

① （唐）白居易著，谢思炜校注：《白居易文集校注》卷三十一《三教论衡》，中华书局2011年版，第1849—1857页。

② （宋）李焘撰：《续资治通鉴长编》卷二百三十三"神宗熙宁五年五月甲午"条，中华书局2004年版，第5660页。

自有天地而有是道矣。"① 他强调，老、佛之道与儒家之道可相互补充、并行不悖。不少僧、道为了与士大夫交往，也往往利用儒家学说，阐述宗教思想，从而推动了传统儒家文化的发展。这一过程亦使儒家得到了汲取佛、道思想的机会，能够深化其思想理论内涵，于是就有了理学的推出及其受到尊崇。而佛教则不免受到儒家"文以载道"思想的影响，不仅与儒家对谈性命、天道之理，而且也多了一种对世事的关心、热心。同时，佛教徒也往往利用道教的思想概念解释、阐发佛理。

佛教徒不少都倡导三教融合，致力于融会儒、道。继唐代的宗密、神清之后，北宋的延寿、契嵩、赞宁、智圆，南宋的克勤、宗杲等，都是三教合一的积极鼓吹者。如智圆说："尝谓三教之大，其不可遗也。行五常，正三纲，得人伦之大体，儒有焉；绝圣弃智，守雌保弱，道有焉；自因克果，反妄归真，俾千变万态，复乎心性，释有焉。吾心其病乎？三教其药乎？疾病之有三，药可废耶！吾道其鼎乎？三教其足乎？欲鼎之不覆，足可折耶！"②

同时，以前与佛教徒分歧较大的道士也开始认同并提倡三教合一。唐末五代道士杜光庭即强调"三教圣人所说各异，其理一也"③。北宋道士张伯端在《悟真篇》中明确打出了"三教合一"的旗帜，并将其贯穿于内丹修炼法则中。南宋的陈楠、白玉蟾等，都力倡三教合一。再往后，创立全真道的王重阳在《金关玉锁诀》中表达自己三教合一的思想说："三教者，不离真道也。喻曰：似一根树生三枝也。"④ 不仅如此，王重阳还亲自践行三教合一的理念。他年轻时曾留意功名，好读儒书，后来创立全真道，不但用儒家忠孝等伦理道德教导信众，而且还广泛汲取了佛教的三界、轮回之说，尤其是

---

① （宋）苏辙著，陈宏天、高秀芳点校：《苏辙集》卷十《历代论·梁武帝》，中华书局1990年版，第995页。
② （宋）释智圆：《闲居编》卷三十四《病夫传》，《卍新纂续藏经》第56册，日本东京佛书刊行社1905—1912年版，第915页。
③ （唐末五代）杜光庭：《太上老君说常清静经注》（五），《道藏》第17册，文物出版社、上海书店、天津古籍出版社1988年版，第187页。
④ （金）王重阳：《重阳真人金关玉锁诀》，《道藏》第25册，文物出版社、上海书店、天津古籍出版社1988年版，第802页。

禅宗思想。王重阳的这种做法赋予了全真道三教合一的特点。随着全真道在民间的传承、传播，三教合一的思想也在民间得到了广泛认可。可见，王重阳为全真道奠定的三教合一理念，对其不断发展、壮大是极为有益的。

重庆大足石刻造像多出现于两宋时期，这些造像很好地体现了三教合一的情况。在大足石刻中，佛教造像占大多数，但三教合一的造像也很多，或三教同凿于一窟之中，或在相邻的造像中雕刻三教合一的造像，或三教混凿于一体，而且即使是佛教造像也已为儒、道特别是儒家思想所渗透。这说明，三教合一的思想已经日渐深化、深入人心。思想领域中的这种变化，在很大程度上对政治统治、社会稳定起到了积极作用。

正是得益于隋唐到两宋统治阶级及各界人士对三教合一的提倡和认同，佛教作为外来宗教不断发挥自己的潜力，逐渐完成了中国化、本土化的进程，在与儒、道的论争中共存、共荣、共同发展。

（三）基督教在西欧的传播及其与佛教在中国的传播之比较

与佛教在中国的传播一样，在西欧日耳曼诸王国形成及封建化过程中，基督教也发挥了极其重要的作用。"中世纪是从粗野的原始状态发展而来的。它把古代文明、古代哲学、政治和法律一扫而光，以便一切都从头做起。它从没落了的古代世界承受下来的唯一事物就是基督教和一些残破不全而且失掉文明的城市"①。在当时的历史条件下，罗马天主教会就成为封建统治的巨大国际中心，甚至占据了万流归宗的地位。在西欧封建化过程中，基督教的影响是极为突出、相当显著的。教会僧侣对知识和教育的长期垄断，使神学成了维护封建统治的精神支柱。

基督教在其产生后的最初 300 年间屡遭迫害，但其发展势头却有增无减，并且越来越显示出作为一种普世宗教的优势，在社会各阶层人士中争取到了大量的信奉者和同情者，获得了较为广泛的群众基础。于是，在罗马帝国统治集团内部，也有人开始认识到基督教并非帝国的敌人或异己力量，甚至希望得到来自基督教的支持。公元 311 年，罗马皇帝君士坦丁一世

---

① 《马克思恩格斯全集》第七卷，人民出版社 1959 年版，第 400 页。

颁布《宽容敕令》，宣布基督教为合法宗教之一，臣民可以自由信奉。次年，君士坦丁在与政敌决战前夕，梦见有十字架出现在太阳之上，并声言"制此为记，汝当必胜"。依此言而行，君士坦丁在军旗上缀上十字符号，果然大获全胜。君士坦丁对基督教好感倍增。313年，他颁布著名的《米兰敕令》，宣布对于基督教及其信仰给予完全的自由。随后，君士坦丁又在一系列敕令中规定，免除基督教神职人员的赋税、兵役等义务，允许教会接受财产捐赠，禁止在基督教礼拜日工作等。这样，尽管基督教当时还没有被宣布为国教，但实际上已经获得其他宗教所没有的大量特权。375年皇帝革拉生宣布，禁止再到罗马神庙献祭，废除罗马皇帝"最高祭司"的称号。这表明，罗马统治者已经放弃了原来的国教。391年，东、西罗马皇帝共同颁布敕令，禁止一切异教崇拜，且不许到异教神庙参观。至此，基督教正式成为罗马帝国的国教，并以此为契机迅速传播和发展。

与此同时，在民族迁徙浪潮中涌入罗马帝国境内的日耳曼人不仅不服从罗马皇帝之命，而且相继在各地建立自己的王国。476年，西罗马帝国灭亡，西欧奴隶社会制度结束，新建立的日耳曼诸王国开始向封建社会转变。基督教在新的社会历史条件下继续存在，并得到较大的发展。

以"蛮族"身份登上历史舞台的日耳曼人虽然通过军事征服建立了对西欧的统治，但在精神文化特别是宗教信仰方面，却不能不深受被征服者的影响，甚至为被征服者所同化。基督文明较之日耳曼人原有的文明水平高，教会的传教活动也持续不断，卓有成效。早在日耳曼人未在西欧得势之前，基督教会对异教人士的传教工作已经展开，并收到了很好的成效。这样，利用日耳曼人取代罗马帝国的时机，基督教成为西欧社会精神生活中必不可少的组成部分。虽然原来支持它的世俗政权消失了，但凭借它在社会中依然保持的精神权威的地位，基督教重新找到了发展壮大的途径和方式，并由此走上了与日耳曼人诸政权并立共存的道路。

恩格斯指出："中世纪的历史只知道一种形式的意识形态，即宗教和神学。"[①] 可以说，日耳曼诸王国的封建化过程与基督教传播过程几乎是同步进

---

① 《马克思恩格斯选集》第四卷，人民出版社2012年版，第242页。

行的。基督教并不构成对日耳曼人政权的威胁，相反，它可以像往日对待罗马帝国一样，从精神上给新的统治者以必要的支持。于是，各日耳曼王国先后放弃了原有的宗教信仰包括作为基督教异端的阿里乌主义而皈依基督教罗马教会。作为重要的政治力量，基督教会直接参与了日耳曼诸王国的创建。在日耳曼人基督教化的过程中，法兰克人的皈依不是最早的，但对西方教会发展的影响却是最大的。5 世纪末，法兰克人在高卢境内打败罗马军队并建立王国，其首领克洛维成为墨洛温王朝的第一位君主。经过维昂教区主教的劝说，496 年，克洛维帅王国皈依罗马教会，并要求辖下各教会都要接受罗马教会领导。而罗马教会也不断宣传、颂扬甚至神化克洛维以及法兰克人的征服，从而在客观上凸显了法兰克王权的合法性，促使被征服者以及法兰克人俯首称臣，同时也帮助克洛维先后战胜与自己争雄的东、西哥特人，由一位军事首长转变为国王，并迅速建立起了强大的王国。511 年，克洛维召开奥尔良宗教会议，规定任何人不得进入教堂追捕人犯，居民必须参加教堂礼拜，而且不得在仪式结束前擅自离开。后来又进一步规定，主教有权修改法官的判决，有权处分渎职的法官；神职人员免除徭役负担；不得干预或侵占教徒临终前捐献给教会的产业；教产受国家保护，并全部免税。7 世纪初，法兰克王国制定法律时必须有全体主教参加；教会法规在任何场合、任何条件下都能生效；神职人员犯法后要由主教按教会法处理，世俗法庭无权处分。这样，在法兰克王国支持下，罗马教会的势力越来越大，并获取了不少世俗权利。由于法兰克人的影响，其他日耳曼人陆续放弃原来的民族宗教或基督教异端，皈依了罗马教会。

罗马教会制定的教会法还成为封建国家的法理依据。在西哥特国家，主教直接参与立法和草拟敕令工作。有的主教不仅主持审理宗教方面的案件，还有权对法官进行监督。在西欧各国，主教还纷纷参与到赋税的征纳工作中。更有甚者，他们在某些地区专门享有调整税制和规定臣民义务的权力。在西罗马帝国的废墟上，教会始终保持着以主教区为基本单位划分的组织系统，而这又成了日耳曼诸王国确定行政区划的重要资鉴。

基督教会的教阶制为世俗封建等级制度的形成提供了一定的理论依据和规范。自罗马帝国后期开始，基督教会参照帝国官阶体制形成了教会体制。教阶制分主教、神父、助祭三个品位，其中主教品位又分作教皇、枢机主教、大主教和一般主教等级别。按照这些等级层次，自教皇起可逐级对下行使管理权。这种依照等级制度组成的教职体系和教会管理体制，进入中世纪后逐步扩展、定型。教会指导君主们像瓜分战利品一样，将他们的土地分封给臣下。这种分封，与"蛮族"的亲兵制相结合，促进了封建土地等级所有制的形成。借助经济上的封建化和政治上的君权神授，基督教会成功地塑造了神圣化的世俗的封建国家制度。

应该说，当时的基督教会已经成了西欧封建统治的巨大国际中心。步入封建社会之初，互相利用、互相依存、政教联合是基督教会与世俗权力之间关系的主要方面，克洛维皈依基督教、教皇国的产生、查理加冕以及神圣罗马帝国的建立等历史事实，足以说明这一点。教皇的权位需要强有力的君主保护，而世俗王权也需要借助基督教的支持来巩固政治统治。当然，相比较而言，世俗权力占有的优势更为明显。例如，549年的奥尔良宗教会议，就正式承认过法兰克国王拥有任命主教的权力。

10世纪前后的西欧，封建割据势力鼎盛，王权渐趋软弱。乘此机会，教会攫取了大量土地和财富，成了大封建领主。教会所属庄园不但生产粮食，还经营森林、牧场、磨坊，从事酿酒、制盐、海陆运输、抵押、放债等活动，利用大小什一税的征收和圣职买卖、赎罪券、诉讼费等名目聚敛钱财，积累了大量财富。罗马教廷每年的收入甚至比西欧诸国国王年收入的总和还要多。

经济实力的增加，也催生了教会更大的政治野心。教会一直试图使神权超越于王权之上，大力宣扬"教权至上"，并在12世纪上半叶附会出"两把刀子"之说。《新约·路加福音》中有耶稣让门徒预备两把刀子的一段话，他们将其意说成是神权和王权都属于教会，教会只是把政权这把刀子暂时交给国王，因此王权来自教权。按照此说，君主的世俗权力只有在教皇的命令下才能行使。罗马教廷是十字军东侵的发动者和组织者。当教皇英诺森三世在位时，罗马教廷进入全盛时期，成了主宰西欧的巨大力量，居于至高无上的地位。

罗马教廷试图建立一个由天主教会主宰一切的世界，阻碍了西欧各国的统一和民族国家的形成，也严重阻碍了西欧社会经济的发展，是不得人心的。所以，教皇的野心不可能真正实现。14世纪，经过"阿维农之囚"事件，世俗君主开始逐渐控制本国教会，神权也由盛转衰了。

综上所述，不难看出，佛教在中国，基督教在西欧，其早期传播和发展，特别是对不同民族政权合法化、合理性的认同，颇有利于缓和民族矛盾、巩固封建国家政权。与佛教在中国的传播一样，基督教的早期发展也主要围绕政权中心而展开，而与佛教传播主要的不同之处在于，基督教将神权世俗化，将王权神圣化，这与西欧经济上的封建化过程同步，而佛教在中国始终处于皇权之下，即使是"沙门不敬王者"，也只是一种礼仪形式层面上的问题，因为它强调的还是要为最高统治者、为现实政治服务。而基督教会的教权或者说神权则一度超越于世俗王权之上，有政教合一之趋势，只是这种状况并未能持续下来而已。

（四）结语

公元4至13世纪，中国处在东晋、南北朝、隋唐五代和两宋时期，中国以外的世界则有阿拉伯帝国兴起，欧洲民族国家的建立和早期发展，基督教的进一步传播和盛行，等等。具体而言，在中国，来自北部、西部的少数民族此时纷纷进入中原地区，并且大都建立起割据政权。这些政权在初期往往保留着原有的部落组织和语言习俗，相较而言，他们的社会发展水平要比中原落后得多。但进入中原地区后，与汉族长期错居，彼此联系日益密切，相互交往交流交融日益频繁。所以，许多有作为的少数民族统治者为了维系自己的统治，此时开始主动地学习、接受中原文化，并身体力行，有意识地推动本民族的汉化过程，而这也正是其民族发展的封建化历程。这样，虽然少数民族与汉民族的冲突、战争时有发生，但民族融合的趋势已经出现，并最终成为这个时代的主要趋势。当然，由于同处民族大迁徙、大杂居的历史环境，汉民族也深受少数民族文化的影响。也就是说，在民族交融的大潮下，汉化与胡化是一个双向互动的过程，少数民族汉化的同时，汉族也在不断吸收、借鉴少数民族的文化成果，这在文学、艺术、服装、语言、音乐等诸多文化领域有着显著表现。与此同时，作为外来宗教的佛教也在这个时期得到了广泛的传播,并逐渐形成了本土化、中国化的发展方向。之后的数百年里,佛教与儒学、道教之间从相争到相互融会、逐渐合流,虽然有诸如夷夏论争这样的因素长期存在,但佛教在统一多民族国家的发展过程中所起的积极作用却是不能忽视的。另外,中国古代汉化与胡化的双向互动、佛教在中国的传播和发展及其影响,又与欧洲的蛮族入侵、基督教在欧洲的传播和发展有一定的相似之处。同样是原始落后的民族在文明程度较高的文化影响下开始了封建化进程,不同的是,欧洲没有出现类似于中国那样明显的民族认同;早期基督教也与中国的佛教一样对缓和民族矛盾、巩固封建国家政权起了积极作用,不同的是基督教会的教权或者说神权一度凌驾于世俗王权之上。由此可见,这一时期,中国历史文化认同在继续扩大,统一多民族国家又有了新的发展。

四、面临挑战的"天下一家"思想与中华民族意识的演进

"天下一家"思想早在秦汉以后就已产生,后又不断深化、发展、丰富和普及,是历史文化认同与统一多民族国家形成及发展之间互动关系的集中体现和思想结晶。在统一多民族国家形成与发展的进程中,历史文化认同起到了极重要的作用。一方面,在严格意义上的统一国家尚未形成之前,历史文化认同就已经萌芽了;另一方面,在统一多民族国家的发展进程中,历史文化认同在深度和广度上得以加强并在相继的历史时期不断演进。"天下一家"思想是文化统一与政治统一紧密结合、相互促进的集中体现。从先秦到明清,"天下一家"思想得以不断发展与演进,体现为历史的、动态的过程,特别是进入清代前中期,"天下一家"思想面临着严峻的挑战,最终在新的层面上实现了演进和嬗变。

17世纪中叶至19世纪中叶,大致从顺治元年(1644)清军入关至道光二十年(1840)鸦片战争爆发,是中国历史上最后一个封建王朝清代的前中期。这一时期多民族统一国家的发展走向兴盛与巩固,同时由于受到西方势力的东侵、自身统治的腐朽而日渐衰老。在这一历史背景下,清代统治者对

内要确立正统、维护统治，对外要应对日益突变的世界形势和西方势力的侵入，"天下一家"思想面临着来自内在和外在两大层面的挑战。

（一）内在挑战：在历史文化的认同与民族交融中实现内向的统一

建立清朝的满洲人，其先人是东北地区的女真部落，历史可以追溯到先秦两汉时期，到努尔哈赤时期迅速崛起。公元1616年，努尔哈赤建国称汗，创立后金政权，并发动反明的战争。1626年努尔哈赤去世后，皇太极即汗位。公元1636年，皇太极改称皇帝，改元崇德，改族名为满洲，国号清。从此，一个以满族为主体，包括了汉族、蒙古族以及东北地区其他民族在内的大清政权与明朝形成对峙之势。公元1644年，清军入关，定都北京。清朝统治者在取得全国政权之后，采取了一系列旨在确立正统、维护统治的措施，推动了统一多民族国家的进一步发展与巩固，"天下一家"思想也获得了深化与新的诠释。

1. 清代统治者在确立正统方面进行了积极的思想理论探讨与有效的社会政治实践

纵观中国历史，一个少数民族进入中原建立起全国性统一政权时，往往会引发部分人们狭隘的种族排斥情绪，他们总会标榜所谓"夷夏之防""夷夏之辨"，来反对少数民族进入中原取得政权这一既成事实的合法性，在正统的层面上提出质疑。针对这种情况，进入中原的少数民族统治者则以较为宽阔的胸怀与统摄天下的视域在思想方面进行探讨和回应，"天下一统""华夷一家"的提出无不显示出统治者在文化统一方面的决心和努力。清朝统治者在这一问题上更是如此。

清朝入关前，汉化进程一直在进行着，其汉文化水平已经达到了较高的程度，入关后这种进程得以迅速发展。"满汉一家"就是清朝统治者大力推行的一项政策，具体表现在汉族官员的提拔任用、绿营设立、满汉通婚等方面。特别是满汉通婚，清朝统治者更是极力倡行"方今天下一家，满汉官民，皆朕赤子，欲其各相亲睦，莫如缔结婚姻"①。这是清朝统治者应对各种

---

① 徐珂编撰：《清稗类钞》第五册《婚姻类·满蒙汉通婚》，中华书局1984年版，第1988页。

挑战所采取的促进民族交融的一项具体措施,从而使"天下一家"思想在姻亲层面上冲破了夷夏之防的禁锢。当血缘联系结合在一起的时候,夷夏之间的差别不应再用种族标准来衡量,而应立足于姻亲血缘联系存异求同,弱化种族差异和情绪,强化历史文化认同。这一措施和其他政策紧密配合,有效地促进了清朝政治建设和民族交往交流交融的迅速发展。

　　在清初统治者中,顺治帝是一位汉化程度很高的君主,这在其推行的文化政策及其个人修养方面体现得十分明显。文化政策方面,他曾亲祀孔子,并说:"圣人之道,如日中天,讲究服膺,用资治理。尔师生其勉之!"① 他大力支持经史书籍的编纂与翻译,曾说:"今天下渐定,朕将兴文教、崇经术以开太平,尔部即传谕直省学臣,训督士子,凡经学道德经济典故诸书,务须研求淹贯,博古通今。"② 他通过敕封关羽"忠义神武关圣大帝"、追谥崇祯"庄烈愍皇帝"等措施来竭力倡导忠孝节义,还"命诸王宗室内有孝友义顺及守节贞烈者,宗人府核实具奏,礼部照例旌表"③,切实在满人内部倡行忠孝思想。个人修养方面,顺治帝自幼熟读了大量汉文典籍,对于中国历史文化有着较为深刻的理解。如"问汉高祖、文帝、光武及唐太宗、宋太祖、明太祖孰优。陈名夏对曰:'唐太宗似过之。'上曰:'不然,明太祖立法可垂永久,历代之君皆不及也。'"④ 他通过对历代君主的比较,进而推崇前朝之君的为政之策、治国之法。顺治帝重视文教、昌明经术的一些具体举措表明,他对历代治国之道具有一定的通识和明鉴。而顺治帝遗诏的颁行则最能说明其受中原传统文化影响的程度。

　　顺治十八年(1661)正月初八,顺治帝遗诏颁行天下,其中述及自己14则罪名。通观这些罪名可以看出,顺治帝仍旧持有相当程度的满族民族观念。"朕以凉德,承嗣丕基,十八年于兹矣。自亲政以来,纪纲法度,用

---

① (清)允裪等纂,杨一凡、宋北平主编:《大清会典·乾隆朝》卷二十五《视学》,凤凰出版社2018年版,第117页。
② 《世祖章皇帝实录》卷九十"顺治十二年三月壬子"条,《清实录》第三册,中华书局1985年影印本,第712页。
③ 《世祖章皇帝实录》卷七十"顺治九年十一月甲申"条,《清实录》第三册,中华书局1985年影印本,第550页。
④ (清)赵尔巽等:《清史稿》卷五《世祖本纪二》,中华书局1977年版,第132页。

人行政，不能仰法太祖、太宗谟烈，因循悠忽，苟且目前。且渐习汉俗，于淳朴旧制，日有更张。以致国治未臻，民生未遂，是朕之罪一也"①；"满洲诸臣，或历世竭忠，或累年效力，宜加倚托，尽厥猷为。朕不能信任，有才莫展，且明季失国，多由偏用文臣。朕不以为戒，委任汉官。即部院印信，间亦令汉官掌管。致满臣无心任事，精力懈弛。是朕之罪一也"②。这两条罪状主要在于"渐习汉俗"和"委任汉官"。然而，从"天下一家，满汉官民，皆朕赤子"的角度来看，这两条罪状不但不是罪过，反而应是功绩，为什么顺治帝临终时对自己的功绩作了反悔和否定呢？从"天下一家"思想演进方面来考虑，可知以顺治帝为代表的清初统治者在积极融入中原历史文化传统的同时，也在反思如何保持本民族独立性与在新形势下谋求发展以及为本民族历史定位等问题，一旦汉化进程加快且程度过高，民族情绪和危机意识也会相应地增强，而针对中国历史文化传统和民族融合出现的抵制、反对甚至斗争的情况便会时有发生，这在"天下一家"思想的演进过程中是不可避免的，反映了历史的辩证法则。

除上述两条之外，还有12条罪状，主要涉及孝亲人伦、君臣大义、国事管理诸多方面，其中顺治帝反省自身于父母未尽孝、于兄弟族人未达悌、于臣子未善君道、于己未能温柔敦厚，还有人员失察、耗费国库、大兴宫殿、厚葬逾礼等具体过失。应该说，如此直白而深刻的反省无不反映了儒家传统文化思想对顺治帝产生的深刻影响。

由此看来，两条明显反映民族情绪的罪状和12条从各个方面反映了对中原固有历史文化传统认同的罪状，共同构成了一份很有意味的罪己诏，较为凝缩地反映了"天下一家"思想在清初演进过程中所面临挑战的真实情况，也呈现出一个必然的发展趋势，即要确立正统、维护统治就必须将自身融入中国历史文化的传统中，只有在文化认同的前提下才能真正取得一统天下的合法性，才会为天下人所接受、所拥戴。

顺治帝之后，康熙帝对历史文化传统进一步加强了宣传和实践。就个人

---

① （清）赵尔巽等：《清史稿》卷五《世祖本纪二》，中华书局1977年版，第161—162页。
② （清）赵尔巽等：《清史稿》卷五《世祖本纪二》，中华书局1977年版，第162页。

而言，康熙帝自幼熟读传统经典，一生都在学习传统文化和儒家经典，而且相当勤勉。就推行的文化政策而言，康熙帝大力推崇程朱理学，将其置于官学地位，还组织人员编纂了大量相关的理学典籍、对理学在社会上的广泛传播起到了很大的导向作用。当时来华的法国传教士白晋将康熙视为"中国儒教的教祖"，可见康熙帝在推广中国传统文化中所起到的作用与产生的影响。康熙帝所采取的一系列尊崇传统文化的措施旨在强化人们的传统伦理观，有利于消弭民族对立情绪、稳定社会秩序。从文化的角度来讲，清朝统治者已经开始主动地、自觉地将自己融入历史文化的传统中了，这也表明夷夏之别在对传统文化的认同中趋向消解，"天下一家"思想渐成为人们的共识。

对"天下一家"思想进行较为具体、全面诠释的是雍正帝及其《大义觉迷录》。雍正时期，反清复明的思想和活动在民众间依然较为普遍，为钳制思想、维护正统，雍正帝一方面大兴文字狱，一方面针对人们的华夷观念，大力批驳。此举有一个特殊的意义，即"天下一家"思想得到了空前的宣扬，从一定程度上讲，这一思想也得以具体地实践。在《大义觉迷录》中，雍正帝与曾静的辩论以"夷夏"问题最为鲜明、最具有代表性。曾静在宣扬以汉族为正统的民族思想时往往斥清廷为夷狄，如言"明君失德，中原陆沉，夷狄乘虚入我中国，窃据神器"，甚至说"夷狄异类，譬如禽兽"。①雍正帝则予以有力的回应并进行了详细的论证，其中"德足以君天下"的观念和对华夷关系的认识具有较高的理论价值，在当时堪称进步思想的代表。雍正帝于《大义觉迷录》开篇即言："盖生民之道，惟有德者可为天下君。此天下一家，万物一体，自古迄今，万世不易之常经"；"《书》曰：'皇天无亲，惟德是辅。'盖德足以君天下，则天锡佑之以为天下君。未闻不以德为感孚，而第择其为何地之人而辅之之理。又曰：'抚我则后，虐我则仇。'此民心向背之至情，未闻亿兆之归心，有不论德而但择地之理。又曰：'顺天者昌，逆天者亡。'惟有德者乃能顺天，天之所与又岂因何地之人而有所区别乎！"②雍正帝明确提出，获得天下取决于民心向背与德，而非地域之

---

① （清）雍正帝：《大义觉迷录》卷一，《清史资料》第4辑，第20—21页。
② （清）雍正帝：《大义觉迷录》卷一，《清史资料》第4辑，第3—4页。

别，这一思想同先秦时期特别是周人的"敬天保民""天下一家"思想具有一致性，"体现的是以德作为核心的天下一家的理性"①，是对古老历史文化传统的高度认同。他进而斥责曾静等人"不知君臣之大义"，"今逆贼等于天下一统、华夷一家之时，而妄判中外，谬生忿戾，岂非逆天悖理，无父无君！"② 雍正帝进而阐述了对夷夏关系的认识，大致分为三个方面：一是清朝的发祥。"我朝发祥之始，天生圣人，起于长白山，积德累功……迨太宗文皇帝继位践祚……为诸国之共主。"对于这一历史认识，他用舜和文王的例子来比附：且夷狄之名，本朝所不讳。"《孟子》云：'舜，东夷之人也；文王，西夷之人也。'本其所生而言，犹今人之籍贯耳。"③ "本朝之为满洲，犹中国之有籍贯。舜为东夷之人，文王为西夷之人，曾何损于圣德乎！"④ 这就是说，清朝的发祥同古代圣王的兴起是相似的，由于秉有圣德的缘故，他指出，曾静等人"妄生此疆彼界之私"以为夷夏之防的依据，是站不住脚的。二是夷夏观的历史变化。雍正帝说"自古中国一统之世，幅员不能广远，其中有不向化者，则斥之为夷狄。如三代以上之有苗、荆楚、猃狁，即今湖南、湖北、山西之地也。在今日而目为夷狄可乎？至于汉、唐、宋全盛之时，北狄、西戎世为边患，从未能臣服而有其他，是以有此疆彼界之分。自我朝入主中土，君临天下，并蒙古极边诸部落俱归版图，是中国之疆土开拓广远，乃中国臣民之大幸，何得尚有华夷中外之分论哉！"⑤ 这就从历史发展的角度具体分析了古今夷夏关系，认为古之夷狄可以变为今之华夏，而到了清朝，随着中国疆土的开拓广远，昔日之夷夏皆为今日之中国，不再有华夷中外之分了。三是清朝取得天下的史实和依据。其言"本朝之得天下，较之成汤之放桀、周武之伐纣，更为名正而言顺。况本朝并非取天下于明也"。"世祖章皇帝驾入京师，安辑畿辅，亿万苍生咸获再生之幸，而

---

① 刘家和：《史学、经学与思想：在世界史背景下对中国古代史历史文化的思考》，北京师范大学出版社 2005 年版，第 311 页。
② （清）雍正帝：《大义觉迷录》卷一，《清史资料》第 4 辑，第 4—5 页。
③ （清）雍正帝：《大义觉迷录》卷一，《清史资料》第 4 辑，第 20—22 页。
④ （清）雍正帝：《大义觉迷录》卷一，《清史资料》第 4 辑，第 4 页。
⑤ （清）雍正帝：《大义觉迷录》卷一，《清史资料》第 4 辑，第 4—5 页。

崇祯皇帝始得以礼殡葬。此本朝之为明报怨雪耻，大有造于明者也"。"本朝之得天下，非徒事兵力也……实道德感孚，为皇天眷顾，民心率从，天与人归"①。在雍正帝看来，哪里有什么夷狄入主中原、夷狄代华夏的问题，清朝取得天下是"应天顺时"，与历史上的商代夏、周代商是相同的。很明显，对历史文化传统的认同，为清取得天下、确立正统提供了坚实的依据与支持。雍正帝授意编撰的《大义觉迷录》是一个宣言，其中"天下一家"是主导思想，雍正帝的一些经典论说有力地反驳了"夷夏之防"的理论，同时表明清朝统治者已经完全意识到谋求正统之路不仅要实现政治上的一统，更需要在文化上进一步加强认同。而且，清朝统治者已经认为自己是中国历史文化传统的传承者，并开始担当起文化统一与政治统一的双重历史责任了。

到乾隆时期，"天下一家"思想得到了进一步的巩固和发展，主要表现为乾隆帝"中华正统"论的提出。他在《命馆臣录存杨维桢正统辨谕》中声言："《春秋》大一统之义，尊王黜霸，所以立万世之纲常，使名正言顺，出于天命人心之正。紫阳《纲目》，义在正统，是以始皇之廿六年秦始继周，汉始于高帝之五年而不始于秦降之岁，三国不以魏吴之强夺汉统之正，《春秋》之义然也"。"夫正统者，继前统，受新命也。东晋以后，宋、齐、梁、陈虽江左偏安，而所承者晋之正统，其时若拓跋魏氏，地大势强，北齐、北周继之亦较南朝为盛，而中华正统，不得不属之宋、齐、梁、陈者，其所承之统正也。至隋则平陈以后，混一区宇，始得为大一统。即唐之末季，藩镇扰乱，自朱温以讫郭威等，或起自寇窃，或身为叛臣，五十余年之间更易数姓，甚且称臣、称侄于契丹。然中国统绪相承，宋以前亦不得不以正统属之梁、唐、晋、汉、周也。至于宋南渡后，偏处临安，其时辽金元相继起于北边，奄有河北，宋虽称侄于金，而其所承者究仍北宋之正统，辽、金不得攘而有之。至元世祖平宋，始有宋统当绝、我统当续之语，则统绪之正，元世祖已知之稔矣。我皇祖御批《通鉴》及朕向所批《通鉴辑览》俱以此论定。盖《春秋》大义、《纲目》大法实万世不易之准。我朝为明复仇讨贼，定鼎

---

① （清）雍正帝：《大义觉迷录》卷一，《清史资料》第4辑，第20—22页。

中原，合一海宇，为自古得天下最正。"① 乾隆帝历数中国历史上朝代更替，对于各个政权的正统性作了梳理和评价，其依据是《春秋》大一统理论，在于这一标准符合"天命人心之正"。他认为只要在中华范围内，能够秉承大一统思想，继前统而受新命的朝代就是正统。在中华正统这一范围里，没有汉族与少数民族之别，更无夷夏之分，在"天下一家"中，每个民族都是中华一员，任何一个谋求中华大一统的政权都有获得正统资格的机会。可知，随着乾隆帝"中华正统"论的提出，所谓华夷都已被视为中华的一员，人们讨论的不再是华夷在种族、地域上的差别，而是在中国历史文化认同的前提下确立正统的标准和资格问题了。

纵观清朝前中期诸帝在确立正统方面的理论、思想探讨和努力，可知清朝诸帝对"天下一家"思想的理解和诠释存在一个紧密递承的演进过程，特别是围绕夷夏关系问题，清朝诸帝逐步形成了一种共识，即夷夏之辨在文化而不在种族，进而消解夷夏之分，当文化的统一与政治的统一实现高度一致时，所谓的"天下一家"不再有夷或夏，而是整个中华一家。因此，我们可以说在清前中期"天下一家"的演进过程中，清朝诸帝起到了积极的推动作用，中国各民族整体意识得以逐步发展和加强。

2. 清代统治者稳定和维护了全国统一的政治局面，推动了统一多民族国家的发展和巩固

中国历史文化认同的发展和强化，需要坚实的物质基础，并与政治统一紧密相关。经过清初几代统治者的努力，经过平定"三藩"、统一台湾、平定准乱、治理西藏等，中国进一步实现了政治上的大一统，这为新形势下"天下一家"思想的实践提供了现实的条件。

公元1644年，清兵入关，曾传谕明朝吏民："义师为尔复君父仇，非杀尔百姓，今所诛者惟闯贼。吏来归，复其位；民来归，复其业。师行以律，必不汝害。"② 这当然包含着把矛头指向李自成起义而转移人们的政治视角的

---

① （清）乾隆帝：《御制文二集》卷八，《清代诗文集汇编》第330册，上海古籍出版社2010年版，第331—332页。

② （清）赵尔巽等撰：《清史稿》卷二百三十二《范文程传》，中华书局1977年版，第9352页。

意图。定都北京后，清廷为崇祯帝隆重治丧，在制度建设上基本沿袭了明制。中央沿置三院（顺治十五年改为内阁）八衙门，地方沿置总督、巡抚、知府、知州、知县等职。沿袭明制有利于国家初期政权的稳定，清朝统治者从此站稳了脚跟，着手统一全国的大业。

从顺治朝到康熙朝初期，平西王吴三桂镇守云贵，平南王尚之信（其父尚可喜）镇守广东，靖南王耿精忠（其父耿继茂、祖父耿仲明）镇守福建，是清廷分封的三个藩王。在清军入关、剿灭农民军、平定南明朝廷的过程中，他们都为清廷立下过汗马功劳，但当全国局势趋向统一，"三藩"盘踞一方，拥兵自重，形成割据之势。随着形势的发展，清廷撤藩之举势在必行。公元1673年，平南王尚可喜上书告老，康熙帝趁势决议裁撤"三藩"。次年，吴三桂举兵反清。此后，耿精忠、尚之信相继起兵响应，"三藩"之乱爆发。与此同时，许多明朝旧将纷纷反叛，台湾的郑经也乘势进犯福建、广东沿海。在"三藩"之乱的初期，以吴三桂为主的叛军攻占了长江以南大部分地区。康熙帝面对严峻的形势，一方面采用怀柔的手段稳定西北局势并招抚耿精忠、尚之信诸部，一方面集中军事力量围剿吴三桂。1678年，清军收复湖南部分地区，从此控制了吴三桂的外围局势。是年三月，吴三桂在湖南衡州称帝，八月便病死了，其孙吴世璠即位。不久吴军在湖南战场失利，溃退云、贵。1680年，清军平定四川，进而挺进云、贵。次年，困守昆明的吴世璠自杀。"三藩"之乱得以彻底平定，基本上解除了中国西南地区割据的隐患，为清廷进一步实现全国统一奠定了坚实基础。

公元1662年，郑成功从荷兰殖民者手中收复台湾，从而与清廷形成对峙之势。到康熙时期，内地一些问题相继解决，台湾统一的问题逐步提上日程。郑成功病逝后，清廷多次采用招抚手法希望政治上和平解决台湾问题，但郑经首鼠两端，出尔反尔，清廷逐渐坚定了武力统一台湾的决心。"三藩"之乱中，郑经与耿精忠相约为援，先后攻入福建、广东沿海等地。1676年清军击退福建郑军，郑军退守金、厦。1680年，清军攻占金、厦。次年，郑经暴毙，台湾郑氏内部争斗愈演愈烈。是年，"三藩"之乱基本平息，乘势解决台湾问题的时机已经到来。1683年，清军福建水师提督施琅率军在澎湖与郑军决战，打败了郑军主力。接着清军进驻台湾，清廷实现了对台湾的统一，从而加强了中国东南沿海的国防及中央集权的统治，对清朝统治者实现全国大一统具有战略性的意义。

自明代以来，蒙古族散居在中国长城以北地区，其中厄鲁特蒙古的准噶尔部势力日渐强盛。清初，噶尔丹成为准噶尔部领袖，此后逐步统一厄鲁特诸部，进而勾结沙皇俄国，进攻喀尔喀蒙古，企图在长城以北地区建立大蒙古国，严重威胁到西北地区的安定和清廷的统治。公元1690年，噶尔丹率军南下，侵入科尔沁草原、乌珠穆沁盆地一带。清廷派出三路大军进行围剿。七月，噶尔丹军占领距北京仅700里的乌兰布通峰。八月，清军大败噶尔丹军。噶尔丹溃败后又重新集结军队，图谋再犯。康熙帝先后于1695至1697年三次亲征噶尔丹，彻底平定了准部叛乱。清廷平定准部之后，在西北及边疆地区相继平息了一系列叛乱，并进一步统一了回疆。经过多年的努力与经营，彻底粉碎了分裂分子分裂中国西北的野心与活动，有力地维护了中国西北及边疆地区的稳定，加强与巩固了多民族国家的统一。

清朝入关前后，十分重视西藏问题。在不断加强联系的过程中逐步确立了中央对西藏的管辖地位。公元1655年，顺治帝册封五世达赖喇嘛为"西天大善自在佛所领天下释教普通瓦赤怛喇喇达赖喇嘛"，册封顾实汗为"遵行文义敏慧顾实汗"，西藏明确隶属中央辖治，并确立了"以蒙治藏"的统治方针。康熙时期，清廷一方面承认达赖喇嘛和班禅的宗教领袖地位，一方面依靠西藏贵族实行四噶伦联合执政。雍正时期，清廷设立驻藏大臣衙门，委派两位驻藏大臣协助噶伦执政。乾隆时期，随着准噶尔部问题的基本解决，清廷着手对西藏的统治进行重大政治改革。1750年，清廷废除藏王，在驻藏大臣和达赖喇嘛下分设四噶伦，设立噶厦机构，实现了政教合一。乾隆时期，清廷先后平息了珠尔墨特那木扎勒叛乱，击退了廓尔喀（尼泊尔）人对西藏的入侵，多次挫败英国对西藏的渗透活动，并于1793年正式颁布了《钦定西藏章程》，在官员选用、藏军拣放、外交权宜、宗教司法、财政贸易等方面加强了驻藏大臣的职权，同时创设"金瓶掣签"制度，对达赖喇嘛和班禅转世制度进行了详细规定，从而加强了清廷对西藏在政治上的管理和宗教上的统治，中央与地方的关系愈加紧密了。西藏问题的妥善处理，促进了西藏地区政治、经济的全面发展，推动了统一多民族国家的进一步发展和巩固。

　　除了上述几个主要方面外，清廷还为安定西南少数民族地区、辖治蒙古地区做出了积极努力。总的看来，经过清前中期几代统治者的努力与经营，清代统治者逐步实现了全国性的统一，加强了边疆的开发和巩固，进而开创了前所未有的统一多民族国家的新格局。从政治统一角度来看，清代中华大一统的形成最显著的一个特点就是统一疆域的形成，西起巴尔喀什湖以东以南和帕米尔高原，东至日本海、渤海、黄海、东海、库页岛、台湾及其附属岛屿，北抵戈尔诺阿尔泰、萨彦岭、外兴安岭至鄂霍次克海，南到南沙群岛的曾母暗沙，西南达喜马拉雅山脉。中国国家疆域观念的逐渐形成，使得"天下一家"思想中开始萌生了明确的近代意义上的国家疆域观念，即陆地面积达1300多万平方公里的中国疆域，从而为近现代中国国家观念及中华民族整体意识的形成与加强奠定了坚实的基础。

　　总之，从清代统治者在文化统一和政治统一两方面的努力来看，清朝统治者所倡导的"天下一家"思想较好地消融了清代前中期的民族对立情绪，继承并深化了中国历史文化认同的传统，促进了中国各民族间的交往交流交融。客观地讲，清朝统治者为统一多民族国家的巩固和发展贡献了积极力量。当然，我们也应注意到，在"天下一家"思想面对各种挑战时，清朝统治者所采取的相应政策和措施是具有温和与残酷两面性的，所产生的影响也有积极与消极之分。我们这里讨论的，是其主流方面。

（二）外在挑战：在西方势力东侵下中华民族整体意识的演进

1. 西方殖民势力的东侵

　　从17世纪中叶到19世纪中叶，世界形势发生了巨大变化，主要表现为西方相继发生了资产阶级革命，从封建时代进入资本主义时代；而东方诸国逐步走向衰落，特别是中国在缓慢发展中逐渐落后于西方。在这种世界背景下，西方势力以前所未有的速度和规模加大了海外殖民扩张，加快了东侵的步伐。

　　从17世纪起，中国开始面临西方殖民主义的侵扰。随着西方殖民主义不断扩张，世界局势发生了全新的变化，中国传统的"天下一家"思想在冲击与挑战中逐渐走向嬗变，中国各民族整体意识空前加强。促使"天下一家"思想嬗变的因素有很多，其中西方势力对中国的侵扰与中国的对外贸易政策，对其有着较大的影响。这一时期西方势力对中国的渗透和侵扰主要表现在两个方面：

一是天主教传教士来华及外国使团来访。明末清初，就有西方传教士来华，如利玛窦、汤若望、南怀仁等，他们一方面为中国介绍、引进了一些先进科学知识、增进了中西文化的交流，一方面则以传播福音为名搜集中国的政治、经济、军事、地理等情况和信息，特别是到了清代中期，传教活动往往有着西方殖民扩张的背景，成为西方势力向中国渗透的工具。而外国使团的来访，往往成为西方势力在中国谋求殖民扩张的前哨，对清代统治者"天朝上国"的思想观念产生了一定程度的触动，也引起了国人对外国势力入侵的警惕。

公元 1792 年，英国派出以马戛尔尼为首的使团来华。马戛尔尼向乾隆帝提出了六点要求："第一，请中国允许英国商船在珠（舟）山、宁波、天津等处登岸，经营商业。第二，请中国按照从前俄国商人在中国通商之例，允许英国商人在北京设一洋行，买卖货物。第三，请于珠山附近划一未经设防之小岛，归英国商人使用，以便英国商船到彼即行收藏，存放一切货物，且可居住商人。第四，请于广州附近得一同样之权利，且听英国商人自由往来，不加禁止。第五，凡英国商货，自澳门运往广州者，请特别优待，赐予免税；如不能尽免，请依一千七百八十二年之税律，从宽减税。第六，请允许英国商船，按照中国所定之税率切实上税，不在税率之外另行征收。且请将中国所定税率录赐一份，以便遵行。"① 针对马戛尔尼提出的无理要求，清廷一一作了回复：第一，英国使臣要求到浙江宁波、珠（舟）山、天津、广东地方收泊交易一节，皆不可行。因西洋各国来华贸易俱在澳门，那里设有洋行并有通事，而他处皆无法交易。第二，英使要求如俄罗斯在京城设立货行，亦不可行。京城一向不准外国设行，俄罗斯设行只是在《中俄恰克

---

① [英] 马戛尔尼：《1793 乾隆英使觐见记》中卷，刘半农译，林廷清解读，天津人民出版社 2006 年版，第 155—156 页。

图条约》订立之前的权宜之计。第三，英使要求舟山附近小岛一处以便停歇、储货尤不便准行，一是"天朝"疆土各有专属；二是此处既无银行，又无法交易。第四，英使要求在广州拨给一处居处，或可自由出入广州。仍照旧例不能更改，即西洋人可居住澳门，俱不得越过划定地界。第五，英使要求自澳门运往广东的货物不上税，或少上税亦不能行。外商交易纳税皆有定例，不能因为你国船多就少收或多收。第六，英国此次船只是否按例上税，因为他处海口不设立交易。此次英国船只虽停泊舟山、天津，亦应按粤海关税则纳税。第七，不得在华妄行传教。乾隆帝又进一步反驳道："天朝尺土俱归版籍，疆址森然。即岛屿沙洲，亦必划界分疆，各有专属。况外夷向化天朝交易货物者，亦不仅尔英吉利一国，若别国纷纷效尤，恳请赏给地方居住买卖之人，岂能各应所求？且天朝亦无此体制，此事尤不便准行。"①

马戛尔尼率使团来访，意在促成英国获得在中国几处口岸更为便利的通商权利，但所列六点要求明显违反了平等原则，其中"请于珠（舟）山附近划一未经设防之小岛，归英国商人使用……且可居住商人"及"请于广州附近得一同样之权利，且听英国商人自由往来，不加禁止"条，名为便利商业贸易，实为谋求一块殖民地，以期作为日后在中国进行殖民扩张的跳板。乾隆帝发觉了马戛尔尼的野心，予以拒绝，其言"天朝尺土俱归版籍，疆址森然"云云，体现了明确的国家领土主权意识。

二是对边疆沿海的侵扰。西方势力对中国的侵扰主要表现在对边疆地区的渗透侵略和对海疆的滋扰方面。1791 年，廓尔喀入侵西藏，英属印度总督康沃利斯派柯克帕特里使团到加德满都，借援助之名意图控制廓尔喀，进而入侵西藏，但未得逞。清代早期，北方沙俄不断入侵中国黑龙江流域，其扩张与侵略的野心与日俱增，严重威胁着中国北部边疆的领土主权和地区稳定。清廷予以多次有力反击。公元 1689 年中俄《尼布楚条约》正式签署，清廷收回了沙俄侵占的部分领土，阻止了其对黑龙江流域的进一步入侵。条

---

① （清）王之春撰，赵春晨点校：《清朝柔远记》卷六《癸丑　乾隆五十八年（公元一七九三年）》，中华书局 1989 年版，第 143 页。

约相关内容表明,清廷在国家边界问题上有着较为清醒的认识,从而确保了国家领土主权的完整。随着西方资本主义势力在亚洲地区的殖民扩张,中国沿海地区也不断受到滋扰。乾隆时期,英国兵船就经常在东南沿海一带劫掠各国商船,清廷予以严重警告:"倘仍冥顽不灵,不守天朝规矩,此后敢有一天在我天朝地方犯我法度,扰我客商,骚动我一草一木,不论公班、港脚、夷船,本部院总要按照大皇帝功令,连大班人等同本犯一并严拿,分别从重究治,不稍宽贷。"① 此类事情到嘉庆时期愈发频繁,程度愈加严重。如1808年英国海军少将度路利借防备法国侵占澳门为由,强行在澳门登陆,后又进入虎门。嘉庆帝下谕警告曰:"若再有延挨,不遵法度,则不但目前停止开舱,一面即当封禁进澳水路,绝尔粮食,并当调集大兵,前来围捕,尔等后悔无及。"② 度路利无奈,退出澳门。面对此类滋扰,清廷一般都会发出警告,并停止与英国商人的贸易。这样的处理方式,可以解决一时的侵扰事件,却难以防患于长久,也影响了中英两国之间正常的贸易往来。

随着英国侵扰行为程度不断加重,深感忧虑的清廷逐渐加强了海防。嘉庆帝曾下谕:"各将水师炮械,勤加训练,并留心察探。此后如有英吉利国夷船驶近海口,即行驱逐,并不许寄椗停泊,亦不准其一人上岸。倘该夷船不遵约束,竟有抢掠情事,即痛加剿杀,或用炮击,不可稍存姑息。"③ 这说明,当时海防的意识明显加强了。

这一时期,中国的对外贸易政策,也在一定程度上反映出防范西方殖民势力入侵的努力。清廷的对外贸易政策一向是开放的,特别是对邻国朝鲜、日本以及南洋群岛、东南亚国家是平等与和平的贸易,有着良好的传统。但面对西方殖民主义的"开放贸易"时,清廷出于防范西方殖民主义入侵的目的,采取了禁海闭关锁国的政策:一是对商人出海贸易的禁止和限制,二是对通商口岸的停闭和限制,三是对出口商品的禁止和限制。清廷对

---

① 许地山编:《达衷集》,商务印书馆1931年版,第133—134页。
② (清)王之春撰,赵春晨点校:《清朝柔远记》卷六《戊辰 嘉庆十三年(公元一八〇八年)》,中华书局1989年版,第155页。
③ 《清代档案史料选编·嘉庆朝英使来聘案·七月初八日廷寄二》,上海书店出版社2010年版,第207页。

中国商人出海贸易的禁止和限制，最初是为了防止大陆与台湾郑氏政权发生联系，后来由于西班牙、荷兰等国舰船威胁海防，这种海禁政策成了长期防止西方殖民主义侵扰的主要手段。但这种禁止和限制中国商人出海的政策，也对民间海上正常贸易的发展有一定程度的抑制和阻碍。清廷对通商口岸的停闭和限制及对出口商品的禁止和限制，较为有效地防范了西方殖民主义者对中国的入侵活动，也一定程度地保护了中国自给自足的封建经济。清廷禁海闭关政策是清代对外政策的一个缩影。

由此可以看出，清代前中期，清廷面对西方势力的东侵，采取了一系列旨在维护国家主权和利益的措施和政策，尽管这些措施和政策具有封闭性、保守性，但较为有效地维护了统一多民族的国家的独立与稳定，这也是为什么以英国为首的西方殖民主义国家在近一百年的时间里无法在中国推行"开放贸易"的一个重要原因。然而，这些政策和措施在维持自给自足的封建经济缓慢发展的同时，也严重阻碍了中国资本主义萌芽的成长和发展，这又是造成近代中国落后、被动挨打的一个重要原因。

2."天下一家"思想的嬗变

在西方势力不断东侵的过程中，中国的"天下一家"思想发生了某种变化。传统意义上的所谓"天下"，主要是指封建专制政权控制范围内的统一多民族国家，而夷夏之辨本质上是统一多民族国家发展进程中的民族关系问题，属于中国历史发展的内部问题。但到了清代中期以后，西方殖民主义势力加强了对中国的渗透和侵扰，中国传统意义上的"天下"观念受到严重挑战，"天朝上国"之外突然出现了许多不可小觑的"外夷"。这时的"天下一家"思想在面对外在挑战中发生了质的变化，即当传统意义上的由夷转夏、夷夏一家在趋向中华一家的同时，"夏"与"夷"又有了新的指向：夏（华夏）成为中国各民族整体的代名词，夷主要是指西方列强。正是在这种演进过程中，中华民族意识得以萌生，后又得到进一步发展和强化。

纵观17世纪中叶至19世纪中叶的中国，在清朝统治下曾出现了短暂的兴盛局面，统一多民族国家进一步巩固和发展，中国各民族的历史文化认同进一步增强，而"天下一家"思想的演进又是其中较为具体和集中的体现。17世纪中叶至19世纪，世界也发生了巨大变化。西方国家相继进行了资产阶级革命和工业革命，由封建制度逐渐走上了资本主义的发展道路，并加快了对外殖民和侵略的步伐。在西方势力的不断冲击下，中国各民族整体意识得以不断演进和加强。因此，这一时期的"天下一家"思想与中华民族意识的演进有着深刻的历史、文化和世界背景。

以"天下"观念和夷夏关系的演变为具体考察对象，这一过程应分为两个阶段：第一个阶段，中国范围内由夷夏之分到由夷转夏再到中华一体。这一阶段是对传统的"天下一家"思想的继承和发展，也具体表现为清朝统治者将本民族纳入整个中国历史文化传统的思想发展轨迹。如从入关前后的"满蒙一家""满汉一体"，到进入中原后的"华夷一家"，再到全国统治稳定和强盛时的"中华一统"，对中国历史文化认同在不断深化。第二个阶段，世界范围内出现了中国与西方列强的夷夏之分。这一阶段是"天下一家"思想的嬗变时期，具体表现为面对西方势力东侵，中国各民族整体意识的增强，但封建专制主义的政治特点又决定了"天下一家"思想在嬗变中走向保守和封闭，如面对西方世界，清廷仍以"天朝"自居，自大保守的意识相当明显。而当应对西方列强的侵扰时，却只能采取闭关锁国的政策来进行自卫，在相对封闭的环境中使封建专制统治苟延残喘。当然，不管怎样，这些都从某种程度上加强了中华民族内部的团结与凝聚。同时，在"天下一家"思想与中华一体意识的演进过程中，中华民族的危机意识也不断增强。如乾隆帝曾言："方今国家全盛，远近震慑威灵，自不敢稍萌异志，然思患豫防，不可不早杜其渐。此事督抚皆以为钱债细故，轻心掉之，而不知关系甚大，所谓涓涓不息将成江河者也。"① 身为最高统治者，乾隆帝已经隐约察觉到西方外夷对中国的野心和威胁了。这种民族危机意识是增强中国对西方势力入侵的防范、确保中国独立、促进中华民族内部团结的思想基础。

总之，在"天下一家"思想与中华一体意识不断演进的过程中，中国进入了一个新的时代。"19 世纪中期以后，中国受到殖民主义、帝国主义的侵略，国人震惊，眼界和思想都发生了极大的变化，国家观念、疆域观念、

---

① （清）王之春撰，赵春晨点校：《清朝柔远记》卷五《丙申　乾隆四十一年（公元一七七六年）》，中华书局 1989 年版，第 129 页。

民族观念、文化观念等也都与以往有所不同,中华民族的历史文化认同的优良传统从而进入了一个新的发展阶段。"①

(三)结语

公元 13 至 17 世纪,是中国的元、明、清(前期)时代。在这数百年间,中国传统的君主专制政体不断强化,同时,中国统一的多民族国家也经历了一个由发展到最终完成的过程。就中国历史而言,这一时期的文明发展远高于以往任何时代,但与同时期的西方相比,中国却逐渐由先进转向落后。同时期的西方各国,在实现民族国家统一的过程中,资本主义开始发展壮大起来,并最终走上了一条与中国完全不同的发展道路。与统一的多民族国家的形成相呼应,这一时期中国传统文化中的夷夏观念相较于前代又有了很大变化。具体而言,中国传统文化中的夷夏之辨,是以儒家学说为代表,以种族之间的文化差异为主要着眼点,遵循着文化、道德的价值判断尺度,具有十分明显的开放性与包容性。但同时又因历史局限而融入一些民族之间的隔阂与冲突,这就使夷夏之辨在不同时期里有着不同的内涵。而华夷一家、天下一家的理论的提出,更使儒家学说得到了进一步丰富、深化和发展。同时,在历史文化认同和民族交往、交流、交融的过程中,中华一体意识开始萌生。17 世纪中叶至 19 世纪,相继进行了资产阶级革命和工业革命的西方国家,在走上了资本主义的发展道路之后,加快了对外殖民和侵略的步伐。而中国此时囿于封建专制主义的政治传统中的保守性和封闭性,面对咄咄逼人的西方列强,清廷仍以"天朝"自居,一方面试图以闭关锁国的政策维持自己的统治,充满了自大与保守;另一方面为维护国家统一和国家主权上,也采取了一些积极的正面措施。更为重要的是,在西方势力逐渐东侵的形势下,中国各民族面临着抵御外侮的共同职责和义务,需要进一步增强凝聚力。可见,统一多民族国家的发展、中华民族的发展在世界历史潮流面前,已经进入到了一个新的阶段。

---

① 瞿林东:《中国历史上历史文化认同的传统》,《河北学刊》2005 年第 3 期。

五、汉唐以来中国思想与东亚文化以及欧洲文化的关系

源远流长、博大精深的中国传统思想文化，不仅在内部各族文化的相互融合、相互渗透中得到了充分发展，而且在与包括东亚文化和欧洲文化在内的异域文化的接触、交流中汲取了多元营养。唯其如此，中国传统思想文化始终能够保持着旺盛的态势，并以其强大的辐射力在与外部世界的文化交流中产生了重要影响。

（一）中国传统思想文化发展历程概述

我们知道，中国传统思想萌芽于殷周之际，那时就已经出现了五行学说和"阴阳"观念。在西周王朝建立伊始以及后期，又分别萌生了"尊天""敬德""保民"与"和实生物，同则不继"①等重要理念。春秋战国时期，涌现出孔子、老子、孙子、墨子等许多重要的思想家，他们所创立的儒家、道家等学派，各崇所善而无拘无束，终于迎来了中国思想文化发展史上的轴心期，诸子蜂起，百家争鸣。西汉初期的思想家，为秦亡汉兴后的严峻社会现实所激励，仍能够重新审视、思考各家学说、各派道术。在汉武帝听从董仲舒之言以后，罢黜百家，独尊儒术，儒家学说成为中国传统社会的统治思想和正统学术。从此，汉代的知识阶层大都潜心于儒术，即经学的研讨、传授，形成了一股时代潮流，使得汉代社会发展的每个层面都打上了经学的烙印。汉代经学发展到汉魏之际，因烦琐、虚妄而困入了自造的藩篱，已不再能适应时代的需要，会通儒道、旁及名法诸家学说的玄学顺势而起，遂演变为魏晋南北朝时期的思想主潮。

伴随着玄学思潮的兴起，外来的佛教思想潜滋暗长。东汉以后，佛教文化传入中国，以其繁富巧妙之思辨超过了中国的传统儒学，甚至连流行于

---

① 徐元诰撰，王树民、沈长云点校：《国语集解·郑语第十六》（修订本），中华书局2002年版，第470页。

魏晋时期的玄学也无以企及，外来的佛教文化与中国本土的传统思想发生了激烈的碰撞。但是，中国的传统思想的巨大魅力在于：对于外来的佛教文化并非不加改造地全部接纳，而是在消化佛教的同时，将传统的儒家、道家等思想融入其中，使之本土化、中国化，特别是隋唐时期，中国本土相继形成了禅宗、天台宗、华严宗、净土宗等中国化的佛教学派。宋明时期，一大批学人又不断地审视和反思传统儒学的缺陷与弊端，以开放的心态汲取佛教思想，使之与《易》《老》《庄》"三玄"相融合，对传统儒学进行了重构。尤其是经过朱熹、陆九渊、王阳明等儒学大师的拓展，最终确立了自此以后在中国传统思想文化中占统治地位的新的思想文化体系——宋明理学。

对于中国传统思想发展的这一历程，梁启超曾有过精辟的概括："凡'思'非皆能成'潮'，能成'潮'者，则其思必有相当之价值，而又适合其时代要求者也。凡'时代'非皆有'思潮'；有思潮之时代，必文化昂进之时代也。其在我国，自秦以后，却能成为时代思潮者，则汉之经学，隋唐之佛学，宋及明之理学，清之考证学，四者而已。"①

可以说，中国传统思想文化的发展历程，在某种程度上，就是不断地吸取外来成分并使自身获得无限生机的历程，就是殊途同归、百虑一致、综合百家、超越百家的历程。正是在固守本土思想资源，对外来文化不断地吸收、更生、创新的基础上，乃至在与包括东亚文化、欧洲文化等异域文化"吸纳—融合—反馈"的文化互动中，日益彰显出中国传统思想文化蓬勃、强劲的生命力和影响力。

（二）儒、释、道三教与东亚文化圈

汉唐以来，延至明末，儒、释、道三家思想互争、互摄、互融，一直是中国传统思想文化的主潮，而以其为内核的中国文化与东亚文化之间的交流，恰恰是第一次中外文化大交汇中的有机组成部分。这一文化交流对当时东亚文化圈内的重要国家——日本与朝鲜产生了深远的影响，这在儒学、佛教、道教这三个层面都表现得特别突出。

---

① 梁启超：《清代学术概论》，中华书局 2015 年版，第 1 页。

儒学层面。传说 285 年，也就是日本应神天皇 16 年，汉高祖后裔百济人王仁东渡日本，奉献《论语》10 卷。而《论语》输入日本的可考、确信时间是在 6 世纪初，继体天皇时期。600 年，日本第一次派出遣隋使，时值一统、强大的隋帝国给日本使节留下了深刻的印象。深受中国儒家思想的影响，对中国文化极为推崇的日本圣德太子，于 604 年以儒学为中心，掺杂法家、道家等思想，制定了全部由中国儒家经典成语编成的《宪法十七条》。701 年至 703 年，日本文武天皇重视儒学，参考唐代制度，制定了《大宝律令》，对儒学在国家教育中的地位、组织体制和教学内容都作了明确规定。例如，在京师设大学，地方设国学；教授经学、书学、算学；把儒学作为贵族子弟在大学的必修课程，将《孝经》《论语》《礼记》等儒家经典列为大学的必读书目。由此，日本的教育制度正式确立。奈良、平安时代，日本天皇敕封孔子为"文宣王"，命令各地祭祀孔子。政府诏令每户人家必须藏有《孝经》一本，这就使儒学越出了上层社会，进入寻常百姓家，日本的儒学从此逐渐昌隆，日益成为用以维护社会稳定的教化手段。宋代以降，中国儒学发展的新形态——理学也传至日本，与中国的情形一样，朱熹和王阳明在日本儒学中有着相当大的影响，传至日本的朱子学、阳明学都得到了进一步的发展。其中，朱子学更是成为"官学"，纳入学校教育，在各藩的学校中教授。应该说，日本儒学正是从中国儒学中吸取滋养，以中国儒学的发展为原动力才得以逐步成长起来的。

佛教层面。学界对中国佛教传入日本的具体时间说法不一，主要有"私传"和"公传"两种。"私传"说认为佛教在 522 年由中国人直接传入，梁武帝普通三年，即 522 年，南朝梁司马达等人到日本，结庵供奉佛像，是为佛教传入日本之始。而"公传"说则认为百济为了报答大和朝廷，于 552 年将一批佛像、佛典以及幡盖等佛学用物作为礼品，敬呈日本钦明天皇，才是佛教传入日本之始。这一"公传"说已为日本学界所公认。① 虽然朝鲜半岛与日本的交往由来已久，朝鲜佛教自中国传入却有史为据，因此，无论是哪一种说法，都无改于日本佛教源于中国佛教的事实。需要指出的是，佛教

---

① 杨曾文：《日本佛教史（新版）》，人民出版社 2008 年版，第 17—22 页。

能够在日本得以传播、展开，圣德太子功不可没。圣德太子本人笃信佛教，尊奉高句丽僧人惠慈为师，同时，又积极地向中国隋朝学习，派遣遣隋使，其中就有不少是僧人，这些僧人入隋学习佛法，携带回大量经卷。此外，圣德太子还延请外籍高僧大德前往日本弘法，教化国民。在圣德太子摄政期间，日本营建了不少佛寺，营造了众多佛像。正是在圣德太子的推动下，"笃敬三宝"被写进了601年制定的宪法当中，为日后佛教在日本更加顺利地传播，以及日本佛教的本土化奠定了坚实的基础。唐朝中期，高僧鉴真为弘扬佛法东渡日本，前后六次出航，五次失败，其间双目失明，直至孝廉天皇天平胜宝五年十二月二十六日，即754年初到达日本，后被尊奉为律宗祖师。宋代淳祐六年，也就是1246年，华严宗大觉禅师道隆渡日，创建巨福山建长禅寺，日本始有禅寺之名。还是在宋元时期，中国禅宗最有影响的两派——临济宗和曹洞宗又东传日本。应该讲，佛教发源于印度，却勃兴于中国隋唐时期，中国佛教众多林立的宗派，在隋唐以后的近五六百年中，大部分也都流传到了日本。

道教层面。众所周知，东汉时期，中国的道教开始形成，历经魏晋南北朝以及唐宋这几个自身发展的关键阶段，通过融儒、佛入道，无论是在教义还是在戒规仪式方面都得到了进一步的充实、完善。早在隋唐以前，中国的道教思想就已经传入日本。需要注意的是，日本固有的民族宗教"神道教"，大约在五至六世纪时才逐渐体系化，而其"神道"一词的得名却与中国的道教有着千丝万缕的联系，特别是成书于东汉时期的中国道教经典《太平经》，有多处提及"神道"一词。隋唐时期，日本派遣的遣隋使、遣唐使除深入学习中国儒学外，还学习了中国道教中的方术、神仙思想，并将众多的道教经典带回国内。发展到平安时代，日本的道教渐趋隆盛，其深层原因在于，当时日本正处于公家贵族时代，不仅受苦受难的阶层需要精神上的解脱，就连贵族阶级也向往神仙世界，希冀延年益寿、长生不老，而中国的道教文化恰逢其时，正好契合了平安贵族时期的思想诉求。因而，整个平安时代，道教在民间礼俗、文学创作，特别是医学医药领域都给日本以深刻的影响。日本宇多天皇宽平年间，即889年至897年，藤原佐世编撰的《日本国见在书目录》中就记载了《老子化胡经》《抱朴子内编》《神仙转》《太上老君玄元皇帝圣化经》等众多道经经典，可见一斑。

当一种异域文化输入本土时，不可避免地会存在冲突、变异、融合的过程，就如同当初印度佛教进入中国，与中国的《易》《老》《庄》三玄相磨激荡，并最终发展成本土化的中国佛教一样。由中国传入的儒学以及佛教、道教，在日本同样经历了吸收、更生、创新的过程，而具有其独特的风格。

日本儒学自有其特色，绝不是中国儒学翻版。作为外来文化的中国儒学思想被吸纳到日本，也必然要经历一个排斥、分辨、选择、消化、淘汰的过程。然而，在这一过程中，作为接受主体的日本文化所固有的特色，以及当时日本社会发展所需要发挥的制约作用，决定了对中国儒学的选择与消化取向。因此，日本儒学和中国儒学虽是同源，但经过日本本土化的改造已经迥异于前，不能混为一谈。

众所周知，中国传统儒家思想是在不断吸收、融会其他诸家思想的过程中发展起来的，具有强有力的包容能力。例如，董仲舒包容法家、墨家、阴阳家的思想，宋明理学吸收佛、道思想等，但中国儒学在外在形式上又具有强烈的排他性，尤其是汉武帝以后的"罢黜百家，独尊儒术"，魏晋南北朝隋唐时代的儒、佛、道之争，宋明理学暗汲佛老却倡言排佛。即使在儒学内部，不同学派也不断展开论辩，争为正统，单是汉代经学的今、古文之争就足以说明问题，更不用说宋明时期的程朱理学与陆王心学之争了。

与中国儒学不同的是，日本儒学在发展的每一阶段，基本上能与其他思想流派共存。从日本早期儒学来看，当时传入日本的儒家典籍及其注释，主要属于中国南北朝的经学系统。对于风格不同的南朝经学和北朝经学，日本人一视同仁，无所偏重。而且，日本早期儒学也能与佛教和日本固有的神祇（神道）和谐共处。奈良、平安时代，几乎没有发生儒、佛、神道之间的思想对立，也很难看到儒学对佛教和神道的严厉批判。只有到了江户时代，日本儒学者为了使儒学摆脱对佛教的依附，才致力于儒佛之辨，对佛教的出世主义进行批判，但不占据主流。日本儒学内部有不同的流派，虽然朱子学派在江户时代前期一度繁盛，但仍与其他学派如古学派、考证学派、折中学派长期并存。只是在江户时代后期，"宽政异学之禁"，古学派衰落，阳明学代之而起的现象出现。值得注意的是，日本的儒学者，一般能够采取与本土神道共存、融合的姿态，主张神儒一致与神儒合一。江户时代以前的神道诸流派固然吸收了儒学与佛教的理论，但毕竟保留了日本原有的神道思想，正是从这一意义上说，主张神儒一致或神儒合一，也可理解为日本儒学的特色。

中国佛教在日本经过长期的发展以后，逐渐实现了本土化。在镰仓时代，即1192年至1333年，先后形成了独特的佛教宗派：净土宗、真宗、时宗和日莲宗。尤其需要指出的是，日本佛教在发展的过程中，又与日本古来的神道思想同化、融合，而产生了"本地垂迹"思想，即神佛本地下凡论。"本地垂迹"思想认为，神祇由佛法开悟而成为菩萨，为佛陀所化现。佛为神祇的本地，神祇是佛的垂迹（下凡），八幡神即阿弥陀佛，也被称为八幡大菩萨。这样一来，佛教和神道之间有着共同的领域范围，神道也就自然被纳入到了佛教的体系。于是，神像也雕成佛像的样子，神社也建成寺院的式样。特别是自平安时代以后，佛教与神道便成为日本宗教思想的一个整体，形成了神道的宗教化。

应该说，道教传入日本的历史也较为久远，由于佛教极度兴盛而受到了冷落和压抑，已无力自成一家，但却仍在艰难地寻求发展。时值镰仓时代，日本的神道、修验道、阴阳道、密教等本民族的信仰经过早期的形成和发展，已初具规模。受其影响，道教也自然地融入到了日本本土的宗教文化当中。

不容忽视的是，中国与古代朝鲜半岛的文化交往也同样渊源久远。与日本一样，朝鲜文化在受到中国传统思想文化的濡染、影响的同时，也因与本土文化的融合而独具魅力。

新罗在统一朝鲜后以唐代为典范，设置国学（后来改为大学监），以传授《论语》《孝经》等儒家经典为士子的必修课。唐玄宗曾有赐新罗王的诗句，其中有云："衣冠知奉礼，忠信识尊儒。诚矣天其鉴，贤哉德不孤。"[①]可见，儒家文化对当时的朝鲜文化有着较深的影响。而且，朝鲜儒学也时时紧跟中国儒学的发展。1289年，名儒安珦出使元朝，在元大都读到了新刊印的《朱子全书》，以之为孔孟儒学的正脉，于是将他手抄的朱熹著作与摹

---

① （唐）唐玄宗：《赐新罗王》，（清）彭定求等编：《全唐诗》卷九百《逸诗卷》，中华书局1960年版，第10173页。

写的朱熹画像带回国内。之后，安珦以兴学养贤为己任，广泛传播朱子学，在他的推动下，朱子学逐渐被本土的知识阶层所了解。朝鲜的朱子学名儒们在消化吸收中国朱子学的基础上，力图与本国实际相结合以重建社会秩序。特别是以郑道传为首的理学家，积极倡导用程朱理学指导社会改革，尤其强调王命思想和变化论观点，为朝鲜李朝代替高丽王朝提供了思想依据。在郑道传等理学家的推动下，李朝自建国之初就以程朱理学作为制定内外方针政策的理论基石，从而确立了朱子学在李朝的官方哲学和正统思想地位。

佛教自朝鲜三国时期由中国传入，经过数百年，发展到高丽王朝时期，进入一个昌盛繁荣的时代，出现了高丽乃至世界佛教历史上著名的典籍《高丽藏》。作为古朝鲜半岛出版的一部汉文大藏经，《高丽藏》不仅收集了汉译的印度佛经、中国高僧撰写的佛经论著，而且还收集了许多本国僧人的佛教撰述，反映了当时的高丽广大民众对汉字以及中国佛教文化的普遍认知。所以，《高丽藏》又不完全是中国版大藏经的翻版，而是经过了朝鲜民族自己的创造、加工和补充。

道教也早在朝鲜三国时期就有了一定规模的传播。在南北朝后期，新罗开始与中国有了频繁的接触，其中就包括中国道教思想的传入。真兴王末年，即576年，花郎教形成。而花郎教的精神"玄妙之道"，就出自《道德经》第一章，具有明显的道家色彩。据朝鲜史籍《三国遗事》记载，624年，朝鲜已有许多人信奉五斗米道。唐高祖听说此事后，就曾送道士和道教经典到朝鲜。第二年，朝鲜的遣唐使去中国不但求学佛法，而且学习道教。当时高句丽宰相渊盖苏文曾主张三教互补，共扶社稷。后来的高丽王朝，历代国王都非常崇信道教，甚至不惜糜费国家财政在全国各地建立道观，频繁举行斋醮仪式，从而使道教成为国家宗教生活中不可或缺的重要内容。宋代大观四年（1110），徽宗向高丽王朝派遣两名道士教授高丽道士仪式和教理。高丽福源观建立后，中国的道士亲睹众人散布在周围坐而听道的盛大场面，发出了"前此国俗，未闻虚静之教，今则人人咸知归仰云"①的感叹。明朝

---

① （宋）徐兢撰，虞云国、孙旭整理：《宣和奉使高丽图经》卷十七《福源观》，大象出版社2019年版，第231页。

建立之初，太祖朱元璋曾派朝天宫道士徐师昊到高丽树立碑石，祭祀高丽山川，虽然此行的根本目的是向朝鲜宣威示恩，但还是受到了高丽王朝的高度重视。然而，对于中国道教，高丽并没有全盘移奉，也是有所创新的。文宗王时期建造"八圣堂"，其祭祀的"八仙"就已不是中国的铁拐李、钟离权、张果老、何仙姑、蓝采和、吕洞宾、韩湘子、曹国舅，而是高丽的护国白头岳太白仙人、龙围岳六通尊者、月城天仙、驹丽平壤仙人、驹丽木觅仙人、松岳震主居士、甑城岳神人、头岳天女，从中体现了高丽山岳信仰与中国道教神仙思想的融合。

然而我们又必须看到，输入日本和朝鲜半岛的中国传统思想文化，在经历了不断地吸收、更生、创新的过程，推动了各自文明长足进步的同时，又从各个方面、通过各种渠道"反馈"给中国，促进了中国传统文化的发展。

日本不但认真吸收了中国传统文化，有时也向中国进行反向输出，到了宋代，这种情况日益显著。除了向中国输入大量的手工器物，日本还保存了许多中国散佚的典籍，其中就有不少非常珍贵的佛教文献。据相关文献记载，五代十国后期，吴越王钱俶读《永嘉集》不明之处甚多，问疑于天台僧义寂，而义寂则告以散佚海外，于是钱俶遣使赴日，重金求购佚籍。[①] 在钱俶之后，宋代的知礼、源清、遵式等天台高僧，屡屡托求日僧抄录阙经。宋代太平兴国八年（983），日本东大寺高僧奝然入宋，向太宗献奉中国珍籍《孝经郑氏注》一卷以及《越王贞孝经新义》第十五卷，朝野上下为之轰动。欧阳修对日僧此举给予了积极的评价："徐福行时书未焚，逸书百篇今尚存。令严不许传中国，举世无人识古文。"[②] 朝鲜的高丽王朝更是重视搜集、翻刻中国典籍，在其收藏的书籍中，有许多就是中国早已散佚的古书或异本。并且，高丽有时还把有关书籍作为"礼品"回赠中国。例如，高丽光

---

① （宋）志磐撰，释道法校注：《佛祖统纪校注》卷八《义寂传》，上海古籍出版社2012年版，第204—205页。钱俶遣使赴日购书之事，又见于《杨文公谈苑》"日本僧奝然朝衡"条，上海古籍出版社1993年版，第9页。
② （宋）欧阳修：《居士外集》卷四《日本刀歌》，李逸安点校：《欧阳修全集》，中华书局2001年版，第767页。

宗十年（959），遣使后周，送来《别序孝经》一卷、《越王孝经新义》八卷、《皇灵孝经》一卷、《孝经雌雄图》三卷。其后，高丽使臣又先后来献《黄帝针经》、京氏《周易占》以及足本《说苑》等珍本。

在佛教文化交流方面，唐、宋时期，日本、朝鲜不但向中国派出了大量的留学僧，同时有不少的高僧来华讲法。中国佛教在影响日本和朝鲜半岛佛教的同时，也或多或少地受到了日本和朝鲜半岛佛教文化的影响。如前所述，宋代天台高僧托求日僧寻找散佚的佛教经典，这在很大程度上促使了天台宗在宋代一度复兴，而天台宗的复兴，高丽佛教也功不可没，对中国佛学的发展做出了突出的贡献。由于中国经过唐武宗的会昌灭佛运动和唐末五代时期的战乱，佛教典籍散佚甚多。后唐清泰二年，即935年，四明僧人子麟前往高丽和日本等地传授天台宗，尤其是在高丽收获颇丰，搜求了大量天台教籍。960年，高丽王朝特派谛观携佛典来中国。谛观来中国十年后，卒于天台山。他的著作《天台四教仪》，成为中国佛学界的重要著述。与谛观同时的高丽人宝云尊者义通，早年来中国宋朝，拜义寂为师，成为天台教观的集大成者，并成为中国天台宗第16世祖。需要提及的是，不惟天台宗，华严宗在宋代也曾一度繁荣，这也与华严宗经典从高丽王朝的回流是分不开的。

散佚于日本和朝鲜半岛的中国古籍的回流，使得中国文化遗产能够失而复得，具有不容低估的学术价值。天台宗、华严宗在宋代曾一度复兴，从某种程度上得益于相关佚散典籍从日本和朝鲜半岛的大量回归以及中日、中朝高僧间的交往。可见，在与异域文化的交流中，本土文化只有对外来文化采取"吸纳—融合—反馈"的模式，才能彰显其魅力。中国如此，日本和朝鲜半岛亦如此。

（三）中国文化与欧洲文化的交流

如果说第一次中外文化交汇中，中国传统思想文化对东亚文化保持一种明显的优越感的话，也仅仅是限制在以中国文化为轴心的文化圈内。而开启于明朝万历年间，以耶稣教士利玛窦来华为标志的第二次中外文化大交汇，则对一向以优容礼遇示人的中国文化造成了前所未有的震撼。

毋庸讳言，耶稣教士来华是肩负着罗马教廷向东方实行宗教殖民使命的。利玛窦就主张，应该通过谈论儒家之道来传播天主教义，并竭力论证天主教义与儒家之道本是不谋而合的。例如，利玛窦曾对万历皇帝说过：上帝就是中国人所说的天；天帝已经启示过孔丘、孟轲和古代的许多君王；他们耶稣教士来华并不是否定中国的圣经贤传，只是为其提供一些补充、完善而已。因此，为了不使中国人感觉到外国人有侵略的企图，来华耶稣教士采取了学术文化先行的方法，即通过介绍欧洲的哲学、艺术、科学，以引起中国士大夫的兴趣和关注，以期扩大耶稣会的影响。对此，明代文化界的著名人物徐光启、李之藻等人有着较为清醒的认识，他们虽然皈依了天主教，却将关注的目光更多地投向了传自西方而本土稀缺的科技文化方面。徐光启在著述中多次提及，对传教士带来的西方科技"多所未闻"，在学习中时时感到"得所未有"的"心悦志满"[1]，即使在面对保守反对派的驳难、攻讦时，他也始终强调："苟利于国，远近何论焉！"[2] 不仅如此，徐光启等开明人士积极协助利玛窦等人，撰写和翻译了大量的西方科学技术著作和学术思想论著，将中国传统思想文化与西方文化加以调试、会通，使得当时中国的天文、数学等面貌为之一新，较以前有了长足的进步，推动了西学在中国的迅速传播。不能不说，耶稣教士来华固然意在传教，却带来了远比宗教广泛的欧洲文化，客观上促进了与中国文化的交流，成为当时"两大文明之间文化联系的最高范例"[3]。

在与欧洲文化的交流中，中国传统思想文化一方面吸收外来文化的精华以滋补本民族的文化血脉，另一方面也不断地迸发出智慧之光，对17至18世纪的欧洲文化产生了积极影响。从某种意义上说，来华耶稣教士的使命又是双重的。他们大都能够阅读中国儒家经典，了解中国文化。同时，又

---

[1]（明）徐光启撰，王重民辑校：《徐光启集》卷二《跋二十五言》，中华书局2014年版，第87页。
[2]（明）徐光启撰，王重民辑校：《徐光启集》卷九《辨学章疏》，中华书局2014年版，第433页。
[3][英]李约瑟：《中国科学技术史》（第四卷，第二分册），科学出版社1975年版，第693页。

翻译了许多重要的儒家经典,如《论语》《大学》《中庸》等,并写书介绍中国的风土人情和历史。正是耶稣教士的翻译和介绍,使得中国传统思想文化得以传向了近代欧洲。

我们知道,资本主义生产关系在欧洲占据统治地位以后,萌生于英国且继起于德国的启蒙运动,在法国得到最为经典的表现以后,得以更为广泛的展开。然而,启蒙运动本身的发展是需要以欧洲的传统思想作为积淀的,由于既有的欧洲中世纪的思想传统和宗教神学有着千丝万缕的联系,无法满足启蒙思想进一步发展的需要。因此,来自东方的中国传统思想文化就成为一些启蒙思想家汲取精神滋养的一个重要来源。

作为欧洲启蒙运动中的重要人物,法国伏尔泰认为,在清除现存的基于迷信的"神示宗教"之后,应该建立一个崇尚理性、自然和道德的新的"理性宗教"。在伏尔泰看来,中国儒教是这种"理性宗教"的绝佳范例。而伏尔泰对中国思想文化的崇拜又是同对孔子的崇拜紧密联系在一起的。他说:"我读孔子的许多书籍,并作笔记,我觉得他所说的只是极纯粹的道德,既不谈奇迹,也不涉及虚玄。"伏尔泰特别推崇孔子的"克己""己所不欲,勿施于人""以直报怨,以德报德"等思想,认为基督只能是禁人作恶,而孔子却劝人行善,因此孔子胜过基督。"西方民族,无论如何格言,如何教理,无可与此纯粹道德相比拟者。孔子常说仁义,若人们实行此种道德,地上就不会有什么战争了"①。十分明显,伏尔泰对中国思想文化的论述有一个预设拔高的基本前提,即站在人类历史发展的高度来评价中国传统思想文化的历史价值,将之放在了包括西方在内的人类历史和文明的首位。尽管如此,这种对异域文化的态度超越了西方的狭隘眼界和偏见,在当时的欧洲难能可贵。

而且,英国的一些启蒙思想家也认为,中国传统思想文化可以作为英国自然神论者的思想资料。例如,有的启蒙学者常常直接引用中国的经典来讨论《圣经》,18 世纪早期的自然神论者马修·廷德尔将耶稣、圣保罗与孔子三者的言行相比较,最终得出了中国孔子的话比耶稣和圣保罗的话合理的结论。

---

① 朱谦之:《中国哲学对欧洲的影响》,河北人民出版社 1999 年版,第 298 页。

应该说，这一时期欧洲思想所表述的中国思想文化大都是通过传教士带回的著述和书信了解到的，带有明显的理想化色彩。但不容否认的是，中国传统思想文化对于18世纪欧洲启蒙运动思想体系的进一步完善确实发挥了积极作用。

（四）结语

回顾汉唐以来两次中西大交汇的历史，在与中国传统思想文化的碰撞中，东亚文化与欧洲文化各自展现了独特的价值。东亚文化与西方文化都是人类思想的瑰宝，都是世界文化宝库的重要组成部分。借此，我们可以充分地看到，在人类文化发展的长河中，任何有生命力的思想文化形态，都是适应了时代和自身的要求，在保持自我、自信的基础上，通过对其他文化采取宽容和开放的态度，从而在交往交流中汲取了充足的滋养，才得以不断地丰富、发展、壮大。

《周易·系辞下传》有言，"天下同归而殊途，一致而百虑"，《系辞上传》则曰"圣人有以见天下之动而观其会通"，也充分说明了本土文化对外来文化中有益成果采取融合、会通的态度，本身就是一种创新。中国传统思想文化的发展历程，东亚文化、欧洲文化与中国传统思想文化之间的会通所表现出来的特殊魅力，就是突出的例证。殊途同归、百虑一致、"观其会通"也应当成为全人类文化交流共同禀循的理念。

步入21世纪，包括中国文化在内的整个东亚文化，必须不断反省自己的文化传统，与此同时，更要珍视、维护自身文化的基本价值，进一步增强文化自信。东亚文化只有将内部共同体认的思想文化精髓作为亚欧文化交流的重要精神纽带，才能充分借鉴欧洲文化的优秀成果，最终重新踏上复兴与发展的征途。其间，东亚文化会不可避免地与欧洲文化有所冲突，有所碰撞。但是，一种文化形态的复兴绝不意味着另一种文化形态的衰落。人类文化是多样的、多元的，不应该唯我独尊、故步自封。唯有本着《中庸》所倡言的"万物并育而不相害，道并行而不相悖"的包容精神与和谐之道，"与时偕行"，不断地超越、创新，方能够真正实现东亚文化与欧洲文化的互利双赢。

第七章　古代历史评议

在中国古代历史发展进程中，杰出的历史人物层出不穷、璨若星河，经典的历史故事前后相继、数不胜数，为我们留下了宝贵的精神财富和文化遗产。秦国的社会变革和一统天下、秦汉时期的基层里吏和地方农官、汉代的"以孝治天下"以及汉光武帝、班超、隋文帝其人其事等，都是其中重要的组成部分。

一、移风易俗：商鞅变法的重要侧面

（一）引言

商鞅变法使秦国通过政治、经济、文化方面的改革而迅速强大，从战国七雄中脱颖而出，实现统一大业。可以说，商鞅变法奠定了秦统一的基础。无论是在当今通行的教科书中，还是学者的相关著述中，对于商鞅变法的认识大都集中在其政治、经济的改革上，对其社会风俗方面的革新措施则关注不多。当然，这也无可厚非，一方面，商鞅的改革主要集中在政治和经济领域，直接促进了秦国的强盛，其影响也最为深远，而在风俗方面的革新措施似乎力度较小；另一方面，商鞅在风俗方面的革新曾受到一些人的诟病，特别是汉代学者的批评。其中，汉初儒生贾谊的上疏最为有名："商君遗礼义，弃仁恩，并心于进取，行之二岁，秦俗日败。"[1]他认为改革后，秦

---

[1] （汉）班固撰，（唐）颜师古注：《汉书》卷四十八《贾谊传》，中华书局1962年版，第2244页。

国风俗日渐变坏，表现为富裕家庭中的男性成年后就各自分家，穷苦人家的儿子只能入赘到富人家，这就使得儒家所向往的几代同堂、父慈子孝的氛围不复存在。

但实际情况并非如此。商鞅在政治、经济上的改革，也在客观上改变了秦国的社会风气。他剔除了秦代风俗中那些落后、野蛮的因素，发扬了秦俗中"善"的一面，使秦国社会逐渐趋于稳定，国家秩序趋于严整，为秦统一奠定了深厚的社会基础。商鞅变法数十年后，荀子曾游历至秦国，在经过一段时间的居住和考察后，对秦国的民风有这样一番感慨："入境观其风俗，其百姓朴，其声乐不流污，其服不挑，甚畏有司而顺，古之民也。及都邑官府，其百吏肃然，莫不恭俭敦敬，忠信而不楛，古之吏也。入其国，观其士大夫，出于其门，入于公门，出于公门，入于其家，无有私事也；不比周，不朋党，倜然莫不明通而公也，古之士大夫也。观其朝廷，其间听决，百事不留，恬然如无治者，古之朝也。"①

那么，到底是什么驱使商鞅对秦国风俗进行改造，他在移风易俗方面做了哪些具体工作？另外，同样是针对商鞅变法，荀子和贾谊为何会做出截然相反的评价？

（二）俗与戎同，诸侯丑秦

根据《史记·秦本纪》记载，秦国的祖先早在西周时期就活跃在汧水、渭水之间（今甘肃天水和陕西宝鸡一带），他们为周王室饲养马匹，同时捍卫西部边境。因此，秦人经常与西方的戎族发生战争。尤其在东周建立后，王室东迁洛阳，关中地区空虚，为了争取地盘，秦人与西戎的交锋更加激烈。秦人和西戎时战时和，久而久之，二者关系也日趋密切，这客观上加速了双方的交流和融合。文化的融合造就了风俗上的相似，商鞅曾评价说："始秦戎狄之教，父子无别，同室而居。"② 近代著名学者王国维也曾评价秦

---

① （清）王先谦撰，沈啸寰、王星贤点校：《荀子集解》卷十一《强国》，中华书局1988年版，第303页。

② （汉）司马迁：《史记》卷六十八《商君列传》，中华书局1982年版，第2234页。

早期的历史，称秦在最初"与诸戎无异"①。可见，秦国当时的文明面貌与西戎较相似。

地处边陲，俗近西戎，使秦国与中原各国产生了地理和文化上的隔阂，因而备受鄙视。在那些中原诸侯眼中，秦国与"夷狄"并无二致。此外，较为原始的社会风俗也制约了秦国自身的发展，使得秦国国力微弱，屡遭邻国欺辱。"父子无别，同室而居"的居住习惯，使大家庭的形式在秦国颇为普遍，这就制约了国家实际控制户数的增长，不利于国家收入的提高；"慢于礼义"②、勇于私斗的民风，则使人们注重私利，缺乏公利意识。《吕氏春秋·离俗览·高义》载："秦之野人，以小利之故，弟兄相狱，亲戚相忍。"自由散漫、狂野粗鄙、缺乏劳动自觉的习性，也不利于国家收入和军事水平的提高。秦孝公在回顾此前秦国历史时，对此深感耻辱，发出了"诸侯卑秦，丑莫大焉"③的感叹。

（三）取信于民，令行禁止

商鞅深知，仅有法律条文是远远不够的，如果要使变法取得实效，就需要严格贯彻法令，民众只有相信、敬畏法律，才能达到"令行禁止"的效果。为此，他命人在国都的南门竖起一根高达三丈的巨木，并且发布号令称，若有人能将这根木头搬运到北门，就能得到十金的赏赐。大家纷纷来围观，但却没人去搬那根巨木。商鞅见民众将信将疑，又将赏赐提升到五十金。这次终于有人肯一试了。等巨木被搬到北门，商鞅当场就兑现了承诺的赏赐，这就是历史上著名的"徙木立信"的故事。此事在秦国民众中口耳相传，影响很大。于是，"有令必行"的原则开始深入人心。

改革总是会遇到阻力。在法令颁布后，民众的抵触情绪很大，数以千

---

① 王国维：《观堂集林》卷十二《秦都邑考》，《王国维全集》第八卷，浙江教育出版社、广东教育出版社 2009 年版，第 354 页。关于秦人族源问题的研究，亦可参雍际春《近百年来秦人族源问题研究综述》，《社会科学战线》2011 年第 9 期。

② 荀子曾评价秦人"从情性，安恣睢，慢于礼义故也"。见（清）王先谦撰，沈啸寰、王星贤点校：《荀子集解》卷十七《性恶篇》，中华书局 1988 年版，第 442 页。

③ （汉）司马迁：《史记》卷五《秦本纪》，中华书局 1982 年版，第 202 页。

计的人上言，指责变法法令不便于日常生活，但商鞅丝毫不以为意。直到秦孝公的太子犯了法，商鞅秉公执法。但作为臣下，商鞅不能对太子实施刑罚。于是，太子的老师公子虔和公孙贾代太子受罚。这件事震动了整个秦国。《史记·商君列传》记载，此事过后第二天，秦人就没人敢再违抗法令了，真正达到了"有禁必止"。由此一来，秦国风俗大变，原来那些自由散漫、藐视法令的风气被一扫而净，整个秦国形成了敬畏法律、令行禁止的社会氛围。这为此后商鞅法令的施行打下了坚实的社会基础。

（四）推行新政，奖罚分明

在商鞅的改革措施中，虽然大多数都和政治、经济相关，但这些措施最终都达到了移风易俗的效果。比如，商鞅的军功爵制改革。所谓"军功爵"，是相对于凭借血缘关系获得爵位的制度而言的。商鞅下令，凡立有军功者，不问出身门第、阶级和阶层，都可以获赐爵位及相应俸禄。凡战士能斩得敌人一颗首级，就可以获得爵位一级及与之相应的田宅，庶子也可以做官。斩杀的敌人首级越多，获得的爵位越高。军功由此成为接受爵禄赏赐的必要条件，军功的大小也决定着将士的"尊卑爵秩等级"[①]。对于那些宗室贵族，如果没有战功，也不能获得爵禄。这就打破了由血亲贵族垄断爵位的局面，为庶民入仕提供了便利条件，由此激发了民众的参战热情。同时，这也在社会上形成了"有功者显荣，无功者虽富无所芬华"[②]的风气，民众以有军功者为荣，以无军功者为耻，整个社会的价值评判标准由此发生了巨大变化。在军功爵制的激励下，秦军士兵的战斗力也变得十分惊人，成为名副其实的"虎狼之师"。《战国策·韩策一》记载，在当时人眼中，秦军的士兵在战场上常常是左手拎着首级，右手挟着俘虏，凶悍无比。

商鞅在农业方面的改革，对社会风气也产生了较大的影响。在变法之前，秦国农业并不十分发达，这很大程度上是因为秦国从事农业生产的人口较少，而这又与秦国早期的社会风气有关。秦国与戎族关系紧密，而戎族以

---

① （汉）司马迁：《史记》卷六十八《商君列传》，中华书局1982年版，第2230页。
② （汉）司马迁：《史记》卷六十八《商君列传》，中华书局1982年版，第2230页。

游牧为主业，加之秦国早期又以畜牧起家，导致民众对于农业重视不足。另一方面，农业收入较之商业明显偏少，使得不少民众弃农从商。因此，秦国的农业人口流失较为严重。但在农耕时代，农业对于一个国家至关重要。商鞅对此早有深刻认识，《商君书·农战》中说："夫农者寡而游食者众，故其国贫危。"商鞅出台的农业新政策，力图扭转这种社会风气，振兴农业。他下令，对于那些勤于务农、因农致富的农民，给予税收、徭役上的减免待遇；而对于那些因为从商、懒惰而致贫的人，连同家人一律收押成为官府奴婢。为了鼓励农民开荒，商鞅还下令，废除井田制，实行土地私有，对于主动开发那些"陵阪丘隰"等荒地的民众，国家则给其所垦土地十年免征赋税的优待。如此恩威并施的政策，促使秦人纷纷专注于农事，不仅使农业生产得到了极大发展，社会风气也为之一变，民众以勤于农事为荣，民风趋于淳朴。

除了政治、军事、经济上的改革措施，商鞅还直接针对当时的社会习俗颁布了法令，其中最著名的莫过于"分异令"。之前秦国的家庭结构为一家之内存在数个小家庭，父子并不分家。但秦国当时的税收来源很大一部分是所谓"户赋"，即按户缴纳赋税。显然，这样的风俗导致国家掌握的户数稀少，不利于国家税收。所谓"分异令"，是指单位家庭内如果有两个及以上成年儿子，要为其子分家，否则要加倍征收其家之赋税。这样一来，政府从原本的大家庭中析分出大量一夫一妻的小家庭，所掌握的户数大大增加，其征收的户赋收入自然随之提高。除此之外，商鞅还下令"为私斗者，各以轻重被刑大小"①，即禁止民众私斗，违反者视情节轻重依律处刑。秦国民风受戎族影响较大，因此秦国民众也沾染了戎族中好勇斗狠的风俗。民众在发生争执时往往置法令于不顾，私下进行械斗，这既是对法令的蔑视，又严重危害了社会稳定。因此，商鞅下令制止这种行为，使秦人"勇于公战，怯于私斗"②，在稳定社会秩序的同时也凝聚了人心。

荀子在参观秦国后，对于秦国秩序井然的社会氛围由衷赞叹。但贾谊

---

① （汉）司马迁：《史记》卷六十八《商君列传》，中华书局1982年版，第2230页。
② （汉）司马迁：《史记》卷六十八《商君列传》，中华书局1982年版，第2231页。

却不以为然。荀子基于法治立场，认为商鞅变法使秦国人民敬畏官府、官吏忠于国家、士大夫舍私为公，整个社会从上到下都顺从于法制，颇有古风；而贾谊则是基于儒家礼治，批评商鞅舍弃礼义，专用法制，破坏了家庭伦理关系。两者截然相反的评价，其实是由于所处立场不同，背后反映出的是法制和礼制两种治国思想倾向的差异。

（五）强国之基，垂范后世

这一系列改革措施施行后，十年之间，秦国的社会面貌焕然一新。《史记·商君列传》记载称"秦民大说，道不拾遗，山无盗贼，家给人足。民勇于公战，怯于私斗，乡邑大治"。内政改革的成功，直接反映在了秦国对外扩张的成果中。此前，魏国实力强盛，是秦国东扩的最大障碍。公元前341年，齐、魏两国爆发了马陵之战，魏军惨败。这对于秦国是个扩张的绝佳时机。商鞅向秦孝公建议，趁魏国虚弱，攻占其河东地区（今山西西南部）。孝公便派商鞅率领大军直指魏都安邑（今山西夏县）。这是商鞅变法后秦国的第一次对外大规模作战，秦军士兵在军功爵制的激励下无不想杀敌立功、衣锦还乡。于是，在战场上，秦军无不以一敌百，奋勇无前，魏军则很快就败下阵来。魏王见秦军势不可当，加之国内空虚，连忙主动割地请和。最终，秦军以一场大胜宣告了秦国的崛起，这也标志着商鞅变法的成功。此后，秦国一度向东扩张到了洛水以东地区。秦国的崛起极大地提高了其国家地位。公元前343年，周显王派使臣赐予秦孝公霸主的称号，诸侯各国都派使者前来祝贺，秦国一时荣耀无比。第二年，秦孝公派太子驷率领西戎九十二国朝见周显王，显示了秦国西方霸主的地位。

商鞅变法的一系列措施并没有随着他的惨死而消亡，而是得到了很好的贯彻，这得益于商鞅对于社会风俗的改造。此后的百余年间，秦国沿着商鞅当年富国强兵的道路继续阔步向前。最终，在公元前221年，秦始皇灭掉了秦的最后一个敌人——齐国，一举完成了统一天下的伟业。

没有商鞅变法，也就不会有秦国的强大，更不会有秦国后来的统一大业。商鞅确立的法令，成为秦国崛起至关重要的因素，为秦统一奠定了经济、军事基础。他对秦国社会风气的改造，使此后秦国君主推行法令有了坚实的社会基础。商鞅变法的影响，还超越了朝代界限，其中一些法令准则一直流传至明清时期，如军功爵制、重农抑商、什伍连坐等。

二、秦国"政府智囊"如何谋划变革

战国时期是继春秋礼崩乐坏之后政治格局重组的时期，战国七雄的角逐以及秦国最后一扫六合完成统一，成就了中国历史上最伟大的变革。然而秦国的统一并非偶然，除了秦君主的贤明以外，还有一个最重要的原因就是一系列重要的政治家为秦国的统一做出了卓越的贡献。秦国本是地处西隅的落后小国，但正是对富强的向往以及对东方先进文化的渴望，使秦国成为诸侯中较为开放且接纳创新的国家。在不同的政治时期，尤其是自秦孝公开始，秦国的君主都能任用适当的人才，使秦国在政治、军事、文化思想各方面都拥有足以进行统一六国的实力。

（一）商鞅变法

贾谊在《过秦论》中提到："秦孝公据崤函之固，拥雍州之地，君臣固守，以窥周室，有席卷天下，包举宇内，囊括四海之意，并吞八荒之心。当是时也，商君佐之，内立法度，务耕织，修守战之具；外连衡而斗诸侯。于是秦人拱手而取西河之外。"[①] 可见商鞅在秦国的变法是秦国接受创新的表现，也使其"窥周室"的野心走上付诸实践的第一步。

商鞅是先秦法家的代表人物之一，是卫国国君的后裔，姬姓公孙氏，又称卫鞅、公孙鞅。因秦孝公求贤令而至秦国，在河西之战中立功获封商於十五邑，号为商君，故称之为商鞅。他通过与孝公的交谈得知其野心，遂以"强国之术"得到重用，开始变法。

商鞅的变法主要体现在以下几个方面：他重新划定户籍制度，"令民为什伍"，实行连坐，奖励告发，又鼓励人民分家；他改革秦国军功爵位制度，

---

① （汉）贾谊撰，阎振益、钟夏校注：《新书校注》卷第一《过秦上》，中华书局2000年版，第1页。

实行按功授爵制度；他制定了严酷的律令，赏罚分明。同时，他还将经济发展纳入变法，奖励耕织，重农抑商。他将这些法令昭告全国，刚开始人们并不在意，直到秦国太子犯法，商鞅惩戒了太子的两位老师之后，秦国人人遵守法令，取得了显著成果："行之十年，秦民大说，道不拾遗，山无盗贼，家给人足，民勇于公战，怯于私斗，乡邑大治"。之后他又进行了第二次变法，加大鼓励百姓各立门户，更改行政区划，废乡置县，广开阡陌，统一度量衡，加大法制力度，实现了"秦人富强，天子致胙于孝公，诸侯毕贺"的局面。

之后，在秦魏的战争中，商鞅用计骗取魏国主帅公子昂的信任，令其相信自己的和平谈判要求，结果公子昂成为秦军的俘虏，秦军大破魏军，获得河西之地的控制权，由此占据了"东向以制诸侯"的有利地势，成为后来统一天下的一块奠基石。①

但是由于商鞅新法对贵族造成的冲击，招致了很多怨恨，加上他自己性格的骄傲自满，在秦孝公去世的同年，公子虔诬陷商鞅谋反。他被迫逃到秦国边境，因为没有新法规定住店时要出示的证件而被旅店拒绝，后在魏国边境被仇视他的魏国人赶走，最后战败死于彤地。其尸身被带回咸阳，被秦惠文王处以车裂后示众，但是他的新法一直在秦国延续。

（二）张仪连横

贾谊《过秦论》中"外连衡而斗诸侯"，指的是战国时期著名的纵横家张仪。张仪是魏国人，曾和苏秦一起师事鬼谷子先生，学习游说之术。张仪完成学业后就去游说诸侯，但是一直贫穷不得志，曾在楚国被诬陷偷窃，又被在赵国得志的老朋友苏秦所羞辱，于是到秦国去了。但其实苏秦对张仪的羞辱是想激发他的意志，他还一直派人暗中帮助张仪，使得他有机会拜见了秦惠王，并成为其客卿，策划攻打诸侯。

张仪拥戴秦惠王为主，自己成为秦国的国相。之后不久，为了秦国的利益，他又离开秦国去魏国担任国相，打算说服魏君，使魏国首先臣侍秦

---

① （汉）司马迁：《史记》卷六十八《商君列传》，中华书局1982年版，第2231—2232页。

国，从而让其他诸侯国效仿。但魏襄侯和魏哀王不肯接受张仪的建议，于是张仪暗中让秦国攻打魏国且大败之。之后，借着秦国打败了韩国申差的部队，张仪再次以各国分立的现实游说魏王，使其背弃合纵盟约，依靠张仪请求和秦国和解。张仪回到秦国，重新出任国相。

之后，他又试图打破楚国和齐国的盟约，以商於一带六百里的土地诱惑楚怀王，怀王也非常高兴地应允了他。结果张仪回到秦国马上毁约，秦楚大战于蓝田，楚军大败，只能又割让两座城池和秦国媾和。楚王恼羞成怒，要求以黔中地区换取张仪，于是张仪坦然出使楚国，虽被囚禁，但是巧妙利用楚国的靳尚与郑袖脱身。恰逢其时，听说苏秦死了，于是张仪游说楚怀王背弃合纵盟约而与秦国联合，虽然遭到了屈原的反对，但是为了保住黔中土地，怀王还是采用张仪的建议。此时的张仪离开楚国后，借此机会前往秦以东诸地，游说韩王、燕王奉事秦国。张仪准备报告秦惠王，但还没走到咸阳，秦惠王就去世了，秦武王即位。

武王从做太子时就不喜欢张仪，诸侯们也听说张仪和武王感情上有裂痕，都纷纷背叛了连横政策，又恢复了合纵联盟。秦武王元年，在内有大臣们不停地诋毁张仪，于外齐国又派人来责备张仪。张仪害怕被杀死，于是他又用计使武王相信，把他送到魏国就会转移诸侯的注意力。张仪在出任魏国宰相一年后死在魏国。虽然张仪在一般人眼中是出尔反尔的小人，也完全没有忠君爱主的情操，但是他出色的外交才能和口才被惠王的慧眼所识，在那一段时期内是张仪支撑起了秦国外交上的强大。

（三）范雎与"远交近攻"

范雎是魏国人，是魏中大夫须贾的门客，想要侍奉魏王，但在随须贾使齐的过程中被误会与齐国有私，逃到秦国，通过秦国使臣王稽觐见秦昭王。当时的秦国局势被昭王之母宣太后和太后之弟穰侯魏冉所控制，他把握住这一点之后，成为昭王夺取政权的重要助力。

范雎首先指出当时秦国的对外政策在魏冉的操纵下不尽合理之处，提出了"远交近攻"的战略，要亲近地处中原的韩、魏两国，以此威胁楚国和赵国，这使得秦国在外交策略上有了大的突破，范雎也因此成为与昭王关系较为亲密的客卿。在解决完外部事务之后，他就开始提议废除太后以及太后诸弟穰侯、高陵君、华阳君、泾阳君的特权，将他们驱逐出国都。范雎成为国相，封地在应城，因此范雎亦号称应侯。

范雎为昭王乃至秦国做出的第二个贡献是，施行反间计使赵国让马服君赵奢的儿子赵括代替廉颇统率军队，结果秦军在长平大败赵国军队，进而围攻邯郸。但是此后不久，范雎就与武安君白起结下了怨仇，他向昭王进谗言把白起杀了，于是昭王任用郑安平攻打赵国，反被赵军围住，郑安平投降了赵国。对此，范雎自知罪责难逃，就跪在草垫上请求惩处治罪，因为按照秦国法令，被举荐官员犯罪，举荐人同罪，但昭王没有治罪，反而加赏范雎。此后王稽又因与诸侯有勾结而被诛杀。范雎感到恐惧，推举蔡泽为相后辞归封地，不久病死。

范雎出身贫寒，但是他审时度势的眼光为他迎来光明的政治生涯，他出色的谋略也使得秦国越来越强大，但是他性格上的缺陷不仅断送了自己，还为国家招致了灾祸。

（四）吕不韦与《吕氏春秋》

吕不韦本为赵国富商，往来贩贱卖贵于赵、韩。由于机缘巧合，在邯郸街头，吕不韦偶遇秦质子子楚。其时秦赵交恶，子楚客居赵国都城邯郸，颇为狼狈，但吕不韦认为子楚"奇货可居"，遂以其财资助子楚，并亲自携巨资赴秦为其游说华阳夫人，终使子楚立为太子。公元前249年，子楚即位，是为秦庄襄王。庄襄王"以吕不韦为丞相，封为文信侯，食河南洛阳十万户"①。三年后庄襄王病故，立太子政为王，尊吕不韦为相国，号曰"仲父"，专断朝政。

吕不韦任秦相期间，曾攻取周、赵、卫的土地，立三川、太原、东郡，对秦王政兼并六国的事业有重大贡献。后因嫪毐集团叛乱事受牵连，被免除相国职务，外居河南封地。不久，秦王政复命让其举家迁蜀，吕不韦恐诛，乃饮鸩而死。

---

① （汉）司马迁：《史记》卷八十五《吕不韦列传》，中华书局1982年版，第2509页。

吕不韦不仅在政治上有作为，他在秦国的思想文化方面也做出了重要贡献。他曾组织门客编纂著名的《吕氏春秋》，又名《吕览》。此书汇合先秦各派学说，"兼儒、墨，合名、法"①，故史称"杂家"。此书不仅是各家思想的体现，也可以说是吕不韦在相国任内的一部施政大纲，其中表现出了他对儒家思想浓厚的兴趣，他推崇孔子的仁孝思想，对孟子提出的仁政和民本思想也有所继承。值得注意的是，吕不韦是秦国少有的对于法家持反对态度的政治家，他批判法家刻薄寡恩，反对严刑峻法和极端的君主独裁，主张德治与法治并行，更强调德治的作用。

他的这些思想与当时醉心法家思想的秦王嬴政格格不入。吕不韦强调德政为秦王追求的法家短暂成效所不容，统治思想的不同必然会导致政出多门，令行不一。这正是始终致力于政治、文化统一的秦始皇无法接受的。吕不韦倒台后，秦始皇发布"逐客令"。正是这种矛盾的爆发，使游士盛行之风也受到了重创。

（五）秦国用人，不问出身，量才而用

顾炎武在《日知录》中指出："战国之君遂以士为轻重，文者为儒，武者为侠。呜呼！游士兴而先王之法坏矣！"②商鞅、张仪、范雎、吕不韦都是游士的一种，属于战国时期"没有任何背景的新游民阶层"。而所谓"先王之法坏矣"正是因为他们在各国开展变法，使得各国内部阶层结构以及国际局势得到"重组"的体现。这说明，每个时代都需要富有创新精神的变革，这与当今国家鼓励创新的政策不谋而合。我们从实际出发，结合对未来发展形势的预测进行变革，才能为国家与民族的富强寻找出路。

其次，秦国对外开放程度以及对外来人才的接纳程度也与当今我国努力对外开放的政策相呼应。秦国历史上那些有过重大贡献的谋士，无论是穆公称霸西戎时的百里奚、蹇叔，孝公时为秦奠定基业的商鞅，秦昭王时提出

---

① （汉）班固撰，（唐）颜师古注：《汉书》卷三十《艺文志》，中华书局1962年版，第1742页。
② （清）顾炎武撰，（清）黄汝成集释，栾保群点校：《日知录集释》卷七《士何事》，中华书局2020年版，第396页。

"远交近攻"的战略家范雎，还是支撑秦国文化发展的吕不韦，遑论最终一统天下时的朝廷重臣李斯、尉缭，均是不问出身，量才而用，最终为秦国的一统做出了卓越贡献。

总之，秦国开放姿态推动了人才的流入，加速了社会政治、思想文化等各方面的变革和创新，而这又要求更大程度的开放，因此秦国才能在短短百年统一根基深厚的其他六国。以古鉴今，这种开放与创新的精神也是我国今后发展中最重要的方向之一。

三、秦汉里吏是如何支撑国家政权的

"天下之治，始于里胥，终于天子。"① 自古以来，基层社会的治理都是国家稳定与发展的基础。无论是在国家的创制期对基层政权的大规模调整，还是国家的稳定期对基层政权的保障和维护，都是统治者最为关心和重视的内容。在秦汉时期，里是国家政权在最基层的组织，里吏则是最底层的吏员。作为秦汉帝国的统治末梢，里吏一方面是国家权力伸向社会的毛细血管，另一方面也是基层社会组织和生产的核心要素。里吏作为国家政治权力的延展，其作用与功能也随着时代发展而变化。在乡里制诞生时期，里吏被视作官吏队伍中的一员，是国家统治的基石，而随着时代发展，基层统治重心逐渐上移，里吏逐渐形同差役。此外，里父老作为被国家认可的民间领导者，在秦汉基层社会中也发挥着举足轻重的作用。总之，在秦汉时期，里吏与里父老共同构成了管控基层的重要力量。

（一）商鞅变法后，里从以血缘宗族为基础组织形式的共同体，转变为国家基层行政组织

里最早是先秦社会生产条件下的产物。与邑一样，最初的里是散布在广大田土之上的小型聚落，这些聚落具有先秦血缘共同体的特征。里作为居

---

① （清）顾炎武撰，（清）黄汝成集释，栾保群点校：《日知录集释》卷八《乡亭之职》，中华书局2020年版，第426页。

住聚落，建有围墙，与农田相隔绝，共同体成员多为拥有血缘关系的亲族，他们共耕均赋，同祭合饮，互相救济，共同进行社会活动和生产活动。《诗经·周颂·载芟》有云："载芟载柞，其耕泽泽。千耦其耘，徂隰徂畛。"①这便是对此类聚落共同体共同耕作景象的生动描绘。而西周到春秋早期的宗法封建国家，也将这些聚落共同体视为一个整体来看待，故此时征发赋役也多以里邑为单位，说明此时的里邑相对于国家仍保持着一定程度上的自治与相对独立性，聚落与国家之间只有封建臣属关系，而没有行政上的隶属关系，国家的行政力量尚未突破基层共同体而直接控制到个人。此时里的长官称为里君、里人或是司里，由于西周至春秋早期，宗法城邦国家规模不大，因而相对于国家而言，里的重要性也远超后世，里君与卿事寮、诸尹、百工并举，其职位也多由贵族担任。里君执掌里内的大小事务，包括建筑、人口、徭役等。

随着春秋时代社会结构的变化与发展，以及兼并战争的频繁，人口的流动大大加速，传统的血缘共同体开始被打破。伴随着国野制的崩溃，人口迁徙的加剧使得聚落的地域性大大加强。里也从宗法封建制下的血缘聚落逐渐成为基层社会组织的通称。特别是随着战国领土国家的形成，由于兼并战争的需要，各国纷纷扩大兵役人口，加强对国内人口的控制。其做法便是将军队中实行的什伍制，复制、拓展到基层社会管理之中，实行军政合一的管理方式。其中最典型的便是商鞅变法中"令民为什伍，而相牧司连坐"②。随着编户齐民的进一步推进，国家的行政力量直接控制到个人之后，里便从以血缘宗族为基础组织形式的血缘、地域共同体，转变为国家基层的行政组织。特别是随着战国领土国家的扩大乃至于秦汉大一统国家的形成，里的规模相对于国家而言越来越小，里的组织也就越加成为国家官僚行政组织上最底层，也是最为基础的部分。国家对各种资源的调配、所施行的各项措施无不依赖于对里这一基层行政组织的管理，而直接负责对里进行管理的便是由国家所任命的里吏。

---

① （汉）毛公传，（汉）郑玄笺，（唐）孔颖达等正义：《毛诗正义》卷第十九《周颂·载芟》，中华书局 2009 年影印清阮元校刻《十三经注疏》本，第 1296 页。
② （汉）司马迁：《史记》卷六十八《商君列传》，中华书局 1982 年版，第 2230 页。

（二）里吏的职责众多，国家统治在基层的执行依赖于基层官吏

如果将国家比作一个巨大的身体，那么里吏就是这个身体神经系统的末梢。里吏作为国家的基层属吏，其在里内的政治地位也由国家赋予，国家统治在基层上的执行皆仰赖于这些基层官吏。见诸史籍的里吏主要有里典、里监门、里师、里佐等。里吏的职责众多，国家对于人口的控制、对赋役的征发，乃至于地方社会秩序的维护都要依赖于里吏行政功能的发挥。里吏中最主要的官吏称为里正，秦代为避秦始皇嬴政的名讳，改作里典。战国以来领土国家对国家的统治，主要是通过对人口的直接控制来完成的，这就要求官府能够随时掌握国内人口的各种情况，而基层官吏理所当然是这一职能最主要的执行者。因此，调查人口、制作户籍、催征赋役便成为里吏的基本工作内容。户籍是官府征调服役的基本依据，所以秦汉时期国家对户籍的管理非常严格。户籍对于人民的年龄、财产、样貌特征都有严格的记录，这些工作当然都是要在里吏的操作下才可能完成。根据秦律，户口普查如果出现假冒欺诈，信息不实的情况，里典都要因此受到连坐。由于自然规律的作用，民众生老病死，逃亡迁徙，基层的人口状况必然时时变动，能直接实时掌握这些人口变动情况的，只有在最基层工作的里吏。

战国以来，国家之所以强调对于人口的直接控制，是因为人头税和徭役都是系于人身的，换言之，国家只有控制尽可能多的人口，才能保证财政收入。因此，户籍管理与赋役征发密不可分。秦汉时期国家对于不同性别年龄的百姓所需负担的赋税徭役都有相应准则。根据汉代制度，人口税分为两种类型：一为课取于十五岁以上、五十六岁以下的成年男女的人口税，称为"算赋"；二为课取于七岁以上和十四岁以下的未成年者的人口税，称为"口钱"。对于这些赋税的征收当然只有在充分了解了基层人口情况的前提下才有可能完成。除了赋税之外，国家控制下的成年男子还需负担徭役和兵役。男子一旦成年，就需要登名造册，作为征发徭役与兵役的依据。由于里同样也是徭役摊派最为基础的单位，因而无论是名册的登记，还是赋役的征发，都是在里吏的协助下才得以完成的。根据秦律的规定，秦国人民年满十七岁或身高满六尺五寸者便要傅籍，承担兵役徭役等各种国家义务。如果无法达到这一标准，便可以免除兵役和主要徭役。百姓年龄到达六十岁可以免除徭

役负担。而如果出现应当服役而没有傅籍的情况，不管什么具体原因，里吏都要受到处罚。

除了作为国家基层官吏管理赋税徭役的职能，作为先秦以来基层社会领导阶层的继承者，里吏在维持社会秩序、组织社会生产等方面也发挥着重要的作用。在秦及汉初，里作为一个封闭的社会共同体，以围墙与外界区隔开来，只有里门与外界相沟通。而里门的定时开关与管理也皆由里吏负责，里监门便是负责把守里门的官吏。汉代严格实行宵禁，系统严格的管理最大程度上保证了里内治安状况的稳定。里内居民的出入也都在里吏的控制之下。因而如果出现贼寇入内的情况，根据秦律，里吏即使外出不在，仍应论罪。此后随着人口增殖，出现了众多没有围墙的聚落，官府便集数个聚落为一里，设置里长进行管理，这大概与今天基层的行政村相似。里吏随时掌握里内的治安状况，里内如果出现水火、寇盗等情况，里吏皆需上报上级部门。里吏还要负责指导里内居民的生产活动。耕牛是对农业生产具有非常重要作用的生产资料，而对耕牛的管理也是里吏的职责之一。就像先秦时代的里君一样，里吏也同时是里民生产活动的组织者和管理者。农业生产与时间季节密切相关，而在早期农业社会中，这些信息必然只能通过集体和国家才能取得，也只有在里吏的指导和督促下，聚落农业的生产活动才能得以正常完成。

（三）里父老是血缘、地域社会下天然的领导力量

除去里吏之外，里父老是里内的另一个重要的领导群体。《春秋公羊传·宣公十五年》何休注说："一里八十户，八家共一巷，中里为校室。选其耆老有高德者，名曰父老；其有辩护伉健者为里正。"可见和里正一样，里父老同样由国家任命。而只有在里内年高德劭的老人才能得到国家的任命。但与里吏不同的是，里父老作为血缘、地缘共同体中传统上的领导角色，与作为国家正式官吏和国家意志与行政力量延伸的里吏相比，有着较强的地方色彩。里父老虽然并非国家官吏，但也同样被国家纳入了地方管理体制当中。特别是汉朝实行"以孝治天下"的国家指导方针，国家在法律上对老人实行优待，汉宣帝时就规定"自今以来，诸年八十以上，非诬告、杀伤

人,它皆勿坐",①汉朝政府还设立了王杖制度,给年七十以上的老人赐予王杖,像朝廷所用的旌节一样作为优待的凭信。获赐王杖的老人,可以享受各种经济法律上的优待,其地位比于六百石的官吏。这些举措进一步提高了里父老在地方社会中的地位。与其他里吏一样,里父老也承担着维持地方社会稳定和发展的责任。因而在秦汉律法之中,里父老同样承担着各种连坐的责任,尽管里正的责任要重得多。

里父老对于里内的约束力,更多地来自传统上的自然力量,不同于国家权力的强制。因而当官僚体系的行政能力出现衰退,国家发生内乱时,里吏的行政功能无法得到落实,里父老所代表的地方领导力量便迅速填补了国家行政力量的空缺,成为地方社会的主导力量。早在战国时代,人们便已经认识到在战争条件下里父老所起到的重要作用。《墨子·号令》中就说:"守入临城,必谨问父老、吏大夫、诸有怨仇雠不相解者,召其人,明白为之解之。"只有通过里父老解决里内的纠纷,才能够保证里民的团结,以防出现内乱的情况。而在国家兴亡之际,里父老所发挥的作用便更加重要。秦末刘邦的起义能够成功,正是因为"父老乃率子弟共杀沛令,开城门迎刘季,欲以为沛令"②。里父老虽然在社会动乱的浪潮中发挥了重要的作用,然而却不能将此时的里父老视为里吏的一分子。里父老原本就是血缘、地域社会中天然的领导力量,虽然他们被纳入了秦汉国家的地方行政当中,但随着王朝的动乱,国家行政力量的衰退,使得国家意志的触手无法直接到达基层,里父老也就失去了作为国家行政力量的属性,更多地体现了作为基层社会领导的地方性。里父老之所以在国家兴亡中扮演如此重要的角色,也正是因为他们本身便是地方社会的天然领导者,在国家行政组织失灵的条件下,基层社会自然也就恢复了原本所具有的自治属性。无论是在秦末动乱,还是新莽的动乱之中,里父老所代表的都是基层社会的集体意志,也正是这一集体意志,在群雄争霸中发挥了举足轻重的作用。③

---

① (汉)班固撰,(唐)颜师古注:《汉书》卷八《宣帝纪》,中华书局1962年版,第258页。
② (汉)司马迁:《史记》卷八《高祖本纪》,中华书局1982年版,第350页。
③ 关于秦汉里制的相关研究,可参邢义田《治国安邦:法制、行政与军事》相关章节(中华书局2011年版),还可参王爱清《秦汉乡里控制研究》,山东大学出版社2010年版。

四、秦汉地方农官如何推动农业生产

秦汉时期的统治者非常重视农业生产的稳定与发展。国家力量在保证农业再生产正常进行，促进新作物、新生产技术的推广应用，推进地方开发等方面，都起到了非常重要的作用。当时农官系统是国家维持和推动农业发展的公共职能的主要体现，地方农官作为农官系统的末梢，是这一职能得以正常发挥的必要条件。地方农官在国家力量延伸到基层的过程中，发挥了十分重要的作用。

（一）在充分吸收先秦诸国经验的基础上，秦汉国家建立起了一套系统而完备的农官体系

中国古人很早就意识到农业发展对于国家存亡的重要影响。《礼记·王制》中说："国无九年之蓄，曰不足；无六年之蓄，曰急；无三年之蓄，曰国非其国也。"这说明了粮食储备是国家富强的基础，而农业的进步正是国计民生的重要保障。在这一思想的指导下，我们国家很早就设置了一套相对完备的农官制度。根据《周礼·地官》记载，当时的农官就有"司稼""廪人""仓人"等，它们都隶属于中央机构。到了战国时期，随着兼并战争日渐激烈，各国纷纷谋求变法，农官系统也需要做出相应的调整，地方农官的作用日益显著，最为明显的事例便是"啬夫"之官的大量出现。

"啬夫"本义为"收获庄稼的人"，随着国家对于农业生产的日渐重视，农夫中那些表现优异的人逐渐被提拔为下层田官。从《睡虎地秦墓竹简》的相关材料中可以看出，秦国最晚在战国末期已经设置了一系列啬夫官，其中包括县啬夫、乡啬夫、亭啬夫乃至于田啬夫、仓啬夫、库啬夫、苑啬夫等，涉及生产活动的方方面面。而且，啬夫不仅要从事农业生产的管理，而且还需要处理一些基层的管理工作。《管子·君臣上》中说："吏啬夫任事，人啬夫任教。"即说明了啬夫在监督生产之外，还需要处理法律诉讼、审核户口、收取赋税等一系列繁复的工作。农官兼职地方基础事务管理这一事例，也从一个侧面反映了农业为国家之本的重要原则。

到了秦汉时期，随着国家的统一、社会的稳定，随着中央集权的不断加强，农业生产获得了进一步发展。同时，由于受到战争的破坏，恢复社会经济也成为秦汉统治者的迫切需要。在充分吸收、借鉴先秦诸国经验的基础上，秦汉国家建立起了一套系统而完备的农官体系。从中央层面上看，秦朝中央政府在国家财政管理官员之外，还专门设置了治粟内史掌管农业物产。汉景帝时改治粟内史为大农令，武帝时又改为大司农。大司农以下又设有太仓令、均输令、平准令、都内令、籍田令等，负责掌管国家经济部门的各项职能。此外，汉代中央政府中还有水衡、少府、太仆等官，均与农业生产息息相关。

然而，中央颁布的命令也要依靠地方积极有效地执行。为了与中央政府中的农官相配合，秦汉时期，地方上也建立了一套复杂而完备的农官系统。根据学者的研究，这些地方的农官分属三大系统：都官系统、地方行政系统和屯田系统。

先来看都官系统的农官，顾名思义，他们相当于中央官署在地方上的派出机构，主要负责当地公田的管理。再就是地方行政系统中的农官。其中，田啬夫作为最基层的农官，直接负责督促广大农民的田作劳动。因此，田啬夫称职与否，直接关系着粮食的收成好坏。所以秦汉时期，官府制定了一系列繁复的条文来规范田啬夫的日常工作。除了监督农民劳作，田啬夫还必须负责其他与农业生产相关的活动。比如，在春季干旱少雨时，田啬夫必须亲自斋戒三日，身着青衣主持祈雨活动，以保证春苗灌溉。此外，耕牛作为古代最重要的生产资料之一，历来受到官府重视。所以保证耕牛健康无恙，也是秦汉时期田啬夫的日常工作。如果耕牛出现病害，或者数量减少，那么在年终考核中，田啬夫要受到相应处罚。至于屯田系统中的农官，主要设置于汉朝的边疆地区，当时武帝下令开展大规模的屯田以巩固边防，专职农官则应运而生，他们主要管理屯田区的大小事务。这三个系统的农官虽然隶属于不同的行政部门，但都属于农官系统，它们通过多系统、多层级的方式进行运作，在一定程度上保障了秦汉时期农业生产活动的顺利进行。

（二）地方官员注重劝课农桑、兴修水利、发展农业

在秦汉时期相对完备的农官系统中，地方官员的贡献十分显著。首先，地方官员每年都要把自己所辖区域的户口、田地、赋税状况记录在案，并上报给中央政府。我们从《睡虎地秦墓竹简》中还能看出，甚至是农作物的生长情况以及自然灾害的影响都需要地方官员逐级上报。

在中央政府如此重视地方农业生产状况的大背景下，地方官员也非常注意劝课农桑、兴修水利、发展农业。比如汉元帝曾任命一个名为召信臣的官员担任南阳（今河南南阳）太守。在任上，他对农业生产非常关心，常常出入于田野之间，劝导当地居民辛勤耕作。为了推动当地农业发展，他还派农官们下乡调查当地的水源情况，得到详细信息后又带领人们开通沟渠，使当地的农田都能得到灌溉，粮食产量大大增加，百姓都受益于此。召信臣又为百姓制定了农业用水的规定，刻在石头上立于农田的旁边，以防止百姓因为水源分配不公而发生争执。对于那些游手好闲、不事生产的官宦人家的纨绔子弟，他经常加以斥责。其中特别严重的，则依照法律加以惩处。在他的治理之下，南阳郡中的百姓勤劳耕作，四方百姓纷纷迁居到这里。无论是官吏还是百姓都对他非常景仰，称他为"召父"。到了东汉时期，官吏杜诗又到南阳担任太守，他发明了水排这一工具，大大提高了劳动的效率。他还修建水利设施，扩大农田面积，受到当地人民的爱戴。后来，南阳百姓将他与召信臣并列，称为"召父""杜母"，这就是民间所谓"父母官"的由来。

这些所谓的"父母官"之所以能得到为民兴利的好名声，与他们所做的贡献是分不开的。秦汉时期，地方行政制度为郡县制，郡、县中的文书行政机构称为"曹"，负责处理田亩统计相关文书的"田曹"位列其中。除此之外，还有负责督促农桑的劝农掾，常常需要通过实地考察来制定地方农业生产的具体政策，从而促进当地生产的发展。同时，他们还要督促当地农民开垦田地，教会他们使用先进的农具和生产技术。若是缺少了这些农官的支持，具体方针政策的制定和一线工作的开展，是不可想象的。

另外，上文提到的较为特殊的屯田官，也是秦汉时期农业发展的一个不可或缺的组成部分。从汉武帝开始，汉朝政府开始征发大批戍卒在边郡屯田。屯田一方面是国家充实边境、防御敌国的重要国防工程，同时也对边郡

的农业发展起到了很大的推动作用。在有屯田任务的边郡都设置有"农都尉",他们由中央的大司农直接领导,全权负责当地的屯田事务,农都尉下又设有各级农官。王莽在发兵攻打匈奴时,曾派遣赵并为田禾将军,负责北假地区(今内蒙古河套以北、阴山以南夹山带河地区)的屯田事务,可见屯田区农业生产的战略地位之重要。而且,各边郡的屯田系统也并非各自为战,而是组成了一个统一的整体,它们在中央的统一调度下互通有无,居延汉简中就有大量屯田区农官之间转调钱谷的记录,这样一个系统不仅保证了屯田区农业生产的正常进行,也为边疆地区的军事行动提供了经济基础。

可见,秦汉时期的农业职能主要通过不同部门中的农官来体现,由此建立的多层次管理模式也保证了秦汉时期中央对地方的控制力。从农业生产的角度出发,这个系统的高效运行有利于统一安排农业生产、推广生产技术、推进地方开发,促进国家意志在地方的推行。地方农官作为这个管理系统的末梢,在这一过程中起到了不可替代的作用。

(三)地方农官推动新作物、新技术推广

自周秦以来,北方中原地区的农业种植结构以粟、黍为主,小麦的种植尚未得到大规模地推广,《诗经·王风·黍离》中"彼黍离离,彼稷之苗"就描述了春秋时期关中平原农业生产的普遍景观。直到战国以前,黄河的河况相对良好,水患并不常见,故而这一时期农业生产面临的困难主要在于防旱而非防涝,因此粟、黍等防旱作物备受农民青睐。到了战国时期,为了保证本国农业生产的发展,破坏敌国经济发展的基础,各国更是竞相构筑堤防。《战国策·东周策》中记载:"东周欲为稻,西周不下水。"可以看出,控制水源是国家间争霸制胜的有力武器。除了筑堤自利外,战争中决堤灌城的手段也屡见不鲜,比如公元前225年秦将王贲伐魏时,就曾引黄河之水灌入魏都大梁,给魏国造成了重大打击。然而,战争状态的长期存在给黄河中下游的水网造成了巨大破坏。汉代之后,黄河水患频发,严重影响和制约了当时的农业生产。在这种情况下,以粟、黍为主的农业种植结构不再能够正常进行。而冬小麦的生长期由于恰好能够避开黄河的汛期,成为在长期水患难以根治的条件下保证农业生产正常开展的最佳选择。但是由于小农经济抗

风险能力较差,以及农民往往不会主动更换种植的品种,如果想要改变地方上的农业种植结构,就需要通过国家政权的力量加以推进。汉武帝时,董仲舒就曾上书建议推广小麦的种植,他说:"愿陛下幸诏大司农,使关中民益种宿麦(即冬小麦)。"① 汉武帝听从了这个建议,便派遣专门的官员到受灾地区推广冬小麦的种植。这说明,地方农官作为国家农官系统的末梢,成为中央意志抵达基层的重要渠道,特别是都官系统的农官,作为中央派出机构,肩负着相当重要的使命。

  国家推广农业技术以及推动其创新也离不开这个多系统、多层次的地方农官体系,最典型的案例是关中平原农业的繁荣。汉武帝时期,汉朝国力达到较为强盛的状态,于是武帝开始大举对外征伐。古人言,"兵马未动,粮草先行"。为了保证军队后勤补给的供应,汉武帝设置了搜粟都尉的官职以解决军粮收集的问题。此时,汉武帝听说一个叫赵过的人,通过研究西北地区百姓种植的方法,总结出一种可以提高粮食产量的新型耕作方法,便任命他为搜粟都尉,让他加以推广。这种耕作方法就是代田法,其基本方法是通过在田地里开沟作垄,沟垄相间,深一尺,垄宽也是一尺。播种时将种子播种在沟里,幼苗生长在沟中可以避免风吹,同时也能保持土壤中的水分。在幼苗生长的过程中,不断将垄上的土翻入沟中,以培植苗根。到了夏天,垄上的土已经完全填入沟中,沟垄削平,此时作物的根已经很深了,这样既可抗旱,也可抗风。第二年,则将沟垄翻转,以原来的沟为垄,原来的垄为沟,有助于保持土壤肥力。为了确认代田法的优势,赵过首先在国家控制的公田上进行试验。他带着皇帝行宫的卫兵,在行宫的土地上用新法耕作,结果每亩田地比使用传统耕作方式增产粟一石以上。接着,他又让大司农吩咐手下的能工巧匠,制作适用于代田法的新型农具。这些都准备好之后,便由关中的郡县长官,将这些农具发给当地的农官和善于耕田的农民,并且教给他们代田法,再通过他们教给当地百姓。就这样,代田法得以成功地在地方上推广,其影响也远远超出了赵过负责的三辅地区。

---

① (汉)班固撰,(唐)颜师古注:《汉书》卷二十四上《食货志第四上》,中华书局1962年版,第1137页。

到了汉成帝时，氾胜之作为轻车使者，被派到三辅地区指导农业生产。他深入基层，观察黄河流域的农业生产经验，并亲自试验各种作物最为科学的种植方法。经过长期的刻苦努力，他总结出精耕细作的区田法、溲种法、穗选法、嫁接法等，并将这些宝贵的经验整理成一部农书，即《氾胜之书》，得到广泛赞誉。唐代贾公彦认为，"汉时农书数家，《氾胜》为上"①。由此可见，农官之于当地农业生产有着极为重要的意义。通过他们，国家政策和先进技术得以推行，北方地区的农业生产结构得到较为显著的优化，中原地区即便长期遭受水灾也能保证一定水平的农业生产，这对秦汉的国力发展和社会稳定有着非常重要的意义。从另一方面来看，这一切如果缺少了发达且完备的农官系统也是不可能做到的。

五、汉代"以孝治天下"的德化作用

汉代统治者为稳定社会秩序、提振社会风气，奉行"以孝治天下"的国家治理方针。汉朝政府将"以孝治天下"的思想贯彻到了国家政策、选官制度、意识形态等方面，不仅对于当时的社会治理起到了积极作用，更对传统中国的文化、政治及社会，乃至于中华民族精神的发展都产生了深远的影响。

（一）汉代将"以孝治天下"落实在具体的法令政策上

秦自商鞅变法后，面对七国兼并战争的政治形势，为实现"富国强兵"的目标，推行了"异子之科"和"均出余子之使令"②，即以法律形式规定父子兄弟必须分家居住，财产分离。秦国希望通过强制百姓别籍异财的方式，增加国家的户数与人口，增加政府的赋税收入，扩大兵源。但是，法家这种崇尚功利、忽视家庭伦理和社会道德的做法，虽然迅速提高了国家战争实力，却也在一定程度上造成了社会风气与道德的败坏。汉代贾谊这样描述

---

① 《周礼·地官·草人》唐贾公彦疏语。见（汉）郑玄注，（唐）贾公彦疏：《周礼注疏》卷十六《地官·草人》，中华书局2009年影印清阮元校刻《十三经注疏》本，第1609页。
② 蒋礼鸿撰：《商君书锥指》卷一《垦令第二》，中华书局1986年版，第14页。

"异子之科"造成的后果：商鞅抛弃了礼义和仁义恩惠，一心只想兼并天下；他的新法推行了两年，秦国的风俗日益败坏。所以秦国的人，家中富有的，儿子长大成人就与父母分家，家庭贫穷的，儿子长大以后就到富人家中当上门女婿；儿子借农具给父亲，脸上就显出给父亲恩德的表情，婆母前来拿簸箕扫帚，儿媳立即口出恶言；儿媳抱着怀中吃奶的婴儿，就与公爹姘居鬼混，媳妇和婆婆关系不好，就公开争吵。他们只知道慈爱儿子，贪求财利，这与禽兽已经没有多少差别了。社会的伦理道德，特别是父子家庭之间伦理关系的破坏，使当时的士人感到非常忧虑。

汉初承秦亡之敝，国家迫切需要重整社会秩序，提升社会道德。加上儒家思想的影响日益加深，尊崇孝道便自然成为重建社会秩序的重要手段。自汉文帝以后，汉朝政府多次颁布孝亲养老相关的诏令。《汉书·文帝纪》载文帝二年（前178）诏书中就说："老年人不穿帛制的衣服就不能保暖，不吃肉就不会饱，现在每年不派人慰问老人，又不赐予布帛酒食，如何帮助天下的子孙孝养他们的亲人？"诏书要求地方官将尊老养老作为自己的施政方针，对老人要时常问候，赐予衣食。又武帝元狩二年（前121）下诏表明对那些没有劳动能力、无依无靠、缺乏衣食之人的怜悯之心，并要嘉奖孝悌力田之人，派遣谒者巡行天下，加以问候和赏赐。这些诏令虽然多为一些象征性、礼仪性的做法，但却体现出了政府的价值导向，对当时的社会主流价值产生了很大影响。

汉承秦制，为纠正秦法之弊，政府也颁布了各种法令政策以鼓励人民尽孝。在地方上，汉朝政府设置了孝悌、力田、三老等基层人员，以教化百姓，"令各率其意以道民焉"①。将恢复生产与推行孝道相结合，对稳定乡村社会秩序起到了重要作用。同时，国家也在财政和税收上为行孝提供方便。建元元年（140），汉武帝下诏："今天下孝子、顺孙愿自竭尽以承其亲，外迫公事，内乏资财，是以孝心阙焉。朕甚哀之。民年九十以上，已有受鬻法，为复子若孙，令得身帅妻妾遂其供养之事。"②汉朝政府多次通过提供补

---

① （汉）班固撰，（唐）颜师古注：《汉书》卷四《文帝纪》，中华书局1962年版，第124页。
② （汉）班固撰，（唐）颜师古注：《汉书》卷六《武帝纪》，中华书局1962年版，第156页。

助、免除赋役等手段，帮助百姓能够奉养老人。如建始三年（前30），汉成帝下诏："赐孝弟力田爵二级，诸逋租赋所振贷勿收。"① 国家还在法律上对老人实行优待，汉宣帝时就规定"自今以来，诸年八十以上，非诬告、杀伤人，它皆勿坐"②。汉朝政府还设立了王杖制度，给年七十以上的老人赐予王杖，像朝廷所用的旌节一样作为优待的凭信。获赐王杖的老人，可以享受各种经济、法律上的优待，其地位比于六百石的官吏。随着"以孝治天下"被确立为汉朝国家治理的指导思想，朝廷甚至通过法令，强制官员与父母同籍共财，以为表率。如汉元帝初元元年（前48）诏："除光禄大夫以下至郎中保父母同产之令。令从官给事宫司马中者，得为大父母、父母、兄弟通籍。"③ 应该说，这些手段对于国家引导养老孝亲的社会舆论，提振社会上养老的风气，都起到了良好的作用。

（二）"以孝治天下"成为汉代选拔人才的指导思想

汉代"以孝治天下"的另一重要方面体现在选拔人才的指导思想上。对中央集权的官僚体制而言，人才的选拔与官员的选任至关重要，官吏素质如何，直接关系到统治阶级能否有效地实现自己的统治。因而"选贤任能"一直是古代政治的核心要求。而这一要求能否达成，起到决定性作用的是选拔人才的指导思想。汉初居统治地位的思想是主张无为而治且与刑名法术之学相通的黄老学说，国家用人主要以军功与资历为标准，而在行政方面则为文法吏所控制。以经术为官的儒生受到打压与排挤，大量贤良之士被排挤在政府之外。然而随着社会经济的恢复与发展，社会的稳定与发展越来越成为国家关注的重点。为了适应新的国家形势，朝廷迫切需要建立一种新的选官制度。一方面将拥有治理能力的人才吸纳进政府之中，另一方面也加强与地方社会的联系，起到稳定社会秩序的作用。因此，国家借助儒家思想，建立了察举制度。

---

① （汉）班固撰，（唐）颜师古注：《汉书》卷十《成帝纪》，中华书局1962年版，第306页。
② （汉）班固撰，（唐）颜师古注：《汉书》卷八《宣帝纪》，中华书局1962年版，第258页。
③ （汉）班固撰，（唐）颜师古注：《汉书》卷九《元帝纪》，中华书局1962年版，第285—286页。

察举是汉代最重要的仕进途径和方式，是选官制度的主体。汉代察举的科目很多，可分为常行科目和特定科目两大类，而常行科目中最主要的一科则是孝廉，代表了察举的主流。儒家思想将孝亲与忠君相联系，也就是所谓的"移孝作忠"。

《孝经·广扬名章》中说："君子之事亲孝，故忠可移于君；事兄悌，故顺可移于长；居家理，故治可移于官。"故而，从汉文帝开始，汉朝政府就有意识地将孝廉作为举贤的标准，汉文帝十二年（前168）便诏令："孝悌，天下之大顺也；力田，为生之本也；三老，众民之师也；廉吏，民之表也，朕甚嘉此二三大夫之行。今万家之县，云无应令，岂实人情？是吏举贤之道未备也。"①

武帝即位后，以察举为主体的选官制度从内容到形式都全面完善起来。元光元年（前134），武帝首次令郡国举孝廉各一人。不久，在贤良对策中，董仲舒提出以儒家思想为指导改良政治，其中建议"使诸列侯、郡守、二千石各择吏民之贤者，岁贡各二人"。于是武帝诏令郡国举孝廉、茂才。这标志着汉代察举制度真正开始运作。然而选官制度的转向并非一朝一夕之功，以文法吏为主体的地方官员不能很好地适应新的选拔人才的指导思想。为贯彻执行举孝廉的制度，元朔元年（前129），武帝下诏不察举孝廉的地方官都应当罢免，"不举孝，不奉诏，当以不敬论，不察廉，不胜任也，当免"②。这样举孝廉的制度才真正推行起来。此后察举孝廉定为岁举，即各郡每年按规定数额举荐人才，送至朝廷，成为官吏选用、升迁的清流正途。这一政策对统治阶层与国家治理群体的构成产生了巨大的影响。武帝以降，从郡国要员到朝内公卿，有不少都是孝廉出身。而以"孝廉"为标准的新型选拔人才的指导思想的确立，也对民间产生了巨大的导向作用。这些来自民间、浸润于儒家孝道的贤才成为官员后，得以为政一方，又反过来影响了民间的社会风气。较之刑名法术之士，这些"孝廉"对于发展经济和文教事业以及振励风俗、稳定社会等，产生了更加显著的积极作用。

---

① （汉）班固撰，（唐）颜师古注：《汉书》卷四《文帝纪》，中华书局1962年版，第124页。
② （汉）班固撰，（唐）颜师古注：《汉书》卷六《武帝纪》，中华书局1962年版，第167页。

(三)"以孝治天下"上升到了国家意识形态的高度

汉代不仅将"以孝治天下"落实在具体的法令政策上，更将之上升到了国家意识形态的高度。《孝经》是一部集中论述孝道的儒家经典。它提出"夫孝，德之本也，教之所由生也"①，将"孝"视为伦理道德的根本，以"孝"为中心将不同社会阶层的伦理道德贯通起来，自天子到百姓，都应当以行孝为本，"人之行，莫大于孝"。《孝经》甚至将"孝"与宇宙论联系起来，认为孝是"天之经也，地之义也，民之行也"。如果能做到"孝悌之至"，便能与鬼神相通，照临四海，无所不至，将"孝"的作用提升到了极致。这样一部经典，当然受到了汉朝官方的格外重视。

汉文帝时，朝廷便设立了《孝经》博士，将《孝经》立为官学，选拔学生弟子传习。汉武帝设立五经博士后，五经之外的经典不再设立博士，《孝经》博士也被取消。《孝经》虽然不再立博士，但仍然受到当时儒家士人与经学弟子的重视，是当时学子的必读书。

汉代在地方上设立学校，《孝经》也被作为教材使用。汉平帝元始三年(3)，建立的地方学校制度中规定，在乡中设立的基层学校庠序里，都要设置教授《孝经》的老师，"郡国曰学，县、道、邑、侯国曰校。校、学置经师一人。乡曰庠，聚曰序。序、庠置《孝经》师一人"②。到了东汉，《孝经》更加受到重视，朝廷甚至要求"自期门羽林之士，悉令通《孝经》章句"③。

除了官方的特别关注，在汉代经学的学术体系中，《孝经》也具有特殊的地位。纬书《孝经钩命决》说："孔子在庶，德无所施，功无所就，志在《春秋》，行在《孝经》。"在汉儒看来，孔子"为汉制法"，《春秋》是孔子为汉朝所作的大经大法，其中包含了孔子的微言大义与王道理想，在汉代经学中具有中心地位。而《孝经》则被视为实现这一理想的实践原则，是治国平

---

① （唐）唐玄宗注，（宋）邢昺疏：《孝经注疏》卷一《开宗明义章》，中华书局 2009 年影印清阮元校刻《十三经注疏》本，第 5525 页。
② （汉）班固撰，（唐）颜师古注：《汉书》卷十二《平帝纪》，中华书局 1962 年版，第 355 页。
③ （南朝宋）范晔撰，（唐）李贤等注：《后汉书》卷七十九上《儒林列传第六十九上》，中华书局 1965 年版，第 2546 页。

天下的具体方法。而将《孝经》与《春秋》并举，无疑体现了汉儒对《孝经》的特别重视。更进一步，郑玄《六艺论》说"孔子以六艺题目不同，指意殊别，恐道离散，后世莫知根源，故作《孝经》以总会之"①，认为《孝经》总会了儒家大六艺，即《易》《书》《诗》《礼》《乐》《春秋》，并且是六艺的根源。这就将《孝经》提到了经学之枢纽的特殊地位，《孝经》在汉代经学中的地位由此可见一斑。在白虎观会议确立的汉代官方意识形态当中，三纲六纪被确立为国家伦理的基本框架。三纲即君为臣纲、父为子纲、夫为妻纲，六纪即诸父有善、诸舅有义、族人有序、昆弟有亲、师长有尊、朋友有旧，而孝道正是这一伦理框架的主体。陈寅恪说："吾中国文化之定义，具于《白虎通》三纲六纪之说，其意义为抽象理想最高之境，犹希腊柏拉图所谓 Eîdos 者。"②汉代经学中对于孝道以及由此展开的道德伦理价值的重视，对整个中国文化和中国社会都产生了深远的影响。

（四）"以孝治天下"使社会风气得到了极大的改善

通过汉朝政府"以孝治天下"的一系列措施，国家治理群体的面貌焕然一新，整个国家的社会秩序与社会风气都得到了极大的改善。特别到了东汉，无论是官僚士大夫群体还是民间社会中，其良风美俗都达到了新的高度。顾炎武就认为"三代以下风俗之美，无尚于东京者"③。他在《日知录》中记载，当时的公卿贵戚如樊重，三世共财，子孙朝夕礼敬，如同在朝廷中一样，"光武躬行俭约，以化臣下。讲论经义，常至夜分。一时功臣如邓禹，'有子十三人，各使守一艺，闺门修整，可为世法'，贵戚如樊重，'三世共财，子孙朝夕礼敬，常若公家'。以故东汉之世，虽人才之倜傥不及西京，而士风家法似有过于前代"④。一时世家大族，家风严谨，而"孝"正是士族

---

① （清）皮锡瑞撰，吴仰湘点校：《六艺论疏证·孝经论》，中华书局 2015 年版，第 575 页。
② 陈寅恪：《王观堂先生挽词并序》，《（陈寅恪）诗集》（附《唐篔诗存》），三联书店 2001 年版，第 12 页。
③ （清）顾炎武撰，（清）黄汝成集释，栾保群点校：《日知录集释》卷十三《两汉风俗》，中华书局 2020 年版，第 678 页。
④ （清）顾炎武撰，（清）黄汝成集释，栾保群点校：《日知录集释》卷十三《两汉风俗》，中华书局 2020 年版，第 680 页。

家法的核心内容。

不仅对于官僚士大夫等社会上层,"孝"的思想在民间也产生了深远影响,甚至渗透在民间信仰当中。从汉代画像石中,我们可以看到众多的孝子、孝女,如李善、董永,都与各种神灵、圣王和英雄排列在一起,共入圣域。可见在汉人信仰的内心世界,"孝悌"确实拥有可以"通乎神明"的力量。汉代孝子孝亲乃至复仇的故事,不胜枚举,当然也是"孝"的思想成为民族信仰核心内容的结果。这一影响更随着汉代思想的发展流入道教的血脉当中,被一直保存下来,对于中华民族精神的形成起到了巨大的积极作用。《老子想尔注》中说:"道用时,臣忠子孝,国则易治。时臣子不畏君父也,乃畏天神。孝其行,不得仙寿,故自至诚。既为忠孝,不欲令君父知,自默而行。"从中反映出忠孝思想的直接影响。到了南朝梁时,道士陶弘景说:"至孝者,能感激鬼神,使百鸟山兽巡其坟埏也。"① 汉代"以孝治天下"的德化作用,不可谓不深远。

六、汉代如何双管齐下监督地方官吏

"有生得遇唐虞圣,为政仍逢守令贤"②。宋代思想家程颢在此诗中,感慨了地方官员在国家政治生活中的重要地位。作为维持国家机器有效运转的重要组成部分,地方官员在日常政治生活中的地位举足轻重,历代中央政府对其既依赖又限制。为更好地发挥地方官员的作用,推动国家运转,对其实行有效监督成为历代统治集团探索的重点之一。汉承秦制,两汉对地方行政、地方官员的监督在秦朝监察制度的基础上不断巩固和发展,最终形成了自上而下的御史(刺史)巡视制度和自下而上的上计制度,双管齐下。这两种制度,一方面对汉代的地方政治、经济、社会等方面都发挥过积极效用,有效维护了中央集权,促进了国家进步;但另一方面,由于制

---

① (南朝梁)陶弘景:《真诰》卷十六《阐幽微第二》,中华书局2011年版,第291页。
② (宋)程颢、程颐著,王孝鱼点校:《二程集·文集》卷三《明道先生文三·是游也,得小松黄杨各四本,植于公署之西窗,戏作五绝,呈邑令张寺丞》,中华书局2004年版,第476页。

度本身的局限性，加之中央朝廷走向昏聩、吏治败坏等因素，最终都随之崩塌。

（一）对地方官员的两级监察

秦统一六国后，在地方全面推行郡县制。两汉虽自始至终延续着汉高祖刘邦所创立的郡国并行的基本格局，但却不否认郡县制在地方行政体制中的主导地位。作为地方大员，郡守集行政、司法、军事、财政于一身，位高权重，中央必须对其权力实行监督。由此，两汉地方监察系统的第一级监察即由中央御史府（东汉以后称御史台）遣派监御史（后为刺史）监察郡国，他们在汉代发挥着举足轻重的作用。

刺史监察郡国制的形成并非一蹴而就，而是经历了较长时段的摸索。秦以及汉初只设置监御史，唐代杜佑《通典·职官六·御史台》记载："御史之名，周官有之……在前则皆记事之职也，至秦汉为纠察之任。所居之署，汉谓之御史府，亦谓之御史大夫寺，亦谓之宪台。……后汉以来，谓之御史台，亦谓之兰台寺。"随着豪强地主势力的恢复和发展，地方豪强和官僚地主兼并土地、侵害百姓、扰乱地方吏治，汉武帝时，置刺史，检核问事，巡行各部。

随着监御史的废除，刺史制度的完善，地方监察法规亦由监御史九条过渡到刺史六条，尤其是后者，严格规定了刺史的重点监察对象和监察职责，为刺史执行地方监察提供了依据。刺史遵照法规开展工作，在规范地方大员权责、维护中央皇权、求贤选拔人才、改善社会风气等方面发挥了积极效用。刺史六条的制定和颁布，是汉代监察制度形成的重要标志之一。明末清初著名思想家顾炎武在其《日知录》中曾赞许，"刺史六条，为百代不易之良法"[1]。可见，刺史六条的颁布，无论是对汉代监察制的完善，还是对后世法律制度的制定，都有促进之效，因而得到了名儒的肯定。

除中央派遣刺史监察郡国行政和官员这一级监察形式外，设置督邮一

---

[1] （清）顾炎武撰，（清）黄汝成集释，栾保群点校：《日知录集释》卷九《部刺史》，中华书局 2020 年版，第 477 页。

职监察属县长官也是自上而下监察制的关键一环,"督邮分明善恶于外"①。汉代每郡分若干部,每部设置一名督邮,由督邮定期巡察部内诸县,重点监察属县长官和豪强,将不称职、扰乱地方吏治者向郡守报请罢免和处罚,对政绩突出者则报请推荐以奖赏、升迁。由此可见,督邮在郡内任务重要、职位关键,履行着"分明善恶"的职能。

综观两汉时期对地方的巡视制度,总体来说监察官员品秩一般都比较卑下,但是职权重大,待遇也颇为丰沃。在这样的激励机制之下,监察官员能够发挥自主性开展工作,随着制度的加强,其职能效用也愈加明显。经当代学者总结,自上而下的两级监察制,尤其是刺史,在惩治贪赃枉法官吏、打击地方不法劣迹等方面发挥着积极的职能作用,一定程度上维护了中央集团,改善了吏治,激浊扬清。

制度的发展是一个循序渐进的过程,初始摸索,随着实践程度加深,可不断调整以臻完善,两汉的刺史制度亦然。刺史的前身是丞相刺史,后者属于丞相府临时派遣,没有固定的监察区,也没有固定的办事机构,其监察带有临时性,这并不利于对地方行政、地方官员实行长效监督。汉武帝及以后的刺史则属于常设地方监察长官,由天子派遣,有固定治所,并且拥有自己的属官,虽位轻但权责重大。权重的特点,一方面便于树立刺史在地方官员中的威望,以监督、约束地方官员;但另一方面,我们必须注意到,刺史有固定治所,加之自身属官拥戴,很容易做大做强。到东汉后期,刺史的职责范围进一步扩大,已经超出监察官范围。

地方官员在中央的形象很大程度依赖于监察官的表述,长此以往,监察官与地方官之间形成利益关系,相互庇护勾结,这也是古代中国依靠"人治"的一个必然结果。除此之外,东汉很长一段时间,外戚、宦官轮流专政,朝廷政治氛围乌烟瘴气。汉灵帝期间,竟用"出于宦官"的王寓担任监察官。王寓恃宠而骄,"欲借宠公卿,以求荐举",百官众僚都很畏惧他,对他的各种无理要求只能应承许诺。当时太常张奂刚正不阿,敢于对王寓说

---

① (汉)班固撰,(唐)颜师古注:《汉书》卷七十六《韩延寿传》,中华书局 1962 年版,第 3213 页。

不，惹祸上身，被诬陷以结党营私之罪，最终免官回到家乡，教授弟子，诵读经书。① 在这种状况下，中央和基层都缺乏对刺史的监察，刺史也再难坚守职责，对贵戚宠臣的不法行为视若无睹，有的甚至与地方大员勾结作恶，监察效用严重削弱，群雄割据成为历史必然。

（二）地方官员的自我检核

两汉时期，中央对地方的监督，御史（刺史）自上而下的巡视是重中之重，但除此以外，中央对地方的监督还采取了一种自下而上的形式，即上计制度。每年年终，地方行政长官需要将地方的户口、垦田、钱谷、盗贼、税收、狱政等方面的情况统计后编成簿籍上报到中央，中央以此作为对地方官员政绩进行评定的主要依据材料之一。上计制度在战国、秦朝时已具雏形，汉承秦制，到后来不断发展完善，成为较为完备的制度，形成县、道上计于所属郡国，郡国上计于朝廷两个层次，并颁布有专门的法规上计律。

为更好地发挥制度效用，与自上而下的两级巡视监察一致，自下而上的上计制度也拥有两个层次。第一级是属县上计，各属县每年"秋冬集课，上计于所属郡国"②，郡守以属县所呈上计簿作为考评县令（长）的重要依据，考课结果分为最、殿两个等级，最者升迁，殿者受罚。第二级为郡国上计，各郡国以上计簿形式向中央呈报田赋、钱谷、狱政等各方面的情况，接受丞相府、御史府的考课，两府工作各有偏重，丞相府主要是以上计簿为依据考察郡守的政绩，而御史府则重在审核上计簿的真伪，"御史察计簿，疑非实者，按之，使真伪勿相乱"③。与属县上计一致，对郡守政绩进行评定，好者为最，不好者为殿，最者升迁，殿者惩处。

郡国上计簿的编写以属县集簿册为基础和依据，因而各属县上计时间

---

① （汉）班固撰，（唐）颜师古注：《汉书》卷六十五《张奂传》，中华书局 1962 年版，第 2141 页。

② （南朝宋）范晔撰，（唐）李贤等注：《后汉书》志第二十八《百官志五》，中华书局 1965 年版，第 3622—3623 页。

③ （汉）班固撰，（唐）颜师古注：《汉书》卷八《宣帝纪》，中华书局 1962 年版，第 273 页。

早于郡国上计，属县上计为秋冬之际，郡国上计则在"岁尽"时。郡国"岁尽遣吏上计"，即每年年终郡国派遣计吏赴京上计，具体受计时间大体是在春天朝会之后。上计与郡国守令的升迁赏罚紧密关联，因而各郡国都非常重视，在中央由丞相总领的郡国上计仪式也十分隆重，史籍中有关这方面的记载多处可见。汉武帝在位期间，还曾多次亲自受计，如太初元年（前104），"春还，受计于甘泉"①。天汉三年（前98），"三月，行幸泰山，修封，祀明堂，因受计"②。可见中央朝廷对上计的关注程度。

上计之所以得到地方和中央的广泛重视，实则是其与国家政治、经济、社会之间有着不可分离的关系。从政治方面来看，上计虽是县、道、郡自下而上进行的一种自我检核，以呈递中央考课，但实则是中央对地方、上级对下级的一种监督管理，其用意与御史（刺史）巡视有着内在的一致性，旨在加强对地方行政、地方官员的管控，以维护皇权，巩固统治。从经济方面来看，对地方长官按照计簿进行考课外，还要对地方官中掌管财政和与财政有关的属吏进行考评。由此，上计制度就与财政联系起来。

综汉之世，上计对财政的监督起到了积极作用，一定程度上打击了违法乱纪行为。从社会方面来看，每年向上呈递的上计簿主要记载着户口、土地、钱谷等基本数据，这些都是朝廷摊派和征敛赋役的依据，尤其是户口的调查核实，汉王朝以此征收口赋、算赋，摊派徭役、兵役，调发卒徒工匠，赏赐权贵等。

（三）汉代监督制度与整个国家的政治生态、吏治清污休戚与共

汉代上计制度涉及范围广泛，它与监察制度、官员考课、用人制度、法律制度等都有着千丝万缕的关系，成为国家运转的轴承之一，并与其他制度融合，互相配合。所以，上计制度在汉代发挥了应有的重要作用，为朝廷稳定的财政收入提供了依据，进一步巩固和发展了中央集权财政制度。同时，"最""殿"的官员考课评级，直接促成了以政绩任用官吏的制度形成和

---

① （汉）班固撰，（唐）颜师古注：《汉书》卷六《武帝纪》，中华书局1962年版，第199页。
② （汉）班固撰，（唐）颜师古注：《汉书》卷六《武帝纪》，中华书局1962年版，第204页。

完善。

　　但专制王权下的制度有其历史局限性,上计制度亦在所难免,在肯定它的积极因素时,还应该注意到它所存在的问题。从微观实施角度来说,每年"案比"(又称"算民"),即调查户口之时,是一年一度的大动作,县、道、乡、亭、里、什、伍,都将参与进来。为了避免谎报以逃避赋役的现象发生,民众需要携老扶幼前往县府集中,等待验阅年貌形状,这对于老百姓来说,无疑是一件烦扰之事,尤其是老弱病残者。因此,但凡能够体贴民众,亲自到百姓所住区域进行貌阅的官员都将得到称赞。谷城长张迁即是实例,民众刻碑歌颂他的功德:"八月算民,不烦于乡。随就虚落,存恤高年。"① 从国家宏观层面来说,上计制度与所处历史时期的整体政治生态、吏治清污休戚与共,国家政治清明,则制度见效明显,且以积极面为主;反之,国家混乱、朝政昏庸,上计制度想要健康前行,就不太切合实际了,毕竟,它不是孤立存在的。

　　制度的优劣、效用与多个方面关涉紧密,并非简单一两句话就可概括其成败缘由。就汉代御史、刺史巡视制度和上计制度来看,统治集团可谓殚精竭虑,希望通过多个角度、多种手段来推进地方政治朝着良性方向发展,消除治理过程中面临的各种缺陷和弊端。

　　综观汉代监督制度,我们可以看到地方行政和地方官员的监督与整个国家的政治生态休戚相关,国家昌明则监督有显著效果,反之,政治陷入昏暗则制度也就逐步陷入瘫痪。究其根本,在古代专制皇权下,监察的出发点主要是为了限制官权以维护皇权,而并非纯粹为百姓谋求利益,拥有最高监察权的皇帝虽然受到朝臣的一定制约,但这种制约极为有限,尤其是在面临强大的皇权之时。故而,在古代中国,当朝局陷入昏暗,皇权被滥用时,监察官个人的品格、素质、能力、信仰对于监察制度的发挥就起着关键性作用。同样,地方官员个人的品德与才能也大范围、深层次地左右着地方政治的好坏,有时候甚至起到了决定性作用。监察制度崩坏之际,是否还能做到仁政爱民、清廉刚正,考验的就是为官之人的个人信仰和素质。

---

① 高文:《汉碑集释》,河南大学出版社1997年版,第490页。

七、汉光武帝靠什么延揽人才

汉光武帝刘秀是一位具有传奇色彩的开国君主。他重振汉室江山，由此开启东汉一朝二百年的基业。称帝后，他措意于文治，"退功臣而进文吏"①，起用了不少良吏，使王朝迅速走向稳定。可以说，光武帝刘秀之所以能够创下丰功伟业，很大程度上得益于他善于吸收、利用人才。如果要对其驭人之术进行总结，大致可归为"推心置腹、权变制衡"八个字。"推心置腹"谋心，从感情上维系君臣关系；"权变制衡"谋权，从权力上强化、巩固君臣关系。刚柔相济，使天下人才尽归于刘秀彀中。

（一）刘秀待人忠厚，赢得部属至死不渝的忠诚

西汉末年，王莽以外戚身份专政，不久后篡汉自立，是为新朝。新朝初立，屡行暴政，百姓苦不堪言，反抗的火种在民间悄然兴起。此时，身居南阳的刘秀似乎也嗅到了一丝躁动的气息。刘秀本是汉朝宗室成员，史书记载，他是汉高祖刘邦的九世孙。王莽失政，天下骚动，使这批"亡国宗室"看到了复国的希望。于是，原本"勤于稼穑"的刘秀便跟随兄长刘縯开始秘密筹划起兵事宜。然而这样的计划却遭到了其他家族成员的强烈反对，他们认为这样的行动会招致灭族之祸。但当刘秀以一身戎装出现在众人面前时，大家才稍稍心安，感叹道："像刘秀这样谨慎忠厚的人都参加了啊！"于是，起义最终得以顺利进行。史书中这样的细节描写，勾勒出刘秀早年谨慎忠厚的性格特征。为人忠厚、待人以诚，这使刘秀结交了一批患难与共、生死相依的战友。

李通是刘秀早年的至交，追随刘秀起兵反莽。后来王莽政府追查起事者，残酷地杀害了李通家族成员六十四人，但他不为所动，依然忠诚地追随刘秀，最终成就了刘秀昆阳大捷的功业。邓晨也是刘秀早年好友，史书记载

---

① （南朝宋）范晔撰，（唐）李贤等注：《后汉书》卷一下《光武帝纪第一下》，中华书局1965年版，第85页。相关研究可参陈勇：《论光武帝"退功臣而进文吏"》，《历史研究》1995年第4期。

他与刘秀"甚相亲爱"。刘秀起兵，邓晨追随其左右。这也遭到了王莽政府的疯狂报复。新野县令为了羞辱邓晨，不仅将其家宅弄得污秽不堪，更掘开了其家族坟墓。面对家人们的愤怒与责备，邓晨"终无恨色"，无怨无悔地为刘秀的兴汉大业出谋划策。

刘縯、刘秀兄弟起兵之后，联合绿林军推举刘玄为帝，号"更始"。此后更始帝听信谗言，杀害了刘縯。遭遇如此变故，刘秀的处境危若累卵。他在赴洛阳博取更始帝的信任后，带着数名随从匆匆赶往河北，招降当地郡县，由此逃离了是非之地。但河北尚未被更始政权控制，各郡县的态度尚未可知，所以刘秀此行可谓凶多吉少。当时，河北实力最强的是王郎，他抵制更始政权，驱逐了刘秀一行人。刘秀无奈，只得流落于田野之间。当此困窘之时，刘秀身边的挚友并未离他而去，冯异就是其中一位。冯异此前一直追随刘秀，又随从到了河北。时值严冬，天气极冷，刘秀一行人衣食无着。冯异为刘秀煮粥充饥，砍柴御寒，鞍前马后毫无怨言，帮助刘秀度过了人生中最艰难的岁月。

不久，刘秀忠厚之名传遍河北，吸引了不少豪杰主动归附。居于"云台二十八将"前列的吴汉、耿弇、寇恂、岑彭、盖延等名将，都是从此时开始追随刘秀。这些人大都是北境郡县的长官，手握闻名天下的"幽州突骑"。于是，刘秀便借助"幽州突骑"之力，一举击败王郎，在河北站稳脚跟。这时还发生了一个插曲：在刘秀与王郎交战时，由于王郎势大，部分刘秀的部属私下与王郎交通文书，而这部分文书在战后恰好被刘秀发现。出人意料的是，刘秀不仅没有追究这些人不忠之罪，反而当众焚毁了这些文书，以示不疑。刘秀的做法不仅打消了部属们的顾虑，展现了用人不疑的大度，更收服了人心，使麾下将领心悦诚服。消灭王郎后，刘秀获封"萧王"之号。此时，活跃在河北的各路农民军又成为其心头大患。这些农民军各有首领，有"铜马""大肜""高湖"等数十路人马，聚众达百万。经过艰苦奋战，刘秀最终降服了各路农民军。然而，这些降将却意不自安，生怕刘秀不信任自己，缴械投降后落得个授首于人的下场。刘秀对这样的心思洞若观火，为了展示自己的信任，他令降将们各自归营、重整军备，自己则带着几个随从检阅他们的军营。见刘秀对自己如此信任，降将们大为感动，纷纷说道："萧王将自己的赤心推入别人之腹,这怎能不让别人为他拼死效力呢!"这便是"推心置腹"这一成语的由来。于是,各路降将纷纷放下戒备,诚心将部属交由刘秀处置。经此一事,刘秀的军力迅速壮大至数十万。由于降兵中以原"铜马"军士兵居多,以至于后来据守关中的赤眉军戏称刘秀为关东的"铜马帝"。

可见,刘秀基业之创立,与他推心置腹的驭人之术息息相关。他早年以忠厚待人,换来的是部属至死不渝的忠诚,转战河北时用人不疑、对降将推心置腹,换来的是上下一心的团结,这在尔虞我诈的乱世争雄中更显难得。随着不断扩充实力,刘秀集团逐渐成为关东地区最大的军事势力。建武元年(25),刘秀登基称帝,史称汉光武帝,汉朝由此复兴。此后又经过十余年艰苦卓绝的奋战,最终在建武十二年(36)刘秀完成了克定天下的伟业,结束了新莽末年以来四分五裂的乱局。

(二)汉光武帝"退功臣而进文吏",不以地域、新旧为限用人

天下初定,光武帝刘秀审时度势,采取了"退功臣而进文吏"的策略。所谓"退功臣而进文吏",简单说来就是提拔文法、儒学之士,以代替功臣群体主导朝政。刘秀深知"马上得之,宁可以马上治乎"的道理①,在建国之初,就虚心招揽善于治国理政的人才。如时任大司空的宋弘,就是其中的佼佼者。刘秀对于招至麾下的人才,都能给予充分尊重。一次,宋弘觐见刘秀时,发现刘秀总是注目于席旁屏风上的仕女图案,宋弘便直言进谏道:"未见好德如好色者。"②刘秀听罢羞愧不已,立刻命人撤去屏风,并向宋弘郑重道歉。正因为刘秀求贤若渴、尊重人才,天下名士纷纷响应朝廷征辟。仅宋弘推荐、后官至公卿的,就有三十余位名士。在刘秀拔擢的"文吏"中,还有不少是前朝旧臣。对于这些人,刘秀一视同仁,礼遇有加,卓茂是其中的代表人物。卓茂早在西汉便已出仕,历经西汉、新莽、更始三朝,后

---

① (汉)班固撰,(唐)颜师古注:《汉书》卷四十三《陆贾传》,中华书局1962年版,第2113页。
② (南朝宋)范晔撰,(唐)李贤等注:《后汉书》卷二十六《宋弘传》,中华书局1965年版,第904页。

隐居于家。刘秀即位之初，就下令访求卓茂，给予其极高荣宠，不仅任其本人为太傅、封褒德侯，还任用了他的两个儿子。建武四年（28）卓茂去世，刘秀还身穿素服，亲自为其送葬。与卓茂同时的，还有孔休、蔡勋、刘宣等六位贤者，刘秀即位后都对他们及其子孙封赏有加，以彰显对人才的尊重。光武帝刘秀这样的做法，在当时知识阶层中引起了很大的反响。史书记载，那些怀才不遇的人听到这样的消息，纷纷克服艰难险阻、离别妻子儿女归附刘秀。后世范晔在著《后汉书》论及此事时，也给予了刘秀极高的评价，称其"厚性宽中近于仁，犯而不校邻于恕"[1]。由此，刘秀成功地招揽来一大批治国理政的贤才，为东汉的政权稳定和长治久安打下了坚实的基础。

不同于汉高祖刘邦"狡兔死，走狗烹"式杀戮功臣的做法，刘秀在处理功臣问题时采取了更为和缓的方法，他通过封赏和人事调整等一系列措施，使功臣群体光荣地退出了政治舞台。其实，对于如何处理功臣问题，刘秀早有思考，大致说来，是通过不断任用新人的方式循序渐进地淡化旧功臣的影响力。这也体现了刘秀不拘一格的求贤思想。在平定河北时期，刘秀用人就不局限于同乡"南阳旧人"，而是给予河北将领充分的信任，其集团内部因而形成了"南人"和"北人"并驾齐驱的局面。天下初定后，刘秀又大力任用以窦融、马援为首的"河西派"将领。窦融此前是河西地区的实际统治者，归汉后刘秀不仅不以降人遇之，反而给予其极高的恩宠。在窦融初至洛阳时，刘秀就立刻召见，赐予其诸侯的高位，史载"赏赐恩宠，倾动京师"[2]，并在数月之间升迁至大司空，位居功臣之上。窦融作为后归附的将领，心不自安，常常在刘秀面前低声下气。刘秀为了打消窦融的顾虑，就更加和颜悦色地对待他。到了窦融晚年，刘秀还派遣近臣赴其家中探视，以示关心和恩宠。

虽说刘秀此举有借新臣淡化旧功臣在军中影响力的目的，但不以地域为限、不以新旧为限的用人风格也确实最大程度上扩展了自身的军事基础，

---

[1] （南朝宋）范晔撰，（唐）李贤等注：《后汉书》卷二十五《卓茂传》，中华书局1965年版，第872—873页。

[2] （南朝宋）范晔撰，（唐）李贤等注：《后汉书》卷二十三《窦融传》，中华书局1965年版，第807页。

使天下名将均为其所用。而对于退居二线的南北功臣，刘秀也给予高度尊重。建武十三年（37），统一战争结束，刘秀大封功臣，"云台二十八将"大都受封侯爵，同时也被解除了实职。他们在解甲归田后依然可以过着地位崇高、衣食丰足的生活。这在一定程度上安抚了人心，也有助于吸引更多年轻将领在帝国边疆建功立业。

总之，"退功臣而进文吏"是光武帝刘秀在建政后采取的一项重要措施，他通过不断吸纳"文吏"进入朝廷以制衡"功臣"，从根本上改变了功臣主宰政权、左右政局的形势。而在军队中，又通过不断吸纳"新臣"来制衡"旧臣"，避免了军权独大的局面。最终，刘秀如愿以偿地完成了从"武治"走向"文治"的转变。其实，刘秀制衡之术的运用还不止于此，为了避免出现西汉末年外戚专权的局面，他又通过设计外戚之间的复杂制衡，以确保政权的平稳过渡。

从勤于农事的农夫到九五至尊的天子，刘秀用短短数年的时间完成了华丽的转变。纵观刘秀的创业史，可以发现，在他个人的光辉下，闪烁着众多熠熠发光的明星。古人以北辰星喻帝君，后人又以"云台二十八将"与天庭二十八星宿的名称相对应，这恰如孔子的名言："为政以德，譬如北辰，居其所而众星共之。"① 光武帝刘秀正是依靠自身虚怀若谷的贤德，才能够吸引如此众多的人才为其效力。汉代人擅长根据不同季节的天象制作出四季月令，从而指导人间百事。天常变，人事亦需随之变更，此之谓"权变"。君主用人亦是如此。刘秀善于审时度势，在正确的时间吸纳、使用正确的人才，这也是其成功背后不可忽视的重要因素。

八、大时代里的大命运：班超经略西域

丝绸之路绵延万里，它是中西交通史上的重要通道，也是中西交流进程中的坚固桥梁。东汉班超在丝路中断之际重新连通丝绸之路，在今天看

---

① （清）刘宝楠撰，高流水点校：《论语正义》卷二《为政第二》，中华书局1990年版，第37页。

来,他的个人能力和社会担当,以及他为天下兴亡竭尽匹夫之责的胆略依然值得学习和发扬,其建功西域、维护丝绸之路畅通的事迹在"一带一路"倡议和发展理念下尤其值得关注。

(一)弃笔从戎——书香门第里偏出将帅之才

班超,字仲升,陕西扶风平陵人,班彪之子,班固之弟,班昭之兄。一门之中,父亲、兄长、妹妹都是中国历史上著名的学者。如此书香门第之境,为班超博览群书提供了很大便利,他从小"涉猎书传"①。

永平五年(58年),兄长班固被征召到洛阳担任校书郎,班超和母亲也随迁至这个地方。由于家中贫困,班超利用自己识字会写的能力为官府抄书获取微薄收入以供养家用。后来,他被汉明帝升为兰台令史,负责档案、典籍的收藏保管等。他从小受文史熏陶,先后所做工作也是与书有关的文职,按此趋势发展,班超成为文官或者如其父兄一样的学者可能性极大。然而,世事却常不如人料,文风郁郁之家偏偏要出一名武将。

虽然一直做着舞文弄墨的工作,但是班超心中的志向绝未停留在此。替人长时间抄书,劳累之际,班超深深感受到当下所做之事与自己的凌云壮志有着巨大差距,他气愤地扔掉手中的笔,感慨道:"大丈夫无它志略,犹当效傅介子、张骞立功异域,以取封侯,安能久事笔砚间乎?"② 在班超看来,作为男子汉,如果没有其他志向,也应当效仿傅介子、张骞去境外之地立功,怎么能够在笔墨之事上度过一生呢?同僚们听到这样的话后都嘲笑他不自量力,班超却不以为然地回答他们:"小子安知壮士之志哉!"

傅介子、张骞都是西汉著名的外交家,出使西域,建功立业。班超以这两个人为榜样,其远大抱负值得称赞,但是仅凭热忱远远不够。异域环境复杂,形势紧迫,没有过硬的身体素质绝不能成事,而恰巧班超生得孔武有力。有一日,一个看相之人对班超说,看你"生燕颔虎颈,飞而食肉,此

---

① (南朝宋)范晔撰,(唐)李贤等注:《后汉书》卷四十七《班超传》,中华书局1965年版,第1571页。

② (南朝宋)范晔撰,(唐)李贤等注:《后汉书》卷四十七《班超传》,中华书局1965年版,第1571页。

万里侯相也"①。强健体魄里蕴含的热血，经相面之人这么一说，变得更加沸腾，班超的信心和勇气大增，更像冥冥之中的安排。

永平十六年（73），班超在攻打伊吾之战中表现突出，受到都尉窦固赏识，被派以出使西域的任务，他追随傅介子、张骞等先辈的脚步一步一步前进。尽管班超选择了一条与家人之业看似完全不同的道路，然而，浓厚的家学氛围却为他提供了良好的学习和研究环境，潜移默化地影响着他的民族情怀、民族政策。

（二）不入虎穴　不得虎子——经略西域的文韬武略

班超在伊吾之战中脱颖而出后，都尉窦固见其有胆识有谋略，于是顺势派遣其出使西域。一路西行，整整三十一年间，他收服鄯善、于阗，改立疏勒王后又击灭其反叛势力，镇服莎车、月氏，最后平定焉耆。整个经略过程中，班超展现出大将风范，文韬武略，智勇双全。

不入虎穴，不得鄯善。班超接受出使西域的任务后，带着三十多个官兵向西行，第一站是鄯善。鄯善王对班超等人起初礼敬有加、客气周到，但后来却疏懈敷衍、不甚礼貌，敏锐的班超觉出其中必有蹊跷。经过唬吓鄯善侍者，终于诱使对方吐露真实情况：北匈奴使节的到来使得鄯善王动摇不定，不知道应该倾向于谁，于是怠慢了汉朝使节。面对这样的情况，班超将软弱怕事的郭恂排除在外，召集其他官兵一起谋划解决方案。班超对众人说："你们和我现在都处在绝境之中。北匈奴使节才到几天，鄯善王就已经如此淡漠对待我们，恐怕是要把我们一群人一起收归送到匈奴，从此，尸骨只能被豺狼吞食了。应该如何是好呢？"表面上看班超是在征求其他吏士的意见和看法，实则他心中早有一番周密计划。他并没有一开口就问该如何办，而是把处境交代在先，暗示逆流而上、拼死一搏是目前唯一的出路，但这话需要从官兵自己口中说出来，如此凝聚力更强、斗志更勇。果然，众人都说："在生死存亡之地，我们一切听命于你！"众志成城，班超说："不入

---

① （南朝宋）范晔撰，（唐）李贤等注：《后汉书》卷四十七《班超传》，中华书局1965年版，第1571页。

虎穴，不得虎子。现今我们只有趁夜以火攻击匈奴使团，使之摸不清我们究竟有多少兵力，当其惊慌乱窜之时，就可以一举歼灭，进而震慑鄯善，归附我汉，大功可告成。"缜密的计划配以官兵的勇猛，不出所料，斩获匈奴使团三十多人的首级，其余一百多人都被烧死。班超将匈奴使节首领的头颅展示给鄯善王，举国震惊，鄯善归附汉朝。

得知班超在鄯善的成功行动后，都尉窦固十分喜悦，上奏皇帝，并请求更选出使西域的使节。皇帝见班超有如此壮烈的节操，认为不应更选使节，让他继续西行，以接续功业。班超的个人胆略与计谋受到中央政权肯定，个人命运真正与国家边地经略紧密联合在一起，小命运成为时代的大命运。

"不入虎穴，焉得虎子"的典故迄今流传甚广，在当时的广泛影响更是可以想见。鄯善往西是于阗国，当时于阗刚刚攻破莎车，在丝绸之路南道上气焰嚣张，但却受到匈奴监督控制。班超到达后，于阗王广德对其也是疏远游离。其国信奉巫术，巫师说："神愤怒于阗为何倾向于汉朝？听说汉朝使节有𫘦马，只要用宝马来祭祀，神就会息怒。"班超弄清缘由后，假装应允，让巫师亲自来取马，实则暗地里已布好局，巫师一来，立刻斩其首级送至其国王处。于阗王早已耳闻班超在鄯善入虎穴得虎子的壮举，今又亲眼见其胆略，惶恐至极，立马归附。但班超并未一举全歼其国，而是"重赐其王以下，因振抚焉"，武力与安抚并用。随后，班超到达被龟兹人霸占的疏勒，一如以往，有勇有谋，设计绑缚龟兹首领，改立疏勒人忠为王，"国人大悦"，再一次得到民众支持。至此，丝绸之路南线打通，于阗、疏勒亦成为后来攻破姑墨、龟兹、焉耆以至于打通丝绸之路北线的重要力量。

（三）宽厚爱人——受到西域民众热爱

班超在军事行动中表现得凶猛异常，斩杀人头以献国王的景象甚至看来有些残忍，但班超认为对待心存二心的国家就应该"示以威信"，用武力镇服它们，用诚信征服它们，使东汉王朝的威信真正树立起来。这种"示以威信"的策略，与其兄长班固解决民族问题的主张有着紧密的关联度。他对待民众宽爱有加，宅心仁厚，经略西域的时间里与当地百姓培养起深厚的感情。

永平十八年（75），汉明帝逝世，趁着汉王朝忙于皇帝丧事无暇顾及边地，焉耆发动叛变攻破都护陈睦，班超陷入孤立无援的困难处境。依靠单薄力量坚守一年多后，新立皇帝汉章帝担忧班超等人不能自立，于是下诏征其归还。班超离开的时候，"疏勒举国忧恐"①，平日里班超对百姓抚恤爱护，知道他要离开，百姓都依依不舍，害怕一旦班超离去，疏勒国又会陷入被龟兹或其他国家控制的混乱状态，疏勒都尉因为不忍与班超分离，拿刀自杀。

班超一行东归到于阗国的时候，王侯以下的人都号啕哭泣地说道："汉朝使节就像我们的父母一样，万万不可以离开呀！"他们纷纷抱住班超坐骑的腿，使之无法前行。这种难舍难分的场景真实地反映出班超在职期间的仁政，使得当地饱尝恩泽，政治上摆脱其他强国的压迫获得稳定，经济、文化上得到长足发展。班超见到百姓苦苦相留的情景，一是为情所动，二是出于立功西域之志还没有真正实现，果断决定重返疏勒，坚守事业，以坚韧不拔的意志承担起这份职责。

（四）绝爱妻——定远侯舍己为国

建初三年（78），班超率领已经归附于汉朝的诸国官兵一万多人攻破姑墨石城，想趁势平定国势甚强的龟兹，于是上疏增加兵力，并请求中央王朝出面联合实力雄厚的乌孙国。联络成功后，朝廷派徐干等人增援班超，并派李邑护送乌孙使者回国。

护送乌孙使团到达于阗时正值龟兹攻击疏勒之际，胆小怕事的李邑因为畏惧而不敢前进，于是向中央上疏说经略西域不可能成功，并且在奏折中诬陷班超一边拥抱爱妻，一边亲昵儿子，安逸享乐，根本无暇管理西域以安汉朝。班超听闻此言后，感慨颇深，害怕受到当局质疑，于是果断与妻子分离，将妻子送回，真正做到了舍小家为大家。皇帝知道班超忠贞不渝，深切斥责李邑，并告诉班超可以将李邑留下来与其共同行事，但是班超并没有借

---

① （南朝宋）范晔撰，（唐）李贤等注：《后汉书》卷四十七《班超传》，中华书局1965年版，第1575页。

此留下李邑以惩罚他对自己的坑害。班超对徐干说："正是因为李邑诋毁过我，所以才要遣送其回去。只要我自己问心无愧，又何必担忧别人的言论呢！"留李邑这样的小人在身边只会不断给自己带来麻烦而已，班超宽待李邑也是对自己的保护，用人不淑只会后患无穷。

成大事之人，必能承受绝大多数人不能承受的苦痛。因为小人之言，班超不得不与爱妻离别，失去一部分家庭温暖，在大漠之地坚守。西域五十多个国家都送人质到东汉王朝归附于中央，西域经略由于班超的努力大功告成。永元七年（95），为表彰班超的功绩，中央下诏封他为定远侯，食邑千户，在诏书中细数了班超的伟业：班超所到之处，莫不服从，边远之境一片祥和。

永元十二年（100），班超已经步入晚年，更是深切思念中央王朝和家中亲友，于是上疏请求回到故地。在请辞中，班超说道："西域的风俗一向是敬畏壮年侮辱老者，而今我已经牙齿掉落，恐怕哪天颠仆摔倒，一命呜呼，唯剩孤魂在这边远之地。"历史上姜太公虽分封于齐但五世皆葬于周，苏武留匈奴十九年后归国。班超还举出这些例子为自己争取。何况，班超之子班勇出生后一直在西域，从未到过中土，当父亲的人渴望在自己有生之年见到儿子回到故国。请辞情真意切，看后能有几人不感动，班超之妹班昭亦出面上书为兄请求，本就是善文辞之人，将对兄长功绩的肯定、年老的哀怜以及重逢的热切渴望融于文字之中。皇帝感动于他们的言辞，下诏征还班超。

永元十四年（102）八月，班超如愿回到洛阳。时隔三十一年，重回故地，班超肯定有无限感慨。只可惜，其胸肋素来有病，回到洛阳后，病痛加重，九月便与世长辞，享年七十一岁。尽管班超走完了他的一生，但他用自己生命谱写了壮丽的篇章，成为中国历史上继张骞之后第二个出使西域、连通丝绸之路的重要人物。

九、隋文帝法治"理想国"有何独特魅力

中国历代皇帝的开明严律之举，在史书中不乏所见。其中，隋文帝杨坚以身作则严惩家人腐败的史实令人印象深刻，堪称历史上的经典案例。

(一) 以身作则，惩处家人腐败

据《隋书·文四子传》记载，隋文帝三儿子杨俊恃功而傲，在封地奢靡成性，违法乱纪，屡教不改，隋文帝得知后对其依法论处。此间左武卫将军刘升出面为杨俊求情，称杨俊"非有他过，但费官物营廨舍而已"，认为可以容忍。隋文帝坚持"法不可违"。左仆射杨素也为其开脱，隋文帝说："我是五儿之父，若如公意，何不别制天子儿律？以周公之为人，尚诛管、蔡，我诚不及周公远矣，安能亏法乎？"意思是我杨坚不仅是五个儿子的父亲，而且是全天下百姓的父亲，要对天下万民负责，法是任何人不得违背的，我不能为袒护自己的儿子而毁坏法律。杨俊临终前遣使奉表向父皇谢罪，仍被驳回："我戮力关塞，创兹大业，作训垂范，庶臣下守之而不失，汝为我子，而欲败之，不知何以责汝！"[①] 杨俊最终郁郁而终。

隋文帝铁面无私、严惩逆子的背后，体现了他对法治重要性的深刻认识。从一定意义上讲，隋文帝正是依靠自身先进的立法思想，坚定的依法治国、有法必依、执法必严的治国理政方针，使国家在短时间内得到迅速复苏，呈现出一片繁荣景象。他创造性地开展了一系列法治建设，有效地打击了门阀士族势力，在很大程度上治理了当时的腐败问题。他坚持法律面前人人平等，身体力行杜绝徇私舞弊的行为对当时家族式的腐败起到了震慑与抑止的作用。隋文帝的法治思想有着独特的魅力，在中国法律文化的长卷上熠熠生辉，值得后人关注并吸收、借鉴。

(二) 先进的立法思想——有决心、有创新、有人心、有方向

隋文帝十分重视法治建设，深知有法可依是实现依法治国的前提。据《隋书·刑法志》记载，登上帝位，隋文帝就大刀阔斧地开展立法运动，开皇元年（581）命高颎、郑译、杨素、公常明、韩浚、柳雄亮等人"更定新律"。

隋文帝的立法思想有四个特点：第一，有决心。视立法为治国之首要。第二，有创新。立法从国情实际出发，"沿革不同，取适于时"，法律为社会

---

① （唐）魏徵、令狐德棻：《隋书》卷四十五《文四子传·秦孝王俊》，中华书局1973年版，第1240页。

发展服务,"故有损益"①。为改变北周"刑政苛酷,群心崩骇,莫有固志"②的状况,隋文帝主张"以轻代重,化死为生""杂格严科,并宜除削"③。第三,有人心。立法内容上兼具法权与人权的维护。他废除苛惨之法,"而蠲除前代鞭刑及枭首、轘裂之法,其流徒之罪皆减从轻"④。开皇六年(586),"因除孥戮相坐之法,又命诸州囚有处死,不得驰驿行决"⑤;他慎用死刑,"死罪者三奏而后决"⑥;在颁布的新法中,明确废除了宫刑;在实施刑法时,要求"讯囚不得过二百,枷杖大小,咸为之程品,行杖者不得易人"⑦;明确了直诉、申诉制度,"有枉屈县不理者,令以次经郡及州,至省仍不理,乃诣阙申诉。有所未惬,听挝登闻鼓,有司录状奏之"⑧;第四,有方向。立法以维护皇权为核心。"唯大逆谋反叛者,父子兄弟皆斩,家口没官。又置十恶之条,多采后齐之制,而颇有损益。一曰谋反,二曰谋大逆,三曰谋叛,四曰恶逆,五曰不道,六曰大不敬,七曰不孝,八曰不睦,九曰不义,十曰内乱。犯十恶及故杀人狱成者,虽会赦,犹除名"⑨。

新法颁行后,开皇三年(583),隋文帝第二次制定律令,进行了范围更广、程度更深的改革。据《隋书·裴政传》,此次改革,"采魏、晋刑典,下至齐、梁,沿革轻重,取其折衷",总结前朝经验,修订新法在执行中的问题,进而形成了著名的《开皇律》。《开皇律》不仅为隋朝的发展、国家统一奠定了基础,而且对《唐律》乃至后世律法的制定都产生了重要影响。

(三)严格的法治方式——重视廉政、立法反腐、亲贵不阿

隋文帝的立法思想是其治国大略中的核心,围绕着推行新法,他不仅

---

① (唐)魏徵、令狐德棻:《隋书》卷二十五《刑法志》,中华书局1973年版,第711页。
② (唐)魏徵、令狐德棻:《隋书》卷一《高祖纪上》,中华书局1973年版,第3页。
③ (唐)魏徵、令狐德棻:《隋书》卷二十五《刑法志》,中华书局1973年版,第712页。
④ (唐)魏徵、令狐德棻:《隋书》卷二十五《刑法志》,中华书局1973年版,第711页。
⑤ (唐)魏徵、令狐德棻:《隋书》卷二十五《刑法志》,中华书局1973年版,第713页。
⑥ (唐)魏徵、令狐德棻:《隋书》卷二十五《刑法志》,中华书局1973年版,第714页。
⑦ (唐)魏徵、令狐德棻:《隋书》卷二十五《刑法志》,中华书局1973年版,第712页。
⑧ (唐)魏徵、令狐德棻:《隋书》卷二十五《刑法志》,中华书局1973年版,第712页。
⑨ (唐)魏徵、令狐德棻:《隋书》卷二十五《刑法志》,中华书局1973年版,第711页。

实施了一系列如三省六部制、均田制及科举制度等配套的政治、经济改革，而且极其重视通过执法，对社会意识形态进行导向和把握。

首先，隋文帝通过加强廉政建设赢得民心。目睹过北周宣帝骄淫奢侈所带来的政治败坏，隋文帝大力推行"倡俭反奢"。《隋书·高祖纪》载，文帝以身作则，"每旦听朝，日昃忘倦，居处服玩，务存节俭"。"开皇、仁寿之间，丈夫不衣绫绮，而无金玉之饰，常服率多布帛，装带不过以铜铁骨角而已"。他痛恨奢侈之风，对臣子家人的言行也要求甚严，防微杜渐。《隋书·文四子传》记载，太子杨勇有次刻意地装饰了一件产自蜀地的铠甲，他得知后十分不高兴，告诫杨勇："我闻天道无亲，唯德是与。历观前代帝王，未有奢华而得长久者。"他还把他穿旧的衣服和一把用过的刀送给杨勇，令其"时复看之，以自警戒"；他惩治奢靡心切，在遗诏中叮嘱强调"凶礼所需，缄令周事，务从节俭，不得劳人"；最重要的是，他的节俭做到"令行禁止，上下化之"①，节俭成为爱民恤民的真实体现。隋文帝曾听闻关中饥荒，便派遣左右人去察看老百姓所吃的食物，得知百姓吃的都是"豆屑杂糠"，他痛哭自责，拒绝酒食近一年。由于有了强有力的政策引导和执行，在隋文帝统治期间，出现了著名的"开皇之治"。

其次，加强反腐败立法。《开皇律》卷三《职制》原文虽佚，但《唐律》脱胎于《开皇律》，我们可从《唐律疏议·职制》中窥见一斑。隋文帝参考晋朝以来沿用的《违制律》制成《职制律》，言职司法制，备在此篇。其中有对中央及地方行政官员违法乱纪行为的量刑标准及惩罚条例。律令内容细致，涉及官场多发问题，如对挪用公物、贪污、收取赃物等行为严惩不贷："诸主司私借乘舆服御物，若借人，及借之者，徒三年。非服而御之物，徒一年。在司服用者，各减一等""诸乘驿马赍私物，一斤杖六十，十斤加一等，罪止徒一年。驿驴减二等""若官人以所受之财，分求余官，元受者，并赃论，余各依己分法"。治理不遵守法纪法规，歪曲法律、为求己利而走关系办事者："诸有所请求者，笞五十。主司许者，与同罪。已施行者，各杖一百"。设制以杜绝、防止官员好大喜功的恶习，护持风化："诸在

---

① （唐）魏徵、令狐德棻：《隋书》卷二《高祖纪下》，中华书局1973年版，第54页。

官长吏，实无政迹，辄立碑者，徒一年。若遣人妄称己善，申请于上者，杖一百。有赃重者，坐赃论。受遣者，各减一等"。甚至规定职能部门人数，预防因人员冗杂引发官员腐败："诸官有员数，而署置过限，及不应置而置，一人杖一百，三人加一等，十人徒二年。"另外值得一提的是，隋文帝还首创私罪公罪之分："犯私罪以官当徒者，五品已上，一官当徒二年；九品已上，一官当徒一年；当流者，三流同比徒三年。若犯公罪者，徒各加一年，当流者各加一等。其累徒过九年者，流二千里。"① 通过有针对性的严格立法，使《职制律》成为打击官员腐败的有力武器。

再次，坚持有法必依，执法必严。明代名相张居正曾说："盖天下之事，不难于立法，而难于法之必行。"② 此前的隋文帝已深谙此理，较为彻底地贯彻了有法必依、执法必严的法治精神。就在对杨俊的惩治后不久，四儿子杨秀的奢侈之事也被隋文帝所知，被依法治罪。皇后的表兄弟大都督崔长仁，犯法当斩，皇后亦坚定执法："国家之事，焉可顾私！"③ 崔长仁最终被依法处死。隋文帝不仅以身作则，还以实际行动支持大臣们秉公执法。据《隋书·赵绰传》载，赵绰"处法平允，考绩连最"，被隋文帝所重用，累至刑部侍郎，大理少卿。隋文帝打算加重刑法严惩盗贼，赵绰坚持"律者，天下之大信"，不得轻易改动，得到文帝认可。大将萧摩诃之子萧世略在江南叛乱，按律萧摩诃当连坐，隋文帝想赦免萧摩诃，赵绰据理力争，以致文帝十分无奈，想趁赵绰退朝后偷偷赦免。刑部侍郎辛亶，曾经穿红色裤子以助官运，文帝认为他蛊惑人心，下令斩杀。赵绰拒绝执行，认为按照法律罪不当死，文帝盛怒之下要先杀赵绰。赵绰说："陛下宁可杀臣，不得杀辛亶。"还说："执法一心，不敢惜死。"隋文帝最终还是释放了赵绰，并慰勉赏赐了他。

---

① （唐）魏徵、令狐德棻：《隋书》卷二十五《刑法志》，中华书局1973年版，第711页。
② （明）张居正：《张太岳集》卷三十八《请稽查章奏随事考成以修实政疏》，上海古籍出版社1984年影印本，第482页。
③ （唐）魏徵、令狐德棻：《隋书》卷三十六《后妃传·文献独孤皇后》，中华书局1973年版，第1108页。

（四）隋文帝打造的法治"理想国"看似完美，实则脆弱

隋文帝取得巨大功绩的另一面，却是由他精心挑选培养的隋炀帝快速背弃其治国思想的讽刺。隋文帝竭力打造的看似完美的法治"理想国"如此脆弱，值得深入分析。

客观因素方面，隋代保留了前朝的"八议"制度。《隋书·刑法志》载："其在八议之科，及官品第七已上犯罪，皆例减一等。其品第九已上犯者，听赎。应赎者，皆以铜代绢。赎铜一斤为一负，负十为殿。笞十者铜一斤，加至杖百则十斤。徒一年，赎铜二十斤，每等则加铜十斤，三年则六十斤矣。流一千里，赎铜八十斤，每等则加铜十斤，二千里则百斤矣。二死皆赎铜百二十斤。"虽然"十恶罪"不适用于上述法规，但这已充分表示了贵族官僚在法律上享有特权的事实，时间长了，必然令反腐的执行大打折扣。此外，立法、执法的最高管理者实际上还是皇帝个人，缺乏客观的监管系统和完善机制。"十年，尚书左仆射高颎、治书侍御史柳彧等谏，以为朝堂非杀人之所，殿庭非决罚之地。帝不纳。……未几怒甚，又于殿庭杀人，兵部侍郎冯基固谏，帝不从，竟于殿庭行决。"①

主观因素方面，隋文帝的个性过于强势，常常是以个人好恶和脾气取代法。"恒令左右觇视内外，有小过失，则加以重罪……每于殿廷打人，一日之中，或至数四。尝怒问事挥楚不甚，即命斩之……诸有殿失，虽备科条，或据律乃轻，论情则重，不即决罪，无以惩肃。其诸司属官，若有愆犯，听于律外斟酌决杖。于是上下相驱，迭行棰楚，以残暴为干能，以守法为懦弱……帝尝发怒，六月棒杀人。大理少卿赵绰固争曰：'季夏之月，天地成长庶类。不可以此时诛杀。'帝报曰：'六月虽曰生长，此时必有雷霆。天道既于炎阳之时，震其威怒，我则天而行，有何不可！'遂杀之。"②

隋文帝有时随心所欲滥用刑法的做法，导致人们"守法"而不依法，再加上其生性多疑，常常听信挑拨，致使后期执政渐趋暴虐。尽管后人在《隋书·高祖纪》中归结其原因为"素无术学，不能尽下，无宽仁之度，有

---

① （唐）魏徵、令狐德棻：《隋书》卷二十五《刑法志》，中华书局1973年版，第713页。
② （唐）魏徵、令狐德棻：《隋书》卷二十五《刑法志》，中华书局1973年版，第713—715页。

刻薄之资,暨乎暮年,此风逾扇",但从根本上看,这还是专制制度下法治即皇权造成的。

十、古代地方大员权力演变镜鉴

众所周知,在国家治理体系和政治生活中,地方官员尤其是地方大员占有极为重要的地位。回溯中国古代地方大员的发展历程,分析其在不同历史时期职位与权限的变化,无疑会对"地方大员""封疆大吏"有一个更加直观的了解。

(一)秦汉魏晋南北朝时期的行政体制

就现有资料而言,夏商时期的地方行政体制显示了早期国家对地方管理的原始性,此时期的方国(或者称诸侯)与中央王朝的关系,与后世地方政权与中央的关系并不完全一致。西周统治者在前人的基础上,推行了一套较为严密的外服诸侯体制。战国时代,一些新的地方行政组织开始形成。随着郡县的设立与推行,其长官郡守、县令逐渐成为控制一方、有相当自主权的军政长官。

秦统一六国后,在地方全面推行郡县制。两汉虽自始至终延续着汉高祖刘邦所创立的郡国并行的基本格局,但却不否认郡县制在地方行政体制中的主导地位。"郡"作为秦汉时期重要的地方行政机构,其主管长官——郡守(汉景帝时更名为太守)有着相当大的职权。郡内的任何事务,都会受到郡守的管理。汉承秦制,亦以内史为京师最高行政长官,后在汉武帝时发展为"三辅"——京兆尹、左冯翊、右扶风,共同负责管理京师及其附近地区的管理。东汉迁都洛阳后,治京师的长官则改为河南尹。总之,作为秦汉时期集行政、司法、军事、财政于一身的地方大员,郡守虽然会受到丞相、御史大夫的监督(汉武帝后还受刺史的监督),但因为其对于属吏有任免与荐举权,故而属吏与郡守往往形成一种生为之服役,死为之服丧,同进退,共荣辱的人身依附关系,久而久之,不仅容易造成吏治的腐败,更会助长地方割据势力的发展,这也成为东汉末年出现军阀割据局面的一个主要原因。故而，郡守的品格、素质、能力、信仰，对于地方政治的好坏起着决定性作用。

魏晋南北朝时期，地方行政体制在秦汉郡县制的基础上逐渐演变为州、郡、县三级制。州为地方最高行政机构，其长官一般为刺史。刺史虽为地方大员，但其职权却是"因时""因地"而异。理论上而言，都督管军事，刺史理民政。但如果二者兼任，其权力必然大增。所以与秦汉时国家一统、政局稳定前提下的郡守不同，魏晋南北朝战乱割据、士族专权背景下的刺史，其实质多为手握兵权的军政长官，而其所言所行影响的并不仅仅是地方的民生吏治，有时更决定着国家政局的走向。曹魏的"淮南三叛"、西晋的"八王之乱"、东晋南朝的"荆扬之争"，都反映了中央与地方的紧张关系。

（二）隋唐五代与宋朝的体制变迁

隋唐五代时期，中国地方行政体制有了重大的变化，州（郡）、县二级制逐渐发展为道、州（郡）、县三级制。隋代及唐前期，州的行政长官刺史（隋炀帝与唐玄宗时两度改州为郡，州刺史改为太守）肩负着重要责任。除州刺史之外，都督府（总管府）的最高长官也是这一时期颇有权势的地方大员。都督府（总管府）是州的一种特例，其长官总管（都督）在承担军事事务外，可兼任驻地的刺史，负责本州以内的行政。唐玄宗开元以降，在全国范围内划分了15个具有监察性质的"道"，将其长官采访使较固定地留在任上，并按照地方长官例上奏中央。这样一来，采访使实际上成为"道"的行政长官。同时，由于政府锐意边事，辖地方军、民二政的都督刺史发展成权力更大的节度使。

宋朝有鉴于唐末五代之弊，将地方的军权、财权、司法权等收归中央，由此彻底结束了藩镇割据的局面。在地方上，实行府州军监、县二级制。其中，府、州、军、监是同级机构，由朝廷以"权知某州（府、军、监）事"的形式直接委派。作为地方大员，知州掌管州内的兵民、钱谷、户口、赋役、狱讼等诸多事务，并可直接向朝廷奏事。然而，相比于秦汉时的州牧，知州的权力要小得多。知州不法，通判可上告中央。总之，宋朝虽以府、州、军、监的长官直接管理地方，但又以路级政府给予监督，因此宋朝的地方大员在行政、财政、军事、人事等方面可操控的范围较为有限，这深刻体现了天水一朝"强干弱枝"的治国理念。

（三）元明清时期的权力膨胀

蒙古族起自漠北，相比于汉族文化水平较低，蒙古族统治者们尚未建立起严格的地方行政机构，地方管理系统中军政、民政不分成为当时的最大问题。忽必烈即位后，先后设立宣抚司、总管府，管理地方军政民事。同时，又进一步设立行中书省管理民政。到元成宗、武宗时，行中书省作为常设地方行政机构成为定制，行中书省的最高长官虽屡有变动，但并不妨碍其成为位高权重的地方大员。行中书省的长官虽在品级上低于中书省，且权力上受中书省或枢密院的节制，但自从元成宗元贞年间以各行省的平章政事兼管本省军政后，地方的军民管理权就完全集中于行省的最高长官手里。而元朝并没有随之建立起一套严密完善的监察体系，这种"绝对的权力"就为地方高官的腐败提供了温床。

明代虽承继元制，但其地方行政体制更加严密。明初废除了元时权力过大的行中书省，改置布政使司，下设左、右布政使，总掌一省之政令。同时，又设有提刑按察使司和都指挥使司，分别负责一省之刑名按劾与一方之军政。三司长官在品级上虽有差别，但同为地方大员，彼此分权独立，各自直属中央。明朝中后期，随着南倭、北"虏"以及各地农民起义纷起，地方分权的原则越发不适用于时局，所以就有了巡抚、总督的设立。巡抚虽总揽一方军政，但名义上并不是三司的上级机构，且还要受到巡按或者其他钦差御史的监督，此时的巡抚还并不能完全视作执掌一方的大员。相比于巡抚，最初因军事需要而设立于边疆地区的总督，其临时性更加明显。总督掌管一方，总兵、巡抚等俱受其节制。因关系到边境的治乱安危，故明朝政府对于总督的委任较为慎重。然而囿于明后期政局的混乱，总督设置作为一种制度在当时并未完成，但却为清代总督成为地方大吏开启了先河。

清朝入主中原后，在全国范围内大体按照省、道、府（直隶州、厅）、县四级建制进行了划分。其中，总督和巡抚是省的最高军政长官，是完全意义上的"封疆大吏"。总督一般辖2省，也有辖3省或1省的，巡抚辖1省。清代的督抚除了掌有行政大权外，同时兼领兵权和检察权。虽然从品衔上来看，总督高于巡抚，但实际上二者都单开幕府，有独自奏事之权，并无正副之别。这种地方上的二元领导体制虽然带来种种不便，但清政府出于中央集权的考虑，对此并没有做根本性的调整。清末随着外国势力的入侵和皇权力量的削弱，地方督抚的权力有增无减，这直接导致了八国联军侵华期间出现了抗命朝廷的"东南互保"事件。而武昌起义之后，清王朝在短时间内的土崩瓦解也与这种督抚权力的膨胀有着深层的联系。

（四）关于地方大员的历史认知

综观中国古代不同时期地方大员名目与权限的发展变化，可以得出以下几点认识：第一，作为维持国家机器有效运转的重要组成部分，地方大员在日常政治生活中的地位举足轻重，历代中央政府对其既依赖又限制。身为官僚队伍中的精英人物，一个地方大员在政治舞台上的一举一动具有鲜明的时代性，其背后往往体现着中央与地方力量的此消彼长。

第二，虽然在专制王朝之下，以"人治"为根本标志的执政理念是历代封疆大吏所尊奉的基本原则，但不同朝代在不同阶段所形成的、彼此各异的政治文化，还是造就了不同时期的地方大员在办事风格、执政理念等方面的差异。

第三，虽然历代统治者都殚精竭虑，力图通过各种手段、制定各种措施来消除地方政治中的种种弊端，但在缺乏底层监督、民众权力衰微的中国古代，无异于井中捞月。所以古代地方大员能否做到仁政爱民、清廉简约，更多时候是其自身的精神信仰与个人素质的流露，根本上并不在于制度本身是否发挥了制约作用，这是古代中国"人治"传统的一个必然结果。

第八章 传统文化散论

中华优秀传统文化历史悠久、源远流长，作为中华民族的根和魂，至今依然有着至深至广的巨大影响，有着重要的启发作用和借鉴意义。传统文化研究中的一些重要问题，例如中国古代的环境思想和实践、庚子年是否多灾多难、历代年谱的价值和意义以及经典诵读与幼儿国学教育等，都值得我们加以密切关注和认真思考。

一、中国古代的环境思想与实践

19世纪后，现代工业文明和科技蓬勃发展起来，极大地影响和改变了人类的生存状态和思想观念。在这之前，由于生存方式的限定，古代的人们与自然界有着远比我们更为密切的联系。中华文明源远流长，中国古人对环境深刻而独到的认识，贯穿于数千年历史发展进程之中，成为中国传统思想文化的重要组成部分，不断地指导着中国古人的环境实践。

（一）网开三面：与天地合其德

在中华文明的幼年时期，人们对周围世界的认识呈现出明显的物我难分的混沌色彩，人类在精神上尚未与自然界的动植物完全分离开来。中国古代保存下来很多远古神话传说，有盘古开天辟地，以身体血肉化为世间万物的故事；有女娲用黄土做人，炼石补天的故事；在《山海经》中，常常有半人半兽的形象出现。这些传说中，自然环境被人性化，同时人也被自然化了。在图腾崇拜时期，如太昊氏以龙为图腾，东夷部落以鸟为图腾，中国古人将自身看作自然界的延续，将自然物看作自身的渊源。这种物我相混的思想观念在一定程度上反映了人与自然协调统一的愿望和意识。

　　古人从物我难分的混沌状态到"鸿蒙初判"，即初步认识到自身作为人的主体性，经历了相当长的一段时间。到夏、商、西周时期，走出混沌状态的古人开始思考人与自然的关系问题。同天命神权观念占统治地位的商代相比，西周有了"天命靡常"的思想，开始思考天命的转移与人类行为之间的内在联系。《尚书·周书·泰誓》提出"天矜于民，民之所欲，天必从之"和"天视自我民视，天听自我民听"，将天命与人紧密地统一起来。这表明，中国古人将人类自身与自然分离开来之后，并没有走向与自然对立，而是赋予自然大量的人文色彩，人类活动与自然界成为一个联系的互动的关系。这一认识奠定了我国自然观的思想基础，为中国传统环境思想指出了方向。

　　在这一时期，有关环境保护的活动也已经展开。据《逸周书·大聚解》记载，夏禹时期曾发布禁令，禁止在春季砍伐树木，夏季捕捉鱼鳖，以保证草木鱼鳖的自然生长。古代还流传着关于商汤"网开三面"的故事，《吕氏春秋·孟冬纪·异用》记述商汤狩猎，将四面所张之网去其三面，只捕取那些触犯天命的鸟，以体现上天的好生之德。这一环境伦理思想对后世影响很大，许多帝王狩猎时都用"三驱之礼"，遵守"天子不合围，开一面之网，来者不拒，去者不追"①的原则，以体现作为一个"与天地合其德"的圣人君王对"天德"应有的遵循。西周专门在地官之下设有山虞、林衡、川衡、迹人、卝人等管理山川、森林、湖泊沼泽、渔猎、矿产等自然资源，设置冬官管理江河资源及工程建设。由此可见，在夏、商、西周时期，已经出现了较为系统的有关环境保护的法令和原则，对自然资源的保护和管理的相关机构也已形成。这为后世环保政策和环保机构的发展提供了范例，影响深远。

（二）天人合一：中国古代环境思想和实践的理论基础

　　春秋战国时期，随着农业生产水平的急剧提升，人类与自然界有了更为深入的互动。这一时期，士阶层兴起，思想文化异常繁荣，诸子百家著书

---

① （宋）朱熹撰，廖名春点校：《周易本义》卷一《比卦》，中华书局2009年版，第67页。

立说，深刻地影响了中华文明的发展进程。其中，人与自然的关系问题成为各家各派都绕不开的一个话题，而诸子百家对这一问题的论述也成为中国古代环境思想史上的一笔宝贵财富。

建立在对整个宇宙世界的认识之上，中国传统社会将人与自然的关系概括为天人关系。老子对此作了较为系统的论述。他以"道"为世界的本源，通过"道生一，一生二，二生三，三生万物"这一宇宙生成模式，以"道"为基础，把人与自然统一了起来。在此基础上，他提出"人法地，地法天，天法道，道法自然"，强调人要遵循"道"的法则，顺任自然，无为而治。《周易》是中国古代天道观的另一个源头和载体，它认为万事万物的生成都是天地阴阳交感的结果。《周易·系辞下传》讲"天地絪缊，万物化醇"，体现的就是这个道理，这一认识为此后中国古代宇宙生成论提供了不断深化的基础。老子和《周易》的天道观，为人与自然描述了一个共同的根源，是后世人与自然同根同源理论的哲学基础。而《周易·乾卦·文言传》中的"与天地合其德，与日月合其明，与四时合其序，与鬼神合其吉凶"云云，则被认为是中国古代天人合一思想的最早表达，经过历代思想精英的不断丰富和深化，这一命题成为一个包含多家思想、多个层面的庞大体系，贯穿始终，影响了中国古代的方方面面，也成为中国古代环境思想和实践的重要理论基础。

在这种天人观的基础上，诸子百家提出了人与自然相处的具体原则和相应的伦理道德规范。孔子从他的仁学体系出发，通过仁德把人与自然统一起来。天人合一的一个重要层面就是天德与人伦的合一。在孔子看来，人所具有的"仁"之德行是由天所赋予的。《周易·系辞下传》讲"天地之大德曰生"，《系辞上传》则讲"生生之谓易"。天地生生不息化育万物，日新月异地使世界不断更新，这就是天地无上的德行。人类与万物共同由天地化育而生，同本同源，人若想"与天地合其德"，则需树立与天地的化育之德相通的道德价值。正因为如此，"成己成物"成为中国古代环境实践中的一条重要原则，"成己"是成就个人的道德境界和人格理想，是"尽人之性"；"成物"是使万物"遂其生，尽其性"，是"尽物之性"，即让一切自然存在物都完全成就它们的天性，充分发挥它们的自然功能，尊重一切生物、生命，以体现天地的好生之德。孔子主张"钓而不纲，弋不射宿"①，即只用一个鱼钩的钓竿来钓鱼，而不用带有许多鱼钩的大绳横断流水来取鱼，只射天上的飞鸟，而不射杀栖息于巢中的鸟。《礼记·祭义》载曾子引述孔子之语曰："断一树，杀一兽，不以其时，非孝也。"在孔子看来，天地是人类的衣食父母，若不以其时入山伐木，不以其时捕杀动物，这都是一种不孝不义的罪恶行为。

(三)"四时之禁"：中国古代环境保护的实践准则

"尽物之性"的关键在于顺应天时，顺应自然运行规律，使万物得到合乎自然的生存和发展。在中国古代，"四时之禁"的环境实践准则是顺天时而行的最好体现。"四时之禁"的核心思想是法"天时"，兴"地利"，导"人和"，遵循"春生、夏长、秋收、冬藏"的自然运行规律来安排人类的生产活动。《管子·八观》讲："山林虽广，草木虽美，禁发必有时。国虽充盈，金玉虽多，宫室必有度。江海虽广，池泽虽博，鱼鳖虽多，网罟必有正。"《孟子·梁惠王上》也说："不违农时，谷不可胜食也。数罟不入洿池，鱼鳖不可胜食也。斧斤以时入山林，材木不可胜用也。"中国古代有专门记录天时规律的文献"月令"，今本《礼记》有《月令》一篇，其中对一年的12个月分别规定了各自需要禁止的活动，对保护飞禽走兽、养护山林川泽、修筑堤防水坝等方面都以"禁令"的形式予以规定，对耕种、打猎、捕鱼、伐木、孕育、放牧以及取火、烧炭甚至兵事、工程建设等都有明确的季节、月份方面的限制，以此来实现万物"不夭其生，不绝其长"的目的。在云梦睡虎地出土的秦律文书中，有专门规定各月份农业活动中的限制行为，这些规定，包括了古代生物资源保护的各个方面。到汉代，对于"四时之禁"的规定更为完善。甘肃悬泉汉简《四时月令五十条》，内容丰富、详细，其中还包括大量的司法解释。同时，通过对居延汉简的解读可发现，当时的地方政府每个季度都必须向上级汇报"四时之禁"的执行情况，可见统治者的重视

---

① （清）刘宝楠撰，高流水点校：《论语正义》卷八《述而第七》，中华书局1990年版，第276页。

程度。可以说,"四时之禁"的环境实践准则在中国古代得到了自始至终的贯彻,历朝历代都通过法律或诏令的形式对其作了具体的规定。通过这种顺时取物、顺时生产的行为,达到了"万物皆得其宜,六畜皆得其长,群生皆得其命"①的天地人和谐的理想境界。

总的来看,春秋时期作为中华文明得到飞跃发展的时代,其所迸发出的思想原则塑造了整个中华文明的传统。作为传统思想文化重要组成部分的中国古代环保观,也无疑深刻地打上了这一烙印。在其后的历史长河中,这一传统不断地发展衍化,并与其他思想传统相融合,共同推动着古人的环保实践。

(四)太和之境:人与物是主体间的亲和关系

魏晋南北朝隋唐时期,佛教的广泛传播及其中国化为中国古代环保思想和实践注入了新的活力。佛教强调众生平等,认为一切众生皆有"佛性"。众生平等使得人类无法凌驾于整个自然世界之上,人类没有权利去伤害和占有其他众生。在具体实践上,佛教强调戒杀生,爱护一切世间万物;主张素食主义;提倡清心寡欲、勤俭惜福的生活态度。受佛教影响,唐代统治者多次颁布禁屠的诏令,比如规定每月"十斋日""三元日"等禁止屠宰的行为,个别时期甚至出现全年断屠的极端行为。在民间,放生的风俗也开始兴盛起来。可以说,佛教思想的传播及其本土化,推动了中国古代环境思想的发展和衍化,为宋明时期环境思想高峰的到来奠定了基础。

宋明以后,随着人口的急剧增长,生产力飞跃性发展,人类改造自然的能力越来越强,对环境的影响越来越大。在宋朝及其以后的文献中可以发现,有关"弛猎禁""弛山泽之禁"的记载越来越多。大规模的屯田和围湖造田活动,对当时的环境造成了极大破坏。宋明时期,理学家进一步发展了"天人合一"的命题和儒家传统伦理道德学说,使人与自然的关系更为紧密。

在宇宙生成观上,理学家在历代宇宙生成思想的基础上发展出更为严

---

① (清)王先谦撰,沈啸寰、王星贤点校:《荀子集解》卷第五《王制第九》,中华书局1988年版,第165页。

密的宇宙生成体系。周敦颐认为宇宙的基始是"无极而太极",太极动静而阴阳二气和天地产生,二气结合,生出五行之气,五行之气相生,最终形成万物和人类。张载认为气是万事万物的根本,整个宇宙间阴阳五行之气大化流行,生生不息。因气聚而生,因气散而死,循环往复不停。气聚于天则成日月星辰,聚于地则成山川草木、虫鱼鸟兽。同样,作为万物之长的人也是禀气而生。人体之气与天地万物之气是不可分割的整体,相互感应、相互交流,对个人所禀之气起到一定的调节和中和作用。万有相通,人与物是相通的,天地万物都有其灵性,都能与人相互产生感应;人与万物是同源的,其生命本质是同一的。因此,人与物之间是一种主体与主体之间的和合共生关系,个人通过与世间万物的这种全身心的融合,从而创造出一个和谐统一的太和之境。通过这一天人体系的创立,宋明理学家将中国古代环境思想推进到了一个新的高度。

二、史话庚子年:真的多灾多难吗

公元 2020 年是农历庚子年,在这一年,人们经历着二战结束以来最严重的全球公共卫生突发事件——新冠肺炎疫情,见证了非洲蝗灾、澳洲大火、奥运会延期、美股四次熔断,世界经济在疫情阴霾下遭遇严重衰退。这在一定程度上冲击着大众心理,加剧了社会的焦虑情绪,同时也唤起了人们对于历史上与庚子年相关的记忆,例如清道光庚子年(1840)的鸦片战争、清光绪庚子年(1900)的庚子事变及 20 世纪 50、60 年代"三年困难时期"的农历庚子年,即 1960 年。于是,有关"庚子多灾""庚子必灾""庚子大坎""庚子轮回"之类的言论在网上广为传播。"庚子不祥"论的背后,一方面体现了我国传统干支理论的丰富文化内涵,另一方面则投射出近代"庚子事变"带来的沉痛历史记忆。对我国传统干支理论的溯源和我国近代历史的梳理,有利于民众客观认识干支纪年与"庚子"背后的文化意蕴,理性认识"庚子预言"所体现的忧患意识。

庚子年在历史上真的如此多灾多难吗?如果我们再从 1840 年往前追溯两个庚子年,也就是 1780 年(清乾隆四十五年)和 1720 年(清康熙五十九年),当时正处"康乾盛世",并没有"大灾""大疫"发生。再往前追溯,1660 年为清顺治十七年,1600 年为明万历二十八年,也都没有出现全国性的灾难。那么,"庚子多灾"的预言是怎样形成的,"庚子"作为历史符号,蕴藏了哪些集体记忆,我们应该如何理性地看待这一现象?实有必要进行深入探究。

(一)传统文化语境下的"庚子"

在近代引入公元纪年之前,我国古人习惯以干支纪年,并以"六十甲子"为一个周期循环,庚子年在其中位列第 37,其中"庚"为十天干之一,"子"为十二地支之一。干支不仅可以纪年,还可纪月、纪日、纪时,在我国历法史上发挥着不可或缺的作用,是我国传统文化中的重要组成部分。此外,干支还曾与阴阳、五行等概念相结合,被用来预测吉凶、占知未来等,从而不断衍生出更加丰富的文化形式和思想内涵。

从历史上看,关于十天干和十二地支的内容早在殷商时期就已经出现。郭沫若先生《释支干》[①]一文通过分析甲骨文的形态提出,甲、乙、丙、丁、戊、己、庚、辛、壬、癸乃是渔猎社会的一组早期文字系统,十二地支则可能与黄道十二宫相关。还有学者通过甲骨卜辞的考证,指出干支分属两个祭祀系统。经过漫长的历史发展,秦代已出现十二地支与生肖分别对应的做法,这在湖北云梦睡虎地秦简中有着清晰记载。不过,古人虽然意识到"十"与"十二"的不同,但尚无统一名称,《国语·楚语下》称之为"十日十二辰",《史记·律书》记载为"十母十二子"。到了东汉,《白虎通》《论衡》等文献中才以"干"和"支"为其命名,而"天干""地支"之名要经历魏晋南北朝的发展才得以逐渐确立。

此外,先秦以来阴阳五行学说逐渐盛行,时人多赋予干支以阴阳、五行的属性。如《左传·昭公十七年》中有言:"其以丙子若壬午作乎?水火所以合也。"《昭公三十一年》也有"庚午之日,日始有谪,火胜金"等记载。到了汉代,干支与阴阳、五行、音律结合,逐渐形成了解释宇宙、天地

---

① 郭沫若:《甲骨文字研究》,《郭沫若全集》考古编第一卷,科学出版社 1982 年版。

运行规律的完备理论体系。其中,"庚子"也被赋予重要的文化内涵。"庚"代表成熟、丰收的状态,西汉司马迁在《史记·律书》中说"庚者,言阴气庚万物,故曰庚"。东汉许慎《说文解字》也认为:"(庚)位西方,象秋时万物庚庚有实也。"东汉刘熙《释名·释天》则说:"庚,犹更也。"可知在汉代,"庚"与"更"同义,象征万物成熟,同时也是新生事物正在被阴气更替瓦解。"子"则为十二支之首,代表生发的状态,《史记·律书》中言:"十一月也,律中黄钟。黄钟者,阳气踵黄泉而出也。其于十二子为子。子者,滋也;滋者,言万物滋于下也。""子"从字形上看是幼儿的形象,故汉代人认为此时象征阳气在最低处,刚开始要从地下向上滋生。《汉书·律历志》也说"孳萌于子"。《释名·释天》进一步指出:"子,孳也。阳气始萌,孳生于下也。于《易》为坎。坎,险也。"认为"子"象征水,水在《周易》中对应坎卦,表示具有一定风险。可见,时人认为天干与地支各有其五行属性。而二者结合,又会形成一套新的系统,如"庚"与"子"搭配,汉代人认为仍是主成熟、收获之意,《易纬》有"庚子,金德,主秋成收"①之说。总之,以干支及阴阳五行体系来解释世界运行的规律,体现出汉代人对时间、物候、自然规律的朴素认识。

干支的文化内涵随着历史发展而不断丰富,其用途也是如此。干支最早用于纪日,先秦秦汉时期广为流行的各式《日书》记载了时人总结的每日宜忌之事,其中就有关于庚子日的描述。如云梦睡虎地秦简《日书》记载,庚子日是养蚕的好日子,对于远行的人来说,这天白天出门也会碰见喜事,但在此日出生的孩子会从小成为孤儿且不洁净。由此可知,在当时人的观念中,干支在不同场合、不同月份所对应的吉凶情况各有不同,但其本身并无吉凶的意涵,有类于流传至今的"老黄历",每日宜忌各不相同,是古代民众日常生活的一部分。

用干支来纪年的方式则大约始于西汉时期。《淮南子·天文》说:"淮南元年冬,太一在丙子,冬至甲午,立春丙子。"长沙马王堆汉墓帛书《刑德》

---

① (汉)郑玄注:《易纬乾凿度》卷下,[日]安居香山、中村璋八辑:《纬书集成》上册,河北人民出版社1994年版,第57页。

篇也出现以干支纪年的记载。到东汉以后,干支纪年逐渐为人们所接受。基于这些理论,此后一批预测干支年运势的民间图书应运而生。如相传唐代袁天罡、李淳风所作《推背图》,其中言及庚子年有谶语曰:"汉水茫茫,不统继统。南北不分,和衷与共。"颂曰:"水清终有竭,倒戈逢八月。海内竟无王,半凶还半吉。"展现出"半凶半吉"之象,明清之际的金圣叹在此批注道:"此象虽有元首出现,而一时未易平治,亦一乱也。"指出庚子年可能存在不祥的征兆。而明代万民英《三命通会·论天干阴阳死生》论及干支生死属性时说"庚金生于巳而死于子",指出庚金发展到"子"的状态趋于衰落,这就是所谓"金沉水底"。形成于清代的谶书《地母经》,更是从农事角度直言"庚子"将有大灾,说:"太岁庚子年,人民多暴卒。春夏水淹流,秋冬频饥渴。"从中描绘了农桑荒废、饿殍遍野的悲惨景象。凡此种种,都成为"庚子大坎"之类说法的某种历史渊源。

除了以上几种"庚子多灾"的预言,我们同时也能看到"庚子无灾"的说法。《吴医汇讲》刊刻于清乾隆年间,被认为是我国期刊出版物的雏形,由唐笠山编辑,其中收录《申明三年中气候相乖化疫之说》一文,文中认为疫病"每发于阳年"(指干支中带有甲丙戊庚壬、子寅辰午申戌的年份),但庚子、庚午、庚寅、庚申、戊辰、戊戌这六年除外。①

由此可见,我国传统干支与五行相结合的理论体系包含着古人对自然和历史现象的认识和总结,是我国传统文化的重要组成部分。毋庸否认的是,其中不乏想象、猜测甚至穿凿附会的内容,不论是"庚子多灾"还是"庚子无灾"的说法,实际上都体现了我国传统社会民众的认识,所预言的灾荒、兵祸是当时最为恐惧的景象,而预言的广泛传播,反映出百姓渴望掌握可能发生灾祸的信息,以期及时逢凶化吉、避祸求生的心态。对古代统治者来说也是一种警醒、警示,意在敦促其及时关注民生,安抚百姓。至于"无灾""无疫"的推断,则体现了古人心目中的美好愿景。

---

① (清)唐笠山辑,丁光迪校:《吴医汇讲》卷九,中国中医药出版社2013年版,第138—139页。

(二)"庚子"作为历史符号所积淀的集体记忆

近代以来,公元纪年逐渐取代了传统干支纪年,成为人们日常工作生活中最常用的纪年方法。而后者的式微,使大众对干支的内涵和意义逐渐陌生,不过个别干支却因与某些历史大事存在直接关联而成为当代国人的集体记忆。比如,当提及"甲午"时,"甲午中日海战""马关条约"等相关名词就容易出现在人们的脑海中;清政府战败,赔偿巨款、割让台湾的惨痛经历,使"甲午"成为中国历史的屈辱烙印。而每当提及"庚子",也会引发人们对"庚子赔款"等名词的联想。1900年是庚子年,八国联军攻占北京,导致中国陷入空前灾难,陷遭列强瓜分,而9.8亿两白银的"庚子赔款"更是给中国人民造成了巨大灾难。"庚子"成为中国人心目中具有标志性的历史符号,并影响至今。

相较而言,同为庚子年的1840年也极为重要。这一年,清政府在鸦片战争中战败,签订了中国历史上第一个不平等条约《南京条约》,被学术界视作中国近代史的开端,对中国社会的演变和发展影响巨大,甚至起着"历史分水岭"的作用。由于林则徐"虎门销烟"是这场战争的导火索,因此不论是时人议论还是后世著作的叙述,大多都选择使用"鸦片战争""鸦片之战""鸦片肇衅"等表述,强调战争的诱因鸦片,而并未将该年的干支"庚子"与时局作特别的联想。1960年的庚子年就更是如此。新中国实行公元纪年,干支纪年彻底退出了官方话语体系,因而在提及"三年困难时期"里的1960年时,也并未使用"庚子"之类的表述。①

在近代以来各种形式的历史叙述当中,"庚子"成为1900年前后一系列事件的总称,与"国难""赔款"等名词连称并举。尤其在我国当代中学乃至大学的历史教育、教学当中,深刻影响中国历史进程并给中国人民造成巨大灾难的重大事件如八国联军侵华和《辛丑条约》签订,都发生在1900庚子年前后,这无疑强化了与"庚子"相关的沉痛历史记忆。

以上种种,都促使我国民众对"庚子"形成符号化的联想,也塑造了

---

① 详细论述可参陈旭麓:《近代中国社会的新陈代谢》,三联书店2018年版;胡绳:《从鸦片战争到五四运动》,人民出版社1981年版。

一代又一代中国人关于"庚子年"的集体记忆。2020 庚子年，新冠肺炎疫情发生、南方洪涝灾害侵袭，"庚子"与"灾难"再次相遇和交集，自然激发了民众关于庚子年的伤痛记忆。在追溯之下，1840、1900、1960 等年的历史记忆又被发掘出来，"庚子多灾"之说重新被提起，这实际上是某种不安和焦虑情绪的集中反映。

（三）"灾年说"祛魅

综上可知，我国传统社会的干支纪年法具有深厚的文化内涵，延续时间久远，社会影响广泛，体现了我国从古至今关于时间发展、历史演变的思想认识。"庚子"作为干支纪年之一，随着历史的发展也被赋予了相关的种种民间传说和习俗。当代国人对于"庚子"及"庚子年"有着双重印象，一方面是民间社会根据我国传统干支、五行理论而推断出"庚子大坎"的说法；另一方面则是受到近代历史教育后产生的屈辱历史记忆。加之"子"为十二地支之魁，"子鼠"更是民间熟知的十二生肖之首，象征新一轮更替的开始，故而此年发生的事件似乎更容易引人关注。而"庚子有灾"的讨论，甚至由于 2008 年（戊子年）出现南方雪灾、汶川大地震等重大自然灾害衍生出"鼠年多灾"的说法，在一定程度上加深了人们的精神焦虑、不安和混乱。从客观上来讲，由"庚子"引发的一系列讨论都有其特殊的历史背景和文化意蕴，我们对此应该持有理性的认识和科学的态度。

就传统社会的"庚子预言"来看，它在一定程度上体现了中华民族的忧患意识，而这种忧患意识又促使人们保持清醒和理性，能够不畏艰难、自强不息、勇往直前。就"庚子赔款"的历史创伤来看，痛定思痛的背后是先进的中国人追求开启民智、进行民主革命的历史新篇章，故而梁启超先生评价 19、20 世纪之交为"新陈嬗代之时"。而各种自然灾害的存在、发展、消退也都是某种客观规律的反映。遭遇这些困苦和磨难，我们所能做的唯有勇于面对，积极应对，有效防范，奋力抗击。

自古以来，我国就是一个自然灾害频发的国家，灾害种类多，分布区域广，发生频率高，造成的损失重，而中华民族抗灾救灾的思想和行动也是源远流长、持续不断的。在中国历史上，从中央政权、地方政府的灾害治理政策和措施，再到社会团体和宗族、家族的灾害救助的主张和行动，从灾前预防到灾害治理和救助，再到灾后重建等，都留下了许多经典案例，形成了许多重要思想，给后人提供了宝贵的经验和借鉴。这些也说明，富有天人合一综合思维和生态思想的中华民族，具有人定胜天的英雄气概和无穷智慧，具有巨大的民族凝聚力和崇高的爱国主义精神。即使遇到的灾害再大再凶险，也抵不过中华儿女齐心协力、共克时艰的磅礴力量，抵不过中华民族百折不挠、前仆后继、勇往直前的大无畏精神。

三、说说历代名媛

奉献给读者诸君的这一本书，包括了46位中国历史上较为著名的女性人物的传记，上起殷商，下迄清末。

众所周知，作为占人类总数一半的群体，妇女在创造人类文明、推动社会发展的历史进程中，始终是一支不可或缺的重要力量。在人类自身生产中，妇女更是具有特殊的价值，做出了特殊的贡献。生活在欧亚大陆东部的中国女性，素以勤劳智慧、温柔善良、品德高尚著称，成为举世公认的优秀妇女的代表。在数千年中华文明发展史上，涌现出许许多多业绩不凡、各有所长的杰出女性，其中有匡扶社稷、母仪天下的女政治家，有身先士卒、所向披靡的女军事家，有折冲樽俎、不辱使命的女外交家，有能诗善文、妙笔生花的女文学家，有才华超群、技艺高妙的女艺术家，有潜心经史、博古通今的女学者……可谓灿若群星，代不乏人。这些杰出女性，诞生在不同的历史时期，活动于不同的阶级、阶层，出入于不同的社交圈，感受着不同的文化氛围，但她们或备尝艰辛而不悔，终成大业；或出于污泥而不染，实现自强；或承于家学而不辍，再铸辉煌。一句话，在她们身上，总有那么一些可以称道之处，总有那么一些能够给人启发、让人回味、使人获益的地方，值得大书特书，著于青史。而在一定意义上讲，将这些人物传记按照历史线索汇为一帙，实际上也就构成了一部清末之前的中国妇女史。当然，除了本书所收，还有一些女性人物应该立传。限于篇幅，只好阙如了。

自步入文明时代以来，在宗法制度支配下的中国传统社会，一直是以男权为中心，男尊女卑、重男轻女的思想观念由来已久、根深蒂固，关于妇女活动的记载自然就受到轻视。不过还是有一些像刘向、范晔那样的学人，以自己的远见卓识，记载了不少妇女的生平事迹，为后人提供了难得的资料。晚近以来，随着思想解放之风的不断炽盛，中国妇女史、妇女文学史等方面的研究论著和史料汇编相继问世，这使我们在操作本书时有所依凭、有所资鉴。但同时我们也意识到，做好这个工作又并不轻松，不仅材料依然相对较少，而且还需要解决一个较为突出的问题：我们这本书的传主，有的既是政治家、军事家，又是文学家、艺术家，而有的女文学家、女艺术家，又在政治上、军事上多有建树。若想真正认识、把握这些人物的心路历程、成长轨迹和历史地位，按照目前通行的学科分类，至少需要史学、文学两个方面的知识积累和学术修养。这就向我们提出了挑战。好在我国学人历来有文史不分、文史互证的传统，而我们也颇得其沾溉和影响，并且一向主张，应该坚持这一传统，文史兼治互证。这个目标或许一时难以企及，但我们始终会心向往之，并为之不懈努力。

在操作本书过程中，除了得到参与撰稿的各位同好的支持、配合，还得到其他诸多朋友的鼓励和帮助。责任编辑于宏明先生对本书的立传标准等提出过很好的意见，在此我们深表谢意。本书成于多人之手，各篇之间行文风格或有不同，加上主编者学识有限、闻见不广，其他方面也难免存在疏漏和不妥之处。恳请读者诸君谅解，并不吝赐正，这里我们先行致谢。"嘤其鸣矣，求其友声。"我们盼望着通过本书的推出，结识更多的朋友。①

四、历代名人年谱的学术价值

（一）《汉晋名人年谱》

年谱是中国传统史书编纂的一种重要形式，在中国传统史学和文献学发展进程中意义重大，它以谱主为中心，按照时间线索，较为详尽地记述谱

---

① 本文原系张涛等主编《历代名媛传》卷首语，收入本书时略有改动。张涛等主编：《历代名媛传》，山东人民出版社 2000 年版。

主的生平事迹，因而亦可视为一种编年体的人物传记。"叙一家一族迁徙之迹，并及其子若孙承续之系统与分布之状况者，谓之家谱、族谱。叙一人之道德、学问、事业，纤悉无遗，而系以年月者，谓之年谱。"①。年谱有着悠久的历史渊源，谱牒、年表、宗谱、传状等，都可以看作它的滥觞或雏形。经过长时期的演变和发展，到了宋代，年谱自成一体，《郡斋读书志》《遂初堂书目》《直斋书录解题》等这类著作均有著录。元明时期，年谱得到进一步规范和完善，而且从明代开始，在目录学上，年谱已经逐渐从附属传记类、谱系类而独立成为专类专目。这些都表明，年谱已经成为一种成熟、规范的历史编纂体裁。有清一代，随着史学领域的发展和繁荣，年谱之作更是盛极一时，谱主范围不断扩大，编写水平不断提高，出现了许多优秀编纂者和上乘之作。及至民国，此风势头不减，时有新的年谱刊布于世。所以，姜亮夫先生曾经指出："年谱者，人事之史也，所关至宏伟。小之则一技一艺之珍闻雅记，因之而传，大之则足补国史之缺佚，为宋以来流畅于民间之一大业。"②

众所周知，两汉三国南北朝时期，是中国社会历史发展的一个重阶段。这一时期，著名的精英人物层出不穷，灿若群星，其中既有功勋卓著的政治家、军事家，又有治学有方、造诣精深的学者。对他们的一生境遇及其相关史事，以往的载籍虽然多有记述，但较为零散，且不乏疏略、错讹之处，加上著述体例的限制，颇不便于人们全面把握相关资料以知其人而论其世。于是，年谱的优长和作用也就自然地显现出来，因为年谱以年月为经纬排列谱主事迹，材料也大多经过悉心钩稽和认真覆案，从中可以更加准确、详尽地了解谱主的姓字里居、家庭族属、生卒时间、事业成就、思想变迁、师友交往、学术传承以及其他有关方面的信息。这样，在年谱之作兴盛以后，用它来记载两汉三国南北朝时期的杰出人物，并对旧史加以适当的订补、校正，也就深得学者的钟爱而蔚为风气，且成为史学长足发展的重要标志了。尤其

---

① 朱士嘉：《〈中国历代名人年谱目录〉序》，李士涛编纂：《中国历代名人年谱目录》卷首，商务印书馆1941年版。

② 姜亮夫：《〈中国历代年谱总录〉序》，杨殿珣编：《中国历代年谱总录》（增订本），书目文献出版社1996年版，第1页。

值得一提的是，这些年谱还为后人从事相关研究提供了难得的学术基础。可以说，晚近学者的许多类似著述，无一不是将此作为重要资鉴和必要参考。当然，这些新谱更加注重全面审视谱主所处的时代背景和历史地位，更加注重综合考察谱主思想发展的内在理路和外缘影响，材料更为翔实，考论更为确当，体例更为谨严。前修未密，后出转精，这本来就是学术演进的客观规律。但不管怎样，众多旧谱的学术价值在任何时候都是不会黯然失色的，只是由于问世较早、藏本甚少，人们不易找寻而难以更好地阅读和利用。

在海内外享有盛誉的北京图书馆出版社，素以嘉惠士林、津逮后学、繁荣文教事业为己任，今又蒐求国家图书馆所藏旧谱，得两汉三国南北朝时期23位名人共44种年谱，其作者年代自南宋及于民国，材料丰富，考证精详，条理清晰，堪称佳构。如清代陈鳣为郑玄所作的年谱，就曾得到钱大昕的高度赞赏。钱大昕说："北海郑君，兼通六艺，集诸家之大成，删裁繁芜，刊改漏失，俾百世穷经之士，有所折衷，厥功伟矣，而后人未有谱其年者，庸非缺事乎！海宁陈君仲鱼，始据本传，参以群书，排次事实，系以年月，粲然有条，咸可征信，洵有功于先哲者矣。"①另外，这些旧谱版本较为稀见，特别是其中的几种钞本，更是具有很高的文献价值。将它们汇为一编，影印刊行，这不仅大大便利了人们查阅和收藏，而且有助于中国古代史、史学史、学术史及文献学等研究领域的进一步深化和发展。唯其如此，我们乐意在此作一郑重推荐，希望能引起诸位同道的共鸣。②

（二）《辽金元名人年谱》

谱牒学是中国传统史学的重要分支，简称谱学，其著述形式主要有家谱（兼括族谱、宗谱）和年谱（含体例相同的年表、年略、编年、系年等）。家谱记载某一家庭、家族的世系及其人物的主要事迹，用表的形式反映家族不断繁衍的过程，实即一家一姓的历史。年谱则以谱主为中心，按照一定的

---

① （清）钱大昕著，陈文和主编：《潜研堂文集》卷二十六《郑康成年谱序》，《嘉定钱大昕全集》（增订本）第九册，凤凰出版社2016年版，第410页。

② 本文原系为国家图书馆编《汉晋名人年谱》撰写的序，收入本书时略有改动。国家图书馆编：《汉晋名人年谱》，北京图书馆出版社2004年版。

时间线索，较为详尽地记述谱主的生平事迹，因而亦可视为一种编年体的人物传记。朱士嘉先生在为李士涛《中国历代名人年谱目录》作序时曾指出："叙一家一族迁徙之迹，并及其子若孙承续之系统与分布之状况者，谓之家谱、族谱。叙一人之道德、学问、事业，纤悉无遗，而系以年月者，谓之年谱。"

我国的谱学起源甚早，并且伴随着社会变迁、文化演进走过了相当漫长的发展历程。清代邵晋涵指出："《周官》小史奠系世，辨昭穆，谱牒之掌，古有专官。自官失其传，《大戴记》首述系姓，后如杜预之《春秋世族谱》，则以谱学附之于经；至应劭之述系姓，王符之论氏姓，又辅经而行者也。自太史公征引《世本》，考得姓受氏之原，至《唐书·宰相世系表》，则以谱学附之于史。其勒为专书，编分类次者，若挚虞《昭穆记》、王俭《百家谱》、贾希鉴《氏族要状》，胥能补史传所未备。五代以后，谱学散佚，于是士大夫之述家谱者，或推始迁之祖，或述五世之宗，守近而不能溯远，仅以叙同居之昭穆，而于受姓别族之源流多未暇及。谱学之失传，所从来远矣。"① 邵氏还强调："夫自奠系牒之官废，而后有专门之学；专门之学衰，而后有私家之谱；自古迄今，凡三变焉。"② 可见，谱学最初由专官执掌，目的在于"奠系世，辨昭穆"，别贵贱，定尊卑，维护宗法等级制度和道德规范。《世本》记录黄帝以下至春秋时期帝王公侯卿大夫之世系，是目前所知我国最早的谱学著作。秦汉以后，谱学虽无专官掌管，但学者仍在从事这方面的编述活动。像司马迁作《史记》，其中的世表、年表即取资于《世本》。魏晋南北朝时期，由于门阀世族政治的现实需要，加上史学自身的不断发展，谱学盛极一时，名目繁多的各类家谱、族谱纷然杂出。到了唐代，谱学领域继续保持繁荣景象，政府多次组织力量编撰大型的谱学著作，使其成为维护门阀世族利益的工具。五代以后，随着门第制度的衰落，谱学也失去了往日的辉煌。但实际上，这仅仅是就作为"专门之学"的谱学而言，因为修谱活动

---

① （清）邵晋涵：《南江诗文钞·文钞》卷六《余姚史氏宗谱序》，李嘉翼、祝鸿杰点校：《邵晋涵集》，浙江古籍出版社 2016 年版，第 1860 页。
② （清）邵晋涵：《南江诗文钞·文钞》卷六《余姚史氏宗谱序》，李嘉翼、祝鸿杰点校：《邵晋涵集》，浙江古籍出版社 2016 年版，第 1861 页。

并未停止，只是所修之谱已变为"私家之谱"，政府不再设官统一管理。正如钱大昕所说："五季之乱，谱牒散失。至宋而私谱盛行，朝廷不复过而问焉。"① 值得注意的是，到了宋代，除了家谱、族谱的编修仍旧流行于民间，更重要的是，当时还产生了一种新的谱学著述体裁，这就是年谱。

现存最早的年谱，当推吕大防为杜甫、韩愈所作的年谱。章学诚曾论述道："宋人崇尚家学，程、朱弟子，次序师说，每用生平年月，以为经纬。而前代文人，若韩、柳、李、杜诸家，一时皆为之谱，于是即人为谱，而儒、杂二家之言，往往见之谱牒矣。""以谱证人，则必阅乎一代风教，而后可以为谱。盖学者能读前人之书，不能设身处境，而论前人之得失，则其说未易得当也。好古之士，谱次前代文人岁月，将以考镜文章得失，用功先后而已。儒家弟子谱其师说，所以验其进德始终、学问变化。"② 由于宋代年谱已经自成一体，晁公武《郡斋读书志》、尤袤《遂初堂书目》、陈振孙《直斋书录解题》等书对这类著作均有著录。元明时期，年谱之作得到进一步规范和完善，而且在目录学上，从明代开始，年谱已逐渐由附属于传记类、谱系类而独立成为专类专目。如祁承爜《澹生堂藏书目》，其史部在传记类外别立谱录类，而谱录类下即列有年谱专目。这些都清楚地表明，年谱已经成为一种成熟、规范的历史编纂体裁。有清一代，随着史学的发展和繁荣，年谱编撰活动更是达到高潮，许多学术名家相继推出一流的年谱之作，或新创，或改编，或附诸集内，或刊入丛书，或合刻，或单行，谱主范围不断扩大，编写水平不断提高。及至今日，此风势头依然不减，时有年谱新作流布于世，而且都是各具风采，各有特色。所以，姜亮夫先生在为杨殿珣《中国历代年谱总录》作序时指出："年谱者，人事之史也，所关至宏伟。小之则一技一艺之珍闻雅记，因之而传，大之则足补国史之缺佚，为宋以来流畅于民间之一大业。"现在看来，确实应该承认，年谱、家谱与国史、方志并重且互为表里，对我国史学、文献学、方志学等领域的发展产生了深远影响。

---

① （清）钱大昕：《十驾斋养新录》卷十二《郡望》，《嘉定钱大昕全集》（增订本）第七册，凤凰出版社 2016 年版，第 319 页。

② （清）章学诚：《刘忠介公年谱叙》，《章氏遗书》卷二十一，文物出版社 1985 年影印《章学诚遗书》本，第 207 页。

众所周知，辽金元时期是中国历史进程中的一个重要阶段。尽管南北地区长期分治，民族之间不断征战，经济生产屡遭破坏，但在这一时期，各民族、各地区同样是英杰云集，名家辈出，其中既有功勋卓著、声威大震的政治家、军事家，又有才华超众、学识深湛的文人学士。然而，人们每每引以为憾的是，对于这些时代精英的一生境遇及其相关史事，以往正史等载籍虽有记述，但当时各族统治者主要忙于政务、军务，无暇顾及艺文之事，留下的文献资料相对较少、较为零散，且不乏疏略、错讹之处，因而依据这些资料修成的史书也就存在诸多问题。尤其是涉及少数民族的语言文字，"人名、官名、地名，旧史颇多舛讹，由当时史臣未通翻译，以至对音每有窒碍，且有一人而彼此互异者"①。加上其他体裁的史书在著述体例方面受到种种制约，要全面了解和把握相关资料以知其人而论其世，人们颇感不便。于是，年谱的优长和作用也就自然而然地凸现出来，因为年谱以年月为经纬排列谱主的生平事迹，所用资料也大多经过悉心钩稽和认真覆案，从中可以更加准确、详尽地了解谱主的姓字里居、家庭族属、生卒时间、事业成就、思想变迁、师友交往、学术传承以及其他有关方面的信息。这样，在年谱之作兴盛以后，用它来记载辽金元时期的杰出人物，并对旧史加以适当的订补、校正，也就深得学者的钟爱而几成风尚，且成为史学全方位、深层次发展的重要标志了。正像全祖望所指出的："年谱之学，别为一家，要以巨公魁儒事迹繁多，大而国史，小而家传墓文，容不能无舛缪，所藉年谱以正之。"②值得关注的是，这些年谱还为后人从事相关研究提供了一定的学术基础和准绳。可以讲，晚近学者的许多类似著述，无一不是将此作为重要资鉴和必要参考的。当然，这些新谱更加注重全面审视谱主所处的时代背景和历史地位，更加注重综合考察谱主思想发展的内在理路和外在机缘，取材更加宏富，编制更加缜密，记事更加准确，考论更加精当。前修未密，后出转精，本为学术演进之大势，自古以然。但无论怎样，众多旧谱的学术价值在任何

---

① （清）钱大昕：《廿二史考异》卷一百之按语，《嘉定钱大昕全集》（增订本）第三册，凤凰出版社 2016 年版，第 1628 页。

② （清）全祖望：《鲒埼亭集》卷三十二《愚山施先生年谱序》，朱铸禹：《全祖望集汇校集注》，上海古籍出版社 2018 年版，第 613 页。

时候都是不会黯然失色的，只是由于面世较早，藏本甚少，人们已经不易找寻而难以更好地阅读和利用，遗憾之感亦往往由此而生。

北京图书馆出版社成立以来，始终以嘉惠学林、繁荣文教事业为宗旨，依托国家图书馆的丰富馆藏和专业优势，推出了一大批高水平、高品位的优质图书，在海内外享有盛誉，今又着力搜求国图所藏旧谱，得辽金元名人年谱多种，其撰成年代自金朝及于民国，资料翔实，体例谨严，叙事详明，考辨精审，基本上做到了求真求实，无征不信，且言辞清简，文约义丰，确属难得的精品佳作。例如，清代凌廷堪为元好问所作年谱，"以年为经，以诗纬之"，"杂采《金史》《元史》《中州集》《归潜志》《元文类》泊金元人文集撰著等，钩稽校勘"，"其可考者录之，其不可考者阙之，后人议论之诬、考证之疏者则为辨之"①，在当时及后世都颇受好评。又如，王国维撰《耶律文正公年谱》，详细考察、谱列耶律楚材的生平事迹，此举不但更好地揭示了蒙古统治者与汉族经济文化的关系，而且具体地展现出王氏"取异族之故书与吾国之旧籍互相补正"② 这一治学理念和研究方法的学术魅力，因而一直为人们所推重。还应指出的是，这些旧谱的版本较为稀见，特别是其中的钞本、油印本，更是具有极高的文献价值。将它们汇为一编，影印行世，这不仅会使众多查阅者、庋藏者颇称其便，而且会大大有助于中国古代文史及古文献学等研究领域的进一步深化和发展。唯此之故，我们乐见《辽金元名人年谱》出版，并在这里作一郑重推荐，以期与诸位同道达成广泛共识。《诗》曰："嘤其鸣矣，求其友声。"此之谓也。③

五、邵晋涵与《南江札记》

《南江札记》四卷，清邵晋涵撰。邵晋涵（1743—1796），字与桐，又

---

① （清）凌廷堪著，王文锦点校：《校礼堂文集》卷二十七《元遗山年谱序》，中华书局1998年版，第252—253页。
② 陈寅恪：《王静安先生遗书序》，《金明馆丛稿二编》，三联书店2001年版，第247页。
③ 本文原系为北京图书馆出版社影印室编《辽金元名人年谱》撰写的序，收入本书时略有改动。北京图书馆出版社影印室编：《汉晋名人年谱》，北京图书馆出版社2005年版。

字二云，浙江余姚人，清代著名学者。因《尚书·夏书·禹贡》三江中的南江从余姚入海，故自号南江。邵氏自幼博闻强记，于学无所不窥。乾隆三十年（1765）乡试中式，甚得学术界名流钱大昕的赏识。三十六年（1771）会试第一。两年后诏开四库馆，由大学士刘统勋荐，以庶吉士充纂修官，次年授翰林院编修。邵氏尤精于史学，《四库全书总目》史部提要大多出自邵氏之手。时人言经学咸推戴震，言史学则咸推邵氏。晚年为翰林院侍讲学士、日讲起居注官，并先后任《万寿盛典》《八旗通志》及国史馆、三通馆纂修官，至嘉庆元年去世。邵氏著述甚丰，刊行的有《尔雅正义》二十卷、《南江文钞》四卷（又有十二卷本）、《南江诗钞》十卷（又有四卷本），未刊行的有《韩诗内传考》一卷、《皇朝大臣谥迹录》四卷，及《宋元事鉴考异》《方舆金石编目》《輶轩日记》若干卷。在四库馆时，因薛居正《旧五代史》原书亡佚，邵氏从《永乐大典》中掇拾原文，复采《册府元龟》《太平御览》诸书以补其缺，并参考《通鉴长编》诸史及宋人说部、碑碣，逐条编插，一一注其卷数和来历，基本上恢复了薛史旧貌，于史学发展贡献卓著，影响深远。邵氏另撰有《旧五代史考异》（未刊），这是其搜辑薛史的又一成果。

《南江札记》是邵晋涵阅读古书时的随手札记，凡《左传》213 条、《穀梁传》14 条（以上卷一）、《仪礼正误》34 条、《礼记》1 条、《三礼》论天帝郊丘祭祀 7 条（以上卷二）、《孟子》374 条（卷三）、《史记》19 条、《汉书》7 条、《后汉书》3 条、《三国志》49 条、《五代史》17 条、《宋史》49 条（以上卷四），共计 787 条。其中或校正文字，或考辨史实，短者仅一言两语，长者至六七百言，条分缕析，阐幽发微，颇多独到之处。汉末以降，郑玄的《三礼注》一直被奉为圭臬，而本书《仪礼正误》却屡纠其谬误。考证《三礼》部分，亦多驳正郑说。而且信者存信，疑者存疑，不妄下结论，充分反映了他严谨缜密、实事求是的治学态度和学术风格。邵氏曾计划撰著《穀梁正义》《孟子述义》二书，可惜因过早逝世而未成。本书《穀梁传》和《孟子》部分，皆博引众说，不轻下己意，很可能就是两书的一些草稿。

本书系邵氏逝世后其子秉华辑刊而成，但收录不精，像《三国志》49 条，全与何焯《义门读书记》相同，估计是邵氏手录其说，辑刊时误入。本书的主要版本有面水层轩本（中华书局 1965 年影印，收入《清人考订笔记》)、《绍兴遗书》本、《式训堂丛书》本、《仰视千七百二十九鹤斋丛书》本、《矩心斋丛书》本（仅一卷）等，其中面水层轩本最佳。《南江札记》的整理应以此本为底本，校以其他各本，底本误而他本不误者，可据他本径改，不出校。古人引书往往节引大义，不全录原文。邵氏亦不例外。如卷三"亦有仁义而已矣"条中《周礼·天官·小宰》疏引孟子与梁惠王问答；"尊贤使能"条引《周礼·天官·太宰》"以八统诏王驭王民"云云，均系节引。这类例子很多，整理时应一仍其旧。又引文与原书文字时有出入。如卷一《左传》隐公六年条言庄公十五年引《书》事，"十五年"应为"十四年"；卷三"湍水"条引《说文》"灛，水流河上也"，"河"当为"沙"之误。此类讹文均应予以改正。某些明显的笔误字，如"己"误为"巳"，"睢阳"误为"雎阳"，亦应径改，不出校。原书因避讳而改"玄"为"元"、改"弘"为"宏"等，可一律回改。

  如果点校出版《南江札记》，将有助于进一步了解邵晋涵及其学术成就，有助于深入研究古代史学的发展，也有利于弘扬浙江地区优秀的文化传统。这应是整理该书的初衷和目的。

六、《洪范》思想诠释的成功之作

  在中国传统社会，阴阳五行是中国人的思想律，是中国人对宇宙系统的信仰，在两千多年的思想文化发展史上影响极大，势力极强。而阴阳五行之说在经典中最早、最重要的根据，一个是《周易》，另一个就是《尚书》中的《洪范》。《洪范》的起源当在夏商之前，历史悠久。相传"洪范九畴"由天神传给大禹，后由箕子传给周武王，在西周末东周初已经广为流传，在春秋战国时更是颇受重视。"洪范九畴"首列"五行：一曰水，二曰火，三曰木，四曰金，五曰土。水曰润下，火曰炎上，木曰曲直，金曰从革，土爰稼穑。润下作咸，炎上作苦，曲直作酸，从革作辛，稼穑作甘"[1]。很显然，

---

[1] （汉）孔安国传，（唐）孔颖达等正义：《尚书正义》卷第十二《周书·洪范》，中华书局2009年影印清阮元校刻《十三经注疏》本，第399页。

这里的五行实际上是五种与人们的生产活动密切相关的自然物质，但先民们认定它们是由天所生，并加以崇拜，列为贵神，奉为五祀。在先民们看来，认识了五行的特点并将其运用于社会实践，就是顺从了天意，就是遵循了神的法则或者说自然的法则。唯其如此，五行被列为"洪范九畴"之首，即天神所赐的治国安邦的第一条根本大法。

"《易》以道阴阳"①。《周易·系辞上传》提出了太极阴阳之说，推出了"一阴一阳之谓道"②的精湛命题，也讲过天地之数以五为贵，但并未以金、木、水、火、土的范畴解《易》。《洪范》虽然讲了五行但却不言阴阳。战国后期，以邹衍为代表的阴阳家初步将《周易》的阴阳之说与《洪范》的五行之说结合起来，推出了五德终始理论，并在后来被秦始皇运用到政治实践当中。不过，阴阳五行之说的飞跃性发展还是在入汉以后。"《易经》的阴阳学与战国以来盛行的阴阳五行学，融合成为董仲舒的春秋公羊学"③。除了此前以邹衍为代表的阴阳家，后世所谓"儒家之中，就现在可考见者而言，首先兼言阴阳五行者，似是董仲舒"④。董仲舒《春秋繁露·五行相生》曰："天地之气，合而为一，分为阴阳，判为四时，列为五行。"他将阴阳与五行结合起来，融为一体，提出了一整套更加系统、更具神秘性的阴阳五行学说。正是在这个意义上，司马迁将易学的宗旨概括为"著天地、阴阳、四时、五行"⑤。此后京房将五行之说全面引入易学领域，在重视阴阳之气、四时之气的同时，尤为重视用五行之气详尽说明阴阳和四时之气，使易学特别是象数易学得以不断完善。而"《今文尚书》二十八篇中，在秦汉时最盛行者，厥惟《洪范》。伏生为作《五行传》，刘向为作《传记》，许商亦为作《五行传记》，具见《汉志》。此外《吕氏春秋》《春秋繁露》《白虎通》皆引据其说。《史记》录入《宋世家》，班固节录入《五行志》，其学可谓极一时之盛

---

① （清）郭庆藩撰，王孝鱼点校：《庄子集释》卷十下《天下第三十三》，中华书局2012年版，第1067页。
② （三国魏）王弼、（晋）韩康伯注，（唐）孔颖达疏，于天宝点校：《宋本周易注疏》卷第十二《周易系辞上》，中华书局2018年版，第392页。
③ 范文澜：《中国通史简编》（修订本）第二编，人民出版社1964年版，第113页。
④ 张岱年：《中国哲学大纲》，商务印书馆2017年版，第99页。
⑤ （汉）司马迁：《史记》卷一百三十《太史公自序第七十》，中华书局1982年版，第3297页。

矣"①。这里我们要特别提到刘歆。"刘歆以为虙牺氏继天而王，受《河图》，则而画之，八卦是也；禹治洪水，赐《洛书》，法而陈之，《洪范》是也"②。刘歆还说道："昔殷道弛，文王演《周易》；周道敝，孔子述《春秋》。则乾坤之阴阳，效《洪范》之咎征，天人之道粲然著矣。"③刘歆把《洪范》中有关五行之文说成是《洛书》，使《洪范》又增加了一层神秘色彩，到宋代更发展成为一种专门的图书之学，而阴阳五行学说的影响也得到进一步凸显。

正是由于《洪范》在传统社会中的显赫地位，由汉至清，相继出现了一批诠释《洪范》的文献，形成了较为完备的《洪范》诠释体系，而这个诠释体系也就成了中国传统思想文化不断演进和发展的重要载体。所以，对《洪范》诠释文献进行认真、深入的研究，具有重要的学术价值。然而，遗憾的是，虽然学术界早已开始关注《洪范》诠释文献的研究，并有不少相关成果问世，但这一研究领域中的薄弱环节还是明显存在，更未见有系统、全面的研究论著推出。有鉴于此，张兵同志在师从冯浩菲教授攻读博士学位期间，致力于历代《洪范》诠释文献的考察和研究，于2005年春天撰成了《〈洪范〉诠释研究》这篇博士论文，得到有关专家的充分肯定和高度赞扬，并顺利通过学位论文答辩，获得博士学位。

总体来看，张兵同志的这篇博士学位论文严守学术规范，广泛开掘和正确解读各种文献资料，认真总结、充分借鉴前贤、时哲的有关研究方法和成果，在此基础上对《洪范》诠释文献产生和发展的轨迹、规律进行了多角度、全方位、立体性的考察和研究，论述了《洪范》诠释研究在各个历史阶段的成就和不足，其中的不少观点发前人所未发，不仅给人耳目一新的感觉，而且具有重要的学术启发意义。全文资料宏富，视野开阔，思路清晰，结构严谨，布局合理，考证缜密，论析透辟，研究结论颇具科学性、可信度和说服力，很好地体现了逻辑线索与历史线索、宏观把握与微观剖析、资料

---

① 刘节：《洪范疏证》，《古史辨》第五册，上海古籍出版社1982年版，第388页。
② （汉）班固撰，（唐）颜师古注：《汉书》卷二十七上《五行志上》，中华书局1962版年版，第1315页。
③ （汉）班固撰，（唐）颜师古注：《汉书》卷二十七上《五行志上》，中华书局1962版年版，第1316页。

释读与理论抽绎的有机统一、相互协调、相得益彰，显示出张兵同志宽阔的学术视野、扎实的文献功底、独到的理论见解以及勇于创新、追求超越的治学态度，至为可贵。

经过一年多的增订补益、充实完善，张兵同志的这篇博士学位论文现在要以学术专著的形式公开出版发行，此乃嘉惠学林、有益学术的一件盛事，必将有助于进一步深化和拓展中国古典文献学、中国学术思想史等研究领域，有助于进一步宣传和弘扬中华优秀传统文化和中华民族精神。因此之故，本人略缀数语，以示祝贺。相信张兵同志会继续努力，自强不息，锐意进取，不断创新，在学术道路上取得新的更大的成绩。①

七、经典诵读与幼儿国学教育

众所周知，教育是人类文明延续、发展的重要手段和载体，教育水平的高低关系着一个国家、一个民族的未来。在我国不断深化教育教学改革的今天，国学或国学教育成为高水平创新型人才培养的一个新兴领域，而其中最具有潜力和价值的当属幼儿国学教育。目前社会各界积极投入幼儿国学教育的建设当中，私塾、学堂、书院大量涌现，各类幼儿园、中小学开设国学或传统文化经典诵读课程，推动了幼儿国学教育的发展和兴盛。然而，由于教材版本和内容的不同选择以及教育者水平的良莠不齐，也对幼儿的培养产生一定程度的负面或消极的影响。我们试图从相关现状和形势入手，分析幼儿国学教育得以实施的正确途径，以期有助于国学及幼教事业的全面繁荣和发展。

（一）幼儿国学教育的意义

幼儿国学教育是"国学教育"与"幼儿教育"两个学科的交叉项目，近年来受到了国家和社会各界的高度关注，成为时下比较有活力和前景的新

---

① 本文原系为张兵《〈洪范〉诠释研究》撰写的序，收入本书时略有改动。张兵：《〈洪范〉诠释研究》，齐鲁书社 2007 年版。

兴学科。从"国学教育"与"幼儿教育"两个方面来看，繁荣、发展"幼儿国学教育"意义重大。

关于"国学教育"的讨论，离不开"国学"这一概念的界定。"国学"是一个与"西学"相对的一个概念，其提出可以追溯到20世纪初，应该说是当时"西学东渐"之风的产物，而21世纪的今天再提"国学"，已不是当初为了抗衡西方而创造出的文化概念，也不是现在民间"国学热"那样简单推崇的"四书五经"，而是一个需要以严格学术规范来界定的新兴学科。随着社会各界对国学的强烈反响，国家也开始重视这个问题，并着手将国学设立为一级学科[①]，教育部还在加紧设立"国学教育"专业的工作。国学教育已经被提上国家发展日程，说明国学的性质也发生了转变，逐渐向学术化、专业化发展。

与此同时，"幼儿教育"也逐渐受到国家与社会的强烈关注，学前教育的中央财政投入逐年增加，甚至有呼声将学前教育纳入义务教育的范畴，由此可见幼儿教育已不只是教育专业的一个分支，而是实实在在地与当今国家发展紧密相连的重大课题。幼儿所处的学前期是个体生理与心理迅速发展的关键时期，所处环境对其一生都会造成决定性的影响，中国的俗话说"三岁看大，七岁看老"，这虽然只是经验上的认识，但是西方心理学的研究也证实了这一结论。美国教育心理学家本杰明·布鲁姆（Benjamin Bloom）的"智力成熟百分比"经典理论[②]，就表明了个体智力发展先快后慢最后停滞这一特性，其中0至4岁又是智力发展的黄金期与基本定型期。所以，如果说一个国家的未来发展趋势在于其国民素质的高低，那么幼儿教育的合理推行，必须当作国民素质培养的关键环节。

在国学教育与幼儿教育都得到各界重视的今天，将"国学"与"幼儿教育"相结合无疑是一个大胆的尝试与创新，根据美国著名心理学家皮亚杰（Jean Piaget）的"儿童认知发展理论"，作为"前运算阶段（2—7岁）"的幼儿正处于将感知内化而形成表象或形象的"表象性思维"阶段，儿童常常

---

① 见《光明日报》2015年7月13日第16版。
② 其理论内容大致为：若人在17岁所达到的智力水平为100%，那么儿童在4岁时已具备了其中的50%，4—8岁期间获得30%，而8—17岁这一阶段只增加了20%。

凭借语言将对外界的感知内化和吸收①，因而这也是儿童人格塑造的黄金时期。将传统国学文化引入学前儿童成长的过程，经典作品的诵读将有利于儿童建立起优秀的传统道德观念，同时为其今后的个人文化修养奠定基础。

（二）幼儿国学教育的现状

如上所述，幼儿国学教育是一个新兴学科，正是因为其"新"，在许多方面还需要不断地加以探索和实践，不断地实现其自身的完善和发展。根据我们的观察和调研，幼儿国学教育的发展面临着以下几个问题：

首先是学科高速发展的现状与教学人员素质参差不齐的矛盾。幼儿国学教育是近几年才兴起的特色教育，很多公立或私立幼儿园都有加入国学诵读课程，也有很多民办的私塾和国学夏令营。这些课程和机构都是为了给儿童创造一个接触、学习国学经典的机会，但其中最大的问题就是讲授国学课程的主体。一般幼儿园老师可能只能讲授简单和基础的内容，私塾的老师也只是国学文化的爱好者，而经过专业文献学及文史哲专门训练的人才很少投入这个行业。这容易造成教学过程当中对文本本身的误解，轻则误读字音，重则曲解义理，儿童若是一开始就接受错误认识和知识的引导，那谈何经典诵读的优越性？

其次是儿童智力发展的多元性与经典诵读内容的局限性之间的矛盾。美国心理学家加德纳（Howard Gardner）教授的"多元智力理论"指出了个体智力的差异性，而由于上文提到的师资素质的缺陷，导致目前幼儿国学教育的内容主要集中在"蒙学"教育，教材选择也局限于《弟子规》《三字经》《百家姓》《千字文》。但是我们应该注意到，"蒙学"不应当只是"蒙"，而是需要"启蒙"，能够启发幼儿智力，有利于他们健康成长、全面发展的教育才能称为"启蒙"教育。

最后是家长对九年义务教育与学前国学教育可能无法接轨的担忧。我们知道，现行的学科分类是根据西方知识分类构建起来的，与我国传统的教

---

① 刘长城、张向东：《皮亚杰儿童认知发展理论机对当代教育的启示》，《当代教育科学》2003年第1期，第45页。

育有着很大的区别，关于自然科学的内容更是如此。所以，很多家长可能会或多或少、或隐或现地存在对国学幼教与小学知识性教育无法衔接的担忧，从而更倾向于将学前儿童送去外语或是配合小学教育的培训机构，甚至认为经典诵读都是传统社会的东西，已经过时，在当代完全没有价值。这些现象，都应该引起我们的注意。

（三）正确开展经典诵读与幼儿国学教育

国学和国学教育的发展正在面临正规化、专业化、学术化的转型，与其紧密相连的幼儿国学教育也需要转型，才能应对当前面临的种种问题和阻碍。因此，如何正确开展国学经典的诵读是幼儿国学教育中的重大课题。

未来，随着国学或国学教育学科的设立，越来越多的国学专业型人才将得到培养并投入到这个行业领域中来，师资的问题将逐步得到解决。那么，经典诵读教材的选择就成为幼儿国学教育的关键。任继愈先生曾指出，朗诵经典是开发潜能、学习语言、提高修养、开启智慧的重要途径。[①] 教材的选择就应当符合这几项特质，而不仅仅拘泥于前文所提到的单调的蒙学作品。实际上，还有很多以往未被人熟知的经典也适合用作幼儿启蒙教育。例如《神童诗》中"将相本无种，男儿当自强"[②] 的精神追求，就是在儿童时期应当树立的优秀品德，有必要更多地给以关注和推广。

我国传统的"四库全书"（包括经、史、子、集四部）作为中国传统文化典籍的代表，作为中国学术文化的重要积淀和结晶，可谓数千年来沁透人心、影响深远、世代流传的原创性典籍，最适合应用于幼儿国学教育当中。其中"经部"，尤其是"六经"（"六艺"），甚至"十三经"，都是古代百科全书式的文化经典，博大丰富，思想深邃，流传广远，是对人类命运共同体的巨大贡献。或许会有人提出，这些经典的内容晦涩且难以理解，事实上儿童的智力发展在这个时期是记忆能力最强盛的时期，他们只需要通过记忆将语

[①] 任继愈：《应当开展经典文化建设活动》，《任继愈文集》第八编，国家图书馆出版社 2004 年版，第 129 页。

[②] 《中国古代蒙书精萃·神童诗》，上海古籍出版社 1996 年版，第 309 页。

言内化，而不需要全面理解，等到其逻辑思维成熟的时期①，自然会对幼年所记忆的经典进行领悟，从而实现其知识的充实与人格的塑造。

《尚书·虞书·舜典》云："诗言志，歌咏言。"以《诗三百》(《诗经》)为代表的古代诗歌最实用的功效，就是为其志存高远做出一个标杆或范式。《周易》自汉朝起乃为群经之首，《周易·系辞下传》言其"通神明之德，以类万物之情"，其中蕴藏着最深奥的自然之道和最丰富的人类智慧，其价值是任何典籍所不能比拟的。其他经典如《礼记》中的《大学》《中庸》两篇阐明君子立身处世之道；《春秋》及其三传是我国史书的源头；《论语》《孟子》则是儒家学说的核心经典。据《论语·季氏》，孔子曾教育儿子："不学《诗》，无以言。""不学礼，无以立。"在这里，至圣先师已经为我们做出了榜样。六艺经典是我国数千年有文字记载以来的源头，是影响为深远、最有价值的作品，成为后世各种著作、各类学术的渊薮，以至于马一浮先生认定，"国学"就是"六艺之学"。

马一浮先生指出："今先楷定国学名义。举此一名，该摄诸学，唯六艺足以当之。六艺者，即是《诗》《书》《礼》《乐》《易》《春秋》也。此是孔子之教，吾国二千余年来普遍承认一切学术之原皆出于此，其余都是六艺之支流。故六艺可以该摄诸学，诸学不能该摄六艺。今楷定国学者，即是六艺之学，用此代表一切固有学术，广大精微，无所不备。"②"六艺"就是"六经"，是中国学问的最初的源头，是中国文化的最高形态。马一浮认为，国学就应该是"六艺之学"，这是他给出的新的不同以往的"国学"定义，因为"六艺"或者说"六经"是中国人做人的基本依据，是中华文化价值伦理的源泉。所以如果把"国学"定义为"六经"的话，它就可以跟教育结合起来，进入现代教育体系。所以，选用这些最优秀的作品来对儿童进行教导，无疑是最有利于儿童发展的。

应该说，如果合理、有序地进行儿童的经典诵读，不仅能够满足其智

---

① 根据皮亚杰的"认知发展理论"，儿童在形式运算阶段（11、12岁及以后），其思维发展到抽象逻辑推理水平。

② 马一浮：《泰和宜山会语》卷一《泰和会语·楷定国学名义》，吴光主编：《马一浮全集》第一册（上），浙江古籍出版社2013年版，第8—9页。

力发展多元化的要求，还能化解家长对国学教育的担忧或误解。学习国学并不是一味地复古与抵制西方，相反地，如果结合西方最先进的科技成果与心理学发展理论来研究幼儿国学教育，可以发现，经典诵读对于儿童的成长是大有裨益的。从西方的研究理论出发，0—6岁的早期教育非常关键，而体现了中华文化核心价值的传统文化，恰恰为幼儿在这段时期的人格发展注入新活力。2009年，当时的台湾地区领导人马英九在与瑞典汉学家马悦然（Goran Malmqvist）的对谈中，也认可了"读经的孩子不会坏"这一理论。幼儿经典诵读的价值在于开发幼儿潜能，促进幼儿对于语言、文字知识的吸收，提高其道德修养，开启幼儿智慧，这是一种将科学精神、现代精神与人文精神紧密结合在一起的教育，是经过历史筛选而沉淀下来的精华，在今天仍然对我们大有裨益。①

实际上，传统经典最重要的特点就在于和谐与创新，这也是今天我们国家在各个领域都强调的关键，可以说幼儿国学经典诵读的目的就是培养具有和谐理念的创新型人才。一方面，诵读经典的儿童不仅在人格发展最重要的时期能够铸牢道德底线，而且为其在日后各方面的发展中进行文化底蕴的铺垫，树立起正确的价值观。另一方面，经典诵读与国学教育的结合也应当成为以后我国学前教育、幼儿教育发展的新趋势、新方向。这种教育与被教育者的和谐感应、相互促进、相得益彰的关系，恰恰体现了中华优秀传统文化的核心精神和价值追求，有益于优秀传统文化的创造性转化和创新性发展。

八、《文史知识》与改革开放以来的文史研究

我国改革开放以后不久，《文史知识》杂志于1981年创刊发行，这是当时中国人文社会科学领域争相传诵的一件盛事。改革开放之初，极左思潮的阴影尚未完全消除，中国传统文化研究领域还存在不少禁区和空白。而逐步

---

① 任继愈：《经典教育：孩子们的"维生素"》，《任继愈文集》第八编，国家图书馆出版社2004年版，第131页。

引进的一些西方思想学说、话语体系与中国传统文化开始发生一定程度的碰撞和冲突。于是，正确而有效地引导和帮助人们掌握中国古代文史知识，以便更好地认识和把握中国传统文化发展的轨迹和规律，就成了一个非常紧要的问题。在这种情况下，《文史知识》的诞生，自然受到学术界及社会各界的充分肯定和广泛欢迎。就我本人而言，几十年来，不管是读书还是教书，《文史知识》始终是对我助益最多的刊物之一，也是我向学生大力推荐的重要参考文献之一。

伴随着改革开放的发展历程，《文史知识》已经成长为参天大树，其成功的为学之道和办刊经验应该有一个很好的总结。作为作者和读者，我认为，自创刊以来，《文史知识》在以下几个方面值得我们特别关注：

第一，始终坚持正确的学术导向，实事求是，普及与提高相结合，致力于治学态度、治学理念、治学方法的正确引导。中国传统文化博大精深，异彩纷呈，有关的研读也需要有一定的方法论作指导，从而循序渐进，纲举目张。为此，《文史知识》曾邀请朱东润、周谷城、郑天挺、夏承焘、王力、俞平伯、钟敬文、翁独健、余冠英、王季思、邓广铭、吴组缃、张岱年、林庚、季羡林、金克木、启功、王仲荦、周一良等学术大师，专门就治学门径、治学方法撰文，结合古今中外的学术实践以及自身的感受和体会，论述了学术工作中的读书与思考、博采与精鉴、继承与创新等问题，其中多有独到之见和精彩之笔。这些文章在《文史知识》"治学之道"等栏目刊出后，对人们研读文史起到了重要的引导和启发作用。

第二，始终彰显时代精神，与时俱进，开拓创新，以高度的敬业意识和敏锐的学术眼光，关注最新的动态和资讯，及时将文史学界的新思想、新认识、新成果传播到社会。在一些长期受到忽视的重大学术问题上，《文史知识》更是有着正本清源、引领风尚之功。比如，汉武帝以降，儒家经学居于中国传统社会统治思想和正统学术的地位，经书则是其权威经典。但关于经书的作者、成书年代、研究方法等问题的研究，一直存在着薄弱环节。有鉴于此，《文史知识》在创刊后不久即设立"经书浅谈"专栏，邀请杨伯峻、刘起釪、金景芳、陆宗达等先生撰文，对古代经书进行了较为系统而又简明扼要的介绍。直到今天，这些文章仍是从事相关研究的必要参考。

第三，始终把握中华民族多元一体的文化特点，通过历史演进和地域分布两条线索，多角度、全方位地展示中国传统文化的无穷魅力，彰显中华民族精神的特殊价值。中国历史经过了多个朝代更迭和不同发展阶段，它们各有千秋，各有特色。《文史知识》的朝代专号对此有较为深入的展示。中华民族文化的形成和发展，除了作为主体民族的汉族，周边少数民族也做出了自己的贡献。这种认识，在《文史知识》的西域等专号或专栏以及一些朝代专号如金代、元代专号中有很好的反映。即使是在汉族聚居区和汉族文化圈，也还存在不同地域文化的差异，如齐鲁文化、荆楚文化、中原文化、燕赵文化、三晋文化、关中文化、吴越文化、巴蜀文化、八闽文化、岭南文化等。《文史知识》的山东文化、南通文化、巴蜀文化、南阳文化等专号以及一些专栏对此有较为集中的考察。唯其如此，对于学习和研究中国传统文化，继承和弘扬中华民族精神，《文史知识》功不可没。

第四，始终坚持中华民族百虑一致、殊途同归的会通意识和包容精神，客观、准确地反映中国思想文化发展的本来面目和基本规律。人们一向以儒、释、道来概括中国思想文化的主要内容，但"二千年来华夏民族所受儒家学说之影响，最深最巨者，实在制度法律公私生活之方面，而关于思想学说之方面，或转有不如佛道二教者"[1]。正是由于认识到佛教、道教在中国思想文化史上的重要作用和巨大影响，在关注儒家思想、儒家经典的同时，《文史知识》也注意刊发研究佛教、道教的文章，并推出了有关专栏或专号，在学术界产生了巨大反响，颇有助于中国思想文化史研究领域的拓展和深化，至今仍为人们所称道。

总之，改革开放以来，我国的传统文史研究取得了前所未有的重大成就，而在这一过程中，始终都闪动着《文史知识》的靓丽身影，始终都离不开《文史知识》的不懈努力。

---

[1] 陈寅恪：《冯友兰中国哲学史下册审查报告》，《金明馆丛稿二编》，三联书店2001年版，第283页。

九、关于中国学习思想通史的新成果

胡小林、袁伯诚教授多年以来一直从事中国学习思想史的研究、教学工作，时有卓见宏论发表，在学术界、教育界产生了广泛影响。他们撰写的《中国学习思想史》于 2004 年由北京大学出版社推出后广受好评。现在由二位教授主编的《中国学习思想通史》（人民出版社 2007 年出版）又要奉献给诸位同道和广大读者，这的确是嘉惠学林、有益社会的一大盛事，值得称道。

首先，《中国学习思想通史》给人最为深刻的印象，是它立足于中华民族传统的思维方式和治学特色，打破目前的学科、专业壁垒，综合贯通，吸收、融摄人文社会科学和自然科学诸相关领域的各种知识，对中国学习思想发展的轨迹、特点和规律进行了深入、细致的论述。这一学术上的重大突破具有重要的方法论意义。众所周知，思维方式是一切文化的基础，思维方式的不同是不同文化体系的根本差异。西方的思维方式是分析，分析到极其细微的程度，但往往忽略事物的整体联系，而中国传统的思维方式则是综合的、普遍联系的，天人合一的命题正是这种综合思维方式的最高、最完整的体现。我国传统学术和文化教育受综合思维方式的影响，带有明显的综合、博通的性质和特点，重视通才、通儒的培养。

近代意义上的学术分科或者说分科立学、分科治学，是在以分析见长的西方思维方式的影响下产生的，出现于中国则是西学东渐的结果，它是随着西学典籍的翻译和传布而逐渐成熟、日益完备的。西方学术传入中国以后，中国学人按照西方学术分科的观念和原则，对中国学术和学校教育加以分门别类的安排和处理。但直到 20 世纪 50 年代初期，分科立学并不排斥对通才的培养。1952 年高校院系调整，片面学习苏联经验，学科分得更细了，以致几乎完全忽略了各学科之间的内在联系。此后，人们更注重个案的处理和研究，致力于某一学科、某一分支的建设，专门之学的地位越来越突出、越来越显赫，通人之学反而不为时尚所重，甚至遭到非议。

分科立学、分科治学走向极端，使人们对所研究的问题很难有一种整体的、普遍联系的认识和把握，有些学科分得过细，以至于相互之间的联系完全被割断，老死不相往来。有的专业则重复设置，浪费了大量教育资源，导致了学科建设上的混乱局面，而且尤其有碍于对中国古代文献、对中华优秀传统文化的研究。因为主要以古代文献为载体的中国传统学术和文化教育是在综合的、普遍联系的思维方式下产生并发展的，而采用在西方分析的思维方式下出现的分科立学、分科治学的方法，则很难对它有一个全面、透彻的认识和研究，所得结论也往往是片面的、有问题的。东西方文化的未来是借助东方的整体着眼、普遍联系的综合思维方式，以中国文化或者说东方文化为主导，同时吸收西方文化的精华，把人类文化发展推向一个更高的阶段。我国高校的学科建设和学术发展，也应更好地合于中国传统的综合思维方式，自觉地超越现在通行的学科界限，对各种知识加以综合融会，培养更多古人所说的通儒、通人。

中国学习思想的研究一直为人们所忽视，其中很大程度上也是因为在西方文化强势的影响下，按照我们目前的学科框架和专业分类，这种研究很难找到自己的位置。根据《中国学习思想通史》的研究和表述，中国学习思想史几乎就是一部天人整体之学，中华民族传统的学习模式几乎就是一种天人合一的模式，而该书作者也正是按照这一模式来理解和把握中国学习思想史的。所以，阅读该书，不仅有助于我们真正了解中国学习思想的发展历程，而且也会使我们再次感受中国传统思维方式和教育模式的无穷魅力，从而增强在新形势下进行教育改革、学术创新的信心和能力。

其次，《中国学习思想通史》的特别突出之处还在于它对"二重证据法"真义的准确把握和成功实践。20世纪20年代，王国维先生总结自己的治学经验，概括出了著名的"二重证据法"，将研究视野扩大到地下出土的新材料，深刻影响了中国学术发展的走向。后来陈寅恪先生在为陈垣先生的《敦煌劫余录》作序时也谈道："一时代之学术，必有其新材料与新问题。取用此材料，以研求问题，则为此时代学术之新潮流。治学之士，得预于此潮流者，谓之预流（借用佛教初果之名）。其未得预者，谓之未入流。此古今学术史之通义，非彼闭门造车之徒所能同喻者也。"① 这是对"二重证据法"的

---

① 陈寅恪：《陈垣敦煌劫余录序》，《金明馆丛稿二编》，三联书店2001年版，第266页。

进一步发挥、发展。其中"新材料"不应专指出土的各种地下实物材料，还应包括往往不被珍视的传世文献中的某些材料。就陈寅恪先生而言，其主要成就还是用新眼光来看传世典籍，从常见书中读出别人看不出甚至视而不见的重要材料。陈先生不因少用或不用出土材料而多读常见书就"未入流"了。所以说，从常见书中发掘出新材料同样也是"二重证据法"的一个应有之义。以此来看，《中国学习思想通史》就是一部地道的"预流"之作了。书中有不少地方涉及新的出土材料，或用以补益传世文献之不足，或用以论证历史上的重大问题。比如，借助马王堆汉墓帛书和郭店楚简等材料及其相关研究成果，该书基本理清了老子其人其书的问题。而与此同时，由于是从学习思想史的角度来看问题，许多传世文献中的常见人物、习见材料也得到新的认识和诠释，一些对人们来说并不陌生甚至耳熟能详的东西也就不断地从作者笔下涌出新证新义来了。可见，作者已经把握住了"二重证据法"的真正要义和思想精髓。

如果说对"二重证据法"真义的把握和实践还仅仅限于文献考证的范围，那么除此之外，该书在理论抽绎和阐发方面也同样是新见迭出，颇具开拓性、原创性。"由汉氏以来，学者以其所得，托之撰述以自表见者，盖不少矣。高明者多独断之学，沉潜者尚考索之功。天下之学术，不能不具此二途。"① 这是清代章学诚就衡量学术著作高下谈论的一段话。在章氏看来，"独断之学"和"考索之功"也就是独到的理论见解和扎实的考证功夫，二者之中只要能居其一即不失有可取之处，而若要达到更高的学术境界，则必须二者兼备，缺一不可。《中国学习思想通史》通过对中国学习思想史的考察、研究，实现了文献考证与理论阐释、"考索之功"与"独断之学"的完美结合。

再次，《中国学习思想通史》始终注意将思想史与社会史结合起来进行双向考察和互动分析，对于中国学习思想史，既注意其内在理路，努力探索学习思想本身的机制、规律和特点，又注意其外缘变迁，全面考察外部环境

---

① （清）章学诚著，叶瑛校注：《文史通义校注》内篇五《答客问中》，中华书局 1985 年版，第 477 页。

对学习思想发展的种种濡染和影响。该书在论述中国历史上某一阶段、某一人物或著作的学习思想时，总是要叙述各种社会背景，认真分析社会生活在学习思想演变、发展过程中所起的重要作用，这样就很好地说明了中国学习思想从何而来又因何而变。

应该说，此举也是对以往中国思想史研究名家、名著之成功经验的继承、发挥和发展，体现了学术研究之盛德大业的先后相继、薪火相传。例如，关于侯外庐等先生所著《中国思想通史》，侯外老自己曾总结道："运用马克思主义特别是政治经济学理论，分析社会史以至思想史，说明经济基础与上层建筑、意识形态之间的辩证关系，是我们这部通史紧紧掌握的原则。把思想家及其思想放在一定的历史范围内进行分析研究，把思想家及其思想看成生根于社会土壤之中的有血有肉的东西，人是社会的人，思想是社会的思想，而不作孤立的抽象的考察。对先秦诸子、两汉经学、魏晋玄学、隋唐佛学、宋明理学、明末清前期启蒙思想，无不如是。"[1] 再有，长期致力于中国古代社会和古代思想研究的杨向奎先生也曾指出："我自走上学术研究之路，就把重点放在了中国古代思想史和经学上。但我深知，要研究好古代思想史和经学，就必须重视中国古代社会历史的研究。因为有哪样的社会经济就会有哪样的思想意识，而古代思想和经学正是古代社会上层建筑的一个重要组成部分，与古代社会的经济基础相适应。所以，我的研究就是从中国古代社会历史开始的。"[2] 看来，力求使思想史与社会史相结合、相呼应，是各种优秀的思想史论著的一个共同特点，也是它们能够藏之名山、留誉后世的不二法门。

最后，《中国学习思想通史》一书所展现的治学风格也特别值得称道。该书作者以海纳百川的胸怀和气势超越门派观念，摆脱师法、家法的局限，兼收并蓄，博采众长，志在追求历史真实和学术真理。在论述中国学习思想的发展进程时，无论是儒家、道家，无论是古文家、今文家，无论是汉学家、宋学家等等，只要他们对学习思想的发展做出过自己的贡献，书中都要

---

[1] 侯外庐：《韧的追求》，人民出版社 2015 年版，第 305—306 页。
[2] 杨向奎述，李尚英整理：《杨向奎学述》，浙江人民出版社 2000 年版，第 73 页。

为其树碑立传，并加以认真总结和客观评价。我们知道，在人类文明史上，任何思想学说，如果没有吸纳、融摄其他学说的态度和能力，就不能长期生存并发展壮大。那些真正有生命力、影响力的思想学说，都是适应时代发展和社会政治需要，在保持自我、自信的基础上对其他学说采取宽容和开放的态度，从中吸取各种养料，以丰富和发展自己。在这一方面，该书做得也相当成功，而且具有一定的典型意义。

书中不仅认同前人关于孔老相会记载的历史真实性，而且特别肯定和讴歌了孔子、老子这两位文化巨人之间的交流和沟通，认为这具有非同寻常的历史意义，开启了此后中国儒道互补的思想文化进程。与中国传统思维方式相一致，中国思想最古老的源头是一种天人整体之学，它一方面援引天道来论证人道，另一方面又按照人道来塑造天道，实际上也就是天人合一。这种天人合一的思路由西周天命神学首先确定下来，后来为儒、道等各家所普遍继承和传扬。不过，各家在建构自己的思想体系时，又都有所偏重。大体说来，道家的思想偏重于"以人合天"，重点是研究天道，极力使关于人道的主观理想符合天道自然无为的客观规律。儒家的思想偏重于"以天合人"，重点是研究社会政治伦理问题，往往是根据关于人道的主观理想去塑造天道。所以这二家的思想各有所蔽，都很难算作是完整的天人之学。就总的发展趋势来说，儒家往往要从道家那里汲取自然主义的养分来补充自己，道家也常常要从儒家那里汲取人文主义的养分来充实自我，从而在中国传统思想领域形成了一种儒道互补、自然主义与人文主义有机结合的基本格局。

实际上，当时的思想互补、学术融合已经不限于儒、道两家之间。陆续成于战国中后期易学家之手的《易传》，以百虑一致、殊途同归为宗旨，本着天人合一的思想理路，怀着强烈的超越意识和包容精神，站在一个更高的层次上，试图把儒、道、墨、名、法、阴阳诸家思想的合理内核和有益成分统统吸收过来，然后再进行加工、整合、消化，建构起自己的思想体系，这样就使它高于百家、超越百家，从而形成了一个承上启下、与九流十家比肩而立甚至超迈其上的具有独特风格的思想流派。可以讲，《易传》作为一种内在灵魂和重要源头，代表了中国文化的根本精神，体现了中国思想的共同特征。其中当然也包括学习思想在内。而《中国学习思想通史》的编撰，在一定意义上实现了对《易传》之文化精神、学术风格的承接、张扬和发展，学术启发意义较为突出。

总之，《中国学习思想通史》是一部以学习思想为线索的全新的中国思想通史，本人乐意将该书郑重地推荐给诸位同道和广大读者。①

---

① 本文原系为胡小林、袁伯诚主编《中国学习思想通史》撰写的序，收入本书时略有改动。
胡小林、袁伯诚主编：《中国学习思想通史》，人民出版社2007年版。

后 记

呈献给读者诸君的这本书，是我多年来从事专业教学和学术研究的部分心得或经验总结，现在一并集中推出。

当年撰作博士学位论文，导师田昌五先生命题，我写成了《秦汉易学思想研究》，对先秦秦汉易学进行了系统、全面的研究，提出了自己的学术新解，得到了田先生以及杨向奎先生、余敦康先生、孔繁先生、熊铁基先生、董治安先生等前辈学者的鼓励和肯定，从此走上了治《易》弘《易》之路。此前《秦汉易学思想研究》和《易学·经学·史学》《易学研究新视野：从综合百家到融通三教》等书中已经收录了一些研究成果，本书则是这些书之外或之后的易学研究成果。

历史上有学者一再强调，先秦诸子出于六经尤其是《易经》。在研究易学的同时，我也曾关注子学典籍和诸子思想。除了诸子与易学关系研究的数篇文章之外，关于《孔子家语》的真伪问题，关于《墨子》的节葬主张及其影响、婚姻家庭思想和文学成就，关于《管子》的治国理政思想等等，我都有过或多或少的思考和研究，书中的相关文字反映的就是这方面的部分成果。

在二十多年前的世纪之交，有感于全国范围内伟大的抗洪救灾精神，我曾撰写中国传统救灾思想、救灾体制方面的文章，并承担了教育部人文社会科学的相关项目，后又在青年学者的协助下出版《中国传统救灾思想研究》一书。现在我把其他一些相关成果集中起来，收入书中。另外，我也曾关注中国古代社会保障尤其是优抚等问题，相关成果也一并置于此处。

在我的学术研究经历当中，地方史志和地域文化研究亦占有一席之地。

对于山东古国和地域文化，对于齐鲁文化世家，对于北京史志以及钱大昕等古代名人的方志学思想和成就等，我都曾有所考察，有所创获。近年我还有幸主持承担北京市社会科学基金重点项目"《永乐大典》北京方志辑注"，并推出了《大典》本《析津志》方面的论文，现在一并呈现出来。

对于中国历史文化、中华优秀传统文化传承、发展的考察和研究，我一直都投入了很大热情和较多精力，特别是对一些重要的人物和事件，更是多有倾心，颇有关注。书中有对商鞅变法、秦汉里吏和地方农官以及光武帝、班超、隋文帝其人其事的探讨，有对古代地方大员权力演变的论述，有对古代环境思想和实践的考察，也有对庚子年是否多灾多难的研究，有对经典诵读与幼儿国学教育的思考，涉及范围较为广泛。

"文章千古事，得失寸心知"。尽管我本人一心向学，一生治学，从事学术研究数十载，但我深知，书中所收文字无论是选题立意还是谋篇布局，无论是写作方式还是具体结论，肯定存在不少言不尽意、词不达意的地方，错误和不足之处亦所在多有。尚祈各位同道和读者不吝赐教，多予指正，这里先行致谢了！

另外，在本书写作和整理过程中，我的几位学生、几位青年才俊提供了重要的帮助，包括李筱艺、崔启龙、熊艺钧、项永琴、孙照海、孙世平、傅海燕、张玲莉、张美玲、张沫飞、王楠、周雷杰、宋凯会、卢月婷、刘焱麒、胡飞林、马天宇等。这里也对他们的无私付出和艰苦努力表示衷心感谢！

张　涛

壬寅年秋于京师大厦